“十二五”普通高等教育本科国家级规划教材
普通高等教育机械类特色专业系列教材

机械制造技术基础

（第二版）

贾振元　王福吉　董　海　主编

科学出版社
北　京

内 容 简 介

本书为普通高等教育机械类特色专业系列教材之一，是根据教育部高等学校机械类专业教学指导委员会制订的指导性专业培养计划规定的教学大纲编写而成的。全书内容包括机械加工方法与加工机床、金属切削原理与刀具、机械加工与装配工艺规程制订、机床夹具设计原理、机械加工精度、机械加工的表面质量和机械加工中的振动。全书侧重机械制造方面的基础知识、基本原理和方法，从易到难，以机械加工方法、加工机床和刀具结构为起点，以工艺规程和夹具设计为基本技能，最终归纳到机械加工精度、表面质量上。做到以工艺为基础，以加工质量为重点，围绕质量、生产率、经济性问题，注重体现当代科学技术的发展、多学科间的知识交叉与渗透，注重培养学生科学的思维方法，从而提高学生综合运用知识解决实际问题的能力。

本书可作为高等院校机械类专业主干技术基础课程教材，也可作为职业技术院校、成人高校等相关专业的教材或参考书，还可供机械制造工程技术人员、机械制造企业管理人员参考使用。

图书在版编目（CIP）数据

机械制造技术基础 / 贾振元，王福吉，董海主编. —2 版. —北京：科学出版社，2019.7

“十二五”普通高等教育本科国家级规划教材 • 普通高等教育机械类特色专业系列教材

ISBN 978-7-03-060908-3

Ⅰ. ①机… Ⅱ. ①贾… ②王… ③董… Ⅲ. ①机械制造工艺－高等学校－教材 Ⅳ. ①TH16

中国版本图书馆 CIP 数据核字（2019）第 050329 号

责任编辑：毛 莹 朱晓颖 / 责任校对：郭瑞芝
责任印制：赵 博 / 封面设计：迷底书装

科学出版社出版
北京东黄城根北街 16 号
邮政编码：100717
http://www.sciencep.com

保定市中画美凯印刷有限公司印刷
科学出版社发行 各地新华书店经销
*

2011 年 2 月第 一 版 开本：787×1092 1/16
2019 年 7 月第 二 版 印张：24 1/2
2025 年12月第十七次印刷 字数：608 000

定价：69.80 元

（如有印装质量问题，我社负责调换）

第二版前言

“机械制造技术基础”这门课程的内容涵盖了原教学计划体系中的“金属切削原理”、“金属切削刀具设计”、“金属切削机床概论”和“机械制造工艺学”等课程的主要内容。近年来，该课程所用教材的改革力度较大。《机械制造技术基础》于2011年出版后，得到多所兄弟院校的大力支持，广大师生和读者提出了许多宝贵意见和富有建设性的建议。

《机械制造技术基础》(第二版)在总结第一版使用过程中的问题和实践经验的基础上，参照不同版本的同类教材，汲取使用过程中各兄弟院校提出的宝贵意见，并依据教育部高等学校机械类专业教学指导委员会审议通过的培养方案和教学大纲编写而成。本书在内容组织和结构布局上进行了调整，但仍以原有课程教学内容为载体，结合机械制造技术发展趋势，重点围绕现代机械制造业中出现的新型刀具，增加了刀具材料的最新发展、刀具磨削机理、工件材料的切削加工等方面的内容，同时结合专业研究特色，重点突出了磨削加工技术内容。本书通过与原有教学内容有机融合，形成满足机械大类课程学时要求的完整教学内容。

本书侧重机械制造的基础知识、基本原理和基本方法；以工艺为基础，以质量、生产率和经济性为主线；配套丰富的仿真动画，结合二维码技术，增强学习体验。与第一版相比，本书内容更加完善，层次更加合理。

本书由贾振元、王福吉、董海担任主编；第1章、第2章由王敏杰、董海、李曼编写；第3章由贾振元、马建伟编写；第4章由曹利新、王福吉编写；第5章、第6章由王福吉、贾振元编写；第7章由刘巍编写。王晓明、张永顺、段春征、魏兆成等也参加了部分章节材料收集、内容删减以及文稿修订的工作。

本书充分参考了陈懋圻教授主编的《机械制造工艺学》，编者在此对机械工程领域的老前辈陈懋圻教授致以崇高的敬意，谨以此书敬献给已故的陈懋圻教授。

本书编写过程中，由于编者水平有限，时间较为仓促，疏漏和不当之处在所难免，衷心恳请使用本书的广大师生、读者及同行多提宝贵意见，以求完善之。

编　者

2019年1月

第一版前言

为适应宽口径机械类人才培养模式的需要，教育部高等学校机械类专业教学指导委员会制订了新的指导性专业培养计划，将“机械制造技术基础”课程推荐为工科机械类各专业必修的专业技术基础课程，用以取代原教学计划中的部分专业技术基础课程和专业课程。因此，“机械制造技术基础”课程涵盖了原教学体系中的“金属切削原理”、“金属切削刀具设计”、“金属切削机床概论”和“机械制造工艺学”等课程的主要内容，并按照“重基础、少学时、新知识、宽面向”的原则进行整合。机械类专业的学生通过学习本书，系统掌握机械加工工艺与技术方面所必需的专业基础知识和基本理论，从而使“机械制造技术基础”课程成为整个机械大类本科教学体系中起承前启后作用的重要专业技术基础课程。

本书侧重机械制造方面的基础知识、基本原理和方法，从易到难，以机械加工方法、刀具结构和切削机床为切入点，以工艺规程和夹具设计为基本技能，最终归纳到机械加工精度、表面质量上。从而做到以工艺为基础，以加工质量为重点，围绕质量、生产率、经济性问题，注重体现当代科学技术的发展、多学科间的知识交叉与渗透，注重培养学生科学的思维方法，以提高学生综合运用知识解决实际问题的能力。本书的编写力求做到章节编排合理，内容完整精炼、系统性强，讲解深入浅出，图解丰富，使教材内容与相关实践性教学环节密切配合、紧密联系。

参加编写本书的教师大多有多年从事机械制造工艺、金属切削原理与刀具、金属切削机床概论、机床夹具设计等课程的课堂教学经历，以及课程实验、课程设计、金工实习、认识实习和生产实习、毕业设计等实践环节的教学经历。参编老师通过多年的教学实践，就如何提高“机械制造技术基础”课程的教学效果，针对教学内容、教材组织、教学思维、教学方式、评价体系等方面进行了探讨与实践，从中得到很多体会，取得很多经验，也产生了很多新想法。本书是编者在总结多年的教学研究、教学改革和教学实践的基础上编写的。全书由贾振元、王福吉主编，第 1 章、第 3 章由贾振元编写，第 2 章由董海、王敏杰编写，第 4 章由曹利新编写，第 5 章、第 6 章由王福吉编写，第 7 章由刘巍编写。

本书内容充分参考了陈懋圻教授主编的《机械制造工艺学》，编者在此对机械工程领域的老前辈陈懋圻教授致以崇高的敬意，谨以此书敬献给已故的陈懋圻教授。本书编写过程中的文字和图表整理工作得到了阳江源、宗福才、杜长江、何威、张智聪、王浩然、李安超、贾旭、陈皞、王沙沙、郑秀艳等硕士研究生的帮助，对他们的辛勤工作表示衷心的感谢！在夹具设计编写过程中得到大连高金数控集团张允良的支持，在此一并致谢！

编写过程中，由于编者水平有限，编写时间也较为仓促，书中难免存在疏漏及不当之处；为了提高教材质量，恳请使用本书的读者多提宝贵意见，以便再版时加以改进。

编　者

2010 年 9 月

目　　录

第 1 章　机械加工方法与加工机床

在常规机械加工中，符合几何精度和表面质量要求的零件是通过机床利用刀具将毛坯上多余的材料切除的加工方法来获得的。常用的加工方法有车削、铣削、钻削、扩削、镗削、刨削、拉削、磨削及特种加工等。上述诸方法尽管在加工原理方面有许多共同之处，但是，由于所用机床、刀具，以及切削运动各有差异，因而它们在工艺特点及应用范围上也有很多不同之处。深入了解各种加工方法的工艺特点，是科学合理地选择加工方法的重要基础。

1.1　传统切削加工方法与切削机床

1.1.1　车削与车床

车削慢放 1

1. 车削加工

工件旋转做主运动、车刀做进给运动的切削加工方法称为车削加工。车削加工可以在卧式车床、立式车床、转塔车床、仿形车床、自动车床、数控车床以及各种专用车床上进行。采用车削加工的主要表面有：内外圆柱面、内外圆锥面、螺纹、沟槽、端平面、成形回转面、偏心轴、单头或多头蜗杆等。如图 1.1 所示，车削方法的特点是工件旋转，形成主切削运动，因此车削加工后形成的面主要是回转表面。车削也可加工工件的断面。通过刀具相对工件实现不同的进给运动，可以获得不同的工件形状。当刀具沿平行于工件旋转轴线运动时，就形成内外圆柱面；当刀具沿与轴线相交的斜线运动时，就形成锥面。仿形车床或数控车床可以控制刀具沿一条曲线进给，从而形成特定的回转曲面。采用成形车刀横向进给时，也可加工出回转曲面。普通车削加工精度一般为 IT7～IT8，表面粗糙度 *Ra* 为 1.6～6.3μm。精车时，加工精度可达 IT5～IT6，表面粗糙度 *Ra* 可达 0.1～0.4μm，超精密车削表面粗糙度 *Ra* 可达 0.04μm。

车削加工的工艺特点如下。

(1) 适用范围广泛：车削是轴、盘、套等回转体零件广泛采用的加工工序。

(2) 易于保证被加工零件各表面的位置精度：一般短轴类或盘类零件利用卡盘装夹；长轴类零件可利用中心孔装夹在前后顶尖之间；而套类零件，通常安装在心轴上。在一次装夹中，对各外圆表面进行加工时，能保证同轴度要求。调整车床的横拖板导轨与主轴回转轴线垂直时，在一次装夹中车出的端面，还能保证与轴线垂直。

(3) 可用于有色金属零件的精加工：当有色金属零件的精度较高、表面粗糙度 *Ra* 值较小时，若采用磨削，易堵塞砂轮，加工较为困难，故可由精车完成。若采用金刚石车刀，以很小的切削深度 (a_p<0.15mm)、进给量 (f <0.1mm/r) 以及很高的切削速度 ($v \approx$ 5m/s) 精车，可获得很高的尺寸精度 (IT5～IT6) 和很小的表面粗糙度 *Ra* 值 (0.1～0.8μm)。

(4) 切削过程比较平稳：除了车削断续表面之外，一般情况下车削过程是连续进行的，且切削层面积不变 (不考虑毛坯余量不均匀)，所以切削力变化小，切削过程平稳。又由于车削的主运动为回转运动，避免了惯性力和冲击力的影响，所以车削允许采用大的切削用量进行高速切削或强力切削，这有利于生产效率的提高。

(5) 生产成本较低：车刀结构简单，制造、刃磨和安装方便。车床附件较多，可满足一般零件的装夹，生产准备时间较短，加工成本低，既适宜单件小批量生产，也适宜大批量生产。

(6) 加工的万能性好：车床上通常采用顶尖、三爪卡盘和四爪卡盘等安装工件，也可通过安装附件来支承和装夹工件，扩大车削的工艺范围。

对单件小批量生产的各种轴、盘、套类零件，常选择用途广泛的卧式车床或数控车床。对直径大而长度短(长径比 $L/D \approx 0.3 \sim 0.8$) 和重型零件，多选用立式车床。成批生产外形较复杂，且有内孔及螺纹的中小型轴、套类零件，可选用转塔车床进行加工。大批量生产简单形状小型零件，可选用半自动或自动车床，以提高生产效率。

车削慢放 2

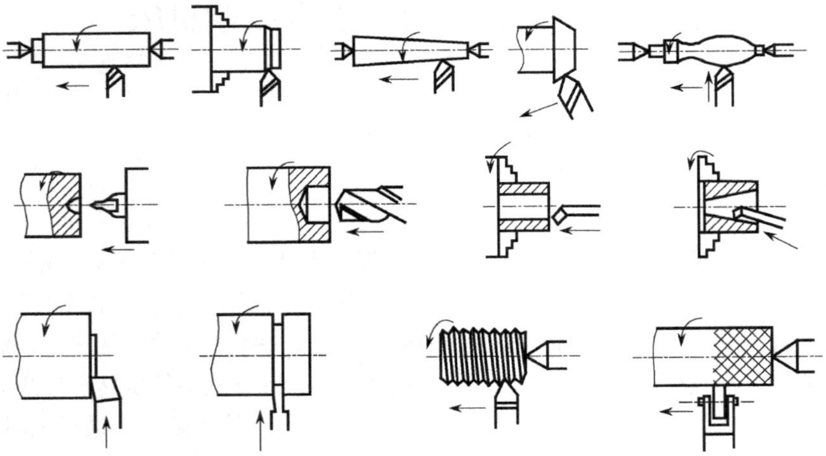

图 1.1　车床加工的典型工序

2. 车床

车床的种类很多，按其结构和用途，可分为卧式车床、转塔车床、立式车床、自动和半自动车床、仿形车床、数控车床和车削中心等。此外，在大批量生产中还使用各种专用车床。

1) CA6140 型卧式车床

CA6140 为典型的卧式车床，其通用程度高，加工范围广，适用于中、小型的轴类和盘套类零件加工；可车削内外圆柱面、圆锥面、各种环槽、成形面及端面；能车削常用的米制、英制、模数制及径节制四种标准螺纹，也可以车削加大螺距螺纹、非标准螺距及较精密的螺纹；还可以进行钻孔、扩孔、铰孔、滚花和压光等工作。

如图 1.2 所示，CA6140 型卧式车床由主轴箱、刀架、床鞍、尾座、进给箱、溜板箱和床身等部件组成。主轴箱内装有主轴和变速、变向等机构，由电动机经变速机构带动主轴回转，实现主运动，并获得所需转速及转向。主轴前端可安装卡盘等夹具，用以装夹工件。进给箱的作用是改变机动进给的进给量或被加工螺纹的导程。溜板箱的作用是将进给箱传来的运动传递给刀架，使刀架实现纵向进给、横向进给、快速移动或车螺纹。床鞍位于床身的中部，其上装有中滑板、回转盘、小滑板和刀架。刀架用以夹持车刀，并使其做纵向、横向或斜向进给运动。尾座安装在床身的尾座导轨上，其上的套筒可安装顶尖或各种孔加工刀具，用来支承工件或对工件进行孔加工。床身是车床的基本支承件。车床的主要部件均安装在床身上，并保持各部件间具有准确的相对位置。

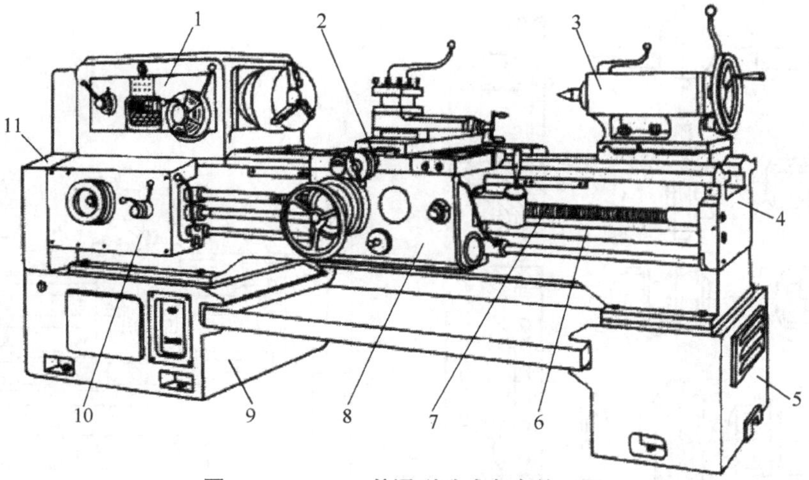

图 1.2　CA6140 普通型卧式车床外观图

1-主轴箱；2-中滑板；3-尾架；4-床鞍；5、9-床腿；6-光杠；7-丝杠

8-溜板箱；10-进给箱；11-挂轮箱

2) 立式车床

立式车床主要用于加工径向尺寸大而轴向尺寸相对较小且形状比较复杂的大型或重型零件，按其结构形式可分为单柱式和双柱式两种。立式车床结构上的主要特点是主轴垂直布置，并有一个直径很大的圆工作台用以安装工件。由于立式车床的工作台处于水平位置，因此对笨重工件的装卸和找正都比较方便，工件和工作台的重量比较均匀地分布在导轨面和推力轴承上，有利于保持机床的工作精度和提高生产率。

3) 转塔车床

转塔车床是在卧式车床的基础上发展起来的，它与卧式车床在结构上的主要区别是没有尾座和丝杠，在床身尾部装有一个能纵向移动的多工位刀架。根据工件的加工工艺要求，预先将所用的全部刀具安装在转塔车床上，每组刀具的行程终点位置由可调整的挡块控制。加工时，多工位刀架周期转位，使这些刀具依次对工件进行切削加工。因此，在成批加工复杂工件时，转塔车床的生产率比卧式车床高。由于转塔车床上安装的刀具较多，故适于加工形状比较复杂的小型棒料工件。由于它没有丝杠，一般不能车螺纹，只能用板牙或丝锥来加工螺纹。图 1.3 所示为在转塔车床上加工的典型零件。图 1.4 是一台普通转塔车床外形图。前刀架可沿床身做纵向进给，以切削大直径外圆柱面，也可做横向进给，以切削内外端面、沟槽等。转塔刀架只能做纵向运动，转塔的六角面上可利用附具分别安装挡料块、车刀、钻头、铰刀、板牙等切削刀具和工具，也可在一个附具上安装数把车刀以实现多刀同时加工。

1.1.2　铣削与铣床

铣削　侧铣慢放

1. 铣削加工

铣刀旋转做主运动，工件做进给运动的切削加工方法称为铣削加工。铣削加工使用的机床称为铣床，最常用的有立式铣床、卧式铣床和龙门铣床三类，此外还有工具铣床和仿形铣床等。

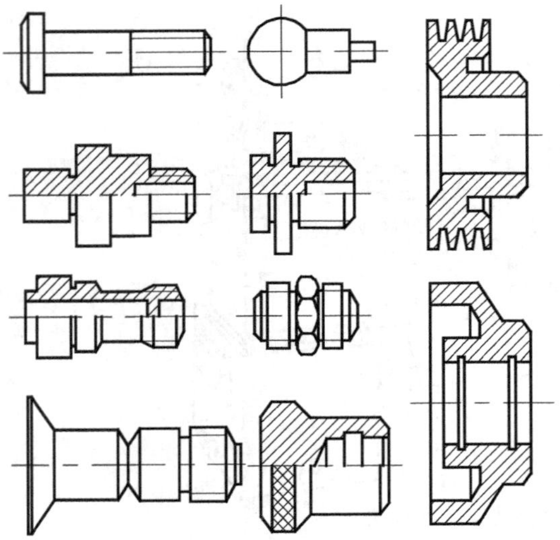

图 1.3　转塔式车床上加工的典型零件

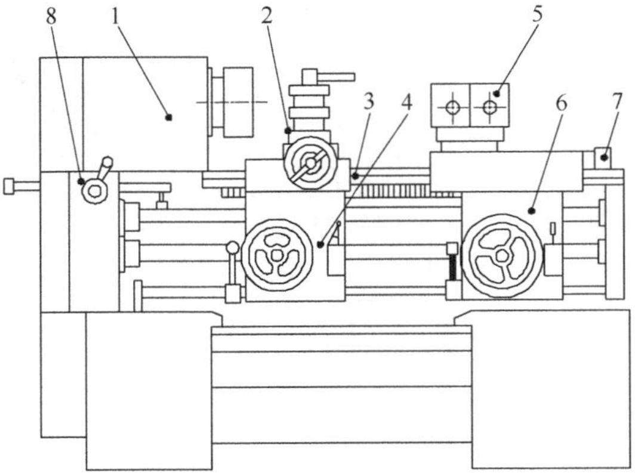

图 1.4　普通转塔车床外形图

1-主轴箱；2-前刀架；3-床身；4-前刀架溜板箱；5-转塔刀架；6-转塔刀架溜板箱；7-定程装置；8-进给箱

铣削主要用于加工平面(水平、垂直面、斜面)、沟槽、复杂曲面(成形或球头铣刀的成形运动)等。普通铣削一般只能加工平面；用成形铣刀可以加工出特定的曲面，如铣削齿轮等；数控铣床可控制几个轴按一定的关系联动，铣出复杂曲面，这时刀具一般采用球头铣刀。

铣削的刀具比较复杂，一般为多刃刀具，需要专门的厂家制作。提高铣刀的转速可以获得较高的切削速度，因此生产率较高。但是由于铣刀刀齿的切入、切出会形成冲击，易产生振动，因而限制了表面质量的提高，同时也加剧了刀具的磨损和破损。常用铣削平面的铣刀有圆柱形铣刀、镶齿面铣刀、套式面铣刀、三面刃铣刀和立铣刀等。

如图 1.5 所示，铣削的主切削运动是刀具的旋转运动，工件通过装夹在机床的工作台上完成进给运动。不同的铣削方法，铣刀完成切削的切削刃不同。卧铣时，平面是由铣刀的周刃形成的；立铣时，平面是由铣刀的端面刃形成的。

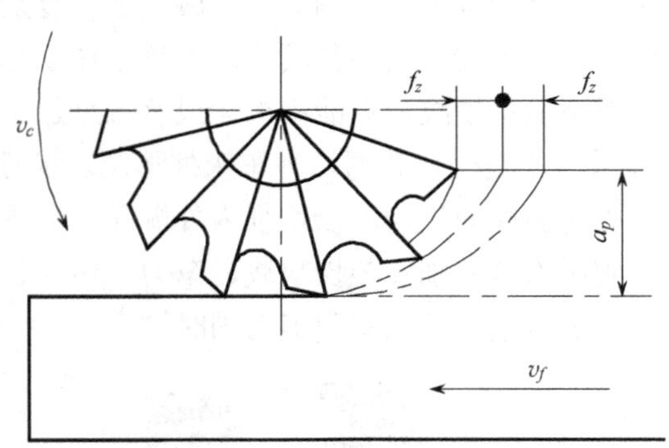

图 1.5　铣削加工

铣削是平面加工的主要方法之一，平面铣削有端铣 (face milling) 和周铣 (peripheral milling) 两种方式。利用铣刀端部齿切削的称为端铣(图 1.6(a))，利用铣刀圆周齿切削的称为周铣(图 1.6(b))，其中周铣又分为逆铣和顺铣。端铣与周铣加工特点比较如下。

1) 端铣

(1) 端铣的生产率高于周铣。端铣用的端铣刀大多数镶有硬质合金刀头，且刚性较好，可采用大的铣削用量。而周铣用的圆柱铣刀多用高速钢制成，其刀轴的刚性又较差，使铣削用量，尤其是铣削速度受到很大的限制。

(2) 端铣的加工质量比周铣好。端铣时可利用副切削刃对已加工表面进行修光，只要选取合适的副偏角，可减少残留面积，减小表面粗糙度。而周铣时只有圆周刃切削，已加工表面实际上由许多圆弧组成，表面粗糙度较大。

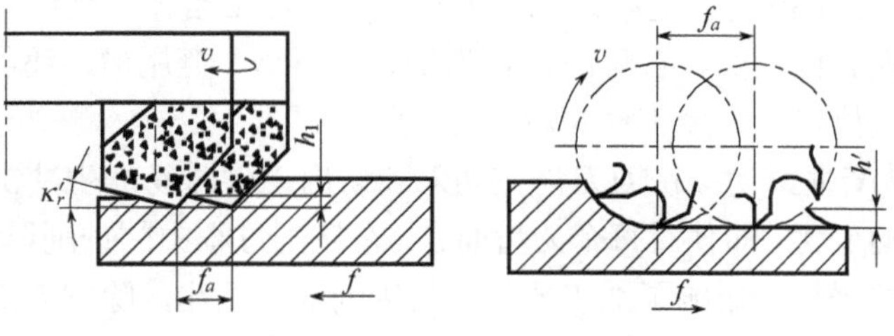

(a) 端铣　　(b) 周铣

图 1.6　端铣和周铣

2) 周铣

周铣的适应性比端铣好。周铣能用多种铣刀铣削平面、沟槽、齿形和成形面等，适应性较强。而端铣只适宜端铣刀或立铣刀端刃切削的情况，只能加工平面。

按照铣削时主切削运动速度方向与工件进给运动方向的相同或相反，可分为顺铣和逆铣，如图 1.7 所示。

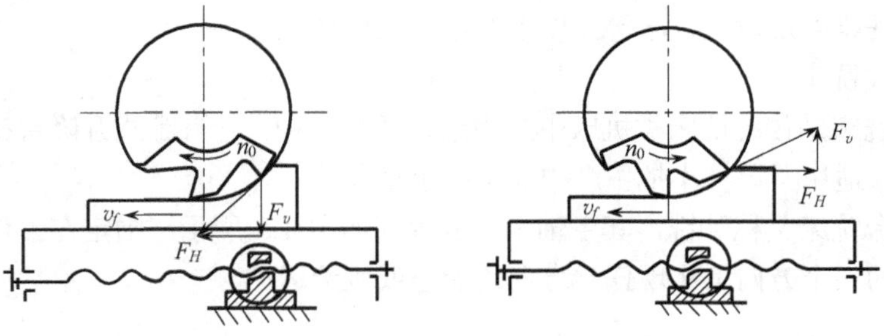

(a) 顺铣　　(b) 逆铣

图 1.7　顺铣和逆铣

(1) 顺铣时，铣削力的水平分力与工件的进给方向相同。在顺铣时，工作台进给丝杠与固定螺母之间一般又有间隙存在，因此切削力容易引起工件和工作台一起向前窜动，使进给量突然增大，容易引起打刀。逆铣则可以避免这一现象，故生产中多采用逆铣。在顺铣铸件或锻件等表面有硬皮的工件时，铣刀齿首先接触工件的硬皮，加剧了铣刀的磨损，逆铣则无这一缺点。

(2) 逆铣时，铣削的主运动速度方向与工件进给运动方向相反。在逆铣时，切削厚度从零开始逐渐增大，因而切削刃开始切削时将经历一段在切削硬化的已加工表面上挤压滑行过程，加速了刀具的磨损。同时，逆铣时，铣削力将工件上抬，容易引起振动，这是逆铣的不利之处。

综上所述，端铣的加工质量好，在大平面的铣削中目前大都采用端铣；周铣的适应性较强，多用于小平面、各种沟槽和成形面的铣削。

铣削加工的工艺特点如下。

(1) 生产率较高：铣刀是典型的多齿刀具，铣削时有几个刀齿同时参加工作，并可利用硬质合金镶片铣刀，有利于采用高速进行铣削，且切削运动是连续的，因此，与刨削加工相比，铣削加工的生产率较高。

(2) 刀齿散热条件较好：铣刀刀齿在切离工件的一段时间内可得到一定程度的冷却，有利于刀齿的散热。但由于刀齿的间断切削，每个刀齿在切入及切出工件时，不但受到冲击力的作用，而且受到热冲击，这将加剧刀具的磨损。

(3) 铣削加工的应用范围广泛：铣削加工不仅可以加工箱体、支架、机座以及板块状零件的大平面、凸台面、内凹面、台阶面、V 形槽、T 形槽、燕尾槽，还可以加工轴和盘套类零件的小平面、小沟槽以及分度工件等。

(4) 铣削时容易产生振动：铣刀刀齿在切入和切出工件时易产生冲击，并将引起同时参加工作的刀齿数目的变化，即使对每个刀齿而言，在铣削过程中的铣削厚度也是不断变化的，因此使铣削过程不够平稳，影响了加工质量。与刨削加工相比，除宽刀细刨外，铣削的加工质量与刨削大致相当，一般经粗加工、精加工后都可达到中等精度。

2. 铣床

铣床是用铣刀进行铣削加工的机床。在铣床上可以加工平面、沟槽、分齿零件、螺旋形表面及各种曲面。此外，还可对回转体表面及内孔进行加工，以及切断加工等。通常铣削的主运动是铣刀的旋转，工件或铣刀的移动为进给运动，这有利于采用高速切削，其生产率比刨床高。铣床的类型很多，主要有升降台式铣床、床身式铣床、龙门铣床、工具铣床、仿形铣床、专门化铣床以及数控铣床等。以下介绍前三种铣床。

1) 升降台式铣床

升降台式铣床是传统铣床类机床中应用最广泛的一种。它有卧式升降台铣床和立式升降台铣床两大类，适用于单件小批生产中加工中小型零件。

卧式升降台铣床又称卧铣，其主轴水平放置，如图 1.8 所示，固定在工作台上的工件可以在相互垂直的三个方向上实现任一方向的调整或进给运动。

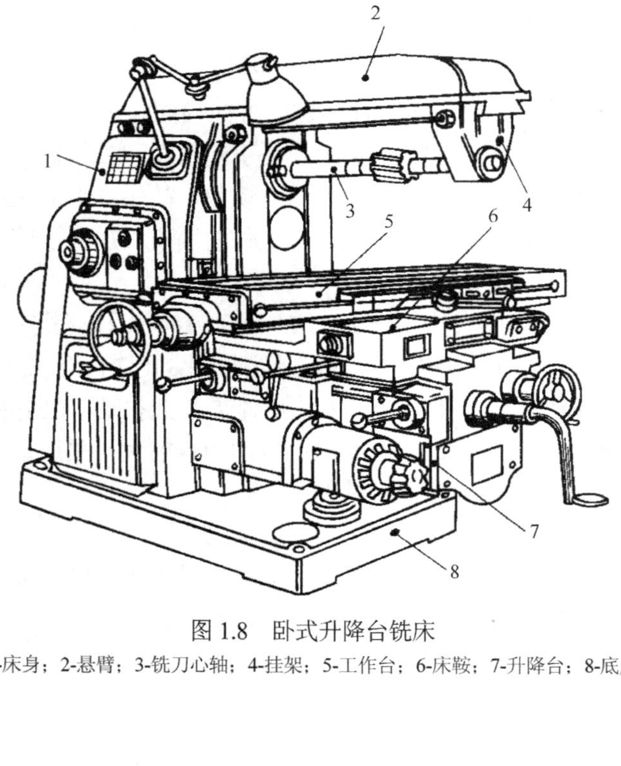

图 1.8　卧式升降台铣床

1-床身；2-悬臂；3-铣刀心轴；4-挂架；5-工作台；6-床鞍；7-升降台；8-底座

图 1.9 所示为万能升降台铣床。它与卧式升降台铣床的区别为在工作台与床鞍之间增装了一层转盘，转盘相对于床鞍可在水平面内扳转一定的角度，以便加工斜槽等表面。

立式升降台铣床又称立铣，其主轴垂直安装，如图 1.10 所示，可用各种端铣刀或立铣刀加工平面、斜面、沟槽、台阶、凸轮以及封闭的轮廓表面等。

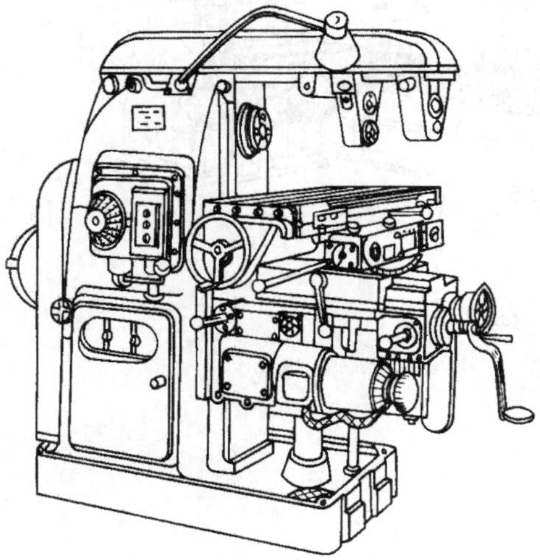

图 1.9　万能升降台铣床

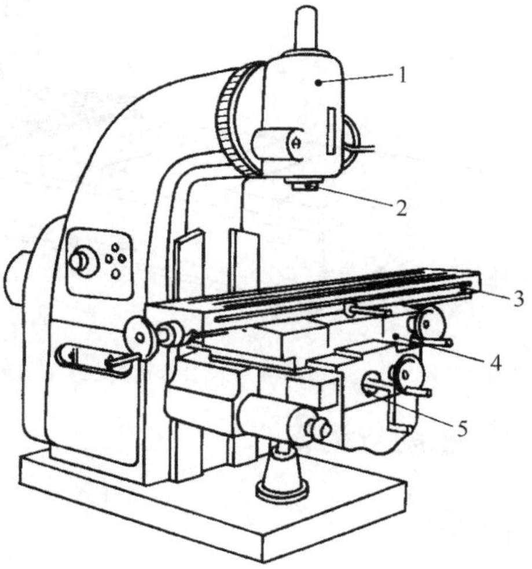

图 1.10　立式升降台铣床

1-立铣刀；2-主轴；3-工作台；4-床鞍；5-升降台

2) 床身式铣床

加工时工件只做横、纵两个方向的进给运动，垂直运动由安装在立柱上的主轴箱来实现，工作台不升降的铣床为床身式铣床。床身式铣床刚度高，便于采用较大的切削用量。此类机床常用于加工中等尺寸的零件。

图 1.11 所示为双轴圆形工作台铣床，主要用于粗铣和半精铣顶平面。这种机床的生产率较高，但需专用夹具装夹工件，适用于成批或大量生产中铣削中、小型工件的顶平面。

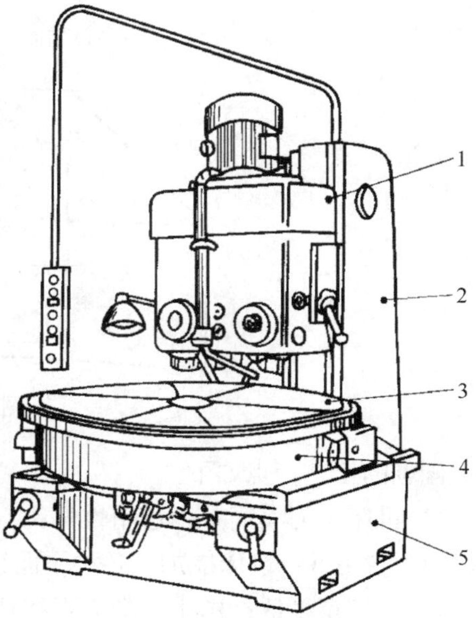

图 1.11　双轴圆形工作台铣床

1-主轴；2-立柱；3-圆工作台；4-滑座；5-底座

3) 龙门铣床

龙门铣床主体结构呈龙门式框架，如图 1.12 所示，结构刚性较好，适于采用大切削用量切削，而且可用几个铣头同时工作，所以生产率很高，在成批和大量生产中得到广泛的应用。主要用于加工各类大型工件上的平面、沟槽等，借助于附件还可完成斜面、孔等的加工。

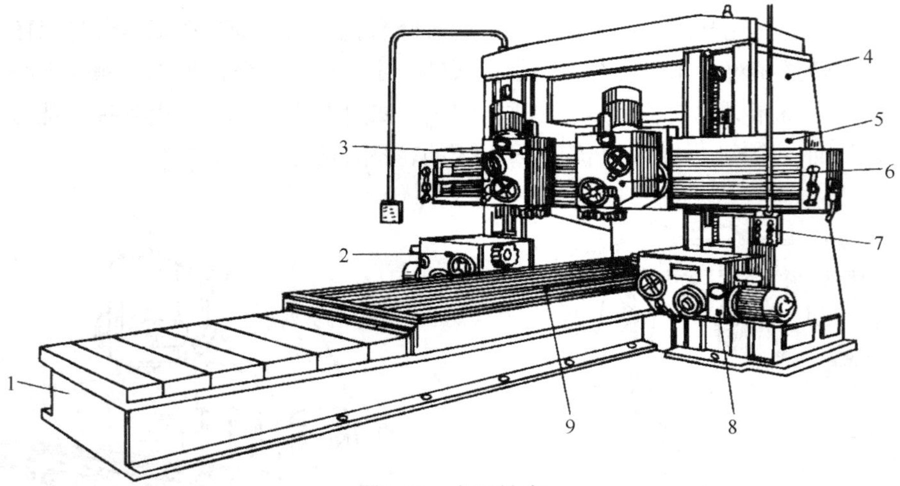

图 1.12　龙门铣床

1-床身　2、8-卧铣头　3、6-立铣头　4-立柱　5-横梁　7-控制器　9-工作台

1.1.3　刨削与刨床

1. 刨削

刨削加工时，刀具的往复直线运动为主切削运动，工作台带动工件做间歇的进给运动，如图 1.13 所示。刨削可以加工平面、直槽以及母线为直线的成形面(键槽、花键槽、方孔、三角形孔等)。

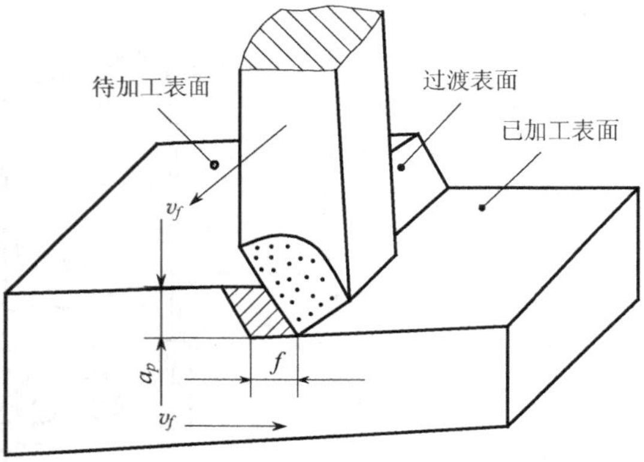

图 1.13　刨削加工

刨削的工艺特点如下。

(1) 机床与刀具简单，通用性好：刨床结构简单，调整、操作方便；刨刀制造和刃磨容易，加工费用低；刨床能加工各种平面、沟槽和成形表面。

(2) 刨削精度低：由于刨削为直线往复运动，切入、切出时有较大的冲击振动，影响了加工质量。

(3) 生产率低：因刨削的往复过程中有空行程，冲击现象又限制了刨削速度，因此一般情况下刨削的生产率比铣削低。但对于窄长平面(如机床导轨面)的加工，刨削的生产率则高于铣削。

(4)加工成本低：由于刨床和刨刀的结构简单，刨床的调整和刨刀的刃磨比较方便，因此刨削加工成本低，广泛用于单件小批生产及修配工作中，在中型和重型机械的生产中龙门刨床使用较多。

2. 刨床

根据前面刨削加工原理的介绍，刨床类机床主要有龙门刨床、牛头刨床和插床三种类型。

1)龙门刨床

龙门刨床是具有门式框架和卧式长床身的刨床，如图 1.14 所示。龙门刨床的工作台带着工件在龙门式框架内做直线往复运动，空行程速度大于工作行程速度。横梁上一般装有两个垂直刀架，刀架滑座可在垂直面内回转一个角度，并可沿横梁做横向进给运动；刨刀可在刀架上做垂直或斜向进给运动；横梁可在两立柱上做上下调整。一般在两个立柱上还安装可沿立柱上下移动的侧刀架，以扩大加工范围。工作台回程时能机动抬刀，以免划伤工件表面。机床工作台的驱动可用发电机-电动机组或用可控硅直流调速方式，调速范围较大，在低速时也能获得较大的驱动力。龙门刨床主要用于刨削大型工件，也可在工作台上装夹多个零件同时加工。

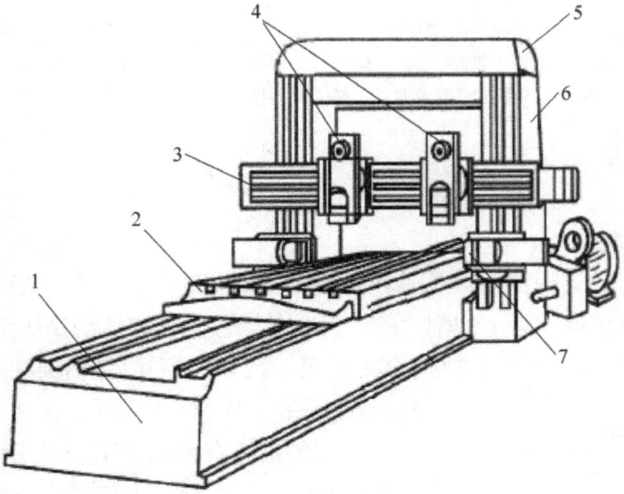

图 1.14　龙门刨床外形图

1-床身；2-工作台；3-横梁；4-垂直刀架；5-顶梁；6-立柱；7-侧刀架

2)牛头刨床

牛头刨床是滑枕带着刨刀，做直线往复运动的刨床，因滑枕前端的刀架形似牛头而得名。牛头刨床主要有普通牛头刨床、仿形牛头刨床和移动式牛头刨床等。普通牛头刨床(图 1.15)由滑枕带着刨刀做水平直线往复运动，刀架可在垂直面内回转一个角度，并可手动进给；工作台带着工件做间歇的横向或垂直进给运动，常用于加工平面、沟槽和燕尾面等。仿形牛头刨床是在普通牛头刨床上增加一仿形机构，用于加工成形表面，如透平叶片。移动式牛头刨床的滑枕与滑座还能在床身(卧式)或立柱(立式)上移动，适用于刨削特大型工件的局部平面。

3)插床

插床实质上是立式刨床，其主运动是滑枕带动插刀沿垂直方向所做的直线往复运动。如

图 1.16 所示为插床的外形图。滑枕向下移动为工作行程，向上为空行程。滑枕导轨座可以绕轴在小范围内调整角度，以便加工倾斜面及沟槽。床鞍及溜板可以分别做横向和纵向进给。圆工作台可以绕垂直轴线回转完成圆周进给或进行分度。

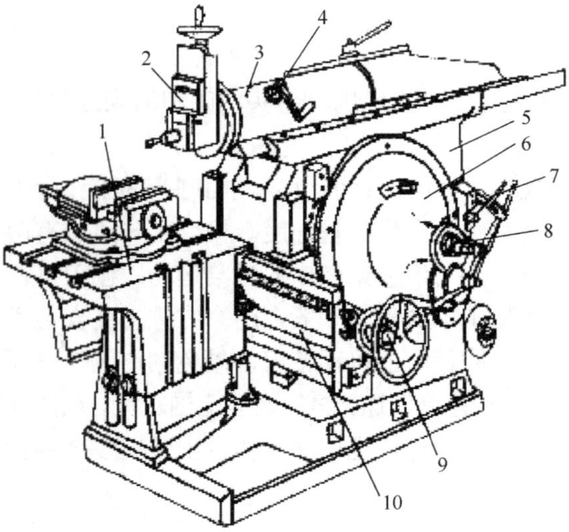

图 1.15　牛头刨床外形图

1-工作台；2-刀架；3-滑枕；4-行程位置调整手柄；5-床身；6-摆杆机构；7-变速手柄；8-行程长度、调整方撑；9-进给机构；10-横梁

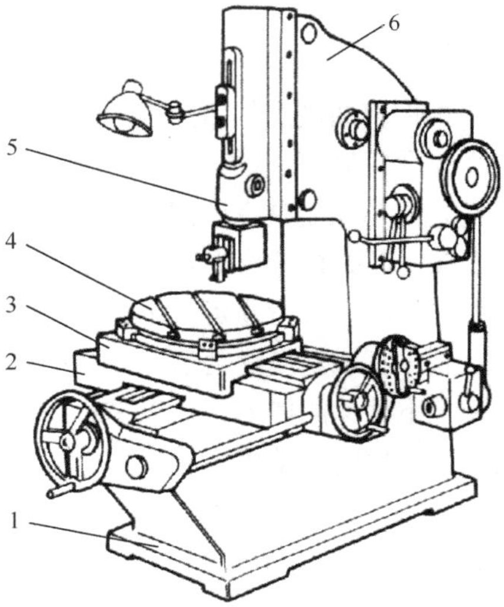

图 1.16　插床外形图

1-床身；2-下滑座；3-上滑座；4-圆工作台；5-滑枕；6-立柱

1.1.4　钻削与钻床

钻削慢放

1. 钻削

钻削是用钻头、铰刀或锪刀等工具在材料上加工孔的工艺过程。在钻床上进行钻削加工时，刀具(钻头)的旋转运动为主切削运动，刀具(钻头)的轴向运动是进给运动，如图 1.17 所示。钻削加工范围较广，可以完成钻、扩、铰孔、攻丝、锪孔(包括圆柱孔、锥孔、鱼眼坑和凸台)锪平等工作。

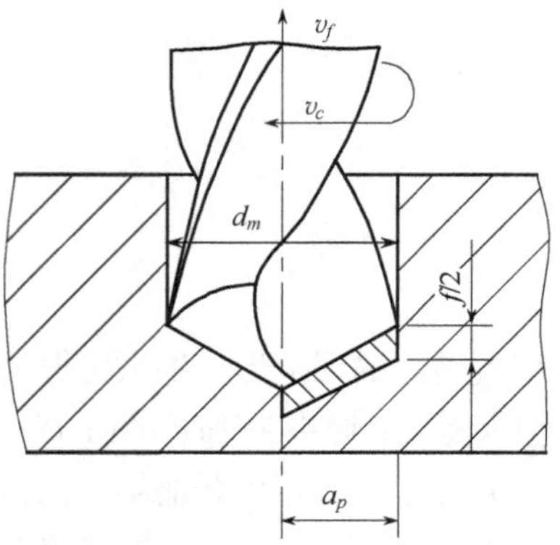

图 1.17　钻削加工

常用的钻床有台式钻床、立式钻床及摇臂钻床。台式钻床是一种放在台桌上使用的小型钻床，它适用于单件、小批量生产以及对小型工件上直径较小的孔的加工(一般孔径小于 13mm)；立式钻床是钻床中最常见的一种，它常用于中、小型工件上较大直径孔的加工(一般孔径小于 50mm)；摇臂钻床主要用于大、中型工件上孔的加工(一般孔径小于 80mm)。在大批量生产中，广泛采用钻模、多轴钻或组合机床加工。

1) 钻孔

在钻床上，用旋转的钻头钻削孔，是孔加工的最常用方法。钻孔属粗加工，最常用的刀具是麻花钻。钻孔时，钻头工作部分大都处在已加工表面的包围中，会引起钻头的刚度和强度、容屑和排屑、导向和冷却润滑等一些特殊问题。因此，其特点可概括如下。

(1)容易产生“引偏”：“引偏”是指在钻床上钻孔时由于钻头弯曲而引起的孔轴线歪斜，如图 1.18(a)所示；或在车床上车孔时，孔径扩大、孔不圆，如图 1.18(b)所示。其主要原是，在钻削力的作用下，刚性很差且导向性不好的钻头很容易弯曲，致使钻出的孔产生“引偏”，降低了孔的加工精度，甚至造成废品。

减少引偏的措施：① 预钻锥形定心坑，如图 1.19(a)所示。首先用小顶角(2φ=90°～100°)大直径短麻花钻，预先钻一个锥形坑，然后再用所需的钻头钻孔。由于预钻时钻头刚性好，锥形坑不易偏，以后再用所需的钻头钻孔时，这个坑就可以起定心作用。② 用钻套为钻头导向，如图 1.19(b)所示。可以减少钻孔开始时的“引偏”，特别是在斜面或曲面上钻孔时，更为必要。③ 刃磨时，尽量把钻头的两个主切削刃磨得对称一致，使两主切削刃的径向切削力互相抵消，从而减少钻头的“引偏”。

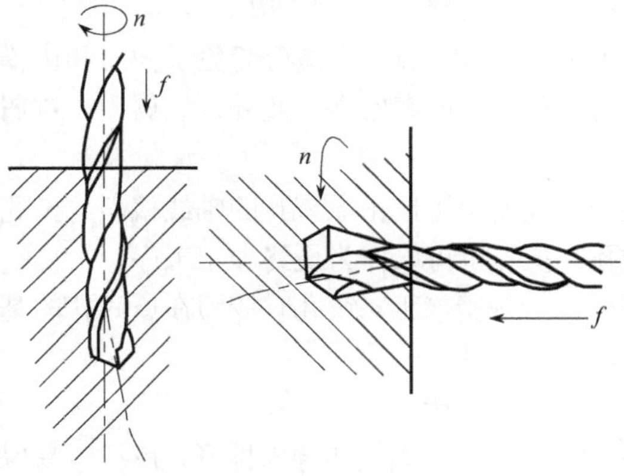

(a)钻床钻孔　　(b)车床车孔

图 1.18　钻孔引偏

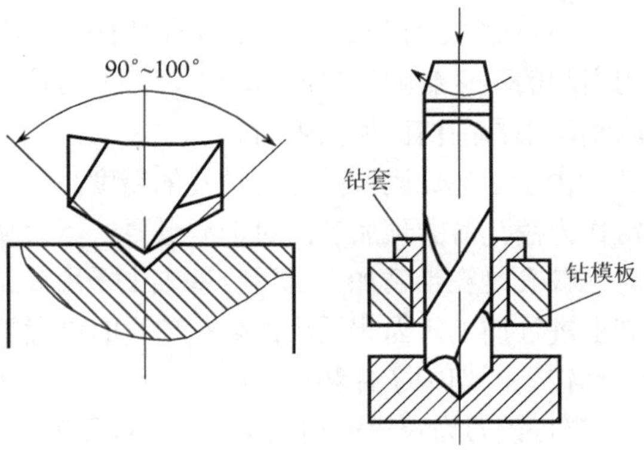

(a)　　(b)

图 1.19　减少引偏的措施

(2)排屑困难：钻孔时，由于切屑较宽，容屑槽尺寸又受到限制，因而在排屑过程中，往往与孔壁发生较大的摩擦，挤压、拉毛和刮伤已加工表面，降低表面质量。有时切屑可能阻塞在钻头的容屑槽里，卡死钻头，甚至将钻头扭断。为了改善排屑条件，钻钢料工件时，在钻头上常修磨出分屑槽，如图 1.20 所示，将宽的切屑分成窄条，以利于排屑、断屑。当钻深孔(L/D>5～10)时，应采用合适的深孔钻进行加工。

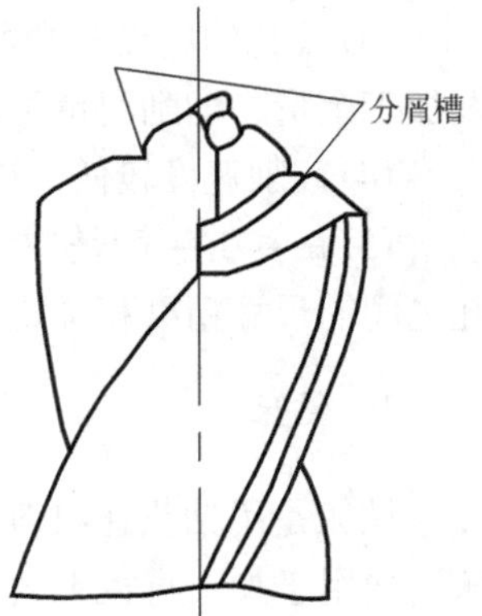

图 1.20　分屑槽

(3)切削热不易传散：由于钻削是一种半封闭式的切削，钻削时所产生的热量虽然也由切屑、工件、刀具和周围介质传出，但它们之间的比例却和车削大不相同。如用标准麻花钻，不加切削液钻钢料时，工件吸收的热量约占 52.5%，钻头约占 14.5%，切屑约占 28%，而介质仅占 5%左右。

(4)加工质量差，切屑与孔壁摩擦，挤压、拉毛和刮伤已加工面，使其表面粗糙度大。钻头的“引偏”使孔的轴线歪斜或孔径扩大；钻头的长径比较大以及横刃引起的轴向力增大，使远离支点的切削部分运动不平稳，造成尺寸精度较差，只能用于粗加工。

虽然钻削存在“四差一大”(导向差、刚性差、加工精度差、切削条件差和轴向力大)的缺点，但是对于螺栓通孔、需要攻丝的螺纹孔，以及用于汽、水、油的通道等一些要求不高的孔，都可以用钻削来完成；特别是在传统切削加工方法中，钻削是唯一能实现在实体上开出原孔的方法，所以钻削加工还是被广泛用于生产中。

2）扩孔和铰孔

精度高、表面要求光洁的小孔，在钻削后常常采用扩孔和铰孔来进行半精加工和精加工。

扩孔是用扩孔钻在工件上已经钻出、铸出或锻出孔的基础上所做的进一步加工，以扩大孔径，提高孔的加工精度。扩孔采用扩孔钻，加工余量比钻孔时小得多，扩孔钻在结构上有如下特点。

(1)刚性较好。由于切削深度小，切屑少，容屑槽可做得浅而窄，使钻心部分比较粗壮，大大提高了刀体的刚度。

(2)导向性较好。由于容屑槽浅而窄，可在刀体上做出 3～4 个刀齿，这样一方面可提高生产率，同时也增加了刀齿的棱边数，从而增强了扩孔时刀具的导向及修光作用，切削比较平稳。

(3)切削条件较好。扩孔钻的切削刃不必自外缘延续到中心，无横刃避免了横刃和由横刃引起的不良影响。轴向力较小，可采用较大的进给量，生产率较高。此外，切屑少，排屑顺利，不易刮伤已加工表面。

由于上述原因，扩孔比钻孔的精度高，且在一定程度上可校正原有孔的轴线偏斜。扩孔常作为铰孔前的预加工，对于质量要求不太高的孔，扩孔也可以作为最终加工工序。

铰孔是在半精加工(扩孔)基础上采用铰刀进行的一种精加工。铰孔时铰刀在原底孔的基础上进行加工，因此无法提高孔轴线的位置精度以及直线度。

铰孔的切削条件和铰刀的结构比扩孔更为优越，有如下特点。

(1)铰刀为定径的精加工刀具，铰刀的刀刃多(6～12 个)，刚性和导向性好，铰孔容易保证尺寸精度和形状精度，生产率也较高，但铰孔的适应性不如精镗孔，一种规格的铰刀只能加工一种尺寸和精度的孔，且不能铰削非标准孔、台阶孔和盲孔。

(2)机铰刀在机床上常用浮动连接，这样可防止铰刀轴线与机床主轴轴线偏斜，造成孔的形状误差、轴线偏斜或孔径扩大等缺陷。但铰孔不能校正原有孔的轴线偏斜，孔与其他表面的位置精度需由前道工序保证。

(3)铰孔的精度和表面粗糙度不取决于机床的精度，而取决于铰刀的精度和安装方式以及加工余量、切削用量和切削液等条件。

(4)铰削速度较低，这样可避免产生积屑瘤和引起振动。

(5)钻—扩—铰是生产中典型的孔加工方案，但只能保证孔本身的精度，不能改善孔与孔之间的尺寸精度和位置精度，因此，位置精度要求严格的箱体上的孔系应采用镗削加工。

2. 钻床

钻床是用钻头在材料上钻孔的机床。此外，它还可以进行扩孔、铰孔、攻丝等加工。钻床一般用于加工直径不大、精度要求较低的孔。加工时，工件固定不动，刀具旋转做主运动，同时沿轴向移动做进给运动。钻床的加工方法及所需的运动如图 1.21 所示。

根据用途和结构的不同，钻床可分为：立式钻床、台式钻床、摇臂钻床、深孔钻床以及中心孔钻床等。

1）立式钻床

立式钻床是钻床中应用较广的一种，其外形如图 1.22 所示。加工时工件直接或通过夹具安装在工作台上，主轴的旋转运动由电动机经变速箱传动。工作台和进给箱可沿立柱上的导轨调整其上下位置，以适应在不同高度的工件上进行钻削加工。

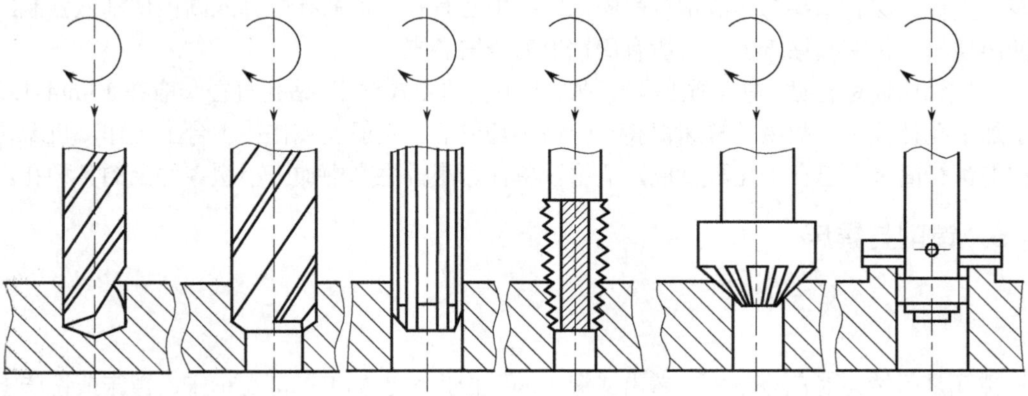

(a) 钻孔　(b) 扩孔　(c) 铰孔　(d) 攻丝　(e) 锪孔　(f) 平面

图 1.21　钻床的加工方法

由于立式钻床的主轴在水平面上的位置是固定不变动的，因此加工前要移动工件来对准主轴，这对于大而重的工件而言，操作不方便，生产率也不高，常用于单件、小批生产中加工中小型工件。

2) 摇臂钻床

摇臂钻床是一种摇臂可绕立柱回转和升降，主轴箱又可在摇臂上做水平移动的钻床。图 1.23 为摇臂钻床外形图。主轴很容易地被调整到所需的加工位置上，这就为在单件、小批生产中，加工大而重的工件上的孔带来了很大的方便。

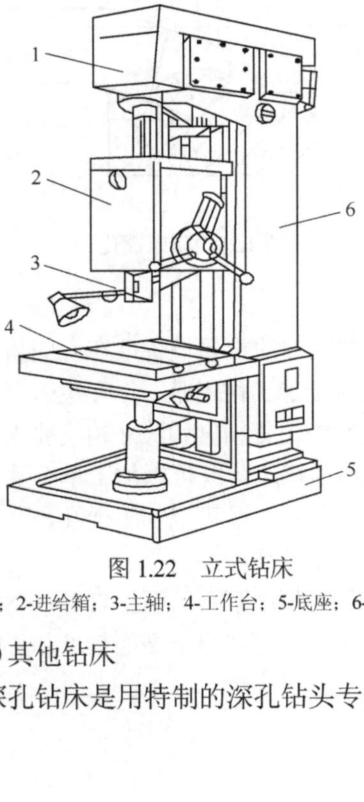

图 1.22　立式钻床

1-变速箱；2-进给箱；3-主轴；4-工作台；5-底座；6-立柱

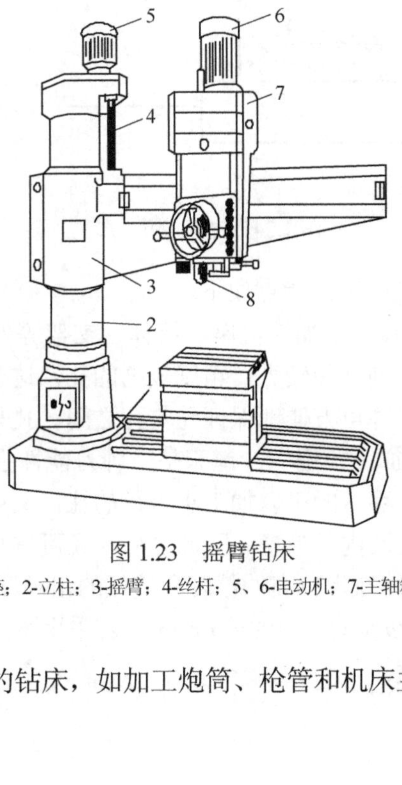

图 1.23　摇臂钻床

1-底座；2-立柱；3-摇臂；4-丝杆；5、6-电动机；7-主轴箱；8-主轴

3) 其他钻床

深孔钻床是用特制的深孔钻头专门加工深孔的钻床，如加工炮筒、枪管和机床主轴等零

件中的深孔。深孔加工时通常是由工件转动来实现主运动，深孔钻头并不转动而只做直线的进给运动。此外，为避免机床过高和便于排除切屑，深孔钻床一般采用卧式布局，外形与卧式车床类似。深孔钻头与一般钻头不同，钻头中心有孔，可从孔中打入高压切削液强制冷却并冲出切屑。在深孔钻床上，一般有周期退刀排屑装置。

台式钻床简称台钻，它实质上是一种加工小孔的立式钻床，钻孔直径一般在 15mm 以下。由于加工孔径较小，故主轴转速很高。台钻小巧灵活，一般安装在钳工台上工作，机床传动和构造都较简单，但自动化程度低，适用于单件、小批生产中加工小型零件上的各种孔。

1.1.5 镗削与镗床

1. 镗削

镗孔是用镗刀对已经钻出、铸出或锻出的孔做进一步加工，可在车床、镗床或铣床上进行，如图 1.24 和图 1.25 所示。镗削加工中，通常镗刀旋转做主运动，工件或镗刀直行做进给运动。镗削使用的镗刀有单刃镗刀和多刃镗刀之分。镗床主要有卧式镗床、坐标镗床和金刚镗床等多种类型。

镗削主要用于加工直径较大的已有孔(孔径 $D=\phi40\sim\phi330$mm)和孔系，还可以将镗刀装在铣镗床上加工外圆和平面。镗孔可分为粗镗、半精镗和精镗。

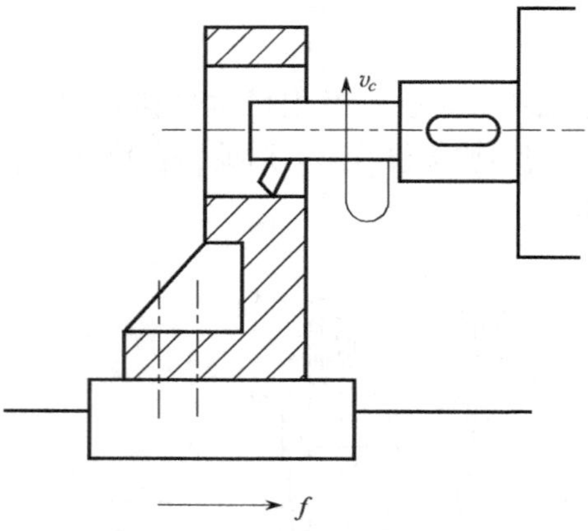

图 1.24　镗床镗孔

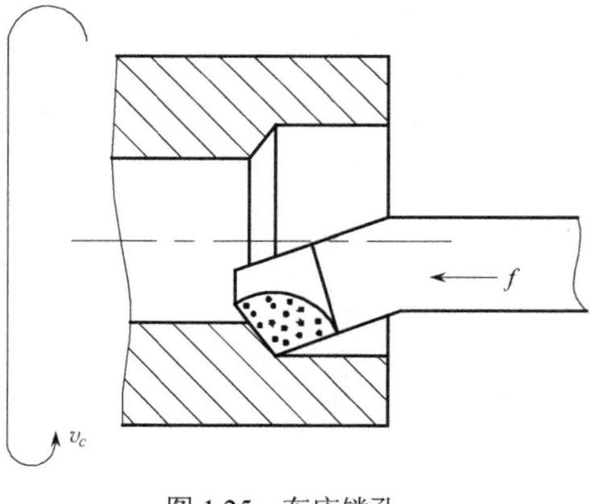

图 1.25　车床镗孔

镗削的工艺特点如下。

(1) 镗床是加工机座、箱体、支架等外形复杂的大型零件的主要设备：在一些箱体上往往有一系列孔径较大、精度较高的孔，这些孔在一般机床上加工很困难，但在镗床上加工却很容易，并可方便地保证孔与孔之间、孔与基准平面之间的位置精度和尺寸精度要求。

(2) 加工范围广：镗床是一种万能性强、功能多的通用机床，既可以加工单个孔，又可以加工孔系；既可以加工小直径的孔，又可以加工大直径的孔；既可以加工通孔，又可以加工台阶孔及内环形槽。除此之外，还可进行部分铣削和车削工作。

(3) 能获得较高的精度和较低的粗糙度：普通镗孔的尺寸精度等级可达 IT7～IT8，表面粗糙度 Ra 值可达 0.8～1.6μm。若采用金刚镗床或坐标镗床，可获得更高的精度和更低的表面粗糙度。

(4)镗削可有效地校正原孔的轴线偏斜，保证孔及孔系的位置精度：但由于镗刀杆直径受孔径的限制，一般刚性较差，易弯曲变形和振动，故镗削加工质量的控制(特别是细长孔)不如铰削方便。

(5)镗削的生产率低：为减小镗杆的弯曲变形，须采用较小的背吃刀量和进给量进行多次走刀。镗床和铣床镗孔，须调整镗刀在刀杆上的径向位置，操作复杂、费时。

2. 镗床

镗床主要是用镗刀在工件上镗孔的机床，它的加工精度和表面质量要高于钻床。镗床是大型箱体零件加工的主要设备，主要分为卧式镗床、坐标镗床等。

1)卧式镗床

卧式镗床是镗床中应用最广泛的一种。它主要用于孔加工，还可以车端面、铣平面、车外圆、车螺纹及钻孔等。

卧式镗床的外形如图 1.26 所示。主轴箱可沿前立柱的导轨上下移动。在主轴箱中，装有镗杆、平旋盘、主运动和镗杆进给运动变速传动机构及操纵机构。根据加工情况，刀具可以装在镗杆上或平旋盘上。镗杆旋转(主运动)，并可沿轴向移动(进给运动)；平旋盘只能做旋转主运动。装在后立柱上的后支架，用于支撑悬伸长度较大的镗杆的悬深端，以增加刚性。后支架可以沿后立柱上的导轨与主轴箱同步升降，以保持后支架支撑孔与镗杆在同一轴线上。工件安装在工作台上，可与工作台一起随下滑座或上滑座做纵向或横向移动。工作台还可绕在上滑座的圆轨道在水平平面内转位，以便加工互相成一定角度的平面或孔。当刀具装在平旋盘的径向刀架上时，径向刀架可带着刀具做径向进给，以车削端面。

2)坐标镗床

坐标镗床是一种高精度机床。它的特点是具有测量坐标位置的精密测量装置。为了保证高精度，这种机床的主要零部件的制造和装配精度都很高，并具有良好的刚性和抗震性。它主要用来镗削精密孔(IT6 级或更高)和位置精度要求很高的孔系(定位精度达 0.001～0.02mm)。例如镗削钻模上的精密孔。

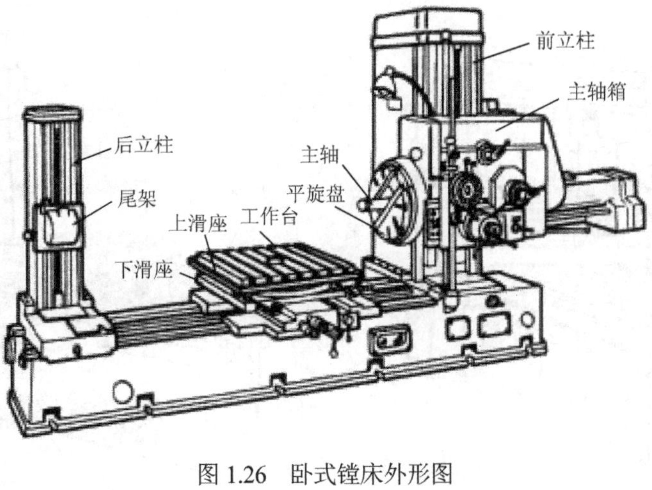

图 1.26　卧式镗床外形图

坐标镗床有立式的，也有卧式的、立式坐标镗床适宜于加工轴线与安装基面(底面)垂直的孔系和铣削顶面；卧室坐标镗床适宜于加工与安装基面平行的孔系和铣削侧面。立式镗床还有单柱、双柱之分。

立式单柱坐标镗床如图 1.27 所示。主轴带动刀具做旋转主运动，主轴套筒沿轴向做进给运动。机床工作台的三个侧面都是敞开的，操作比较方便。但是，工作台必须实现两个方向的移动，使工作台和床身之间多了一层(床鞍)，从而影响刚度。当机床尺寸较大时，给保证加工精度增加了困难。因此，此种形式多为中、小型坐标镗床。

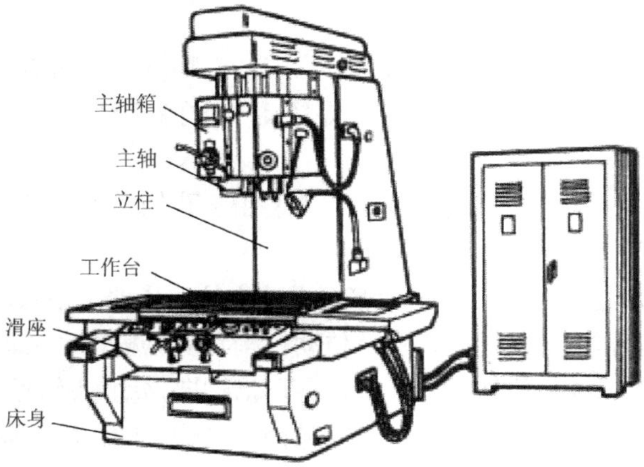

图 1.27　立式单柱坐标镗床

双柱式坐标镗床如图 1.28 所示。两个坐标方向的移动，分别由主轴箱沿横梁的导轨做横向移动(Y 向)和工作台沿床身的导轨做移动(X 向)实现。横梁可沿立柱和导轨上下调整位置，以适应不同高度的工件。两个立柱、顶梁和床身构成龙门框架，工作台和床身之间的层次比单柱式的少，主轴中心线离横梁导轨面的悬伸距离也较小，所以刚度较高。大、中型坐标镗床常采用此种布局。

卧式坐标镗床如图 1.29 所示。其主轴是水平的。两个坐标方向的移动，分别由工作台沿床身上部床鞍的横导轨横向移动(X 向)和主轴箱沿立柱的导轨上下移动(Y 向)来实现。回转工作台可以在水平面内回转至一定角度位置，以进行精密分度。

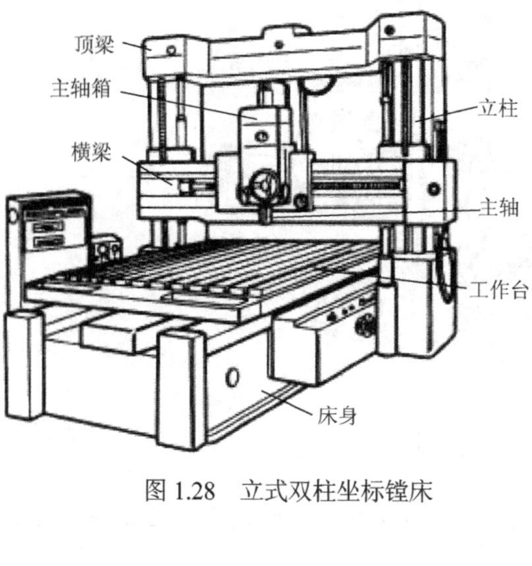

图 1.28　立式双柱坐标镗床

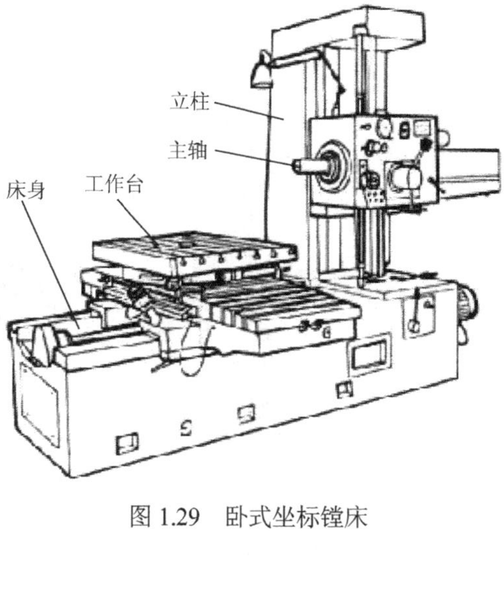

图 1.29　卧式坐标镗床

如前所述，坐标镗床的特点在于坐标的测量系统。坐标测量系统有很多种，如机械的、光学的、光栅的和感应同步尺的等。因此，对于像坐标镗床这样的高精度机床，热膨胀对精度的影响是十分明显的，因此，应把这类机床安装在恒温车间内。

1.1.6　磨削与磨床

1. 磨削

用砂轮或涂覆磨具以较高的线速度对工件表面进行加工的方法称为磨削加工，常见磨削加工如图 1.30 所示。其主运动是砂轮的旋转。砂轮上的每个磨粒都可以看成一个微小刀齿，因此，砂轮可以看作是多刃刀具。砂轮的磨削过程，实际上是磨粒对工件表面的切削、刻削和滑擦三种作用的综合效应。磨削中，磨粒本身也由尖锐逐渐磨钝，使切削作用变差，切削力变大。当切削力超过黏合剂强度时，磨钝的磨粒脱落，露出一层新的磨粒，这就是砂轮的“自锐性”。但切屑和碎磨粒仍会将砂轮阻塞。因而，磨削一定时间后，需用金刚石刀具等对砂轮进行修整。

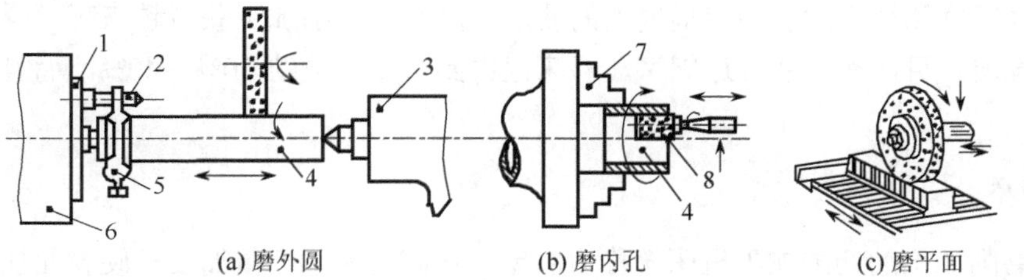

图 1.30　磨削加工

1-拨盘；2-拨销；3-尾架；4-工件；5-鸡心夹头；6-头架；7-三爪自定心卡盘；8-砂轮

砂轮是由磨料和结合剂黏结而成的多孔物体，砂轮特性的影响因素包括磨料、粒度、结合剂、硬度、组织、形状和尺寸等方面，砂轮的特性对加工精度、表面质量和生产率影响很大。

砂轮修整的原理是除去砂轮表面上的一层磨料，使其表面重新露出光整锋利的磨粒，以恢复砂轮的切削性能与外形精度。砂轮的修整方法主要取决于砂轮的特性，例如，碳化硅和氧化铝陶瓷结合剂砂轮一般采用金刚石修整笔修整，就像用车刀车削工件一样。超硬磨料和树脂结合剂砂轮，一般采用磨削油石法或采用碳化硅砂轮对滚法等方法进行修整。

磨削的工艺特点如下。

(1) 加工精度高，表面粗糙度小：这是因为磨削属于高速多刃微刃切削，其切削刃刀尖圆弧半径比一般车刀、铣刀、刨刀要小得多，能在工件表面上切下一层很薄的材料；磨削过程是磨粒切削、刻划和滑擦的综合作用过程，有一定的研磨抛光作用；磨床比一般机床加工精度高，刚度和稳定性好，且具有微量进给机构，因此，磨削的加工精度高(IT5～IT8)，表面粗糙度 Ra 可达 0.025～1.6μm，甚至是 0.008～0.1μm。

(2) 可加工高硬度材料：磨削不仅可以加工铸铁、碳钢、合金钢等一般结构材料，还可以加工一般刀具难于切削的高硬度的淬硬钢、硬质合金、陶瓷、玻璃等难加工材料，因此，磨削往往作为最终加工工序。但对于塑性很大、硬度很低的有色金属及其合金，因其屑末易堵塞砂轮气孔而使砂轮丧失切削能力，一般不宜磨削，而多采用刀具切削精加工。

(3) 径向分力大：磨削力一般分解为轴向力 F_x、径向力 F_y 和切向力 F_z。磨削加工时，由于磨削深度和磨粒的切削厚度都较小，所以，F_z 较小，F_x 更小。但因为砂轮与工件的接触宽度大，磨粒的切削能力较差，因此，F_y 较大。一般 $F_y=(1.5\sim3)\ F_z$。

(4) 磨削温度高：由于具有较大负前角的磨粒在高压和高速下对工件表面进行切削、刻划和滑擦作用，砂轮表面与工件表面之间的摩擦非常严重，消耗功率大，产生的切削热多。又由于砂轮本身的导热性差，因此，大量的磨削热在很短的时间内不易传出，使磨削区的温度很高，有时高达 800～1000℃。

高的磨削温度容易烧伤工件表面。干磨淬火钢工件时，会使工件退火，硬度降低；湿磨淬火钢工件时，如果切削液喷注不充分，可能出现二次淬火烧伤，即夹层烧伤。因此，磨削时，必须向磨削区喷注大量的磨削液。

(5) 砂轮有自锐性：砂轮有自锐性可使砂轮进行连续加工，这是其他刀具没有的特性。

(6) 应用越来越广泛：磨削可加工外圆、内圆、锥面、平面、成形面、螺纹、齿形等多种表面，还可刃磨各种刀具。随着精密铸造、模锻、精密冷轧等先进毛坯制造工艺日益广泛应用，毛坯的加工余量较小，可不必经过车、铣、刨等粗加工和半精加工，直接用磨削达到较高的尺寸精度和较小的表面粗糙度值的要求。因此，磨削加工获得越来越广泛的应用和日益迅速的发展。目前在工业发达国家，磨床已占到机床总数的 30%～40%，而且还有不断增加的趋势。

2. 磨床

用于磨削加工的切削加工机床统称为磨床。它们是为适应精加工和硬表面加工的需要而发展起来的，目前也有少数应用于粗加工的高效磨床。

磨床的种类很多，其中主要类型有：外圆磨床、内圆磨床、平面磨床、工具磨床、刀具刃磨磨床、各种专门化磨床(如曲轴磨床、凸轮轴磨床、花键轴磨床、活塞环磨床、齿轮磨床、螺纹磨床等)、研磨床、其他磨床(如珩磨机、抛光机、超精加工机床、砂轮机等)。

1) M1432A 型万能外圆磨床

M1432A 型万能外圆磨床主要用于磨削内外圆柱圆锥表面、阶梯轴轴肩、端面和简单的成形回转体表面等。这种磨床属于普通精度级，加工精度可达 IT6～IT7 级，表面粗糙度 *Ra* 为 0.08～1.25μm。它的通用性较大，但自动化程度不高，磨削效率较低，所以适用于工具车间、机修车间和单件、小批量生产的车间。

M1432A 型万能外圆磨床的外形图如图 1.31 所示。它由床身、头架、工作台、内圆磨具、砂轮架、尾座、滑鞍及横向进给机构等部分组成。在床身上面的纵向导轨上装有工作台，台面上装有头架和尾座。被加工工件支承在头架、尾座顶尖上，或夹持在头架主轴上的卡盘中，由头架上的传动装置带动旋转。头架可以绕其垂直轴线转动一定的角度，以便磨削锥度较大的圆锥面；尾座可以在工作台上左右移动，以适应工件的长短需要。工作台沿床身导轨做纵向往复直线运动，带动头架和尾座，从而带动工件运动。工作台分上、下两部分。砂轮架安装在床身后部顶面的横向导轨上，砂轮架内装有砂轮主轴及其传动装置，利用横向进给机构可以实现周期的或连续的横向进给运动。同时，它还可以绕其垂直轴线旋转一定角度，以满足磨削短圆锥面的需求。砂轮架上装有内圆磨具，磨内孔的砂轮主轴由专门的电动机驱动。另外，在床身内还有液压部件，在床身后侧还有冷却装置。

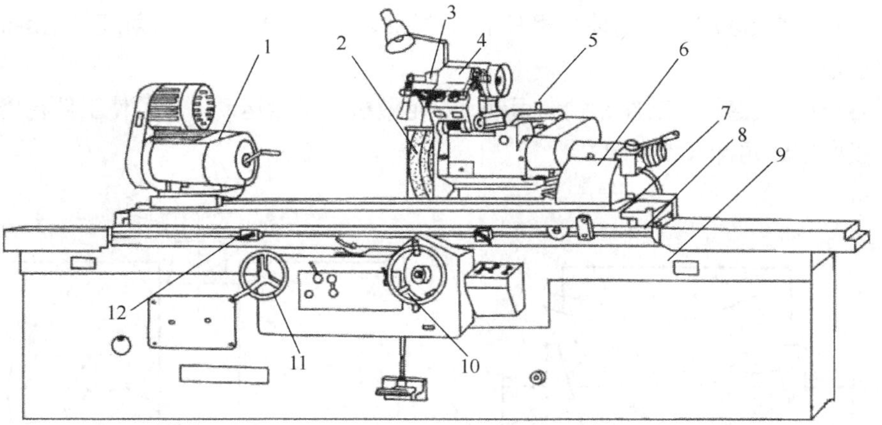

图 1.31　M1432A 型万能外圆磨床的外形图

1-头架；2-砂轮；3-内圆磨头；4-磨架；5-砂轮架；6-尾座；7-上工作台；
8-下工作台；9-床身；10-横向进给手轮；11-纵向进给手轮；12-换向挡块

2) 普通外圆磨床

普通外圆磨床与万能外圆磨床的结构基本相同。所不同的是：头架主轴直接固定在壳体上，不能转动，故工件只能支承在“死顶尖”上磨削。另外，这种磨床的头架和砂轮架都不能绕垂直轴调整角度位置，而且也没有内圆磨具。因此，普通外圆磨床只能用于磨削外圆柱面、锥度不大的外圆锥面和台肩端面。

普通外圆磨床的万能性不及万能外圆磨床。但由于减少了主要部件的结构层次，头架主轴又固定不转，故机床及头架主轴部件的刚度高，工件的旋转精度好，同时也易于保证磨削精度和控制表面粗糙度。

3) 无心磨床

无心磨床通常指无心外圆磨床。无心磨削如图 1.32 所示。

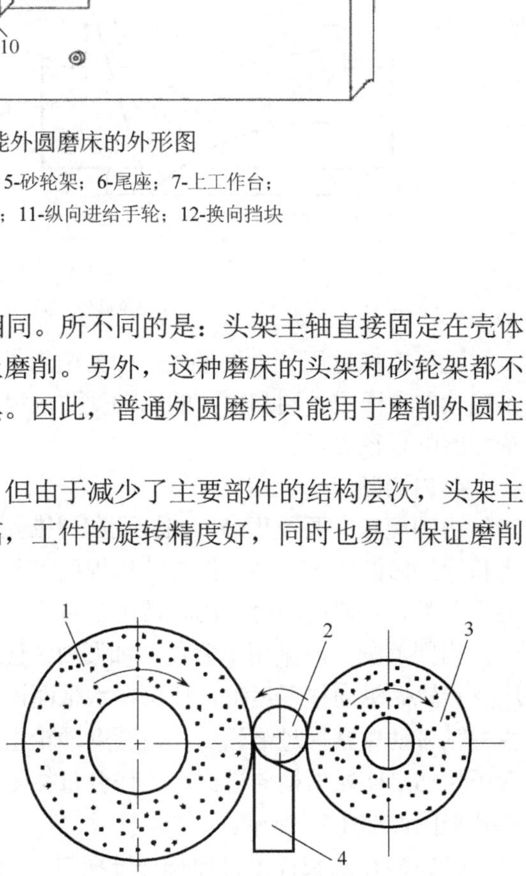

图 1.32　无心磨削示意图

1-磨削砂轮；2-工件；3-导轮；4-托板

无心磨削的特点是：工件 2 不用顶尖支承或卡盘夹持，置于磨削砂轮 1 和导轮 3 之间并用托板 4 支承定位，工件中心略高于两轮中心的连线，并在导轮摩擦力作用下带动旋转。导轮为刚玉砂轮，它以树脂或橡胶为结合剂，与工件间有较大的摩擦因数，线速度在 10～50m/min，工件的线速度基本上等于导轮的线速度。磨削砂轮 1 采用一般的外圆磨砂轮，通常不变速，线速度很高，一般为 35m/s，所以在磨削砂轮与工件之间有很大的相对速度，这就是磨削工件的切削速度。

为了避免磨削出棱圆形工件，工件中心必须高于磨削砂轮和导轮的连心线。这样，工件与导轮、砂轮的接触相当于在假想的 V 形槽中转动。由于工件的凸起部分和 V 形槽不可能对称地接触，因此可使工件在多次转动中逐步被磨圆。

无心磨削通常有纵磨法(贯穿磨法)和横磨法(切入磨法)两种，如图 1.33 所示。

图 1.33(a)为纵磨法，导轮轴线相对于工件轴线偏转α=1°～4°的角度，粗磨时取大值，精磨时取小值。

图 1.33(b)为横磨法，工件无轴向运动，导轮做横向进给运动，为了使工件在磨削时紧靠挡块，一般取偏转角α=0.5°～1°。

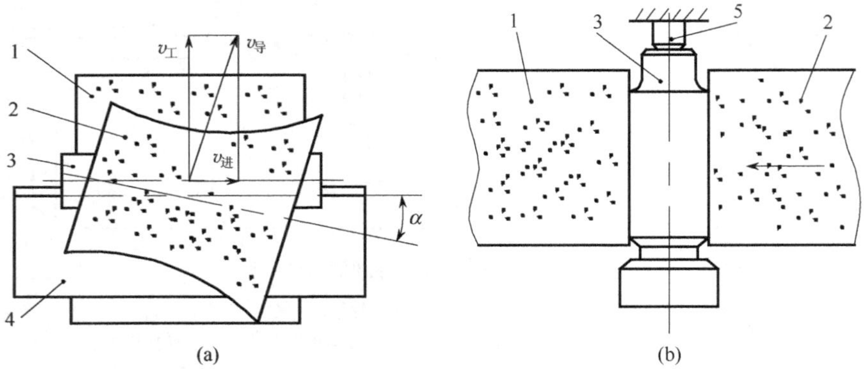

图 1.33　无心磨削的两种方法

1-磨削砂轮；2-导轮；3-工件；4-托板；5-挡块

无心磨床适用于大批量生产中磨削细长轴以及不带中心孔的轴、套、销等零件，而周向不连续的表面或外圆和内孔的同轴度要求很高的表面不宜在无心磨床上加工，它的主参数以最大磨削直径表示。

4) 内圆磨床

内圆磨床主要用于磨削圆柱孔和圆锥孔。按磨削方式可分为普通内圆磨床、无心内圆磨床和行星内圆磨床三种；按自动化程度可分为普通内圆磨床、半自动内圆磨床和全自动内圆磨床三类。普通内圆磨床比较常用。

内圆磨削一般采用纵磨法，如图 1.34(a)所示。头架安装在工作台上，可随同工作台沿床身导轨做纵向往复运动，还可在水平面内调整角度位置以磨削圆锥孔。工件装夹在头架上由主轴带动做圆周进给运动。内圆磨砂轮由砂轮架主轴带动做旋转运动，砂轮架可由手动或液压传动沿床鞍做横向进给，工作台每往复一次，砂轮架做横向进给一次。常见的内圆磨床的外形图如图 1.35 所示。

砂轮装在加长杆上，加长杆锥柄与主轴前端锥孔相配合，如图 1.34(b)所示，可根据磨孔的不同直径和长度进行更换，砂轮的线速度通常为 15～25m/s，这种磨床适用于单件小批生产。

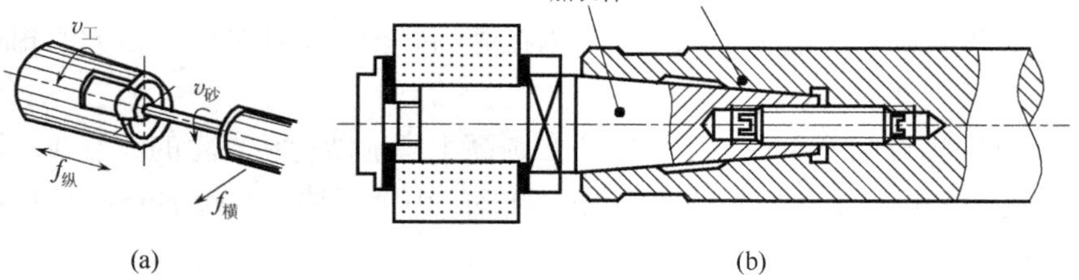

图 1.34　内圆磨削及砂轮的安装

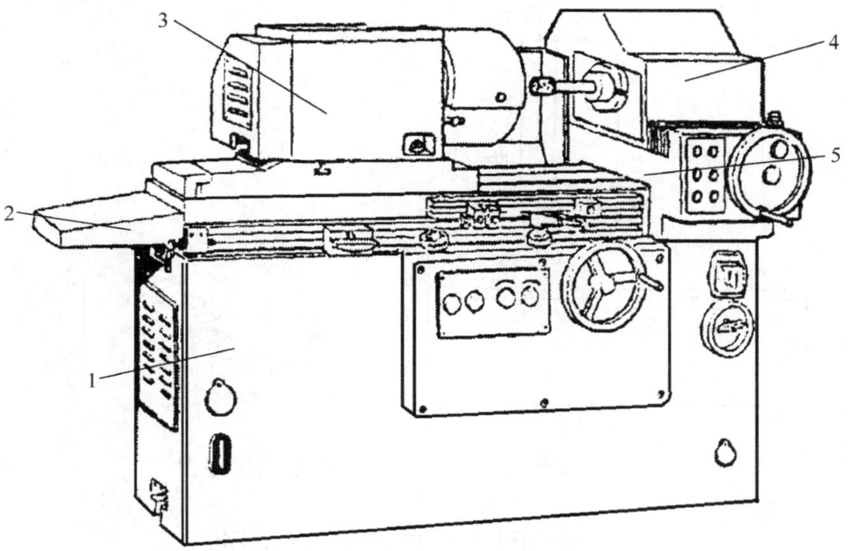

图 1.35　普通内圆磨床

1-床身；2-工作台；3-头架；4-砂轮架；5-砂轮架滑座

5) 平面磨床

平面磨床用于磨削各种零件的平面。它通常有两种磨削方法：一种是用砂轮轮缘(圆周)进行磨削，此时砂轮主轴呈水平布置，成为卧式；另一种是用砂轮端面进行磨削，此时砂轮主轴呈垂直布置，称为立式。根据工作台的形状不同，平面磨床又可分为矩形工作台和圆形工作台两类。

根据砂轮工作面和工作台形状的不同，平面磨床主要有下列 4 种类型：卧轴矩台平面磨床、卧轴圆台平面磨床、立轴矩台平面磨床和立轴圆台平面磨床。其中卧轴矩台平面磨床和立轴圆台平面磨床最为常见。

(1) 卧轴矩台平面磨床，主要采用周磨法磨削平面，如图 1.36 所示。

(2) 立轴圆台平面磨床，采用端磨法磨削平面，如图 1.37 所示。

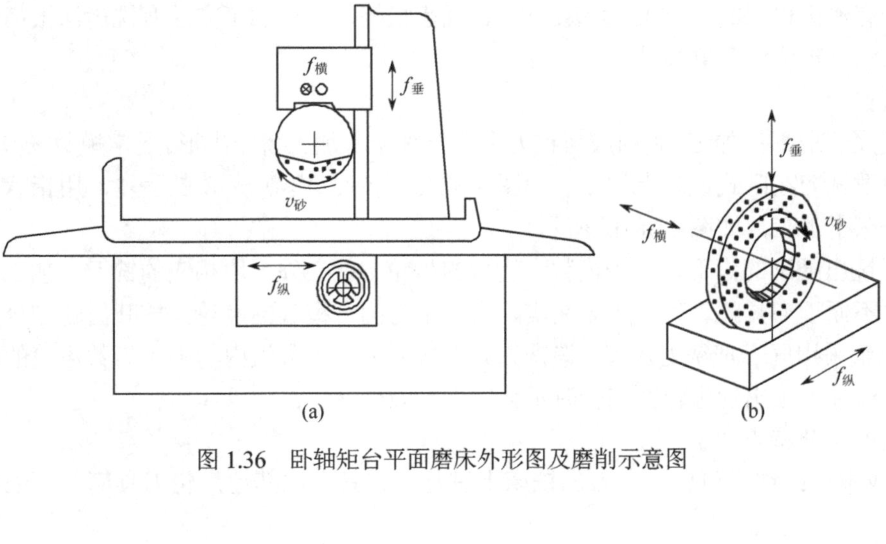

图 1.36　卧轴矩台平面磨床外形图及磨削示意图

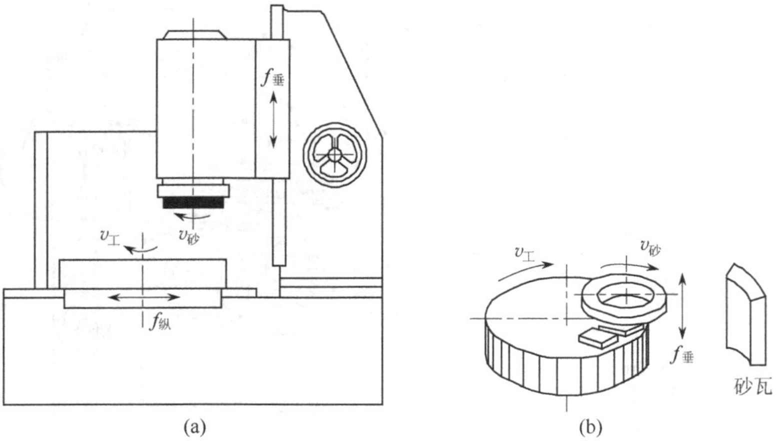

图 1.37　立轴圆台平面磨床外形图及磨削示意图

1.2　曲面加工方法与加工机床

1.2.1　齿面加工与加工机床

齿轮是机械传动中应用最广泛的一种重要零件，几乎没有任何一台机器或仪器不用到齿轮传动机构。齿轮的主要作用是传递动力，传递并改变运动的速度和方向。

1. 齿轮齿形加工方法

齿轮齿形比较复杂，因此，加工起来较为困难。加工齿轮齿形时，应根据其精度要求、生产批量等条件选择好加工方法并确定好齿轮加工的工艺过程。

齿轮齿面的加工运动较复杂，根据形成齿面的方法可分为两大类：成形法和展成法。成形法是用与被切齿轮的齿槽法截面形状相符的成形刀具切出齿形的方法，所使用的机床一般为普通铣床，刀具为普通铣刀，需要两个简单成形运动：刀具的旋转运动(主切削运动)和直线移动(进给运动)。展成法是利用齿轮刀具与被切齿轮保持啮合运动关系而切出齿形的方法，常用机床有滚齿机(如 Y3150E 型滚齿机)、插齿机等，常用加工方法有铣齿法滚齿法、插齿法、剃齿法、珩齿法和磨齿法。

1) 铣齿

铣齿属于成形法加工，利用成形铣刀在万能铣床上加工齿轮齿形。通常模数 $m<8$ 的齿轮，用盘状模数铣刀在卧式铣床上加工，如图 1.38(a)所示；模数 $m>8$ 的齿轮，用指状模数铣刀在立式铣床上加工，如图 1.38(b)所示。

为了铣出准确的齿形，每种模数、齿数的齿轮，就必须采用相应的铣刀来加工，这样既不经济也不便于刀具的管理，所以在实际生产中将同一模数的齿轮，按其齿轮划分为 8 组或 15 组，每组采用同一把铣刀加工，该铣刀齿形按所加工齿数组内的最小齿数齿轮的齿槽轮廓制作，以保证加工出的齿轮在啮合时不会产生干涉(卡住)。

铣齿的工艺特点如下。

(1) 成本低：铣齿可以在一般的铣床上进行，刀具也比其他齿轮刀具简单，因而加工成本低。

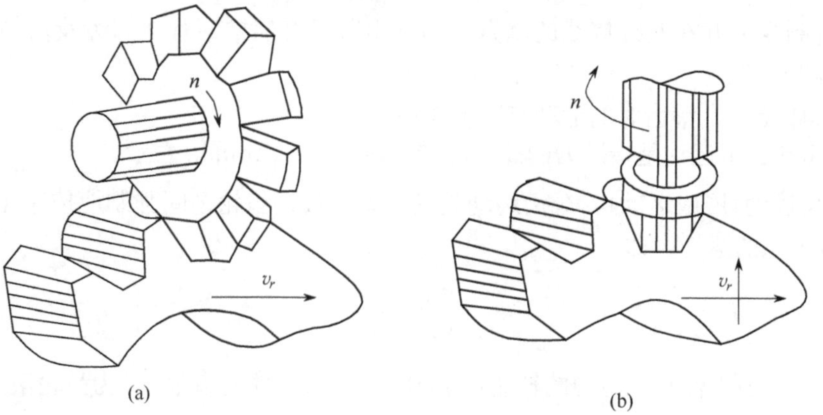

图 1.38　盘状和指状模数铣刀铣齿轮

(2) 加工精度低：由于铣刀分成若干组，齿形误差较大，且铣齿时采用通用附件分度头进行分度，分度精度不高，会产生分度误差，再加上铣齿时产生的冲击和振动，造成铣齿的加工精度较低。

(3) 生产率低：铣齿时，每铣一个齿槽都要重复进行切入、切出、退刀和分度等工作，消耗的辅助时间长，故生产率低。

因此，铣齿仅适用于单件小批生产或维修工作中加工精度不高的低速齿轮，有时也用于齿形的粗加工。铣齿不仅可以加工直齿、斜齿和人字齿圆柱齿轮，而且还可以加工齿条和锥齿轮等。

如图 1.39 所示是用铣刀盘加工圆弧锥齿轮时所用的铣齿机的外形。铣刀盘的刀齿交错安装形成内外两圈刀刃，假想平顶齿轮事实上只存在一个轮齿，它是由铣刀盘旋转时形成的。当刀具摇台绕中心缓慢回转时，铣刀盘刀齿运动轨迹的一段形成产形齿轮的一个齿廓，产形齿轮与工件在做展成运动的过程中，在工件上切出齿槽的两侧渐开线齿廓。

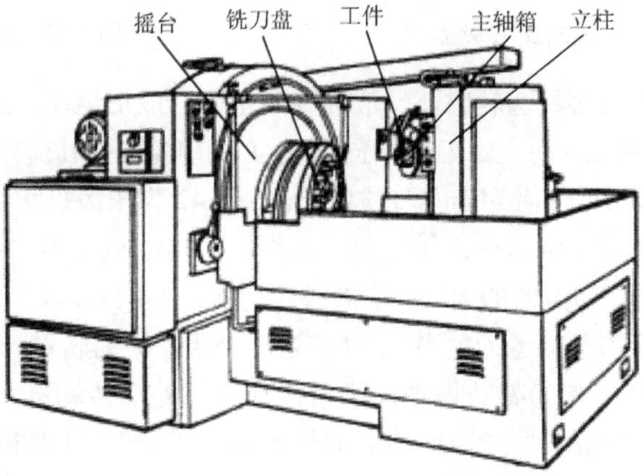

图 1.39　弧齿锥齿轮铣齿机

2) 滚齿

滚齿属于展成法加工，用齿轮滚刀在滚齿机上加工齿轮的轮齿，它是按一对螺旋齿轮相啮合的原理进行加工的，如图 1.40 所示。对于相啮合的一对螺旋齿轮，当其中一个螺旋角很大、齿数很少(一个或几个)时，其轮齿变得很长，形成了蜗杆形。若这个蜗杆用高速钢等刀具材料制成，并在其螺旋线的垂直方向开出若干容屑槽，行成刀齿及切削刃，它就变成了齿轮滚刀。

如图 1.41 所示，滚齿时的运动有以下 3 种。

(1) 主运动。主运动是指滚刀的高速旋转，转速以 $n_{刀}$ (r/min) 表示。

(2) 分齿运动(展成运动)。分齿运动是指滚刀与被切齿轮之间强制地按速比保持一对螺旋齿轮啮合关系的运动，即

$$\frac{n_{刀}}{n_{工}}=\frac{Z_{工}}{k}$$

式中，$n_{工}$、$n_{刀}$ 为工件和插齿刀的转速(r/min)；$Z_{工}$ 为工件的齿数；k 为齿轮滚刀的头数。

(3) 垂直进给运动。为了在齿轮的全齿宽上切出齿形，齿轮滚刀需要沿工件的轴向做进给运动。工件每转一转齿轮滚刀移动的距离，称为垂直进给量。当全部轮齿沿齿宽方向都滚切完毕后，垂直进给停止，加工完成。

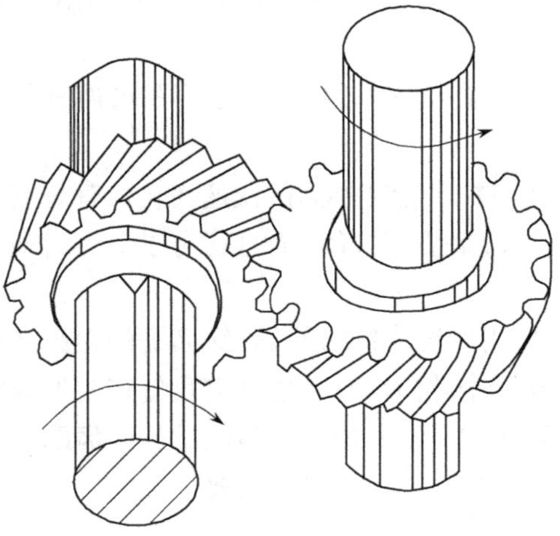

图 1.40　滚齿的加工原理

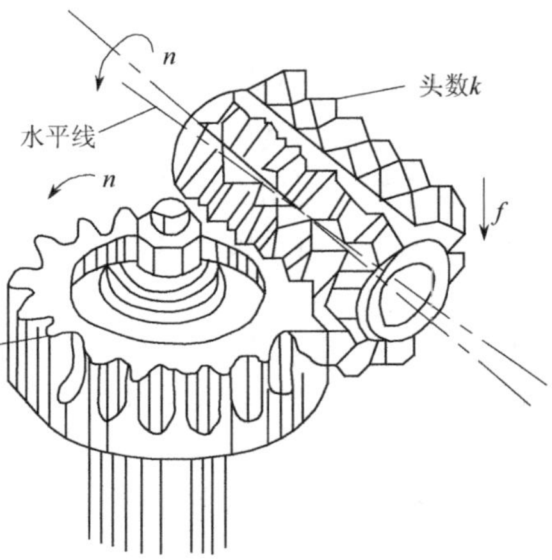

图 1.41　滚齿加工

在滚齿机上滚切斜齿圆柱齿轮时，一般需要两个复合成形运动：由滚刀的旋转运动和工件的旋转运动组成的展成运动；由刀架轴向移动 A_{21} 和工件附加旋转运动 B_{22} 组成的差动运动。前者产生渐开线齿形，后者切出螺旋线齿长。图 1.42 为滚齿机滚切斜齿圆柱齿轮的传动原理图，传动共由四条传动链组成：①速度传动链，“电动机-1-2-u_v-3-4”，即主运动传动链，使滚刀获得一定速度和方向的运动；②展成传动链，“4-5-Σ-6-7-u_x-8-9”产生展成运动并保证滚刀与工件之间的严格运动关系(工件转过一个齿、滚刀转过一个齿)；③轴向进给传动链，“9-10-u_f-11-12”使刀架获得轴向进给运动；④差动传动链，“12-13-u_y-14-15-Σ-6-7-u_x-8-9”保证差动运动的严格运动关系(刀架移动一个导程，工件附加转 1 转)。四条传动链中，速度传动链和轴向进给传动链为外联系传动链，展成传动链和差动传动链为内联系传动链。滚切直齿圆柱齿轮时，一般不需要差动运动。滚切蜗轮的传动原理与滚切圆柱齿轮时相似。

图 1.43 所示为 Y3150E 型滚齿机的外形图。立柱固定在床身上，刀架溜板可沿立柱上的导轨做轴向进给运动。滚刀安装在刀杆上，可随刀架体倾斜一定的角度(滚刀安装角)，以便

用不同旋向和螺旋升角的滚刀加工不同的工件。加工时，工件固定在工作台的心轴上，可沿床身导轨做径向进给运动或调整径向位置。

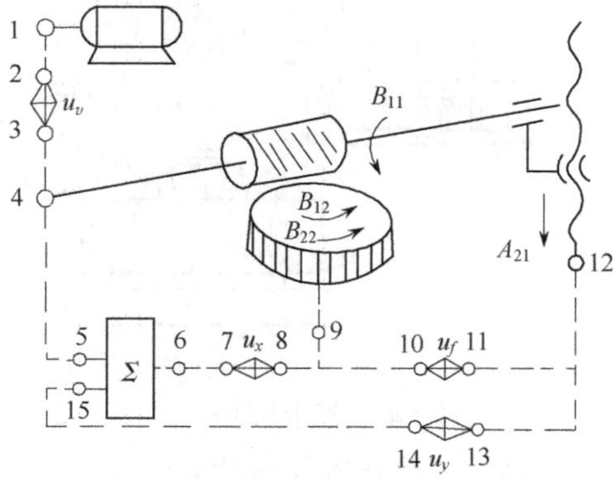

图 1.42　滚切斜齿圆柱齿轮的传动原理

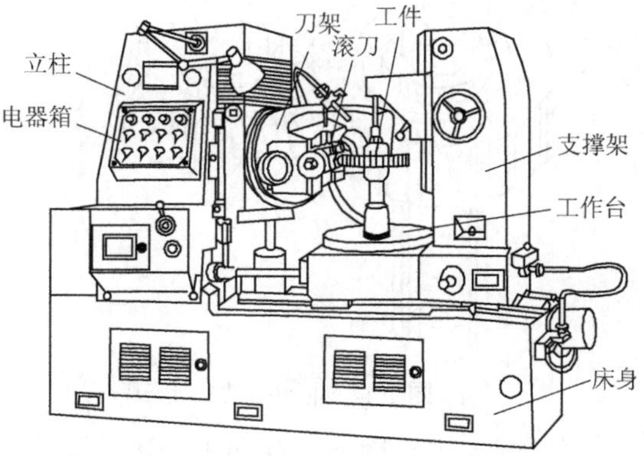

图 1.43　Y3150E 型滚齿机

滚齿加工的特点如下。

(1)滚齿获得的齿形是按展成法原理形成，与铣齿轮相比，无论是齿形精度，还是机床分度精度都要高，可以获得 7～8 级精度的齿轮。

(2)滚齿方法可以用同一模数的滚刀，滚削出相同模数而不同齿数的齿轮，该方法可以减少大量刀量，不但提高了精度，还降低了刀具成本。

(3)滚齿加工范围广泛，可以加工直齿轮、斜齿轮及蜗轮等。

(4)滚齿属连续切削，精度和生产率都较高。

(5)滚齿一般不能滚削内齿轮和相距太近的多联齿轮。

(6)滚齿适宜于单件小批生产，也适宜于成批大量生产。

3)插齿

插齿也属于展成法加工，用插齿刀在插齿机上加工齿轮的齿形，它是按一对圆柱齿轮相啮合的原理进行加工的。如图 1.44 所示，插齿时，插齿刀对被切齿坯执行强制的啮合关系，逐步从齿坯上切除金属。插齿刀一边旋转，一边做上下往复运动，其合成运动使刀齿侧面在齿坯一系列位置上的包络线逐步形成了正确的渐开线齿廓，最终切出整个齿形。

插直齿圆柱齿轮时，如图 1.45 所示，其主要运动有以下 5 种。

(1) 主运动。主运动即插齿刀的上下往复直线运动，以每分钟往复行程次数来表示(str/min)。计算公式为

$$n_r = \frac{60 \times 1000v}{2l}$$

式中，v 为切削速度，m/s；l 为行程长度，mm。

(2) 分齿运动(展成运动)。分齿运动即插齿刀和工件之间强制地按速比保持一对齿轮啮合关系的运动，其啮合关系式表示为

$$\frac{n}{n_刀} = \frac{Z_刀}{Z}$$

式中，n、$n_刀$ 分别为齿坯和插刀的转速；Z、$Z_刀$ 分别为被切齿轮和插刀的齿数。

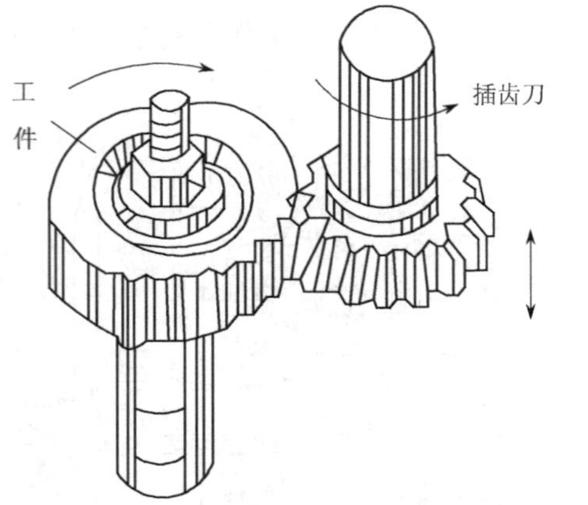

图 1.44　插齿的加工原理

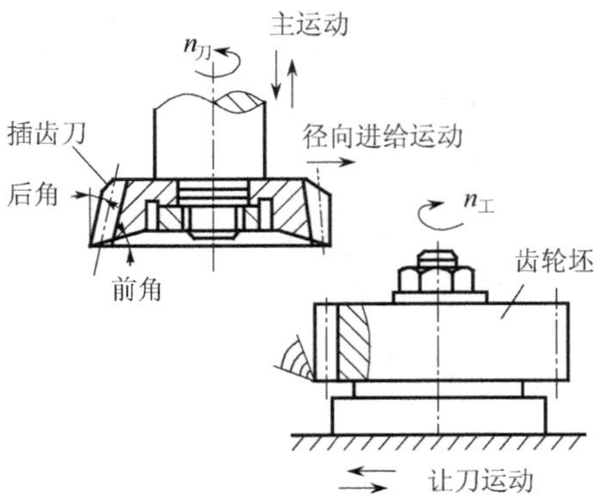

图 1.45　插齿加工

(3) 圆周进给运动。圆周进给运动即分齿运动过程中插齿刀每往复一次其分度圆周所转过的弧长(mm/str)。它反映插齿刀和齿轮坯转动的快慢，决定每切一刀的金属切除量和包络渐开线齿形的切线数目，从而影响齿面的表面粗糙度 *Ra* 值。

(4) 径向进给运动。开始插齿时，插齿刀要逐渐切至全齿深，插齿刀每往复一次径向移动的距离，称为径向进给量。当切至全齿深时，径向进给运动停止，分齿运动仍继续进行，直至加工完成。

(5) 让刀运动。为了避免插齿刀在返回行程中，刀齿和后刀面与工件的齿面发生摩擦，在插齿刀返回时，工件必须让开一段距离；切削行程开始前，工件又恢复原位，这种运动称为让刀运动。

插齿的加工特点如下。

(1) 插齿的加工原理也是应用展成法，因此，刀具的选用只要求模数和压力角与被切齿轮相同，与齿数无关。因此，可以节省大量刀具，降低了刀具成本。

(2) 插齿与滚齿的加工精度基本相同。由于插齿时插刀是沿全齿宽连续包络出齿廓，而滚齿是由滚刀经多次断续包络出齿廓，所以，虽然插齿与滚齿的尺寸精度相差不大，都可以加工出 7～8 级的齿轮，但插齿的表面粗糙度则略低于滚齿，*Ra* 可达 1.6μm 左右。

(3) 插刀的制造及检测比滚刀简单和方便，容易控制刀具精度，因此，加工出的齿形比滚齿高。但插齿机的分齿传动链较复杂，累积传动误差较大，所以分齿精度略低于滚齿，一般为 8～7 级。

(4) 插齿时，在插刀的往复运动中，回程是空行程，所以生产率不如滚齿高。

(5) 插齿的加工范围与滚齿一样较广泛，但各有所长：对于内齿轮、相距很近的多联齿轮、轴向尺寸较大的齿轮轴等，滚齿无法或难以加工，插齿占有优势；而对于螺旋齿轮和斜齿轮，滚齿比插齿更方便更经济。因此，在选择加工方法时，应根据它们的特点进行。

(6) 插齿和滚齿一样，在单件小批或成批大量的生产类型中都被广泛应用。

插齿主要用于加工直齿圆柱齿轮、内齿轮，还可以用于加工双联或多联齿轮。

插齿机是按照展成法来加工圆柱齿轮的，插齿刀实质上是一个端面磨有前角、齿顶及齿侧均磨有后角的齿轮。插齿机的外形如图 1.46 所示，床身上固定有立柱，插齿刀装在刀具主轴上，工件安装在回转工作台上，回转工作台下的横向溜板可以沿着床身导轨在工件径向做切入进给运动及快速接近与退出运动。

4) 剃齿

剃齿是在剃齿机上进行的一种齿形精加工方法，所用的刀具为剃齿刀，主要用于加工插齿或滚齿后未经淬火的直齿和螺旋齿圆柱齿轮，精度可达 6～7 级，表面粗糙度 Ra 值为 0.4～0.8μm。剃齿属于展成法加工。

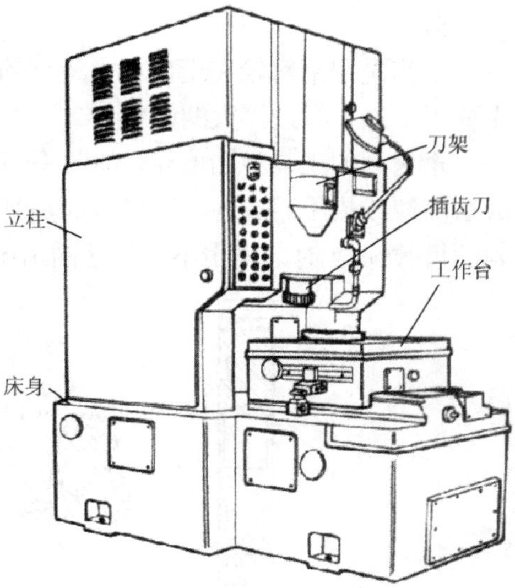

图 1.46　插齿机外形图

剃齿是利用一对螺旋齿轮“自由啮合”的原理进行展成加工的，剃齿刀像一个高精度、高硬度的变位螺旋齿轮。如图 1.47 是剃削圆柱齿轮的剃齿原理示意图。剃齿时，齿坯被固定在心轴上，心轴被安装在剃齿机工作台上的双顶尖之间，齿坯本身不能旋转，而是由剃齿刀带动，有规律地顺时针(正转)和逆时针(反转)交替旋转。正转时剃削轮齿的一个侧面，反转时剃削轮齿的另一个侧面。

由于剃齿刀的刀齿是螺旋状的，其螺旋角为β，要使它与直齿齿坯啮合，必须使其轴线相对于齿坯轴线倾斜β角。加工斜齿轮时，其轴线与工件轴交角为剃齿刀螺旋角与齿坯螺旋角之和。如图 1.47 所示，当剃齿刀高速旋转剃齿时，剃齿刀在 A 点的圆周速度$v_{刀}$可以分解为下列两个分速度：即沿齿坯圆周切线方向的分速度$v_{工}$和沿齿坯轴线方向的分速度$v_{轴}$。$v_{工}$使齿坯旋转，$v_{轴}$为齿面相对滑移速度，即剃齿速度。为了能剃削轮齿的全齿宽，齿坯被工作台带动做往复直线运动。齿坯每往复一个行程，剃齿刀则做一次径向进给运动，直至剃削全部余量。剃齿刀的每次进给量一般为 0.007～0.04mm 厚的金属层。

剃齿主要是提高齿形精度和齿向精度，减小齿面的表面粗糙度 Ra 值。由于剃齿是“自由啮合”的展成法加工，因此不能修正分齿误差，剃齿精度只能在插齿或滚齿的基础上提高一级。

剃齿机的外形如图 1.48 所示，由于其结构简单，而且生产率高，所以多用于大批大量生产的齿形精加工。

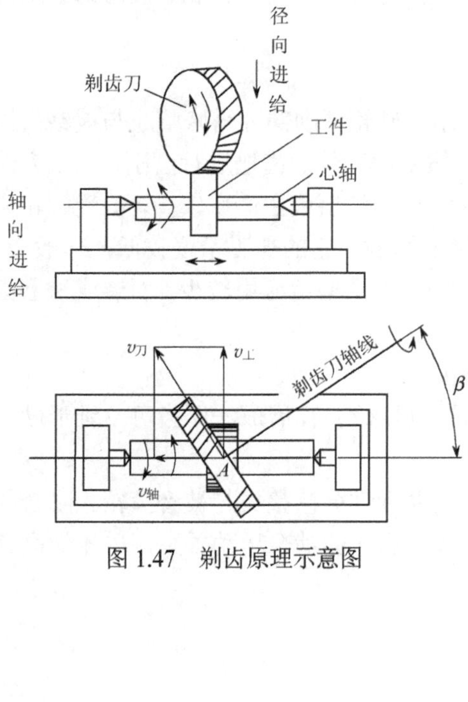

图 1.47　剃齿原理示意图

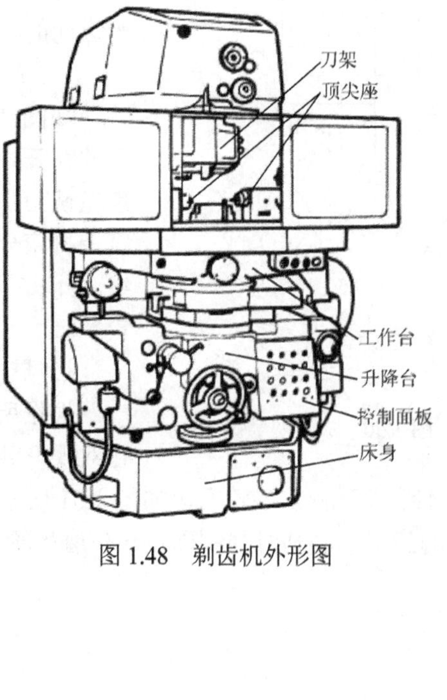

图 1.48　剃齿机外形图

5) 珩齿

珩齿是用珩磨轮在珩齿机上进行的一种齿形光整加工方法，其原理和方法与剃齿相同，主要用于加工经过淬火的齿轮。

珩齿用的工具称珩磨轮，如图 1.49 所示，珩磨轮是由金刚砂和白刚玉磨料与环氧树脂合成后浇铸或热压而成的，可以看成是具有较高精度和切削能力的“螺旋齿轮”。当被珩磨齿轮的模数 $m<4$ 时，采用不带齿芯的珩磨轮；当模数 $m>4$ 时，采用带齿芯的珩磨轮。

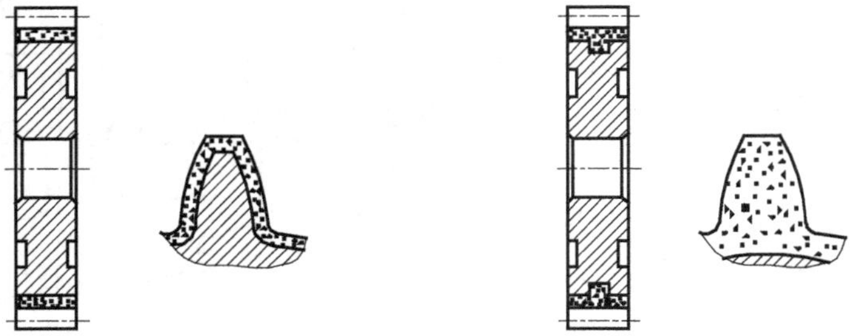

(a) 带齿芯的珩磨轮　　(b) 不带齿芯的珩磨轮

图 1.49　珩磨轮

珩齿时，珩磨轮的转速高达 1000～2000r/min，比剃齿刀的转速高得多。当珩磨轮以高速带动工件旋转时，在相啮合的齿轮齿面上产生相对滑动，从而实现切削加工。珩齿具有磨齿、剃齿和抛光等精加工的综合作用。珩齿主要用于消除淬火后的氧化皮和轻微磕碰而产生的齿面毛刺与压痕，可减小表面粗糙度 *Ra* 值，适当减小齿轮噪声，但对齿形精度改善不大。

6) 磨齿

磨齿是用砂轮在磨齿机上精加工淬火或不淬火的齿轮，加工精度可达 4～6 级，甚至达 3 级，齿面的表面粗糙度 *Ra* 值为 0.2～0.4μm。按加工原理不同，磨齿可以分为成形法磨齿和展成法磨齿两类。磨齿对原齿轮的误差具有很强的修正能力，可以磨削淬火或未经淬火的高精度齿轮。由于磨齿的生产率低、加工成本高，故只适宜于高精度齿轮、插齿刀和剃齿刀等硬齿面的精加工。

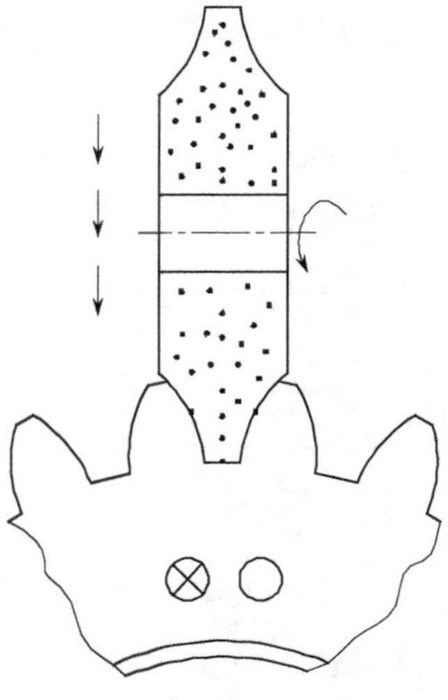

图 1.50　成形法磨齿

(1) 成形法磨齿。

如图 1.50 所示，砂轮磨削部分需修整成与被磨齿槽相吻合的渐开线轮廓，然后对工件的齿槽进行磨削，加工方法与用齿轮铣刀铣齿相似。成形法磨齿生产率较高，但受砂轮修整精度及机床分度精度的影响，它的加工精度较低，一般为 5～6 级，所以实际生产中成形法磨齿应用较少，而展成法磨齿应用较多。

(2) 展成法磨齿。

根据所用砂轮和机床不同，展成法磨齿可分锥形砂轮磨齿和双碟形砂轮磨齿。

锥形(双斜边)砂轮磨齿如图 1.51 所示，砂轮的磨削部分修整成与被磨齿轮相吻合的假想齿条的齿形。磨削时强制砂轮与被磨齿轮保持齿条与齿轮的啮合运动关系，砂轮做高速旋转的同时沿工件轴向做往复运动，以便磨出全齿宽，工件则边转动边移动。当工件逆时针旋转并向右移动时，砂轮的右侧面磨削齿槽 1 的右齿面；当齿槽 1 的右齿面由齿根到齿顶磨削完毕后，机床使工件得到与上述完全相反的运动，利用砂轮的左侧面磨削齿槽 1 的左齿面。当齿槽 1 的左齿面磨削完毕后，砂轮自动退离工件，工件自动进行分度。分度后，砂轮进入下一齿槽 2，重新开始磨削，如此自动循环，直到全部齿槽磨削完毕。

双碟形砂轮磨齿如图 1.52 所示，将两个碟形砂轮倾斜一定角度，构成假想齿条两个齿的外侧面，同时对两个齿槽的侧面 1 和 2 进行磨削。其加工原理与锥形砂轮磨齿相同。为了磨出全齿宽，工件沿轴向做往复进给运动。

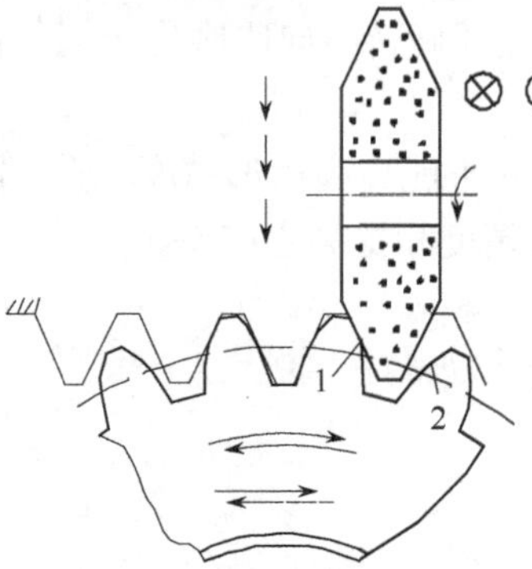

图 1.51　锥形砂轮磨齿

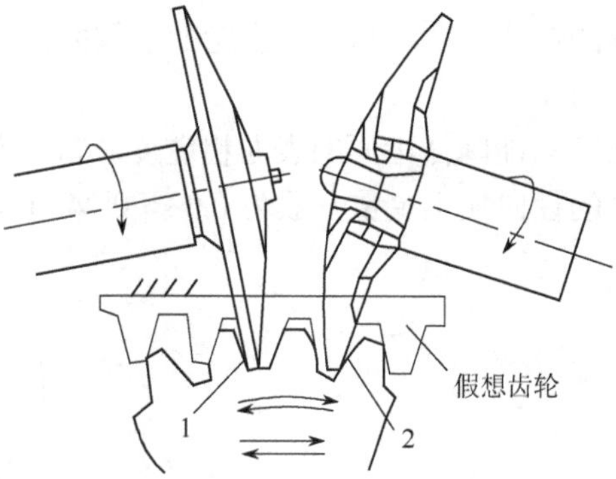

图 1.52　双碟形砂轮磨齿

以上两种展成法磨齿加工精度较高，可达 4～6 级。但齿槽是由齿根到齿顶逐渐磨出，而不像成形法磨齿一次成形，因而生产率低于成形法磨齿。

磨齿主要用于磨削高精度的直齿和螺旋齿圆柱齿轮。在内齿轮磨床上利用成形法可磨削内齿轮。

常用的碟形砂轮磨齿机的外形如图 1.53 所示。它是利用齿条和齿轮的啮合原理来磨削加工齿轮的。该机床加工精度较高，采用砂轮自动修正与补偿装置，以便始终保持砂轮的工作精度。但其主要缺点是砂轮的刚性较差，只能采用较小的磨削深度，生产率较低。

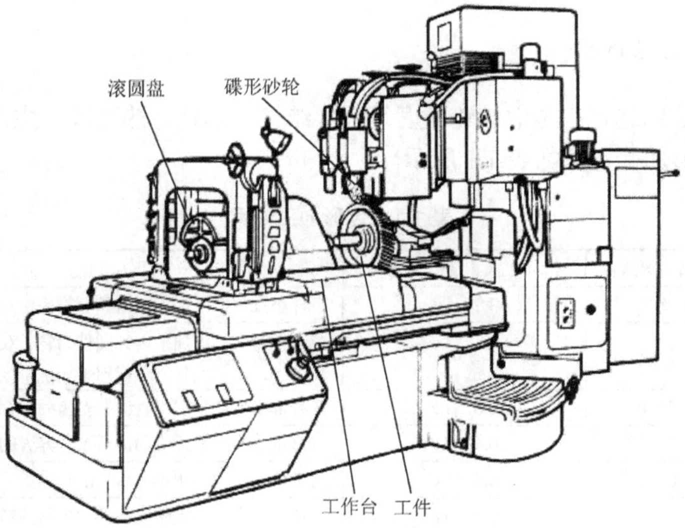

图 1.53　碟形砂轮磨齿机

7）研齿

研齿是在研齿机上利用研齿轮（简称研轮）进行加工的。其加工原理与剃齿类似，都是利用轮齿啮合面之间的相对滑移进行加工的。

如图1.54所示，三个用铸铁制造的研轮分布在被研齿轮周围。若研磨直齿轮，其中应有两个是螺旋齿轮，另一个为直齿轮。被研齿轮在动力带动下与三个略带负荷（或轻微制动）的研轮，做无间隙的相互啮合运动。在啮合的齿面加入粒度很细的研磨剂（研磨剂一般为F180～F240的磨粒加润滑剂）。由于直齿轮与螺旋齿轮啮合时，齿面产生相对滑动，迫使研磨剂在齿面对被研齿轮产生极细微的切削。为了研磨全齿宽，被研齿轮除旋转外，还沿轴线方向做短距离的快速移动。当被研齿轮的一侧面被研磨好后，改变其旋转方向研磨另一侧，直至达到要求为止。

研齿只能降低齿面的表面粗糙度，*Ra* 可达0.2～1.6μm，不能提高齿形精度，所以留给研磨工序的径向加工余量一般为0.03～0.04mm，以保证研齿精度和提高生产率。

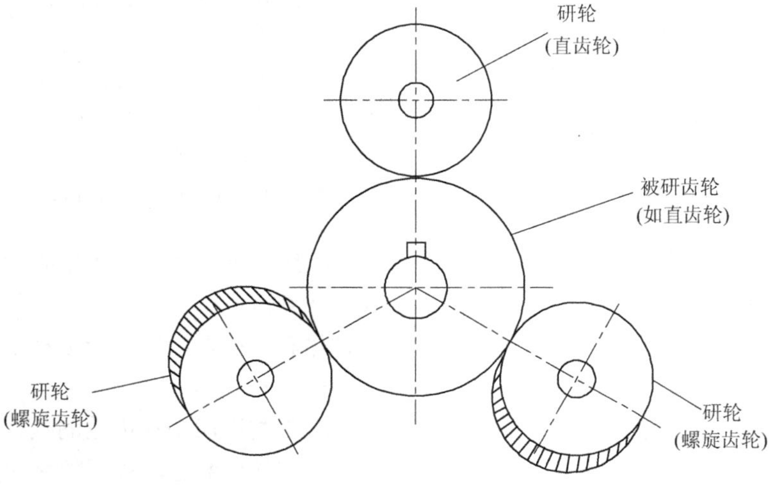

图1.54　研齿原理示意图

2. 齿形加工方法选择

齿形加工方法的选择应考虑齿轮精度等级、结构、形状、热处理和生产批量等因素。常用的圆柱齿轮齿形加工方案如表1.1所示。

表1.1　齿形加工方案

加工方案		精度等级	齿面表面粗糙度 *Ra*/μm	适用范围
成形法铣齿		9级以下	3.2～6.3	单件小批生产中加工直齿和螺旋齿轮及齿条
展成法	插齿	7～8	1.6	各种批量生产中加工内外圆柱齿轮、双联齿轮、扇形齿轮、短齿条等，但插削斜齿只适用于大批量生产
	滚齿	7～8	1.6～3.2	各种批量生产中加工直齿、斜齿外啮合圆柱齿轮和蜗轮
	剃齿	6～7	0.4～0.8	大批量生产中滚齿或插齿后未经淬火的齿轮精加工
	珩齿	6～7	0.4～1.6	大批量生产中高频淬火后齿形精加工
	磨齿	3～6	0.2～0.8	单件小批生产中淬硬或不淬硬齿形的精加工
	研齿	—	0.2～0.4	淬硬齿轮的齿形精加工，可有效地减小齿面的 *Ra* 值

1.2.2 复杂曲面加工与加工中心

数控技术的出现为曲面加工提供了更有效的方法。在数控铣床或加工中心上加工时，曲面是通过球头铣刀逐点按曲面坐标值加工而成。在编制加工程序时，要考虑刀具半径补偿。因为数控系统控制的是球头铁刀球心位置轨迹，而被加工曲面是球头铣刀切削刃运动的包络面。一般情况下，曲面加工数控程序的编制，可由 CAD/CAM 集成软件包(大型商用 CAD 软件都有 CAM 模块)自动生成，特殊情况下，还要二次开发。

加工中心是备有刀库并能自动更换刀具，对工件进行多工序加工的数字控制机床，如图 1.55 所示。工件经一次装夹后，数字控制系统能控制机床按不同工序自动选择和更换刀具，自动改变机床主轴转速、进给量和刀具相对工件的运动轨迹及其他辅助机能，依次完成工件几个面上多工序的加工。加工中心由于工序的集中和自动换刀，减少了工件的装夹、测量和机床调整等时间，使机床的切削时间达到机床开动时间的 80%左右(普通机床仅为 15%～20%)；同时也减少了工序之间的工件周转、搬运和存放时间，缩短了生产周期，具有明显的经济效果。加工中心的应用大大节约了机床的数量，减少了装卸工件和换刀等辅助时间，消除了由于多次安装造成的定位误差，更能实现高精度、高效率、高度自动化且节约加工成本。

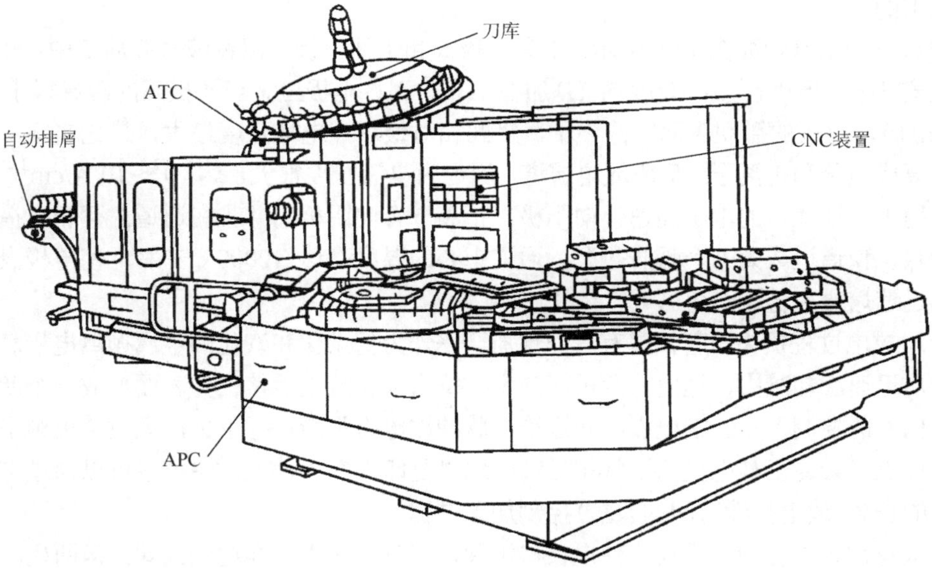

图 1.55　加工中心

1.3 特种加工方法与加工机床

特种加工是利用化学、物理(电、声、光、热、磁)或电化学方法对工件材料进行加工的一系列加工方法的总称。这些加工方法包括：化学加工(CHM)、电化学加工(ECM)、电化学机械加工(ECMM)、电火花加工(EDM)、电接触加工(RHM)，超声波加(USM)、激光束加工(LBM)，离子束加工(IBM)、电子束加工(EBM)、等离子体加工(PAM)、电液加工(EHM)，磨料流加工(AFM)，磨料喷射加工(AJM)，液体喷射加工(HDM)及各类复合加工等。

特种加工方法的加工过程中，工具与工件之间通常没有机械力作用，也不会因为工件太硬而不能加工，从而成为一种特殊的加工方法。与传统加工方法相比较，其特点如下。

(1) 加工时不受工件的强度和硬度等物理、机械性能的制约，故可加工超硬脆材料和精密微细零件。

(2) 加工时主要用电能、化学能、声能、光能、热能等去除多余材料，而不是靠机械能切除多余材料。

(3) 加工机理不同于一般金属切削加工，不产生宏观切屑，不产生强烈的弹、塑性变形，故可获得很低的表面粗糙度，其残余应力、冷作硬化、热影响度等也远比一般金属切削加工小。

(4) 加工能量易于控制和转换，故加工范围广、适应性强。

(5) 各种加工方法易复合形成新工艺方法，便于推广应用。

特种加工方法已成为机械制造的一个新的重要领域，并在现代加工技术中占有越来越重要的地位。

1.3.1 电火花加工

电火花加工是利用工具电极和工件电极间瞬时火花放电所产生的高温熔蚀工件材料来实现加工的。

电火花加工原理如图 1.56 所示。工具电极 5 和工件电极 4 浸在液体介质 7 中。脉冲电源 8 不断发出脉冲电压(直流 100V 左右)加在工具、工件电极上。当两极间的距离很小(0.01～0.05mm)时，电极的微观表面凹凸不平，极间相对最近点电场强度最大，最先击穿。液体介质被电离成电子和正离子，形成放电通道。通道内电流密度很大，达 10^4～10^7A/cm^2。在电场力的作用下，通道内的电子高速奔向阳极，正离子奔向阴极，并且在通道内互相碰撞，放出大量的热，使通道成为一个瞬时热源。通道中心的温度高达 10000℃左右，使电极表面放电处金属迅速熔化，甚至汽化。

上述放电过程极为短暂，具有爆炸性质。爆炸力把熔化和汽化的金属抛离电极表面，被液体介质迅速冷却凝固，继而从两极间冲走。每次火花放电后使工件表面形成一个凹坑。在进给机构 6 的控制下，工具电极不断进给，脉冲放电将不断进行下去，无数个电蚀小坑将重叠在工件上。最终工具电极的形状相当精确地“复印”在工件上。生产中可以通过控制极性和脉冲的长短(放电持续时间的长短)控制加工过程。

电火花加工过程中，不仅工件电极被蚀除，工具电极也同样遭到蚀除，但两极的蚀除量不一样。这种由于正负极性不同而电蚀量不一样的现象叫作“极效应”。为了减少工具电极的损耗并提高生产率，总希望极效应越显著越好，即同一加工中，工件蚀除量越大越好，工具蚀除量越小越好，因此，工件应接在蚀除量大的一极。当脉冲电源为高频(用脉冲宽度小的短脉冲作精加工)时，工件接正极；当脉冲电源输出频率低(用脉冲宽度大的长脉冲作粗加工)时，工件应接负极；当用钢作工具电极时，工件一般接负极。

电火花加工在专用的电火花加工机床.上进行。图 1.56 表示了电火花加工机床的工作原理。电火花加工机床一般由脉冲电源、自动进给机构、机床本体及液体介质循环过滤系统等部分组成，工件固定在机床工作台上。脉冲电源提供加工所需的能量，其两极分别接在工具电极与工件上。工作液循环过滤系统强迫清洁的工作液以一定的压力通过工具电极与工件之间的间隙，及时排除电蚀产物，并将电蚀产物从工作液中过滤出去。

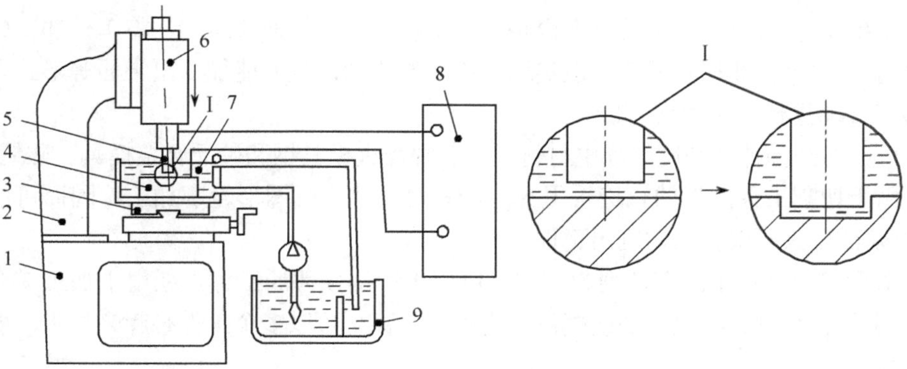

图 1.56　电火花加工原理示意图

1-床身；2-立柱；3-工作台；4-工件电极；5-工具电极；6-进给机构；7-液体介质；8-脉冲电源；9-工作液循环过滤系统

电火花加工的工艺特点如下。

(1) 适应性强。任何硬脆、软韧材料及难切削加工的材料，只要能导电，都可以加工，如淬火钢和硬质合金等。电火花加工中材料去除是靠放电时的电热作用实现的，材料的可加工性主要取决于材料的导电性及热学特性，不受工具材料硬度限制。工具电极一般采用紫铜或石墨等，其硬度不需要比工件硬度大，比较容易加工。

(2) 加工时“无切削力”，因此，一些难以加工的小孔、窄槽、薄壁件和各种特殊及复杂形状截面的型孔、型腔等，如加工形状复杂的注塑模、压铸模及锻模等，都可以方便地进行加工，特别适用于复杂表面工件的加工，同时也适用于精密微细加工。

(3) 电火花加工的工件表面由无数小坑和硬凸边组成，其硬度比机械加工表面硬度高，且有利于保护润滑油，在相同粗糙度情况下其表面润滑性和耐磨性也比机械加工表面好，特别适用于模具制造。但不容易形成锋利的刃角结构。

(4) 一般加工速度较慢。电火花加工速度、精度、表面粗糙度及工具电极的损耗与许多因素有关，包括电源的脉冲宽度、单个脉冲容量、电极极性和材料、工作液及排屑条件等。随着表面粗糙度的改善，加工速度显著下降。因此，要合理选择上述各项参数和加工条件。

电火花线切割加工 (wire cut electrical discharge machining, WEDM)，是在电火花加工基础上发展起来的一种新的工艺形式，是用金属丝 (钼丝或铜丝) 作工具电极，靠金属丝和工件间产生脉冲火花放电对工件进行切割的，故称为电火花线切割，目前已获得广泛应用。线切割加工的基本原理与电火花 (成形) 加工相同，都是在脉冲电源作用下，通过脉冲放电而蚀除金属，达到加工目的。

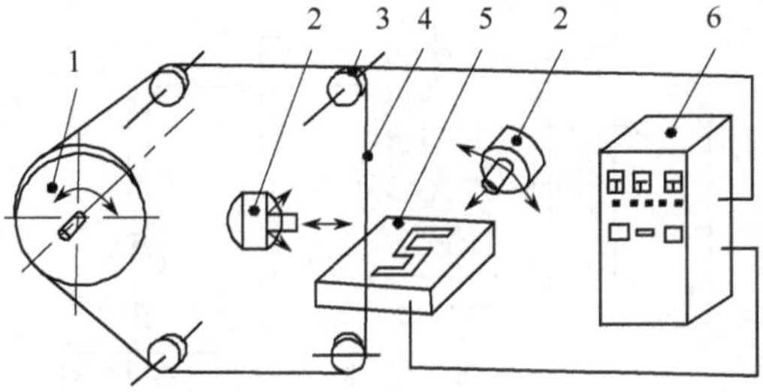

图 1.57　电火花线切割加工机床的工作原理

1-贮丝筒；2-工作台 X-Y 向驱动电动机；3-导轮；4-电极丝；5-工件；6-脉冲电源

图 1.57 为电火花线切割机床的工作原理图。电火花线切割最显著的特点是用连续移动的金属丝代替电火花成形加工的电极。工具电极为一金属丝，线电极接高频脉冲电源的负极，工件接正极。贮丝筒 1 正反方向交替转动，带动电极丝 4 相对工件 5 上下移动；脉冲电源 6 的两极分别接在工件和电极丝上，使电极丝与工件之间发生脉冲放电，对工件进行切割；工件安放在数控工作台上，通过

电动机 2 驱动，在垂直电极丝的平面内相对于电极丝做二维曲线运动，将工件加工成所需的形状。目前的电火花线切割机床还能实现电极丝的摆动，从而能加工出锥面等形状。

电火花线切割加工的特点如下。

(1) 可以切割各种高硬度的导电材料，如各种淬火模具钢和硬质合金模具、磁钢等。

(2) 由于切割工件图形的轨迹采用数控，只对工件进行图形轮廓加工，因而可以切割出形状很复杂的模具，或直接切割出工件。

(3) 由于切割时几乎没有切削力，故可以用于切割极薄的工件，或用于加工易变形的工件。加工小孔、小槽、窄缝、凸凹模可一次完成，甚至可以多个工件叠起来加工，能获得一致的尺寸。

(4) 电火花线切割加工不需制造成型电极，而是用金属丝为电极。由于线切割加工中是用移动着的长电极丝进行加工，可不必考虑电极丝损耗。由于电极丝直径很细，用它切断贵重金属可以节省材料，它还可用于加工窄缝、窄槽 (0.07～0.09mm) 等，加工精度高。

由于上述特点，线切割机可用于加工精密细小、形状复杂、材料特殊的模具和零件，解决了机械加工困难或无法加工的问题，效率成倍提高。

1.3.2　电解加工

电解加工是利用金属在电解液中产生阳极溶解的电化学原理对工件进行成形加工的一种方法。常用的电镀也是利用了阳极溶解的电化学原理进行的，即将电镀材料作阳极 (接电源正极)，工件作阴极 (接电源负极)，放入电解液中并接通直流电源后，作为阳极的电镀材料就会逐渐溶解而附着到作为阴极的工件上形成镀层。如果反过来将工件作为阳极，加工工具作为阴极，使工件按照需要的形状去溶解，并由电解液将其溶解物迅速冲走，从而达到尺寸加工的目的。

电解加工的原理如图 1.58 所示。工件接直流电源正极，工具接负极，两极之间保持狭小间隙 (0.1～0.8mm)。具有一定压力 (0.5～2.5MPa) 的电解液从两极间的间隙中高速 (15～60m/s) 流过。当阴极工具向工件不断进给时，在面对阴极的工件表面上，金属材料按阴极型面的形状不断溶解，电解产物被高速电解液带走，于是工具型面的形状就相应地“复印”在工件上。常见的数控电解加工机床的外形图如图 1.59 所示。

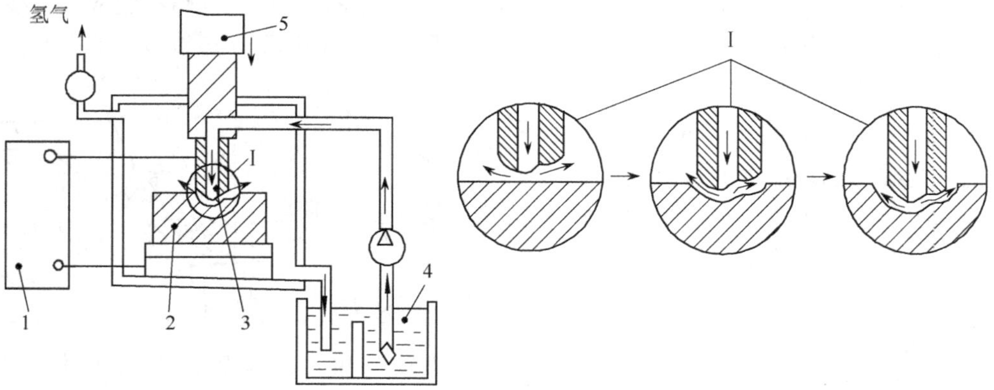

图 1.58　电解加工原理示意图

1-直流电源；2-工件；3-工具电极；4-电解液；5-进给机构

电解加工是继电火花加工后发展较快、应用较广泛的一项新工艺，其具有以下特点。

(1) 工作电压小 (6～24V)，工作电流大 (500～20000A)。

(2) 应用范围广，可加工任何高硬度、高强度、高韧性的难加工金属材料，并能以简单的进给运动一次加工出形状复杂的型面或型腔(如锻模、叶片等)。

(3) 生产率较高，约为电火花加工的 5～10 倍。

(4) 工具电极理论上无损耗，可长期使用。

(5) 加工中无机械切削力或切削热，因此加工后零件表面没有残余应力和变形，适于易变形或薄壁零件的加工。

(6) 加工精度难以控制，平均加工公差可为±0.1mm。

(7) 附属设备多，占地面积大，造价高。

(8) 电解液既腐蚀机床，又容易污染环境。

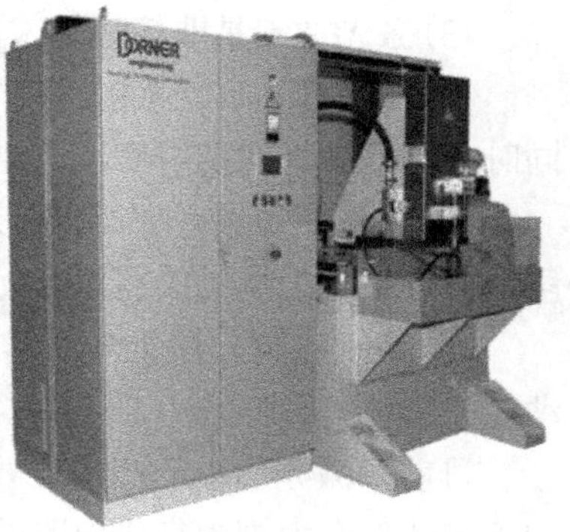

图 1.59　数控电解加工机床

电解加工主要用于加工型孔、型腔、复杂型面、小直径深孔、弯孔的扩孔加工，如加工花键孔、镗线孔、内齿轮等；进行电解去毛刺、刻印，效率高、费用低；电解抛光效率比机械抛光高，而且抛光后表面耐腐蚀性好，摩擦系数低，对于复杂表面和内表面特别适合；另外，电解加工与机械加工结合能形成多种复合加工，如电解磨削、电解珩磨、电解研磨等。

1.3.3　激光加工

通过光学系统将激光聚焦成一个极小的光斑(直径几微米至几十微米)，从而获得极高的能量密度(107～1010W/cm^2)和极高的温度(10000℃以上)，在此高温下，任何坚硬的材料都将瞬间急剧熔化和蒸发，并产生强烈的冲击波，使熔化的物质爆炸式地喷射去除。激光加工就是利用这种原理蚀除材料进行加工的。为了帮助蚀除物的排除，还需对加工区吹氧(加工金属用)，或吹保护性气体，如二氧化碳、氨等(加工可燃物质时用)。

激光加工工艺由激光加工机完成。激光加工机通常由激光器、电源、光学系统和机械系统等组成(图 1.60)。激光器(常用的有固体激光器和气体激光器)把电能转变为光能，产生所需的激光束，经光学系统聚焦后，照射在工件上进行加工。工件固定在三坐标精密工作台上，由数控系统控制和驱动，完成加工所需的进给运动。

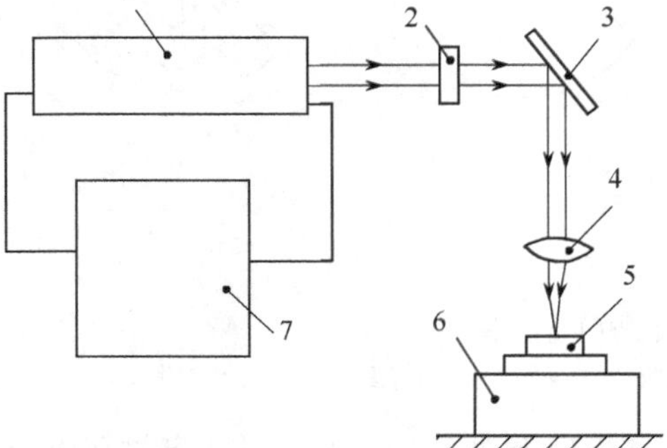

图 1.60　激光加工机示意图

1-激光器；2-光阑；3-反射镜；4-聚光镜；5-工件；6-工作台；7-电源

激光加工具有以下特点。

(1) 不需要加工工具，故不存在工具磨损问题，同时也不存在断屑、排屑的麻烦。

(2) 激光束的功率密度很高，几乎对任何难加工的金属和非金属材料(如高熔点材料、耐热合金及陶瓷、宝石、金刚石等硬脆材料)都可以加工，也可加工异形孔。

(3) 激光加工是非接触加工，工件无受力变形。

(4) 激光打孔、切割的速度很高，效率高，加工部位受热的影响较小，工件热变形很小。同时，激光切割的切缝窄，切割边缘质量好。

(5) 激光束传递方便。可以通过空气、惰性气体或光学透明介质对工件进行加工。因此，可以通过由玻璃制成的窗口对封闭零件进行加工，或在真空环境下也可以加工。

(6) 易于控制。便于与机器人、自动检测、计算机数字控制等先进技术相结合，实现自动化加工。

目前，激光加工的应用主要是指利用激光进行打孔、切割、焊接、表面处理、刻蚀等的加工方法。在大规模集成电路的制作中，已采用激光焊接、激光划片、激光热处理等工艺。

1.3.4　超声波加工

超声波是指频率超过 16×10^3Hz 的振动波。超声波的能量比声波大得多，具有频率高、波长短、能量大和无噪声等特点，能量强度达到每平方厘米几百瓦。

超声波加工是利用超声频振动的工具端面冲击工作液中的悬浮磨粒，由磨粒对工件表面撞击抛磨来实现对工件加工的一种方法，其加工原理如图 1.61 所示。超声波加工装置一般包括超声波发生器、超声波振动系统、机床本体、工作液循环系统和换能器冷却系统等。超声波发生器将工频交流电能转变为有一定功率输出的超声频电振荡，通过换能器将此超声频电振荡转变为超声机械振动，借助于振幅扩大棒把振动的位移幅值由 0.005～0.01mm 放大到 0.01～0.15mm，驱动工具振动。工具端面在振动中冲击工作液中的悬浮磨粒，使其以很大的速度不断撞击、抛磨被加工表面，把加工区域的材料粉碎成很细的微粒后打击下来。虽然每次打击下来的材料很少，但由于打击的频率高，仍有一定的加工速度。被打击下来的材料微粒被循环流动的工作液及时带走。随着工具的逐渐伸入，其形状便“复印”在工件上。

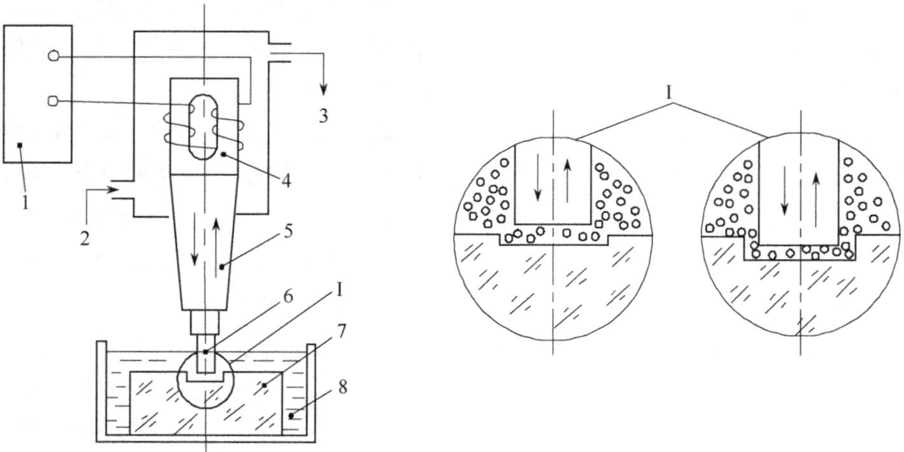

图 1.61　超声波加工示意图

1-超声波发生器；2、3-冷却水进出口；4-换能器；5-振幅扩大棒；6-工具；7-工件；8-工作液

在工作中，超声振动还使悬浮液产生空腔，空腔不断扩大直至破裂或不断被压缩至闭合。这一过程时间极短，空腔闭合压力可达几百兆帕，爆炸时可产生水压冲击，引起加工表面破碎，形成粉末。

工具材料常采用不淬火的 45 钢，加工时的工作液由水或煤油加入磨料组成，磨料常采用碳化硼、碳化硅、氧化铅或金刚砂粉等。磨料硬度越高，加工速度越快。加工中等硬脆材料时，磨料可用碳化硅；加工高硬脆材料(硬质合金、淬火钢等)时，宜采用氮化硼磨料；加工超硬材料(金刚石和宝石等)时，必须用金刚砂磨料。

超声波加工的特点如下。

(1)适宜加工各种硬脆材料，特别是电火花加工和电解加工难以加工的不导电材料和半导体材料，如玻璃、陶瓷、石英、锗、硅，玛瑙、宝石、金刚石等；对于导电的硬质合金、淬火钢等也能加工，但加工效率比较低。

(2)适用于加工工件表面的各种型孔、型腔及复杂成型表面等。

(3)能获得较好的加工质量，无宏观力，一般尺寸精度可达 0.01～0.05mm，表面粗糙度 *Ra* 为 0.1～0.4μm，被加工表面也无残余应力、组织改变及烧伤等现象。

(4)由于工件材料的去除是靠磨粒直接作用，工具材料的硬度可以低于被加工材料的硬度，超声波可加工各种复杂形状的工件且不需要工具做复杂的(旋转)运动。

(5)机床结构简单，操作维修方便。由于工具可用较软的材料做成较复杂的形状，故不需要使工具和工件做比较复杂的相对运动。

超声波加工的应用如下。

(1)型孔型腔加工。图 1.62 为超声波加工各种型孔、型腔的示意图。

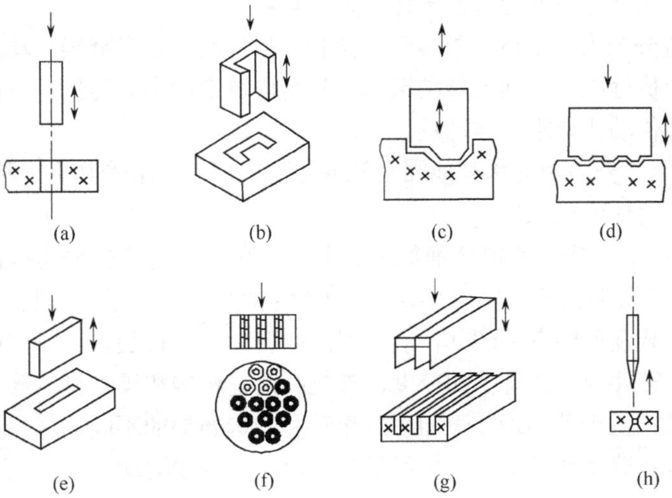

图 1.62　超声波加工示例

(2)超声波切割。主要用于切割金刚石、半导体、石英、铁氧体和宝石等硬脆材料。而过去切割这类材料制成的零件或坯料都用金刚石刀具来完成。与金刚石切割相比较，超声波切割的主要优点是：精度高、切口窄，可切割出很薄的切片，工具价格便宜和生产率高。

(3)超声波清洗。由于超声波在液体中会产生交变冲击波和超声空化现象，这两种作用的强度达到一定值时，产生的微冲击就可以使被清洗物表面的污渍遭到破坏并脱落下来。加上超声作用无处不入，即使是小孔和窄缝中的污物也容易被清洗干净。目前，超声波清洗不但用于机械零件或电子器件的清洗，国外已利用超声振动去污原理，生产出超声波洗衣机。

(4)超声波复合加工。在加工难切削材料时，常将超声振动与其他加工方法配合进行复合加工，如超声车削、超声磨削、超声电解加工、超声线切割等。这些复合加工方法把两种甚至多种加工方法结合在一起，能起到取长补短的作用，使加工效率、加工精度及工件的表面质量显著提高。

1.4　金属切削机床基础

1.4.1　概述

金属切削机床是切削加工金属工件的机器，通常简称为机床。为满足各种工件不同加工的需要，设计制造了许多品种和规格的机床，如前述的车床、铣床、刨床、磨床等。每一种机床在结构、性能方面都具有自己的特点，但是也存在着一些共同之处。

1. 机床的基本组成

各类机床通常都由下列基本部分组成。

(1)动力源：为机床提供动力(功率)和运动的驱动部分，如各种交流电动机、直流电动机和液压传动系统的液压泵、液压马达等。

(2)传动系统：把动力源的运动和动力传递给执行机构或从一个执行机构传递给另一个执行机构。包括主传动系统、进给传动系统和其他运动的传动系统，如变速箱、进给箱等部件，有些机床主轴组件与变速箱合在一起成为主轴箱。

机床的传动链分为内传动链和外传动链两种。内传动链是有准确传动比要求的连接一个执行机构和另一个执行机构之间的传动链。而外传动链是动力源与执行机构之间或两个执行机构之间没有准确传动比要求的传动链。

(3)基础件：用于安装和支承其他固定的或运动的部件，承受其重力和切削力，如床身、立柱等，亦称机床大件或支承件。

(4)工作部件：①与最终实现切削加工的主运动和进给运动有关的执行部件，例如主轴及主轴箱、工作台及其溜板或滑座、刀架及其溜板以及滑枕等，用来安装工件或刀具的部件；②与工件和刀具安装及调整有关的部件或装置，如自动上下料装置、自动换刀装置、砂轮修整器等；③与上述部件或装置有关的分度、转位、定位机构和操纵机构等。

不同种类的机床由于其用途、表面形成运动和结构布局的不同，这些工作部件的构成和结构差异很大，但就运动形式来说，主要是旋转运动和直线运动，所以工作部件结构中大多含有轴承和导轨。

(5)控制系统：用于控制各工作部件的正常工作，主要是电气控制系统，有些机床局部采用液压或气动控制系统。数控机床则是数控系统。

(6)冷却系统：用于对加工工件、刀具及机床的某些发热部位进行冷却。

(7)润滑系统：用于对机床的运动副(如轴承、导轨等)进行润滑，以减小摩擦、磨损和发热。

(8)其他装置：如排屑装置、自动测量装置等。

2. 机床的运动

机床上的刀具和工件必须进行一系列的运动，才可以加工出具有一定几何形状、一定精度和表面质量的工件。工件的表面主要是由几个表面元素组成，包括平面、直线成形表面、圆柱面、圆锥面、球面、圆环面和螺旋面等。这些表面都可以看作是一条线(母线)沿着另一条线(导线)运动的轨迹。母线和导线统称为形成表面的发生线。

由于使用的刀具切削刃形状和采取的加工方法不同，形成发生线的方法可归纳为四种。以形成图 1.63 所示的发生线 2(图中为一段圆弧)为例，说明如下。

(1) 成形法(图 1.63(a))是利用成形刀具对工件进行加工的方法。刀刃为切削线 1，它的形状和长短与需要形成的发生线 2 完全重合。因此形成发生线 2 不需运动。

(2) 展成法(图 1.63(b))是利用工件和刀具做展成切削运动的加工方法。刀具切削刃为切削线 1，图示形状为圆，也可是直线(如齿条刀)或曲线(如插齿刀)，它与需要形成的发生线 2 的形状不吻合。切削线 1 与发生线 2 彼此做无滑动的纯滚动。发生线 2，就是切削线 1 在切削过程中连续位置的包络线。曲线 3 是切削刃上某点的运动轨迹。在形成发生线 2 的过程中，或者仅由切削刃 1 沿着由它生成的发生线 2 滚动；或者切削线 1(刀具)和发生线 2(工件)共同完成复合的纯滚动，这种运动统称为展成运动。因此，用展成法形成发生线需要一个成形运动(展成运动)。

(3) 轨迹法(图 1.63(c))是利用刀具做一定规律的轨迹运动来对工件进行加工的方法。刀刃为切削点 4，它按一定规律做直线或曲线(图为圆弧)运动，从而形成所需的发生线 2。因此采用轨迹法形成发生线需要一个成形运动。

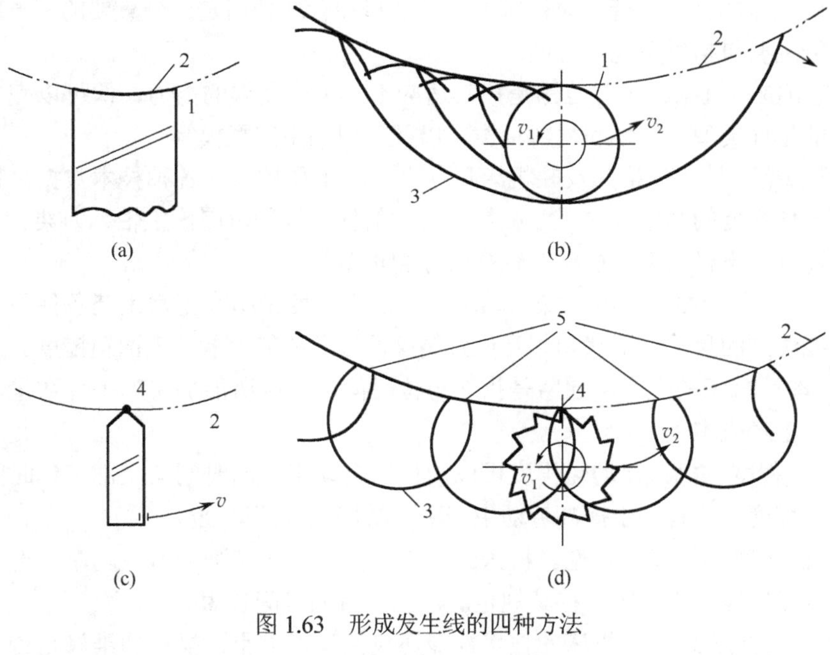

图 1.63　形成发生线的四种方法

1-切削线；2-发生线；3-曲线；4-切削点；5-切点

(4) 相切法(图 1.63(d))是利用刀具边旋转边做轨迹运动来对工件进行加工的方法。刀刃为旋转刀具(铣刀或砂轮)上的切削点 4。刀具做旋转运动，刀具中心按一定规律做直线或曲线(图为圆弧)运动，切削点 4 的运动轨迹如图中的曲线 3。切削点的运动轨迹与工件相切，形成了发生线 2。图中点 5 就是刀具上的切削点 1 的运动轨迹与工件的各个切点。由于刀具上有多个切削点，发生线 2 是刀具上所有的切削点在切削过程中共同形成的。用相切法得到发生线需要两个成形运动，即刀具的旋转运动和刀具中心按一定规律的运动。

在机床上，为获得所需的工件表面形状，必须使刀具和工件按上述四种方法之一完成一定的运动。这种运动称为表面成形运动。此外，机床还有多种辅助运动。

(1)表面成形运动。直接参与切削过程，使工件形成一定几何形状表面的刀具和工件间的相对运动，称为表面成形运动。表面成形运动是机床最基本的运动，亦称工作运动。表面成形运动包括主运动和进给运动。所谓主运动，是指直接切除工件上的多余部分，使之转变为切屑的运动。所谓进给运动，是指不断地把切削层投入切削，逐渐切出整个工件表面的运动。主运动和进给运动的形式和数量取决于工件要求的表面形状和所采用的工具的形状。通常，机床主要采用结构上易于实现的旋转运动和直线运动实现表面成形运动，且主运动只有一个，进给运动可有一个或几个。

(2)辅助运动。机床上除表面成形运动以外的所有运动，都是辅助运动。它包括：为获得一定加工尺寸，使刀具切入工件的切入运动；为缩短辅助时间、提高生产率的快速引进和退回运动；使刀具与工件处于正确相对位置的调位运动(如摇臂钻床钻头移位)；实现工件周期换位的分度运动(如铣床分度转位)；等等。此外，机床的启动、停止、变速、变向以及部件和工件的夹紧、松开等操纵控制运动也属于辅助运动。

3. 机床技术性能指标

充分了解机床的技术性能，对机床的正确选择和合理使用是十分重要的。一般说来，机床的技术性能主要包括以下几个方面。

(1)工艺范围。机床的工艺范围是指其适应不同生产要求的能力，即可以完成的工序种类，能加工的零件类型、毛坯和材料种类，以及适用的生产规模等。

(2)技术规格。技术规格是反映机床尺寸大小和工作性能的各种技术数据，包括主参数和影响机床工作性能的其他各种尺寸参数，运动部件的行程范围，主轴、刀架、工作台等执行件的运动速度，电机功率，机床的轮廓尺寸和重量等。

(3)加工精度和表面粗糙度。加工精度和表面粗糙度是指在正常工艺条件下，机床上加工的零件所能达到的尺寸、形状和相互位置精度，以及所能控制的表面粗糙度。

(4)生产率。机床的生产率通常是指在单位时间内机床所能加工的工件数量，它直接影响生产效率和生产成本。

(5)自动化程度。机床自动化程度可以用机床自动工作的时间与全部工作时间的比值来表示。自动化程度高，有利于提高劳动生产率，减轻工人劳动强度。

(6)机床的效率和精度保持性。机床的效率是指消耗于切削的有效功率与电动机输出功率之比；精度保持性是指机床保持其规定的加工质量的时间长短。

(7)其他。除上述之外，机床的技术性能还包括噪声大小，操作和维修是否方便，工作是否安全可靠等。

机床的主要技术参数包括：尺寸参数、运动参数与动力参数。

尺寸参数——具体反映机床的加工范围，包括主参数、第二主参数和与加工零件有关的其他尺寸参数。各类机床的主参数和第二主参数我国已有统一规定，如表 1.2 所示。

运动参数——指机床执行件的运动速度。例如主轴的最高转速与最低转速、刀架的最大进给量与最小进给量(或进给速度)。

动力参数——指机床电动机的功率。有些机床还给出主轴允许承受的最大转矩等其他内容。

表 1.2　常用机床的主参数和第二主参数

机床名称	主参数	第二主参数
卧式车床	床上上工件的最大回转直径	工件最大长度
立式车床	最大车削直径	最大工件高度
摇臂钻床	最大钻孔直径	最大跨距
卧式镗床	主轴直径	—
坐标镗床	工作面宽度	工作面长度
外圆磨床	最大磨削直径	最大磨削长度
矩台平面磨床	工作面宽度	工作面长度
滚齿机	最大工件直径	最大模数
龙门铣床	工作面宽度	工作面长度
升降台铣床	工作面宽度	工作面长度
龙门刨床	工作面宽度	工作面长度
牛头刨床	最大刨削长度	—

4. 机床精度与刚度

加工中保证被加工工件达到要求的精度和表面粗糙度，并能在机床长期使用中保持这些要求。机床本身必须具备的精度称为机床精度。它包括几何精度、运动精度、传动精度、定位精度、工作精度及精度保持性等几个方面。各类机床按精度可分为普通精度级、精密级和高精度级。以上三种精度等级的机床均有相应的精度标准，其允差若以普通级为 1，则大致比例为 1∶0.4∶0.25。在设计阶段主要从机床的精度分配、元件及材料选择等方面来提高机床精度。

1) 几何精度

几何精度是指机床空载条件下，在不运动(机床主轴不转或工作台不移动等情况下)或运动速度较低时各主要部件的形状、相互位置和相对运动的精确程度。如导轨的直线度、主轴径向跳动及轴向窜动、主轴中心线对滑台移动方向的平行度或垂直度等。几何精度直接影响加工工件的精度，是评价机床质量的基本指标。它主要取决于结构设计、制造和装配质量。

2) 运动精度

运动精度是指机床空载并以工作速度运动时，主要零部件的几何位置精度。如高速回转主轴的回转精度。对于高速精密机床，运动精度是评价机床质量的一个重要指标。它与结构设计及制造等因素有关。

3) 传动精度

传动精度是指机床传动系各末端执行件之间运动的协调性和均匀性。影响传动精度的主要因素是传动系统的设计，传动元件的制造和装配精度。

4) 定位精度

定位精度是指机床的定位部件运动到达规定位置的精度。定位精度直接影响被加工工件的尺寸精度和形位精度。机床构件和进给控制系统的精度、刚度以及其动态特性，机床测量系统的精度都将影响机床定位精度。

5) 工作精度

加工规定的试件，用试件的加工精度表示机床的工作精度。工作精度是各种因素综合影响的结果，包括机床自身的精度、刚度、热变形和刀具、工件的刚度及热变形等。

6) 精度保持性

在规定的工作期间内保持机床所要求的精度，称之为精度保持性。影响精度保持性的主要因素是磨损。磨损的影响因素十分复杂，如结构设计、工艺、材料、热处理、润滑、防护、使用条件等。

机床刚度指机床系统抵抗受力变形的能力。作用在机床上的载荷有重力、夹紧力、切削力、传动力、摩擦力、冲击振动干扰力等。按照载荷的性质不同，可分为静载荷和动载荷。不随时间变化或变化极为缓慢的力称静载荷，如重力、切削力的静力部分等。凡随时间变化的力，如冲击振动力及切削力的交变部分等称为动载荷。故机床刚度相应地分为静刚度及动刚度，后者是抗振性的一部分，习惯所说的刚度一般指静刚度。

5. 机床的分类以及型号编制

机床的种类繁多，对其进行适当分类，有助于设计、制造、使用和管理。

机床主要是按照加工性质和所用刀具进行分类的。目前我国将通用机床(非数控机床)分为11大类：车床、钻床、镗床、磨床、齿轮加工机床、螺纹加工机床、铣床、刨插床、拉床、锯床及其他机床。每一大类中的机床按结构、性能和工艺特点，还可细分为很多形式。如车床包括普通车床、立式车床、六角车床、多刀半自动车床、单轴自动车床、多轴自动车床等。

除此之外，还可以按机床使用上的万能性(通用、专门化或者专用)、机床的精度(普通精度、精密或高精度)、机床的重量(一般、大型或重型)进行分类。

机床型号是机床产品的代号，用以简明地表示机床的类型、性能和结构特点、主要技术参数等。我国的机床型号是按2008年颁布的标准《GB/T 15375—2008《金属切削机床型号编制方法》(适用于各类通用机床和除组合机床外的专用机床)编制的。此标准规定，机床型号由一组汉语拼音字母和阿拉伯数字按一定规律组合而成。

1) 通用机床的型号编制

(1) 型号表示方法。通用机床型号由基本部分和辅助部分组成，中间用“/”分开，型号的构成如下。

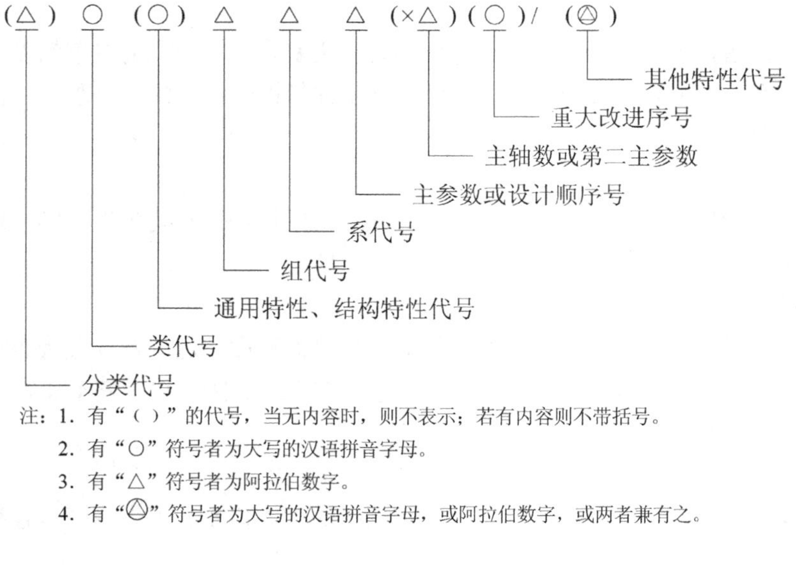

注：1. 有“( )”的代号，当无内容时，则不表示；若有内容则不带括号。

2. 有“○”符号者为大写的汉语拼音字母。

3. 有“△”符号者为阿拉伯数字。

4. 有“◎”符号者为大写的汉语拼音字母，或阿拉伯数字，或两者兼有之。

(2) 根据有些情况的需要，类别以下还可以设有若干分类，分类代号用阿拉伯数字表示，放在类代号之前，作为型号的首位，但第一分类不予表示。如磨床类机床就有 M、2M、3M 三个分类。对于具有两类特性的机床编制时，主要特性应放在后面，次要特性应放在前面。例如，铣镗床是以镗为主、铣为辅。

机床的组别和系别代号是以两位阿拉伯数字表示，前者表示组，后者表示系。它们位于类代号或特性代号之后。每类机床分为 10 个组，主要布局或使用范围基本相同的机床，即为同一组。每组又分为 10 个系(系列)，在同一组机床中，其主要参数相同、主要结构及布局形式相同的机床，即为同一系。机床的类、组划分见表 1.3。

表 1.3　机床的类别代号

类别	车床	钻床	镗床	磨床			齿轮加工机床	螺纹加工机床	铣床	刨插床	拉床	锯床	其他机床
代号	C	Z	T	M	2M	3M	Y	S	X	B	L	G	Q
参考读音	车	钻	镗	磨	磨	磨	牙	丝	铣	刨	拉	割	其

关于型号编制的具体问题，可查阅《GB/T 15375—2008 金属切削机床型号编制方法》。

(3) 机床的特性代号。它用汉语拼音字母表示，代表机床具有的特殊性能，包括通用特性和结构特性。当某类机床除有普通型外，还有某些通用特性时，则在类别代号之后加上相应的通用特性以示区别，如“CK”表示数控车床。通用特性代号有统一的规定含义，它在各类机床的型号中表示的意义相同。如表 1.4 所示。

表 1.4　通用特性代号

通用特性	高精度	精密	自动	半自动	数控	加工中心	仿形	轻型	加重型	柔性加工单元	数显	高速
代号	G	M	Z	B	K	H	F	Q	C	R	X	S
读音	高	精	自	半	控	换	仿	轻	重	柔	显	速

[例 1.1]　CM6140、CK6140、XH714、DK7725 四个机床代号中的 M、K、H 和 K 均为通用特性代号，C1312 型车床为自动车床，无其他型式，故可以不进行标注。

结构特性大都是厂家代号，一般机床主参数相同，而结构不同。

关于通用特性：① 某类机床除普通型外，还有一种或几种通用特性时，在类别代号后加一个或几个字母表示，一般按重要程度排列顺序。②某类机床仅有通用特性而无普通型者，则通用特性不必表示，如 CZ1107 单轴纵切自动车床。③对于主参数值相同而结构、性能不同的机床，在型号中用结构特性予以区分。但结构特性代号与通用性代号不同，它在型号中没有统一的含义。一般放在通用特性代号之后。

(4) 机床主参数、第二主参数。机床主参数表示机床工作能力、影响机床基本构造的主要参数。一般以机床所能加工的最大尺寸的折算表示于组、系代号之后。如普通车床、外圆磨床为最大加工直径，升降台铣床、龙门铣床为工作面宽度等。当无法用一个主参数表示时，某些通用机床则在型号中用设计顺序号表示。设计顺序号由 1 起始，当设计顺序号小于 10 时，由 01 开始编号。为了更完整地表示有些机床的尺寸大小与工作能力，还需要有第二主参数。第二主参数一般指主轴数、最大跨距、最大工件长度、工作面长度(用折算值表示)。如普通车床为最大工件长度，龙门铣床为工作面长度，等等。

(5) 机床的重大改进顺序号。当机床的性能及结构有重大改进，并按新产品重新设计、试制和鉴定时，在原机床型号的尾部加重大改进顺序号，以区别于原机床型号。序号按 A、B、C……字母的顺序选用(但 I、O 两个字母不得选用)。

(6) 其他特性代号。其他特性代号置于辅助部分之首。其中同一型号机床的变型代号，一般应放在其他特性代号之首位。其他特性代号主要用以反映各类机床的特性。如：对于数控机床可以用来反映不同的控制系统等；对于加工中心，可以反映控制系统、联动轴数、自动交换主轴头、自动交换工作台等；对于柔性加工单元，可以反映自动交换主轴箱；对于一般机床，可以反映同一型号机床的变型等。其他特性代号，可用汉语拼音字母(I、O 除外)表示，也可用阿拉伯数字表示，还可用阿拉伯数字和汉语拼音字母组合表示。

[例 1.2]　CA6140 型卧式车床。

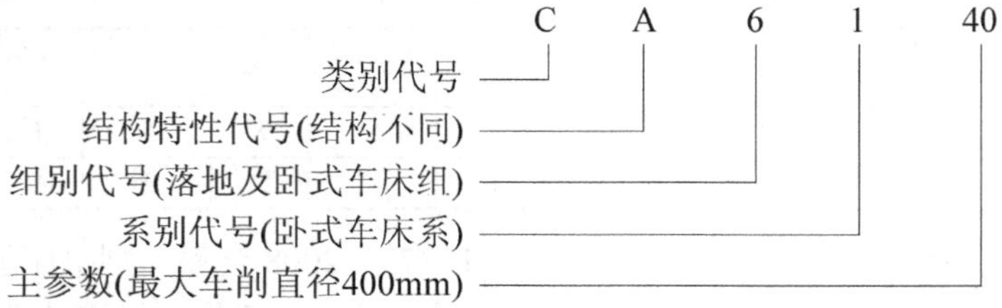

[例 1.3]　MG1432A 型高精度万能外圆磨床。

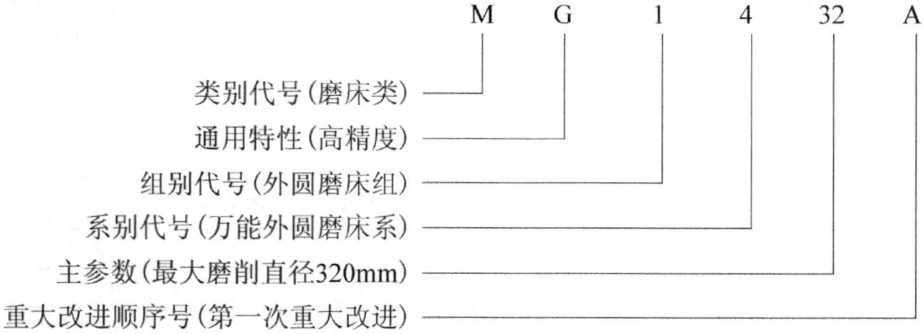

2) 专用机床的型号编制

专用机床型号表示方法为

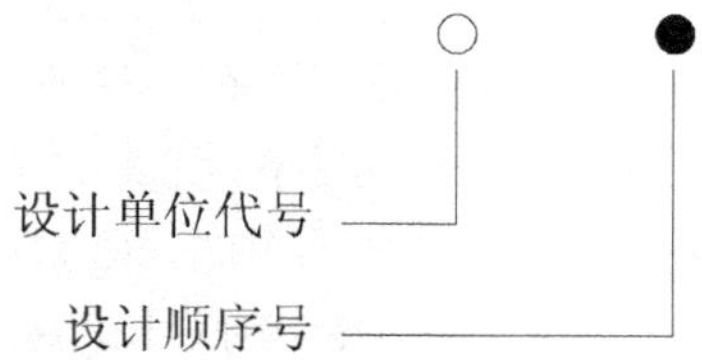

(1) 设计单位代号：根据设计单位的不同采用不同的命名方式。当设计单位为机床厂时，用机床厂所在城市名称的大写汉语拼音字母及该机床厂在该城市建立的先后顺序号，或机床厂名称的大写汉语拼音字母表示；当设计单位为机床研究所时，用研究所名称的大写汉语拼音字母表示。

(2) 设计顺序号：按各机床厂和机床研究所的设计顺序(由“001”起始)排列。

例如，北京第一机床厂设计制造的第一百种专用机床为专用铣床，属于第三组，其编号为 B1-100。

(3) 机床自动线的型号：由通用机床或专用机床组成的机床自动线。其代号为“ZX”(读作“自线”)，位于设计单位代号之后，并用“-”分开。表示方法为

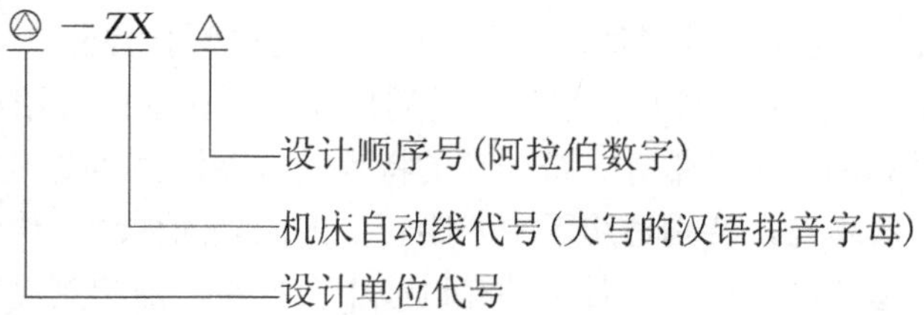

需要说明的是，目前工厂中使用和生产的机床，有相当一部分其型号是按 1957 年、1959 年、1963 年、1971 年、1976 年、1985 年或 1994 年颁布的机床型号编制方法编制的，型号的含义可查阅相应的标准。

1.4.2　金属切削机床的主要部件

1. 主轴部件

主轴部件是机床重要部件之一，它由主轴及其支承轴承、传动件、密封件及定位元件等组成。它的功用是支撑并带动工件或刀具旋转进行切削，承受切削力和驱动力等载荷，完成表面成形运动。

1) 主轴部件应满足的基本要求

(1) 回转精度。主轴的旋转精度是指机床主轴在回转时，主轴回转轴线相对于平均轴线的跳动量，包括径向和轴向。它是机床的一项主要精度指标，并直接影响被加工零件的几何精度和表面粗糙度。

(2) 静刚度。主轴部件的刚度是指其在外力作用下抵抗变形的能力，通常以主轴前端产生单位位移的弹性变形时，在位移方向上所施加的作用力来定义。主轴的尺寸和形状、滚动轴承的类型和数量、预紧和配置形式、传动件的布置方式、主轴部件的制造和装配质量等都影响主轴部件的刚度。

主轴静刚度不足对加工精度和机床性能有直接影响，并会影响主轴部件中的齿轮、轴承的正常工作，降低工作性能和寿命，降低加工质量。

(3) 抗振性。主轴部件的抗振性是指抵抗受迫振动和自激振动的能力。在切削过程中，主轴部件不仅受静态力作用，同时也受冲击力和交变力的干扰，使主轴产生振动。主轴部件的振动会直接影响工件的表面加工质量和刀具的使用寿命，并产生噪声。随着机床向高速、高精度发展，对抗振性要求越来越高。影响抗振性的主要因素是主轴部件的动刚度、质量分布以及阻尼。

(4) 热变形。主轴的热变形是指机床工作时，因其相对运动处的摩擦生热，切削区的切削热等使主轴部件的温度升高，尺寸形状和位置发生变化，造成主轴部件的所谓热变形。主轴热变形可引起轴承间隙变化，润滑油温度升高后会使黏度降低，这些变化都会影响主轴部件的工作性能，降低加工精度。

2) 主轴部件的传动方式

主轴部件的传动方式主要有齿轮传动、带传动、电动机直接驱动等。主轴传动方式的选择主要决定于主轴的转速、所传递的转矩、对运动平稳性的要求以及结构紧凑、装卸维修方便等要求。

(1) 齿轮传动。齿轮传动的特点是结构简单、紧凑，能传递较大的转矩，能适应变转速、变载荷工作，应用最广。它的缺点是线速度不能过高，通常小于 15m/s，不如带传动平稳。

(2) 带传动。由于各种新材料及新型传动带的出现，带传动的应用日益广泛。常用的有平带、V 带、多楔带和同步齿形带等。带传动的特点是靠摩擦力传动(除同步齿形带外)、结构简单、制造容易、成本低，特别适用于中心距较大的两轴间传动。传动带有弹性可吸振、传动平稳、噪声小，适宜高速传动。带传动在过载中会打滑，能起到过载保护作用。缺点是有滑动，不能用在速比要求准确的场合。

同步齿形带是通过带上的齿形与带轮上的轮齿相啮合传递运动和动力， 如图 1.64(a)所示。同步齿形带的齿形有两种：梯形齿和圆弧齿。圆弧齿形受力合理，较梯形齿同步带能够传递更大的转矩。

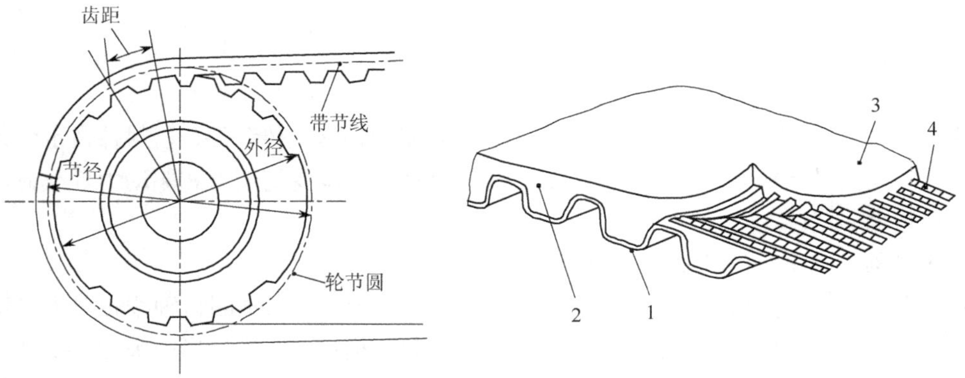

(a) 同步带传动　　(b) 同步带结构

图 1.64　同步齿形带传动

1-包步层；2-带齿；3-带背；4-承载绳

同步齿形带无相对滑动，传动比准确，传动精度高；采用伸缩率小、抗拉抗弯疲劳强度高的承载绳(图 1.64(b))，如钢丝、聚酰纤维等，因此强度高，可传递超过 100kW 的动力；厚度小、重量轻、传动平稳、噪声小，适用于高速传动，可达 50m/s；无需特别张紧，对轴和轴承压力小，传动效率高；不需要润滑，耐水耐腐蚀，能在高温下工作，维护保养方便；传动比大，可超过 1∶10。缺点是制造工艺复杂，安装条件要求高。

(3) 电动机直接驱动。如果主轴转速不算太高，可采用普通异步电动机直接带动主轴，如平面磨床的砂轮主轴。如果转速很高，可将主轴与电动机制成一体，成为主轴单元，如图 1.65 所示，电动机转子轴就是主轴，电动机座就是机床主轴单元的壳体。主轴单元大大简化了结构，有效提高了主轴部件的刚度，降低了噪声和振动；有较宽的调速范围；有较大的驱动功率和转矩；便于组织专业化生产。因此广泛地用于精密机床、数控机床和高速加工。

3) 主轴部件结构

(1) 主轴的支承形式。多数机床的主轴采用前、后两个支承。这种方式结构简单，制造装配方便，容易保证精度。为提高主轴部件的刚度，前后支承应消除间隙或预紧。为提高刚度和抗振性，有的机床主轴采用三个支承。三个支承中可以前、后支承为主要支承，中间支承为辅助支承；也可以前、中支承为主要支承，后支承为辅助支承。三支承方式对三支承孔的同心度要求较高，制造装配较复杂。主支承也应消除间隙或预紧，“辅”支承则应保留一定的径向游隙或选用较大游隙的轴承。由于三个轴颈和三个箱体孔不可能绝对同轴，三个轴承不能都预紧，以免发生干涉，恶化主轴的工作性能，使空载功率大幅度上升和轴承温升过高。

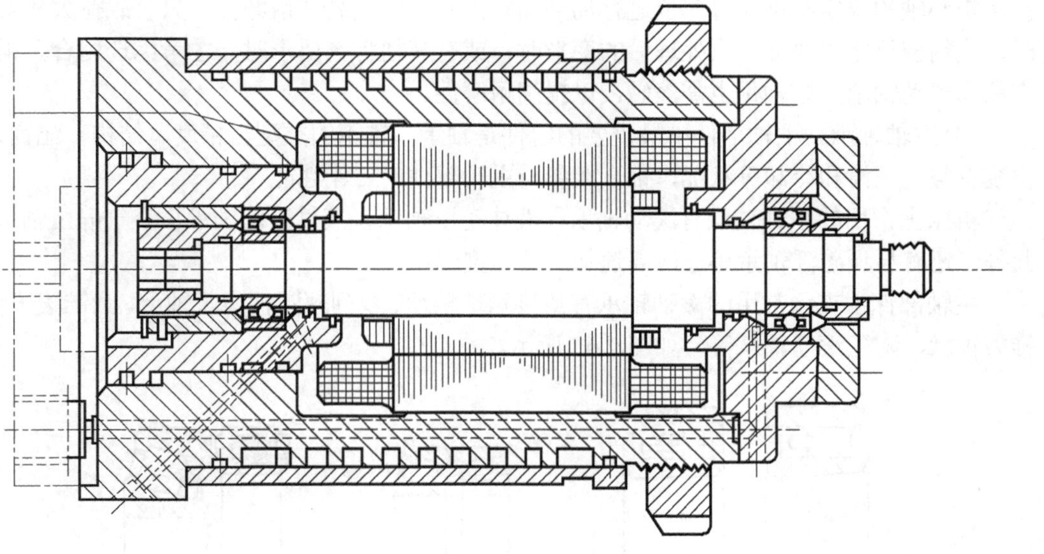

图 1.65　高速内圆磨床的主轴单元

(2) 主轴的构造。主轴的构造和形状主要取决于主轴上所安装的刀具、夹具、传动件、轴承等零件的类型、数量、位置和安装定位方法等。主轴一般为空心阶梯轴，前端径向尺寸大，中间径向尺寸逐渐减小，尾部径向尺寸最小，如图 1.66 所示。

主轴的前端形式取决于机床类型和安装夹具或刀具的形式。主轴头部的形状和尺寸已经标准化，应遵照标准进行设计。

图 1.66 为简化后的车床主轴简图，A 和 B 是主支承轴颈，主轴中心线是 A 和 B 的圆心连线，就是设计基准。检测时以主轴中心线为基准来检验主轴上各内、外圆表面和端面的径向跳动和端面跳动，所以也是检测基准。主轴中心线也是主轴前、后锥孔的工艺基准，又是锥孔检测时的测量基准。

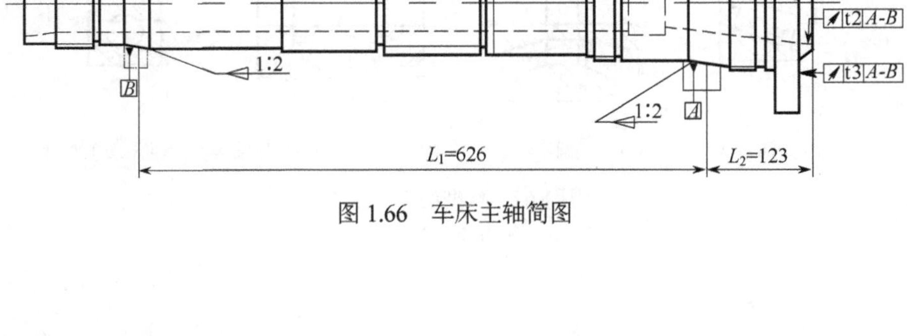

图 1.66　车床主轴简图

(3) 主轴的材料和热处理。主轴的材料应根据载荷特点、耐磨性要求、热处理方法和热处理后变形情况选择。普通机床主轴可选用中碳钢(如 45 钢)，调质处理后，在主轴端部、锥孔、定心轴颈或定心锥面等部位进行局部高频淬硬，以提高其耐磨性。只有载荷大和有冲击时，或精密机床需要减小热处理后的变形时，或有其他特殊要求时，才考虑选用合金钢。当支承为滑动轴承，则轴颈也需淬硬，以提高耐磨性。

(4) 主轴轴承。主轴部件中最重要的组件是轴承。轴承的类型、精度、结构、配置方式、安装调整、润滑和冷却等状况，都直接影响主轴部件的工作性能。

机床上常用的主轴轴承有滚动轴承、液体动压轴承、液体静压轴承、空气静压轴承等。此外，还有自调磁浮轴承等适应高速加工的新型轴承。

主轴部件主支承常用的滚动轴承有角接触球轴承、双列短圆柱滚子轴承、圆锥滚子轴承、推力轴承、陶瓷滚动轴承等，如图 1.67 所示。

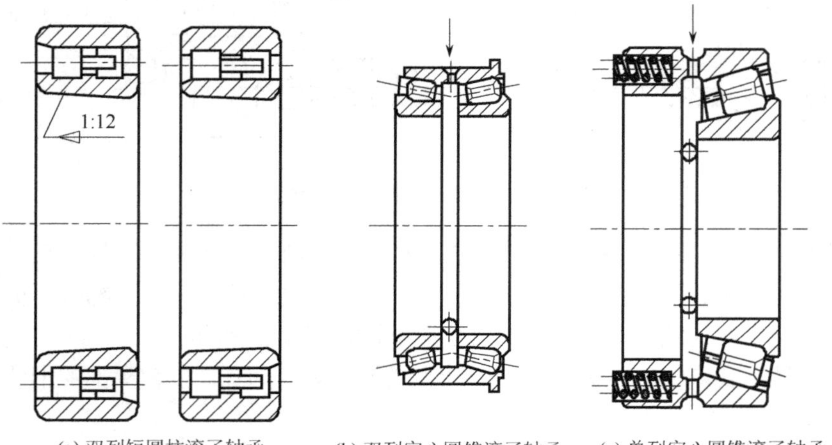

(a) 双列短圆柱滚子轴承　　(b) 双列空心圆锥滚子轴承　　(c) 单列空心圆锥滚子轴承

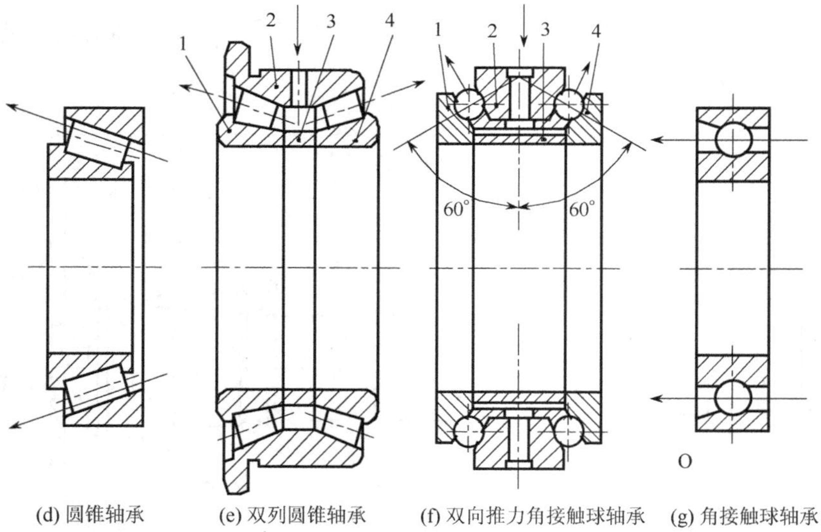

(d) 圆锥轴承　　(e) 双列圆锥轴承　　(f) 双向推力角接触球轴承　　(g) 角接触球轴承

图 1.67　典型的主轴轴承

1、4-内圈；2-外圈；3-隔套

滚动轴承所用的润滑剂主要有润滑脂和润滑油两种。润滑脂是由基油、稠化剂和添加剂(有的不含添加剂)在高温下混合而成的一种半固体状润滑剂，如锂基脂、钙基脂、高速轴承润滑脂等。其特点是黏附力强、油膜强度高、密封简单、不易渗漏、长时间不需更换、维护方便，但摩擦阻力比润滑油略大。因此，常用于转速不太高、又不需冷却的场合，特别是立式主轴或装在套筒内可以伸缩的主轴，如钻床、坐标镗床等。润滑油的种类很多，其黏度随温度的升高而减低，选择润滑油的黏度应保证其在轴承工作温度下的黏度保持在 10～20mm^2/s(40℃时)。转速越高，黏度应越低；负荷越重，黏度应越高。主轴轴承的油润滑方式主要有油浴、滴油、循环润滑、油雾润滑、油气润滑和喷射润滑等。

滚动轴承密封的作用是防止冷却液、切削灰尘、杂质等进入轴承，并使润滑剂无泄露地保持在轴承内，保证轴承的使用性能和寿命。密封的类型主要有非接触式和接触式密封两大类。非接触式又分为间隙式、曲路式和垫圈式密封；接触式可分为径向密封圈和毛毡密封圈。

滑动轴承因具有良好的抗振性、旋转精度高、运动平稳等特点，应用于高速或低速的精密、高精密机床和数控机床中。主轴滑动轴承按产生油膜的方式，可以分为动压轴承和静压轴承两类。按照流体介质不同可分为液体滑动轴承和气体滑动轴承。

2. 机床的传动系统

任何种类的机床都包括动力源、执行件以及传动装置三个基本部分。动力源给执行件提供动力，并使其得到一定的运动速度和方向；传动装置传递动力以及变换运动速度；执行件执行机床所需的运动，完成旋转或直线运动。

1) 主传动系统

机床的主传动是用来实现机床主运动的，它对机床的使用性能、结构和制造成本都有明显的影响。主传动系统可按不同的特征来分类。

(1) 按驱动主传动的电动机类型，可分为交流电动机驱动和直流电动机驱动。交流电动机驱动中又可分单速交流电动机和调速交流电动机驱动。调速交流电动机驱动又有多速交流电动机和无级调速交流电动机驱动。无级调速交流电动机通常采用变频调速的原理。

(2) 按传动装置类型，可分为机械传动装置、液压传动装置、电气传动装置以及它们的组合。

(3) 按变速的连续性，可分为分级变速传动和无级变速传动。

① 分级变速传动在一定的变速范围内只能得到某些转速，变速级数一般不超过 30 级。分级变速传动方式有滑移齿轮变速、交换齿轮变速和离合器(如摩擦式、牙嵌式、齿轮式离合器)变速。因它传递功率较大、变速范围广、传动比准确、工作可靠，广泛地应用于通用机床，尤其是中小型通用机床中。缺点是有速度损失，不能在运转中进行变速。

② 无级变速传动可以在一定的变速范围内连续改变转速，以便得到最有利的切削速度；能在运转中变速，便于实现变速自动化；能在负载作用下变速，便于车削大端面时保持恒定的切削速度，以提高生产效率和加工质量。无级变速传动可由机械摩擦无级变速器、液压无级变速器和电气无级变速器实现。机械摩擦无级变速器结构简单、使用可靠，常用在中小型车床、铣床等主传动中。液压无级变速器传动平稳、运动换向冲击小，易于实现直线运动，常用于主运动为直线运动的机床，如磨床、拉床、刨床等机床的主传动中。电气无级变速器

有直流电动机和交流调速电动机两种，由于可以大大简化机械结构，便于实现自动变速、连续变速和负载下变速，所以应用越来越广泛，尤其在数控机床上。

2) 进给传动系统

进给传动系统用来实现机床的进给运动和辅助运动，后者包括调位运动和快速运动等。而不同类型的机床实现进给运动的传动类型不同。根据加工对象、成形运动、进给精度、运动平稳性及生产率等因素的要求，主要有机械进给传动、液压进给传动、电伺服进给传动等。机械进给传动系统虽然结构较复杂，制造及装配工作量较大，但由于工作可靠，便于检查和维修，仍有很多机床采用。

电气伺服系统是数控装置和机床之间的联系环节，是以直线位置或角度作为控制对象的自动控制系统，其作用是接受来自数控装置发出的进给脉冲，经变换和放大后驱动工作台按规定的速度和距离移动。

(1) 电气伺服进给传动系统的控制类型。电气伺服系统按有无检测和反馈装置分为开环、闭环和半闭环系统。

① 开环系统。典型的开环伺服系统采用步进电动机，如图 1.68 所示。开环系统对工作台的实际位移量没有检测和反馈装置。数控装置发来的每一个进给脉冲由步进电动机直接变换成一个转角(步距角)，再通过齿轮(或同步齿形带、滚珠丝杠螺母)带动工作台移动。

开环伺服系统的精度取决于步进电动机的步距角精度、步进电动机至执行部件间传动系的传动精度。这类系统的定位精度较低，一般为–0.01～0.02mm，但系统简单、调试方便、成本低，适用于精度要求不高的数控机床中。

② 闭环系统。在闭环系统中，使用位移测量元件测量机床执行部件的移(转)动量，将执行部件的实际移(转)动量和控制量进行比较，根据比较结果增加或减少发出的进给脉冲数，由伺服电动机校正执行部件的位移误差。如图 1.69 所示。

闭环控制可以消除整个系统的误差、间隙和失动，其定位精度取决于检测装置的精度，其控制精度、动态性能等较开环系统好；但系统比较复杂，安装、调整和测试比较麻烦，成本高，用于精密型数控机床上。

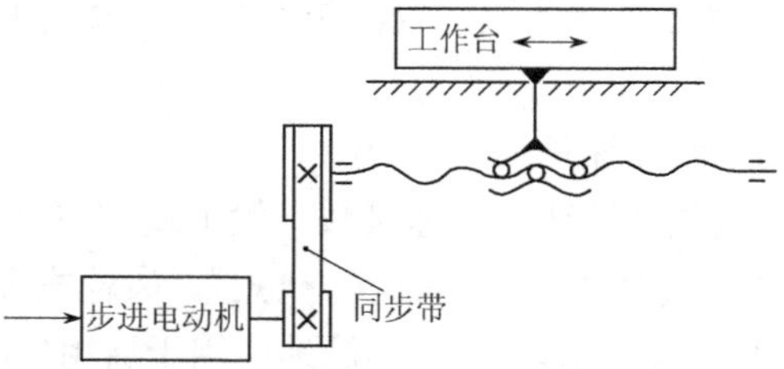

图 1.68　开环伺服系统

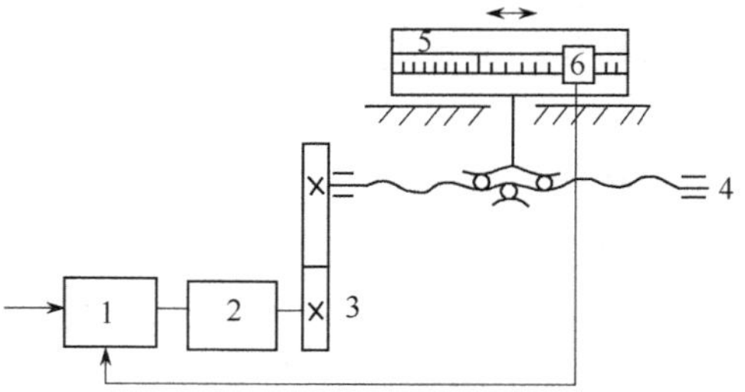

图 1.69　闭环系统

1-数控装置；2-伺服电动机；3-齿轮；4-丝杠；5-工作台；6-检测元件

③ 半闭环系统。如果检测元件不是直接安装在执行部件上，而是安装在进给传动系中间部位的旋转部件上，称之为半闭环系统，如图 1.70 所示。图 1.70(a) 是将检测元件安装在伺服电动机的端部，图 1.70(b) 是将检测元件安装到丝杠的端部，图 1.70(c) 是将检测元件和伺服电动机一起安装在丝杠的端部。

半闭环系统只能补偿环路内部传动链的误差，不能纠正环路之外的误差。如图 1.70(a)所示，传动齿轮的齿形误差和间隙、丝杠螺母的导程误差和间隙、丝杠轴承的轴向跳动等误差等均在环路之外，无法补偿；图 1.70(b)、(c)除了将齿轮移至环路内可以进行补偿外，其余仍然不能补偿。因此，半闭环系统的精度比闭环差。由于惯性较大的工作台在闭环之外，系统稳定性较好。与闭环相比，半闭环系统结构简单、调整容易、价格低，所以应用较多。

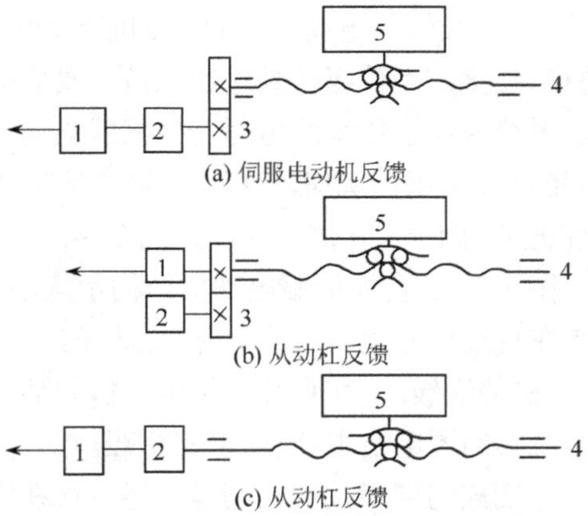

图 1.70　半闭环系统

(2) 电气伺服进给系统驱动部件。电气伺服进给系统由伺服驱动部件和机械传动部件组成。伺服驱动部件有步进电动机、直流伺服电动机、交流伺服电动机、直线伺服电动机等。

① 步进电动机。步进电动机又称脉冲电动机，是将电脉冲信号变换成角位移(或线位移)的一种机电式数模转换器。它每接受数控装置输出的一个电脉冲信号，电动机轴就转过一定的角度，称为步距角。步距角一般为 0.5°～3°，角位移与输入脉冲个数成严格的比例关系，步进电动机的转速与控制脉冲的频率成正比。

转速可以在很宽的范围内调节。改变绕组通电的顺序，可以控制电动机的正转或反转。步进电动机的优点是没有累积误差，结构简单，使用、维修方便，制造成本低。步进电动机带动负载惯量的能力大，适用于中、小型机床和速度精度要求不高的地方；缺点是效率较低，发热大，有时会“失步”。

② 直流伺服电动机。机床上常用的直流伺服电动机主要有小惯量直流电动机和大惯量直流电动机。

小惯量直流电动机优点是转子直径较小、轴向尺寸大。长径比约为 5，故转动惯量小，仅为普通直流电动机的 1/10 左右，因此响应时间快；缺点是额定转矩较小，一般必须与齿轮降速装置相匹配。常用于高速轻载的小型数控机床中。

大惯量直流电动机又称宽调速直流电动机，有电励磁和永久磁铁励磁两种类型。电励磁的特点是励磁量便于调整，成本低。永磁型直流电动机能在较大过载扭矩下长期工作，并能直接与丝杠相连而不需要中间传动装置，还可以在低速下平稳地运转，输出扭矩大。宽调速电动机可以内装测速发电机，还可以根据用户需要，在电动机内部加装旋转变压器和制动器，为速度环提供较高的增益，能获得优良的低速刚度和动态性能。电动机频率高、定位精度好、调整简单、工作平稳。缺点是转子温度高、转动惯量大、时间响应较慢。

③ 交流伺服电动机。它采用新型的磁场矢量变换控制技术，对交流电动机做磁场的矢量控制；将电动机定子的电压矢量或电流矢量作操作量，控制其幅值和相位。它没有电刷和换向器，因此可靠性好、结构简单、体积小、重量轻、动态响应好。在同样体积下，交流伺服电动机的输出功率可比直流电动机提高 10%～70%。交流伺服电动机与同容量的直流电动机相比，重量约轻一半，价格仅为直流电动机的 1/3，效率高、调速范围广、响应频率高。缺点是本身虽有较大的转矩-惯量比，但它带动惯性负载能力差，一般需用齿轮减速装置，多用于中小型数控机床。

④ 直线伺服电动机。直线伺服电动机是一种能直接将电能转化为直线运动机械能的电力驱动装置，是适应超高速加工技术发展的需要而出现的一种新型电动机。直线伺服电动机驱动系统替换了传统的由回转型伺服电动机加滚珠丝杠的伺服进给系统，从电动机到工作台之间的一切中间传动都没有了，可直接驱动工作台进行直线运动，使工作台的加/减速提高到传统机床的 10～20 倍，速度提高 3～4 倍。

图 1.71 是直线伺服电动机结构示意图，直线伺服电动机分为同步式和感应式两类。同步式是在直线伺服电动机的定件(如床身)上，在全行程沿直线方向上一块接一块地装上永磁铁(电动机的次级)；在直线伺服电动机的动件(如工作台)下部的全长上，对应地一块接一块安装含铁芯的通电绕组(电动机的初级)。

感应式与同步式的区别是，感应式在定件上用不通电的绕组替代同步式的永磁铁，且每个绕组中每一匝均是短路的。直线伺服电动机通电后，在定件和动件之间的间隙中产生一个大的行波磁场，依靠磁力，推动动件(工作台)做直线运动。

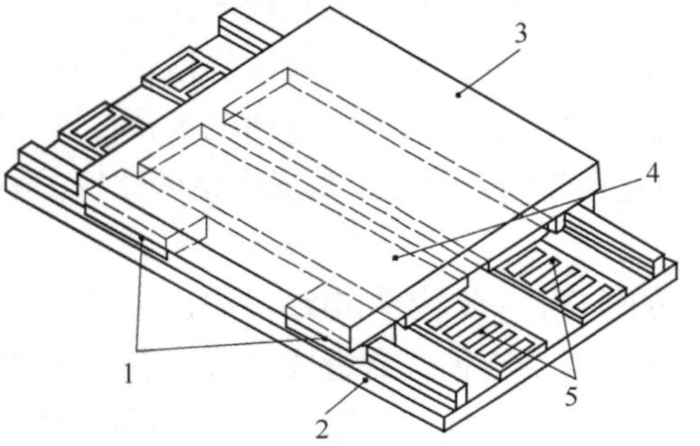

图 1.71　直线伺服电动机传动示意图

1-直线滚动导轨；2-床身；3-工作台；4-直流电动机动件(绕组)；5-直流电动机定件(永磁铁)

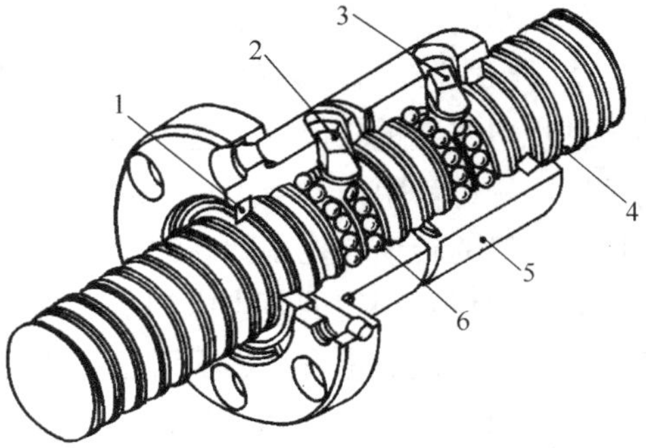

图 1.72　滚珠丝杠螺母副的结构

1-密封环；2、3-回珠器；4-丝杠；5-螺母；6-滚珠

(3) 电气伺服进给传动系中的机械传动部件。机械传动部件主要指齿轮(或同步齿轮带)和丝杠螺母传动副。电气伺服进给系统中，运动部件的移动是靠脉冲信号来控制，要求运动部件动作灵敏、低惯量、定位精度好、具有适宜的阻尼比，传动机构不能有反向间隙。

如图 1.72 所示，滚珠丝杠是将旋转运动转换成执行件的直线运动的运动转换机构，由螺母、丝杠、滚珠、回珠器、密封环等组成。滚珠丝杠的摩擦系数小，传动效率高。

滚珠丝杠主要承受轴向载荷，因此对丝杠轴承的轴向精度和刚度要求较高，常采用角接触球轴承或双向推力圆柱滚子轴承与滚针轴承的组合轴承方式，如图 1.73、图 1.74 所示。

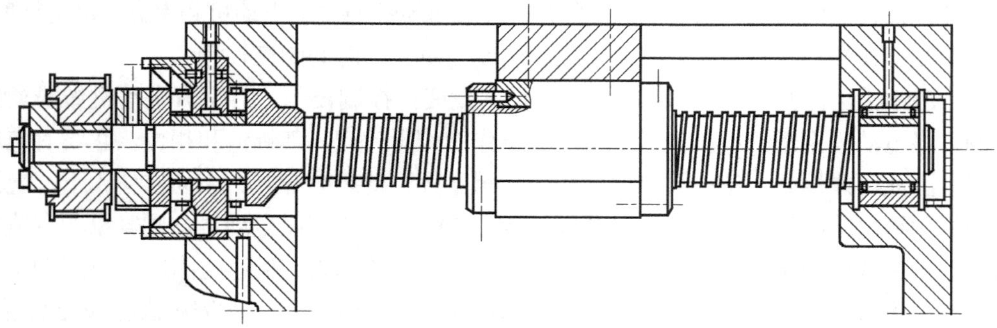

图 1.73　采用双向推力圆柱滚子轴承的支承方式

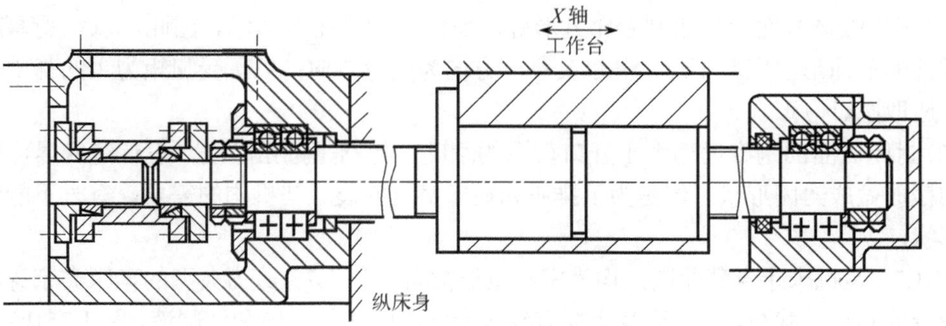

图 1.74　采用角接触球轴承的支承方式

3. 机床基础件

机床的基础件是指床身、立柱、横梁、底座等大件，相互固定联接成机床的基础和框架。机床上其他零、部件可以固定在基础件上，或者工作时在基础件的导轨上运动。因此，基础件的主要功能是保证机床各零、部件之间的相互位置和相对运动精度，并保证机床有足够的静刚度、抗振性、热稳定性和耐用度。所以，基础件的合理设计是机床设计的重要环节之一。

1) 基础件应满足的基本要求

(1) 应具有足够的刚度和较高的刚度-质量比。

(2) 应具有较好的动态特性，包括较大的位移阻抗(动刚度)和阻尼；整机的低阶频率较高，各阶频率不致引起结构共振；不会因薄壁振动而产生噪声。

(3) 热稳定性好，热变形对机床加工精度的影响较小。

(4) 排屑畅通、吊运安全，并具有良好的结构工艺性。

2) 基础件的结构

基础件是机床的一部分，因此设计基础件时，应首先考虑所属机床的类型、布局及常用支承件的形状。在满足机床工作性能的前提下，综合考虑其工艺性。还要根据其使用要求，进行受力和变形分析，再根据所受的力和其他要求(如排屑、吊运、安装其他零件等)进行结构设计，初步决定其形状和尺寸。

基础件的总体结构形状基本上可以分为三类。

(1) 箱形类。基础件在三个方向的尺寸都相差不多，如各类箱体、底座、升降台等。

(2) 板块类。基础件在两个方向的尺寸比第三个方向大得多，如工作台、刀架等。

(3) 梁支类。基础件在一个方向的尺寸比另两个方向大得多，如立柱、横梁、摇臂、滑枕、床身等。

基础件的截面形状设计是应保证在最小重量条件下，具有最大静刚度。静刚度主要包括弯曲刚度和扭转刚度，均与截面惯性矩成正比。基础件截面形状不同，即使同一材料、相等的截面积，其抗弯和抗扭惯性矩也不同。一般而言：

(1) 无论是方形、圆形或矩形，空心截面的刚度都比实心的大，而且同样的断面形状和相同大小的面积，外形尺寸大而壁薄的截面，比外形尺寸小而壁厚的截面的抗弯刚度和抗扭刚度都高。所以为提高基础件刚度，基础件的截面应是中空形状，尽可能加大截面尺寸，在工艺可能的前提下壁厚尽量薄一些，当然壁厚不能太薄，以免出现薄壁振动。

(2) 圆 (环) 形截面的抗扭刚度比方形好，而抗弯刚度比方形低。因此，以承受弯矩为主的基础件的截面形状应取矩形，并以其高度方向为受弯方向；以承受扭矩为主的基础件的截面形状应取圆 (环) 形。

(3) 封闭截面的刚度远远大于开口截面的刚度，特别是抗扭刚度。设计时应尽可能把支承件的截面做成封闭形状。但是为了排屑和在床身内安装一些机构的需要，有时不能做成全封闭形状。

图 1.75 是机床床身截面图，均为空心矩形截面。图 1.75 (a) 为典型的车床类床身，工作时承受弯曲和扭转载荷，并且床身上需有较大空间排除大量切屑和切削液。图 1.75 (b) 所示是镗床、龙门刨床类机床的床身，主要承受弯曲载荷，由于切屑不需要从床身排除，所以顶面多采用封闭的、台面不太高的构件，以便于工件的安装调整。图 1.75 (c) 是用于大型和重型机床的床身，有三道壁。重型机床可采用双层壁结构床身，以便进一步提高刚度。

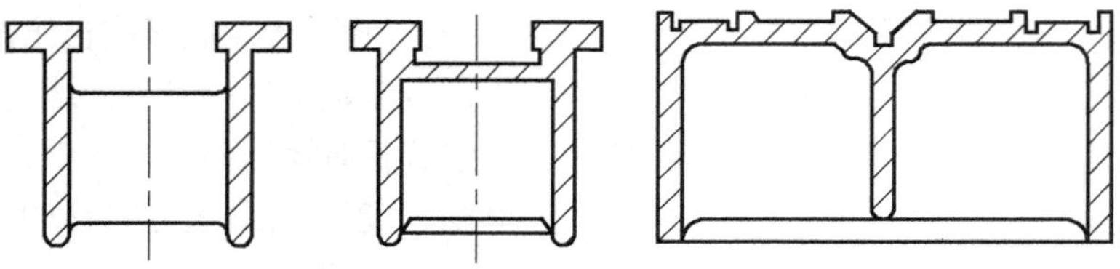

(a) 车床类床身　(b) 镗床、龙门刨床类床身　(c) 大型和重型机床类床身

图 1.75　机床床身截面图

3) 基础件的材料

支承件常用的材料有铸铁、钢板和型钢、预应力钢筋混凝土、天然花岗岩。

(1) 铸铁。一般基础件用灰铸铁制成，在铸铁中加入少量合金元素可提高耐磨性。铸铁铸造性能好，容易获得复杂结构的支承件，同时铸铁的内摩擦力大，阻尼系数大，使振动衰减的性能好，成本低。但铸件需要木模芯盒，制造周期长，有时产生缩孔、气泡等，成本高，适于成批生产。常用的铸件牌号有 HT200、HT150、HT100。

铸造基础件要进行时效处理，以消除内应力。

(2) 钢板焊接结构。用钢板和型钢等焊接成基础件，其特点是制造周期短，省去制作木模的流程和铸造工艺；基础件可制成封闭结构，刚性好；便于产品更新和结构改进；钢板焊接基础件固有频率比铸铁高，在刚度要求相同的情况下，采用钢焊接支承件可比铸铁支承件壁厚减少一半，重量减轻 20%～30%。钢板焊接结构的缺点是钢板材料内摩擦阻尼约为铸铁的 1/3，抗振性较铸铁差。为提高机床抗振性能，可采用提高阻尼的方法来改善动态性能。

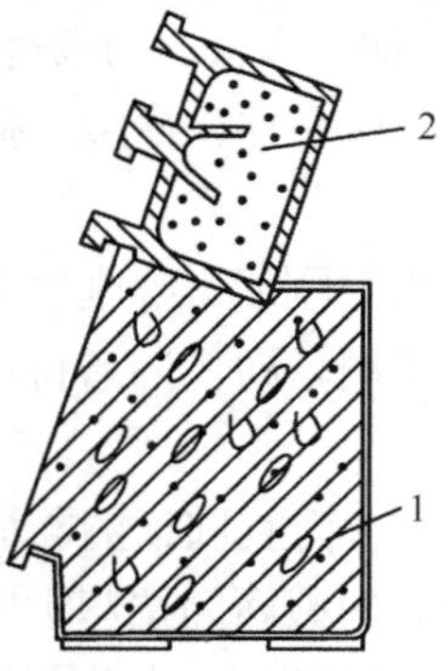

图 1.76　数控车床的底座和床身示意图

1-混凝土底座；2-内封砂芯床身

(3) 预应力钢筋混凝土。主要用于制作不常移动的大型机械的机身、底座、立柱等基础件。预应力钢筋混凝土基础件的刚度和阻尼比铸铁大几倍，抗振性好，成本较低。

图 1.76 是数控车床的底座和床身，底座 1 为钢筋混凝土，混凝土的内摩擦阻尼很高，所以机床的振抗性很

高。床身 2 为内封砂芯的铸铁床身，也可提高床身的阻尼。

(4) 天然花岗岩。天然花岗岩性能稳定，精度保持性好，抗振性好，阻尼系数比钢大 15 倍，耐磨性比铸铁高 5～6 倍，热导率和线胀系数小，热稳定性好，抗氧化性强，不导电，抗磁，与金属不黏合，加工方便，通过研磨和抛光容易得到很高的精度和很小的表面粗糙度。缺点是结晶颗粒粗于钢铁的晶粒，抗冲击性能差，脆性大，油和水等液体易渗入晶界中，使表面局部变形胀大，难于制作复杂的零件。

4. 机床导轨

导轨的功用是支撑和引导运动部件沿着一定的轨迹运动。运动的导轨称为动导轨，不动的导轨称为静导轨或支承导轨。动导轨相对于静导轨可以做直线运动或者回转运动。

导轨副按导轨面的摩擦性质可分为滑动导轨副和滚动导轨副。在滑动导轨副中又可分为普通滑动导轨、静压导轨和卸荷导轨等。

1) 导轨应满足的主要技术要求

(1) 导向精度高。导向精度是导轨副在空载荷或切削条件下运动时，实际运动轨迹与给定运动轨迹之间的偏差。影响导向精度的因素很多，如导轨的几何精度和接触精度，导轨的结构形式，导轨和支承件的刚度，导轨的油膜厚度和油膜刚度，导轨和支承件的热变形等。

(2) 承载能力大，刚度好。根据导轨承受载荷的性质、方向和大小，合理地选择导轨的截面形状和尺寸，使导轨具有足够的刚度，保证机床的加工精度。

(3) 精度保持性好。精度保持性主要是由导轨的耐磨性决定的，常见的磨损形式有磨料(或磨粒) 磨损、黏着磨损或咬焊、接触疲劳磨损等。影响耐磨性的因素有导轨材料、载荷状况、摩擦性质、工艺方法、润滑和防护条件等。

(4) 低速运动平稳好。当动导轨做低速运动或微量进给时，应保证运动始终平稳，不出现爬行现象。

2) 导轨的截面形状和组合形式

直线运动导轨的截面形状主要有四种：矩形、三角形、燕尾形和圆柱形，并可互相组合。每种导轨副之中还有凸、凹之分。

(1) 矩形导轨 (图 1.77 (a))。上图是凸型，下图是凹型。凸型导轨容易清除掉切屑，但不易存留润滑油，凹型导轨则相反。矩形导轨具有承载能力大、刚度高、制造简便、检验和维修方便等优点；但存在侧向间隙需用镶条调整，导向性差等缺点。它适用于载荷较大而导向性要求略低的机床。

(2) 三角形导轨 (图 1.77 (b))。三角形导轨面磨损时，动导轨会自动下沉，自动补偿磨损量，不会产生间隙。三角形导轨的顶角 α 一般为 90°～120°，α 越小，导向性越好，但耐磨极差。所以，小顶角用于轻载精密机械，大顶角用于大型或重型机床。三角形导轨结构有对称式和不对称式两种。当水平力大于垂直力、两侧压力分布不均时，采用不对称导轨。

(3) 燕尾形导轨 (图 1.77 (c))。燕尾形导轨可以承受较大的颠覆力矩，导轨的高度较小、结构紧凑、间隙调整方便；但刚度较差，加工、检验维修都不大方便，适用于受力小、层次多、要求间隙调整方便的部件。

(4) 圆柱形导轨 (图 1.77 (d))。圆柱形导轨制造方便、工艺性好，但磨损后较难调整和补偿间隙。它主要用于受轴向负荷的导轨，应用较少。

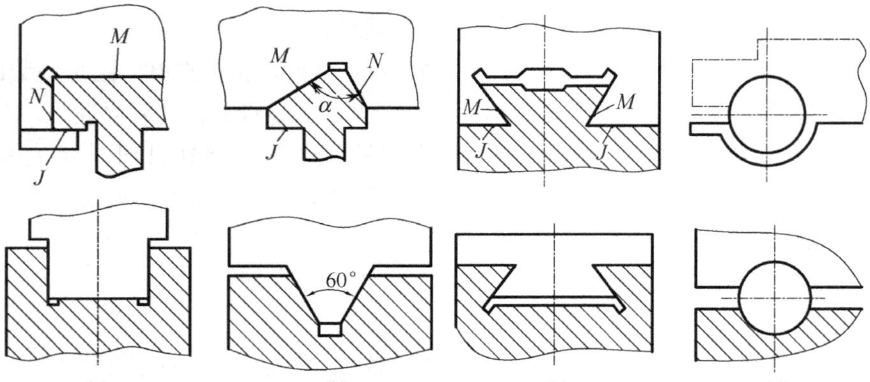

图 1.77　导轨的截面形状

上述四种截面的导轨尺寸已经标准化了，可参看有关机床标准。

机床直线运动导轨通常由两条导轨组合而成，根据不同要求，机床导轨主要有如下的组合形式。

(1) 双三角形导轨(图 1.78(a))。双三角形导轨不需要镶条调整间隙，接触刚度好，导向性和精度保持性好；但工艺性差，加工、检验和维修不方便；多用在精度要求较高的机床中，如丝杠车床、导轨磨床、齿轮磨床等。

(2) 双矩形导轨(图 1.78(b)、(c))。双矩形导轨承载能力大，制造简单，多用在普通精度机床和重型机床中，如重型车床、组合机床、升降台铣床等。双矩形导轨的导向方式有两种：由两条导轨的外侧导向时，叫作宽式组合，如图 1.78(b)所示；分别由一条导轨的两侧导向时，叫作窄式组合，如图 1.78(c)所示。机床热变形后，宽式组合导轨的侧向间隙变化比窄式组合导轨大，导向性不如窄式。无论是宽式还是窄式组合，侧导向面都需用镶条调整间隙。

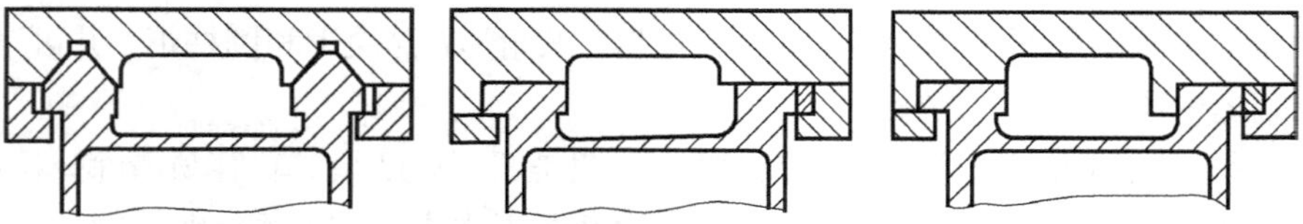

(a) 双三角形导轨　　(b) 宽式双矩形导轨　　(c) 窄式双矩形导轨

图 1.78　导轨的组合

(3) 矩形和三角形导轨的组合。这类组合的导轨导向性好、刚度高、制造方便，应用最广，如车床、磨床、龙门铣床的床身导轨。

(4) 矩形和燕尾形导轨的组合。这类组合的导轨能承受较大力矩，调整方便，多用在横梁、立柱、摇臂导轨中。

3) 导轨的结构类型及特点

(1) 滑动导轨。从摩擦性质来看，滑动导轨是具有一定动压效应的混合摩擦状态。导轨的动压效应主要与导轨的滑动速度、润滑油黏度、导轨面的油沟尺寸和形式等有关。速度较高的主运动导轨，如立式车床的工作台导轨，应合理地设计油沟形式和尺寸，选择合适黏度的润滑油，以产生较好的动压效果。滑动导轨的优点是结构简单、制造方便、抗振性良好，缺点是磨损快。为了提高耐磨性，国内外广泛采用塑料导轨和镶钢导轨。塑料导轨是用黏结法或喷涂法覆盖在导轨面上。通常对长导轨采用喷涂法、对短导轨采用黏结法。

(2) 静压导轨。静压导轨的工作原理与静压轴承相似，通常在动导轨面上均匀分布有油腔和封油面，把具有一定压力的液体或气体介质经节流器送到油腔内，使导轨面间产生压力，将动导轨微微抬起，与支承导轨脱离接触，浮在压力油膜或气膜上。静压导轨摩擦因数小，在启动和停止时没有磨损，精度保持性好。缺点是结构复杂，需要一套专门的液压或气压设备，维修、调整比较麻烦。因此，多用于精密和高精度机床或低速运动机床中。

(3) 卸荷导轨。卸荷导轨用来降低导轨面的压力，减少摩擦阻力，从而提高导轨的耐磨性和低速运动的平稳性，尤其是对大型、重型机床来说，工作台和工件的质量很大，导轨面上的摩擦阻力很大，常采用卸荷导轨。

导轨的卸荷方式有机械卸荷、液压卸荷和气压卸荷。

(4) 滚动导轨。在静、动导轨面之间放置滚动体，如滚珠、滚柱、滚针或滚动导轨块，组成滚动导轨。滚动导轨具有摩擦力小、启动轻便、运动灵敏、不易爬行、磨损小、精度保持性好、寿命长、具有较高的重复定位精度、运动平稳等优点；可采用油脂润滑，润滑系统简单，常用于对运动灵敏度要求高的数控机床。滚动导轨同滑动导轨相比，抗振性差，但可以通过预紧方式提高，结构复杂，成本较高。

滚动导轨按滚动体类型分为滚珠、滚柱和滚针三种，如图 1.79 所示。滚珠式为点接触，承载能力差、刚度低，滚珠导轨多用于小载荷。滚柱式为线接触，承载能力比滚珠式高，刚度好，滚柱导轨用于较大载荷。滚针式也为线接触，常用于径向尺寸小的导轨。

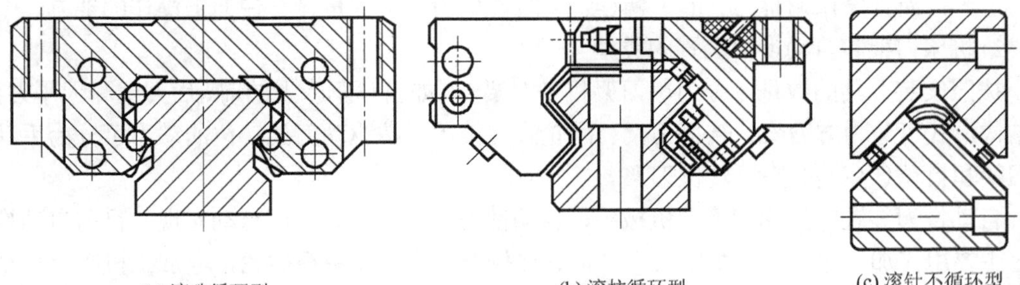

(a) 滚珠循环型　(b) 滚柱循环型　(c) 滚针不循环型

图 1.79　滚动直线导轨副的滚动体

5. *机床刀架和自动换刀装置*

机床上的刀架是安放刀具的重要部件，许多刀架还直接参与切削工作，如卧式车床上的四方刀架、转塔车床的转塔刀架、回轮式转塔车床的回轮刀架、自动车床的转塔刀架和天平刀架等。这些刀架既安放刀具，还直接参与切削，承受极大的切削力，它们往往是工艺系统中较薄弱的环节。随着自动化技术的发展，机床的刀架也有了许多变化，特别是数控车床上采用电(液)换位的自动刀架，有的还使用两个回转刀盘。加工中心则进一步采用了刀库和换刀机械手，实现了大容量存储刀具和自动交换刀具的功能，这种刀库安放刀具的数量从几十把到上百把，自动交换刀具的时间从十几秒减少到几秒甚至零点几秒。这种刀库和换刀机械手组成的自动换刀装置，就成为加工中心的主要特征。

1) 机床刀架和自动换刀装置应满足的要求

(1) 满足工艺过程所提出的要求。机床依靠刀具和工件间相对运动形成工件表面，而工件的表面形状和表面位置的不同，要求刀架和刀库上能够布置足够多的刀具，而且能够方便而正确地加工各工件表面，为了实现在工件的一次安装中完成多工序加工，所以要求刀架、刀库可以方便地转位。

(2) 在刀架、刀库上要能牢固地安装刀具，在刀架上安装刀具时还应能精确地调整刀具的位置；采用自动交换刀具时，应能保证刀具交换前后都能处于正确位置，以保证刀具和工件间相对位置的准确。刀架的运动精度将直接反映到被加工工件的几何形状精度和表面粗糙度上，为此，刀架的运动轨迹必须准确，运动应平稳，刀架运转的终点应准确。而且这种精度保持性要好，以便长期保持刀具的正确位置。

(3) 刀架、刀库、换刀机械手部应具有足够的刚度。由于刀具的类型、尺寸各异，重量相差很大，刀具在自动转换过程中方向变换较复杂，而且有些刀架还直接承受切削力。考虑到采用新型刀具材料和先进的切削用量，所以刀架刀库和换刀机械手都必须具有足够的刚度，以使切削过程和换刀过程平稳。

(4) 可靠性高。由于刀架和自动换刀装置在机床工作过程中使用次数很多，而且使用频率也高，所以必须充分重视它的可靠性。

(5) 刀架和自动换刀装置是为了提高机床自动化而出现的，因而它的换刀时间应尽可能缩短，以利于提高生产率。

(6) 操作方便和安全。刀架是工人经常操作的机床部件之一，因此它的操作是否方便和安全，往往是评价刀架设计好坏的指标。刀架上应便于工人装刀和调刀，切屑流出方向不能朝向工人，而且操作调整刀架的手柄(或手轮)要省力，应尽量设置在便于操作的地方。

2) 机床刀架和自动换刀装置的类型

按照安装刀具的数目可分为单刀架和多刀架，例如自动车床上的前、后刀架和天平刀架。按结构形式可分为方刀架、转塔刀架、回轮式刀架等；按驱动刀架转位的动力可分为手动转位刀架和自动(电动和液动)转位刀架。

自动换刀装置的刀库和换刀机械手，驱动都是采用电气或液压自动实现。目前自动换刀装置主要用在加工中心和车削中心上，但在数控磨床上自动更换砂轮，电加工机床上自动更换电极，以及数控冲床上自动更换模具等，也日渐增多。

数控车床的自动换刀装置主要采用回转刀盘，刀盘上安装 8～12 把刀。有的数控车床采用两个刀盘，实行四坐标控制，少数数控车床也具有刀库形式的自动换刀装置。图 1.80(a)是一个刀架上的回转盘，刀具与主轴中心平行安装，回转刀盘既有回转运动又有纵向进给运动($f_{纵}$)和横向进给运动($f_{横}$)。图 1.80(b)为刀盘中心线相对于主轴中心线倾斜的回转刀盘，刀盘上有 6～8 个刀位，每个刀位上可装两把刀具，分别加工外圆和内孔。图 1.80(c)为装有两个刀盘的数控车床，刀盘 1 的回转中心与主轴中心线平行，用于加工外圆；刀盘 2 的回转中心线与主轴中心线垂直，用以加工内表面。图 1.80(d)为安装有刀库的数控车床，刀库可以是回转式或链式，通过机械手交换刀具。图 1.80(e)是带鼓轮式刀库的车削中心，图中 3 为回转刀盘，上面装有多把刀具，4 是鼓轮式刀库，其上可装 6～8 把刀，5 是机械手，可将刀库中的刀具换到刀具转轴 6 上去，6 可由电动机驱动回转进行铣削加工，7 为回转头，可交换采用回转刀盘 3 和刀具转轴 6 轮番进行加工。

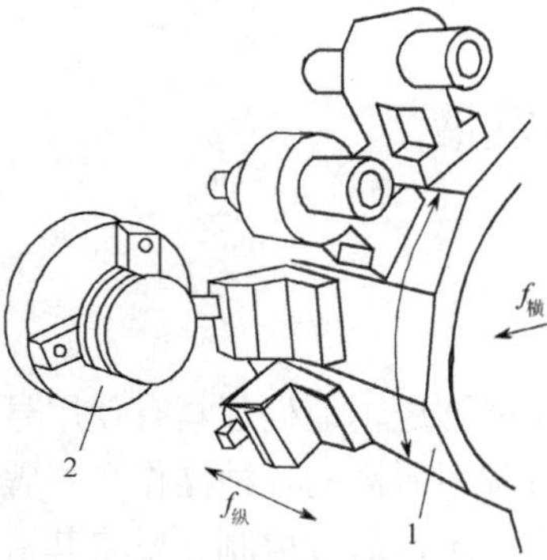

(a) 回转刀盘

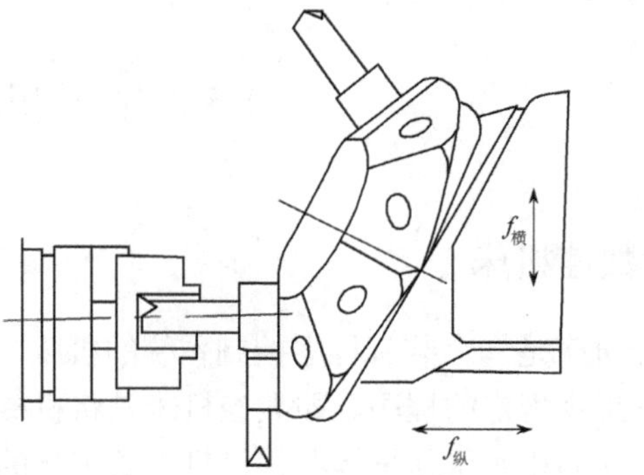

(b) 回转刀盘

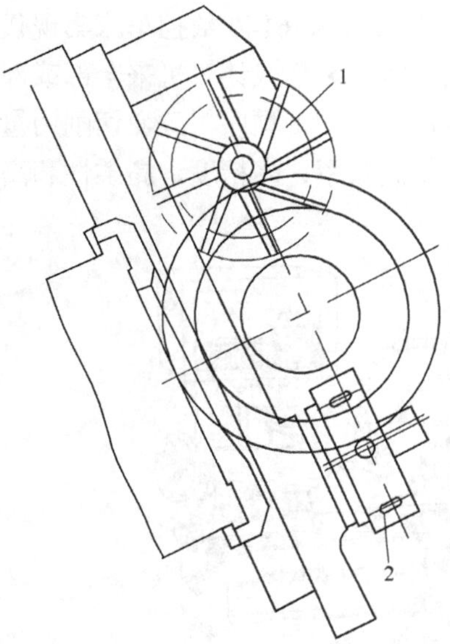

(c) 双回转刀盘

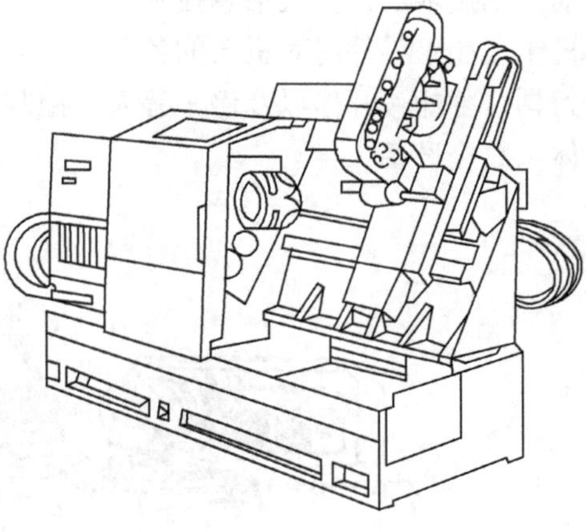

(d) 链式刀库的数控车床

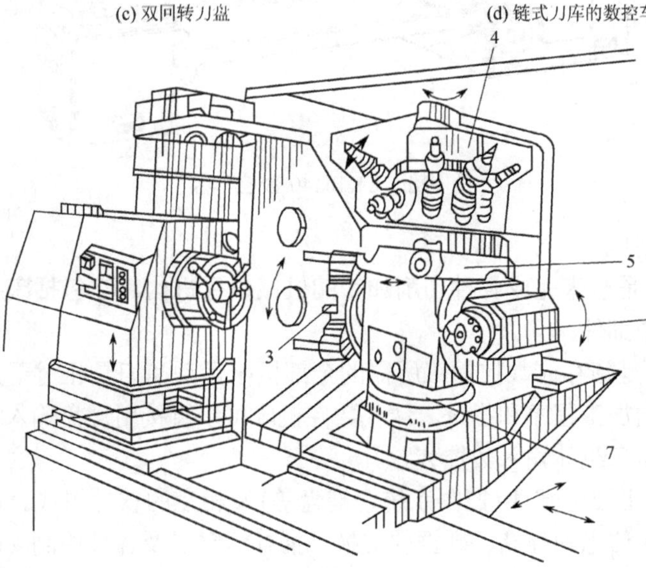

(e) 鼓轮式刀库的车削中心

图 1.80　数控车床上自动换刀装置

1,2-刀盘；3-回转刀盘；4-鼓轮式刀库；5-机械手；6-刀具转轴；7-回转头

1.5　现代机床的发展

1.5.1　数控机床

数控机床是一个装有程序控制系统的机床，该系统能够逻辑地处理具有使用号码或其他符号编码指令规定的程序。即数控机床是将机械加工过程中所需的各种操作和步骤以及刀具与工件之间的相对位移量等各种信息用数字化的代码来表示，通过控制介质将其输入数控系统。经过该系统对这些代码进行运算和处理后，发出各种指令来控制机床加工工作的机床，是一种典型的光机电一体化的加工设备。如图 1.81 所示，CK16140 数控车床集现代机械制造技术、自动控制技术及计算机信息技术于一体，采用数控装置或计算机来全部或部分地取代一般通用机床在加工零件时对机床的各种动作——启动、加工顺序、改变切削用量、主轴变速、选择刀具、冷却液开停以及停车等人工控制，是高效率、高精度、高柔性和高自动化的光机电一体化数控设备。

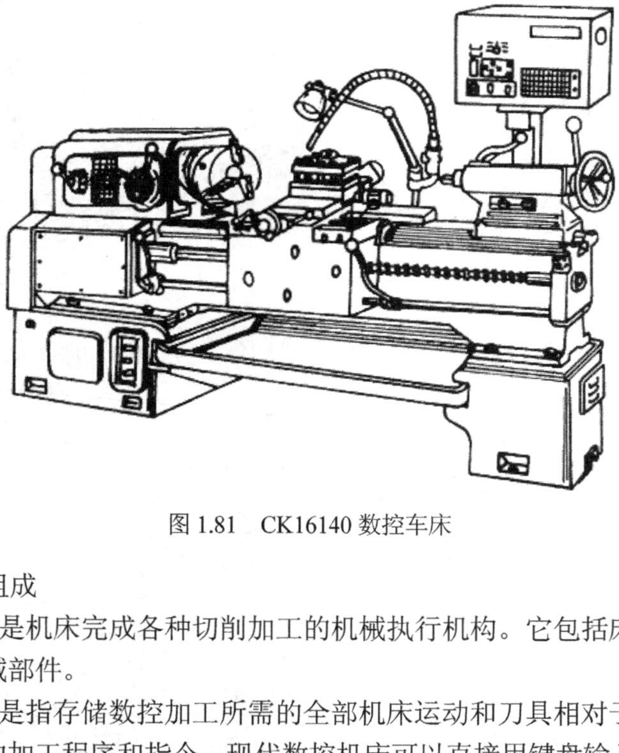

图 1.81　CK16140 数控车床

1）数控机床的组成

(1) 机床本体：是机床完成各种切削加工的机械执行机构。它包括床身、主轴、进给系统、减速机构等机械部件。

(2) 控制介质：是指存储数控加工所需的全部机床运动和刀具相对于工件位置信息的载体，它记录着零件的加工程序和指令。现代数控机床可以直接用键盘输入程序，也可以在机外进行编制，通过信息载体输入数控装置。

(3) 数控装置：主要由硬件（控制系统、键盘等）及相应的软件组成。根据数字化的零件加工程序，完成输入信息的存储、数据的交换、插补运算以及各种控制功能。

(4) 伺服驱动装置，又称伺服系统或伺服驱动系统。伺服系统根据所收到的数控装置的指令，驱动伺服电动机来实现机床的各种运动。数控机床的伺服系统主要有：主轴驱动单元（如速度控制)、进给驱动单元(速度和位置控制)、主轴电机和进给电机等。

(5)测量反馈装置：由检测元件和相应的电路组成，其作用是检测速度和位移信息，并反馈给数控装置，构成闭环或半闭环控制。常用的测量元件有感应同步器、旋转变压器、脉冲编码器、光栅和磁尺等。

(6)辅助装置。辅助装置是指为保障数控机床正常功能所必需的配套部件，如冷却、排屑、防护、润滑、照明等一系列装置。

2)数控机床的特点

(1)加工精度高。数控机床按预定的零件加工程序自动加工，不需要人工干预，加之数控机床本身的刚度好、精度高，而且还可以利用软件进行精度校正和补偿，因此与传统机床相比，可以获得较高的加工精度。中小型数控机床的定位精度可达 0.005mm，重复定位精度可达 0.002mm。

(2)生产效率高。数控机床刚性好，可以进行大切削用量的强力切削，有效地节省机动时间，还具有自动变速、自动换刀、自动交换工件和其他辅助操作自动化等功能，使辅助时间缩短，而且无须工序间的检测和测量。

(3)自动化程度高。数控机床的加工，是输入编好的零件加工程序后自动完成的，除了装卸零件、操作键盘或观察机床运行之外，其他的机床动作直至加工完毕，都是自动连续完成。

(4)对加工对象的适应性强。数控机床是一种高度自动化和高效率的机床，可适应不同品种和尺寸规格工件的自动加工。当加工对象改变时，只要改变数控加工程序，就可改变加工工件的品种，为复杂结构的单件、小批量生产以及试制新产品提供了便利。

(5)经济效益好。数控机床在单件、小批量生产的情况下，可节省划线工时，减少调整、加工和检验时间，节省直接生产费用和工艺装备费用。数控机床的加工精度稳定，减少了废品率，使生产成本进一步下降。

1.5.2　加工中心

加工中心是具有刀库本体和自动换刀装置的数控机床，是由机械本体与数控系统组成的用于加工复杂形状工件的高效率自动化机床。加工中心备有刀库，具有自动换刀功能，是对工件一次装夹后进行多工序加工的数控机床。加工中心是高度机电一体化的产品，工件装夹后，数控系统能控制机床按不同工序自动选择与更换刀具、自动对刀、自动改变主轴转速和进给速度等，可连续完成钻、镗、铣、铰、攻丝等多种工序，因而大大减少了工件装夹时间、测量和机床调整等辅助工序时间，对加工形状比较复杂、精度要求较高的零件具有良好的经济效果，特别适合于工件更换频繁的场合。

1)加工中心的特点

(1)工序集中。加工中心集钻孔、扩孔、铰孔、镗孔、铣端面等功能于一身，工件一次装夹能够完成粗加工、半精加工和精加工。

(2)备有刀库，能自动换刀。加工中心备有完成一定范围内加工的各种刀具，刀库种类很多，常见的有盘式和链式两类。链式刀库存放刀具的容量较大。换刀机构在机床主轴与刀库之间交换刀具，常见的为机械手，也有不带机械手而由主轴直接与刀库交换刀具的，称无臂式换刀装置。

(3) 有自动转位工作台。为了实现轮流使用多种刀具，使工件一次装夹完成多种加工，加工中心可配备有转位工作台。

(4) 加工精度高。由于减少了装卸工件和换刀的次数，消除了由于多次安装造成的定位误差，加工中心的加工精度可高达 0.002mm。

(5) 生产效率高。由于减少了装卸工件和换刀的次数，大大减少了工件装夹、测量和机床的调整时间，减少了工件周转、搬运和存放时间，使机床的切削时间利用率高于普通机床 3～4 倍。同时为了缩短非切削时间，有的加工中心配有两个自动交换工件的托板。一个装着工件在工作台上加工，另一个则在工作台外装卸工件。机床完成加工循环后自动交换托板，使装卸工件与切削加工的时间相重合。

2) 加工中心的分类

按照机床的形态，加工中心可分为立式、卧式、龙门式和万能加工中心几种类型。

(1) 立式加工中心：指主轴轴线垂直于工作台台面的加工中心，立式加工中心大多为固定立柱式，工作台为十字滑台形式，以三个直线运动坐标为主，一般不带转台，仅作顶面加工，如图 1.82 所示。

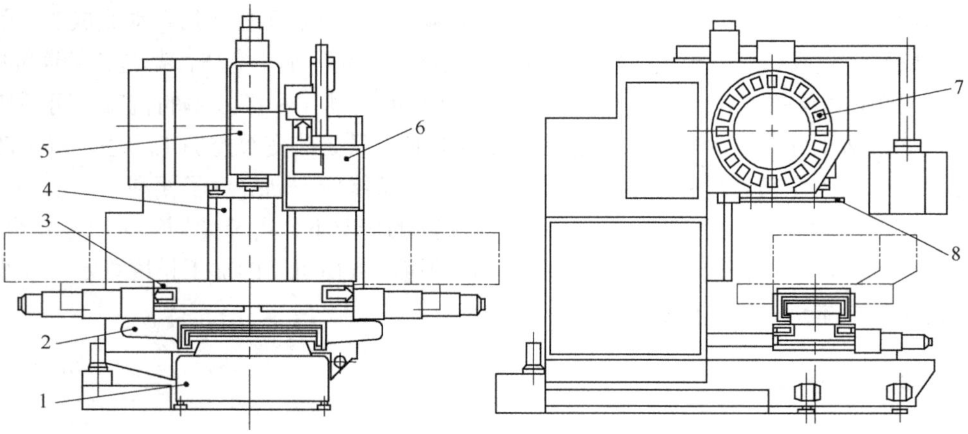

图 1.82　XH715 型立式加工中心外形图

1-床身；2-滑座；3-工作台；4-立柱；5-主轴箱；6-操作面板；7-刀库；8-换刀机械手

(2) 卧式加工中心：指主轴轴线与工作台平行的加工中心。卧式加工中心通常有 3～5 个可控坐标，立柱一般有固定式和可移动式两种。卧式加工中心一般具有分度转台或数控转台，可加工工件的各个侧面；也可做多个坐标的联合运动，以便加工复杂的空间曲面，如图 1.83 所示。

(3) 龙门式加工中心：形状与龙门铣床相似。主轴多为垂直设置，一般带有自动换刀装置，并带有可更换的主轴头附件，功能较齐全。适用于大型或形状复杂工件的加工。

(4) 万能加工中心：具有立式和卧式加工中心的功能，工件一次装夹后能完成除安装面外其他五个面的加工，因此也称为五面加工中心。常见的万能加工中心有主轴可以旋转 90° 或工作台带动工件旋转 90° 进行加工的两种形式。

以上几种加工中心中，立式加工中心的结构较简单，占地面积小，价格也较低。与立式加工中心相比，卧式加工中心结构复杂，占地面积大，价格也较高。万能加工中心功能强，生产效率、加工精度高，但结构复杂、造价高、占地面积大，因此，其使用和生产数量远不如其他类型的加工中心。

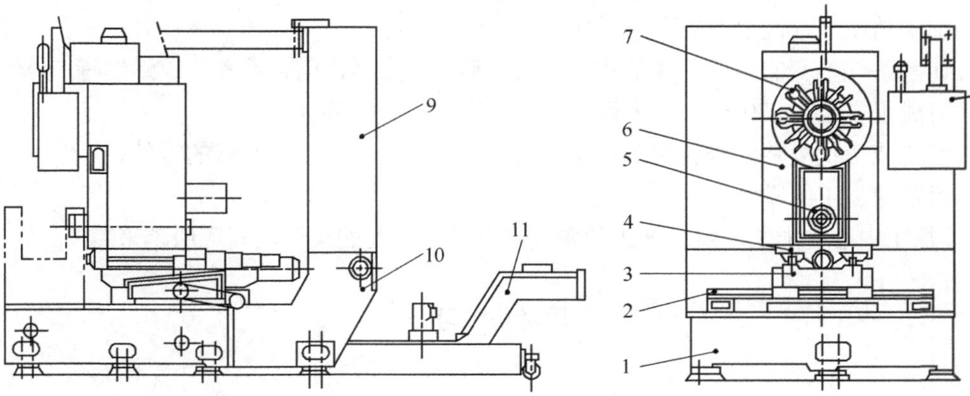

图 1.83　TH6340 型卧式加工外形图

1-床身；2-基座；3-横向滑座；4-横向滑板；5-主轴箱；6-立柱；7-刀库；
8-操作面板；9-电气柜；10-支架；11-排屑装置

加工中心的分类方法很多，除了根据机床的形态分类外，还可以按运动坐标数和同时控制的坐标数分为三轴二联动、三轴三联动、四轴三联动、五轴四联动等；按工艺用途可分为镗铣加工中心、钻削加工中心和复合加工中心；按自动换刀装置可分为转塔头加工中心、刀库+主轴换刀加工中心、刀库+机械手换刀加工心等；按加工精度又可分为普通加工中心和高精度加工中心。为了把加工中心的特征表述得更清楚，常在立式或卧式加工中心之后，同时说明是什么控制系统、几轴几联动或其他特性。

由于加工中心种类比较多，所以在选用加工中心时需根据自身需要考虑。

(1) 加工中心种类，如零件以回转面为主，则可选用车削中心。如其上还有键槽、小平面、螺孔等需加工，要选择带动力头的车削中心，带有分度的 C 轴等。对箱体零件的加工往往选择卧式加工中心，对模具、叶片等类的加工任务则宜选用立式加工中心。

(2) 根据加工表面及曲面的复杂程度，决定其联动轴数。一般采用三轴三联动或三轴两联动式。对复杂曲面加工，往往需要四轴三联动，甚至五轴五联动。

(3) 根据工件尺寸范围考虑其尺寸、型号，主要考虑 X、Y、Z 行程及工件大小、承重，再考虑其精度等级要求。加工中心导轨有的采用贴塑导轨，有的采用滚动导轨，前者负载能力较大，适宜有较重载切削的工况，滚动导轨磨损小，运动速度快，适宜切削力较小的工况。当切削力过大时，为了提高机床刚性，还往往选用龙门式结构的加工中心。

(4) 其他功能：加工中心还往往带有接触式测头，测头占一把刀具的工位，可以由程序控制调出，检测加工表面的精度，以防止切削力下变形过大。有些加工中心还有自适应控制功能，即根据电机功率来自动调整切削用量，以达到提高生产率、保护设备和刀具的目的。

加工中心适宜于加工形状复杂、工序多、精度要求较高、需要多种类型的普通机床和众多刀具夹具，且经多次装夹和调整才能完成加工的零件。其加工的主要对象有箱体类零件，盘、套、板类零件，外形不规则零件，复杂曲面，刻线、刻字、刻图案以及其他特殊加工。推荐下列加工对象，加工时选择加工中心完成。

(1) 中小批量轮番生产并有一定复杂程度的零件。

(2) 有多个不同位置的平面和孔系需加工的箱体或多棱体零件。

(3) 有较高的位置精度要求，更换机床加工时很难保证加工要求的零件。

(4)加工精度一致性要求较高的零件。

(5)切削条件多变的零件，如某些零件由于形状特点需切槽、镗孔、攻螺纹等。

(6)可成组安装在工作台上，进行多品种混流加工的零件。

(7)结构或形状复杂，普通加工时操作困难、工时长、加工效率低的零件。

(8)可镜像加工的零件等。

由于加工中心的加工质量、加工效率高，并具备高度的柔性，其应用越来越广。

思考与练习

1. 机床按什么分类？我国机床型号编制法中将机床分为哪些大类？这些机床类别代号分别是什么？
2. 车床、铣床、钻床和磨床的主参数和第二主参数分别是什么？如何表示？
3. 试述某个具体机床型号每个代号的含义。
4. 工件表面的形成方法是什么？
5. 工件表面发生线的形成方法有哪些？
6. 机床的运动有哪些？
7. 表面成形运动按运动形式的复杂程度可分为哪几类？其特点分别是什么？
8. 表面成形运动按其在切削加工所起的作用可分为哪两类？
9. 机床的传动联系都有哪几个基本组成部分？
10. 机床的传动链根据传动联系的性质可分为哪两类？其特点分别是什么？
11. 试述卧式车床和滚齿机的传动原理。
12. 机床的基本组成都有哪些部分？
13. 车床的主运动和进给运动是什么？
14. 按照完成切削的铣刀刀刃区分，铣削方式有哪些？各适用于什么场合？
15. 什么是顺铣和逆铣？各有什么特点？
16. 钻孔有哪些缺点？如何克服？
17. 形成齿轮、齿面有哪些方法？原理是什么？
18. 数控加工工作原理是什么？数控机床由哪些部分组成？
19. 试按标准设定数控机床的坐标轴，并判断坐标轴的正负。
20. 加工中心有什么特点？

第 2 章　金属切削原理与刀具

2.1　基 本 定 义

金属切削过程是工件和刀具相互作用的过程。刀具要从工件上切去一部分金属，并在保证高生产率和低成本的前提下，使工件得到符合技术要求的形状、尺寸精度和表面质量。为了实现这一切削过程，必须具备以下三个条件：① 工件与刀具之间要有相对运动，即切削运动；② 刀具材料必须具有一定的切削性能；③ 刀具必须有适当的几何参数，如切削角度等。

2.1.1　切削运动与切削用量

车削慢放 3

1. 切削运动

外圆车削和平面刨削是金属切削加工中常见的加工方法，现以它们为例来分析工件与刀具之间的切削运动。图 2.1 表示外圆车削时的情况：工件旋转，车刀连续纵向直线进给，于是形成工件的外圆柱表面。图 2.2 表示的是在牛头刨床上刨削平面时的情况，刀具做直线往复运动，工件做间歇的直线进给运动。

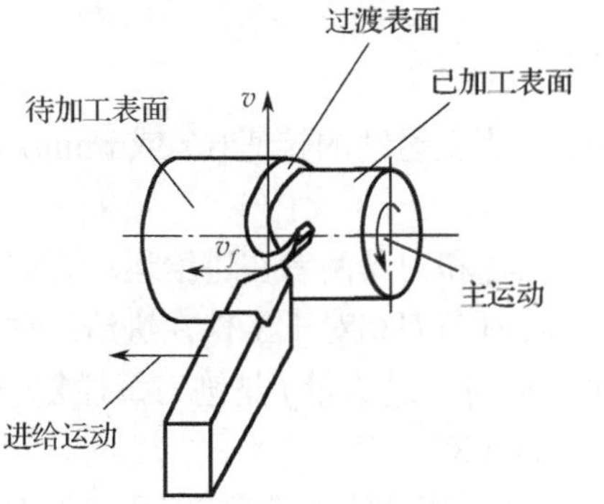

图 2.1　外圆车削的切削运动与加工表面

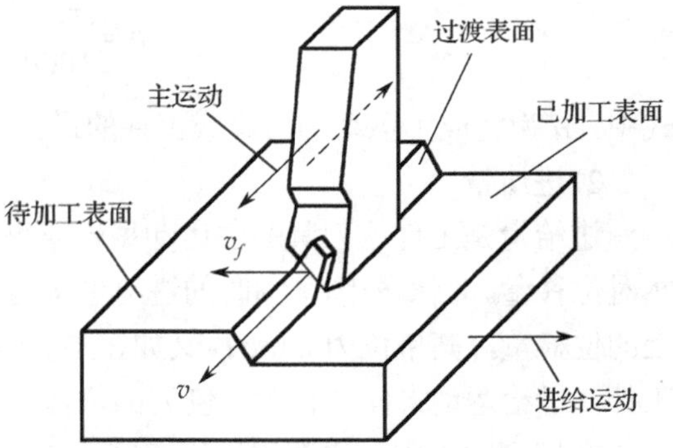

图 2.2　平面刨削的切削运动与加工表面

在各种切削加工方法中，刀具或工件同样必须完成一定的切削运动。通常切削运动按其所起的作用可分为以下两种。

(1) 主运动：使工件与刀具产生相对运动以进行切削的最基本的运动，称为主运动。主运动的速度最高，消耗功率最大。例如，外圆车削时的工件旋转运动和平面刨削时的刀具直线往复运动(图 2.1 和图 2.2)都是主运动。其他切削加工方法中的主运动也同样是由工件或刀具来完成的，其形式可以是旋转运动或直线运动，但每种切削加工方法的主运动通常只有一个。

(2) 进给运动：使主运动能够继续切除多余的金属，以便形成工件表面所需的运动，称为进给运动。例如外圆车削时车刀的纵向连续直线进给运动(图 2.1)，和平面刨削时工件的间歇直线进给运动（图 2.2）。其他切削加工方法中也是由工件或刀具来完成进给运动的，但进给运动可能不止一个。它的运动形式可以是直线运动、旋转运动或两者的组合，但无论哪种形式的进给运动，它消耗的功率都比主运动要小。

总之，任何切削加工方法都必须有一个主运动，可以有一个或几个进给运动。主运动和进给运动可以由工件或刀具分别完成，也可以由刀具单独完成（例如在钻床上钻孔或铰孔）。

2. 工件上的加工表面

在切削过程中，工件上通常存在三个表面，以图 2.1 的外圆车削和图 2.2 的平面刨削为例，它们是：待加工表面——它是工件上即将被切去的表面，随着切削过程的进行，它将逐渐减小，直至全部切去；已加工表面——它是刀具切削后在工件上形成的新表面，并随着切削的继续进行而逐渐扩大；过渡表面——它是刀刃正切削着的表面，并且是切削过程中不断改变着的表面，但它总是处在待加工表面与已加工表面之间。上述这些定义也适用于其他类型的切削加工。

3. 切削用量

所谓切削用量是指切削速度、进给量和背吃刀量三者的总称。

1）切削速度 v

切削速度是切削加工时，刀刃上选定点相对于工件的主运动的速度。刀刃上各点的切削速度可能是不同的。当主运动为旋转运动时，刀具或工件最大直径处的切削速度由下式确定：

$$v = \frac{\pi d n}{1000} \ (\text{m/s 或 m/min}) \tag{2-1}$$

式中，d 为完成主运动的刀具或工件的最大直径（mm）；n 为主运动的转速（r/s 或 r/min）。

2）进给量 f

进给量是工件或刀具的主运动每转或每一行程时，工件和刀具两者在进给运动方向上的相对位移量。例如外圆车削时的进给量 f 是工件每转一转时车刀相对于工件在进给运动方向上的位移量，其单位为 mm/r；又如在牛头刨床上刨削平面时，进给量 f 是刨刀每往复一次，工件在进给运动方向上相对于刨刀的位移量，其单位为 mm/双行程。

在切削加工中，也有用进给速度 v_f 来表示进给运动的。所谓进给速度 v_f 是刀刃上选定点相对于工件的进给运动的速度，其单位为 mm/s。若进给运动为直线运动，则进给速度在刀刃上各点是相同的。

3）背吃刀量 a_p（切削深度）

背吃刀量为在主运动方向和进给运动方向共同构成的工作平面的法线方向上测量的刀具切削刃与工件切削表面的接触长度。对外圆车削（图 2.1）和平面刨削（图 2.2）而言，背吃刀量 a_p 等于工件已加工表面与待加工表面间的垂直距离。其中外圆车削的背吃刀量为

$$a_p = \frac{d_w - d_m}{2} \ (\text{mm}) \tag{2-2}$$

式中，d_w 为工件待加工表面的直径（mm）；d_m 为工件已加工表面的直径（mm）。

2.1.2 刀具的几何参数

虽然不同切削加工方法的刀具种类很多，但是它们参加切削的部分在几何特征上却具有共性。外圆车刀的切削部分可以看作是各类刀具切削部分的基本形态。其他各类刀具，包括复杂刀具，根据它们的工作要求，都是在这个基本形态上演变出各自的特点。以下就以外圆车刀切削部分为例，给出刀具几何参数方面的有关定义。

1. *刀具切削部分的表面与刀刃*

图 2.3 所示是外圆车刀的切削部分，它具有下述表面和刀刃。

(1) 前刀面(A_γ)——切下的切屑沿其流出的表面。

(2) 主后刀面(A_α)——与工件上过渡表面相对的表面。

(3) 副后刀面(A'_α)——与工件上已加工表面相对的表面。

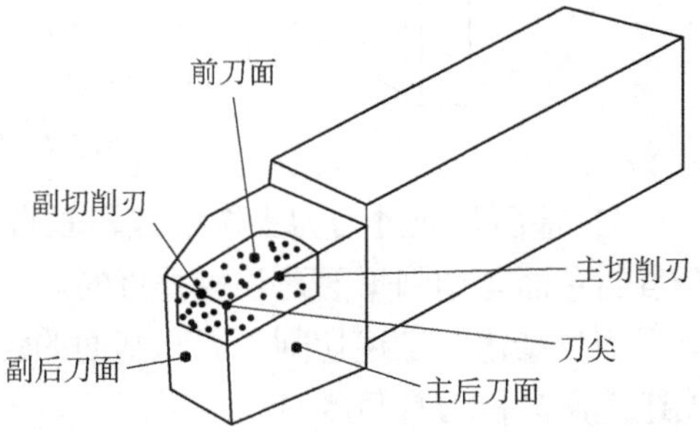

图 2.3 车刀的切削部分

(4) 主切削刃(主刀刃)——前刀面与后刀面相交而得到的边锋，用以形成工件的过渡表面，它完成主要的金属切除工作。

(5) 副切削刃(副刀刃)——前刀面与副后刀面相交而得到的边锋，它协同主切削刃完成金属切除工作，以最终形成工件的已加工表面。

(6) 刀尖(过渡刃)——主切削刃和副切削刃连接处的一段刀刃，它可以是小的直线段或圆弧。

2. *确定刀具切削角度的参考平面*

刀具要从工件上切下金属，就必须使它具备一定的切削角度，也正是由于这些角度才决定了刀具切削部分各表面的空间位置。如图 2.4 中标出的宽刃刨刀的γ_o、α_o角，就确定了刨刀前刀面A_γ和主后刀面A_α的位置。但是刨刀的γ_o与α_o角则需在选定适当的参考平面作为坐标的基础上才能表明其大小。图 2.4 中所示的基面P_r和切削平面P_s就是选作坐标的平面。切削平面P_s是刨刀直线刀刃在切削过程中沿切削速度v方向切出的平面，它在这里与工件过渡表面相重合。基面P_r是通过直线刀刃并与切削速度v方向相垂直的平面。显然，切削平面P_s和基面P_r是互相垂直的，而刨刀的γ_o和α_o角正是用这两个参考平面作坐标来表示的。

图 2.4 中刨刀是几何参数较为简单的刀具，它的刀刃是直线，前刀面与后刀面均为平面，切削时只有主运动而没有进给运动的影响，并且过渡表面也是平面。对于较为复杂的刀具，其刀刃可能是曲线，前刀面与后刀面可能是曲面，切削时除主运动外还有进给运动的影响，过渡表面大多数不是平面，而是曲面。考虑到后一种情况，作为刀具切削角度参考平面的切削平面和基面定义如下。

(1) 切削平面是通过刀刃上选定点，切于工件过渡表面的平面。在切削平面内包含有刀刃在该定点的切线和由主运动与进给运动合成的切削运动向量(简称合成切削运动向量)。

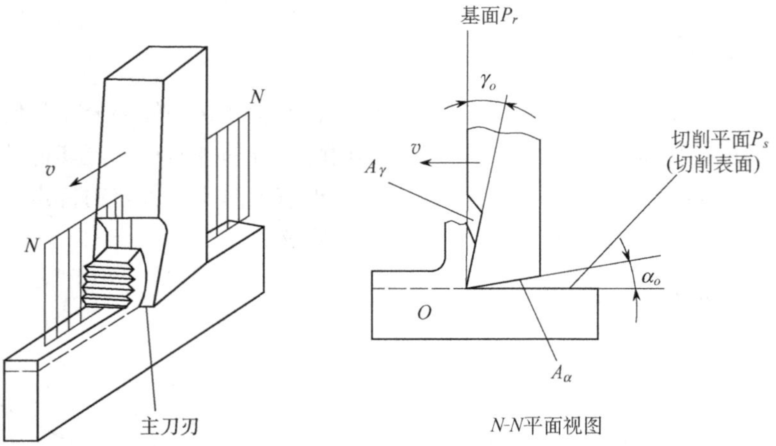

图 2.4　宽刃刨刀的参考平面

(2) 基面是通过刀刃上选定点，垂直于该点合成切削运动向量的平面。显然，刀刃上同一点的基面与切削平面是互相垂直的。

应该指出，上述切削平面和基面的定义是在刀具与工件的相对运动状态下给出的。根据上述定义分析刀具角度时，对于同一刀刃上的不同点，可能有不同的切削平面和基面，因而同一刀刃上各点切削角度的数值也就不一定相等。

3. 刀具标注角度的参考系

刀具的标注角度是制造和刃磨刀具所需要的，并在刀具设计图上予以标注的角度。标注角度也应该有参考平面作为坐标，但与刀具工作时的切削角度不同。标注角度的切削平面与基面可以不考虑进给运动的影响，只考虑主运动即切削速度方向，因而这时切削平面内只包含有刀刃在其选定点的切线与切削速度向量，基面则是通过该点而垂直于切削速度向量的平面。除此之外，为了便于刃磨和检验刀具的标注角度，还应尽可能使标注角度的参考平面和刀具的刃磨检验基准面一致；所以要根据不同刀具的情况，对刃磨检验时刀具的安装定位面作出某些规定。例如图 2.4 的刨刀，可以规定其刀杆底面垂直于切削平面(或平行于基面)。

实际上，除了由上述切削平面和基面组成的参考平面系以外，还应该有一个平面作为标注和测量刀具前、后刀面角度用的“测量平面”。图 2.4 中标注刨刀角度γ_o、α_o的 N-N 平面就是测量平面，它就是垂直于刨刀直线刀刃的法平面。通常根据刃磨和测量的需要与方便，可以选用不同的平面作为测量平面。在刀刃上同一选定点测量其角度时，如果测量平面选得不同，刀具角度的大小也就不同。

测量平面和参考平面系就组成了所谓的刀具标注角度参考系。目前各个国家由于选用的测量平面不同，所以采用的刀具标注角度参考系也不完全统一。

现在以常用的外圆车刀为例，来说明几种不同的刀具标注角度参考系。

先按照刀具标注角度的参考平面系的定义，分析一下外圆车刀的切削平面和基面(图 2.5)。在不考虑进给运动影响的情况下，并假定主切削刃选定点 A 安装于工件中心高度上，刀杆中心线垂直于进给方向，如图 2.5 所示，这时过主切削刃上 A 点的切削平面 P_s 与工件的过渡表面相切，并包含主切削刃(它是直线)和切削速度向量 v；A 点的基面 P_r 垂直于切削速度向量 v 或切削平面，它与车刀底面平行。

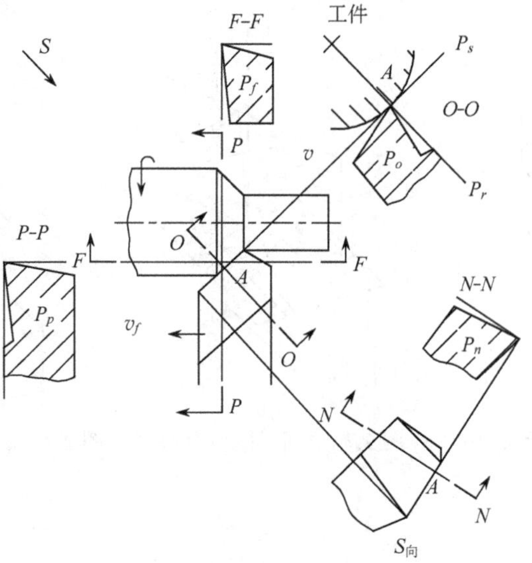

图 2.5　车刀标注角度参考系

车刀标注角度参考系可以随所选测量平面而不同，然而无论选用哪一个平面作测量平面，各个标注角度参考系的切削平面 P_s 和基面 P_r 都是共同的。一般用作标注前、后刀面角度的测量平面有三种。

(1) 正交平面 P_o。它是过主切削刃上选定点，并垂直于切削平面 P_s 与基面 P_r 的平面，如图 2.5 中所示的 *O-O* 剖面，因此正交平面 P_o 垂直于主切削刃在基面的投影。P_o、P_s 与 P_r 三个平面构成一个空间坐标系(图 2.6)。

(2) 法平面 P_n。它是过主切削刃上选定点并垂直于主切削刃或其切线的平面，如图 2.5 所示 *N-N* 剖面。P_n、P_s 与 P_r 三个平面构成一个空间直角坐标系。

(3) 背平面 P_p 和假定工作平面 P_f。由图 2.5 可知，背平面 P_p 是通过主切削刃上选定点，平行于刀杆轴线并垂直于基面 P_r 的平面，它与进给方向 v_f 是垂直的；假定工作平面 P_f 是通过主切削刃上的定点，同时垂直于刀杆轴线及基面 P_r 的平面，它与进给方向 v_f 平行。P_f、P_p 与 P_r 也构成空间直角坐标系(图 2.8)。

因此，刀具标注角度参考系对刀刃上同一选定点来说可以有三种，如表 2.1 和图 2.6、图 2.7、图 2.8 所示。

表 2.1　刀具标注角度参考系

参考系	参考平面	符号
正交平面参考系	基面	P_r
	切削平面	P_s
	正交平面	P_o
法平面参考系	基面	P_r
	切削平面	P_s
	法平面	P_n
背平面和假定工作平面参考系	基面	P_r
	背平面	P_p
	假定工作平面	P_f

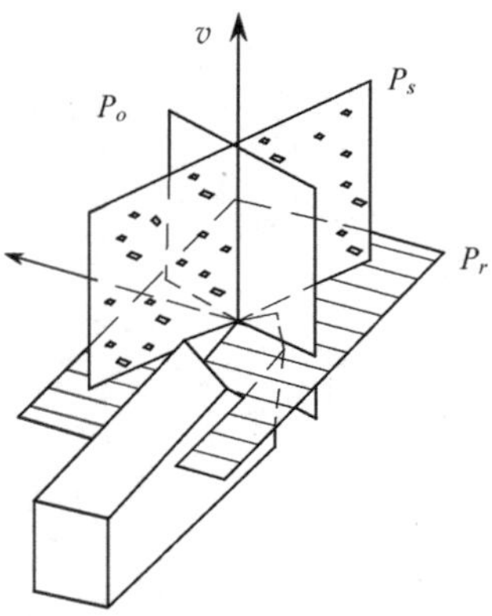

图 2.6　正交平面参考系图

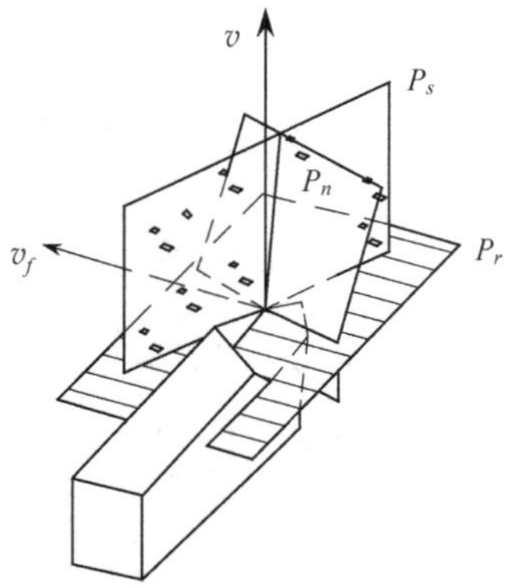

图 2.7　法平面参考系图

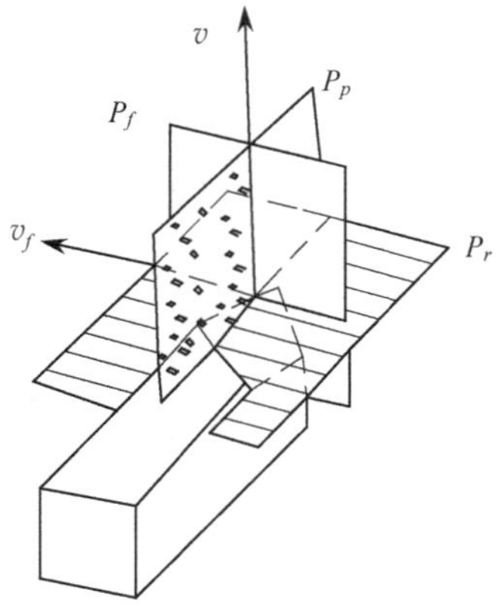

图 2.8　背平面、假定工作平面参考系

4. *刀具的标注角度*

刀具的标注角度是指刀具图纸上需要标出的角度。它用于刀具的制造、刃磨和测量。这些角度将保证刀具在使用时得到必需的切削角度。刀具标注角度的参考系有上述三种，它们的选用，与生产中实际采用的刀具角度刃磨方式和检测夹具的构造及调整方式有关。我国过去多采用正交平面参考系，近年来参照国际标准ISO的规定，逐渐兼用正交平面参考系和法平面参考系。背平面、假定工作平面参考系则常见于美国、日本的文献中。

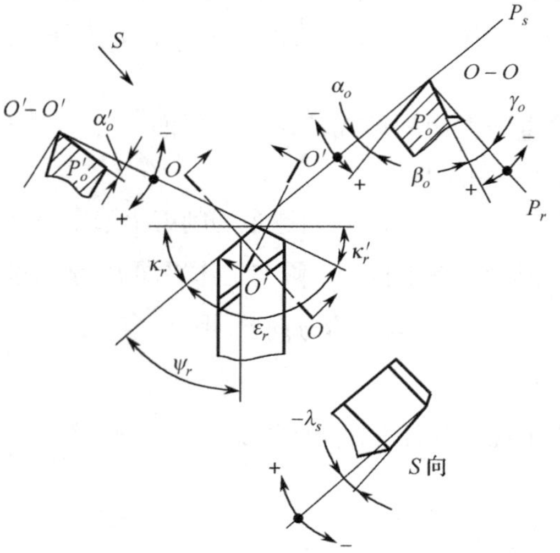

图 2.9　外圆车刀正交平面参考系的标注角度

1) 刀具在正交平面参考系中的标注角度

刀具标注角度的内容包括两个方面：一是确定刀具上刀刃位置的角度；二是确定前刀面与后刀面位置的角度。以外圆车刀为例(图 2.9)，确定车刀主切削刃位置的角度有两种。

(1) 主偏角 κ_r——它是在基面 P_r 上，主切削刃的投影与进给方向的夹角。

(2) 刃倾角 λ_s——它是在切削平面 P_s 内，主切削刃与基面 P_r 的夹角。当刀尖在主切削刃上为最低点时，λ_s 为负值；反之，当刀尖在主切削刃上为最高的点时，λ_s 为正值。

车刀前刀面 A_γ 与主后刀面 A_α 在正交平面参考系中的位置由以下两角度确定。

(1) 前角 γ_o——在主切削刃上选定点的正交平面 P_o 内，前刀面与基面之间的夹角。

(2) 后角 α_o——在同一正交平面 P_o 内，后刀面与切削平面之间的夹角。

除上述与主切削刃有关的角度外，对于副切削刃也可以用同样的分析方法，得到相应的四个角度，但是由于在刃磨时车刀主、副切削刃常常磨出在同一平面型前刀面上，当主切削刃及其前刀面已由上述四个基本角度 κ_r、λ_s、γ_o、α_o 确定之后，副切削刃上的副刃倾角 λ'_s 和副前角 γ'_o 即随之确定，故在刀具图纸上只需标注副切削刃上的下列角度。

(1) 副偏角 κ'_r——它是基面上，副切削刃的投影与进给方向反方向的夹角。

(2) 副后角 α_o' ——它是副切削刃上选定点的副正交平面 P_o' 内，副后刀面与副切削平面之间的夹角。副切削平面是过副切削刃上选定点并包含切削速度向量的平面。

以上是外圆车刀主、副切削刃上所必须标注的六个基本角度。有时根据实际需要，还可再标出以下角度。

楔角 β_o：在主切削刃上选定点的正交平面 P_o 内，前刀面与后刀面的夹角，$\beta_o = 90° - (\alpha_o + \gamma_o)$。

刀尖角 ε_r：在基面 P_r 上，主切削刃和副切削刃的投影之间的夹角，$\varepsilon_r = 180° - (\kappa_r - \kappa_r')$。

余偏角 ψ_r：在基面 P_r 上，主切削刃的投影与进给方向垂线之间的夹角，$\psi_r = 90° - \kappa_r$。

2) 刀具在法平面参考系中的标注角度

刀具在法平面参考系中要标注的角度，基本上和上面的方法相类似。在基面 P_r 和切削平面 P_s 内表示的角度 κ_r、κ_r'、ε_r、ψ_r 和 λ_s 是相同的，只需将正交平面 P_o 的 γ_o、α_o 与 β_o 改为在法平面 P_n 内的法前角 γ_n、法后角 α_n 与法楔角 β_n (图 2.10)。

3) 刀具在背平面和假定工作平面参考系中的标注角度

除基面上表示的角度与上面相同外，前角、后角和楔角是分别在背平面 P_p 和假定工作平面 P_f 内标出的，故有背前角 γ_p、背后角 α_p、背楔角 β_p 和侧前角 γ_f、侧后角 α_f、侧楔角 β_f 等角度(图 2.11)。

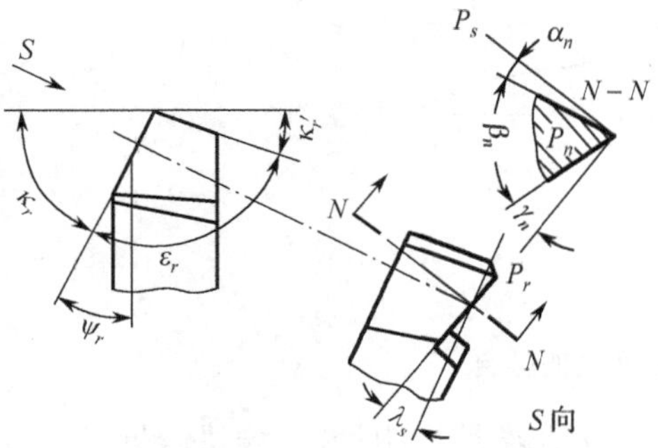

图 2.10　外圆车刀法平面参考系标注角度图

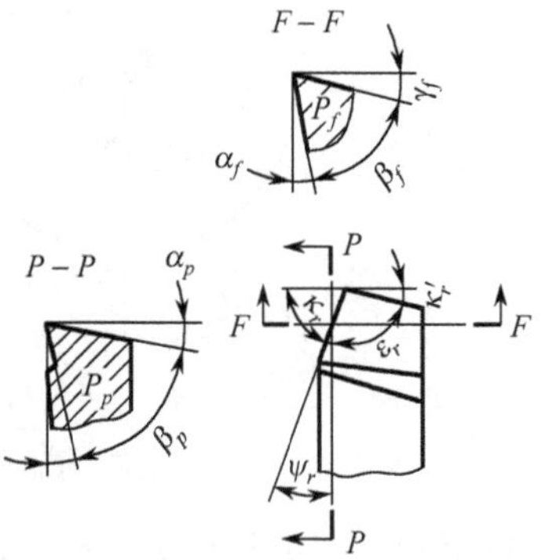

图 2.11　外圆车刀背平面、假定工作平面参考系标注角度

以上是外圆车刀标注角度的方法，对于其他多刃刀具或非直线刃刀具，也可在各个刀刃的选定点上，参照前述有关定义的内容和分析方法，确定它们在不同参考系中的标注角度。

刀具在不同参考系中的标注角度，可以通过必要的换算得到。具体换算方法可查阅相关文献。

5. 刀具的工作角度

上文讲到的刀具标注角度，是在忽略进给运动的影响，而且刀具又按特定条件安装的情况下给出的。刀具在工作状态下的切削角度，即刀具的工作角度，应该考虑包括进给运动在内的合成切削运动和刀具的实际安装情况，因而刀具工作角度的参考系也就不同于标注角度参考系，各参考平面的空间位置也相应地有了改变。下面就进给运动和刀具安装对工作角度的影响分别加以讨论。

1) 进给运动对刀具工作角度的影响

(1)横向进给运动的影响。

对工件切断和切槽时，进给运动是沿横向进行的。如图 2.12 所示，当不考虑进给运动时，车刀刀刃上某一定点 O 在工件表面上的运动轨迹是一个圆，因此切削平面 P_s 是过 O 点切于此圆的平面，基面 P_r 是过 O 点垂直于切削平面 P_s 的平面，它与刀杆底面平行。γ_o 与 α_o 为正交平面 P_o 内的标注前角与后角。当考虑进给运动后，刀刃上任一点在工件上的运动轨迹为阿基米德螺线，切削平面改变为过 O 点切于该螺线的平面 P_{se}，基面则为过同一 O 点垂直于切削平面 P_{se} 的平面 P_{re}，它不平行于刀杆底面或标注角度的基面 P_r。P_{se} 与 P_{re} 均相对于原来的 P_s 与 P_r 倾斜了一个角度 μ，但工作正交平面 P_{oe} 与原来的 P_o 是重合的，仍为图面。因此，工作角度参考系[P_{re}、P_{se}、P_{oe}]内的刀具工作前角 γ_{oe} 和工作后角 α_{oe} 应为

$$\gamma_{oe}=\gamma_o+\mu,\qquad \alpha_{oe}=\alpha_o-\mu,\qquad \tan\mu=\frac{f}{\pi d} \tag{2-3}$$

式中，f 为工件每转一周时刀具的横向进给量；d 为刀刃上选定点 O 在横向进给切削过程中相对于工件中心所处的直径，也就是 O 点在工件上切出的阿基米德螺线对应点的直径，它在切削过程中是一个不断改变的数值。

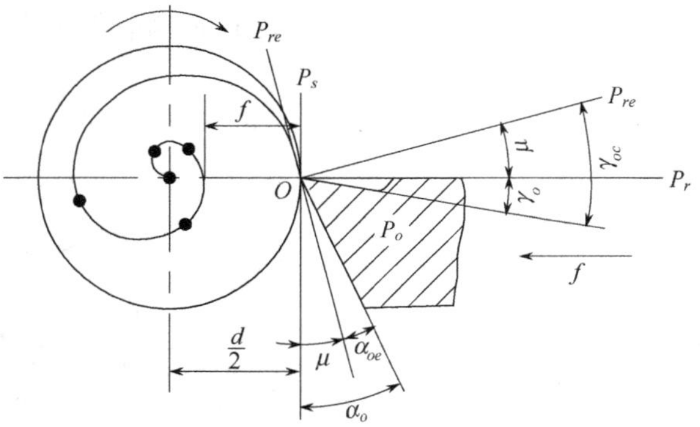

图 2.12　横向进给运动对工作角度的影响

由式(2-3)可知，刀刃越接近工件中心，d 值越小，μ 值越大。因此在一定进给量下，当刀刃接近工件中心时，μ 值急剧增大，工作后角 α_{oe} 将变为负值。横向进给量 f 的大小对 μ 值也有很大影响，f 增大则 μ 值增大，也有可能使工作后角变为负值，因而对于横向切削的刀具，不宜选用过大的进给量 f，或者应适当加大标注(刃磨)后角 α_o。

(2)纵向进给运动的影响。

一般外圆车削时，由于纵向进给量 f 较小，它对车刀工作角度的影响通常均忽略不计；但在车螺纹，尤其是车多头螺纹时，纵向进给的影响就不可忽视了。如图 2.13 车螺纹时的情况，因车刀的 $\lambda_s=0$，当不考虑纵向进给时，切削平面 P_s 垂直于刀杆底面，而刀杆底面是与基面 P_r 平行的，在假定工作平面内标注角度 γ_f 与 α_f，在正交平面内标注角度 γ_o 与 α_o；当考虑进给运动之后，切削平面 P_{se} 改为切于圆柱螺旋面的平面，基面 P_{re} 垂直于切削平面 P_{se}，故与刀杆底面不再平行，它们分别相对于 P_s 或 P_r 倾斜了同样的角度，这个角度在假定工作平面 P_f 中为 μ_f，在正交平面 P_o 中为 μ_o。因此刀具在上述假定工作平面内的工作角度将为

$$\gamma_{fe}=\gamma_f+\mu_f,\qquad \alpha_{fe}=\alpha_f-\mu_f,\qquad \tan\mu_f=\frac{f}{\pi d_w} \tag{2-4}$$

式中，f为纵向进给量，或被切螺纹的导程，对于单头螺纹，f等于螺距；d_w为工件直径，或螺纹的外径。

在正交平面内，刀具的工作角度为

$$\gamma_{oe}=\gamma_o+\mu_o\,,\quad \alpha_{oe}=\alpha_o-\mu_o\,,\quad \tan\mu_o=\tan\mu_f\,,\ \sin\kappa_r=f\sin\kappa_r/\pi d_w \tag{2-5}$$

由式(2-5)可知，μ_f与μ_o的值和进给量f及工件直径d_w有关，f越大或d_w越小，μ_f与μ_o均增大。值得注意的是，以上是分析车右螺纹时的车刀左侧刀刃，此时右侧刀刃的μ_f及μ_o值的符号(正、负号)是相反的，因此对车刀右侧刃工作角度的影响也正好相反。这说明车削右螺纹时，车刀左侧刀刃应注意适当加大刃磨后角，而右侧刀刃却应设法增大刃磨前角。

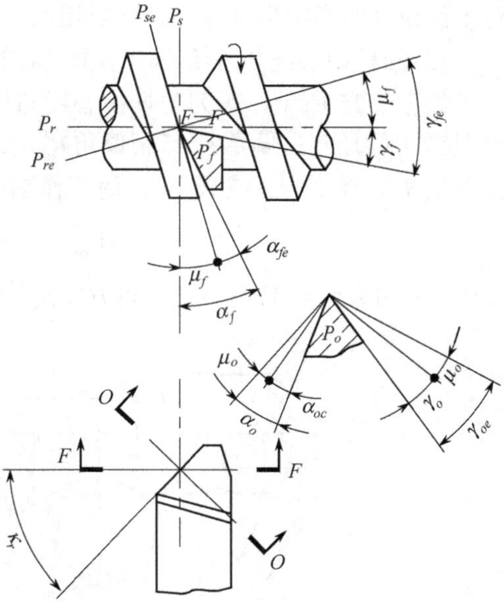

图 2.13　纵向进给运动对工作角度的影响

2) 刀具安装位置对工作角度的影响

(1) 刀具安装高低的影响。

如图 2.14 所示，假定车刀λ_s=0，则当刀尖装得高于工件中心时，主切削刃上选定点的切削平面将变为P_{se}，它切于工件过渡表面；基面P_{re}保持与P_{se}垂直；因而在背平面P_p内，刀具工作前角γ_{pe}增大，工作后角α_{pe}减小；两者角度的变化值均为θ_p，即

$$\gamma_{pe}=\gamma_p+\theta_p\,,\quad \alpha_{pe}=\alpha_p-\theta_p\,,\quad \tan\theta_p=h\Big/\sqrt{\left(\frac{d_w}{2}\right)^2-h^2}$$

式中，h为刀尖高于工件中心线的数值；d_w为工件直径。

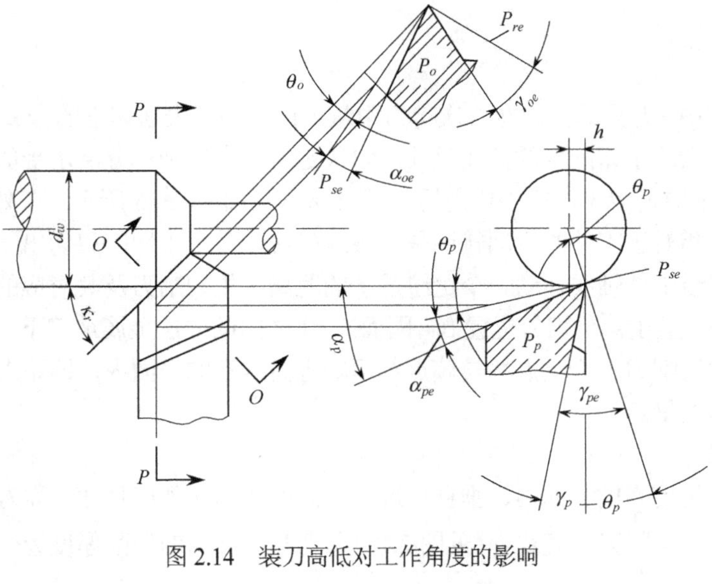

图 2.14　装刀高低对工作角度的影响

在正交平面 P_o 内，刀具工作前角 γ_{oe} 和工作后角 α_{oe} 的变化情况也与上面类似，即

$$\gamma_{oe}=\gamma_o+\theta_o\,,\quad \alpha_{oe}=\alpha_o-\theta_o\,,\quad \tan\theta_o=\tan\theta_p\cos\kappa_r \tag{2-6}$$

式中，θ_o 为正交平面内工作角度的变化值。

如果刀尖低于工件中心，则上述工作角度的变化情况恰好相反。内孔镗削时装刀的高低对工作角度的影响也是与外圆车削相反的。

(2) 刀杆中心线与进给方向不垂直时的影响。

如图 2.15 所示，车刀刀杆中心线与进给方向垂直时，工作主偏角与工作副偏角都等于车刀标注(刃磨)主偏角 κ_r 与副偏角 κ_r'。当车刀刀杆中心线与进给运动方向不垂直时，则工作主偏角 κ_{re} 将增大(或减小)，而工作副偏角 κ_{re}' 等减小(或增大)，其角度变化值为 G，即

$$\kappa_{re}=\kappa_r\pm G\qquad \kappa_{re}'=\kappa_r'\mp G \tag{2-7}$$

式中“+”或“−”号由刀杆偏斜方向决定；G 为刀杆中心线的垂线与进给方向的夹角。

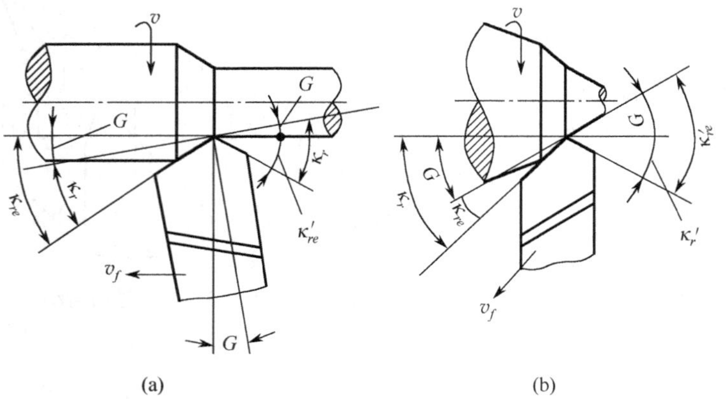

图 2.15　导杆中心线不垂直于进给方向

2.1.3　切削层参数与切削方式

1. 切削层参数

在切削过程中，刀具的刀刃在一次走刀中从工件待加工表面切下的金属层，称为切削层。切削层参数就是指这个切削层的截面尺寸，它决定了刀具切削部分所承受的负荷和切屑的尺寸大小。现以外圆车削为例来说明切削层参数的定义。如图 2.16 所示，车外圆时，车刀主切削刃上任意一点相对于工件的运动轨迹是一条螺旋线，整个主切削刃切出一个螺旋面。工件每转一周，车刀沿工件轴线移动一个进给量 f 的距离，主切削刃及其对应的工件过渡表面也在连续移动中由位置 I 移至相邻位置 II，因而 I、II 之间的一层金属被切下；这一切削层的参数，通常都在过切削刃上选定点并与该点主运动方向垂直的平面内，即不考虑进给运动影响的基面内观察和度量。

1) 切削厚度 a_c

在主切削刃选定点的基面内，垂直于过渡表面度量的切削层尺寸，称为切削厚度 a_c。车外圆时，若车刀主切削刃为直线，(见图 2.16)，切削层截面的切削厚度为

$$a_c = f\sin\kappa_r \tag{2-8}$$

由此可见，f或κ_r增大，则a_c变厚。若车刀主切削刃为圆弧或任意曲线(图 2.17)，则对应于主切削刃上各点的切削厚度是不相等的。

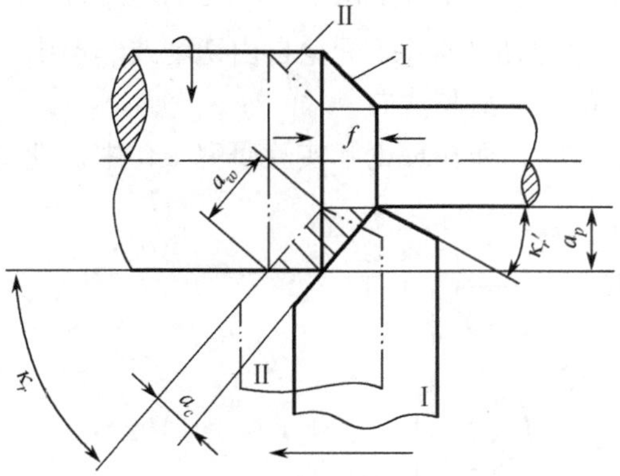

图 2.16　切削层参数

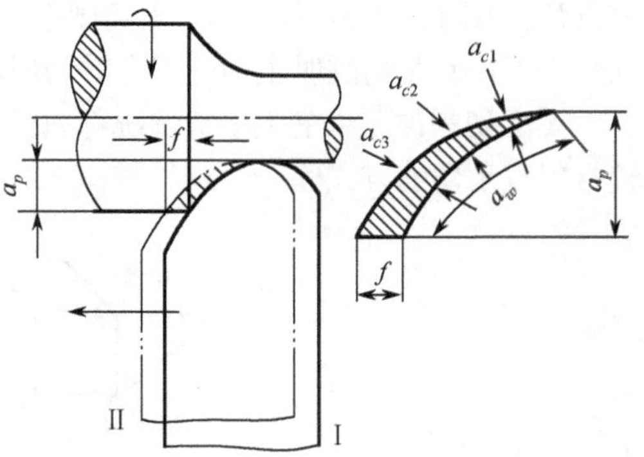

图 2.17　曲线刃工作时的a_c与a_w

2) 切削宽度a_w

在主切削刃选定点的基面内，沿过渡表面度量的切削层尺寸，称为切削宽度a_w。当车刀主切削刃为直线时，外圆车削的切削宽度(图 2.16)为

$$a_w = a_p/\sin\kappa_r \tag{2-9}$$

由上式可知，当a_p减小或κ_r增大时，a_w变短。

3) 切削面积A_c

在主切削刃选定点的基面内的切削层截面面积，称为切削面积A_c，即

$$A_c = a_c a_w = f a_p \tag{2-10}$$

2. 切削方式

1) 自由切削与非自由切削

刀具在切削过程中，如果只有一条直线刀刃参加切削工作，这种情况称之为自由切削。其主要特征是刀刃上各点切屑流出方向大致相同，被切金属的变形基本发生在二维平面内。图 2.4 的宽刃刨刀，由于主切削刃长度大于工件宽度，没有其他刀刃参加切削，且主切削刃上各点切屑流出方向基本都沿着刀刃的法向，所以它属于自由切削。

反之，若刀具上的刀刃为曲线，或有几条刀刃(包括主切削刃和副切削刃)都参加了切削，并且同时完成整个切削过程，则称之为非自由切削。其主要特征是各刀刃交接处切下的金属互相影响和干扰，金属变形更为复杂，且发生在三维空间内。例如外圆车削时除主切削刃外，还有副切削刃同时参加切削，所以它属于非自由切削方式。一般情况下，多刃刀具切削时大都是这种非自由切削。

2) 直角切削与斜角切削

直角切削是指刀具主切削刃的刃倾角λ_s=0 时的切削，此时主切削刃与切削速度方向成直角，故又称它为正交切削。如图 2.18(a)所示为直角刨削简图，它属于自由切削状态下的直

角切削，其切屑流出方向沿刀刃的法向。非自由切削的直角切削同时有几条刀刃参加切削，但主切削刃的刃倾角 $\lambda_s=0$。例如图 2.2 所示平面刨削，若其主切削刃的 $\lambda_s=0$，就属于这种情况。这时主切削刃上切屑流出方向受邻近刀刃的影响，将偏离主切削刃的法向。

斜角切削是指刀具主切削刃的刃倾角 $\lambda_s\neq0$ 时的切削，此时主切削刃与切削速度方向不成直角。如图 2.18(b)所示即为斜角刨削，它也属于自由切削状态。无论自由切削或非自由切削状态下，斜角切削时主切削刃上的切屑流出方向都将偏离其法向。

实际切削加工中的大多数情况都属于斜角切削方式，而在理论和实验研究工作中，则比较常用直角切削方式。

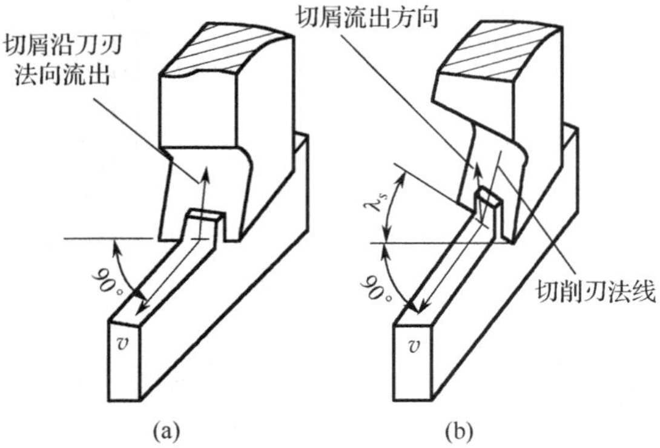

图 2.18　直角切削与斜角切削

2.2　刀 具 种 类

车刀车削

2.2.1　刀具分类

生产中所使用的刀具种类有很多，可按照不同的方式进行分类。

按加工方式和具体用途，可分为车刀、孔加工刀具、铣刀、拉刀、螺纹刀具、齿轮刀具、自动线及数控机床刀具和磨具等几大类型。

按所用材料性质，可分为高速钢刀具、硬质合金刀具、陶瓷刀具、立方氮化硼(CBN)刀具和金刚石刀具等。

按结构形式，可分为整体刀具、镶片刀具、机夹刀具和复合刀具等。

按是否标准化，可分为标准刀具和非标准刀具等。

刀具的种类及其划分方式将随着科学技术的发展而不断变化。

2.2.2　常用刀具简介

车外圆　车槽或者车断

1. 车刀

车刀是金属切削加工中应用最广泛的一种刀具，它可以在车床上加工外圆、端平面、螺纹、内孔，也可用于切槽和切断等。图 2.19 列出了几种常用车刀。

车刀在结构上可分为整体车刀、焊接式车刀和机夹可转位车刀。整体车刀常用高速钢制造，焊接式及机夹可转位车刀常用硬质合金制造。机夹可转位车刀(图 2.20)的切削性能稳定，工人不必磨刀，所以在现代生产中应用越来越多。

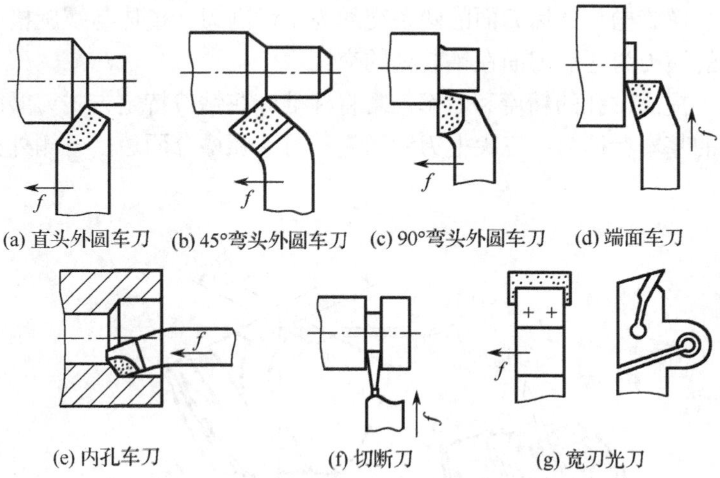

图 2.19　常用车刀

2. 孔加工刀具

孔加工刀具一般可分为两大类：一类是从实体材料上加工出孔的刀具，常用的有麻花钻、中心钻和深孔钻等；另一类是对工件上已有孔进行再加工用的刀具，常用的有扩孔钻、铰刀及镗刀等。

麻花钻是应用最广的孔加工刀具，特别适合于直径小于 ϕ30mm 的孔的粗加工，有时也可用于扩孔。麻花钻根据其制造材料分为高速钢麻花钻和硬质合金麻花钻。

图 2.21 所示是标准高速钢麻花钻的结构。工作部分(刀体)的前端为切削部分，承担主要的切削工作，后端为导向部分，起引导钻头的作用，也是切削部分的后备部分。

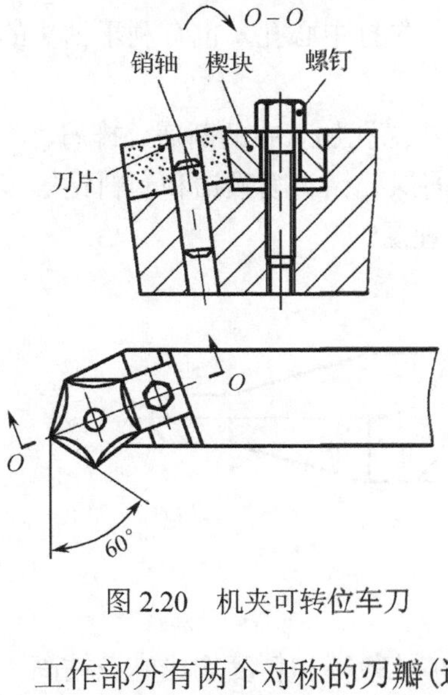

图 2.20　机夹可转位车刀

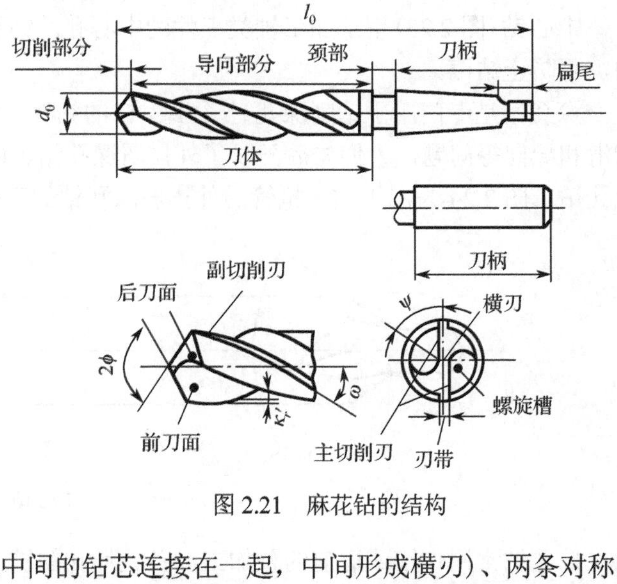

图 2.21　麻花钻的结构

工作部分有两个对称的刃瓣(通过中间的钻芯连接在一起，中间形成横刃)、两条对称的螺旋槽(用于容屑和排屑)；导向部分磨有两条棱边(刃带)，为了减少与加工孔壁的摩擦，棱边直径磨有 0.03～0.12/100 的倒锥量，从而形成了副偏角 κ_r'。

如前所述，麻花钻的两个刃瓣可以看作两把对称的车刀：螺旋槽的螺旋面为前刀面，与工件过渡表面(孔底)相对的端部两曲面为主后刀面，与工件的已加工表面(孔壁)相对的两条棱边为副后刀面，螺旋槽与主后刀面的两条交线为主切削刃，棱边与螺旋槽的两条交线为副切削刃。麻花钻的横刃为两后刀面在钻芯处的交线。

生产中，为了提高钻孔的精度和效率，常将标准麻花钻按特定方式刃磨成“群钻”使用(图 2.22)。群钻的基本特征为：三尖七刃锐当先，月牙弧槽分两边，一侧外刃开屑槽，横刃磨得低窄尖。

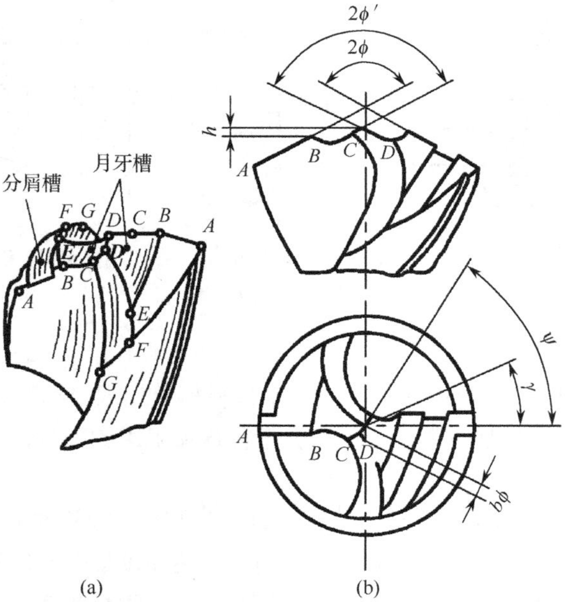

图 2.22　中型标准群钻

中心钻(图 2.23)用于加工轴类工件的中心孔。钻孔时，先打中心孔，也有利于钻头的导向，可防止钻偏。

深孔钻是专门用于钻削深孔(长径比≥5)的钻头。为解决深孔加工中的断屑、排屑、冷却润滑和导向等问题，人们先后开发了外排屑深孔钻、内排屑深孔钻、喷吸钻和套料钻等多种深孔钻。图 2.24 为用于加工枪管的外排屑深孔钻的工作原理图。

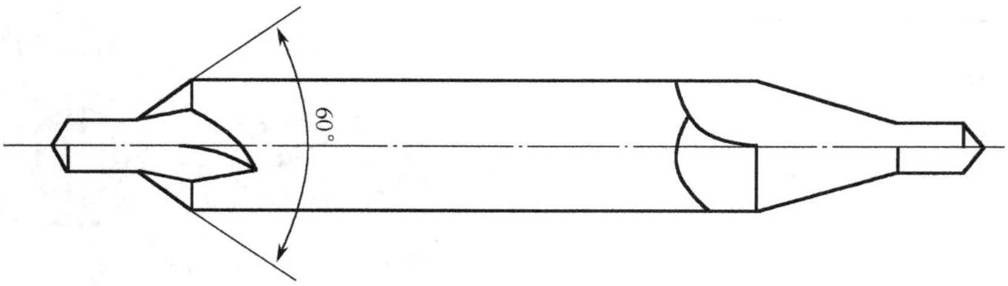

图 2.23　中心钻

扩孔钻常用作铰或磨前的预加工以及毛坯孔的扩大，扩孔效率和精度均比麻花钻高。常见的结构形式有高速钢整体式、镶齿套式和镶硬质合金可转位式，分别如图 2.25(a)、(b)、(c)所示。

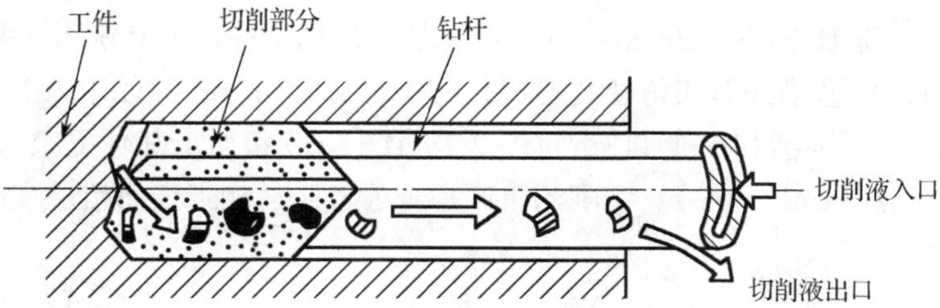

图 2.24　外排屑深孔钻(枪钻)工作原理

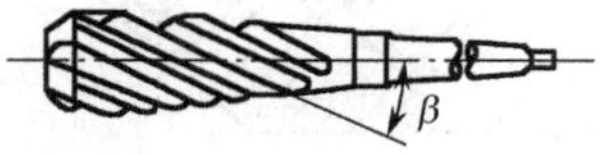

(a) 高速钢整体式

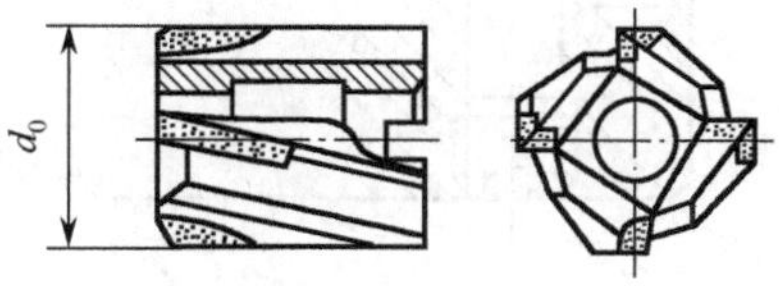

(b) 镶齿套式

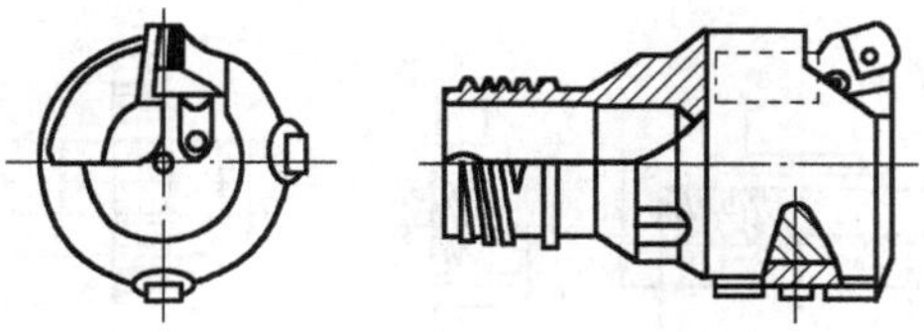

(c) 镶硬质合金可转位式

图 2.25　扩孔钻

铰刀是精加工刀具，加工精度可达 IT6～IT7，加工表面粗糙度 Ra 可达 0.4～1.6μm。图 2.26 是几种常用铰刀，其中图 2.26(a)、(b)为手用铰刀，图 2.26(c)、(d)为机用铰刀，图 2.26(e)为两把一套的锥度铰刀。

镗刀多用于箱体孔的粗、精加工，一般分为单刃镗刀和多刃镗刀两大类。结构简单的单刃镗刀如图 2.27 所示。

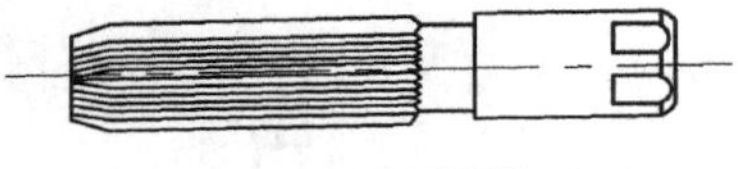

(a) 手用铰刀

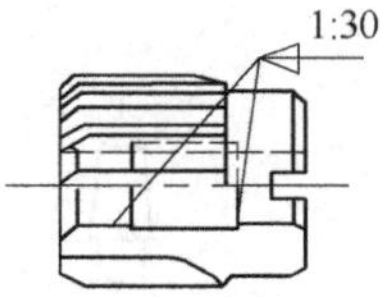

(d) 机用铰刀

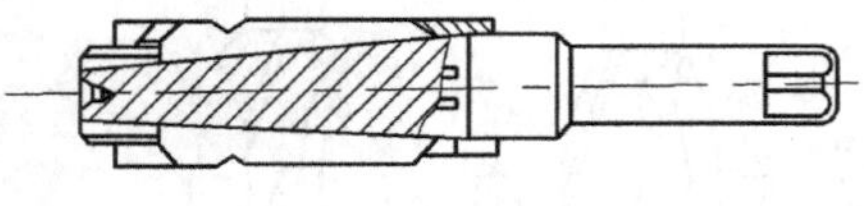

(b) 手用铰刀

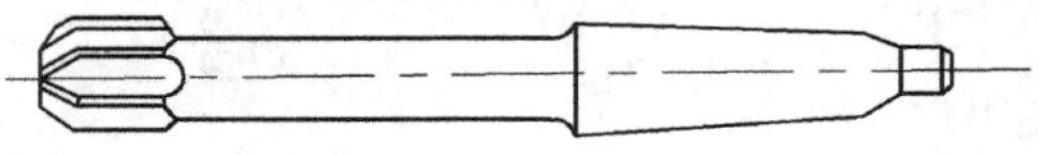

(c) 机用铰刀

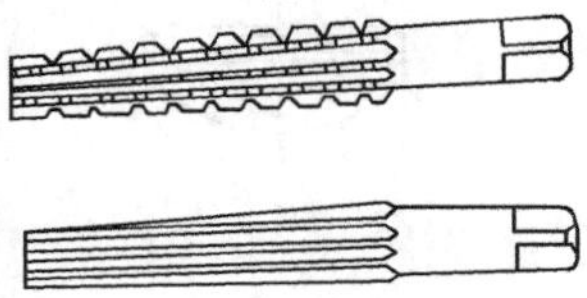

(e) 锥度铰刀

图 2.26　不同种类的铰刀

球头铣刀切削慢放　　铣削慢放

3. 铣刀

铣刀是一种应用广泛的多刃回转刀具，其种类很多。按用途分有：①加工平面用的，如圆柱平面铣刀、面铣刀等(图 2.28(a)、(b))；②加工沟槽用的，如立铣刀、两面刃或三面刃铣刀、锯片铣刀、T 型槽铣刀和角度铣刀(图 2.28(c)、(d)、(e)、(f)、(g)、(h))；③加工成形表面用的，如凸半圆和凹半圆铣刀(图 2.28(i)、(j))和加工其他复杂成形表面用的铣刀(图 2.28(k)、(l)、(m)、(n))。铣削的生产率一般较高，加工表面粗糙度值较大。

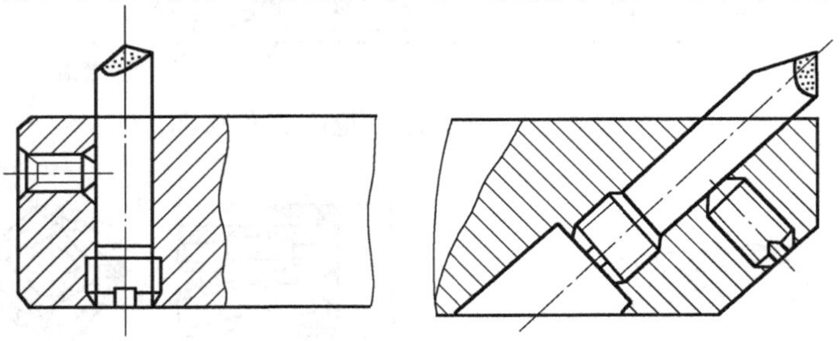

图 2.27　单刃镗刀

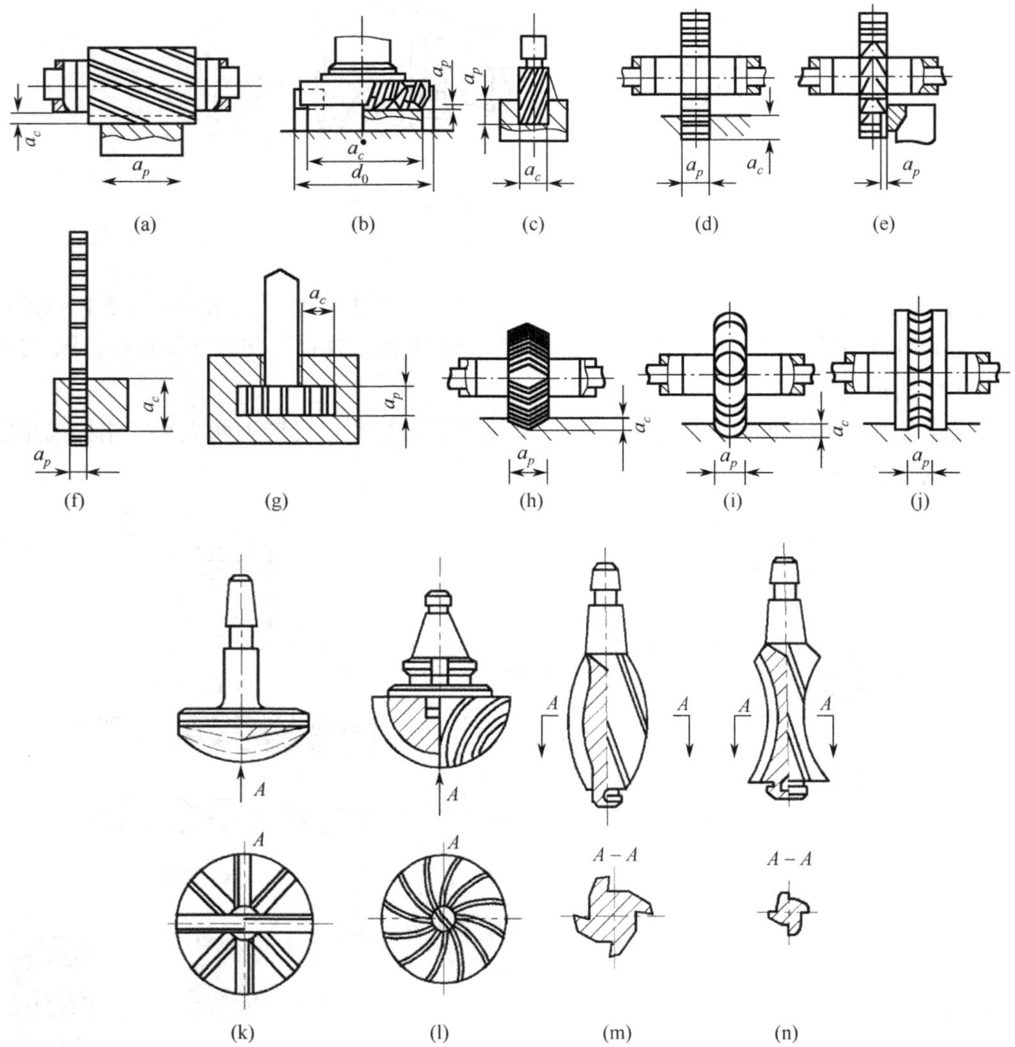

图 2.28　铣刀种类

4. 拉刀

拉刀是一种加工精度和切削效率都比较高的多齿刀具，广泛应用于大批量生产中，可加工各种内、外表面(图 2.29)。拉刀按所加工工件表面的不同，可分为内拉刀和外拉刀两类。常用内拉刀和外拉刀的结构分别如图 2.30、图 2.31 所示。

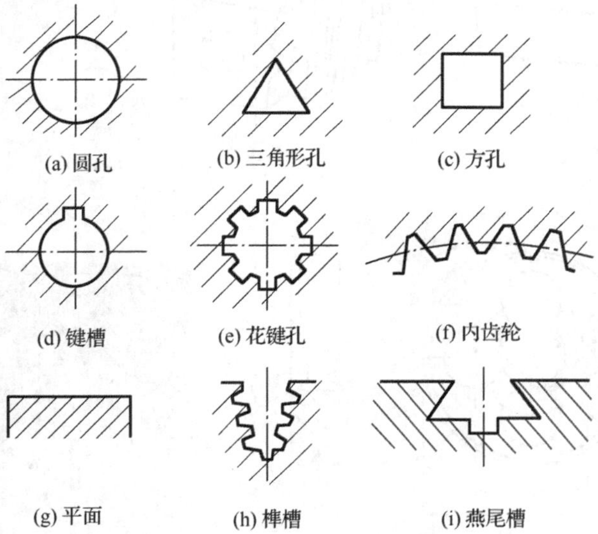

图 2.29　可拉削加工的各种内外表面

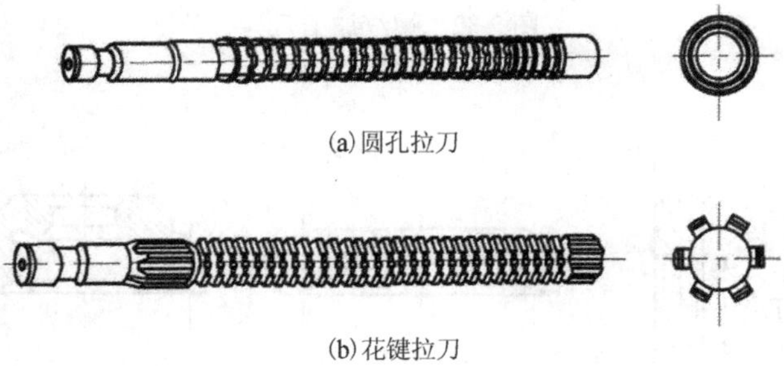

图 2.30　常用内拉刀

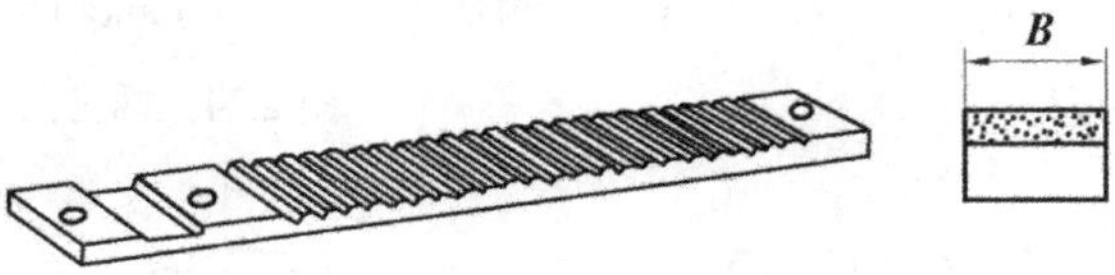

图 2.31　外拉刀

5. 螺纹刀具

螺纹可用切削法和滚压法进行加工。螺纹加工可在车床上车削完成(外螺纹)，也可用手动或在钻床上用丝锥进行加工(内螺纹)。图 2.32 所示是常用切削法加工螺纹所用的螺纹刀具。

6. 齿轮刀具

齿轮刀具是用于加工齿轮齿形的刀具，按刀具的工作原理，齿轮刀具分为成形齿轮刀具和展成齿轮刀具。常用的成形齿轮刀具有盘形齿轮铣刀(图 2.33)和指形齿轮铣刀等。常用的展成齿轮刀具有插齿刀(图 2.34)、滚刀(图 2.35)和剃齿刀(图 2.36)等。

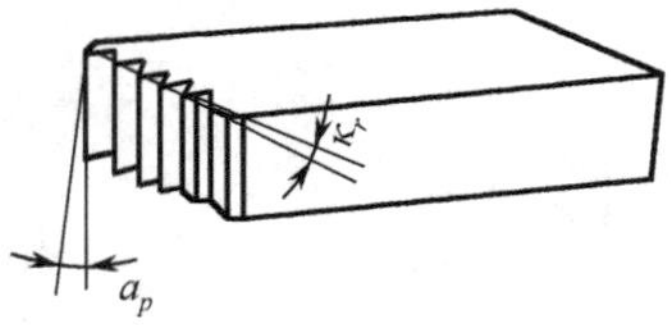

(a) 平体螺纹梳刀

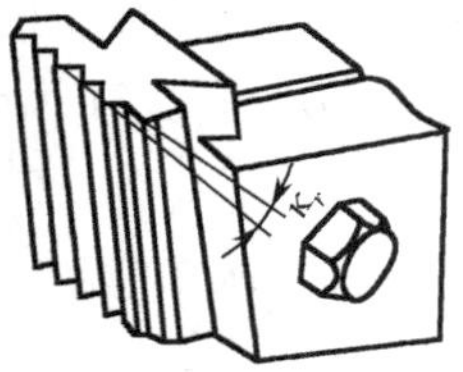

(b) 棱体螺纹梳刀

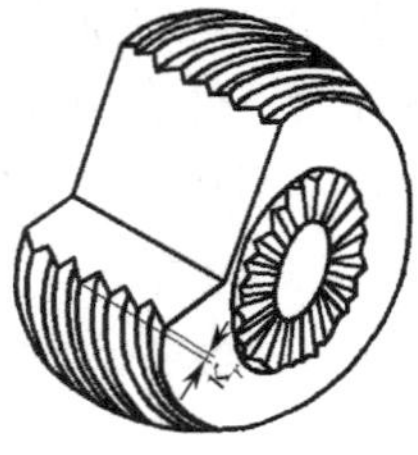

(c) 圆体螺纹梳刀

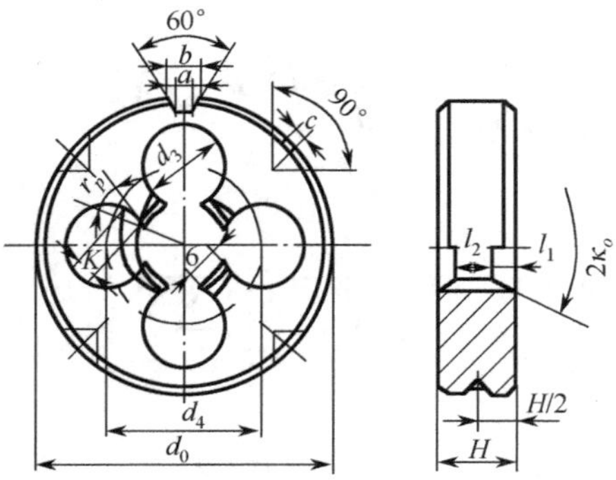

(d) 板牙

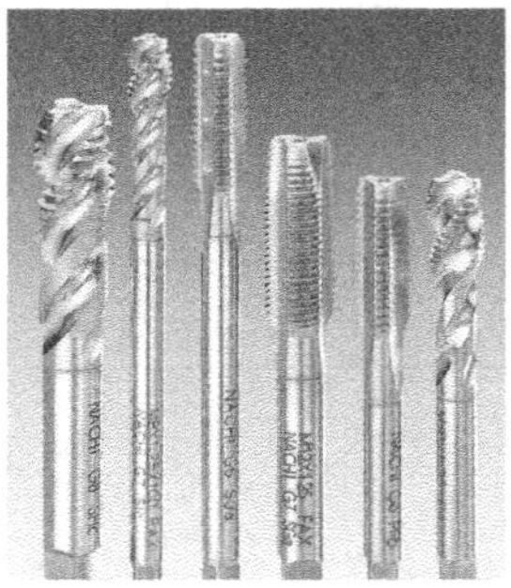

(e) 丝锥

图 2.32　螺纹加工刀具

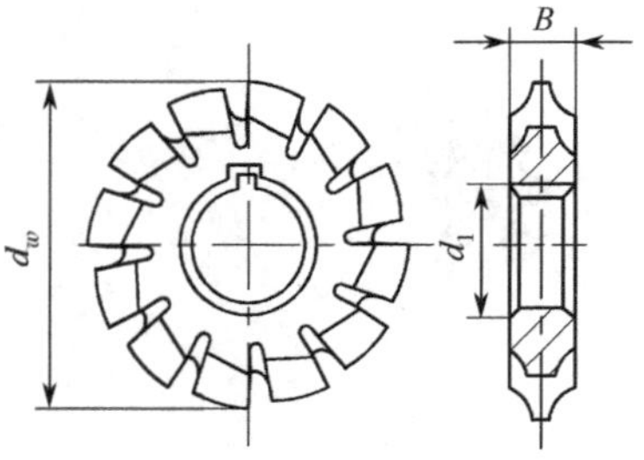

图 2.33　盘形齿轮铣刀

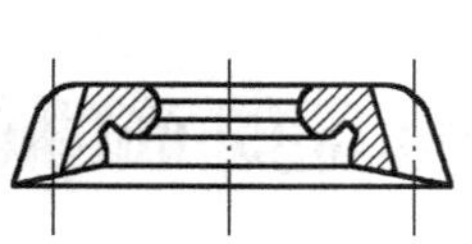

(a) 盘形直齿插刀

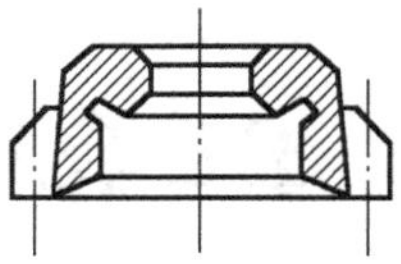

(b) 碗形直齿插刀

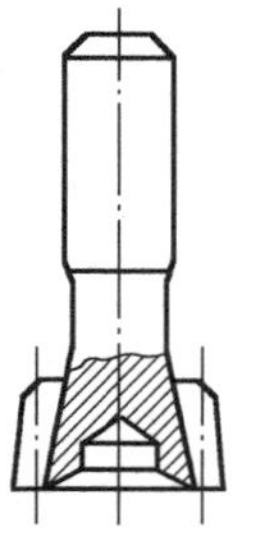

(c) 锥形直齿插刀

图 2.34　插齿刀

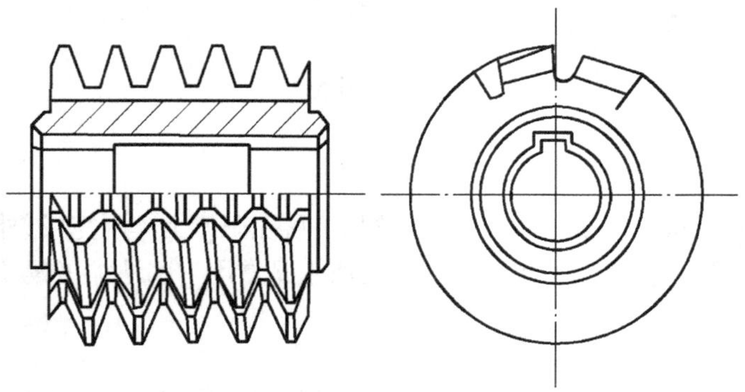

图 2.35　滚刀

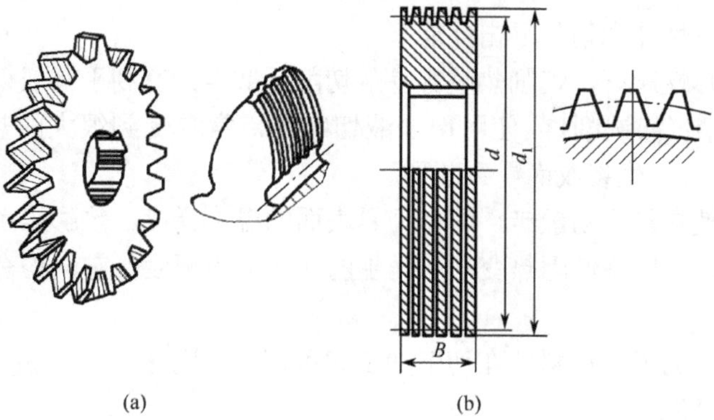

图 2.36　两种典型的剃齿刀

2.3　刀 具 材 料

用刀具切削金属时，直接负担切削工作的是刀具的切削部分。刀具切削性能的好坏，取决于构成刀具切削部分的材料、切削部分的几何参数及刀具结构的选择和设计是否合理。切削加工生产率和刀具耐用度的高低、刀具消耗和加工成本的多少、加工精度和表面质量的优劣等，很大程度上都取决于刀具材料的选择是否合理。

刀具材料的发展受到工件材料发展的促进和影响。

2.3.1　刀具材料应具备的性能

刀具在工作时，要承受很大的压力。同时，由于切削时产生的金属塑性变形以及刀具、切屑、工件接触表面间产生的强烈摩擦，使刀具切削刃上产生很高的温度并受到很大的应力，在这种条件下，刀具将迅速磨损或破损。因此刀具材料应能满足下面一些要求。

1) 高的硬度和耐磨性

硬度是刀具材料应具备的基本特性。刀具要从工件上切下切屑，其硬度必须比工件材料的硬度大。切削金属所用刀具的切削刃的硬度，一般都在 60HRC 以上。

耐磨性是材料抵抗磨损的能力。一般来说，刀具材料的硬度越高，耐磨性就越好。组织中硬质点(碳化物、氮化物等)的硬度越高、数量越多、颗粒越小、分布越均匀，则耐磨性越高。但刀具材料的耐磨性实际上不仅取决于它的硬度，而且也和它的化学成分、强度、显微组织及摩擦区的温度有关。

2) 足够的强度和韧性

要使刀具在承受很大压力，以及在切削过程中通常要出现的冲击和振动的条件下工作，而不产生崩刃和折断，刀具材料就必须具有足够的强度和韧性。

3) 高的耐热性(热稳定性)

耐热性是衡量刀具材料切削性能的主要标志。它是指刀具材料在高温下保持硬度、耐磨性、强度和韧性的性能。刀具材料的高温硬度越高，则刀具的切削性能越好，允许的切削速度也越高。

除高温硬度外，刀具材料还应具有在高温下抗氧化的能力以及良好的抗黏结和抗扩散的能力，即刀具材料应具有良好的化学稳定性。

4) 良好的热物理性能和耐热冲击性能

刀具材料的导热性越好，切削热越容易从切削区散走，有利于降低切削温度。

刀具在断续切削(如铣削)或使用切削液切削时，常常受到很大的热冲击(温度变化剧烈)，因而刀具内部会产生裂纹而导致断裂。

导热系数大，使热量容易散走，降低刀具表面的温度梯度；热膨胀系数小，可减少热变形；而弹性模量小，可以降低因热变形而产生的交变应力幅度；它们均有利于材料耐热冲击性能的提高。

耐热冲击性能好的刀具材料，在切削加工时可使用切削液。

5) 良好的工艺性能

为便于刀具制造，要求刀具材料具有良好的工艺性能，如锻造性能、热处理性能、高温塑性变形性能、磨削加工性能等。

6) 经济性

经济性是刀具材料的重要指标之一，刀具材料的发展应结合本国资源。有的刀具(如超硬材料刀具)虽然单件成本很高，但因其使用寿命很长，分摊到每个零件的成本不一定很高。因此在选用时要考虑经济效果。此外，在切削加工中自动化和柔性制造系统中，也要求刀具的切削性能比较稳定和可靠，有一定的可预测性和高度的可靠性。

常用的刀具材料有碳素工具钢、合金工具钢、高速钢、硬质合金、陶瓷、金刚石、立方氮化硼等。碳素工具钢(如 T10A、T12A)、合金工具钢(如 9SiCr、CrWMn)，因耐热性较差，仅用于一些手工工具及切削速度较低的刀具。

不同刀具材料的物理力学性能如表 2.2 所示，材料的物理力学性能不同，其用途也各异。

2.3.2 高速钢

高速钢是一种加入了较多的钨、钼、铬、钒等合金元素的高合金工具钢。

高速钢具有较高的热稳定性，在切削温度高达 500～650℃时，尚能进行切削。与碳素工具钢和合金工具钢相比，高速钢能提高切削速度 1～3 倍，提高刀具耐用度 10～40 倍，甚至更多。它可以加工从有色金属到高温合金材料。

高速钢具有高的强度(抗弯强度为一般硬质合金的 2～3 倍，陶瓷的 5～6 倍)和韧性，具有一定的硬度(63～70HRC)和耐磨性，适合于各类切削刀具的要求，也可用于在刚性较差的机床上加工。

高速钢刀具制造工艺简单，容易磨成锋利的切削刃，能锻造，这一点对形状复杂及大型成形刀具非常重要，故在复杂刀具(钻头、丝锥、成形刀具、拉刀、齿轮刀具等)制造中，高速钢仍占主要地位。

高速钢材料性能较硬质合金和陶瓷稳定，在自动机床上使用较可靠。按其性能不同，高速钢可分为普通高速钢(通用型高速钢)和高性能高速钢。按制造工艺方法不同，高速钢可分为熔炼高速钢和粉末冶金高速钢。常用的几种高速钢的力学性能如表 2.3 所示。

1. 通用型高速钢

通用型高速钢含碳量为 0.7%～0.9%。按钢中含钨量的不同，可分为钨含量为 12%或 18%的钨钢，含钨量为 6%或 8%的钨钼钢，含钨量为 2%或不含钨的钼钢。

表 2.2　各种刀具材料的物理力学性能

材料种类 / 性 能	高速钢	硬质合金		TiC(N)基硬质合金	陶瓷			聚晶立方氮化硼	聚晶金刚石
		K 系 (WC-Co)	P 系 (WC-TiC-TaC-Co)		Al_2O_3	Al_2O_3-TiC	Si_2N_4		
密度 g/m^2	8.7～8.8	14～15	10～13	5.4～7	3.90～3.98	4.2～4.3	3.2～3.6	3.48	3.52
硬度 HRA	84～85	91～93	90～92	91～93	92.5～93.5	93.5～94.5	1350～1600HV	3000～5000HV	5000～7000HV
抗弯强度 MPa	2000～4000	1500～2000	1300～1800	1400～1800	400～750	700～900	600～900	500～800	600～1100
抗压强度 MPa	2800～3800	3500～6000		3000～4000	3500～5000		3000～4000	2500～5000	7000～8000
断裂韧度 KIC($MPa·m^{1/2}$)	18～30	10～15	9～14	7.4～7.7	3.0～3.5	3.5～40	5～7	6.5～8.5	6.89
弹性模量 GPa	210	610～640	480～560	390～440	400～420	360～390	280～320	710	1020
导热系数 W/(m·K)	20～30	80～110	25～42	21～71	29	17	20～35	130	210
热膨胀系数$×10^{-6}$/K	5～10	4.5～5.5	5.5～6.5	7.5～8.5	7	8	3.0～3.3	4.7	3.1
耐热性℃	600～700	800～900	900～1000	1000～1100	1200	1200	1300	1000～1300	700～800

表 2.3　高速钢的力学性能

钢号	常温硬度/HRC	抗弯强度/GPa	冲击韧度/(MJ/m^2)	高温硬度/HRC	
				500℃	600℃
W18Cr4V	63～66	3～3.4	0.18～0.32	56	48.5
W6Mo5Cr4V2	63～66	3.5～4	0.3～0.4	55～56	47～48
9W18Cr4V	66～68	3～3.4	0.17～0.22	57	51
W6Mo5Cr4V3	65～67	3.2	0.25	—	51.7
W6Mo5Cr4V2Co8	66～68	3.0	0.3	—	54
W2Mo9Cr4VCo8	67～69	2.7～3.8	0.23～0.3	～60	～55
W6Mo5Cr4V2A1	67～69	2.9～3.9	0.23～0.3	60	55
W10Mo4Cr4V3A1	67～69	3.1～3.5	0.2～0.28	59.5	54

按耐热性分，通用型高速钢是中等热稳定性高速钢。它经 4h 加热至 615～620℃后，仍可保持硬度 60HRC。由于这类钢具有一定的硬度(63～66HRC)和耐磨性，高的强度和韧性，良好的塑性和磨削加工性，因此广泛用于制造各种复杂刀具，如切削硬度为 280HBS 以下的大部分结构钢和铸铁的基本品种。

通用型高速钢刀具的切削速度一般不太高，切削普通钢料时常不高于 60m/min。

1) 钨钢

典型牌号是 W18Cr4V(简称 W18)，可用于制造各种复杂刀具。磨削加工性好，塑性变形抗力较大。但强度和韧性显得不够，不宜做大截面的刀具。

2) 钨钼钢

典型牌号 W6Mo5Cr4V2(M2)，抗弯强度比 W18 高 10%～15%，冲击韧度高 50%～60%，可做尺寸较大、承受冲击力较大的刀具。

2. 高性能高速钢

高性能高速钢是在通用型高速钢成分中增大含碳量、含钒量并添加钴、铝等合金元素的新型高速钢种。

这类钢加热至 630～650℃时仍可保持 60HRC 的硬度，因此具有良好的切削性能，其耐用度约为通用型高速钢刀具的 1.5～3 倍，适合于加工奥氏体不锈钢、高温合金、钛合金、超高强度钢等难加工材料。

1) W2Mo9Cr4VCo8(M42)

M42 是一种应用最广的含钴超硬高速钢，具有良好的综合性能，硬度可达 67～70HRC。600℃时，M42 的高温硬度为 55HRC，比 W18 钢高 6.5HRC，因而能允许较高的切削速度。M42 有一定的韧性，由于含钒量不高，故磨削加工性好。用 M42 做的刀具在加工耐热合金、不锈钢时，耐用度较 W18 和 W12 钢有明显提高。

2) W6Mo5Cr4V2Al(501)

501 钢是一种含铝的超硬高速钢，在 600℃时的高温硬度能达到 54HRC，但由于不含钴，因而仍保留有较高的强度和韧性。501 钢的抗弯强度为 2.9～3.9GPa，冲击韧性为 0.23～

$0.3MJ/m^2$，具有优良的切削性能。在多数场合，其切削性能与 M42 钢相同。但与 W18 钢比较，这种钢的磨削加工性较差，热处理温度也较难控制。

3. 粉末冶金高速钢

用粉末冶金法制造的高速钢有下列优点。

(1) 可有效地解决一般熔炼高速钢在铸锭时要产生的粗大碳化物共晶偏析，得到细小均匀的结晶组织。与熔炼高速钢相比，强度和韧性分别提高 30%～40%和 80%～90%。

(2) 磨削加工性很好，不会由于增加钒含量(为提高高速钢的耐磨性而加入)而降低磨削加工性。

(3) 由于物理力学性能的高度各向同性，可减小淬火时的变形。

(4) 由于碳化物颗粒均匀分布的表面积较大，且不易从切削刃上剥落，故耐磨性可提高 20%～30%。

粉冶钢适于制造切削难加工材料的刀具及大尺寸刀具(如滚刀、插齿刀)，也适于制造精密工具和磨削加工量大的复杂刀具，对于高压动载荷下使用的刀具(如断续切削刀具)以及小截面、薄刃刀具和成型刀具也适用。

2.3.3　硬质合金

硬质合金是由难熔金属碳化物(如 WC、TiC、TaC、NbC 等)和金属黏结剂(如 Co、Ni 等)经粉末冶金方法制成的。

由于硬质合金成分中都含有大量金属碳化物，这些碳化物都有熔点高、硬度高、化学稳定性好、热稳定性好等特点，因此，硬质合金的硬度、耐磨性、耐热性都很高。常用硬质合金的硬度为 89～93HRA，比高速钢的硬度(83～86.6HRA)高，在 800～1000℃时尚能进行切削。在 540℃时，硬质合金的硬度为 82～87HRA，相当于高速钢的常温硬度，在 760℃时仍能保持 77～85HRA。因此，硬质合金的切削性能比高速钢高得多，刀具耐用度可提高几倍到几十倍，在耐用度相同时，切削速度可提高 4～10 倍。

常用硬质合金的抗弯强度为 0.9～1.5GPa，比高速钢的强度低得多，断裂韧度也较差(表 2.2)。因此，硬质合金刀具不能像高速钢刀具那样能够承受大的切削振动和冲击负荷。

硬质合金中碳化物含量较高时，硬度较高，但抗弯强度较低；黏结剂含量较高时，抗弯强度较高，但硬度却较低。

硬质合金由于切削性能优良，因此被广泛用作刀具材料。绝大多数的车刀和端铣刀都采用硬质合金制造；深孔钻、铰刀等刀具也广泛采用了硬质合金；就连一些复杂刀具，如拉刀、齿轮滚刀(特别是整体小模数硬质合金滚刀和加工淬硬齿面的滚刀)也都采用了硬质合金。硬质合金刀具还可用来加工高速钢刀具不能切削的淬硬钢等硬材料。

1. 常用硬质合金的分类及其性能

ISO(国际标准化组织)将切削用硬质合金分为三类。

P 类：用于加工长切屑的黑色金属，相当于我国的 YT 类。

K 类：用于加工短切屑的黑色金属、有色金属和非金属材料，相当于我国的 YG 类。

M 类：用于加工长或短切屑的黑色金属和有色金属，相当于我国的 YW 类。

下面分别介绍上面提到的三类硬质合金和 TiC (N) 基硬质合金。

1) WC-Co (YG) 类硬质合金

YG 类合金是由 WC 和 Co 组成。我国生产的常用牌号有 YG3X、YG6X、YG6、YG8 等，含 Co 量分别为 3%、6%、6%、8%，主要用于加工铸铁及有色金属。这类合金的硬度为 89～91.5HRA，抗弯强度为 1.1～1.5GPa。

YG 类硬质合金有粗晶粒、中晶粒、细晶粒和超细晶粒之分。一般硬质合金(如 YG6、YG8)均为中晶粒。细晶粒硬质合金(如 YG3X、YG6X)在含钴量相同时比中晶粒的硬度和耐磨性要高些，但抗弯强度和韧性则要低一些。细晶粒硬质合金适用于加工一些特殊的硬铸铁、奥氏体不锈钢、耐热合金、钛合金、硬青铜、硬的和耐磨的绝缘材料等。超细晶粒硬质合金的 WC 晶粒的直径为 0.2～1μm，大部分在 0.5μm 以下，由于硬质相和黏结相高度分散，增加了黏结面积，在适当增加钴含量的情况下，能在较高硬度时获得很高的抗弯强度，如表 2.4 中的 YS2 (YG10H) 合金。YG 类硬质合金特别适合于在较低切削速度($v \leq 50$m/min)下工作，适于制造小尺寸刀具；可用于加工高强度钢、耐热合金等难加工材料。

为了提高 WC-Co 合金的常温、高温硬度及耐磨性，可在其成分中加入 1%～3%的 TaC (NbC)，组成 WC-TaC (NbC) -Co 合金，如表 2.4 中的 YG6A 和 YG8N，可用于加工硬铸铁和不锈钢等。

2) WC-TiC-Co (YT) 类硬质合金

YT 类合金中的硬质相除 WC 外，还含有 5%～30%的 TiC。常用牌号有 YT5、YT14、YT15 和 YT30，TiC 含量分别为 5%、14%、15%和 30%，相应的钴含量为 10%、8%、6%和 4%，主要用于加工钢料。这类合金的硬度为 89.5～92.5HRA，抗弯强度为 0.9～1.4GPa。随着合金成分中 TiC 含量的提高和 Co 含量的降低，硬度和耐磨性提高，抗弯强度降低。与 YG 类硬质合金比较，YT 类合金的硬度提高了，但抗弯强度、特别是冲击韧度却显著降低了。

例如，含 Co 量为 6%的 YT15 和 YG6 比较，抗弯强度降低了 0.3GPa，硬度则提高了 1.5HRA。此外，YT 类合金的导热性能、磨削性能及焊接性能均随 TiC 含量的增加而显著降低；因此，在焊接及刃磨时要注意防止过热使刀片产生裂纹。

YT 类硬质合金的突出优点是耐热性好。YT15 在 850℃时的硬度约为 620HV，而 YG6 约为 560HV。含 TiC 越高时，耐热性也越好。因此，当要求刀具有较高的耐热性及耐磨性时，应选用 TiC 含量较高的牌号。当刀具在切削过程中受冲击和振动而易引起崩刃时，则选用 TiC 含量低的牌号。

3) WC-TiC-TaC (NbC) -Co (YW) 类硬质合金

YW 类硬质合金是在上述硬质合金中加入一定数量的 TaC (NbC)，常用牌号有 YW1 和 YW2。在 YT 类硬质合金中加入 TaC (NbC) 可提高其抗弯强度、疲劳强度和冲击韧度，提高合金的高温硬度和高温强度，提高抗氧化能力和耐磨性。这类合金既可用于加工铸铁和有色金属，也可用于加工钢，因此常称为通用硬质合金。这类合金如适当增加含钴量，强度会很高，能承受机械振动和温度周期性变化而引起的热冲击，可用于断续切削。许多用于铣削的专用硬质合金都含有 TaC (NbC)。近年来这类合金发展的新牌号很多，它们主要用以加工难加工材料。

以上三类硬质合金的主要成分都是 WC，故可统称为 WC 基硬质合金。

表 2.4　硬质合金的化学成分及力学性能

类别		牌号	化学成份				物理性能			力学性能					相近的 ISO 牌号
			WC	TiC	TaC (NbC)	Co	密度 g/cm^2	导热系数 W/(m·℃)	热膨胀系数 $\times10^{-6}$/(1/℃)	硬度/HRA	抗弯强度/GPa	抗压强度/GPa	弹性模量/GPa	冲击韧度/(kJ/m^2)	
WC 基	WC+Co	YG3X	96.5	—	<0.5	3	15.0~15.3	—	4.1	91.5	1.1	5.4~5.63	—	—	K01
		YG6X	93.5	—	<0.5	6	14.6~15.0	79.6	4.4	91	1.4	4.7~5.1	—	~20	K05
		YG6	94	—	—	6	14.6~15.0	79.6	4.5	89.5	1.45	4.6	630~640	~30	K10
		YG8	92	—	—	8	14.5~14.9	75.4	4.5	89	1.5	4.47	600~610	~40	K20
		YS2 (YG10H)	90	—	—	10	14.3~14.6	—	—	91.5	2.2	—	—	—	K30
	WC+TiC+Co	YT30	66	30	—	4	9.3~9.7	20.9	7.00	92.5	0.9	—	400~410	3	P01
		YT15	79	15	—	6	11.0~11.7	33.5	6.51	91	1.15	3.9	520~530	—	P10
		YT14	78	14	—	8	11.2~12	33.5	6.21	90.5	1.2	4.2	—	7	P20
		YT5	85	5	—	10	12.5~13.2	62.8	6.06	89.5	1.4	4.6	590~600	—	P30
	WC+TaC(NbC)+Co	YG6A	91	—	3	6	14.6~15	—	—	91.5	1.4	—	—	—	K05
		YG8N	91	—	<1	8	14.5~14.9	—	—	89.5	1.5	—	—	—	K25
	WC+TiC+TaC(NbC)+Co	YW1	84	6	4	6	12.8~13.3	—	—	91.5	1.2	—	—	—	M10
		YW2	82	6	4	8	12.6~13	—	—	90.5	1.35	—	—	—	M20
TiC(N)基		YN05	8	71	—	Ni-7 Mo-14	5.9	—	—	93.3	0.95	—	—	—	P01
		YN10	15	62	1	Ni-14 Mo-10	6.2	—	—	92	1.1	—	—	—	P01

4) TiC (N) 基硬质合金

TiC (N) 基硬质合金是以 TiC 为主要成分 (有些加入了其他碳化物和氮化物) 的 TiC-Ni-Mo 合金。TiC (N) 基硬质合金的硬度很高 (90-94HRA)，达到了陶瓷的水平。这种合金有很高的耐磨性和抗月牙洼磨损能力，有较高的耐热性和抗氧化能力，化学稳定性好，与工件材料的亲和力小，摩擦系数较小，抗黏结能力较强，因此刀具耐用度可比 WC 基硬质合金提高几倍，可用于加工钢，也可用于加工铸铁。总的来说，目前这类合金的抗弯强度和韧性还赶不上 WC 基合金，因此主要用于精加工和半精加工，尤其是加工那些较大较长的零件，或要求表面粗糙度小和尺寸精度较高的零件。由于这类合金的抗塑性变形能力和抗崩刃性能差，故不适于重切削及断续切削。

2. 硬质合金的选用

YG 类硬质合金主要用于加工铸铁、有色金属及非金属材料。加工这类材料时，切屑呈崩碎块粒，对刀具冲击很大，切削力和切削热都集中在刀尖附近。YG 类合金有较高的抗弯强度和冲击韧性，可减少切削时的崩刃。同时，YG 类合金的导热性也较好，有利于从刀尖传出切削热，降低刀尖温度。在从低速到中速范围内切削时，YG 类硬质合金刀具耐用度比 YT 类合金高。然而，由于 YG 类合金的耐热性较 YT 类合金差，切铸铁时如果切削速度太高，则反不如 YT 类合金。此外，由于 YG 类合金的磨削加工性较好，可以磨出较锐的切削刃，适于加工有色金属和纤维层压材料。

YT 类硬质合金适于加工钢料。加工钢料时，金属塑性变形很大，摩擦很剧烈，切削温度很高。YT 类合金具有较高的硬度和耐磨性，特别是耐热性，抗黏结扩散能力和抗氧化能力也很好。在加工钢时，YT 类硬质合金的刀具磨损较小，刀具耐用度较高。然而在低速切削钢料时，由于切削过程不太平稳，YT 类合金的韧性较差，容易产生崩刃，这时反不如 YG 类合金。因此，在不允许高速切削钢料的情况下，例如在多轴自动机床上加工小直径棒料时，则宁可选用 YG 类合金。

硬质合金中含钴量增多 (WC、TiC 含量减少) 时，其抗弯强度和冲击韧度增高 (硬度及耐热性降低)，适用于粗加工；含钴量减少 (WC、TiC 含量增加) 时，其硬度、耐磨性及耐热性增加 (强度及韧性降低)，适合于精加工。

在加工含钛的不锈钢 (如 1Cr18Ni9Ti) 和钛合金时，不宜采用 YT 类硬质合金。因为这类硬质合金中的钛元素和加工材料中的钛元素之间的亲和力会产生严重的粘刀现象。这时切削温度高、摩擦系数也不小，因而会加剧刀具磨损。如选用 YG 类合金刀具加工，则切削温度较低，刀具磨损较小，已加工表面粗糙度较小。

在加工淬硬钢、高强度钢、奥氏体钢和高温合金时，由于切削力很大，切屑与前刀面接触长度很短，切削力集中在切削刃附近，易造成崩刃，因而不宜采用强度较低、脆性较大的 YT 类合金，而宜采用韧性较好的 YG 类合金。同时，这类加工材料的导热性差，热量易集中在刀尖处，YG 类合金的导热性较好，有利于热量的传出和降低切削温度。

YW 类硬质合金则主要用于加工耐热钢、高锰钢、不锈钢等难加工材料。

硬质合金牌号及其选用可参照标准 GB/T 18376.1—2008。

2.3.4 陶瓷

常用的陶瓷刀具材料有两种：Al_2O_3基陶瓷和Si_3N_4基陶瓷。

Al_2O_3 基陶瓷刀具具有下列特点。①有很高的硬度和耐磨性。陶瓷的硬度达到 91～95HRA，高于硬质合金，有很高的刀具耐用度。②有很高的耐热性。在 1200℃以上仍能进行切削。在 760℃时的硬度为 87HRA，在 1200℃时还能维持在 80HRA。切削速度可比硬质合金提高 2～5 倍。③有很高的化学稳定性。陶瓷与金属的亲和力小，抗黏结和抗扩散的能力较好。④有较低的摩擦系数，切屑与刀具不易产生黏结，已加工表面粗糙度较小。

Al_2O_3基陶瓷的最大缺点是抗弯强度很低，冲击韧度很差。冷压纯Al_2O_3陶瓷的抗弯强度仅 0.5GPa 左右。近来，由于制造方法的改进(改冷压为热压或热等静压)，虽然采用细晶粒及在Al_2O_3中加入 TiC、其他金属碳化物和其他金属(如 Ni、Mo 等)等方法，使陶瓷的强度提高到 0.8～1.0GPa，但仍嫌不足。因此，目前Al_2O_3陶瓷还主要用于高速精车和半精车铸件及调质结构钢工件，而 Al_2O_3-TiC 混合陶瓷由于强度硬度较高、耐磨性好，可用于粗、精加工冷硬铸铁轧辊、淬硬合金轧辊及精铣大平面。在 Al_2O_3 中加入 ZrO_2 或 SiC 晶须而组成的 Al_2O_3-ZrO_2及Al_2O_3-SiC 陶瓷的强度及韧性均有明显提高，切削性能也显著改善。

Si_3N_4基陶瓷刀具材料具有高的强度和韧性(表 2.2)，其抗弯强度可达 1GPa，有的牌号达 1.5GPa，因而使这种刀具能承受较大的冲击负荷。Si_3N_4 基陶瓷有较高的热稳定性，在 1300℃～1400℃的温度下能进行切削。由于 Si_3N_4 陶瓷具有较高的导热系数、较低的热膨胀系数及较小的弹性模量，其耐热冲击性能也大大优于 Al_2O_3 基陶瓷，故切削时可以使用切削液。这种陶瓷刀具在加工铸铁和镍基合金时均取得良好效果，其代表牌号是赛隆(Sialon，成分为 Si_3N_4-Al_2O_3-Y_2O_3)

陶瓷刀具可用于加工钢，也可用于加工铸铁，对于高硬度材料(硬铸铁和淬硬钢)、大件及高精度零件加工特别有效，不仅可用于车削加工，还可用于铣削加工。

2.3.5 金刚石

金刚石是目前已知的最硬物质，具有极高的硬度和耐磨性。因此，它可以用于加工硬质合金、陶瓷、高硅铝合金及耐磨塑料等高硬度、高耐磨的材料，刀具耐用度比硬质合金可提高几倍到几百倍。

金刚石刀具有三种：单晶金刚石刀具、整体人造聚晶金刚石刀具及聚晶金刚石复合片。人造单晶金刚石是通过合金触媒的作用，在高温高压下由石墨转化而成。聚晶金刚石是由单晶金刚石微粉和黏结剂经烧结制成，其显微硬度为 5000～7000HV。聚晶金刚石复合片是在硬质合金基体上烧结一层约 0.5mm 厚的金刚石材料而成。

金刚石的切削刃非常锋利(这对切下极小断面的切屑是很重要的)，刃部粗糙度很小，摩擦系数又低，切削时不易产生积屑瘤，因此加工表面质量很高。加工有色金属时，表面粗糙度 Ra 可达 0.012μm，加工精度可达 IT5(孔为 IT6，旧标准 1 级)以上。

金刚石用作刀具时多用在高速下对有色金属及非金属材料进行车削及镗孔，也可用于磨具及磨料。金刚石刀具不适于加工钢铁材料，因为金刚石(C)和铁有很强的化学亲和力，在高温下铁原子容易与碳原子作用而使其转化为石墨结构，刀具极易损坏。金刚石的热稳定性较低，切削温度超过 700℃时，就会逐渐失去其硬度。

2.3.6　立方氮化硼

立方氮化硼是 20 世纪 70 年代才发展起来的一种新型刀具材料，是由软的六方氮化硼在高温高压下加入催化剂转变而成的。立方氮化硼有很高的硬度和耐磨性。立方氮化硼有比金刚石高得多的热稳定性(达 1400℃)。立方氮化硼化学惰性很大，在 200～1300℃时，与铁族金属也不易起化学作用。

立方氮化硼刀具有两种：整体聚晶立方氮化硼刀具及聚晶立方氮化硼复合片。聚晶立方氮化硼的显微硬度为 3000～5000HV。聚晶立方氮化硼复合片是在硬质合金基体上烧结一层厚度约为 0.5mm 的立方氮化硼材料而成。

立方氮化硼刀具可以用于淬硬钢、冷硬铸铁、高温合金等的半精加工和精加工，加工精度可达 IT5(孔为 IT6)，表面粗糙度 *Ra* 可小至 0.2～0.8μm，可代替磨削加工。立方氮化硼刀具还可用于加工某些热喷涂(焊)件及其他特殊材料。

2.3.7　涂层刀具

涂层刀具是在韧性较好的刀具基体上涂覆一层或多层耐磨性更高的材料而获得的。

涂层一般采用化学气相沉积法(CVD 法)和物理气相沉积法(PVD 法)。硬质合金基体上涂层可采用 CVD 法或 PVD 法；高速钢基体上一般采用 PVD 法。

常用的涂层材料有 TiC、TiN、Al_2O_3、TiCN、金刚石等。TiC 涂层的硬度高，抗磨性能好。对于要产生剧烈磨损的刀具，TiC 涂层较好。TiN 涂层与金属的亲和力小，湿润性能好，在空气中抗氧化性能比 TiC 好，在容易产生黏结的条件下，TiN 涂层较好。在高速切削产生大热量的场合，采用 Al_2O_3 涂层为好，因为 Al_2O_3 在高温下有良好的热稳定性能。TiCN 涂层适合作为双涂层或多涂层刀具。金刚石涂层具有极高的抗磨料磨损能力，适宜于加工有硬质点的材料和纤维增强陶瓷复合材料。

涂层可采用单涂层，也可采用双涂层或多涂层，如 TiCN-TiN、TiCN-Al_2O_3-TiN 等。

涂层刀具有比基体高得多的硬度，在硬质合金基体上，TiC 涂层厚度为 4～5μm 时，其表层硬度可达 2500～4200HV；在高速钢钻头、丝锥、滚刀等刀具上涂覆 2μm 厚的 TiN 涂层后硬度可达 80HRC。涂层刀具有较高的抗氧化性能和抗黏结性能，因而耐磨性和抗月牙洼磨损能力强。涂层具有较低的摩擦系数，可降低切削时的切削力及切削温度，大大提高刀具耐用度。涂层硬质合金刀片的耐用度可提高 1～3 倍；涂层高速钢刀具的耐用度则可提高 2～10 倍；加工材料的硬度越高，则涂层刀具的效果越好。此外，涂层硬质合金的通用性广，一种涂层刀片可代替几种未涂层刀片使用，因而可大大简化刀具的管理。近几年来随着机夹可转位刀具的广泛使用，涂层硬质合金也得到越来越多的应用，在可转位刀片中的使用率达到 90%以上。

2.3.8　刀具材料的发展

百余年来，刀具材料由碳素钢、高速钢、硬质合金、涂层刀具材料、陶瓷至超硬刀具材料(金刚石和立方氮化硼)的发展使车削加工的切削速度提高了 100 多倍，而且主要新刀具材料出现的周期也越来越短(图 2.37)。由于刀具材料性能的不断提高，其适用的切削用量范围也越来越宽(图 2.38)，切削加工的效率和质量也得到了很大提高。

实践证明，以高的切削效率切削难加工材料的理想刀具材料应该同时具有金刚石那样高的硬度和耐磨性、立方氮化硼或陶瓷那样高的热稳定性和化学惰性、硬质合金那样高的强度和抗冲击性能，但目前还不能找到这样理想的刀具材料。目前使用的主要刀具材料仍然是硬质合金及高速钢，但其内部构成比将有明显变化，传统的非涂层牌号及品种将会减少，耐磨涂层品种和牌号及其在柔性加工和集成制造系统中的应用将进一步增加。同时，这两类刀具材料将会受到陶瓷及超硬刀具材料的激烈竞争，它们所占比重将有较快增长。在相当长的时期内，各种刀具材料将仍然是相互补充，相互竞争。

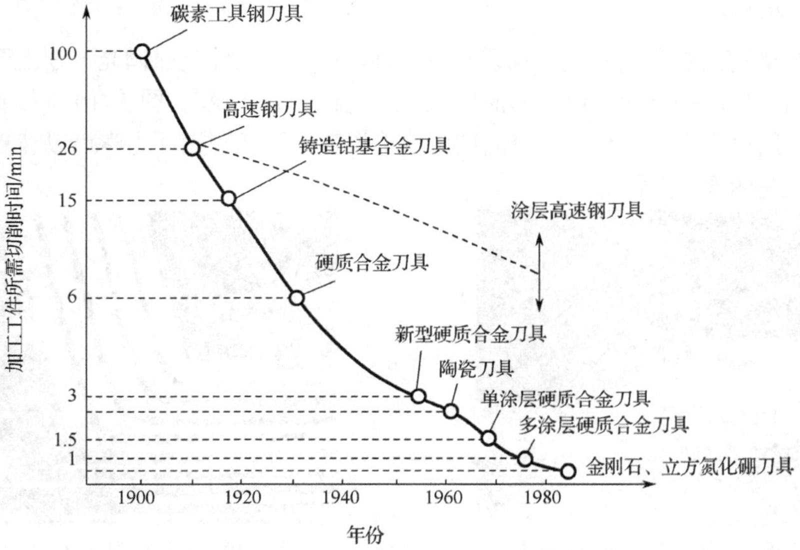

图 2.37　不同刀具材料的发展及切削生产率的提高

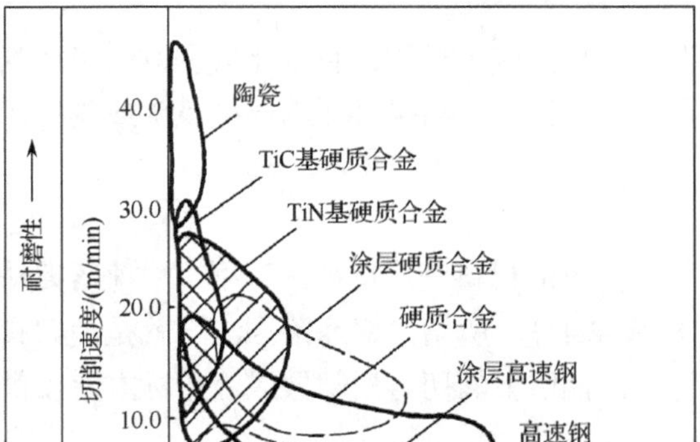

图 2.38　不同刀具材料的切削用量范围

2.4　金属切削的变形过程

要掌握金属切削的规律，以提高切除效率，降低成本和保证质量。如果不懂得切削原理，则对金属切削加工中各种物理现象，如切削力、刀具磨损和加工表面质量等就无从研究起，更不用说解决生产实践中的许多问题了。因此金属切削变形过程的研究，是金属切削基础理论研究的一个根本问题。随着宇航等事业的迅速发展，难加工材料的应用越来越多，对零件的质量要求亦不断提高；同时，切削加工自动化和微电子技术等在机械制造中的应用也渐趋广泛；这些都要求我们更加深入地掌握金属切削过程的规律，以便创造出更加先进的切削方法和高效率的刀具，以适应生产发展的需要。

研究金属切削变形过程的实验方法主要有以下五种。

1)图像-塑性法

为了对金属切削层各点的变形观察得更准确，可以将工件侧面抛光，划出细小方格或细线，察看切削过程这些方格如何被扭曲(图 2.39)或材料如何流动(图 2.40)，从而获知刀具前方变形区的范围以及金属颗粒如何流向切屑。根据变形图像和塑性力学可以计算出各点的应力状态，这就是图像-塑性法。

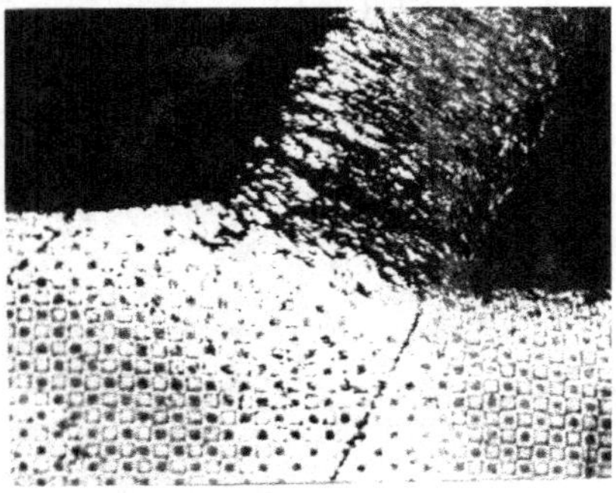

图 2.39　金属切削层变形图像图

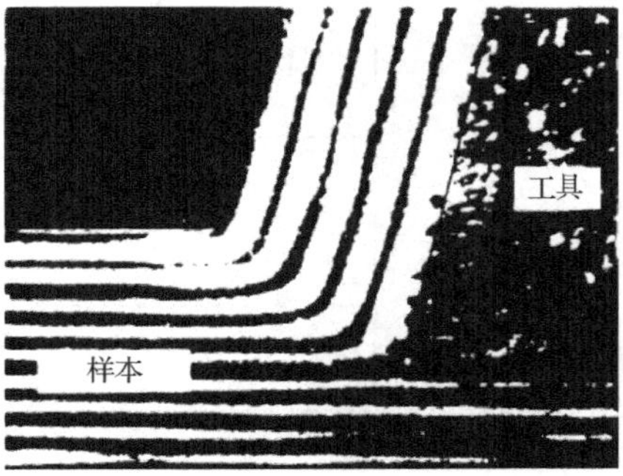

图 2.40　金属切削层材料流线图

2)高速摄影法

要观察高速切削情况下金属的变形过程，目视比较困难，可用高速摄影机拍摄。常用的高速摄影机每秒可拍几百幅到几万幅。拍摄时要用显微镜头或具有放大作用的长焦距镜头，并且要有强的光源。

3)快速落刀法

为了探索在不同切削条件下的材料变形特征，可用“快速落刀法”取得在该切削条件下的变形区和切屑根部标本(图 2.41)。所谓“快速落刀法”就是使刀具以尽可能快的速度脱离工件，把切削过程冻结起来，把留下的切屑根部做成金相标本，以供观察。

4)扫描电镜显微观察法

用扫描电子显微镜观察分析试件表面形貌和试件表面的化学成分，观察切屑的断口形式，判断其属于剪切破坏或拉伸破裂，还可用来研究刀具的磨损机理及切屑的变形过程。

5)光弹性、光塑性试验法

在实验观察金属切削过程的基础上，为了分析金属变形区的应力情况，对切削刃前方的金属可进行弹性力学和塑性力学的研究和实验。

2.4.1　金属切削层的变形

以塑性材料的切屑形成为例，来说明金属切削层的变形。金属切削变形金相显微照片如图 2.41 所示。

1. 变形区的划分

根据金属切削变形金相显微照片，可绘制如图 2.42 所示的金属切削过程中的滑移线和流线示意图。流线表示被切削金属的某一点在切削过程中流动的轨迹。由图可见，变形可大致划分为三个区。

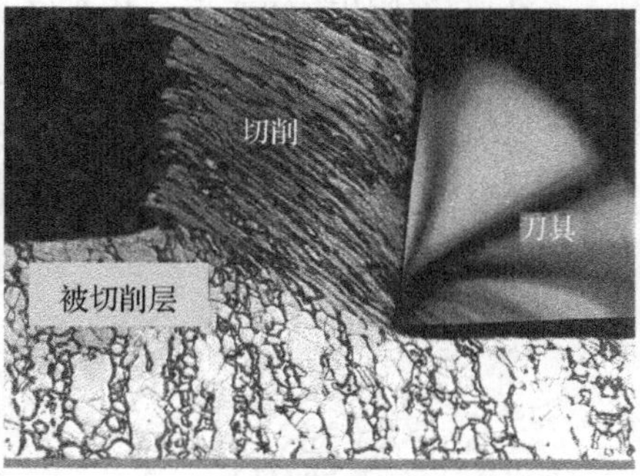

图 2.41　金属切削变形金相显微照片

1) 第一变形区

从 OA 线开始发生塑性变形，到 OM 线晶粒的剪切滑移基本完成。这一区域称为第一变形区(Ⅰ)。

2) 第二变形区

切屑沿前刀面排出时进一步受到前刀面的挤压和摩擦，使靠近前刀面处金属纤维化，基本上和前刀面相平行。这部分叫作第二变形区(Ⅱ)。

3) 第三变形区

已加工表面受到切削刃钝圆部分与后刀面的挤压和摩擦，产生变形与回弹，造成纤维化与加工硬化。这部分称为第三变形区(Ⅲ)。

这三个变形区汇集在切削刃附近，此处的应力比较集中而复杂，金属的被切削层就在此处与工件本体材料分离，大部分变成切屑，很小一部分留在已加工表面上。所以研究切削过程，不但要研究三个变形区的变形情况，而且要研究刃前区的应力状态。

2. 第一变形区内金属的剪切变形

图 2.43 中的 OA、OM 虚线实际上就是等应力曲线。如图 2.43 中所示，当被切削层中金属某点 P 向切削刃逼近，到达点 1 的位置时，此时其剪切应力达到材料的屈服强度 τ_s，点 1 在向前移动的同时，也沿 OA 滑移，其合成运动将使点 1 流动到点 2。2'—2 就是它的滑移量。随着滑移的产生，剪切应力将逐渐增加，也就是 P 点向 1、2、3……各点流动时，它的剪切应力不断增加，直到点 4 位置，此时其流动方向与前刀面平行，不再沿 OM 线滑移。所以 OM 为终滑移线，OA 为始滑移线。在 OA 到 OM 之间整个第一变形区内，其变形的主要特征就是沿滑移线的剪切变形，以及随之产生的加工硬化。在切削速度较高时，这一变形区较窄。

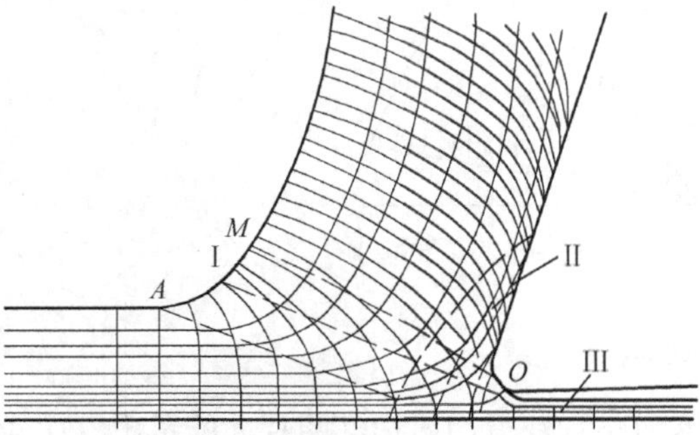

图 2.42　金属切削过程中的滑移线和流线示意图

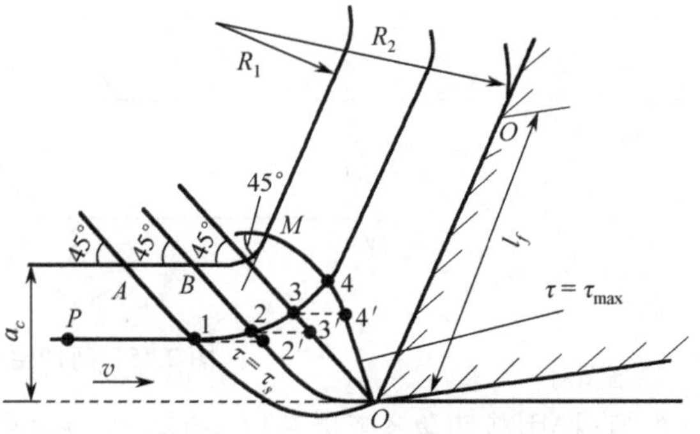

图 2.43　第一变形区金属的滑移

沿滑移线的剪切变形，从金属晶体结构的角度来看，就是沿晶格中晶面的滑移。晶粒伸长的方向即纤维化的方向，与滑移方向即剪切面方向不重合。它们成一夹角ψ，如图 2.44 所示。图中的第一变形区较宽，代表切削速度很低的情况。在一般切削速度范围内，第一变形区的宽度仅为 0.02～0.2mm，所以可用一剪切面来表示。剪切面和切削速度方向的夹角叫作剪切角，以ϕ表示。

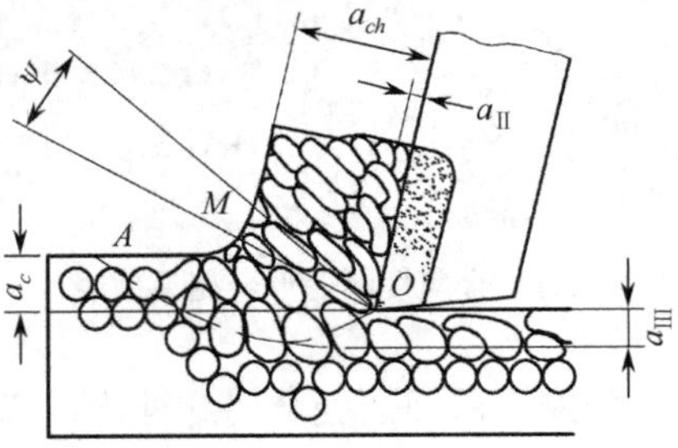

图 2.44　滑移与晶粒的伸长

3. 变形程度的表示方法

实验证明剪切角ϕ的大小和切削力的大小有直接联系。对于同一工件材料，用同样的刀具，切削同样大小的切削层，当切削速度高时，ϕ较大，剪切面积变小(图 2.45)，切削比较省力，说明剪切角的大小可以作为衡量切削过程情况的一个标志。因此可以用剪切角作为衡量切削过程变形的参数。由此可知，剪切变形是切削塑性材料时的重要特征。

如图 2.46 所示，当平行四边形 $OHNM$ 发生剪切变形后，变为 $OGPM$，其相对滑移为

$$\varepsilon=\frac{\Delta s}{\Delta y}$$

剪切面 NH 被推到 PG 的位置时，有

$$\Delta s = NP, \Delta y = MK$$

$$\varepsilon=\frac{\Delta s}{\Delta y}=\frac{NP}{MK}=\frac{NK+KP}{MK}$$

$$\varepsilon=\cot\phi+\tan(\phi-\gamma_o) \tag{2-11}$$

$$\varepsilon=\frac{\cos\gamma_o}{\sin\phi\cos(\phi-\gamma_o)} \tag{2-12}$$

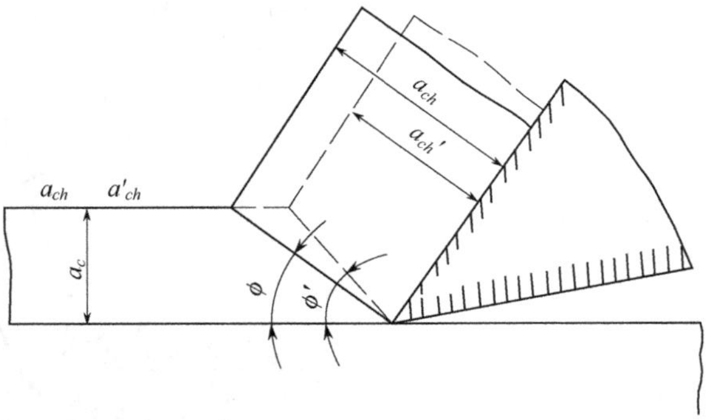

图 2.45　剪切角与剪切面积的关系

直接用剪切角ϕ衡量变形大小，必须用快速落刀装置获得切屑根部图片才能量出，比较麻烦。一般可用变形系数ξ来度量，变形系数的概念是基于这样的事实：在切削过程中，刀具切下的切屑厚度a_{ch}通常都要大于切削层的厚度a_c，而切屑长度l_{ch}却小于切削层长度l_c，

如图 2.47 所示。切屑厚度与切削层厚度之比称为厚度变形系数 ξ_a；而切削层长度与切屑长度之比称为长度变形系数 ξ_L，即

$$\xi_a = \frac{a_{ch}}{a_c} \tag{2-13}$$

$$\xi_L = \frac{l_c}{l_{ch}} \tag{2-14}$$

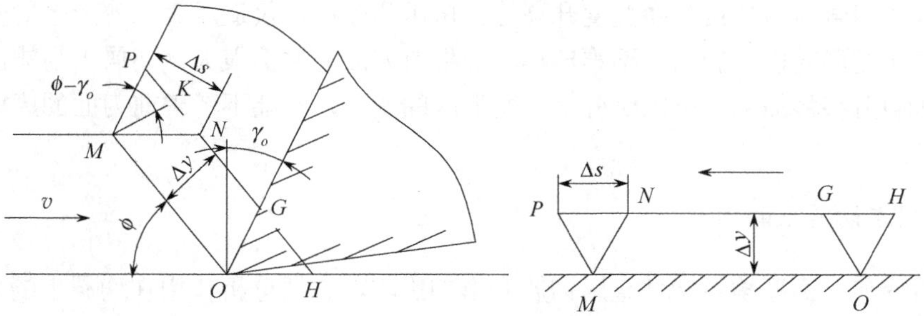

图 2.46　剪切变形示意图

由于工件上切削层的宽度与切屑平均宽度的差异很小，切削前和切削后的体积可以看作不变，故

$$\xi_a = \xi_L = \xi \tag{2-15}$$

变形系数 ξ 是大于 1 的数，在俄罗斯叫作收缩系数，在英、美则以其倒数 r_c 表示，r_c 称为"切削比"。

变形系数直观地反映了切屑的变形程度，并且容易测量。l_c 是试件长度，为已知；切屑长度 l_{ch} 可以测量。ξ 值越大，表示切出的切屑越厚越短，变形越大。

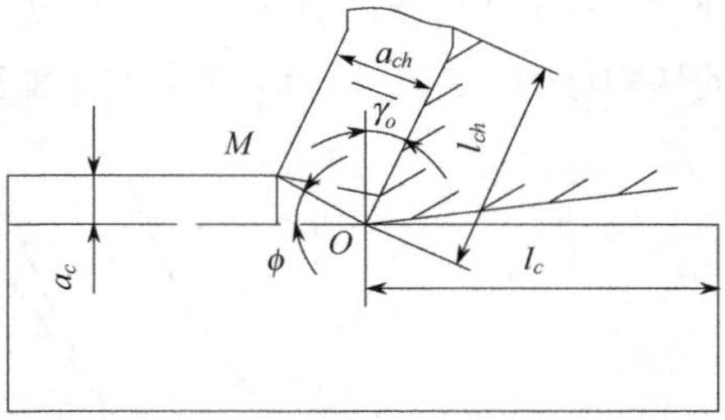

图 2.47　变形系数求法

由图 2.47 可推导出 ξ 与 ϕ 的关系如下：

$$\xi = \frac{a_{ch}}{a_c} = \frac{OM\sin(90-\phi+\gamma_o)}{OM\sin\phi} = \frac{\cos(\phi-\gamma_o)}{\sin\phi} \tag{2-16}$$

经变换后也可写成

$$\tan\phi = \frac{\cos\gamma_o}{\xi - \sin\gamma_o} \tag{2-17}$$

将式(2-17)代入式(2-11)，可得 ξ 和 ε 的关系为

$$\varepsilon = \frac{\xi^2 - 2\xi\sin\gamma_o + 1}{\xi\cos\gamma_o} \tag{2-18}$$

剪切角 ϕ、相对滑移 ε 和变形系数 ξ 是通常用以表示切屑变形程度的三个参数。它们是根据纯剪切的观点提出的。但切削过程复杂，既有剪切，又有前刀面对切屑的挤压和摩擦作用(第二变形区)，用这些简单的方式不能完全反映出全部的变形实质。例如 ξ=1 时，$a_{ch}=a_c$，

似乎表示切屑没有变形，但实际上有相对滑移存在。式(2-18)表示变形系数ξ与相对滑移ε之间的关系，也只有当$\xi>1.5$时，ξ与ε基本成正比。

2.4.2　前刀面的挤压与摩擦

前文提到，塑性金属切削层材料经第一变形区后沿前刀面排出，这时由于受前刀面的挤压和摩擦而进一步加剧变形，在靠近前刀面处形成第二变形区。这个变形区的特征是：使切屑底层靠近前刀面处纤维化，流动速度减缓，甚至会停滞在前刀面上；切屑弯曲；由摩擦而产生的热量使切屑与刀具接触面温度升高等。挤压和摩擦不仅造成第二变形区的变形，而且反过来对第一变形区也有影响。不难理解，如果前刀面的摩擦很大，切屑不易排出，则第一变形区的剪切滑移将加剧。所以研究第一变形区的变形，不能不考虑前刀面的摩擦及其对剪切角的影响。

1. 作用在切屑上的力

为了研究前刀面摩擦对塑性金属切屑变形的影响，先要分析作用在切屑上的力的情况。在直角自由切削下，作用在切屑上的力有：前刀面上的法向力F_n和摩擦力F_f，在剪切面上也有一个正压力F_{ns}和剪切力F_s，如图2.48所示。这两对力的合力应该互相平衡。如果把所有的力都画在切削刃前方，可得如图2.49所示的关系。图中F_r是F_n和F_f的合力，又称切屑形成力；ϕ是剪切角；β是F_n和F_r的夹角，又叫摩擦角；γ_o是刀具前角；F_z是切削速度方向的切削分力，F_y是和切削速度方向垂直的切削分力；a_c是切削厚度。

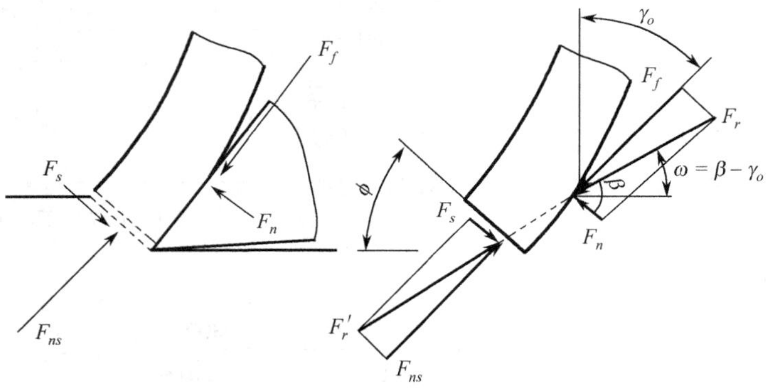

图2.48　作用在切屑上的力

令a_w表示切削宽度。A_c表示切削面积（$A_c=a_c a_w$），A_s表示剪切面面积（$A_s=\dfrac{A_c}{\sin\phi}$），$\tau$表示剪切面上的剪应力，则

$$F_s=\tau A_s=\frac{\tau A_c}{\sin\phi}$$

$$F_s=F_r\cos(\phi+\beta-\gamma_o)$$

$$F_r=\frac{F_s}{\cos(\phi+\beta-\gamma_o)}=\frac{\tau A_c}{\sin\phi\cos(\phi+\beta-\gamma_o)} \tag{2-19}$$

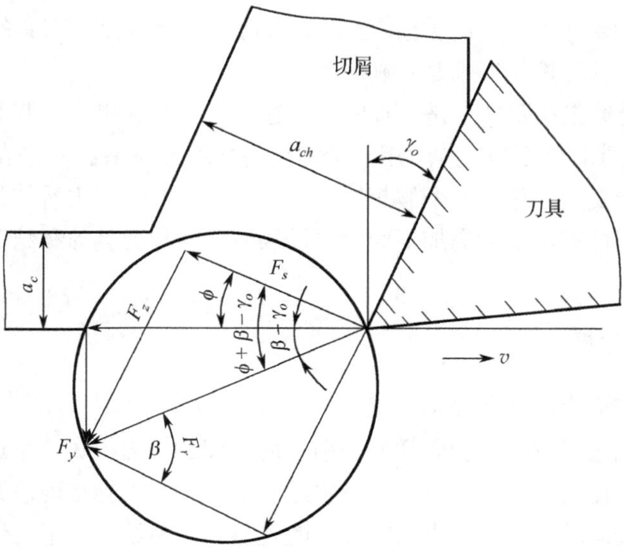

图 2.49　直角自由切削时力与角度的关系

$$F_z = F_r \cos(\beta - \gamma_o) = \frac{\tau A_c \cos(\beta - \gamma_o)}{\sin\phi \cos(\phi + \beta - \gamma_o)} \tag{2-20}$$

$$F_y = F_r \sin(\beta - \gamma_o) = \frac{\tau A_c \sin(\beta - \gamma_o)}{\sin\phi \cos(\phi + \beta - \gamma_o)} \tag{2-21}$$

式(2-20)、(2-21)说明了摩擦角 β 对切削分力 F_z 和 F_y 的影响。反过来，如果用测力仪测得 F_z 和 F_y 的值而忽略后刀面上的作用力，则可以从下式求得 β。

$$\frac{F_y}{F_z} = \tan(\beta - \gamma_o)$$

$\tan\beta$ 等于前刀面的平均摩擦系数 μ。这就是通常测定前刀面摩擦系数 μ 的方法。

2. 剪切角 ϕ 与前刀面摩擦角 β 的关系

现在从图 2.48 和图 2.49 来分析剪切角 ϕ，F_r 是前刀面上 F_n 和 F_f 的合力，方向为主应力方向。F_s 是剪切面上的剪切力，方向为最大剪应力方向。这两者的夹角，根据材料力学应为 π/4。从图 2.48 可知，F_r 和 F_s 的夹角为 $(\phi + \beta - \gamma_o)$，故有

$$\phi + \beta - \gamma_o = \pi/4$$

或

$$\phi = \pi/4 - (\beta - \gamma_o) = \pi/4 - \omega \tag{2-22}$$

式(2-22)就是李和谢弗(Lee and Shaffer)根据直线滑移线场理论推导出的近似剪切角公式，式中 $(\beta - \gamma_o)$ 表示合力 F_r 与切削速度方向的夹角，称为作用角，用 ω 来表示。根据这个公式，可知：

(1) 当前角 γ_o 增大时，ϕ 角随之增大，变形减小。可见在保证切削刃强度的前提下，增大刀具前角对改善切削过程是有利的。

(2) 当摩擦角 β 增大时，ϕ 角随之减小，变形增大。所以提高刀具的刃磨质量，施加切削液以减小前刀面上的摩擦对切削是有利的。

式(2-22)与实验结果在定性上是一致的，但在定量上则有出入，其原因较多，主要有以下几点：前刀面上的摩擦情况很复杂，用一个简单的平均摩擦系数 μ 来表示，不尽符合实际；在以上分析中把第一变形区作为一个假想的平面，把刀具的切削刃看作是绝对锋利的，把加工材料看成是各向同性的，不考虑加工硬化以及切屑底面和刀具的黏结等现象，都和实际情况有出入。

3. 前刀面上的摩擦

现在来考察前刀面上的实际摩擦情况。

在塑性金属的切削过程中，由于切屑与前刀面之间的压力很大，可达 2～3GPa，再加上几百度的高温，可以使切屑底部与前刀面发生黏结现象。这种黏结现象即一般生产中所遇见的“冷焊”，如轴颈与轴瓦间润滑失效时发生的胶着。在黏结情况下，切屑与前刀面之间就不是一般的外摩擦，而是切屑和刀具黏结层与其相邻金属之间的内摩擦。这种内摩擦实际就是金属内部的滑移剪切，它与材料的流动应力特性以及黏结面积大小有关，所以它的规律与外摩擦不同。外摩擦力的大小与摩擦系数和压力有关，而与接触面积无关。如果沿用外摩擦的概念去套用在金属切削方面，问题就说不清楚。

图 2.50 表示刀屑接触面有黏结现象时的摩擦情况，刀屑接触面分两个区域：黏结部分为内摩擦，这部分的单位切向力等于材料的剪切屈服强度 τ_s；黏结部分之外为外摩擦，即滑动摩擦，该处的单位切向力 τ_γ 由 τ_s 逐渐减小到零。图 2.50 中也表示出在整个接触区域上的正应力 σ_γ 的分布情况，在刀尖处最大(假定刀具绝对锋利，切削厚度较小)，逐渐减小到零。由此可见，如果以 $\tau_\gamma/\sigma_\gamma$ 表示摩擦系数，则前刀面上各点的摩擦系数是变化的，而且内摩擦的概念与外摩擦也有所不同。如果沿用 $\mu=\tan\beta$ 这一方法来描述前刀面的摩擦情况是过于简单化了。金属的内摩擦力显然要比外摩擦大得多。这里在分析问题时，要着重考虑内摩擦。

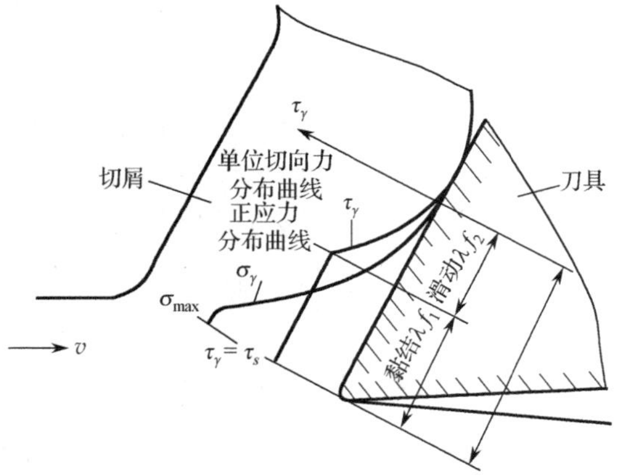

图 2.50　切屑和前刀面摩擦情况示意图

令 μ 代表前刀面上的平均摩擦系数，则按内摩擦的规律有

$$\mu=\frac{F_f}{F_n}\approx\frac{\tau_s A_{f1}}{\sigma_{av}A_{f1}}=\frac{\tau_s}{\sigma_{av}} \tag{2-23}$$

式中 A_{f1} 表示内摩擦部分的接触面积；σ_{av} 表示该部分的平均正压力。τ_s 是工件材料的剪切屈服强度，随切削温度升高而略有下降；σ_{av} 则随材料硬度、切削厚度、切削速度以及刀具前角而变化，其变化范围较大。因此 μ 是一个变数，这也说明其摩擦系数变化规律和外摩擦的情况很不相同。

4. 影响前刀面摩擦系数的主要因素

根据习惯的摩擦系数表示方法，可以通过实验，探索前刀面上摩擦系数的变化规律。主要的影响因素有四个：工件材料、切削厚度、切削速度和刀具前角。

1) 工件材料

几种不同工件材料在相同切削条件下的摩擦系数变化情况如表 2.5 所示。

表 2.5　几种不同材料在各种切削厚度时的摩擦系数 μ

工件材料	抗弯强度 σ_b /GPa	硬度/HBS	切削厚度 a_c/mm			
			0.10	0.14	0.18	0.22
铜	0.216	55	0.78	0.76	0.75	0.74
10 钢	0.362	102	0.74	0.73	0.72	0.72
10Cr 钢	0.480	125	0.73	0.72	0.72	0.71
1Cr18Ni9Ti	0.634	170	0.71	0.70	0.68	0.67

由表 2.5 可以看出，总的趋势是工件材料的强度和硬度越大，则 μ 略有减小。这是由于材料的硬度和强度大时，若切削速度不变，切削温度增高，故摩擦系数下降。

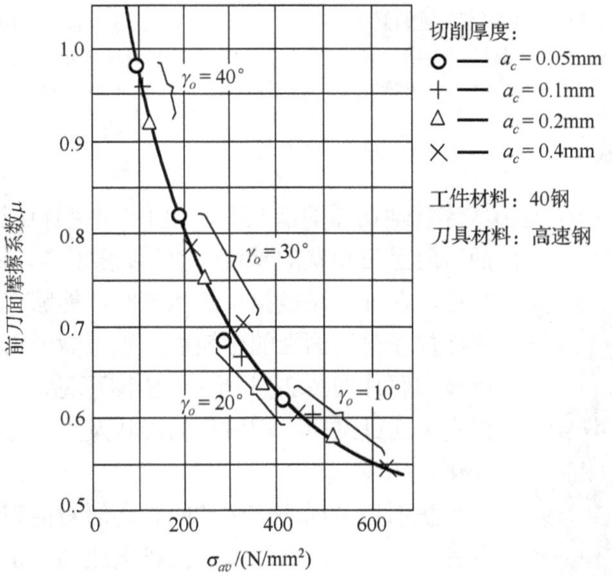

图 2.51　切削厚度对前刀面上摩擦系数的影响

2) 切削厚度

切削厚度增加时，正压力随之增大，则 μ 也略有下降。表 2.5 的数据和图 2.51 的曲线都说明了这一规律。

3) 切削速度

切削速度对摩擦系数的影响如图 2.52 所示。当切削速度在某一速度以下时(在图 2.52 条件下约为 30m/min)，切削速度越高，摩擦系数越大。这是因为切削速度低时，切削温度较低，前刀面与切屑底层不易黏结，黏结情况随速度或温度增高而发展，使摩擦系数上升。当切削速度超过某一数值后，温度进一步升高，使材料塑性增加，流动应力减少，故摩擦系数下降。

4) 刀具前角

在一般切削速度范围内，前角越大，则 μ 值越大，如图 2.53 所示，这是因为增大前角使正应力减小，材料剪切屈服强度与正应力之比增加。

以上所介绍的摩擦系数变化规律，不但对切屑变形有直接影响，还对切削力、切削热、积屑瘤等现象有很大影响。

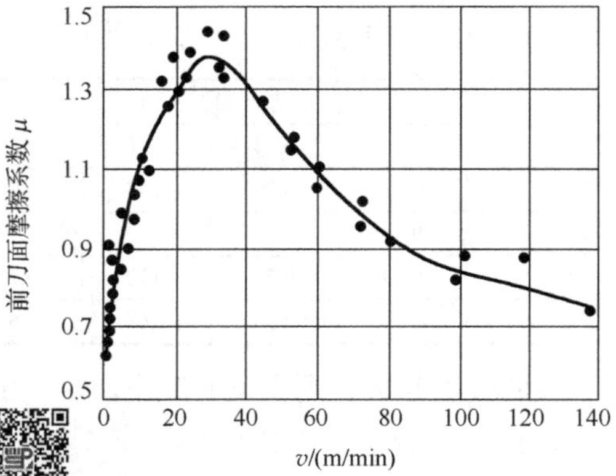

经典切削慢放

图 2.52　切削速度对摩擦系数的影响

工件材料：30Cr；刀具材料：18-4-1 高速；刀具角度：$\gamma_o = 30°$；切削用量：$a_c = 0.149\text{mm}$

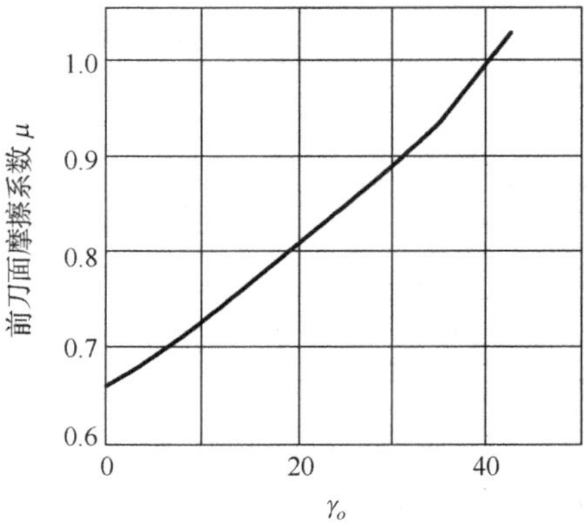

图 2.53　前角对摩擦系数的影响

工件材料：30Cr；切削用量：$v = 80\text{m/min}$；$a_c = 0.14\text{mm}$；$a_w = 5\text{mm}$

2.4.3　积屑瘤现象

在切削速度不高而又能形成连续性切屑的情况下，加工一般钢料或其他塑性材料时，常常在前刀面切削处黏结一块剖面有时呈三角状的硬块。它的硬度很高，通常是工件材料的 2～3 倍，在处于比较稳定的状态时，能够代替刀刃进行切削。这块冷焊在前刀面上的金属称为积屑瘤或刀瘤。积屑瘤剖面的金相显微照片如图 2.54 所示。由图可见，这块三角状的金属经强烈变形而纤维化。积屑瘤的形状及大小会随切削条件的不同而变化。

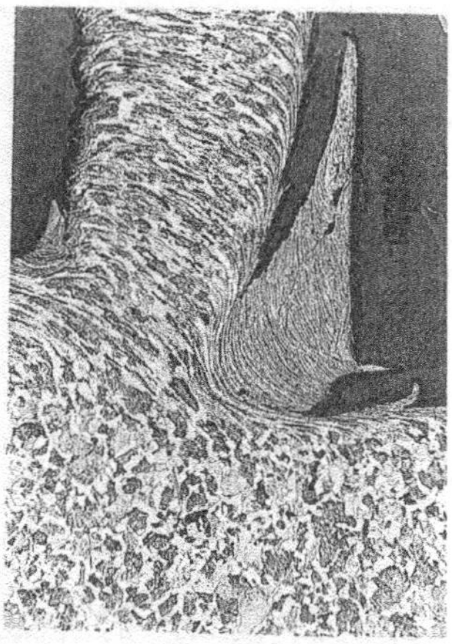

图 2.54　积屑瘤

积屑瘤是如何产生的呢？切屑对前刀面接触处的摩擦，使后者十分洁净。当两者的接触面达到一定温度，同时压力又较高时，会产生黏结现象，亦即一般所谓“冷焊”。这时切屑从粘在前刀面的黏结层上流过，形成“内摩擦”。如果温度与压力适当，黏结层就逐步长大，直到该处的温度与压力不足以造成黏附为止。所以积屑瘤的产生以及它的积聚高度与金属材料的硬化性质有关，也与刃前区的温度与压力分布有关。一般说来，塑性材料的加工硬化倾向越强，越易产生积屑瘤；温度与压力太低时，不会产生积屑瘤；反之，温度太高，产生弱化作用，也不会产生积屑瘤。对碳素钢来说，在 300～350℃时积屑瘤最高，到 500℃以上时趋于消失。在背吃刀量和走刀量保持一定时，积屑瘤高度与切削速度有密切关系，如图 2.55 所示。

在低速范围Ⅰ区内不产生积屑瘤；在Ⅱ区内积屑瘤高度随切削速度增高达最大值；在Ⅲ区内积屑瘤高度随切削速度增加而减小为 0；在Ⅳ区积屑瘤不再生成。由于切削用量 v、f、a_p 中切削速度对切削温度的影响最大，该图实际上反映了积屑瘤高度与切削温度的关系。

积屑瘤对切削过程有积极的影响，也有消极的影响。

1) 实际前角增大

积屑瘤黏附在前刀面上的典型情况如图 2.56 所示，它加大了刀具的实际前角，可使切削力减小，对切削过程起积极的作用。积屑瘤越高，实际前角越大。

2) 增大切削厚度

如图 2.56 所示，积屑瘤使切削厚度增加了 Δa_c。由于积屑瘤的产生、成长与脱落是一个带有一定周期性的动态过程(例如每秒钟几十至几百次)，Δa_c 值是变化的，因而有可能引起振动。

3) 使已加工表面粗糙度增大

积屑瘤的底部相对稳定一些，其顶部很不稳定，容易破裂，一部分黏附于切屑底部而排出，一部分留在已加工表面上，积屑瘤凸出刀刃部分使已加工表面切得非常粗糙，因此在精加工时必须设法避免或减小积屑瘤。

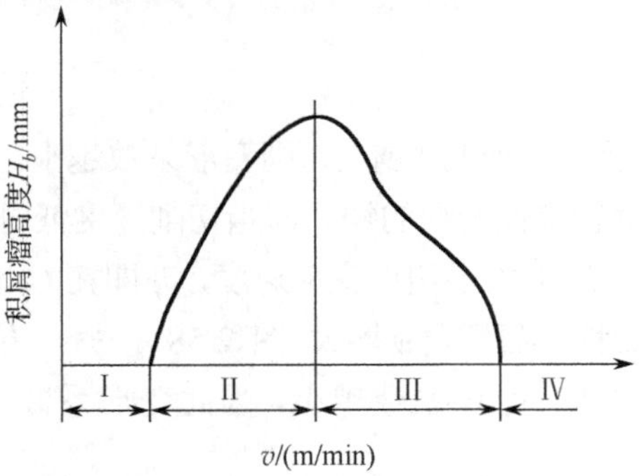

图 2.55　积屑瘤高度与切削速度关系示意图

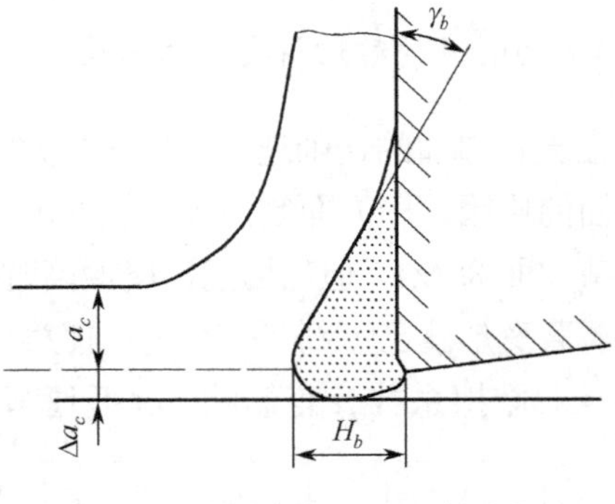

图 2.56　积屑瘤前角 γ_b 和伸出量 Δa_c

4) 对刀具耐用度的影响

积屑瘤黏附在前刀面上，在相对稳定时，可代替刀刃切削，有减少刀具磨损、提高耐用度的作用。但在积屑瘤不稳定的情况下，使用硬质合金刀具时，积屑瘤的破裂有可能使刀具材料颗粒剥落，磨损加剧。

防止积屑瘤的办法主要有以下五点：

(1) 降低切削速度，使温度较低，切屑与前刀面之间的黏结现象不易发生。

(2) 采用高速切削，使切削温度高于积屑瘤消失的相应温度。

(3) 采用润滑性能好的切削液，减小摩擦。

(4) 增加刀具前角，以减小刀屑接触区压力。

(5) 提高工件材料硬度，减少加工硬化倾向。

2.4.4　切屑变形的变化规律

在分析了切削过程中第一和第二变形区的变形及摩擦情况之后，可以看出，要获得比较理想的切削过程，关键在于减小摩擦和变形。前面已经介绍了影响前刀面摩擦系数的主要因素，其着眼点仍然是研究摩擦系数对变形的影响。现在可以来归纳一下影响切屑变形的主要因素，以便利用这些规律性，来创造更加先进的切削方法和刀具。仍以直角自由切削的试验研究为基础，从工件材料、刀具前角、切削厚度和切削速度四个方面来分析。

1. 工件材料对切屑变形的影响

工件材料强度越高，切屑变形越小。这是因为工件材料强度越高，摩擦系数越小。根据式(2-22)和式(2-16)可知，μ减小时剪切角ϕ将增大，变形系数ξ将减小。

2. 刀具前角对切屑变形的影响

刀具前角越大，切屑变形越小(图 2.57)。前角对切屑变形的影响可从图 2.48 和图 2.49 看出：前角影响切削合力F_r的方向，也就是F_r与切削速度v的夹角，即作用角ω。当前角增大时，作用角减小，根据式(2-22)可知ϕ角增加。当γ_o增加时，β虽也增加，但不如γ_o增加得多，结果ω还是减小，从而使ϕ角增加。例如从图 2.53 的实例中可以看出，当前角从 0°增加到 20°时，μ从 0.66 增至 0.81，相当于β从 33°增加到 39°，结果使ω从 33°减小到 19°。

3. 切削速度对切屑变形的影响

在无积屑瘤的切削速度范围内，如图 2.57 所示，切削速度越大，则变形系数越小。这有两方面的原因。一方面是因为塑性变形的传播速度较弹性变形的慢。即当切削速度低时，金属始剪切面为 OA，但当切削速度增高时，金属流动速度大于塑性变形速度，亦即在 OA 线上尚未显著变形就已流到 OA'线上，使第一变形区后移，剪切角ϕ增大(图 2.58)。另一方面，因为v对摩擦系数μ有影响，除低速情况外，v越大，摩擦系数越小，因此变形系数减小。

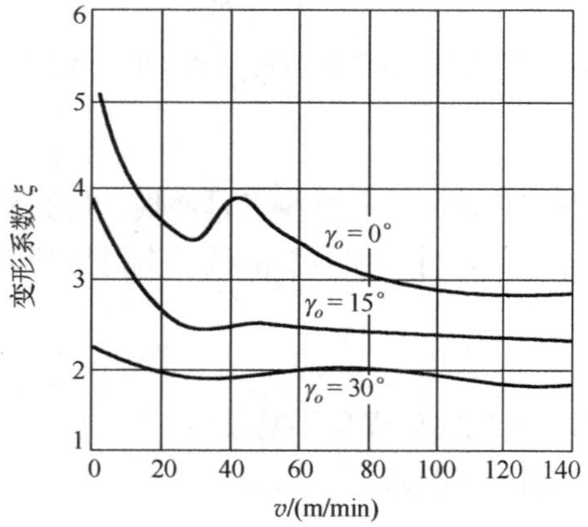

图 2.57　前角对变形系数的影响

工件材料：5120；刀具材料：高速钢；

切削用量：$a_c=0.31\sim0.36$mm；$a_w=0.8\sim0.9$mm

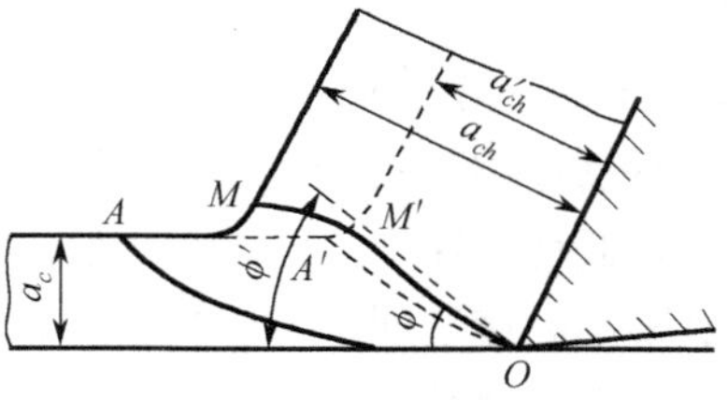

图 2.58　切削速度对剪切角的影响

4. 切削厚度对切屑变形的影响

前面提到，当切削厚度增加时，前刀面上的摩擦系数减小，β 与 ω 减小，因而 ϕ 增大。图 2.59 表示切削速度 v 及进给量 f 对变形系数 ξ 的影响。可见在无积屑瘤情况下，f 越大(a_c 越大)，则 ξ 越小。

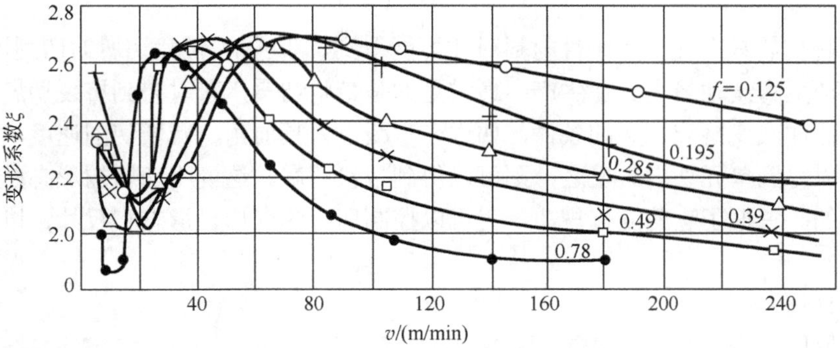

图 2.59　切削速度和进给量对变形系数的影响

工件材料：30 钢；切削用量：$a_p = 4\text{mm}$

在有积屑瘤的切削速度范围内，切削速度的影响主要是通过积屑瘤所形成的实际前角来影响切屑变形。在积屑瘤增长阶段中，积屑瘤随 v 的增加而增大，积屑瘤越大，其实际前角越大，因而 v 增加时 ξ 减小。在积屑瘤消退阶段中，积屑瘤随 v 的增加而减小，积屑瘤越小，实际前角也越小，变形随之增大，所以 v 越大，则 ξ 越大。积屑瘤消失时 ξ 达最高值。积屑瘤最大时 ξ 达最小值。

2.4.5　切屑的类型及其控制

由于工件材料不同，切削过程中的变形情况也就不同，因而产生的切屑种类也就多种多样。切屑主要有以下四种类型(图 2.60)。

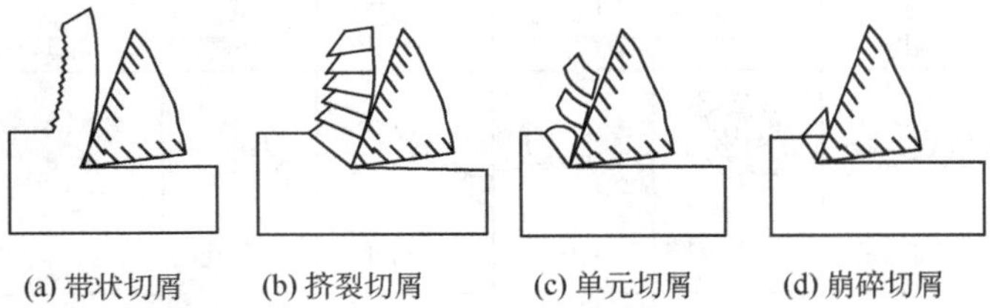

(a) 带状切屑　　(b) 挤裂切屑　　(c) 单元切屑　　(d) 崩碎切屑

图 2.60　切屑类型

1) 带状切屑

这是最常见的一种切屑。它的内表面是光滑的，外表面是毛茸的。如用显微镜观察，在外表面上也可看到剪切面的条纹，但每个单元很薄，肉眼看来大体上是平整的。加工塑性金属材料，当切削厚度较小、切削速度较高、刀具前角较大时， 一般常常得到这类切屑。它的切削过程较平稳、切削力波动较小、已加工表面粗糙度较小。

2) 挤裂切屑

这类切屑与带状切屑不同之处在于外表面呈锯齿形，内表面有时有裂纹。这类切屑之所以呈锯齿形，是由于它的第一变形区较宽，在剪切滑移过程中滑移量较大。由滑移变形所产生的加工硬化使剪切力增加，在局部地方达到材料的破裂强度。这种切屑大多在切削速度较低、切削厚度较大、刀具前角较小时产生。

3) 单元切屑

如果在挤裂切屑的剪切面上，裂纹扩展到整个面上，则整个单元被切离，成为梯形的单元切屑。

以上三种切屑只有在加工塑性材料时才可能得到。其中，带状切屑的切削过程最平稳，单元切屑的切削力波动最大。在生产中最常见的是带状切屑，有时得到挤裂切屑，单元切屑则很少见。假如改变挤裂切屑的条件，如进一步减小刀具前角，减低切削速度，或加大切削厚度，就可以得到单元切屑。反之，则可以得到带状切屑。这说明切屑的形态是可以随切削条件而转化的。掌握了它的变化规律，就可以控制切屑的变形、形态和尺寸，以达到卷屑和断屑的目的。

4) 崩碎切屑

崩碎切屑属于脆性材料的切屑。这类切屑的形状是不规则的，已加工表面是凸凹不平的，如图 2.60(d) 所示。从切削过程来看，切屑在破裂前变形很小，和塑性材料的切屑形成机理也不同，它的脆断主要是由于材料所受应力超过了它的抗拉极限。这类切屑发生于加工脆硬材料，如高硅铸铁、白口铸铁等，特别是当切削厚度较大时常得到这种切屑。由于它的切削过程很不平稳，容易破坏刀具，也有损于机床，已加工表面又粗糙，因此在生产中应力求避免。其方法是减小切削厚度，使切屑成针状或片状；同时适当提高切削速度，以实现工件材料的塑性切削。

以上是四种典型的切屑，但加工现场获得的切屑，其形状是多种多样的。在现代切削加工中，切削速度与金属切除率越来越高，切削条件很恶劣，常常产生大量“不可接受”的切屑。这些切屑或拉伤工件的已加工表面，使表面质量恶化；或划伤机床，卡在机床运动副之间；或造成刀具的早期破损；有时甚至影响操作者的安全。特别对于数控机床、生产自动线及柔性制造系统，如不能进行有效的切屑控制，轻则限制了机床能力的发挥，重则使生产无法正常进行。从切屑控制的角度出发，ISO 制订了切屑分类标准，如图 2.61 所示。

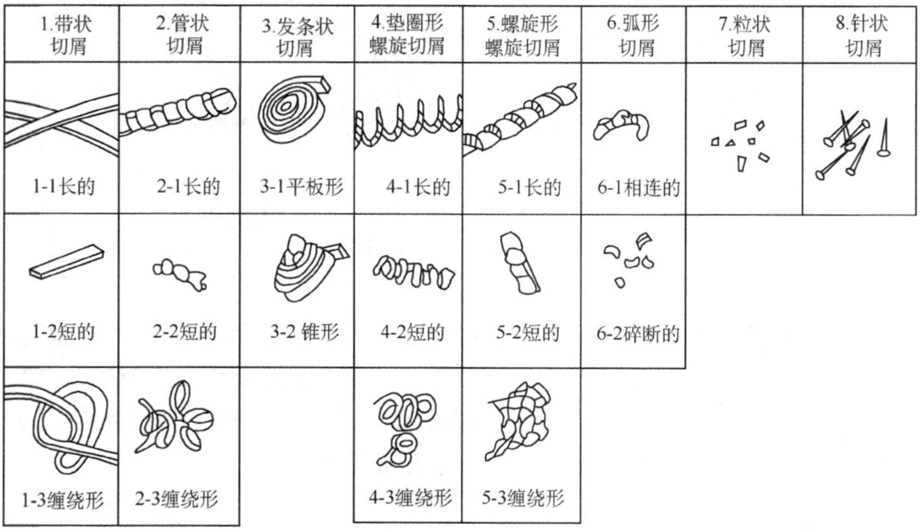

图 2.61　国际标准化组织的切屑分类方法(见 ISO 3685—1977(E))

切屑控制，又叫断屑，是指在切削加工中采取适当的措施，如在前刀面上磨制出断屑槽或使用压块式断屑器，来控制切屑的卷曲、流出与折断，使之形成“可接受”的良好屑形。

衡量切屑可控性的主要标准是：不妨碍正常的加工，即不缠绕在工件、刀具上，不飞溅到机床运动部件中；不影响操作者的安全；易于清理、存放和搬运。ISO 分类法中的 2-2、3-1、3-2、4-2、5-2、6-2 类切屑单位重量所占空间小，易于处理，属于良好的屑形。对于不同的加工场合，例如不同的机床、刀具或者不同的被加工材料，有相应的可接受屑形。因而，在进行切屑控制时，要针对不同情况采取相应的措施，以得到相应的可接受的良好屑形。

在切削过程中如果金属材料的变形程度超过了材料的断裂应变，则切屑将自行折断。但多数情况下，只靠切削过程中的卷曲变形不足以使切屑折断，必须采用断屑器(如卷屑台)使切屑得到附加变形，撞到工件表面或刀具后刀面折断，如图 2.62 所示。或者在刀具前刀面上磨出卷屑槽，使切屑产生附加变形而折断。图 2.63 表示几种常用的卷屑槽形状：直线圆弧型、直线型与全圆弧型。直线圆弧型和直线型卷屑槽适用于切削碳素钢、合金结构钢、工具钢等，一般前角为 5°～15°。全圆弧型适合于切削紫铜、不锈钢等高塑性材料，其前角可增大至 25°～30°。卷屑槽的参数影响其断屑性能和断屑范围，必须正确选择。目前广泛推行机夹可转位硬质合金刀片，不同型号的刀片具有不同形状的卷屑槽和尺寸，可供不同切削情况下选用。

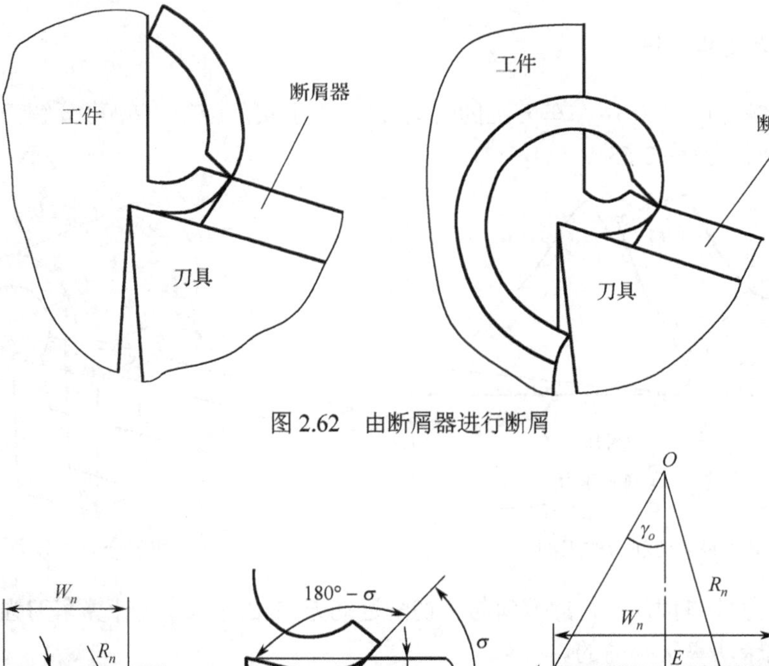

图 2.62　由断屑器进行断屑

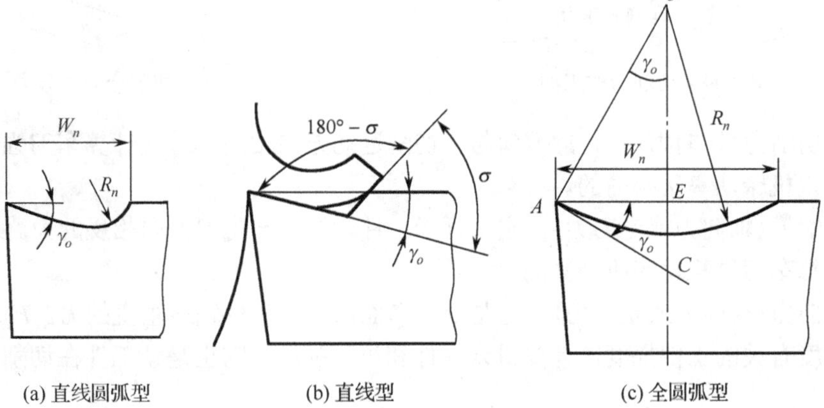

(a) 直线圆弧型　　(b) 直线型　　(c) 全圆弧型

图 2.63　卷屑槽形状

2.5 切 削 力

切削力对切削机理的研究，对计算功率消耗，对刀具、机床、夹具的设计，对制定合理的切削用量，优化刀具几何参数，都具有非常重要的意义。在自动化生产中，还可通过切削力来监控切削过程和刀具工作状态，如刀具折断、磨损、破损等。

2.5.1 切削力的合成与分解

1. 切削力的来源

金属切削时，刀具切入工件，使被加工材料发生变形成为切屑所需的力，称为切削力。切削力来源于三个方面(图 2.64)。

(1) 克服被加工材料对弹性变形的抗力。

(2) 克服被加工材料对塑性变形的抗力。

(3) 克服切屑对刀具前刀面的摩擦力与刀具后刀面对过渡表面和已加工表面之间的摩擦力。它们分别用 F_f 和 F_{f_a} 表示。

2. 切削合力及其分解

上述各力的总和形成作用在车刀上的合力 F_r。为了实际应用，F_r 可分解为相互垂直的 F_x、F_y 和 F_z 三个分力(图 2.65)。

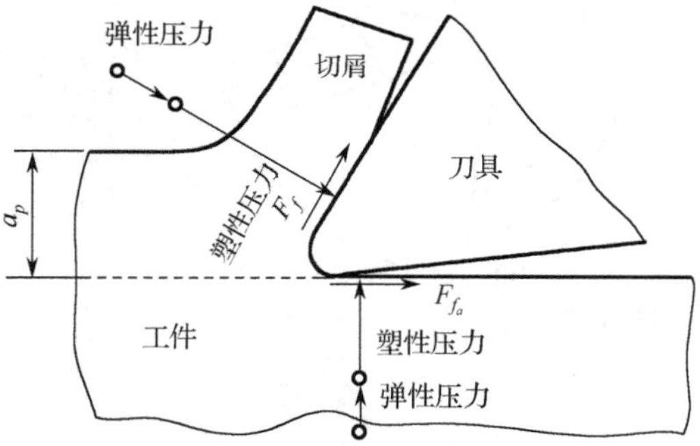

图 2.64 切削力的来源

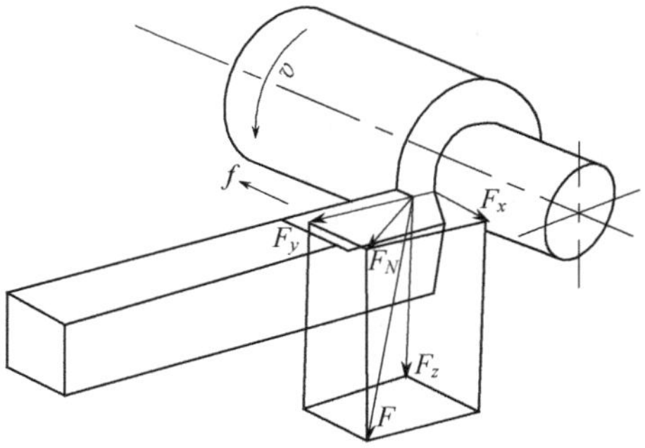

图 2.65 切削合力和分力

F_z：主切削力(切向力)。它的方向与主切削运动方向相同。F_z 是计算车刀强度，设计机床零件，确定机床功率所必需的。

F_x：进给力(轴向力或走刀力)。它平行于工件轴线并与走刀方向相反的力。F_x 是设计走刀机构，计算车刀进给功率所必需的。

F_y：背向力(径向力或吃刀力)。它是处于基面内并与工件轴线垂直的力。F_y 用来确定与工件加工精度有关的工件挠度，计算机床零件和车刀强度。它也是使工件在切削过程中产生振动的力。

由图 2-65 可以看出

$$F_r = \sqrt{F_z^2 + F_N^2} = \sqrt{F_z^2 + F_x^2 + F_y^2} \tag{2-24}$$

根据实验，当 κ_r=45°、λ_s=0°、$\gamma_o \approx 15°$ 时，F_z、F_x 和 F_y 之间有以下近似关系：

$$F_y = (0.4 \sim 0.5)F_z\text{；}\ F_x = (0.3 \sim 0.4)F_z$$

代入式(2-24)得

$$F_r = (1.12 \sim 1.18)F_z$$

随车刀材料、车刀几何参数、切削用量、工件材料和车刀磨损等情况的不同，F_z、F_x 和 F_y 之间的比例可在较大范围内变化。

3. 切削功率

消耗在切削过程中的功率称为切削功率 P_m。切削功率为力 F_z 和 F_x 所消耗功率之和，因 F_y 方向没有位移，所以不消耗动力。于是有

$$P_m = \left(F_z v + \frac{F_x n_w f}{1000} \right) \times 10^{-3}\,(\text{kW}) \tag{2-25}$$

式中，F_z 为主切削力(N)；v 为切削速度(m/s)；F_x 为进给力(N)，n_w 为工件转速(r/s)，f 为进给量(mm/r)。

式(2-25)等号右侧的第二项是消耗在进给运动中的功率，它相对于 F_z 所消耗的功率来说，一般很小，可以略去不计(<1%～2%)，于是

$$P_m = F_z v \times 10^{-3}\,(\text{kW}) \tag{2-26}$$

按上式求得切削功率后，如要计算机床电机的功率，还应将切削功率除以机床的传动效率，即

$$P_E \geqslant \frac{P_m}{\eta_m} \tag{2-27}$$

式中，P_E 为机床电机功率；η_m 为机床的传动效率，一般取为 0.75～0.85，大值适用于新机床，小值适用于旧机床。

切削力的大小，可采用测力仪进行测量，也可通过经验公式或理论分析公式进行计算。

2.5.2　切削力的测量

1. 测定机床功率及计算切削力

用功率表测出机床电机在切削过程中所消耗的功率 P_E 后，可按式(2-27)算出切削功率 P_m，即

$$P_m = P_E \eta_m \tag{2-28}$$

在切削速度 v 已知的情况下，将 P_m 代入式(2-26)即可求出主切削力 F_z。

这种方法只能粗略估算出切削力的大小，不够精确，所以通常采用测力仪直接测量。

2. 用测力仪测量切削力

测力仪的测量原理是利用切削力作用在测力仪的弹性元件上所产生的变形，或作用在压电晶体上产生的电荷经过转换后，读出 F_z、F_x和 F_y之值。现代先进的测力仪常与计算机配套使用，直接进行数据处理，其原理框图如图 2.66 所示。

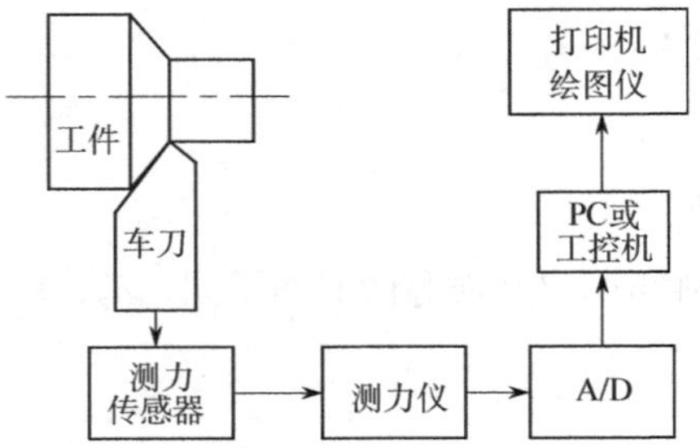

图 2.66　切削力测量系统框图

按测力仪的工作原理可以分为机械、液压和电气测力仪(电阻、电感、电容、压电或电磁式测力仪)。目前常用的是电阻应变片式测力仪和压电式测力仪。

1) 电阻应变片式测力仪

这种电阻式测力仪灵敏度高，量程范围较大，既可用于静态测量，也可用于动态测量，测量精度较高。

2) 压电式测力仪

这是一种灵敏度高、刚度大、自振频率高、线性度和抗相互干扰性都较好且无惯性的高精度测力仪，特别适用于测量动态力及瞬时力。其缺点为易受湿度的影响，对连续测量稳定的或变化不大的切削力时，会产生电荷泄露，使零点漂移，影响测量精度。

2.5.3　切削力的经验公式与估算

通过大量实验，由测力仪测得切削力后，所得数据用数学方法进行处理，即可得出计算切削力的经验公式。

目前，在生产实际中计算切削力的经验公式可分为两类：一类是指数公式；一类是按单位切削力进行计算。

1. 计算切削力的指数公式

用指数公式计算切削力，在金属切削中得到广泛应用。常用的指数公式为

$$\begin{cases} F_z = C_{F_z} a_P^{x_{F_z}} f^{y_{F_z}} v^{n_{F_z}} K_{F_z} \\ F_y = C_{F_y} a_P^{x_{F_y}} f^{y_{F_y}} v^{n_{F_y}} K_{F_y} \\ F_x = C_{F_x} a_P^{x_{F_x}} f^{y_{F_x}} v^{n_{F_x}} K_{F_x} \end{cases} \tag{2-29}$$

式中，F_z 为主切削力；F_y 为背向力；F_x 为进给力；C_{F_z}、C_{F_y}、C_{F_x} 为取决于被加工金属和切削条件的系数(表 2.6)；x_{F_z}、y_{F_z}、n_{F_z}、x_{F_y}、y_{F_y}、n_{F_y}、x_{F_x}、y_{F_x}、n_{F_x} 分别为三个分力公式中，背吃刀量 a_p、进给量 f 和切削速度 v 的指数(表 2.6)；K_{F_z}、K_{F_y}、K_{F_x} 分别为三个分力公式中，当实际加工条件与求得经验公式时的条件不符时，各种因素对切削力的修正系数的积。

求得 F_z 后代入式(2-26)即可计算出切削功率 P_m。

表 2.6　车削时的切削力及切削功率的计算公式

计算公式		
公式中的系数和指数		
主切削力 F_z	$F_z = 9.81C_{F_z}a_p^{x_{F_z}}f^{y_{F_z}}(60v)^{n_{F_z}}K_{F_z}$(N)	式中 v 的单位为 m/s
背向力 F_y	$F_y = 9.81C_{F_y}a_p^{x_{F_y}}f^{y_{F_y}}(60v)^{n_{F_y}}K_{F_y}$(N)	
进给力 F_x	$F_x = 9.81C_{F_x}a_p^{x_{F_x}}f^{y_{F_x}}(60v)^{n_{F_x}}K_{F_x}$(N)	
切削时消耗功率 P_m	$P_m = F_z v \times 10^{-3}$(kW)	

加工材料	刀具材料	加工形式	公式中的系数及指数											
			主切削力 F_z				背向力 F_y				进给力 F_x			
			C_{F_z}	X_{F_z}	y_{F_z}	n_{F_z}	C_{F_z}	X_{F_z}	y_{F_z}	n_{F_z}	C_{F_z}	X_{F_z}	y_{F_z}	n_{F_z}
结构钢及铸钢 $\sigma_b = 0.637$GPa	硬质合金	外圆纵车、横车及镗孔	270	1.0	0.75	-0.15	199	0.9	0.6	-0.3	294	1.0	0.5	-0.4
		切槽及切断	367	0.72	0.8	0	142	0.73	0.67	0	—	—	—	—
		切螺纹	133	—	1.7	0.71	—	—	—	—	—	—	—	—
	高速钢	外圆纵车、横车及镗孔	180	1.0	0.75	0	94	0.9	0.75	0	54	1.2	0.65	0
		切槽及切断	221	1.0	1.0	0	—	—	—	—	—	—	—	—
		成形车削	191	1.0	0.75	0	—	—	—	—	—	—	—	—
不锈钢 1Cr18Ni9Ti 141HBS	硬质合金	外圆纵车、横车及镗孔	204	1.0	0.75	0	—	—	—	—	—	—	—	—
灰铸铁 190HBS	硬质合金	外圆纵车、横车及镗孔	92	1.0	0.75	0	54	0.9	0.75	0	46	1.0	0.4	0
		切螺纹	103	—	1.8	0.82	—	—	—	—	—	—	—	—
	高速钢	外圆纵车、横车及镗孔	114	1.0	0.75	0	119	0.9	0.75	0	51	1.2	0.65	0
		切槽及切断	158	1.0	1.0	0	—	—	—	—	—	—	—	—
可锻铸铁 150HBS	硬质合金	外圆纵车、横车及镗孔	81	1.0	0.75	0	43	0.9	0.75	0	38	1.0	0.4	0
	高速钢	外圆纵车、横车及镗孔	100	1.0	0.75	0	88	0.9	0.75	0	40	1.2	0.65	0
		切槽及切断	139	1.0	1.0	0	—	—	—	—	—	—	—	—
中等硬度不匀质铜合金 120HBS	高速钢	外圆纵车、横车及镗孔	55	1.0	0.66	0	—	—	—	—	—	—	—	—
		切槽及切断	75	1.0	1.0	0	—	—	—	—	—	—	—	—
铝及铝硅合金	高速钢	外圆纵车、横车及镗孔	40	1.0	0.75	0	—	—	—	—	—	—	—	—
		切槽及切断	450	1.0	1.0	0	—	—	—	—	—	—	—	—

注：1．成形车削深度不大，形状不复杂的轮廓时，切削力减少 10%～15%

2．切螺纹时切削力按下式计算

$$F_z = \frac{9.81C_{F_z}t_1y_{F_z}}{N_0^{n_{F_z}}}$$

式中 t_1 为螺距；N_0 为走刀次数。

2. 单位切削力

单位切削力 p 是指单位切削面积上的切削力。

$$p = \frac{F_z}{A_c} = \frac{F_z}{a_p f} = \frac{F_z}{a_c a_w}(\text{N/mm}^2) \tag{2-30}$$

式中，A_c 为切削面积(mm^2)；a_p 为背吃刀量(mm)；f 为进给量(mm/r)；a_c 为切削厚度(mm)；a_w 为切削宽度(mm)。

若单位切削力已知，则可由式(2-30)求出主切削力 F_z。

表 2.7 中介绍几种常用的单位切削力，可供参考。

表 2.7　硬质合金外圆车刀切削几种常用材料的单位切削力

工件材料				单位切削力	实验条件			
名称	牌号	制造、热处理状态	硬度/HBS	p/(N/mm^2)	刀具几何参数			切削用量范围
钢	45 钢	热轧或正火	187	1962	$\gamma_o=15^\circ$ $\kappa_r=75^\circ$ $\lambda_s=0^\circ$	前刀面带卷屑槽	$b_{r1}=0$	$v=1.5\sim1.75\,\text{m/s}$ $(90\sim105\,\text{m/min})$ $a_p=1\sim5\text{mm}$ $f=0.1\sim0.5\,\text{mm/r}$
		调质(淬火及高温回火)	229	2305			$b_{r1}=0.1\sim0.15\text{mm}$ $\gamma_{o1}=-20^\circ$	
		淬硬(淬火及低温回火)	44(HRC)	2649				
	40Cr	热轧或正火	212	1962			$b_{r1}=0$	
		调质(淬火及高温回火)	285	2305			$b_{r1}=0.1\times0.15\text{mm}$ $\gamma_{o1}=-20^\circ$	
灰铸铁	HT200	退火	170	1118		$b_{r1}=0$ 平前刀面，无卷屑槽		$v=1.17\sim1.42\,\text{m/s}$ $(70\sim85\,\text{m/min})$ $a_p=2-10\text{mm}$ $f=0.1\sim0.5\,\text{mm/r}$

3. 单位切削功率

单位切削功率 P_s 单位时间内切除单位体积的金属所消耗的功率称为单位切削功率 P_s。

$$P_s=\frac{P_m}{Z_w}(\text{kW}/(\text{mm}^3\cdot\text{s}^{-1}))\tag{2-31}$$

式中，Z_w 为单位时间内的金属切除量。

$$Z_w\approx1000va_pf(\text{mm}^3/\text{s})$$

P_m 为切削功率

$$P_m=F_zv\times10^{-3}=pa_pfv\times10^{-3}(\text{kW})$$

将 Z_w 和 P_m 代入式(2-31)，得

$$P_s=\frac{pa_pfv\times10^{-3}}{1000va_pf}=p\times10^{-6}(\text{kW}/(\text{mm}^3\cdot\text{s}^{-1}))\tag{2-32}$$

通过实验求得 p 后即可通过式(2-32)和(2-31)求出 P_m，再求出 F_z。

由表 2.7 可见，对于不同材料，单位切削力不同。即使是同一材料，如果切削用量、刀具几何参数不同，p 值也不相同。因此，在计算 F_z 和 P_m 时，如切削条件与表列条件不同，应引入修正系数加以修正。

表 2.6 和表 2.7 的数据来源不同，实验条件不同，因此所求得的结果可能有较大的差异。但每个经验公式对于求出它的具体条件来说都是正确的。

2.5.4　切削力的影响因素

1. 工件材料

一般地说，被加工材料的强度越高，硬度越大，切削力就越大。但切削力的大小不单纯

地受材料原始强度和硬度的影响，它还受材料的加工硬化能力大小的影响。如奥氏体不锈钢的强度、硬度都较低，但强化系数大，加工硬化能力大，较小的变形就会引起硬度大大地提高，从而使切削力增大。又如在加工镍铬铝钴基的热强钢时，虽然其强度、硬度都不那么大，但切削力却很大，单位切削力可达 4GPa。

化学成分会影响材料的物理力学性能，从而影响切削力的大小，如碳钢中含碳量的多少，是否含有合金元素都会影响钢材的强度和硬度，影响切削力，这已为大众所熟知。此外，在正常钢中增加了含硫量或添加了铅等金属元素的易切钢，在钢中存在的这些杂质引起结构成分间的应力集中，容易形成挤裂切屑，其切削力约比正常钢减少 20%～30%。

同一材料的热处理状态不同、金相组织不同也会影响切削力的大小。如 45 钢，从表 2.7 中可以看出，正火、调质、淬火状态下的硬度不同，切削力的大小不同。

铜、铝等金属强度低、塑性较大，但变形时的加工硬化小，因而切削力也较低。

加工铸铁及其他脆性材料时，切削层的塑性变形很小，加工硬化小。此外，铸铁等脆性材料切削时，形成崩碎切屑，且集中在刀尖，切屑与前刀面的接触面积小，摩擦力也小。因此，加工铸铁时的切削力比钢小。

2. 切削用量

1) 背吃刀量和进给量

背吃刀量 a_p 增大和进给量 f 增大都会使切削面积 A_c 增大（$A_c = a_p f$），从而使变形力增大，摩擦力增大，切削力也随之增大。但 a_p 和 f 两者对切削力的影响大小不同。

当用高速钢或硬质合金刀具加工金属时，背吃刀量 a_p 增大一倍，主切削力 F_z 也增大一倍(表 2.6 中 a_p 的指数 x_{F_z} 为 1)，即

$$F_z = C_{a_p}(2a_p)^1 = 2C_{a_p}a_p$$

式中 C_{a_p} 为常数。这是因为仅增大背吃刀量 a_p 时，切削厚度 a_c 不变，而切削宽度 a_w 则随 a_p 的增大成正比增大（$a_w = a_p / \sin\kappa_r$）。由于切削宽度的变化一般与摩擦系数 μ 和变形系数 ξ 无关，因此，背吃刀量 a_p 对主切削力 F_z 的影响也成正比关系(图 2.67(a))。

背吃刀量 a_p 对于背向力 F_y 和进给力 F_x 的影响和对主切削力 F_z 相似，不过影响程度稍有不同，这可由表 2.6 的经验公式中 F_y 的 a_p 的指数 x_{F_y} 稍小于 1，而 F_x 的 a_p 的指数 x_{F_x} 等于或稍大于 1 看出。

进给量 f 增大，切削功增大，切削力也相应增大(图 2.67(b))；而进给量 f 增大，切削厚度 a_c 也成正比地增大（$a_c = f\sin\kappa_r$）；由前文可知，a_c 增大，变形系数 ξ 减小，摩擦系数也降低，又会使切削力减小；这正反两方面作用的结果，使切削力的增大与 f 不成正比。所以在切削力的经验公式中(表 2.6)，f 的指数 y_F 除用高速钢刀具切槽和切断外都小于 1。

切槽和切断时，除主切削刃外，还有两条副切削刃参加工作，工作条件恶劣；进给量小，切屑薄，刀刃钝圆半径 r_β 对切削层的应力及变形影响大，因此进给量 f 对切削力的影响比外圆纵车、横车和镗孔时都大，遂使 f 的指数 y_F 也较大。

由上述分析可知：从切削刀具上的载荷和能量消耗的观点来看，用大的进给量 f 工作，比用大的背吃刀量 a_p 工作更为有利。

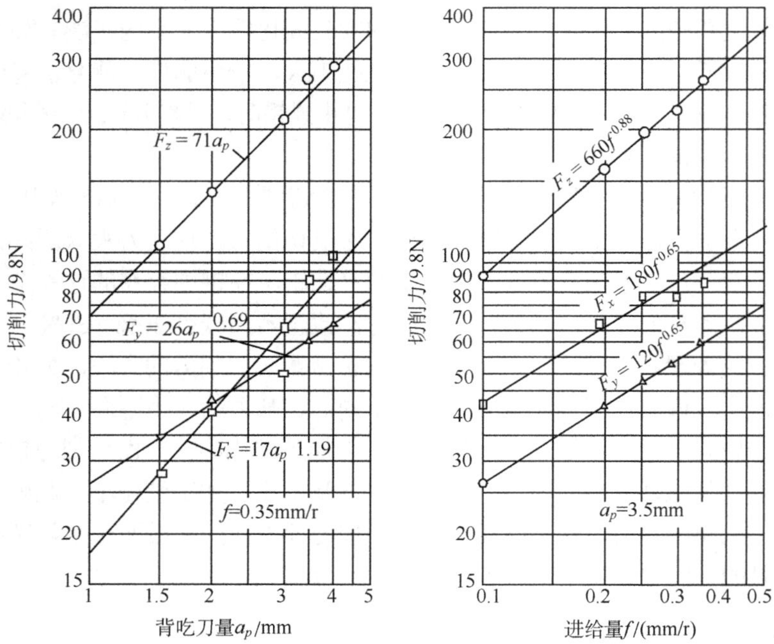

(a)背吃刀量对切削力的影响　　　(b)进给量对切削力的影响

图 2.67　车削时背吃刀量和进给量对切削力的影响

工件材料：45 钢正火，硬件 187HBS；刀具材料：YT15；刀具角度：$\gamma_o = 15°$，$\alpha_o = 6° \sim 8°$，$\kappa_r = 75°$，$\lambda_s = 0°$；切削用量：v=115m/min

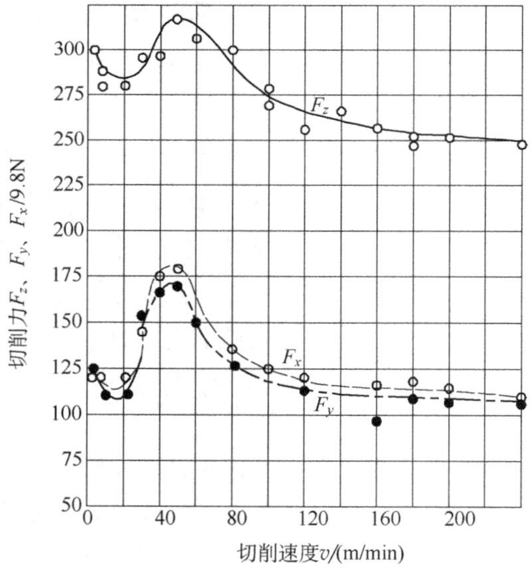

图 2.68　车削时切削速度对切削力的影响

工件材料：45 钢；刀具材料：YT15；切削用量：a_p=4mm，f=0.3mm/r

2）切削速度 v

用 YT15 硬质合金车刀加工 45 钢时，切削速度 v 对切削力的影响如图 2.68 所示。由图 2.68 可见，F-v 关系曲线有极大值和极小值。这与变形系数 ξ 和摩擦系数 μ 随切削速度 v 而变化的关系曲线是一致的，而 v 对切削力的影响的原因，也就是由这些曲线的变化来确定的。

如图 2.68 所示，当 v< 50m/min 时，由于积屑瘤的产生和消失，车刀的实际前角增大或

减小，导致切削力的变化。当 v> 50m/min 时，随着切削速度的增大，切削力减小。这是因为切削速度增高后，摩擦系数 μ 减小，剪切角 ϕ 增大，变形系数 ξ 减小，切削力减小。另一方面，切削速度 v 增高，切削温度也增高，被加工金属的强度和硬度降低，导致切削力的降低。

图 2.69 为加工铸铁时，切削速度 v 与主切削力 F_z 的关系曲线。由于加工铸铁时形成崩碎切屑，其塑性变形小，切屑对前刀面的摩擦力小，所以切削速度 v 对切削力的影响不大。

3. 刀具几何参数

1) 前角对切削力的影响

在刀具的几何参数中，前角 γ_o 对切削力的影响最大。有研究认为：前角每变化 1°，主切削力约改变 1.5%。

当加工钢时，切削力随前角的增大而减小(图 2.70)。这是因为当前角增大时，剪切角 ϕ 也随之增大，金属塑性变形减小，变形系数 ξ 减小，沿前刀面的摩擦力也减小，因此切削力降低。

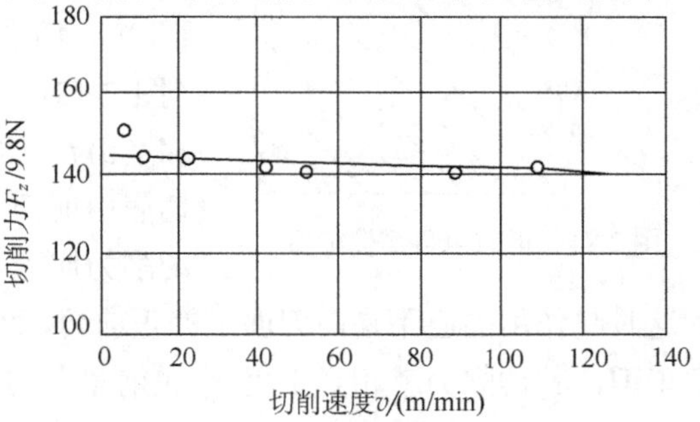

图 2.69　车削灰铸铁时切削速度对切削力的影响

工件材料：HT200，170HBS；刀具材料：YT8；刀具角度：$\gamma_o=15°$，$\alpha_o=6°\sim8°$，$\kappa_r=75°$，$\lambda_s=0°$；切削用量：a_p=4mm，f=0.3mm/r

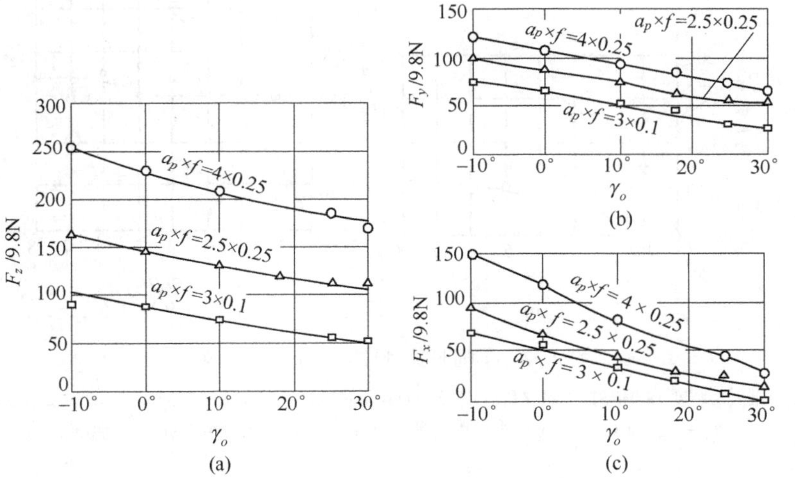

图 2.70　前角对切削力的影响

工件材料：45 钢正火，硬度 187HBS；刀具材料：YT15；刀具角度：$\alpha_o=6°\sim8°$，$\kappa_o=75°$，$\lambda_s=0°$；切削用量：v=96.5～105m/min

前角对切削力的影响程度，随切削速度的增大而减小。当切削速度较高时，随着前角的减小，切削力虽然也要增大，但比低速时增大的程度变小。这是因为高速时的切削温度增高，使摩擦、加工硬化程度和塑性变形都减小，而切屑的塑性也由于切削温度的提高而增大等缘故。

实践证明，当加工脆性金属(如铸铁、青铜等)时，由于切屑变形和加工硬化很小，所以前角对切削力的影响不显著。

2) 负倒棱对切削力的影响

前刀面上的负倒棱 b_{r1} (图 2.71) 对切削力有一定的影响。在正前角相同时，对有负倒棱的车刀，由于切削时的变形比无负倒棱的大，所以切削力有所提高(图 2.72)。无论加工钢或铸铁都是这样。

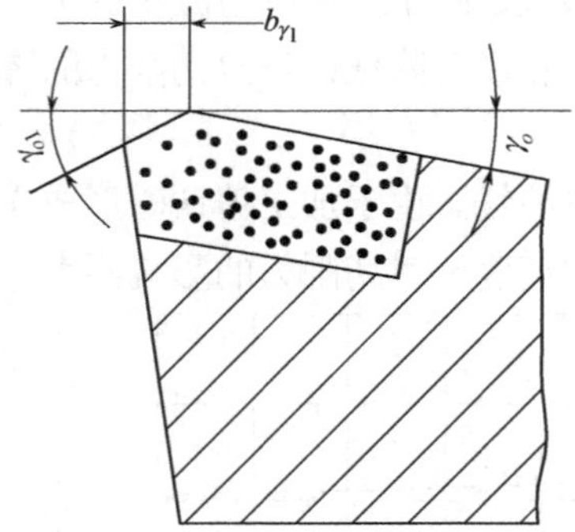

图 2.71　正前角负倒棱车刀

车刀的负倒棱是通过其宽度 b_{r1} 对进给量之比(b_{r1}/f)来影响切削力的。b_{r1}/f 增大，切削力逐渐增大。但当切钢 $b_{r1}/f \geqslant 5$，或切灰铸铁 $b_{r1}/f \geqslant 3$ 时，切削力基本上趋于稳定，这时的切削力接近于负前角车刀。这是因为在切削过程中，切屑沿前刀面流出时与前刀面有一接触长度 l_f (图 2.73(a))，l_f 远大于进给量 f，当切削钢时，$l_f \approx (4 \sim 5)f$；切削铸铁 $l_f \approx (2 \sim 3)f$。如果 $b_{r1} < l_f$ (图 2.73(b))，切屑由前刀面流出，起作用的仍然是正前角，只不过这时的切削力比无负倒棱的车刀大。而当 $b_{r1} > l_f$ 时(图 2.73(c))，则这时起作用的已不是前刀面上的正前角，而是负倒棱，即这时的车刀相当于 $\gamma_o = \gamma_{o1}$ 的负前角车刀，其切削力就相当于用 γ_{o1} 负前角车刀加工时的切削力了。

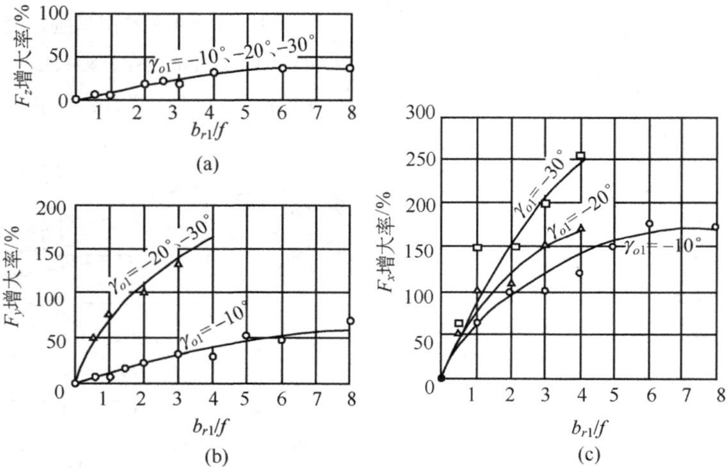

图 2.72　车削时负倒棱对切削力的影响

工件材料：45 钢正火，硬度 187HBS；刀具材料：YT15；刀具几何参数：$\gamma_o = 18°$，$\alpha_o = 6° \sim 8°$，$\kappa_r = 75°$，$\lambda_s = 0°$，$b_{r1} = 0.2、0.4、0.6、0.8、1mm$；切削用量：$v$=89～95.5m/min；$f$=0.3mm/r；$a_p$=4mm

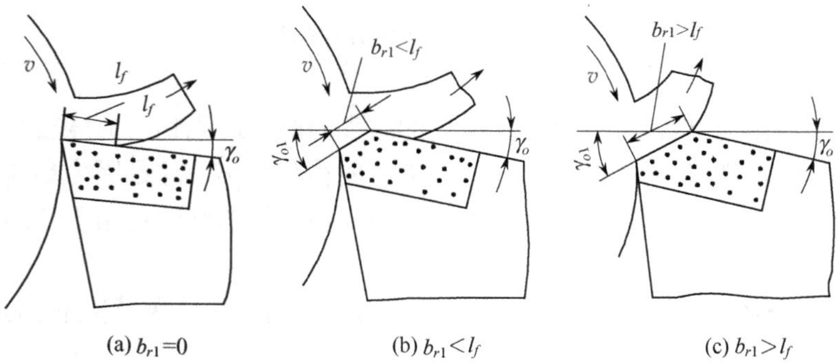

图 2.73　$b_{r1} < l_f$ 和 $b_{r1} > l_f$ 时车刀的切屑流出情况

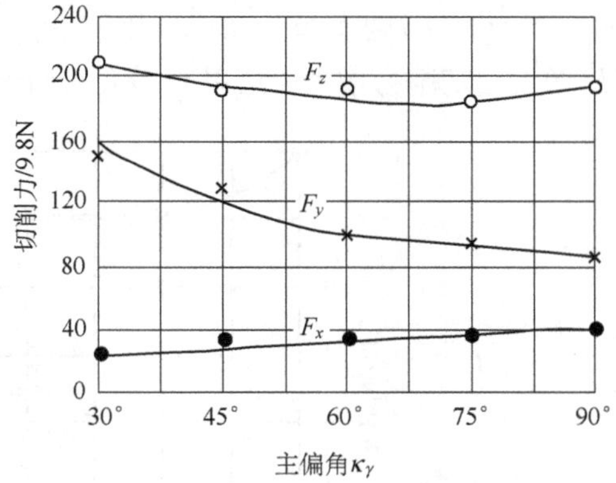

图 2.74　主偏角对切削力的影响

工件材料：45 钢正火，硬件 187HBS；刀具材料：YG15；刀具角度：$\gamma_o=18°$，$\alpha_o=6°\sim8°$，$\kappa_o=75°$，$\lambda_s=0°$；切削用量：v=95.5～103.5m/min，f=0.3mm/r，a_p=4mm

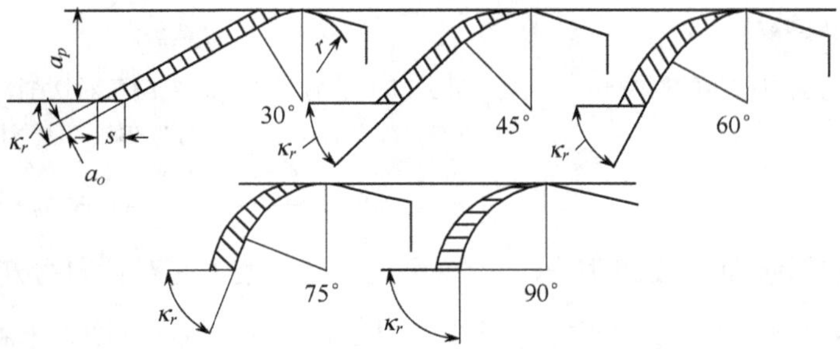

图 2.75　主偏角对切削厚度和切削刃曲线部分长度的影响

3) 主偏角 κ_r

(1) 主偏角对主切削力 F_z 的影响。

当切削面积不变时，主偏角增大，切削厚度也随之增大，切屑变厚。切削层的变形将减小，因而主切削力也随 κ_r 的增大而减小。但当 κ_r 增大到 60°～75° 时，F_z 又逐渐增大，使 $F_z-\kappa_r$ 关系曲线上出现了转折点(图 2.74)。这是因为一般车刀都存在着一定大小的刀尖圆弧半径 r_ε。随 κ_r 的增大，刀刃曲线部分的长度也将随之增大，刀刃的不自由切削段的长度加大(图 2.75)。而刀刃曲线部分各点的切削厚度是变化的，且都比直线切削刃的切削厚度小，所以变形力也要大些。此外，主偏角增大，副刃前角 γ_o' 则随之减小(图 2.76)，因此也增大了副刃上的切削力。但无论 F_z 加大或减小，一般都不超过 10%。

当加工脆性材料如铸铁时，由于塑性变形小，所以刀刃曲线部分的长度增加，对切削力无大影响。故切削力 F_z 随 κ_r 的增加而减小(图 2.77)

(2) 主偏角 κ_r 的变化对 F_y 和 F_x 的影响。

主偏角 κ_r 的变化对背向力 F_y 和进给力 F_x 有较大的影响。

由图 2.78 知：$F_y=F_N\cos k_r$，$F_x=F_N\sin\kappa_r$。

可见 F_y 随 κ_r 的增大而减小，而 F_x 则随 κ_r 的增大而增大。式中 $F_N=\sqrt{F_y^2+F_x^2}$。

4) 刀尖圆弧半径 r_ε

在背吃刀量 a_p、进给量 f 和主偏角 κ_r 一定的情况下，刀尖圆弧半径 r_ε 增大，切削刃曲线部分的长度和切削宽度也随之增大(图 2.79)，但切削厚度减小(参阅图 2.77)，曲线刃上各点的κ_r角减小，切屑变形增大，切削力增大。所以r_ε增大相当于κ_r减小时对切削力的影响。

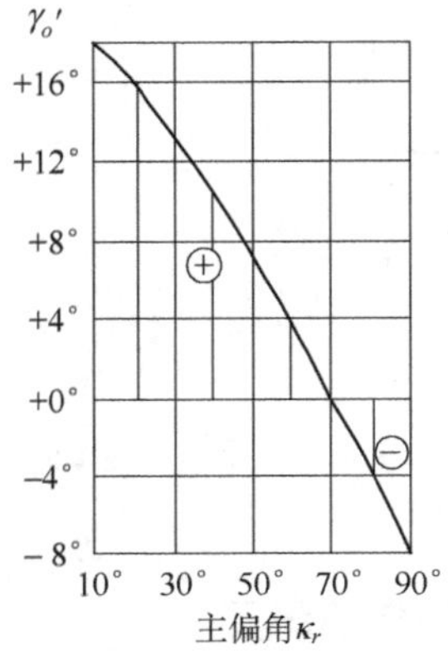

图 2.76　主偏角对副刃前角的影响

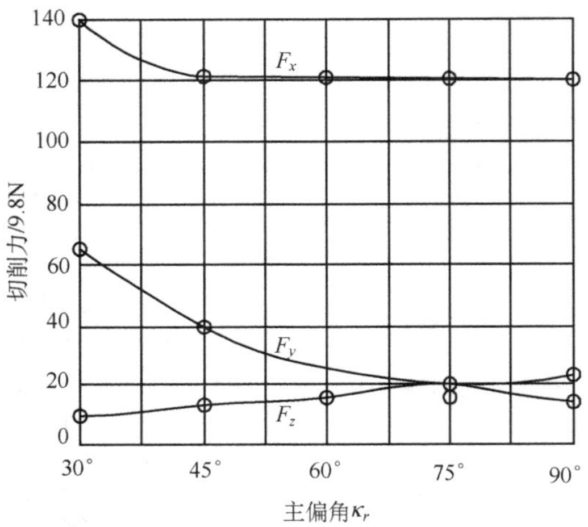

图 2.77　车削灰铸铁时主偏角对切削力的影响

工件材料：灰铸铁 HT200，170HBS；刀具材料：YG8；
刀具角度：$\gamma_o=18°$，$\alpha_o=6°\sim8°$，$\alpha_o'=4°\sim6°$，$\lambda_s=0°$；
切削用量：v=87m/min，f=0.4mm/r，a_p=3mm

r_ε对切削力的影响如图 2.80 所示。由图可见，当r_ε增大时对背向力F_y的影响比对主切削力F_z的影响大，这仍应由r_ε大使角κ_r减小，因之$F_y(=F_N\cos\kappa_r)$增大来解释。所以为了防止振动应减小r_ε。

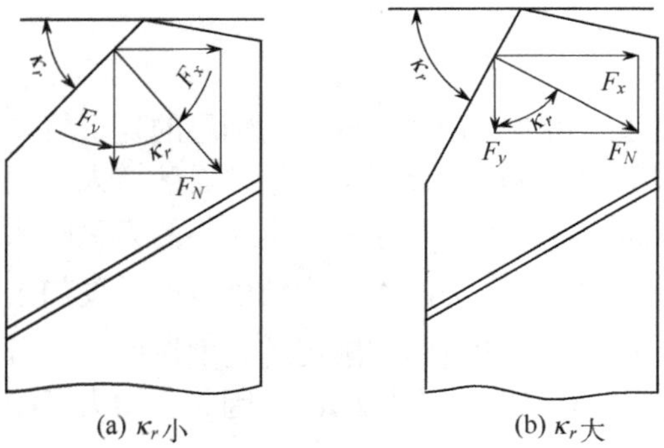

(a) κ_r小　　(b) κ_r大

图 2.78　主偏角不同时F_N力的分解

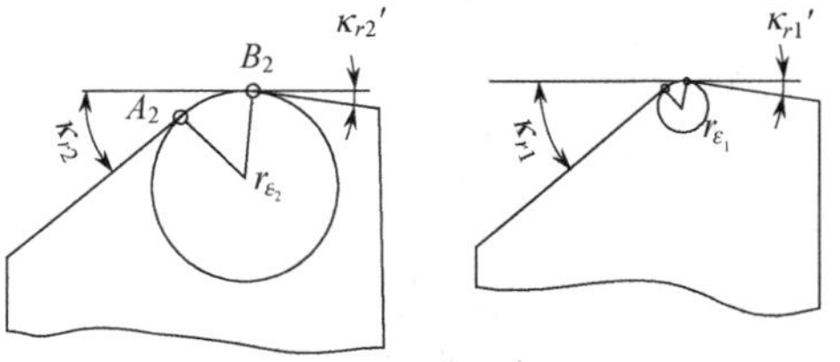

$\kappa_{r1}=\kappa_{r2}$, $\kappa_{r1}'=\kappa_{r2}'$, $r_{\varepsilon_2}>r_{\varepsilon_1}$, $A_2B_2>A_1B_1$

图 2.79　刀尖圆弧半径对切削刃曲线部分长度的影响

5) 刃倾角λ_s

实验证明，刃倾角λ_s在很大范围(−40°～+40°)内变化均对主切削力F_z没有什么影响。但λ_s却对F_y和F_x的影响很大(图 2.81)。这是因为，当λ_s变化时，会改变合力F_r的方向，从而影响F_y和F_x的大小。随着λ_s的增大，背前角γ_p增大，侧前角γ_f减小，而γ_p为背向力F_y方向上的前角，γ_f为进给力F_x方向上的前角，所以相应使F_y减小，F_x增大。

车刀的其他几何参数如后角α_o、副后角α_o'、副切削刃前角γ_o'、副偏角κ_o'等，在外圆纵车时，在它们的常用值范围内，对切削力没有显著的影响。

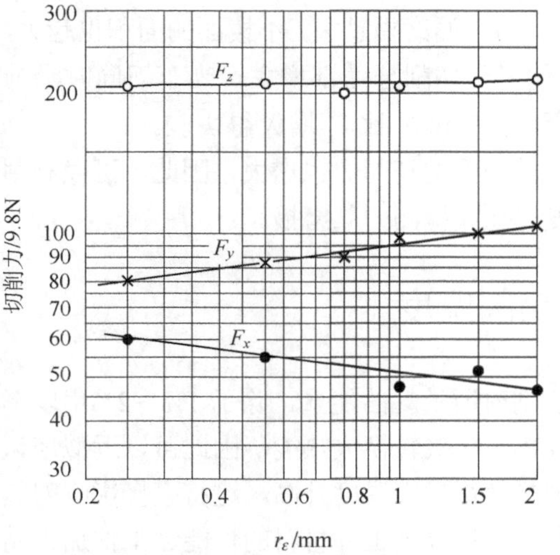

图 2.80 刀尖圆弧半径对切削力的影响

工件材料：45 钢(正火)，187HBS；刀具材料：YT15；刀具角度：$\gamma_o = 18°$，$\alpha_o = 6°\sim7°$

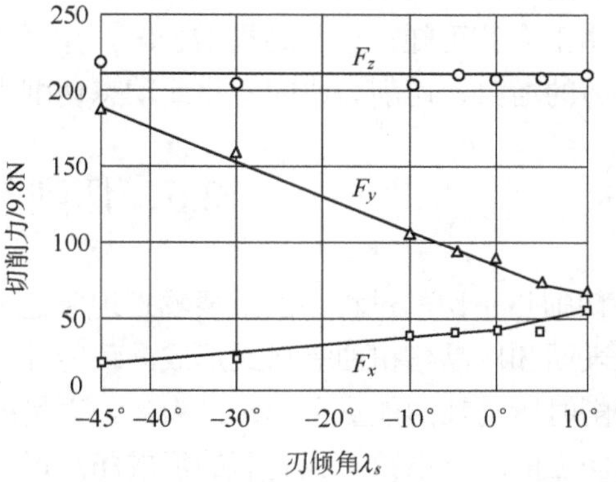

图 2.81 刃倾角对切削力的影响

工件材料：45 钢(正火)，187HBS；刀具材料：YT15；刀具角度：$\gamma_o = 18°$，$\alpha_o = 6°$，$\alpha_o' = 4°\sim6°$，$\kappa_r = 75°$；切削用量：v=100m/min，f=0.35mm/r，a_p=3mm

4. *刀具材料*

刀具材料与被加工材料间的摩擦系数，影响到摩擦力的变化，直接影响着切削力的变化。在同样的切削条件下，陶瓷刀的切削力最小，硬质合金次之，高速钢刀具的切削力最大(图 2.82)。陶瓷刀具由于导热性差，在较高的切削温度下工作时，使摩擦降低，因而切削力减小。硬质合金刀具前刀面上的摩擦系数，随钴的含量的增大和碳化钛含量的减小而提高。

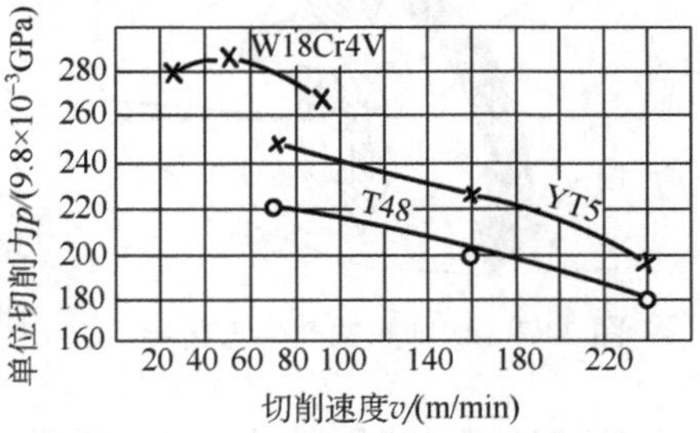

图 2.82　车刀材料对切削力的影响

5. *切削液*

切削过程中采用切削液可以降低切削力。切削过程中所消耗的功主要用在克服金属的变形和刀具、被加工材料、切屑间的摩擦上。切削液的正确使用，可以减小摩擦，使摩擦力降低。一些研究者认为当加工钢时，切屑沿前刀面流出时的摩擦约消耗 35%的功；而工件沿后刀面的摩擦约消耗 5%～15%的功，用好的切削液充分冷却刀具时，可降低 30%以上(用丝锥攻丝时达 45%)的切削力。

实践证明，所用切削液的润滑性能越高，切削力的降低越显著。例如，当以切削速度 $v < 40\text{m/min}$ 加工钢时，用矿物油作切削液可以使主切削力 F_z 减小 12%～15%，采用植物油可减小 20%～25%。

切削液中合理地加入使表面张力降低的添加剂可以使切削液渗透到塑性变形区中的金属微裂纹内部，降低强化系数，减小切削力，使切削过程变得容易。

6. *刀具磨损*

车刀在前刀面上磨损而形成月牙洼时，由于增大了前角，因此减小了切削力。车刀在后刀面上的磨损，在后刀面上形成后角为零的小棱面。后刀面磨损越大，小棱面的面积也越大，车刀后刀面与被加工工件的接触面积增大，因而使三个切削分力都增大。当车刀同时沿前后刀面磨损时，切削力减小，其后逐渐增大，而且力 F_y 和 F_x 比 F_z 增大得快些。

由上介绍可知：刀具磨损增加时，作用在前、后刀面的切削力也增大，因此，可以利用切削力的增大、切削力比的变化或动态切削力的变化在线检测刀具磨损。

2.6 切削热与切削温度

切削热是切削过程中的重要物理现象之一。切削时所消耗的能量，除了 1%～2%用以形成新表面和以晶格扭曲等形式形成潜藏能外，有 98%～99%转换成热能，因此可以近似地认为切削时所消耗的能量全部转换为热。大量的切削热使得切削温度升高，这将直接影响刀具前刀面上的摩擦系数、积屑瘤的形成和消退、刀具的磨耗以及工件材料的性能、工件加工精度和已加工表面质量等。所以对切削热和切削温度的研究有着重要意义。

2.6.1 切削热的产生和传出

被切削的金属在刀具的作用下，发生弹性和塑性变形而耗功，这是切削热的一个重要来源。此外，切屑与前刀面、工件与后刀面之间的摩擦也要耗功，也产生出大量的热量。因此，切削时共有三个发热区域，即剪切面、切屑与前刀面接触区、后刀面与过渡表面接触区，如图 2.83 所示。所以，切削热的来源就是切屑变形功和前、后刀面的摩擦功。

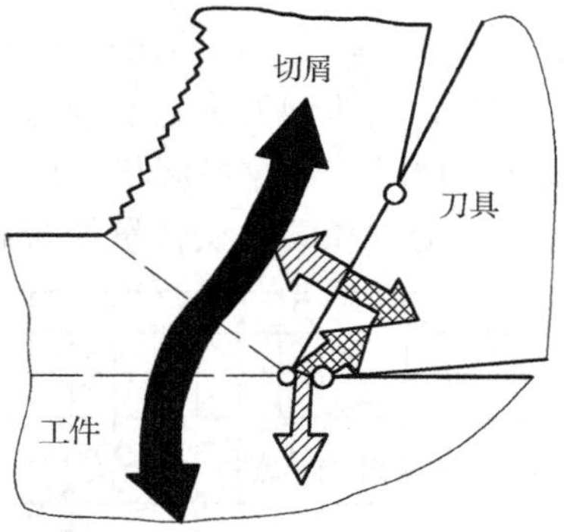

图 2.83 切削热的产生与传导

切削塑性材料时，变形和摩擦都比较大，所以发热较多。切削速度提高时，因切屑的变形系数 ξ 下降，所以塑性变形产生的热量百分比降低，而摩擦产生热量的百分比增高。切削脆性材料时，后刀面上的摩擦产生的热量在切削热中所占的百分比增大。

对磨损量较小的刀具，后刀面与工件的摩擦较小，所以在计算切削热时，如果将后刀面的摩擦功所转化的热量忽略不计，则切削时所做的功可按下式计算。

$$P_m = F_z v$$

式中，P_m 为每秒钟内所做切削功或每秒钟内所产生的切削热(J/s)；F_z 为主切削力(N)；v 为切削速度(m/s)

在用硬质合金车刀车削 σ_b=0.637GPa 的结构钢时，将主切削力 F_z 的表达式代入后，得

$$P_m = F_z v = C_{F_z} a_p f^{0.75} v^{-0.15} K_{F_z} v = C_{F_z} a_p f^{0.75} v^{0.85} K_{F_z} \tag{2-33}$$

由式(2-33)可知：切削用量中，a_p 增加一倍时，P_m 相应地成比例增大一倍，因而切削热也增大一倍；切削速度 v 的影响次之，进给量 f 的影响最小；其他因素对切削热的影响和它们对切削力的影响完全相同。

切削区域的热量被切屑、工件、刀具和周围介质传出。向周围介质直接传出的热量，在

干切削(不用切削液)时，所占比例在 1%以下，故在分析和计算时可以忽略不计。

工件材料的导热性能，是影响热量传导的重要因素。工件材料的导热系数越低，通过工件和切屑传导出去的切削热量越少，这就必然会使通过刀具传导出去的热量增加。例如切削钛合金时，因为它的导热系数只有碳素钢的 1/4～1/3，切削产生的热量不易传出，切削温度因而随之增高，刀具就容易磨损。

刀具材料的导热系数较高时，切削热易从刀具方面导出，切削区域温度随之降低，这有利于刀具耐用度的提高。

切削时所用的切削液及浇注方式的冷却效果越高，则切削区域的温度越低。

切屑与刀具接触时间的长短，也影响刀具的切削温度。外圆车削时，切屑形成后迅速脱离车刀而落入机床的容屑盘中，故切屑的热传给刀具不多。钻削或其他半封闭式容屑的切削加工，切屑形成后仍与刀具及工件相接触，切屑将所带的切削热再次传给工件和刀具，使切削温度升高。

切削热由切屑、刀具、工件及周围介质传出的比例，可举例如下：

(1)车削加工时，切屑带走的切削热为 50%～86%，车刀传出 10%～40%，工件传出 3%～9%，周围介质(如空气)传出 1%。切削速度越高或切削厚度越大，则切屑带走的热量越多。

(2)钻削加工中，切屑带走切削热 28%，刀具传出 14.5%，工件传出 52.5%，周围介质传出 5%。

2.6.2　切削温度的测量

切削温度的测量是切削实验研究中重要的技术，可以用来研究各因素对切削温度的影响，也可用来校核切削温度理论计算的准确性，还可以把所测得的切削温度作为控制切削过程的信号源。

目前应用较广而且比较成熟又简单可靠的测量切削温度的方法，是自然热电偶法和人工热电偶法，也有用半人工热电偶法的。

1. 自然热电偶法

切削加工中，化学成分不同的刀具材料和工件材料相互作用，在刀具、切屑与刀具、工件的接触面上总是处在较高的切削温度作用下，这就自然地形成了热电偶的热端；若将工件与刀具的引出端保持室温，则形成了热电偶的冷端；热端和冷端之间必然有热电动势产生，用仪表将刀具、工件所组成的回路中的冷、热端产生的热电动势测出或记录下来，再根据事先进行标定的刀具、工件所组成的热电偶的温度与输出电压的关系曲线(或称标定曲线)，便可求得刀具与工件接触面上切削温度的平均值。图 2.84 是在车床上利用自然热电偶法来测量切削温度的装置示意图。

2. 人工热电偶法

将两种预先经过标定的金属丝组成热电偶(或用标准热电偶)，把此热电偶的热端焊接在刀具或工件预定要测量温度的点上，而把冷端通过导线串接在电位差计或毫伏表上，根据仪表上的指示数值，参照热电偶标定曲线，便可得欲测温点的切削温度。测量示意图如图 2.85 所示。

采用人工热电偶法，配合一定的刀具或工件上的结构措施，可以测定刀具或工件上的温度场。

半人工热电偶是把一根金属丝焊在欲测温点上作为一极，以工件材料或刀具材料作为另一极而组成的。用半人工热电偶法测量切削温度的工作原理同前所述。

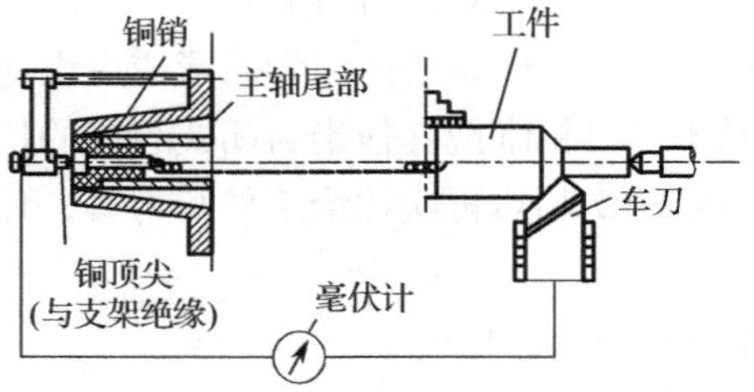

图 2.84　自然热电偶法测量切削温度示意图

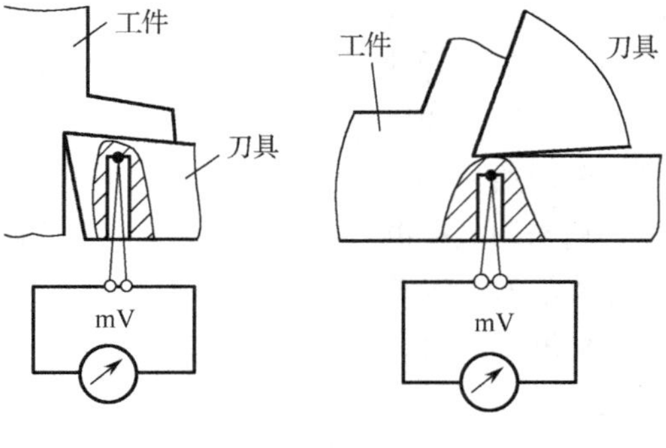

(a) 通过刀具测量　　(b) 通过工件测量

图 2.85　人工热电偶法测量切削温度示意图

2.6.3　切削温度的主要影响因素

所谓切削温度，是指在前刀面上刀屑接触区的平均温度，可用自然热电偶法测出。

下面分析几个影响切削温度的主要因素。

1. 切削用量

实验得出的切削温度经验公式如下。

$$\theta = C_\theta v^{z_\theta} f^{y_\theta} a_p^{x_\theta}\ ℃ \tag{2-34}$$

式中，θ 为实验测出的前面接触区平均温度(℃)；C_θ 为切削温度系数；v 为切削速度(m/min)；f 为进给量(mm/r)；a_p 为背吃刀量(mm)；z_θ、y_θ、x_θ 为相应的指数。

用高速钢和硬质合金刀具切削中碳钢时，切削温度系数 C_θ 及指数 z_θ、y_θ、x_θ 如表 2.8 所示。

分析各因素对切削温度的影响，主要应从这些因素对单位时间内产生的热量和传出的热量的影响入手。如果产生的热量大于传出的热量，则这些因素将使切削温度增高；某些因素使传出的热量增大，则这些因素将使切削温度降低。

表 2.8　切削温度的系数及指数

<table>
<tr><th>刀具材料</th><th>加工方法</th><th>C_θ</th><th colspan="2">z_θ</th><th>y_θ</th><th>x_θ</th></tr>
<tr><td rowspan="3">高速钢</td><td>车削</td><td>140～170</td><td colspan="2" rowspan="3">0.35～0.45</td><td rowspan="3">0.2～0.3</td><td rowspan="3">0.08～0.10</td></tr>
<tr><td>铣削</td><td>80</td></tr>
<tr><td>钻削</td><td>150</td></tr>
<tr><td rowspan="2">硬质合金</td><td rowspan="2">车削</td><td rowspan="2">320</td><td>f/(mm/r)</td><td rowspan="2">0.41
0.31
0.26</td><td rowspan="2">0.15</td><td rowspan="2">0.05</td></tr>
<tr><td>0.1
0.2
0.3</td></tr>
</table>

1) 切削速度 v

随着切削速度 v 的提高，切屑带走热量比率增大。另外，随切削速度的提高，剪切角 ϕ 会增大，塑性变形将减小，使单位切削力 p 减小。所以切削速度提高时，单位时间内金属切削量成比例地增加，但因剪切角 ϕ 的增加，单位切削体积的切削功下降，此外切屑带走的热量增大。所以温度的上升较理论上 $v^{0.5}$ 更为缓慢，即指数应该比 0.5 小。进给量越大，随切削速度的增加，切削温度的提高越缓慢，即指数应减小。表 2.8 中的实验数据也证实了这一点。

2) 进给量 f

进给量 f 的增加，导致单位时间内金属切削量成比例地增大。但是，进给量 f 的变化影响切屑的变形系数 ξ，当 f 增加时，ξ 减小(剪切角 ϕ 增大)，故单位体积切削量的切削功下降；随着进给量的增大，切屑所带走的剪切热和摩擦热增多；随着进给量的增大，刀屑接触长度 l_f 增大，热量传出的面积也增大。综上所述，f 的指数 y_θ 应远小于理论上的 0.5，实验表明 y_θ 在 0.3 以下。

3) 背吃刀量 a_p

背吃刀量 a_p 变化时，产生的热量和散热面积相应变化，故 a_p 对切削温度的影响很小。

图 2.86 是切削用量三要素 v、f、a_p 对切削温度影响的实验曲线。

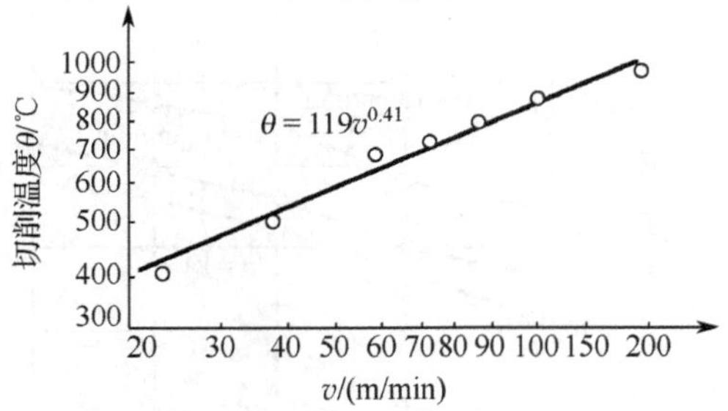

(a) 切削速度的影响 $a_p = 3$mm, $f = 0.1$mm/r

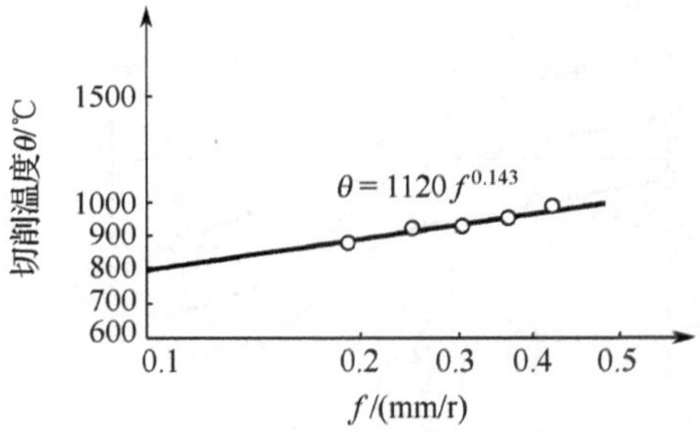

(b) 进给量的影响 $a_p = 3$mm, $v = 94$m/min

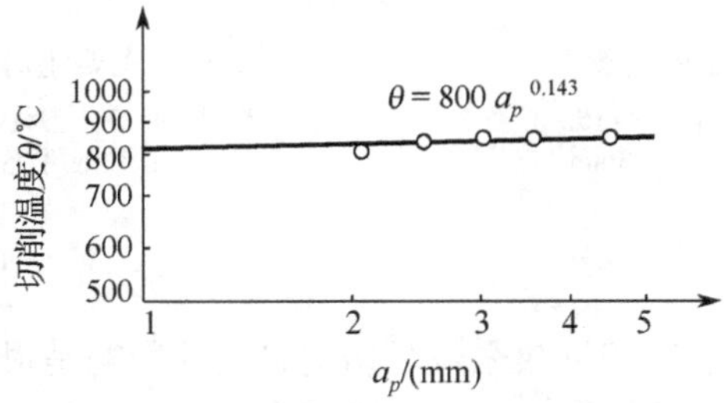

(c) 背吃刀量的影响 $f = 0.1$mm/r, $v = 107$m/min

图 2.86　切削用量对切削温度的影响

工件材料：45 钢正火，硬度 187HBS；刀具材料：YT15；刀具角度：$\gamma_o = 15°$，$\alpha_o = 6° \sim 8°$，$\kappa_r = 75°$，$\lambda_s = 0°$

综合上述分析可知：切削用量中，v 对 θ 的影响最显著，f 对 θ 的影响次之，a_p 对 θ 的影响最小。因此，为了有效地控制切削温度以提高刀具耐用度，在机床允许的条件下，选用较大的背吃刀量 a_p 和进给量 f 比选用大的切削速度 v 更为有利。

2. 刀具几何参数

1) 前角 γ_o

图 2.87 表明，切削温度随前角的增大而降低，这是因为前角增大时，单位切削力下降，产生的切削热减少的缘故。但前角大于 18° 后，切削温度的影响减小，这是因为楔角变小而使散热的体积减小的缘故。

2) 主偏角 κ_r

主偏角 κ_r 减小时，切削宽度 a_w 增大，切削厚度 a_c 减小，故切削温度下降，如图 2.88 所示。

3) 负倒棱 $b_{\gamma 1}$ 及刀尖圆弧半径 r_ε

负倒棱 $b_{\gamma 1}$ 在 (0～2)f 变化，刀尖圆弧半径 r_ε 在 0～1.5mm 变化，基本上不影响切削温度。因为负倒棱宽度及圆弧半径的增大，能使塑性变形区的塑性变形增大，切削热也随之增加；但另一方面，两者都能使刀具的散热条件有所改善，传出的热量也有增加，两者趋于平衡，所以对切削温度影响很小。

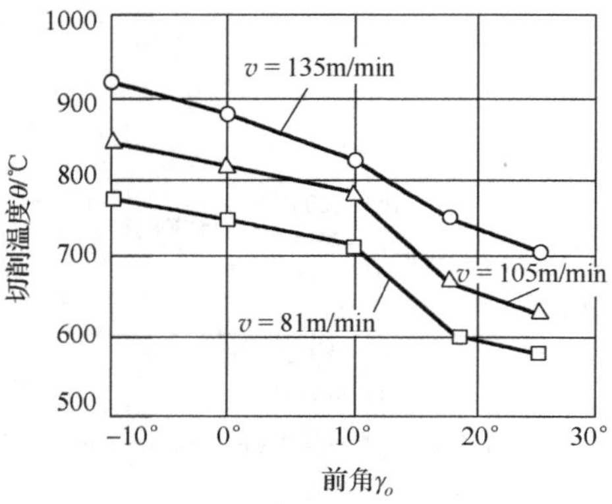

图 2.87　前角对切削温度的影响

工件材料：45 钢；刀具材料：YT15；切削用量：f=0.1mm/r，a_p=3mm

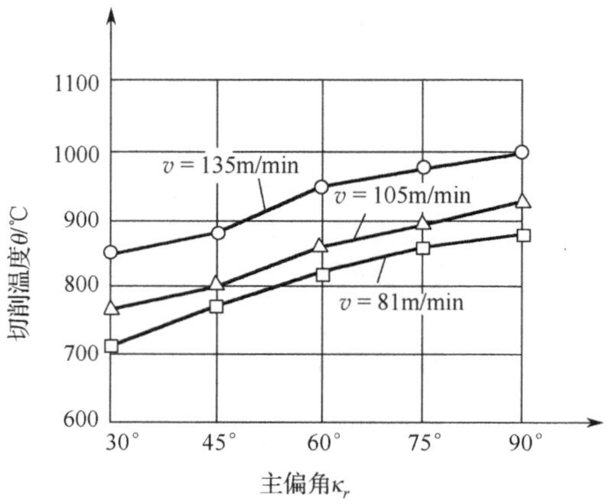

图 2.88　主偏角对切削温度的影响

工件材料：45 钢；刀具材料：YT15；刀具角度：γ_o = 15°；切削用量：f=0.2mm/r，a_p=2mm

3. 工件材料

工件材料的强度(包括硬度)和导热系数对切削温度的影响是很大的。单位切削力是影响切削温度的重要因素，而工件材料的强度(包括硬度)直接决定了单位切削力，所以工件材料强度(包括硬度)增大时，产生的切削热增多，切削温度升高。工件的导热系数则直接影响切削热的导出。图 2.89 为不同切削速度下，各种工件材料的切削温度。

4. 刀具磨损

后刀面磨损对切削温度的影响如图 2.90 所示；在后刀面的磨损值达到一定数值后，对切削温度的影响增大；切削速度越高，影响就越显著。合金钢的强度大，导热系数低，所以切削合金钢时刀具磨损对切削温度的影响，就比切碳素钢时大。

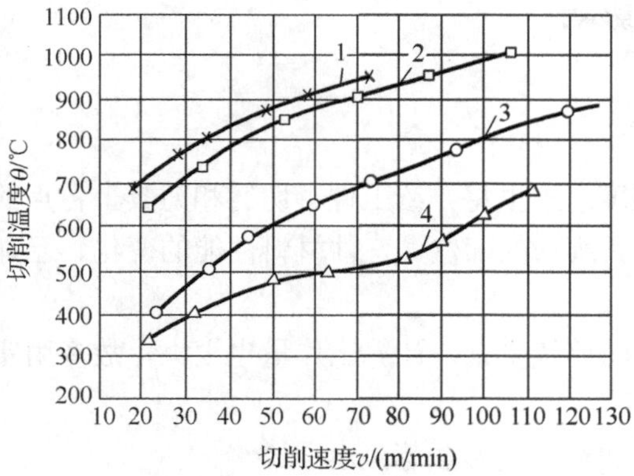

图 2.89　工件材料对切削温度的影响

工件材料：1-GH131，2-1Cr18Ni9Ti，3-45 钢(正火)，4-HT200；
刀具材料：YT15(45 钢)；YG8(GH131，1Cr18Ni9Ti，HT200)；
刀具角度：$\gamma_o = 15°$，$\alpha_o = 6° \sim 8°$，$\kappa_r = 75°$，$\lambda_s = 0°$；
切削用量：f=0.2mm/r，a_p=2mm

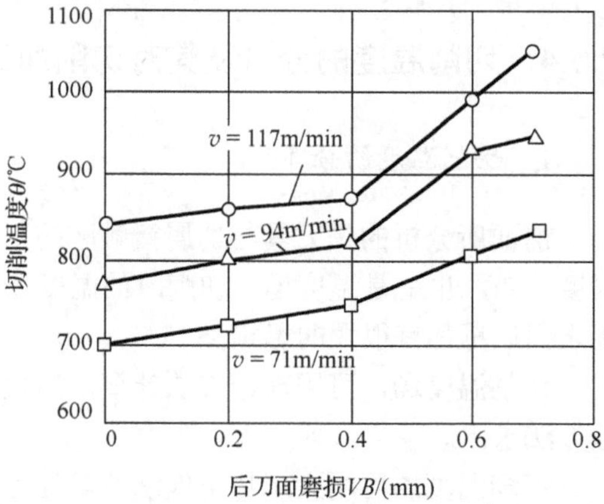

图 2.90　后刀面磨损对切削温度的影响

工件材料：45 钢；刀具材料：YT15；刀具角度：
$\gamma_o = 15°$；切削用量：f=0.1mm/r，a_p=3mm

5. 切削液

切削液对降低切削温度、减少刀具磨损和提高已加工表面质量有明显的效果，在切削加工中应用很广。切削液对切削温度的影响，与切削液的导热性能、比热、流量、浇注方式以及本身的温度有很大关系。从导热性能来看，油类切削液不如乳化液，乳化液不如水基切削液。如果用乳化液来代替油类切削液，加工生产率可以提高 50%～100%。图 2.91 表示切削液对切削温度的影响。

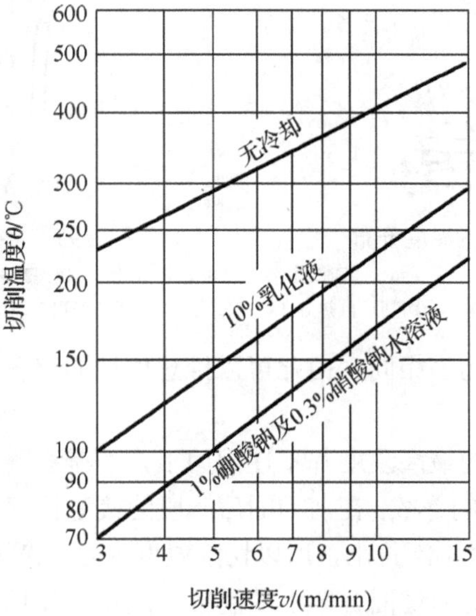

图 2.91　钻削时切削液对切削温度的影响

工件材料：45 钢；刀具材料：ϕ21.5 钻头；切削用量：f=0.4mm/r

2.6.4 切削温度的分布及其对切削加工的影响

1. 切削温度的分布

前面所分析的是刀具与切屑接触区的平均温度。这里将介绍工件、切屑和刀具上各点的温度分布，也就是温度场。切削时的温度场对刀具磨损的部位、工件材料性能的变化、已加工表面质量都有很大的影响。

切削温度场，可用理论方法计算，但数学方法比较复杂，计算工作量也很大，故多用实验方法求出。

切削温度场可用人工热电偶法或其他方法，如红外测温法等测出。

图 2.92 是切削钢料时，所测出的主剖面内的温度场。图 2.93 是车削不同的工件材料时，主剖面内前、后刀面上温度分布的情况。根据图 2.92 和图 2.93 的分析以及对温度分布的研究，可以归纳出一些温度分布的规律。

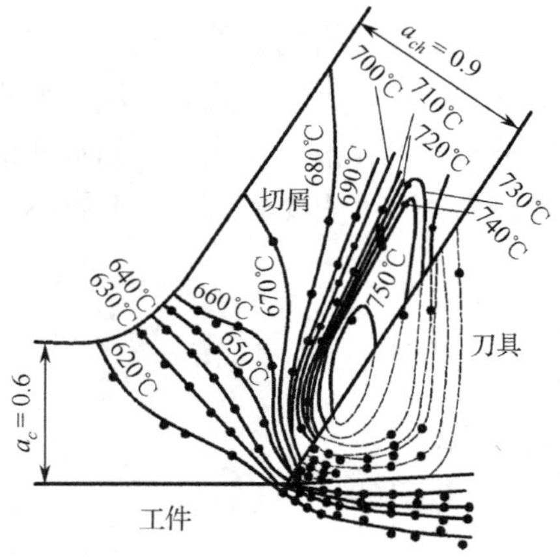

图 2.92　直角自由切削中的温度分布

工件材料：低碳易切钢；刀具角度：$\gamma_o=30°$；切削用量：v=22.86m/min；a_c=0.6mm；切削条件：干切削，预热 611℃

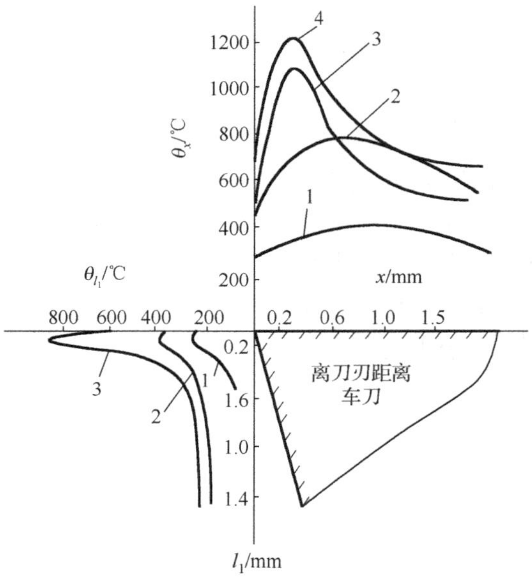

图 2.93　切削不同材料的温度分布

1-45 钢 YT15；2-GCr15-YT14；3-钛合金 BT2-YG8；4-BT2-YT15；切削用量：v=30m/min；f=0.2mm/r

(1) 剪切面上各点温度几乎相同。由此可以推想剪切面上各点的应力应变规律基本上变化不大。

(2) 前刀面和后刀面上的最高温度都不在刀刃上，而是在离刀刃有一定距离的地方。这是摩擦热沿着刀面不断增加的缘故。在前刀面后一段的接触长度上，由于摩擦逐渐减少(由内摩擦转化为外摩擦)，热量又不断传出，所以切削温度开始逐渐下降。

(3) 在剪切区域中，垂直剪切面方向上的温度梯度很大。切削速度增高时，因热量来不及传出而导致温度梯度增大。

(4) 在切屑靠近前刀面的一层(简称底层)上温度梯度很大，离前刀面 0.1～0.2mm，温度就可能下降一半。这说明前刀面上的摩擦热集中在切屑的底层。这样，摩擦热就不至于使切屑上层金属强度有显著的改变；但很明显，摩擦热对切屑底层金属的剪切强度将有很大的影响。因此切削温度对前刀面的摩擦系数有很大的影响。

(5)后刀面的接触长度较小，因此温度的升降是在极短时间内完成的。加工表面受到的是一次热冲击。

(6)工件材料塑性越大，则前刀面上的接触长度越大，切削温度的分布也就越均匀些；反之，工件材料的脆性越大，则最高温度所在的点离刀刃越近。

(7)工件材料的导热系数 k 越低，则刀具的前、后刀面的温度越高。这是一些高温合金和钛合金切削加工性差的主要原因之一。

2. 切削温度对工件、刀具和切削过程的影响

高切削温度是刀具磨损的主要原因，它将限制生产率的提高。切削温度还会使加工精度降低，使已加工表面产生残余应力以及其他缺陷。

1)切削温度对工件材料力学性能的影响

切削时的温度虽然很高，但是切削温度对工件材料硬度及强度的影响并不很大；切削温度对剪切区域的应力的影响不很明显；一方面是因为切削速度较高时，变形速度很大，其对增加材料强度的影响，足以抵消切削温度降低强度的影响；另一方面，切削温度是在切削变形过程中产生的，因此对剪切面上的应力应变状态来不及产生很大的影响，只对切屑底层的剪切强度产生影响。

工件材料预热至 500～800℃后进行切削时，切削力下降很多。但在高速切削时，切削温度经常达到 800～900℃，切削力下降却不多。这也间接证明，切削温度对剪切区域内工件材料强度影响不大。目前加热切削是切削难加工材料的一种较好的方法。

2)对刀具材料的影响

适当地提高切削温度，对提高硬质合金的韧性是有利的。各类刀具材料在切削各种工件材料时，都有一个最佳切削温度范围。在最佳切削温度范围内，刀具的耐用度最高，工件材料的切削加工性也符合要求。

3) 对工件尺寸精度的影响

(1)工件本身受热膨胀，直径发生变化，切削后不能达到要求精度。

(2)刀杆受热膨胀，切削时实际背吃刀量增加使直径减小。

(3)工件受力变长，但因夹固在机床上不能自由伸长而发生弯曲，车削后工件中部直径变大。

在精加工和超精加工时，切削温度对加工精度的影响特别突出，所以必须特别注意降低切削温度。

4)利用切削温度自动控制切削速度或进给量

上面已经提到，各种刀具材料切削不同的工件材料都有一个最佳切削温度范围。因此，有些学者建议利用切削温度来控制机床的转速，保持切削温度在最佳范围内，以提高生产率及工件表面质量。方法是用热电偶测出的切削温度作为控制信号，并用电子线路和自动控制装置来控制机床的转速或进给量，使切削温度保持在最佳范围。

5)利用切削温度与切削力控制刀具磨损

运用刀具-工件热电偶，能在几分之一秒内指示出一个较显著的刀具磨损的发生。肉眼

观察切削过程中的切削力及切削分力间比例的变化，也可反映切屑碎断、积屑瘤变化或刀具前、后面及钝圆处的磨损状态。切削力和切削温度这两个参数可以互相补充，以用于分析切削过程的状态变化。

2.6.5 切削液

为了降低刀具和工件的温度，不仅要减少切削热的产生，而且要改善散热条件。浇注足够的切削液可以有效地降低切削温度。使用切削液，除起冷却作用外，还可以起润滑、清洗和防锈的作用。生产中常用的切削液可以分为以下三类。

1. 水溶液

它的主要成分是水，并在水中加入一定量的防锈剂，呈透明状，冷却性能好，润滑性能差，常在磨削中使用。

2. 乳化剂

它是将乳化油用水稀释而成，呈乳白色。为使油和水混合均匀，常加入一定量的乳化剂(如油酸钠皂等)。乳化液具有良好的冷却和清洗性能，并具有一定的润滑性能，适用于粗加工及磨削。

3. 切削油

它主要是矿物油，特殊情况下也采用动、植物油或复合油，润滑性能好，但冷却性能差，常用于精加工工序。

切削液的品种很多，性能各异，通常应根据加工形式、工件材料和刀具材料等来选择合适的切削液，才能得到良好的效果。

粗加工时，主要要求冷却，也希望降低切削力及切削功率，一般应选用冷却作用较好的切削液，如低浓度的乳化液等。精加工时，主要希望提高工件的表面质量并减少刀具磨损，一般应选用润滑作用较好的切削液，如高浓度的乳化液或切削油等。

加工一般钢材时，通常选用乳化液或硫化切削油。加工铜合金和有色金属时，一般不宜采用含硫化油的切削液，以免腐蚀工件。加工铸铁、青铜、黄铜等脆性材料时，为避免崩碎切屑进入机床运动部件之间，一般不使用切削液。在低速精加工(如宽刀精刨、精铰、攻螺纹)时，为了提高工件的表面质量，可用煤油作为切削液。

高速钢刀具的耐热性较差，为了提高刀具的寿命，一般要根据加工性质和工件材料选用合适的切削液。硬质合金刀具由于耐热性和耐磨性都较好，一般不用切削液。

2.7 刀具磨损、破损与刀具耐用度

切削金属时，刀具一方面切下切屑，另一方面刀具本身也要发生损坏。刀具损坏到一定程度，就要换刀或更换新的刀刃，才能进行正常切削。刀具损坏的形式主要有磨损和破损两类。前者是连续的逐渐磨损；后者包括脆性破损(如崩刃、碎断、剥落、裂纹破损等)和塑性破损两种。

刀具磨损后，工件加工精度降低，表面粗糙度增大，导致切削力和切削温度增加，甚至产生振动，工作不能继续正常切削。因此，刀具磨损直接影响加工效率、质量和成本。

刀具磨损与一般机械零件的磨损相比，有显著不同的特点：与前刀面接触的切屑底面是活性很高的新鲜表面，不存在氧化膜等的污染；前、后刀面上的接触压力很大，接触面温度也很高(如硬质合金刀具加工钢，可达 800℃以上)等。因此，磨损时存在着机械、热和化学作用以及摩擦、黏结、扩散等现象。

2.7.1　刀具磨损的形态

切削时，刀具的前刀面和后刀面经常与切屑和工件相互接触，产生剧烈摩擦，同时在接触区内有相当高的温度和压力。因此在刀具前、后刀面上发生磨损。前刀面被磨成月牙洼，后刀面形成磨损带，多数情况是二者同时发生，相互影响。

1. 前刀面磨损

切削塑性材料时，如果切削速度和切削厚度较大，由于切屑与前刀面完全是新鲜表面相互接触和摩擦，化学活性很高，反应很强烈。如前所述，接触面又有很高的压力和温度，接触面积中有 80%以上是实际接触，空气或切削液渗入比较困难，因此在前刀面上形成月牙洼磨损(图 2.94)；开始时前缘离刀刃还有一小段距离，以后逐渐向前、后扩大，但宽度变化并不显著(取决于切屑宽度)，主要是深度不断增大，其最大深度的位置相当于切削温度最高的地方。图 2.95 表示月牙洼磨损的发展过程。当月牙洼宽度发展到其前缘与切削刃之间的棱边变得很窄时，刀刃强度降低，易导致刀刃破损。前刀面月牙洼磨损值以其最大深度 *KT* 表示(图 2.96)。

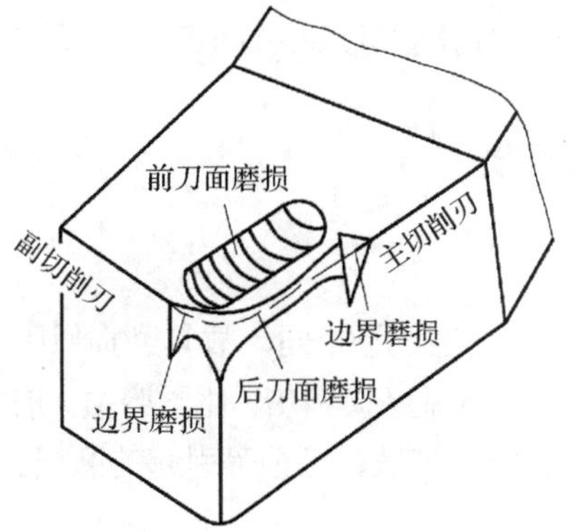

图 2.94　刀具的磨损形态

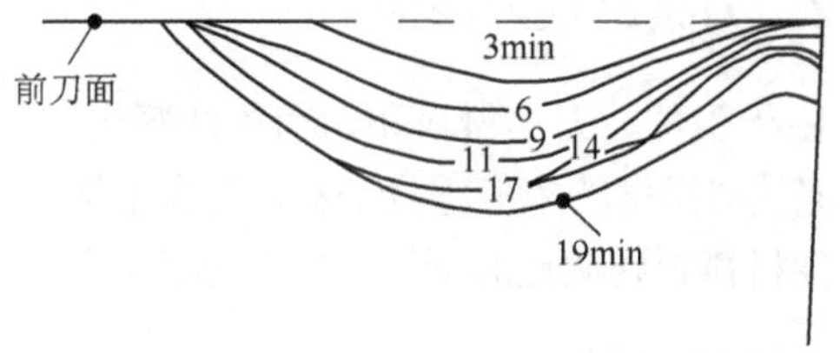

图 2.95　前刀面上的磨损痕迹随时间的变化

2. 后刀面磨损

切削时，工件的新加工表面与刀具后刀面接触，相互摩擦，引起后刀面磨损。后刀面虽然有后角，但由于切削刃不是理想的锋利，而有一定的钝圆，后刀面与工件表面的接触压力很大，存在着弹性和塑性变形；因此，后刀面与工件实际上是小面积接触，磨损就发生在这个接触面上。切削铸铁和以较小的切削厚度切削塑性材料时，主要发生这种磨损。后刀面磨损带往往不均匀，如图 2.96 所示。刀尖部分(*C* 区)强度较低，散热条件又差，磨损比较严重，其最大值为 *VC*。主切削刃靠近工件外皮处的后刀面(*N* 区)上，磨成较严重的深沟，以 *VN* 表示。在后刀面磨损带中间部位(*B* 区)上，磨损比较均匀，平均磨损带宽度以 *VB* 表示，而最大磨损宽度以 VB_{max} 表示。

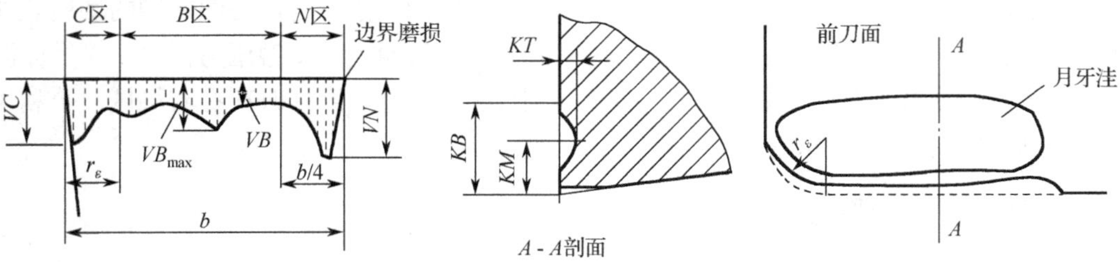

图 2.96　刀具磨损的测量位置

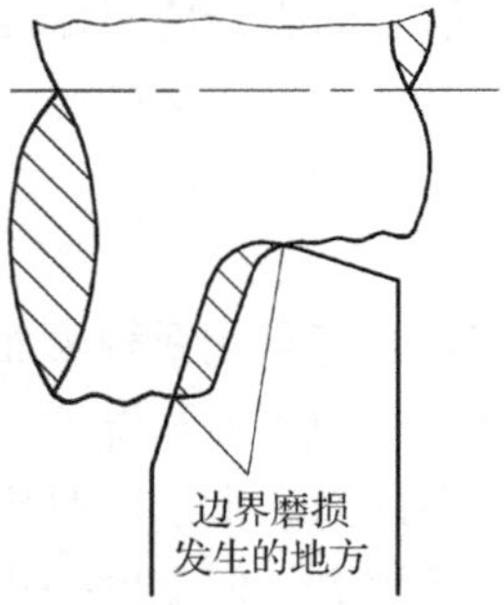

图 2.97　边界磨损发生的位置

3. 边界磨损

如图 2.94 所示，切削钢料时，常在主切削刃靠近工件外皮处以及副切削刃靠近刀尖处的后刀面上，磨出较深的沟纹。此两处分别在主、副切削刃与工件待加工或已加工表面接触的地方，如图 2.97 所示。发生这种边界磨损的主要原因如下。

(1) 切削时，在刀刃附近的前、后刀面上，压应力和剪应力很大，但在工件外表面处的切削刃上应力突然下降，形成很高的应力梯度，引起很大的剪应力。同时，前刀面上切削温度最高，而与工件外表面接触的点由于受空气或切削液冷却，造成很高的温度梯度，也引起很大的剪应力。因而在主切削刃后刀面上发生边界磨损。

(2) 由于加工硬化作用，靠近刀尖部分的副切削刃处的切削厚度减小到零，引起这部分刀刃打滑，促使副后刀面上发生边界磨损。

加工铸、锻件等外皮粗糙的工件，也容易发生边界磨损。

2.7.2　刀具磨损的原因

由于工件、刀具材料和切削条件变化很大，刀具磨损形式也各不相同，故其磨损原因很复杂。但从对温度的依赖程度来看，刀具正常磨损的原因主要是机械磨损和热、化学磨损。前者是由工件材料中硬质点的刻划作用引起的磨损，后者则是由黏结、扩散、磨蚀等引起的磨损。

1. 硬质点磨损

这主要是由于工件材料中的杂质、材料基体组织中所含的碳化物、氮化物和氧化物等硬质点以及积屑瘤的碎片等所造成的机械磨损，它们在刀具表面上划出一条条的沟纹。工具钢(包括高速钢)刀具的这种磨损比较显著。硬质合金刀具有很高的硬度，硬质点或夹杂物要刻划它的碳化物骨架比较困难，所以这种磨损发生较少。但如果工件材料存在大量硬质点，如冷硬铸铁、夹砂的铸件表层等，也会使它产生硬质点磨损痕迹。在这种情况下应选用含钴量较少的细颗粒硬质合金。把含有钛、钽、铌的碳化钨钴硬质合金刀具表层用氧化物 TiO_2 处理，特别在高温下更是这样。

各种切削速度下的刀具都存在硬质点磨损，它是低速刀具磨损的主要原因。因为此时切削温度较低，其他各种形式磨损还不显著。一般可以认为，由硬质点磨损产生的磨损量与刀具和工件相对滑动距离或切削路程成正比。

2. 黏结磨损

黏结是指刀具与工件材料接触到原子间距离时所产生的结合现象。它是在摩擦面的实际接触面积上，在足够大的压力和温度作用下，产生塑性变形而发生的所谓冷焊现象，是摩擦面塑性变形所形成的新鲜表面原子间吸附力所造成的结果。两摩擦表面的黏结点因相对运动、晶粒或晶粒群受剪或受拉而被对方带走，是造成黏结磨损的原因。

黏结磨损在两材料接触面上，不论在软材料一边，还是在硬材料一边，都可能发生。一般来说，黏结点的破裂多发生在硬度较低的一方，即工件材料上。但刀具材料往往有组织不均、存在内应力、微裂纹以及空隙、局部软点等缺陷，所以刀具表面也常发生破裂而被工件材料带走，形成黏结磨损。高钢速、硬质合金、陶瓷刀具、立方氮化硼和金刚石刀具都会因黏结而发生磨损。例如用硬质合金刀具切削钢件时，在能形成积屑瘤的条件下，切削刃可能很快地因黏结磨损而损坏。但高速钢刀具有较大的抗剪和抗拉强度，因而具有较大的抗黏结磨损的能力，切削时，只有微小碎片从刀具表面上撕裂下来，所以黏结磨损较慢。

硬质合金的晶粒大小对黏结磨损的速度影响较大，如图 2.98 所示。晶粒越细，磨损越慢。但在常用的钴含量范围(5.5%～20%)内，钴含量对磨损的影响较小，如图 2.99 所示。因为它们虽然硬度差别较大，但具有相同的晶粒尺寸。

刀具材料与工件材料相互黏结时的温度对黏结磨损剧烈程度影响很大。图 2.100 为几种刀具材料和工件材料组合时，黏结强度系数 K_0 与温度的关系。图中 K_0 为单位黏结力与刀具材料的抗拉强度之比。K_0 越大，表示黏结磨损的程度越大。低温时，黏结剧烈程度比高温时小很多。500℃以上，硬质合金 YT15、YG8 与镍铬钛合金(12Cr18Ni9Ti)和钛以及纯铁就发生黏结，而氧化铝、立方氮化硼和金刚石刀具与纯铁和钛这时也开始发生黏结。随着温度升高，黏结强度增加很快。从图 2.100 中可以看出，在 900℃时，YG8 与纯铁的黏结强度系数约为 YT15 的三倍，所以 YG8 的黏结磨损比 YT15 的大。但因含有碳化钛(TiC)的硬质合金在高温下会形成 TiO_2，从而减轻黏结，其减少程度与 TiC 含量有关，因而 YT 类硬质合金比 YG 类更适合于加工钢件。但 YT 类硬质合金在低速区更容易产生崩刃。从图 2.100 还可以看出，氧化铝陶瓷刀具高速加工纯铁和钛时的黏结强度系数，比立方氮化硼和金刚石刀具都大，而立方氮化硼加工纯铁，金刚石刀具加工钛时的黏结强度系数均较小。

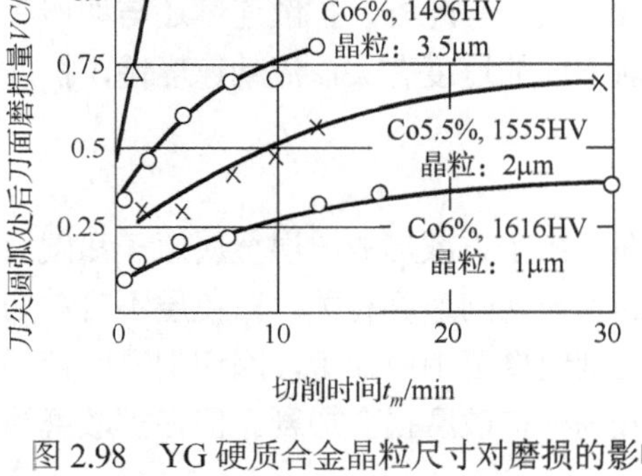

图 2.98　YG 硬质合金晶粒尺寸对磨损的影响

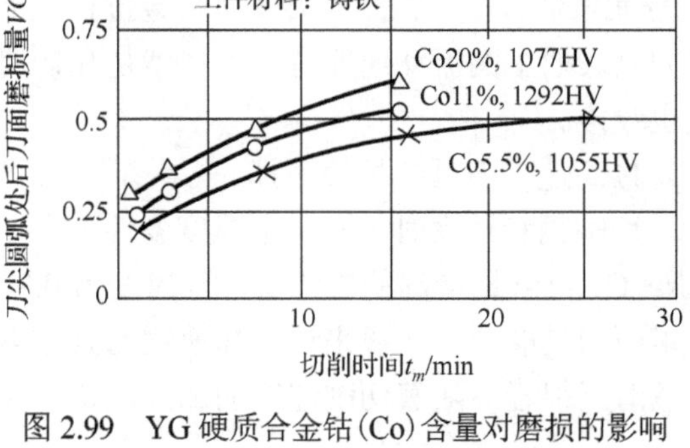

图 2.99　YG 硬质合金钴(Co)含量对磨损的影响

其他因素如刀具、工件材料的硬度比，刀具表面形状与组织，以及切削条件和工艺系统刚度等，都影响黏结磨损速度。

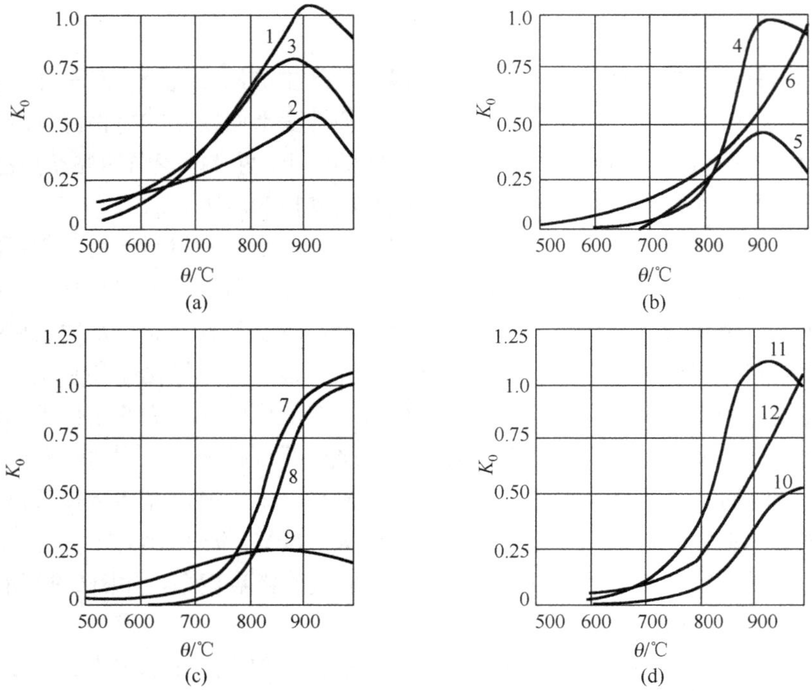

图 2.100　各种刀具材料黏结强度系数与切削温度的关系

1-刚玉加工纯铁；2-立方氮化硼加工纯铁；3-金刚石加工纯铁；4-刚立加工钛；5-氮化硼加工钛；6-金刚石加工钛；7-YT15 加工 12Cr18Ni9Ti；8-YT15 加工钛；9-YT15 加工纯铁；10-YG8 加工 12Cr18Ni9Ti；11-YG8 加工钛；12-YG8 加工纯铁

3. 扩散磨损

由于切削时的高温，而且刀具表面始终与被切出的新鲜表面相接触，有很大的化学活性，所以两摩擦面的化学元素有可能互相扩散到对方去，因而使两者的化学成分发生变化，削弱刀具材料的性能，加速磨损过程。扩散速度随切削温度升高而增加，它是按$e^{-\frac{E}{K\theta}}$指数函数增加的(θ 为刀具表面上的绝对温度，E 为活性化能量，K 为常数)。也就是说，对一定刀具材料，随切削温度上升，扩散速度开始增加较慢，然后越来越快。不同元素的扩散速度是不同的，因而扩散磨损剧烈程度与刀具材料的化学成分关系很大。例如 Ti 的扩散速度比 C、Co、W 等元素低很多，故 YT 类硬质合金抗扩散能力比 YG 类高。此外，扩散速度还与切屑底层在刀具表面上的流动速度有关，也就是和切屑流过前刀面的速度有关，流动速度慢，扩散磨损也较慢。

1)高速钢刀具的扩散磨损

切削钢和铸铁时，在一定温度条件下，在前刀面上由于扩散形成一层金属原子和碳原子(Cr，C 等)含量增高的白色层，其厚度为 0.8～3.5μm，与切削速度有关。白色层不时被切屑带走而刀具磨损。一般来说，高速钢刀具在常用的切削速度范围内加工，因切削温度较低，扩散磨损很轻。随着切削速度的加大，切削温度的升高，扩散磨损会加剧。但在扩散磨损还没有起主导作用之前，就可能因塑性变形而使刀具损坏。

2) 硬质合金刀具的扩散磨损

切削钢件时，切削温度常达 800～1000℃，因而扩散磨损成为硬质合金刀具的主要磨损原因之一。自 800℃开始，硬质合金中的 Co、C、W 等元素会扩散到切屑中而被带走；而切屑中的 Fe 会向硬质合金扩散，形成新的低硬度、高脆性的复合碳化物。由于 Co 的扩散，WC、TiC 等碳化物会因黏结剂 Co 的减少而降低其与基体的黏结强度，这会加速刀具磨损。WC-Co 类硬质合金刀具切削钢件时，在形成月牙洼磨损过程中，扩散现象非常明显。刀具中的金属原子和碳原子扩散到黏结在刀具表面上的工件材料中去，并被切屑带走。由于前刀面上月牙洼处温度很高，故其扩散速度高，磨损快。同时，由于温度上升到一定程度就发生黏结，因此，扩散磨损和黏结磨损往往同时发生，极易形成月牙洼。

因为 TiC、TaC 的扩散速度低，故用含有这些成分的硬质合金切钢的磨损比 WC-Co 硬质合金的慢，因而在切削钢件时，广泛应用含 TiC (TaC)，或者表层涂覆 TiC、TiN、Al_2O_3，或 TiC 基的硬质合金。氧化铝陶瓷与铁之间不发生扩散。故在高速切削钢件时，仍然有很高的耐磨性能。

3) 金刚石和立方氮化硼刀具的扩散磨损

在一定的切削温度和接触时间下，金刚石刀具发生结晶溶解，而且其中的 C 原子会扩散到工件材料中去，因而引起扩散磨损。在 910℃时，金刚石与纯铁接触 10s 后，金刚石就开始扩散到铁中，形成铁素体-珠光体组织，接触层变成含碳量为 0.3%～0.35%的一层钢；在 1000℃时，只要接触 1s，就形成明显的扩散层，其结构相当于含碳量 0.2%的钢；在 1300℃时，只要接触 0.1s，几乎全部熔化在铁中。因此，金刚石刀具切削纯铁和低碳钢时，在高温下会发生严重的扩散磨损，这是金刚石刀具不适于切削钢铁的主要原因。

立方氮化硼刀具具有高的硬度和耐热性(1400～1500℃)，与铁及其合金的化学活性比金刚石小得多。在 1300℃时，与纯铁接触 20min，才形成厚度为 0.013mm 的扩散层。但与钛合金 TC8 在高温下相互接触，扩散就严重得多，在 1000℃时，只要接触 10min 就形成厚度为 0.015～0.03mm 的扩散层。温度越高，扩散就越快。在 1300℃时，只要接触 60s，扩散层就厚达 0.01mm。研究结果表明，几种刀具材料与铁相互扩散强度的大小顺序，由大到小为：金刚石、碳化硅、立方氮化硼、氧化铝；而与钛合金相互扩散的大小顺序恰好相反，由大到小为：氧化铝、立方氮化硼、碳化硅、金刚石。

4. 化学磨损

化学磨损是在一定温度下，刀具材料与某些周围介质(如空气中的氧，切削液中的极压添加剂硫、氯等)起化学作用，在刀具表面形成一层硬度较低的化合物，而被切屑带走，加速刀具磨损；或者因为刀具材料被某种介质腐蚀，造成刀具磨损。例如高速钢刀具切削钼合金(a_p=1mm，f=0.1mm/r，v=10～15m/min)时，切削液或气体的化学活性越好，刀具磨损越快。又如硬质合金 YT14 (v=120～180m/min) 加工 18-8 型不锈钢(含 18%Cr，9%Ni)，采用硫、氯化切削油时，由于硫和氯的腐蚀作用，刀具耐用度比干切削时反而降低。

除上述几种主要的磨损原因外，还有热电磨损，即在切削区高温作用下，刀具与工件材料形成热电偶，产生热电势，致使刀具与切屑以及刀具与工件之间有热电流通过，可能加快扩散速度，从而加速刀具磨损。试验表明，在刀具、工件的电路中加以绝缘，可明显提高刀具耐用度。

5. 小结

刀具正常磨损主要有硬质点磨损、黏结磨损、扩散磨损和化学磨损等，它们之间还有相互的影响。对于不同的刀具材料，在不同的切削条件下，加工不同工件材料时，其主要磨损原因可能只有一、二种。例如，硬质合金刀具高速切削钢料时，主要是扩散磨损，并伴随有黏结磨损和化学磨损等。总的来说，对一定的刀具和工件材料，起主导作用的是切削温度。在低温区，以机械磨损(硬质点磨损)为主，而在较高温度区，以热、化学磨损(黏结、扩散、氧化)等为主。

设 W 为各种原因所引起的总磨损量，L 为滑动距离(与切削路程成正比)。因为机械磨损速度与滑动距离成正比，而热磨损速度又具有指数函数性质，因此，单位滑动距离(切削路程)的磨损量为

$$\frac{dW}{dL} = A + Be^{-\frac{E}{K\theta}} \tag{2-35}$$

式中，A、B 为常数；E 为根据刀具、工具材料组合所决定的活性化能量；θ 为绝对温度(K)；K 为常数。

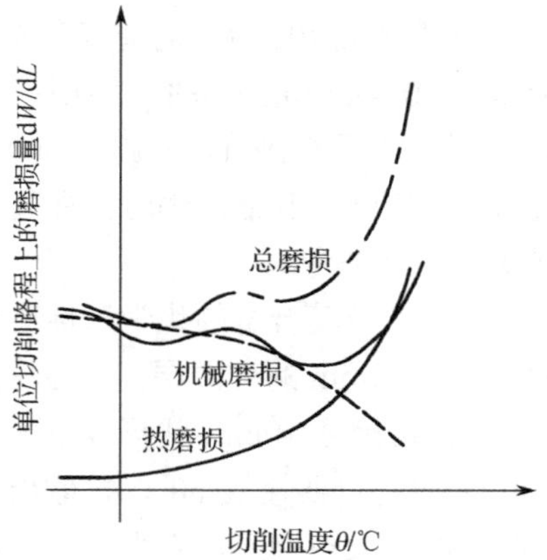

图 2.101　刀具磨损量与切削温度的关系

根据硬质合金 YT15 刀具加工耐热钢的试验，在低速区(低温区)，式(2-35)右边第一项即硬质点磨损，起决定作用。在 900℃(绝对温度为 1173K)以上时，第二项即热扩散等磨损，起决定性作用。实践证明，机械磨损、热磨损以及综合磨损的磨损速度随温度变化的特性如图 2.101、图 2.102 所示。当然，对于不同刀具材料，这种变化特性各不相同。对于耐热性较低的高速钢刀具，根据不同的切削条件，其磨损的主要原因是硬质点磨损和黏结磨损，而硬质合金刀具主要伴有黏结磨损的扩散磨损等。加工钢、铁件时，氧化铝陶瓷刀具主要是伴随有微小崩刃的机械磨损和黏结磨损；立方氮化硼刀具的扩散磨损很小；而金刚石刀具扩散磨损却很大。

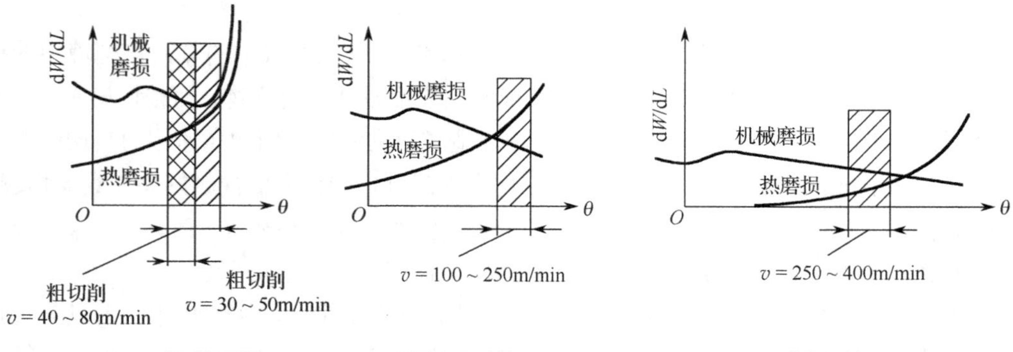

图 2.102　各种刀具材料的磨损特性和常用的切削速度

2.7.3　刀具磨损过程及磨钝标准

1. 刀具的磨损过程

随着切削时间的延长，刀具磨损逐渐增加。根据切削实验，可得图 2.103 所示的刀具磨损过程的典型磨损曲线。该图分别以切削时间和后刀面磨损量 *VB*(或前刀面月牙洼磨损深度 *KT*) 为横坐标与纵坐标。从图 2.103 可知，刀具磨损过程可分为三个阶段。

1) 初期磨损阶段

因为新刃磨的刀具后刀面存在粗糙不平之处以及显微裂纹、氧化或脱碳层等缺陷，而且切削刃较锋利，后刀面与加工表面接触面积较小，压应力较大，所以，这一阶段的磨损较快。一般初期磨损量为 0.05～0.1mm，其大小与刀具刃磨质量直接相关。研磨过的刀具，初期磨损量较小。

2) 正常磨损阶段

经初期磨损后，刀具毛糙表面已经磨平，刀具进入正常磨损阶段。这个阶段的磨损比较缓慢均匀。后刀面磨损量随切削时间延长而近似地成比例增加。正常切削时，该阶段时间较长。

3) 急剧磨损阶段

当磨损带宽度增加到一定限度后，加工表面粗糙度变大，切削力与切削温度均迅速升高，磨损速度增加很快，以致刀具损坏而失去切削能力。生产中为合理使用刀具，保证加工质量，应当避免达到这个磨损阶段。在这个阶段到来之前，要及时换刀或更换新刀刃。

2. 刀具的磨钝标准

刀具磨损到一定限度就不能继续使用。这个磨损限度称为磨钝标准。

在生产实际中，卸下刀具来测量磨损量会影响生产的正常进行，因而不能直接以磨损量的大小判断刀具是否已经磨钝，而是根据切削中发生的一些现象判断。例如粗加工时，观察加工表面是否出现亮带，切屑的颜色和形状的变化，以及是否出现振动和不正常的声音等。精加工时可观察加工表面粗糙度变化以及测量加工零件的形状与尺寸精度等。发现异常现象，就要及时换刀。

在评定刀具材料切削性能和研究试验时，都以刀具表面的磨损量作为衡量刀具的磨钝标准。因为一般刀具的后刀面都发生磨损，而且测量也比较方便。因此，ISO 统一规定以 1/2 背吃刀量处后刀面上测定的磨损带宽度 *VB* 作为刀具磨钝标准(图 2.96)

自动化生产中用的精加工刀具，常以沿工件径向的刀具磨损尺寸作为衡量刀具的磨钝标准，称为刀具径向磨损量 *NB*(图 2.104)。

由于加工条件不同，所定的磨钝标准也有变化。例如精加工的磨钝标准较小，而粗加工则取较大值；机床-夹具-刀具-工件系统刚度较低时，应该考虑在磨钝标准内是否会产生振动。此外，工件材料的切削加工性，刀具制造刃磨难易程度等都是确定磨钝标准时应考虑的因素。

磨钝标准的具体数值可参考有关手册。ISO 推荐的车刀耐用度试验的磨钝标准如下。

(1) 高速钢或陶瓷刀具，可以是下列的任何一种：① 破损；② 如果后刀面在 *B* 区内(图 2.96) 是有规则的磨损，取 *VB*=0.3mm；③ 如果后刀面在 *B* 区内是无规则的磨损、划伤、剥落或有严重的沟痕，取 VB_{max}=0.6mm。

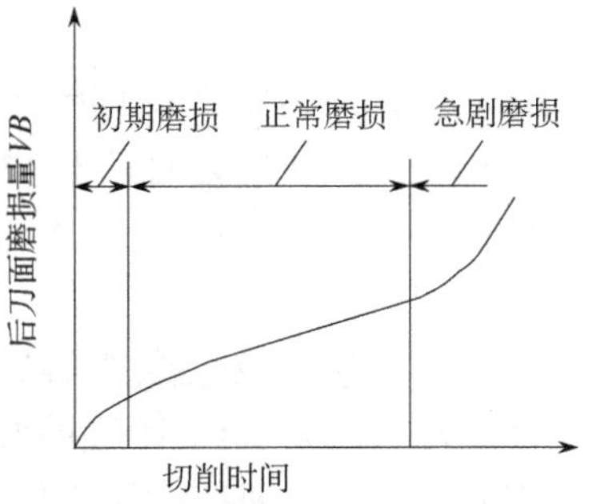

图 2.103　刀具磨损的典型曲线

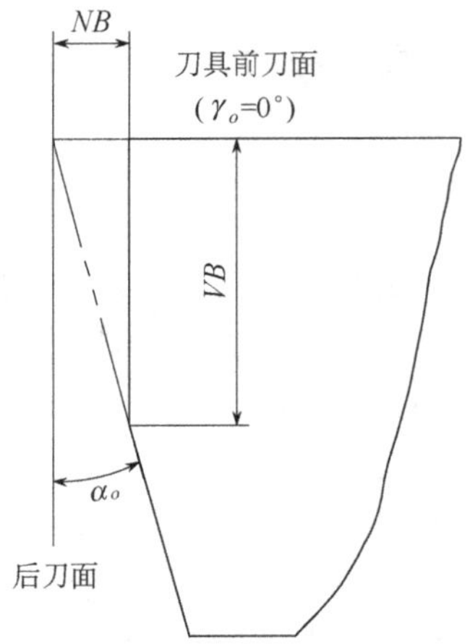

图 2.104　车刀的径向磨损量

(2)硬质合金刀具，可以是下列的任何一种：① VB=0.3mm；② 如果后刀面是无规则的磨损，取 VB_{max}=0.6mm；③ 前刀面磨损量 KT=0.06+0.3f，其中 f 为进给量。

2.7.4　刀具耐用度的经验公式

1. 切削速度与刀具耐用度的关系

刀具耐用度定义为：由刃磨后开始切削，一直到磨损量达到刀具磨钝标准所经过的总切削时间。对于某一切削加工，当工件、刀具材料和刀具几何形状选定之后，切削速度是影响刀具耐用度的最主要因素。提高切削速度，耐用度就降低。这是由于切削速度对切削温度影响最大，因而对刀具磨损影响最大。因为切削温度对刀具磨损的影响很复杂，目前要用理论分析方法导出切削速度与刀具耐用度之间的数学关系，与实际情况不尽符合，所以还是进行刀具耐用度实验来建立它们之间的经验关系式。前面讲过，按 ISO 国际标准对车刀耐用度试验的规定：当切削刃磨损均匀时，取 VB=0.3mm；如果磨损不均匀，则取 VB_{max}=0.6mm。固定其他切削条件，在常用的切削速度范围内，取不同的切削速度 v_1、v_2、v_3……进行刀具磨损试验，得到图 2.105 所示的一组磨损曲线。根据规定的磨钝标准，不同的切削速度就有相应的耐用度 T_1、T_2、T_3、…。在双对数坐标纸上，定出(v_1，T_1)、(v_2，T_2)、(v_3，T_3)……各点。在一定切削速度范围内，可发现这些点基本上在一条直线上，如图 2.106 所示。这就是刀具磨损耐用度曲线。该直线的方程为

$$\ln v = -m \ln T + \ln C_0$$

故

$$vT^m = C_0 \tag{2-36}$$

式中，v 为切削速度(m/min)；T 为刀具耐用度(min)；m 为指数，表示 v-T 间影响的程度；C_0 为系数，与刀具、工件材料和切削条件有关。

式(2-36)为重要的刀具耐用度方程式，指数 m 表示 v-T 双对数坐标系中直线的斜率。耐热性越低的刀具材料，斜率应该越小，切削速度对刀具耐用度影响越大。也就是说，切削速度稍稍改变一点，而刀具的耐用度变化就很大。如高速钢刀具，一般 m=0.1～0.125；硬质合

金和陶瓷刀具耐热性高，直线斜率就大，其中硬质合金刀具 m=0.2～0.3，陶瓷刀具 m 约为 0.4(根据情况，有时 m 近似等于 1)。图 2.107 各种刀具材料加工同一种工件材料(镍铬钼合金钢)时的刀具耐用度曲线，其中陶瓷刀具的耐用度曲线的斜率比硬质合金和高速钢的都大，这是因为陶瓷刀具的耐热性很高，所以在非常高的切削速度下仍然有较高的刀具耐用度。但是在低速时，其刀具耐用度比硬质合金的还要低。

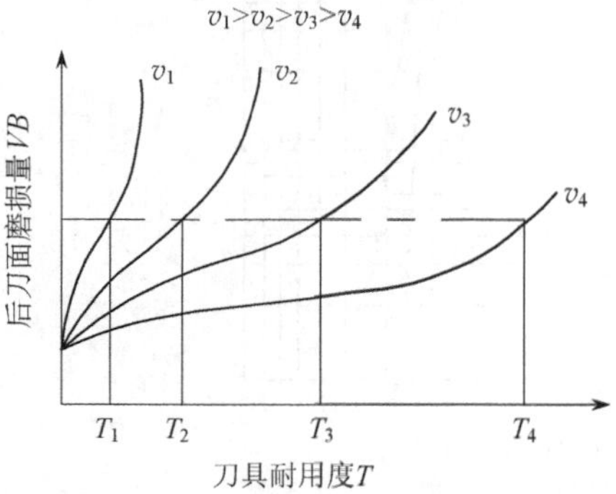

图 2.105　刀具的磨损曲线

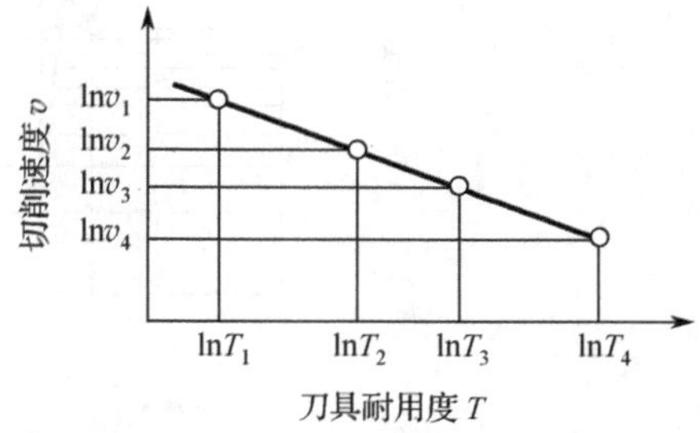

图 2.106　在双对数坐标上的 v-T 曲线

应当指出，在常用的切削速度范围内，在双对数坐标图上，刀具耐用度曲线近似地成一直线，式(2-36)完全适用；但在较宽的切削速度范围进行实验，特别是在低速区内，它就不一定为直线。同时，这个方程式是以正常磨损为主得到的关系式。对于脆性大的刀具材料，断续切削时经常发生破损，甚至以破损为主，造成损坏，这个方程式就不适用。因此该方程式具有局限性。在低速范围，由于积屑瘤可能不稳定而产生碎片，它会加速刀具磨损，或者突然脱落使刀刃崩碎而降低刀具耐用度；积屑瘤也可能相对稳定一段时间而保护刀刃，减少刀具磨损，增加刀具耐用度。因此，在某一低速区切削时，v-T 关系就不是一个单调函数。如图 2.108 所示，用高速钢刀具切削时，由于积屑瘤影响，耐用度曲线就不是单一的直线。硬质合金刀具在低速区进行实验，也得到相同的结果。

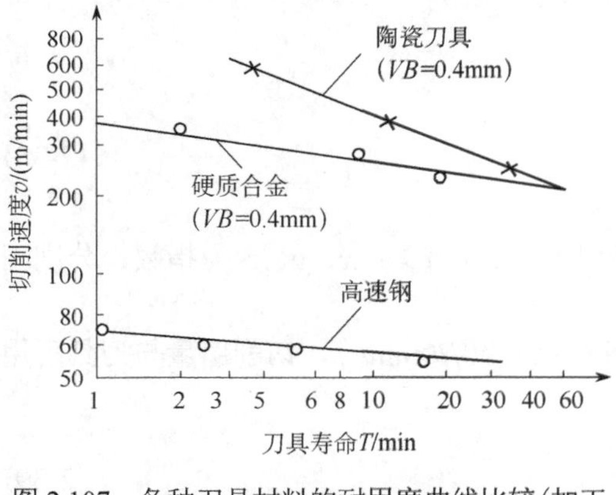

图 2.107　各种刀具材料的耐用度曲线比较(加工镍-铬-钼合金钢)

2. 进给量和背吃刀量与刀具耐用度的关系

切削时，增加进给量 f 和背吃刀量 a_p，刀具耐用度减小。固定其他切削条件，只变化 f 和 a_p，分别得到与 v-T 类似的关系，即

$$\begin{cases} fT^{m1} = C_1 \\ a_pT^{m2} = C_2 \end{cases} \tag{2-37}$$

综合式(2-36)和(2-37)，可以得到切削用量与刀具耐用度的一般关系为

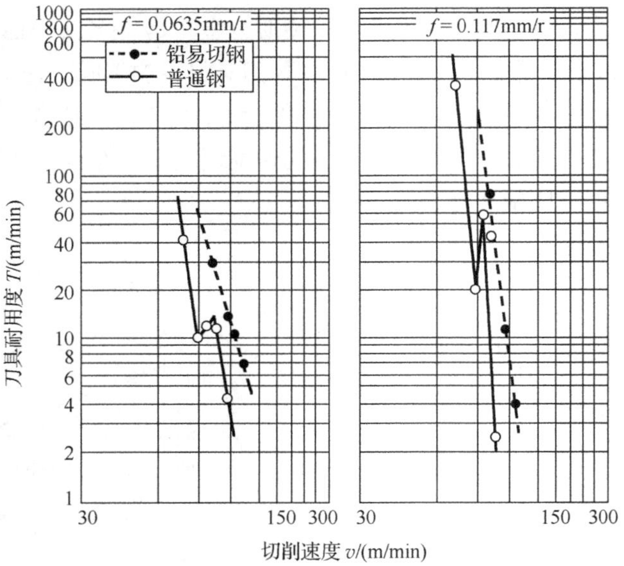

图 2.108　刀具耐用度曲线变化示例

工件材料：铅易切削钢(0.14%C，0.22%Pb)；刀具材料：钼高速钢；刀具角度：$\gamma_o = 15°$；切削用量：$a_p = 2.54$ mm

$$T = \frac{C_T}{v^{\frac{1}{m}} f^{\frac{1}{m_1}} a_p^{\frac{1}{m_2}}}$$

令 $x = \dfrac{1}{m}, y = \dfrac{1}{m_1}, z = \dfrac{1}{m_2}$

$$T = \frac{C_T}{v^x f^y a_p^z} \tag{2-38}$$

式中，C_T 为刀具耐用度系数，与刀具、工件材料和切削条件有关；x、y、z 为指数，分别表示各切削用量对刀具耐用度影响的程度。

用 YT5 硬质合金车刀切削 σ_b=0.637GPa 的碳钢时（f >0.70mm/r），切削用量与刀具耐用度的关系为

$$T = \frac{C_T}{v^5 f^{2.25} a_p^{0.75}} \tag{2-39}$$

或

$$v = \frac{C_v}{T^{0.2} f^{0.45} a_p^{0.15}} \tag{2-40}$$

式中，C_v 为切削速度系数，与切削条件有关，其大小可查阅有关手册。由式(2-39)可看出，切削速度 v 对刀具耐用度影响最大，进给量 f 次之，背吃刀量 a_p 最小。这与三者对切削温度的影响顺序完全一致。这也反映出切削温度对刀具耐用度有着最重要的影响。

应当注意，上述关系是在一定条件下通过实验求出的。如果切削条件改变，各种因素对刀具耐用度的影响就不同，因而各指数、系数就相应地发生变化。

3. *刀具耐用度的分布*

上述刀具耐用度与切削用量之间的关系是以刀具的平均耐用度为依据建立的。实际上，切削时，由于刀具和工件材料性能的分散性，所用机床及工艺系统动、静态性能的差别，以及工件毛坯余量不均或材质不均等条件的变化，刀具耐用度是存在不同分散性的随机变量。通过刀具磨损过程的分析和实验表明，刀具耐用度的变化规律服从正态分布或对数正态分布。例如，用硬质合金刀具车削中碳钢，干切；切削用量为：v=175m/min，f=0.2mm/r，a_p=1.5mm；以 50 个刀刃进行实验，每次实验开始时，每隔 1、2、4、6min 测量一次后刀面磨损量，此后每隔 5min 测量一次，切削至 60min 为止；取一定的磨钝标准 VB 值，经数据分组整理，结果表明，刀具耐用度符合对数正态分布。因此，以刀具平均耐用度为依据建立的关系是不能完全符合实际情况的。刀具平均耐用度实际上是刀具可靠度为 50%的刀具耐用度，这对自动化加工来说，是不符合要求的。在自动化加工或柔性加工中选择切削用量时，要注意到这一点。刀具耐用度分布是分析和确定刀具可靠性的基础。

4. *刀具耐用度的试验方法*

刀具耐用度的试验方法很多，最常用的标准试验法是在车床上做外圆车削试验，其原理如前所述。试验时使用一定几何参数的刀具，切削一段时间后测量其后刀面磨损带宽度，有时也测量前刀面月牙洼深度。常用的试验材料为钢和铸铁。这种方法的优点是只要严格控制试验条件，就能得到相对地比较准确的结果。进行科研试验和建立切削数据库时，一般都用这种方法，按照 ISO 标准规定的试验条件进行试验。但必须注意的是，用这种方法试验时，因为工件直径逐渐减小，为保持切削速度不变，应采用带有无级变速装置的车床，以便随工件直径的变化，及时调整主轴转数。

为了节省外圆车削试验法需要的大量人力物力，也可用其他快速试验方法，如端面车削法。

端面法试验时，高速车削一个带孔(30～40mm)的大圆盘的端面，由里向外车削，直到车刀急剧磨损为止。根据车刀磨钝时所在的位置的工件直径，可求出 v-T 公式(2-36)中的 m 和 C_0。但这种方法对于高速钢刀具，如果圆盘直径较大，内、外切削速度 v 变化太大，特别是高速切削时的温度太高时，刀具磨损本质将发生变化，这样求出的 m 和 C_0 数值误差较大。同时工件材料内、外性质可能不均，也会影响试验结果。

也可利用生产现场，一面进行实际的切削加工，一面根据所得的数据逐次修正切削条件，以逐步接近合理切削条件。与此同时，求得刀具耐用度公式。

还可用间接指标，如加工表面粗糙度、切削力与切削温度的大小等来衡量刀具耐用度。这些方法用来对比试验不同刀具几何参数的合理性、不同切削液的效果以及不同工件材料的可加工性等是比较方便的。

2.7.5　合理刀具耐用度的选用原则

如前所述，切削用量与刀具耐用度有密切关系。在制定切削用量时，应首先选用合理的刀具耐用度，而合理的刀具耐用度应根据优化的目标而定。一般分最高生产率耐用度和最低成本耐用度两种，前者根据单件工时最少的目标确定，后者根据工序成本最低的目标确定。

1. 最高生产率耐用度

最高生产率耐用度是以单位时间生产最多数量产品或加工每个零件所消耗的生产时间最少来衡量的。

单件工序的工时 t_w 为

$$t_w = t_m + t_{ct}\frac{t_m}{T} + t_{ot} \tag{2-41}$$

式中，t_m 为工序的切削时间(机动时间)；t_{ct} 为换刀一次所消耗的时间；T 为刀具耐用度；t_m/T 为换刀次数；t_{ot} 为除换刀时间外的其他辅助工时。

因为

$$t_m = \frac{l_w \varDelta}{n_w a_p f} = \frac{\pi d_w l_w \varDelta}{10^3 v a_p f} \tag{2-42}$$

式中，d_w 为车削前的毛坯直径(mm)；l_w 为工件切削部分长度(mm)；$\varDelta$ 为加工余量(mm)；n_w 为工件转数(r/min)。

将式(2-36)代入式(2-42)可得

$$t_m = \frac{\pi d_w l_w \Delta}{10^3 C_0 f a_p} T^m \tag{2-43}$$

因为 f 及 a_p 均已选定，故上式除 T^m 外，均为常数，设为 A，即有

$$t_m = AT^m \tag{2-44}$$

将式(2-44)代入式(2-41)中得

$$t_w = AT^m + t_{ct}AT^{m-1} + t_{ot} \tag{2-45}$$

要使单件工时最小，可令 $\mathrm{d}t_w/\mathrm{d}T=0$，即

$$\frac{\mathrm{d}t_w}{\mathrm{d}T} = mAT^{m-1} + t_{ct}(m-1)AT^{m-2} = 0$$

故

$$T = \left(\frac{1-m}{m}\right)t_{ct} = T_p \tag{2-46}$$

此 T_p 即为最高生产率耐用度。

2. 最低成本耐用度(经济耐用度)

最低成本耐用度是以每件产品(或工序)的加工费用最低为原则来制定的。每个工件的工序成本 C 为

$$C = t_m M + t_{ct}\frac{t_m}{T}M + \frac{t_m}{T}C_t + t_{ot}M \tag{2-47}$$

式中，M 为该工序单位时间内所分担的全厂开支；C_t 为磨刀成本(刀具成本)。

令 $\mathrm{d}C/\mathrm{d}T=0$，即得最低成本的耐用度为

$$T=\frac{1-m}{m}\left(t_{ct}+\frac{C_t}{M}\right)=T_c \tag{2-48}$$

比较式(2-46)与式(2-48)可知，最高生产率耐用度 T_p 比最低成本耐用度 T_c 要低一些。一般情况下，多采用最低成本耐用度；只有当生产任务紧迫或生产中出现不平衡的薄弱环节时，才选用最高生产率耐用度。

综合分析上述两式和各种具体情况，选择刀具耐用度时，可考虑如下几点。

(1)根据刀具复杂程度、制造和磨刀成本来选择。复杂和精度高的刀具耐用度，应选得比单刃刀具高些。例如普通机床用的高速钢车刀和硬质合金焊接车刀的耐用度取为 60min；齿轮刀具的耐用度则取为 200～400min。

(2)对于机夹可转位车刀和陶瓷刀具，由于换刀时间短，为了充分发挥其切削性能，提高生产率，耐用度可选得低些，一般取 15～30min。

(3)对于装刀、换刀和调刀比较复杂的多刀机床、组合机床和自动化加工刀具，耐用度应选得高些，特别应保证刀具的可靠性。

(4)车间内某一工序的生产率限制了整个车间的生产率提高时，该工序的刀具耐用度要选得低一些；当工序单位时间内所分担的全厂开支 M 较大时，刀具耐用度也应选得低些。

(5)大件精加工时，为了保证至少完成一次走刀，避免切削时中途换刀，刀具耐用度应按零件精度和表面粗糙度来确定。

此外，在柔性加工时，要保证刀具的可靠性和刀具材料切削性能的可预测性，应根据多目标优化后的综合经济效果来选定刀具耐用度。

2.7.6　刀具的破损

刀具的破损和磨损一样，也是刀具主要损坏形式之一。特别是用脆性大的刀具材料制成的刀具进行断续切削，或者加工高硬度材料等情况下，刀具的脆性破损就更加严重。据统计，硬质合金刀具有 50%～60%的损坏是脆性破损。陶瓷刀具的破损比例更高。所以对刀具破损必须予以足够重视。脆性大的新刀具材料应该试验其抗破损的切削性能。

刀具的破损有早期和后期(加工到一定时间后的损坏)两种。早期破损是切削刚开始或短时间切削后即发生的破损(一般是刀具切削时的冲击次数小于或近于 10^3 次)。这时，前、后刀面尚未产生明显的磨损(一般 $VB\leqslant 0.1$mm)。用脆性大的刀具材料切削高硬度材料或者断续切削时，最常出现这种破损。后期破损是加工一定时间后，刀具材料因疲劳而引起的破损。

2.8　工件材料切削加工性及刀具几何参数和切削用量选择

2.8.1　工件材料的切削加工性

在切削加工中，有些工件材料容易切削，而有一些工件材料却很难切削。从工件材料方面来分析，哪些因素影响着切削加工的难易程度？如何改善和提高切削加工性呢？解决这些问题对提高生产率和加工质量有着重要意义。

1. 工件材料切削加工性的概念和衡量指标

工件材料切削加工性(machinability)是指在一定切削条件下，对工件材料进行切削加工的难易程度。

由于切削加工的具体情况和要求不同，所谓难易程度就有不同内容。例如，粗加工时，要求刀具的磨损慢、加工生产率高；而在精加工时，则要求工件有较高的加工精度和较小的表面粗糙度。显然，这两种情况下所指的切削加工难易程度是不相同的。此外，如普通机床与自动化机床，单件小批与成批大量生产，单刀切削与多刀切削等，都使衡量切削加工性的指标不相同，因此切削加工性是一个相对的概念。

既然切削加工性是相对的，衡量切削加工性的指标就不能是唯一的。因此，一般把切削加工性的衡量指标归纳为以下几个方面。

1) 以加工质量衡量切削加工性

一般零件的精加工，以表面粗糙度衡量切削加工性，易获得很小的表面粗糙度的工件材料，其切削加工性好。

对一些特殊精密零件以及有特殊要求的零件，则以已加工表面变质层的深度、残余应力和硬化程度来衡量其切削加工性。因为变质层的深度、残余应力和硬化程度对零件尺寸和形状的稳定性以及导磁、导电和抗蠕变等性能有很大的影响。

2) 以刀具耐用度衡量切削加工性

以刀具耐用度来衡量切削加工性是比较通用的，这其中包括以下几点。

(1) 在保证相同的刀具耐用度的前提下，考察切削这种工件材料所允许的切削速度。

(2) 在保证相同的切削条件下，看切削这种工件材料时刀具耐用度数值。

(3) 在相同的切削条件下，看保证切削这种工件材料时达到刀具磨钝标准时所切除的金属体积。

最常用的衡量切削加工性的指标是：在保证相同刀具耐用度的前提下，切削这种工件材料所允许的切削速度，以 v_T 表示。它的含义是：当刀具耐用度为 T (min) 时，切削该种工件材料所允许的切削速度值。v_T 越高，则工件材料的切削加工性越好。一般情况下可取 T=60min；对于一些难切削材料，可取 T= 30min 或 T = 15min。对于机夹可转位刀具，T 可以取得更小一些。如果取 T=60min，则 v_T 可写作 v_{60}。

3) 以单位切削力衡量切削加工性

在机床动力不足或机床-夹具-刀具-工件系统刚性不足时，常用这种衡量指标。

4) 以断屑性能衡量切削加工性

在对工件材料断屑性能要求很高的机床，如自动机床、组合机床及自动线上进行切削加工时，或者对断屑性能要求很高的工序，如深孔钻削、盲孔镗削工序时，应采用这种衡量指标。

综上所述，同一种工件材料很难在各种衡量指标中同时获得良好的评价。因此，在生产实践中，常采用某一种衡量指标来评价工件材料的切削加工性。

生产中通常使用相对加工性来衡量工件材料的切削加工性。所谓相对加工性是以强度 σ_b=0.637GPa 的正火 45 钢的 v_{60} 为基准，写作 $(v_{60})_j$。其他被切削的工件材料的 v_{60} 与之相比的数值，记作 K_v，即相对加工性。

$$K_v = \frac{v_{60}}{(v_{60})_j} \tag{2-49}$$

各种工件材料的相对加工性 K_v 乘以 T=60min 时的 45 钢的切削速度$(v_{60})_j$，则可得切削各种工件材料的可用切削速度 v_{60}。

目前常用的工件材料，按相对加工性可分为 8 级，如表 2.9 所示。由表 2.9 可知，K_v 越大，切削加工性越好；K_v 越小，切削加工性越差。

表 2.9　工件材料切削加工性等级

加工性等级	名称及种类		相对加工性 K_v	代表性工件材料
1	很容易切削材料	一般有色金属	>3.0	5-5-5 铜铅合金，9-4 铝铜合金，铝镁合金
2	容易切削材料	易切钢	2.5～3.0	退火 15Cr σ_b=0.373～0.441GPa 自动机钢 σ_b=0.373～0.490GPa
3		较易切钢	1.6～2.5	正火 30 钢 σ_b=0.441～0.594GPa
4	普通材料	一般钢及铸铁	1.0～1.6	45 钢，灰铸铁，结构钢
5		稍难切削材料	0.65～1.0	2Cr13 调质 σ_b=0.8288GPa 85 钢轧制 σ_b=0.8829Pa
6	难切削材料	较难切削材料	0.5～0.65	45Cr 调质 σ_b=1.03GPa 60Mn 调质 σ_b=0.9319～0.981Pa
7		难切削材料	0.15～0.5	50CrV 调质，1Cr18Ni9Ti 未淬火，α 相钛合金
8		很难切削材料	<0.15	β 相钛合金，镍基高温合金

2. 影响工件材料切削加工性的因素及改善切削加工性的途径

1) 影响工件材料切削加工性的因素

影响工件材料切削加工性的因素很多，包括工件材料的物理力学性能、化学成分、金相组织等。

(1) 工件材料的硬度。

一般情况下，同类材料中硬度高的加工性差。材料硬度高时，切屑与前刀面的接触长度减小，因此前刀面上法应力增大，摩擦热量集中在较小的刀-屑接触面上，促使切削温度增高、磨损加剧。工件材料硬度过高时，甚至引起刀尖的烧损及崩刃。工件材料中硬质点越多，形状越尖锐，分布越广，则工件材料的切削加工性越差。工件材料的加工硬化性能越高，则切削加工性越差。

(2) 工件材料的强度。

工件材料的强度越高，切削力就越大，切削功率随之增大，切削温度因之增高，刀具磨损增大。所以在一般情况下，切削加工性随工件材料强度的提高而降低。合金钢和不锈钢的常温强度与碳素钢相差不大，但高温强度却比较大，所以合金钢和不锈钢的切削加工性低于碳素钢。

(3) 工件材料的塑性和韧性。

同类材料，强度相同时，塑性大的材料切削力较大，切削温度也较高，而易与刀具发生黏结，因而刀具的磨损大，已加工表面也粗糙。所以工件材料的塑性越大，它的切削加工性也越差。有时为了改善高塑性材料的切削加工性，可通过硬化或热处理来降低塑性(如进行冷拔等塑性加工使之硬化)。但塑性太低时，切屑与前刀面的接触长度缩短太多，使切削负荷(切削力和切削热)都集中在刀刃附近，将促使刀具磨损加剧。由此可知，塑性过大或过小都使切削加工性下降。

材料的韧性对切削加工性的影响与塑性相似。韧性对断屑的影响比较明显，在其他条件相同时，材料的韧性越高，断屑越困难。

(4) 工件材料的导热系数。

一般情况下，导热系数高的材料，它们的切削加工性都比较好；而导热系数低的材料，切削加工性都差。但导热系数高的工件材料，在加工过程中温升较高，这对控制加工尺寸造成一定困难，所以应加以注意。

(5) 化学成分。

Cr、Ni、V、Mo、W、Mn 等元素大都能提高钢的强度和硬度；而 Si 和 Al 等元素容易形成氧化铝和氧化硅等硬质点使刀具磨损加剧。这些元素含量较低时(一般以 0.3%为限)，对钢的切削加工性影响不大；超过这个含量水平，对钢的切削加工性是不利的。

(6) 金相组织。

工件材料的成分相同，但组织不同时，其力学物理性能也不同，自然也使切削加工性不同。纯铁(含碳量极低)是完全的铁素体，由于塑性太高，其切削加工性很差。高碳钢的组织为马氏体、回火马氏体和索氏体时，硬度很高，其切削加工性也很差。

2) 改善材料切削加工性的途径

工件材料切削加工性往往不符合使用部门的要求，为改善工件材料切削加工性以满足加工部门的需要，在保证产品和零件使用性能的前提下，应通过各种途径，采取措施达到改善切削加工性的目的。比较常用的措施有两项。

(1) 调整工件材料的化学成分，以改善切削加工性。

在大批量生产中，应通过调整工件材料的化学成分来改善切削加工性。如上所述，工件材料的化学成分能影响切削加工性，若在钢中适当添加一些化学元素，如 S、Pb 等，能使钢的切削加工性得到改善，这样的钢就成为易切钢，易切钢的良好切削加工性主要表现在：切削力小、容易断屑，且刀具耐用度高，已加工表面质量好。

(2) 通过热处理改变工件材料的金相组织和物理力学性能，以改善切削加工性。

金属组织能影响工件材料切削加工性，通过热处理可以改变工件材料金相组织和物理力学能，因此能改善其切削加工性。高碳钢和工具钢的硬度偏高，且有较多的网状和片状渗碳体组织，较难切削。通过球化退火，可以降低它的硬度，并能得到球状渗碳体组织，因而改善了切削加工性。低碳钢的塑性过高，也不好切削。通过冷拔或正火处理，可以适当降低其塑性，提高硬度，使其切削加工性得到改善。

2.8.2 刀具几何参数的选择

刀具的几何参数对切削时金属的变形、切削力、切削温度和刀具磨损都有显著影响，从而影响切削生产率、刀具耐用度、加工表面质量和加工成本。为了充分发挥刀具的切削性能，除应正确选择刀具材料外，还应合理地选择刀具几何参数。

1. 前角及倒棱的选择

1) 前角的功用及选择

前角是刀具上重要的几何参数之一，前角的大小决定着切削刃的锋利程度和强固程度。增大刀具的前角可以减小切屑变形，从而使切削力和切削功率减小，切削时产生的热量减少，使刀具耐用度得以提高。但是，增大前角会使楔角减小，这样一方面使刀刃强度降低，容易造成崩刃；另一方面会使刀头散热体积减小，刀头能容纳热量的体积减小，致使切削温度增高。因此，刀具的前角太大时，刀具耐用度也会下降。

实践证明，刀具合理前角取决于刀具材料和工件材料的种类和性质。

(1)刀具材料的强度及韧性较高时，可选择较大的前角。

高速钢的强度高，韧性好；硬质合金脆性大，怕冲击，易崩刃；因此高速钢刀具的前角可比硬质合金刀具选得大一些，可大 5°～10°。陶瓷刀具的脆性更大，故前角应选择得比硬质合金刀具还要小一些。

(2)刀具的前角还取决于工件材料的种类和性质。

① 加工塑性材料(如钢)时，应选较大的前角；加工脆性材料(如铸铁)时，应选较小的前角。用硬质合金刀具加工一般钢料时，前角可选 10°～20°；加工一般灰铸铁时，前角可选 5°～15°。

② 工件材料的强度或硬度较小时，切削力不大，刀具不易崩刃，对刀具强固的要求较低，为了使切削刃锋利，宜选较大前角。当材料的强度或硬度较高时，切削力较大，切削温度也较高，为了增加切削刃的强度和散热体积，宜取较小前角。

③ 用硬质合金车刀加工强度很大的钢料($\sigma_b \geqslant 0.8$～1.2GPa)或淬硬钢，特别是断续切削时，应从刀具破损的角度出发选择前角，这时常需采用负前角($\gamma_o = -20^\circ \sim -5^\circ$)。抗弯强度更差的陶瓷和立方氮化硼刀具，也经常采用负前角。

工件材料的强度或硬度越高，负前角的绝对值也越大。但是负前角刀具会增大切削力(特别是 F_y 力)和能耗，易引起机床振动。因此，只是在工件材料的强度和硬度很高、切削载荷冲击很大，采用正前角会产生崩刃，而工艺系统刚性却很好时，才采用负前角。

加工一般脆性金属时，由于这类金属的抗压强度大于抗拉强度，用正前角刀具较容易切除切屑，故通常不采用负前角。

(3)选择合理前角时还要考虑一些具体加工条件。

粗加工时，特别是断续切削时，切削力和冲击一般都比较大，工件表面硬度也可能很高，为使切削刃有足够强度，宜取较小前角；精加工时，对切削刃强度要求较低，为使刀刃锋利，降低切削力，以减小工件变形和表面粗糙度，宜取较大前角。

在工艺系统刚性较差或机床电动机功率不足时，宜取较大的前角；但在自动机床上加工时，为使刀具切削性能稳定，宜取小一些的前角。

2)倒棱的选择

增大刀具前角，有利于切屑形成和减小切削力；但增大前角，又使切削刃强度减弱。在正前角的前刀面上磨出倒棱(图 2.109)则可二者兼顾。

倒棱的主要作用是增强切削刃，减小刀具破损。这对脆性较大的刀具材料，如硬质合金和陶瓷，尤其在用这些材料做的刀具进行粗加工或断续切削时，对减少崩刃和提高刀具耐用度的效果是很显著的(可提高 1～5 倍)；用陶瓷刀铣削淬硬钢时，没有倒棱的切削刃是不可能进行切削的。此外，刀具倒棱处的楔角较大，使散热条件也得到改善。

倒棱的宽度值一般与切削厚度(或进给量)有联系。通常取为 $b_{\gamma1} = 0.1 \sim 1\text{mm}$ 或 $b_{\gamma1} = 0.3 \sim 0.8f$ 。粗加工时取大值，精加工时取小值。倒棱的前角对高速钢刀具取 $\gamma_{o1} = 0^\circ \sim 5^\circ$，对硬质合金取 $\gamma_{o1} = -10^\circ \sim -5^\circ$。

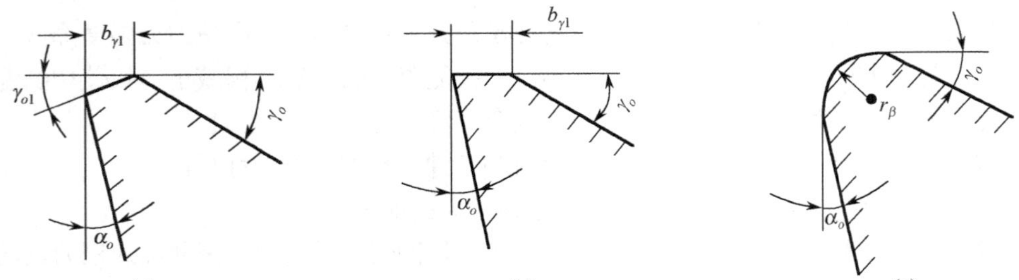

图 2.109　前刀面上的倒棱

对于进给量很小（$f \leqslant 0.2$mm/r）的精加工刀具，由于切下的切屑很薄，为了使切削刃锋利，减小刀刃钝圆半径，不宜磨出倒棱。加工铸铁、铜合金等脆性材料的刀具，以及形状复杂的刀具如成形车刀等，一般也都不磨倒棱。

2. 后角的选择

后角的主要功用是减小切削过程中刀具后刀面与加工表面之间的摩擦。后角的大小还影响作用在后刀面上的力、后刀面与工件的接触长度以及后刀面的磨损程度，因而对刀具耐用度和已加工表面质量有很大的影响。

适当增大后角可提高刀具耐用度，这是因为：

① 刀具切削过的工件表面由于弹性变形、塑性变形和刀刃圆弧的作用，已加工表面上总有一个弹性恢复层；增大后角可减小弹性恢复层与后刀面的接触长度，因而可减小后刀面的摩擦与磨损。

② 后角增大，楔角则减小，刀刃钝圆半径也减小，刀刃易切入工件，可减小工件表面的弹性恢复。当切下的切屑层很薄时，这一点尤其重要。

③ 在后刀面磨损标准 VB 相同时，后角较大的刀具，达到磨钝标准时，所磨去的体积较大(图 2.110)，这也是刀具耐用度较高的原因之一。

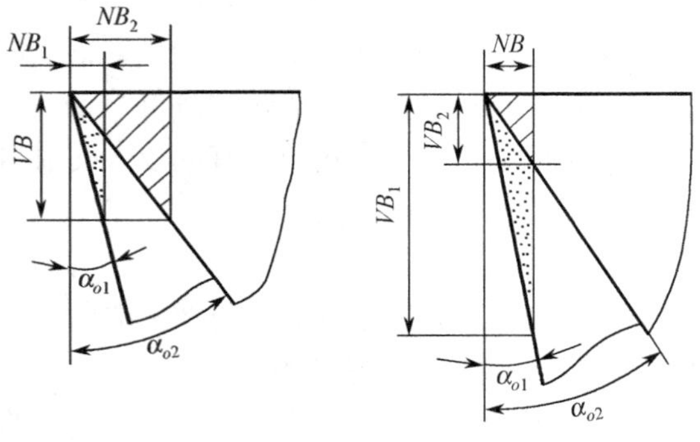

图 2.110　后角的大小对刀具材料磨损体积的影响

但是，当后角太大时，由于楔角会显著减小，削弱切削刃的强度，减小散热体积而使散热条件恶化，并使刀具耐用度降低。而且重磨时磨去的材料量增多，将增加磨刀及刀具费用。

当切削厚度很小时，磨损主要发生在后刀面上，为了减小后刀面的磨损，增加切削刃的锋利程度，宜取较大的后角。当切削厚度很大时，前刀面上的磨损量加大，这时后角取小些可以增强切削刃及改善散热条件；同时，由于这时楔角较大，可以使月牙洼磨损深度达到较大值而不致使切削刃碎裂，因而可提高刀具耐用度。

车刀合理后角在 $f \leqslant 0.25$mm/r 时可选为 10°～12°，在 $f \geqslant 0.25$mm/r 时可选为 5°～8°。刀具合理后角除取决于切削厚度外，还与一些切削条件有关。

(1) 工件材料的强度或硬度较高时，为了加强切削刃，宜取较小的后角。

(2) 当工艺系统刚性较差，容易出现振动时，应适当减小后角。

(3) 对于尺寸精度要求较高的刀具，宜取较小的后角。

3. 主偏角和副偏角的选择

1) 主偏角的功用及选择

主偏角对刀具耐用度影响很大，并且可以在很大范围内变化。随着主偏角的减小，刀具耐用度得以提高。由此可知，从刀具耐用度出发，刀具的主偏角理应是小些为好。

减小主偏角还可使工件表面残留面积高度减小，从而使已加工表面粗糙度减小。然而，减小主偏角会导致径向分力 F_y 增大。

在工艺系统刚性很强时，随着主偏角减小，刀具耐用度或可用切削速度显著提高；但当工艺系统刚性不足时，主偏角太大或太小都会使刀具耐用度下降。由此可知，合理主偏角的大小也决定于工艺系统的刚性。当刚性允许时，则主偏角宜取小一些。硬质合金车刀的主偏角多取为 60°～75°。

2) 副偏角的功用及选择

刀具副切削刃的主要作用是最终形成已加工表面。副偏角的大小对刀具耐用度和已加工表面粗糙度都有影响。

副偏角过小会增加副切削刃参加切削工作的长度，增大副后刀面与已加工表面的摩擦和磨损，因此刀具耐用度较低。此外，副偏角太小，也易引起振动。但是，副偏角太大会使刀尖强度降低，散热条件恶化，因此刀具耐用度也较低。在副偏角较小时，加工表面粗糙度也较小。精车时一般取 $\kappa_r' = 5° \sim 10°$，粗车时一般取 $\kappa_r' = 10° \sim 15°$。

由上述可知，在工艺系统刚性较好，不产生振动的条件下，副偏角不宜取大。为了提高已加工表面质量，在生产中还使用了带有修光刃的刀具。用带有修光刃的刀具切削时，径向分力 F_y 很大，因此工艺系统刚性必须很好，否则易引起振动。

4. 刃倾角的选择

1) 刃倾角的功用

刃倾角可以控制切屑流出方向，刃倾角取不同值时，切屑流出方向如图 2.111 所示；刃倾角可以影响刀头强度及断续切削时切削刃上受冲击的位置；刃倾角能够影响切削刃的锋利程度，斜角切削时，刃倾角的变化会使实际起作用的前角变化(图 2.112)；刃倾角还可以影响切削分力的大小。

2) 刃倾角的选择

在加工一般钢料和铸铁时，无冲击的粗车取 $\lambda_s = -5° \sim 0°$，精车取 $\lambda_s = 0° \sim 5°$。有冲击负荷时，取 $\lambda_s = -15° \sim -5°$；当冲击特别大时，可取 $\lambda_s = -45° \sim -30°$。加工高强度钢、高锰钢、淬硬钢时，可取 $\lambda_s = -30° \sim -20°$。

不同刀具的合理几何参数可参考相关手册。

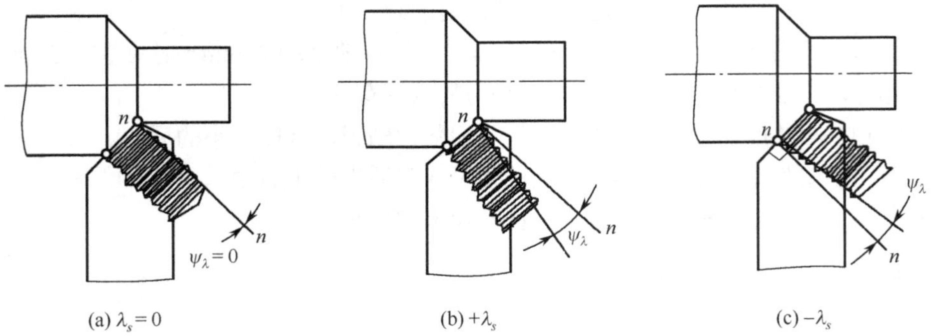

图 2.111　刃倾角对切屑流出方向的影响

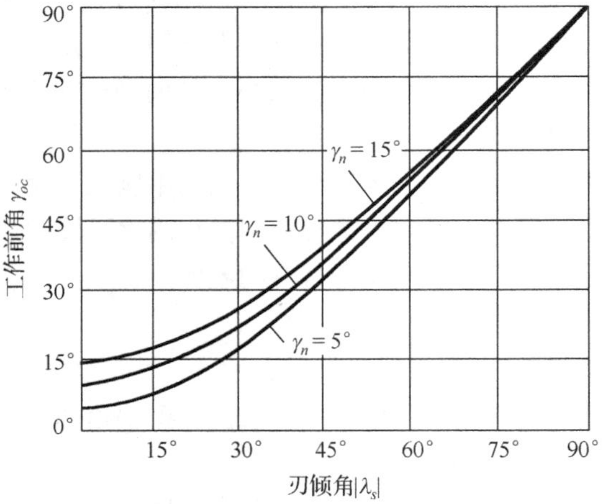

图 2.112　刃倾角对工作前角的影响

2.8.3　切削用量的选择

选择切削用量就是要确定具体切削工序的背吃刀量 a_p、进给量 f 和切削速度 v。选择切削用量时，要综合考虑生产率、加工质量和成本。

所谓“合理的”切削用量是指充分利用刀具的切削性能和机床性能(功率、扭矩)，在保证质量的前提下，获得高的生产率和低的成本的切削用量。

1. 选择切削用量的原则

1)对切削加工生产率的影响

按式 2-42 计算单件工序的切削时间 $t_m = \dfrac{\pi d_w l_w \Delta}{10^3 v a_p f}$，可计算生产率 P 为

$$P = \frac{1}{t_m} = \frac{10^3 v a_p f}{\pi d_w l_w \Delta} = A_0 v a_p f \tag{2-50}$$

由式(2-42)可知，v、f、a_p 中的任何一个参数增加一倍，都可提高生产率一倍。也就是说，切削用量三要素对生产率的影响是相同的。

2) 对刀具耐用度的影响

据前所述，切削用量与刀具耐用度的关系为

$$T = \frac{C_T}{v^x f^y a_p^z}$$

一般情况下 $x>y>z$，即对刀具耐用度影响最大的是切削速度，其次是进给量，影响最小的是背吃刀量。由此可以得出结论，从刀具耐用度出发，在选择切削用量时，应首先采用最大的背吃刀量，再选用大的进给量，然后根据确定的耐用度选择切削速度。

3) 对加工质量的影响

切削用量三要素中，背吃刀量增大，切削力成比例增大，使工艺系统弹性变形增大，并可能引起振动，因而会降低加工精度，增大表面粗糙度。进给量增大，切削力也将增大，而且表面粗糙度会显著增大。切削速度增大时，切屑变形和切削力有所减小，表面粗糙度也有所减小。因此，在精加工和半精加工时，常常采用较小的背吃刀量和进给量。为了避免或减小积屑瘤，提高表面质量，硬质合金车刀常采用较高的切削速度(一般 $v = 80 \sim 100$m/min)，高速钢车刀则采用较低的切削速度(如宽刃精车刀 $v = 3 \sim 8$m/min)。

2. 切削用量的选择

粗加工的切削用量，一般以提高生产率为主，同时考虑加工成本；半精加工和精加工的切削用量，应以保证加工精度和表面质量为前提，兼顾生产率和加工成本。粗加工、半精加工和精加工时切削用量的具体选择如下。

1) 粗加工切削用量的选择

(1) 背吃刀量：根据加工余量多少而定。除留给下道工序的余量外，其余的粗加工余量尽可能一次切除，以使走刀次数最少。当加工余量太大、机床功率不足、刀具强度不够时，就分两次或多次将余量切完。切削表层有硬皮的铸、锻件或切削不锈钢等加工硬化较严重的材料时，应尽量使背吃刀量越过硬皮或硬化层深度。

(2) 进给量：当背吃刀量确定后，根据机床-刀具-夹具-工件工艺系统的刚度情况，应选择尽可能大的进给量。

(3) 切削速度：根据工件材料和刀具材料确定。粗加工一般选用中低切削速度。

总之，粗加工宜选择大的背吃刀量和进给量以及中低切削速度。

2) 半精加工和精加工切削用量的选择

(1) 背吃刀量：精加工往往采用逐渐减小背吃刀量的方法来逐步提高加工精度。减小背吃刀量，可以降低切削力，减小工件变形，提高加工精度，避免振动。

(2) 进给量：进给量选择主要受到表面粗糙度的限制，在一定的刀具参数和刀尖圆弧半径条件下，根据表面粗糙度要求确定进给量。

(3) 切削速度：要避开积屑瘤产生的切削速度范围，在保证一定刀具耐用度的前提下，尽可能提高切削速度。

总之，半精加工和精加工宜选择较小的背吃刀量和进给量以及较大的切削速度。

切削用量的选取有计算法和查表法。在大多数情况下，切削用量的选取是根据给定的条件按有关切削用量手册中推荐的数值选取。

2.9 磨　　削

磨削是用磨具对工件进行加工的方法，常用磨具有砂轮、砂带、油石等，其中以砂轮应用最广。磨削常用于半精加工和精加工，加工精度达 IT5～IT6，加工表面粗糙度 *Ra* 可小至 0.01～0.8μm。当采用镜面磨削时，*Ra* 可达 0.01～0.04μm。磨削适用于加工较硬的金属材料及非金属材料，如淬硬钢、硬质合金刀具、陶瓷等。磨削的加工余量可以很小，磨削速度(一般在 35m/s 以上)和磨削温度很高。近年来，由于采用新型砂轮和新的磨削工艺，磨削加工的应用日益广泛，不仅用于精加工，也可直接将毛坯磨削到加工精度。

2.9.1 砂轮的特性与选择

砂轮是由一定比例磨料和结合剂经压制和烧结而成。其特性取决于磨料、粒度、结合剂、硬度和组织等因素。

1. 磨料

磨料是砂轮的主要组成部分，它除了应具备锋利的尖角外还应有高硬度、高耐热性以及一定的韧性。常用的磨料代号、特点及应用范围见表 2.10。

表 2.10　常用磨料的特点及应用

类别	磨料名称	代号	主要成分	颜色	力学性能	应用范围
刚玉类	白刚玉	GB(WA)	Al_2O_3 >99%	白色	韧性大 硬度大	磨削淬火钢、高速钢、高碳钢等
	棕刚玉	GZ(A)	Al_2O_3 95% TiO_3 2%～3%	棕褐色		磨削碳钢、合金钢、可锻铸铁等
碳化硅类	黑色碳化硅	TH(C)	SiC>95%	黑色		磨削铸铁、黄铜、耐火材料及非金属材料
	绿色碳化硅	TL(GC)	SiC>99%	绿色		磨削硬质合金、宝石、陶瓷、玻璃等
高硬磨料	立方氮化硼	CBN	立方氮化硼	黑色	高硬度 高强度	磨削各种高温合金、高钼钢、高钒钢、高钴钢、不锈钢等
	人造金刚石	MBD RVD	碳结晶体	乳白色		磨削硬质合金、光学玻璃、宝石、陶瓷等硬质材料

2. 粒度

粒度是指磨料颗粒尺寸的大小。粒度分为粗磨粒和微粉两类。按照国家标准 GB/T 2481.1—1998 的规定，颗粒尺寸大于 63μm 的磨粒，称为粗磨粒，用筛分法分级。粗磨粒标示为 F4～F220 共 26 级。颗粒尺寸小于 63μm 的磨料，称为微粉，用沉降法进行分级。微粉标示为 F230～F1200 共 11 级。

砂轮磨料的粒度对磨削表面的粗糙度和磨削效率有很大影响。一般而言，粗粒度砂轮磨削深度大，故磨削效率高，但表面粗糙度值大。细粒度砂轮加工效率低而被加工工件表面粗糙度值较小。所以粗磨时，一般选粗粒度砂轮，精磨时选细粒度砂轮。磨软金属时，多选用粗的磨粒，磨脆较硬的金属时，则选用较细的磨粒。磨料粒度和适用范围详见表 2.11。

3. 硬度

砂轮的硬度是指砂轮工作时，磨粒在外力的作用下自砂轮上脱落的难易程度。砂轮硬表示磨粒难脱落，砂轮软表示磨粒易脱落。一般情况下，加工硬度大的金属，应选用软砂轮；加工软金属时，应选用硬砂轮。粗磨时，选用软砂轮；精磨时，选用硬砂轮。国标 GB/T 2484—2006 规定了砂轮的硬度共为 7 个等级，硬度等级用英文字母标记，“A”到“Y”表示由软至硬。硬度等级名称及代号见表 2.12。

表 2.11　粒度和适用范围

粒度号	适用范围
F4～F14	荒磨、重负荷磨钢锭、磨皮革、磨地板、喷砂除锈等
F16～F30	粗磨钢锭、打毛刺、切断钢坯、粗磨平面、磨大理石及耐火材料
F36～F60	平磨、外圆磨、无心磨、内圆磨、工具磨等粗磨工序
F70～F100	平磨、外圆磨、无心磨、内圆磨、工具磨等半精磨工序，工具刃磨、齿轮磨削
F120～F220	刀具刃磨、精磨、粗研磨、粗珩磨、螺纹磨等
F230～F360	精磨、珩磨、精磨螺纹、仪器仪表零件及齿轮精磨等
F400～F1200	超精密加工、镜面磨削、精细研磨、抛光等

表 2.12　砂轮硬度等级

等级	极软				很软			软			中级			硬				很硬	极硬
代号	A	B	C	D	E	F	G	H	J	K	L	M	N	P	Q	R	S	T	Y

4. 结合剂

结合剂是把磨粒黏结在一起组成磨具的材料。常用结合剂的性能及适用范围见表 2.13。

表 2.13　常用结合剂的性能及适用范围

名称	代号(旧)	性能	适用范围
陶瓷	V(A)	强度高，耐热，耐腐蚀性好，气孔率大，易保持轮廓，弹性差	适用于通用砂轮、成形磨削，一般磨削速度 $v<35$m/s
树脂	B(S)	强度较 V 高、弹性好、耐热性差、气孔率小、易磨损	适用于高速磨削，速度可达 50m/s 左右，可制成薄片砂轮，适用于切口开槽
橡胶	R(X)	强度与弹性均高于 V、B，但耐热性差、气孔率小	多用于切断、开槽、抛光用砂轮，速度可达 65m/s 左右
金属	(J)	强度最高、导热性好，但自锐性差	多用于金刚石砂轮及电解磨削用砂轮

5. 组织

砂轮的组织是指组成砂轮的磨料、结合剂、空隙三部分体积的比例关系。通常以磨粒所占砂轮的体积百分比来分级，按照 GB/T 2484—2006 的规定，有三种组织状态(紧密、中等、疏松)，共 15 级(0～14)。组织号越小，磨粒所占的比例越大，砂轮越致密，见表 2.14。

表 2.14　砂轮组织分级

级别	紧密				中级				疏松						
组织号	0	1	2	3	4	5	6	7	8	9	10	11	12	13	14
磨粒占砂轮体积百分比(%)	62	60	58	56	54	52	50	48	46	44	42	40	38	36	34

砂轮疏松则不易堵塞，并可把磨削液或空气带入磨削区，降低磨削温度。但过分疏松则

磨粒含量小，容易磨钝和失去正确的廓形。故粗磨时应采用疏松砂轮，精磨时应采用组织较紧密的砂轮。

6. 砂轮标识

磨具通常都具有标识，以砂轮为例，标识：

P 400×100×127 A 60 L（ZR2）5 B 35

P 表示平形砂轮（中空圆柱形），外径 400，厚度 100，内径 127，棕刚玉磨料，60 号粒度，中软硬度，5 号组织（中等），树脂结合剂，允许的最高磨削线速度为 35m/s 等。砂轮的标识可查阅相关的国家标准。

2.9.2 磨削运动及磨削过程

1. 磨削运动

磨削时，加工对象不同，其所需运动也不同。以外圆磨削为例，包括四个运动，如图 2.113 所示。

1）主运动

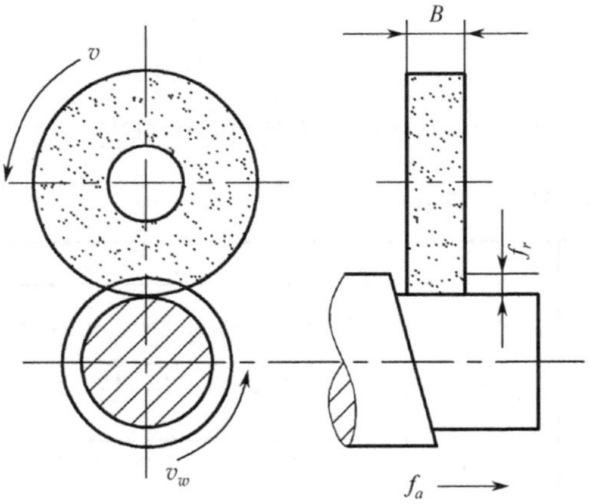

图 2.113　磨削时的运动

它是指砂轮的旋转运动。磨削速度即为砂轮外圆的线速度。普通磨削速度 v 为 30～35m/s，当 v>45m/s 时，称为高速磨削。

2）径向切入运动

它是指砂轮沿径向切入工件的运动。砂轮相对工件径向切入的距离称为径向进给量（或称背吃刀量），记为 f_r。

3）轴向进给运动

它是指工件相对于砂轮的轴向运动。以轴向进给量表示，记为 f_a，其单位为：mm/r（圆柱面磨削）、mm/d·str（平面磨削）。一般 f_a = (0.2～0.8)×B，B 为砂轮宽度。

4）工件运动

工件的旋转或移动，以工件转（移）动线速度表示，记为 v_w（单位一般为 m/min）。

2. 磨削过程

磨削是用分布在砂轮表面上的磨粒通过砂轮和被磨工件的相对运动来进行切削的。每个磨粒可以当作一把微小的刀具，因此可以把砂轮看作是一个刀齿数极多的圆盘铣刀。由于磨粒在砂轮表面上所分布的高度是极不规则的，并且每个磨粒的几何形状又有很大差异，所以每个磨粒的切削层形状又各不相同，其磨粒的切削过程与铣刀的切削过程有很大的不同。

1) 磨屑的形成过程

砂轮表面的磨粒在切入工件时，其作用大致可分为三个阶段，如图 2.114 所示。

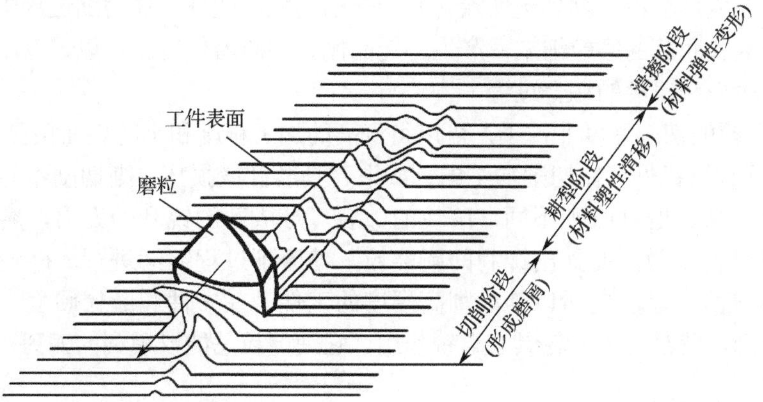

图 2.114　磨粒的切削过程

(1) 滑擦阶段。

磨粒开始与工件接触，切削厚度由零逐渐增大。由于切削厚度较小，而磨粒切削刃的钝圆半径及负前角又很大，磨粒沿工件表面滑行并发生强烈的挤压摩擦，使工件表面材料产生弹性变形，工件表层产生热应力。这一阶段称为滑擦阶段。

(2) 耕犁阶段。

随着切削厚度的增大，磨粒与工件表面的摩擦和挤压作用加剧，磨粒开始切入工件，使工件材料因受挤压而向两侧隆起，在工件表面形成沟纹或划痕。这一阶段称为耕犁阶段。此时除磨粒与工件间相互摩擦外，更主要的是材料内部发生摩擦，工件表层不仅有热应力，而且有由于弹、塑性变形所产生的变形应力。此阶段将影响工件表面粗糙度及表面烧伤、裂纹等缺陷。

(3) 切削阶段。

当切削厚度继续增大到一定值时，磨削温度不断升高，挤压力大于工件材料的强度，使被切材料明显地沿剪切面滑移而形成切屑，并沿磨粒前刀面流出。工件表面也产生热应力和变形应力。

由于砂轮表面磨粒高低分布不均，每个磨粒的切削厚度也不相同，故有些磨粒切削工件形成切屑，有些磨粒仅在工件表面上划刻、滑擦，从而产生很高温度，引起工件表面的烧伤及裂纹。

在强烈的挤压和高温作用下，磨屑的形状极为复杂，常见的磨屑形态有带状屑、节状屑和灰烬。

2) 磨削特点

(1) 磨粒的前角为负前角。磨粒的大小、形状和方位是随机的，形成的工作角度也是随机的。磨粒的基面是通过磨粒上的选定点包含砂轮轴线的平面，故其前角为一个绝对值很大的负前角，且每一点都不相同。

(2) 磨粒切削刃相对于很小的切削厚度 (0.1～10μm) 来说，切削刃钝圆半径 (一般为 10～35μm) 很大，磨削时产生强烈的摩擦和挤压作用。

(3) 磨削过程的金属去除是多个磨粒与工件作用的综合效果。磨粒在砂轮表面分布参差不齐，大小不一，形状各异，高低不同，有些仅起滑擦(抛光)作用，另一些起滑擦和刻划作用，还有一些完成从滑擦、刻划到切除切屑的全部功能。此外，在磨削过程中砂轮与工件之间还会掺入碎裂和脱落的磨粒细末，产生一定的抛光和研磨作用。所以，磨削过程是复杂的切削、刻划、抛光和研磨的综合过程。

(4) 单个磨粒的切削厚度非常小，可以得到高的加工精度和小的表面粗糙度。

(5) 砂轮具有自锐性。在切削加工中，如果刀具磨钝或损坏，则切削不能再继续进行而必须重磨刀具。然而磨削时则不同，磨粒的破裂可形成新的锐利的刀刃，磨钝的磨粒在磨削力的作用下可自行脱落而露出锋利的新磨粒，使磨削过程继续进行。砂轮的这种性质称为自锐性(自砺性)。磨削之所以能磨削高硬度的工件，在工件和磨粒硬度十分相近的情况下也能进行磨削，就是因为砂轮具有自锐作用。它使磨粒总能以锐利的刀刃对工件连续地进行切削。

3) 砂轮的磨损与修整

(1) 砂轮的磨损。

与刀具相同，砂轮在磨削一段时间后也会发生磨损，其磨损形态有以下三种(图 2.115)：

① 磨耗磨损。指由于磨粒与工件之间的摩擦、黏结和扩散而在磨粒与工件的接触处发生的磨粒磨损，通常在磨粒上形成一个包含磨削速度的小平面，如图 2.115 中的 A 平面。在磨损过程中，磨粒逐渐变钝，小平面不断扩大。当小平面过大且变钝的磨粒过多时，应通过修整去除变钝的颗粒。

② 磨粒破碎。磨削过程中，若作用在磨粒上的应力超过磨粒本身的强度时，磨粒上的一部分就会以微小碎片的形式从砂轮上脱落，如图 2.115 磨粒从 B 面破碎。磨粒的破碎能局部地恢复已磨钝磨粒的磨削性能。图中 B 面为示意画法，实际上破碎的方位和大小是随机的，破碎后留在砂轮表面的磨粒形状也是随机的。

③ 磨粒脱落，也叫结合桥断裂。磨削过程中，如果磨粒受到的磨削力大于结合剂所能提供的结合力，磨粒就会从砂轮上整体脱落，如图 2.115 在 C 面脱落。磨粒脱落能去除已磨钝的磨粒，保持砂轮的磨削能力。

此外，磨削塑性材料时，被磨材料会黏附在磨粒上，磨下的磨屑也会糊塞在砂轮表面的气孔中，使砂轮丧失磨削能力的现象，也叫砂轮磨损。

(2) 砂轮的修整。

砂轮磨钝后需要进行修整。当砂轮的形状精度被破坏、砂轮表面磨钝的磨粒太多、磨钝磨粒的小平面过大、砂轮表面已经被堵塞，就应修整砂轮。修整的目的有三个，一是去除已经磨损或被磨屑堵塞的砂轮表层，使里层锐利的磨粒显露出来参与切削；二是使砂轮表面形成更多的切削刃，在一个磨粒上切出很多个高低相近的微刃，从而减小工件表面的粗糙度值；三是把砂轮已经损坏的形状进行修复。

为了达到上述修整砂轮的目的，尤其是目的之二，除了要根据具体情况选择合适的修整工具外，还要确定适当的修整用量。修整砂轮常用的工具有单粒金刚石笔、多粒细碎金刚石笔、金刚石滚轮等。应用最广的是用单粒金刚石笔以车削法修整砂轮(图 2.116)，其运动情况类似于在车床上切削螺纹。

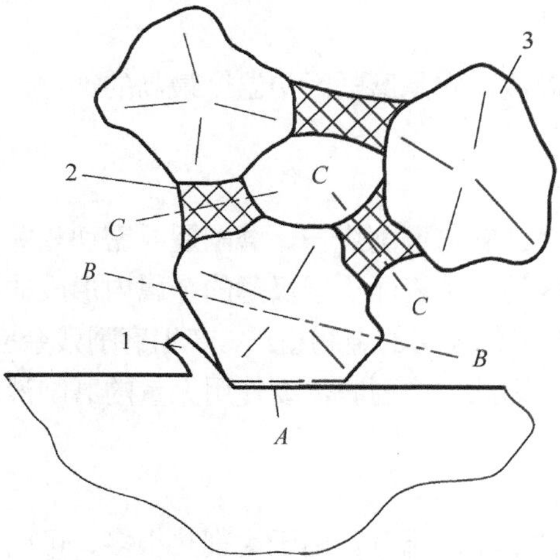

图 2.115　砂轮磨损的三种形态

1-切屑；2-结合剂；3-磨粒；A-磨耗磨损；B-磨粒破碎；C-结合桥断裂

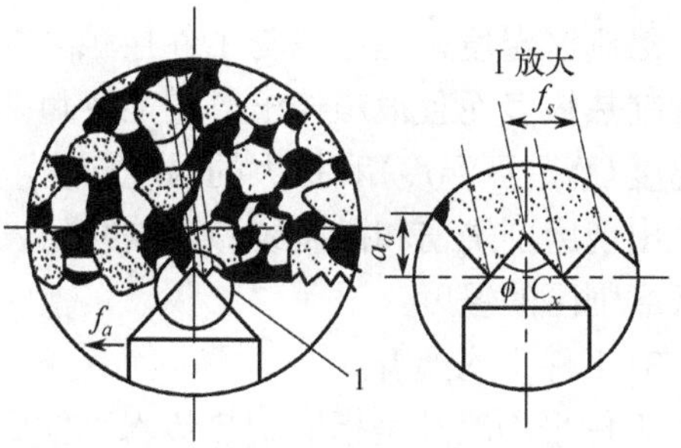

图 2.116　单粒金刚石笔以车削法修整砂轮

2.9.3　磨削力

砂轮上单个磨粒的切削厚度固然很小，但是大量的磨粒同时对被磨金属层进行挤压、刻划和滑擦，加之磨粒的工作角度又很不合理，因此总的磨削力很大。为了便于测量和计算，将总磨削力分解为三个相互垂直的分力 F_x(轴向磨削力)、F_y(径向磨削力)、F_z(切向磨削力)，如图 2.117 所示。和切削力相比，磨削力有以下特征：

(1) 径向磨削力 F_y 最大。这是因为磨粒大都以负前角工作，当磨粒磨钝后，形成包含切削速度的小平面，增大了与工件的实际接触面积，从而使 F_y 增大。通常 $F_y=(1.6\sim3.2)F_z$。

(2) 轴向磨削力 F_x 很小，一般可以不必考虑。

磨削力随不同的磨削阶段而变化。在初磨阶段，磨削力由小至大变化较大；进入稳定磨削阶段，工艺系统的弹性变形达到一定程度，此时磨削力较为稳定；光磨阶段实际磨削深度趋近于零，此时磨削力渐小。

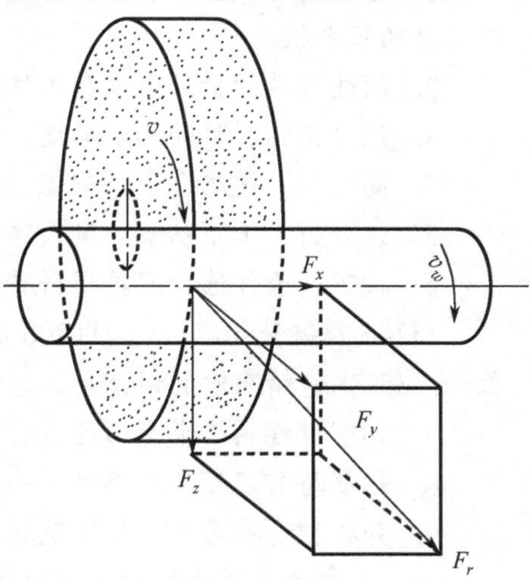

图 2.117　磨削力的分解图

2.9.4　磨削温度

由于磨削过程中磨粒的切削厚度很小，摩擦力很大，磨削速度很高，故切除单位体积的材料所消耗的功率为车、铣等其他切削方法的 10 倍以上。磨削消耗的能量基本都转变为热能。

由于产生的热量很多，而磨粒经过磨削区的时间极短，传给工件的热量不多，砂轮的导热性又不好，所切下的切屑数量很少，在这期间内产生的热量很难传出，磨削区的瞬时点温度高达 1000℃以上。磨削中看到的火花，就是高温下切屑在空气中燃烧的现象。磨削温度可以严格地分为如下几种。

1) 磨削点温度

磨削点温度是指磨粒与磨屑和工件接触点的温度。它是磨削区中温度最高的部位，直接影响磨粒的磨耗磨损和磨屑形态。

2) 磨削区温度

磨削区温度是指砂轮与工件接触区的平均温度。它与磨削烧伤、磨削裂纹密切相关。由于磨削热很多而且很难传出，在工件和砂轮接触区的工件表面一层极薄的金属内形成非常高的温度(磨削区温度)和极大的温度梯度，可能改变工件表层的金相组织，产生磨削残余应力，甚至出现磨削烧伤和微裂纹，影响磨削表面质量。因此，磨削时需要使用大量的磨削液，以降低磨削区的温度。

3) 工件平均温升

工件平均温升是指磨削热传入工件后引起工件的平均温升。由于磨削热很多，可引起工件温度的明显升高，影响工件的形状精度和尺寸精度。由于干磨(不使用磨削液的磨削)时磨削热大都传给了工件，更要充分考虑工件温升问题。

如不加特别说明，磨削温度通常是指磨削区温度。

思考与练习

1. 分析用麻花钻在钻床上钻孔时的主运动、进给运动、工件上的加工表面和麻花钻切削部分的基本组成。

2. 试述刀具的标注角度和工作角度的区别。为什么横向切削时，进给量不能太大？

3. 试分析钻孔时的切削厚度、切削宽度及其与进给量、背吃刀量的关系。

4. 高速钢、硬质合金、陶瓷、金刚石、立方氮化硼各有何性能特点？适用于何处？

5. 试分析加工不锈钢、奥氏体钢、淬硬钢、高锰钢、钛合金时刀具材料的选择。

6. 按下列条件选择刀具材料类型或牌号：

(1) 45 钢锻件粗车；(2) HT200 铸件精车；(3) 低速精车合金钢蜗杆；(4) 高速精车调质钢长轴；(5) 高速精密镗削铝合金缸套；(6) 中速车削淬硬钢轴；(7) 加工 65HRC 冷硬铸铁。

7. 切削过程的三个变形区各有何特点？第一变形区的变形大小可用什么参数衡量？

8. 切屑与前刀面的摩擦对第一变形区的剪切变形有何影响？

9. 分析积屑瘤产生的原因及其对切削过程的影响。

10. 分析各个因素影响切削力的原因，特别是背吃刀量和进给量对切削力的影响。

11. YT15 硬质合金车刀外圆纵车 $\sigma_b = 0.98\text{GPa}$, 207HBS 的 40Cr 钢。车刀的几何参数为 $\gamma_o = 15^\circ, \lambda_s = -5^\circ, \kappa_r = 75^\circ, b_{\gamma 1} = 0.4\text{mm}, r_\varepsilon = 0.5\text{mm}$；车刀的切削用量为 $a_p \times f \times v = 4\text{mm} \times 0.4\text{mm/r} \times 1.7\text{m/s}$。用指数经验公式计算三向切削分力 F_z、F_y 和 F_x，计算切削功率 P_m。

12. 背吃刀量和进给量对切削力和切削温度的影响是否一样？为什么？如何运用这一规律指导生产实践？

13. 增大前角可以使切削温度降低的原因是什么？是不是前角越大切削温度越低？

14. 什么是刀具的磨钝标准？它与哪些因素有关？

15. 何谓黏结磨损与扩散磨损？影响它们的主要因素是什么？

16. 切削用量对刀具磨损有何影响？在 $vT^m = C_0$ 关系中，指数 m 的物理意义是什么？不同刀具材料的 m 值为什么不同？

17. 工件材料切削加工性为什么是相对的？用什么指标来衡量工件材料切削加工性？怎样评价工件材料切削加工性？

18. 通过分析影响工件材料切削加工性的因素，探讨改善工件材料切削加工性的途径。

19. 试说明在下列不同情况下刀具几何参数的选择有何不同：(1)加工灰铸铁和一般碳素结构钢；(2)加工不锈钢和中碳钢；(3)加工高硬度高强度钢和中碳钢。

20. 从刀具耐用度出发，按什么顺序选择切削用量？从机床动力出发时，按什么顺序选择切削用量？为什么？

21. 在 CA6140 车床上粗车、半精车一套筒的外圆，材料为 45 钢(调质)，$\sigma_b = 681.5\text{MPa}$, 200HBS，毛坯尺寸 $d_w \times l_w = 80\text{mm} \times 350\text{mm}$，车削后的尺寸 $d = \phi 75_{-0.25}^{\ 0}\text{mm}$，$L$=340mm，表面粗糙度 Ra 为 3.2μm。试选择刀具材料、刀具类型、刀具几何参数及切削用量。

22. 试比较磨削和单刃刀具切削的异同。

第 3 章　机械加工与装配工艺规程制订

3.1　概　　述

3.1.1　生产过程与工艺过程

生产过程是指原材料到成品之间相关联的各个环节劳动过程的总和。对机器制造而言，它包括材料及零件的运输与保管、生产准备工作、毛坯制造、零件机械加工与热处理、质检、装配、调整、油漆和包装等。在生产过程中，有直接把原材料变为零件，再把零件装配成机器的直接生产过程，也有如运输、保管、工装制造、质检和统计报表等，不使加工对象产生直接的变化的辅助生产过程。

工艺过程是指在机械产品的生产过程中，那些改变生产对象的形状、尺寸、相对位置和性质等，使其成为成品或半成品的过程。例如，毛坯制造、热处理、质检和装配等，均为工艺过程。工艺过程是生产过程的重要组成部分。

直接变原材料为零件的过程与产品装配的过程，称为机械制造工艺过程。在机械制造工艺过程中，又有毛坯制造工艺过程、机械加工工艺过程、热处理工艺过程和装配工艺过程等。

3.1.2　机械加工工艺过程的组成

机械加工工艺过程是指用机械加工的方法(包括钳工的手工操作)按规定的顺序把毛坯(包括轧制材料)变成零件的全部过程。例如对某机床床身铸件，经过钳工划线、龙门刨床刨削、摇臂钻床钻孔、导轨磨床磨削等步骤，最后变成床身零件的全部工艺过程即称之为床身的机械加工工艺过程。

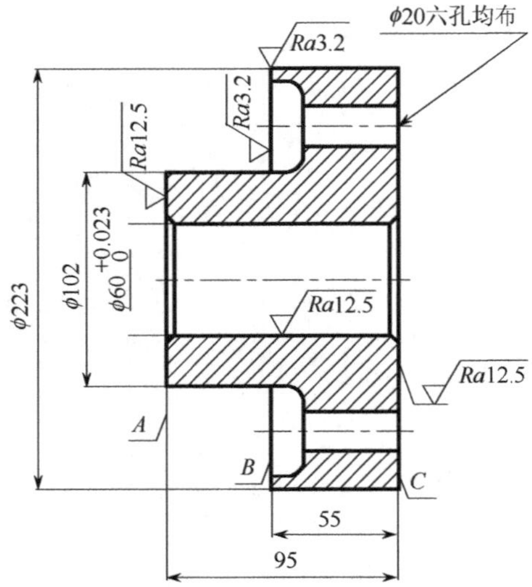

图 3.1　联轴器零件图

机械加工工艺过程可细分为工序、安装、工位、工步和走刀。

1) 工序

工序是工艺过程的基本单元。它指的是一个工人(或一组工人)在一个工作地点(一般是指一台机床)对一个工件(对多轴机床来说是同时对几个工件)所连续完成的那一部分工艺过程。例如，对图 3.1 所示的联轴器，至少要用两个工序才能加工完成，即工序一：在车床上车出所有的外圆、孔、端面。工序二：在钻床上钻出六个$\phi20$ 的孔。如果该工件的车削工序是在两台车床上完成的，一台车床上由一个工人车端面 C、$\phi223$ 的外圆和镗$\phi60$ 孔；另一个工人在另一台车床上车端面 A 和 B，则该工件有两个车削工序，即工序一：车端面 C、车外圆、镗孔。工序二：车端面 A 和 B。如果上述车削工作不是在两台机床上，而是在同一个机床上由同一工人来进行，但是在完成了车端面 C、车外圆、镗孔后，工件并不是立即进行端面 A、B 的车削，而是被转到钻床上去钻孔，然后再回到该机床上来车端面 A、B，则由于其工作不连续，应算为三个工序，即工序一：车端面 C、车外圆、镗孔。工序二：钻六个ϕ20 孔。工序三：车端面 A、B。如果工件在车端面 C、车外圆、镗孔后，并没有转到其他机床上去，仍由该机床加工 A 和 B，为了操作方便，将他手中的一批工件的所有外圆、内孔、端面 C 加工完后，再车所有工件的 A 和 B。那么在这种场合下，虽然对每一个工件来说，两部分的车削工作并不是连续的，但是为了管理上的方便，仍算做一个工序，不记为两个工序。

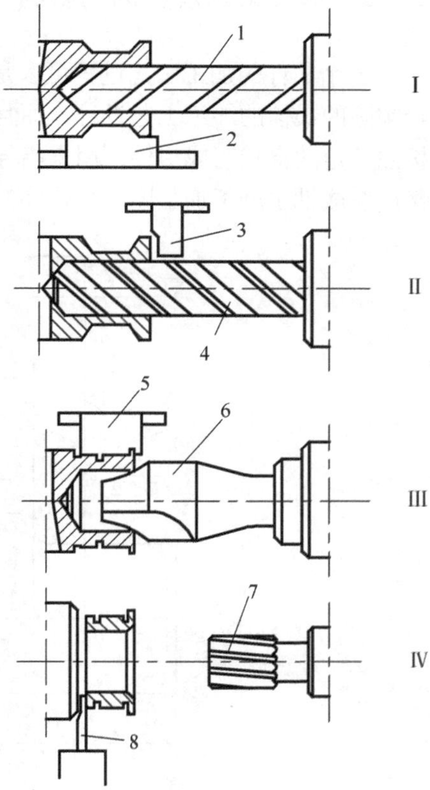

图 3.2　在四轴自动机床上加工工件

工位 I -钻孔、粗车外圆、滚道；工位 II -扩孔、车端面；工位III-精车外圆、滚道、倒内孔角；工位IV-铰孔、切断

2）安装

一个工序有时在零件的几次装夹下完成，这时在零件每装夹一次下所完成的那部分工作称为一次安装，如上述联轴器的工序一。在车床上车出所有外圆、孔和端面的工序中，就包含了两个安装：安装一，车端面 C、车外圆、镗孔；安装二，车端面 A 和 B。加工工件时，在每一个工序中，应尽量减少安装次数，以避免影响加工精度和增加辅助时间。

3）工位

在多轴机床上或在带有转位夹具的机床上加工时，工件在机床上所占有的一个位置上所完成的那部分工作称为一个工位。图 3.2 是在四轴自动车床上加工圆锥滚柱轴承内圈的实例。该工序共分为四个工位，在每个工位上，纵刀架与横刀架都同时进行切削。一般采用回转工作台、多工位夹具以及多轴机床加工来减少安装次数。

安装与工位的区别：每次安装中，工件对夹具或机床的相对位置起了变化；而变换工位时，不需要重新安装，工件与机床的相对位置的变化是由夹具或机床的机构来实现的。

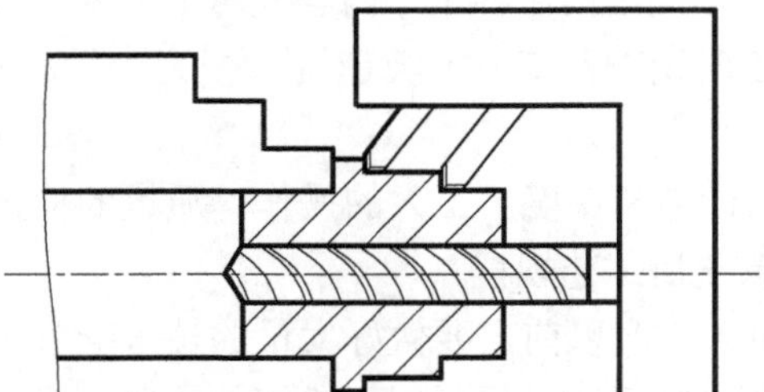

图 3.3　复合工步

4）工步

工步是构成工序的基本单元。工步的定义是：在加工表面、切削刀具和切削用量(对车削来说，指主轴转速和车刀进给量，不包括切深，对其他加工也类似)都不变的情况下所连续完成的那一部分工作。这三个要素有一个发生变化即算成两个工步。对于几把刀具同时切削的情况，如图 3.3 所示的在转塔车床上车削，转塔上两把车刀和一个钻头同时加工三个表面，这仍算作一个工步，称为复合工步，可以提高生产效率。

5) 走刀

有些工步由于余量太大，或由于其他原因，需要同一刀具在相同转速和进给量下(切深可能略有不同)对同一表面进行多次切削。这时，刀具在加工表面上对工件每一次切削所完成的那一部分工作称为一次走刀。

3.1.3　加工工艺规程的内容和作用

一个零件的加工工艺过程可以是各种各样的。工艺技术人员的任务是要制订出一个最结合实际的最佳的加工工艺过程，而且用一个文件予以规定。将合理的工艺过程和操作方法，按照一定的格式写成文件，用来指导生产，这个工艺文件就称为加工工艺规程。表 3.1 就是某厂在成批生产下加工图 3.4 所示杠杆所采用的工艺规程。

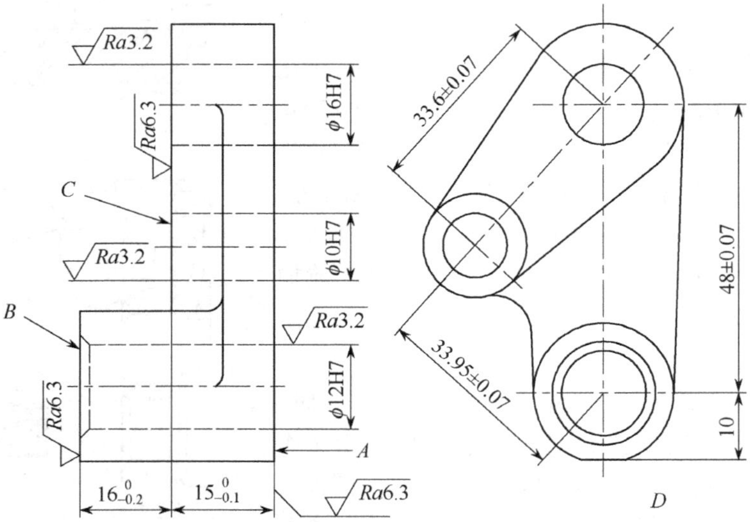

图 3.4　杠杆零件图

加工工艺规程是机械制造厂的最主要的技术文件之一。将工艺规程内容填入一定格式的卡片，即成为生产准备和施工依据的工艺文件。常用的有机械加工工艺过程卡片、机械加工工艺卡片、机械加工工序卡片。

加工工艺规程的内容一般包括：加工路线和经过车间工段，各工序内容及所用机床、刀具、工艺装备，工件检验项目及方法，切削用量，工时定额及工人等级等。

工艺规程的作用如下：

(1) 工艺规程是组织生产的指导性文件。生产的计划和调度、工人的操作、质量的检查都是以工艺规程为依据的。一切生产人员都不得任意违反工艺规程。

(2) 工艺规程是生产准备工作的依据。在产品投入生产以前，要做好大量的技术准备工作和生产准备工作。例如，刀、夹、量具的设计、制造或采购；原材料、毛坯件的制造或采购以及必要的设备改装或添置等，而所有这些工作都是以工艺规程作为依据来安排和组织的。

(3) 在新建和扩建加工车间时，可参考同类工厂的工艺资料设计工艺规程，并计算出应配备的机床设备的种类和数量，确定车间的面积和机床的布置。

表 3.1　综合工艺过程卡片

（工厂名）	综合工艺过程卡片	产品名称及型号	CW6163 车床	零件名称	杠杆	零件图号	07100	第 1 页	共 1 页
	材料	名称	铸铁	毛坯	种类	铸件	零件重量/kg	毛重	
		牌号	HT10-26		尺寸			净重	
		性能		每料件数	1	每台件数	1	每批件数	

工序号	工序内容	加工车间	设备名称及编号	工艺装备名称及编号			技术等级	时间定额/min	
				夹具	刀具	量具		单件	装备终结
1	划线	机工							
2	铣 A 面达到 Ra 6.3，铣 C、B 面达到 $15_{-0.1}^{\ 0}$、$16_{-0.2}^{\ 0}$ 及 Ra 6.3	机工	X51 立铣	XK—2036	端铣刀 YT—158				
3	钻、扩、铰三孔达到 ϕ16H7、ϕ12H7、ϕ10H7 及 Ra3.2 要求	机工	Z525A 摇钻	钻模 ZK—2051					
4	铣侧面 D 到尺寸	机工	X61 卧铣						
更改内容									
编制		抄写		校对		审核		批准	

3.1.4　制订工艺规程的指导思想

工艺规程制订的原则是，保证质量、提高效率、降低成本。三者关系是，在保证质量的前提下，最大限度地提高生产率，满足生产量要求；尽可能地节约耗费、减少投资、降低制造成本。

首先，零件的工艺过程要能可靠地保证图纸上所有技术要求的实现，这是制订工艺规程的基本原则。零件的加工质量是机器质量的基础，而产品的质量又是企业的生命，每个企业都要贯彻质量第一的方针。

其次，经济的观点对于一个工程技术人员来说，是一个很基本的观点，要尽量节省耗费。当然这里指的最经济应该从全局来着眼，不能只从局部出发，如当某一零件是整个机器生产过程中的薄弱环节时，有时会选最高的生产率方案，此时虽然专用设备有一些闲置，从局部来看也许并不是最经济的，但从全局来看却是最经济的。

3.1.5　生产类型对工艺过程的影响

产品中某一零件的年生产纲领就是包括备品和废品在内的年产量。当生产纲领确定后，一般要根据生产车间的具体情况，按一定期限分批投产，每批投产的零件数量称为批量。零件的生产纲领可按下式计算

$$N = Qn(1 + \alpha\%)(1 + \beta\%) \tag{3-1}$$

式中，N 为零件的生产纲领；Q 为产品的生产纲领；n 为每台产品中该零件的数量；$\alpha\%$为备品的百分率；$\beta\%$为废品的百分率。

生产纲领的大小对生产组织和零件加工工艺过程起着重要作用，决定各工序所需的专业化和自动化程度、工艺方法和机床设备。

企业生产专业化程度的分类称为生产类型，机械制造业一般有三种生产类型，即大量生产成批生产和单件生产。其中成批生产常按其批量的不同，分为大批、中批和小批三种。其中大批生产的工艺过程特点与大量生产相似，小批生产的工艺特点与单件生产相似。一般来说，如果工厂的产品品种不固定，每一品种的产品数量很少，因而使工厂大多数工作地点的加工对象经常地改变时，则这种工厂属于单件小批生产类型。重型机器厂、修船造船厂一般属于这种类型。如果一个工厂的产品品种基本固定，但由于数量少、品种多，需要周期性的轮换生产，因而使工厂内大多数工作地点的加工对象是周期性地变换的，则这种工厂属于中批生产。我国大多数机械制造厂是属于这种类型，例如各种机床制造厂等。如果一个工厂的产品品种已经固定、每种产品数量很多，因而使工厂内大多数工作地点的加工对象是固定不变的，则这种工厂属于大批、大量生产。汽车厂、拖拉机厂、滚珠轴承厂一般属于这种类型。表 3.2 列出各种生产类型的产品数量，可供参考。

表 3.2　各种生产类型的规范

生产类型	同一产品的年产量/件		
	重型机械	中型机械	轻型机械
单件生产	<5	<10	<100
小批生产	5～100	10～200	100～500
中批生产	100～300	200～500	500～5000
大批生产	300～1000	500～5000	5000～50000
大量生产	>1000	>5000	>50000

各种不同生产类型下的工艺过程是迥然不同的，其工艺特点可归纳为表 3.3。

表 3.3　各种生产类型的工艺特点

项目	单件、小批生产	中批生产	大量、大批生产
加工对象	不固定、经常换	周期性地变换	固定不变
机床设备和布置	采用万能设备，按机群式布置	采用万能和专用设备，按工艺路线成流水线布置或机群式布置	广泛采用专用设备，全按流水线布置，广泛采用自动线
夹具	非必要时不采用专用夹具	广泛使用专用夹具	广泛使用高效能的专用夹具
刀具和量具	通用刀具和量具	广泛使用专用刀、量具	广泛使用高效率专用刀、量具
毛坯情况	用木模手工造型，自由锻，精度低	金属模、锻模，精度中等	金属模机器造型、精密铸造、模锻，精度高
安装方法	广泛采用划线找正等方法	保持一部分划线找正，广泛使用夹具	不需划线找正，一律用夹具
尺寸获得方法	试切法	调整法	用调整法、自动化加工
零件互换性	广泛使用配刮	一般不用配刮	全部互换，可进行选配
工艺文件形式	过程卡片	工序卡片	操作卡及调整卡
操作工人平均技术水平	高	中等	低
生产率	低	中等	高
成本	高	中等	低

在单件小批生产中，要能适应各种经常变化的加工对象，广泛使用万能机床、通用夹具、通用刀具和万能量具。大批大量生产中，产品是固定的，大多数工作地点的加工对象也是固定不变的，故追求的是高生产率，广泛使用各种高效率的、自动化程度高、专用的机床、夹具、刀具和量具。关于机床的布置，在加工对象固定的场合下，应该按工艺路线顺序排列，这样可以减少工件周转时的运输长度，便于管理。但在加工对象经常变化的单件小批生产中，机床一般按其种类(如车床、铣床、磨床等)成群排列，这样才便于管理。

在大批大量生产下，一般尽可能提高毛坯精度，这样既可以减少加工的劳动量，又可以节省金属。但在单件小批生产下，由于模具制造比较困难，需花费较大的投资和劳动量，因此不宜采用高精度毛坯，而采用较低精度的毛坯。

工艺文件的形式，应适应生产管理的需要。单件小批生产下，每一工件应拟定表 3.1 所示的综合工艺过程卡片，供计划调度和其他管理部门使用(有的工厂写得更简单)，至于每一工序具体如何加工，完全由工人自己决定。在中批生产下，产品品种变换较少，就应该在过程卡片以外，制订工序卡片，如表 3.4 所示。工人的操作、工件的检查都以工序卡片为依据，工序卡片的上方应画出工序简图，并标注工序尺寸，如表 3.4 中的$15_{-0.1}^{\ 0}$和$31_{-0.2}^{-0.1}$等。在大量生产的情况下，工作对象固定不变，工序卡片被分成操作工人使用的操作卡片和供调整工人使用的调整卡片。

3.1.6　制订工艺规程的步骤及内容

制订工艺规程的原始资料如下：

(1) 零件的图纸，包括必要的装配图。

(2) 产品的质量验收标准。

(3) 零件的年生产纲领和投入批量。

(4) 生产车间的具体情况。例如，设备情况、人员情况、毛坯车间的情况、协作情况等。

(5) 毛坯和型材的标准和规格，以及供应单位的生产条件和技术水平。

(6) 国内外工艺技术的发展情况。制订工艺规程时，必须经常研究国内外有关工艺技术的资料，积极引进适用的先进工艺技术，不断提高工艺技术水平，做到优质、高产、低成本。

(7) 有关的工艺手册和统计资料。

制订零件机械加工工艺规程的步骤大致如下：

(1) 分析零件图和产品装配图，了解该零件的作用和与其他零件的关系。分析各项公差和技术要求的制订依据，找出其主要技术要求和关键技术问题。同时也进一步审查零件的结构工艺性，如发现有不合理的地方，向有关设计人员提出，共同进行研究，按规定手续进行必要的修改。

(2) 确定毛坯。当前常用的毛坯有：① 铸件，适用于形状复杂的零件。成批生产中，广泛使用金属模代替木模，以提高铸件的精度。大批大量生产中，广泛使用精密铸造。② 锻件，适用于强度要求较高，形状比较简单的零件。成批生产中广泛使用模锻代替自由锻，以提高锻件的精度。大批大量生产中，广泛使用精密锻造。③ 型材，如各种热轧或冷拉的圆棒料、板材等，适用于形状简单、尺寸不大的零件。④ 焊接件，在单件小批生产中，使用焊接件制作大件毛坯，可大大缩短生产周期。⑤ 冷冲压件，适用于板类零件。

表 3.4　机械加工工序卡片

（工厂名）	机械加工工序卡片	产品名称及型号	零件名称	零件图号	工序名称	工序号	第 1 页
		CW6163 车床	杠杆	07-100	铣 *C*、*B* 面	2	共 1 页
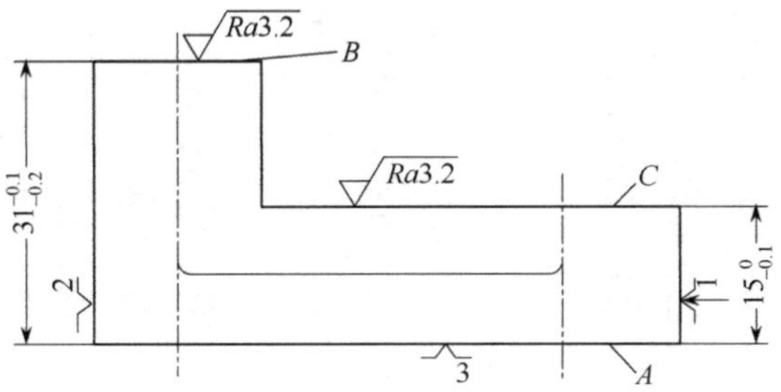			车间	工段	材料名称	材料牌号	机械性能
			机工	四	铸铁	HT10-26	
			同时加工件数	每料件数	技术等级	单件时间/min	准备终结时间
			4	1			
			设备名称	设备编号	夹具名称	夹具编号	冷却液
			X51 立铣		铣夹具	XK-2036	
			更改内容				

工步号	工步内容	计算数据/mm			走刀次数	切削用量				工作定额/min			刀具、量具及辅助工具			
		直径或长度	走刀长度	单边余量		切削深度/mm	进给量/(mm/r)	每分钟转数或双行程数	切削速度/(m/min)	基本时间	辅助时间	工作地点服务时间	名称	规格	编号	数量
1	粗铣 *B* 面				1		3.5	150	71				端铣刀	$\phi150$	TK-158	1
2	精铣 *B* 面				1		3.5	300	142							
3	粗铣 *C* 面				1	1.5	3.5	150	71							
4	精铣 *C* 面				1	1.5	3.5	300	142							

编制		抄写		校对		审核		批准	

(3)拟订工艺路线，这是制订工艺规程的核心。其主要内容是：选择工艺基面，确定加工方法，划分加工阶段，合理安排各表面的加工顺序等。在拟定工艺路线时，最好提出几个可能的方案，从各方面进行分析比较，最后确定一个最佳方案。

(4)确定各工序所采用的机床、夹具、刀具和量具。对所需要的专用夹具、专用刀具和量具都需要提出一个设计任务书，交有关人员进行设计。

(5)确定加工余量，计算工序尺寸及公差。

(6)确定各工序的切削用量和工时定额。

(7)确定各重要工序的检查方法。

(8)填写工艺文件。

3.2　零件的结构工艺性及毛坯的选择

对零件进行工艺分析，以及对产品零件图提出修改意见，是制订工艺规程时的一项重要工作。

3.2.1　结构工艺性

所谓工艺性，就是有加工的可能性。结构工艺性好就是指这种结构在相同的生产条件下，能用较经济的方法保质保量地加工出来。图 3.5 所示为车床进给箱箱体零件，其同轴孔的直径设计成单向递增(图 3.5(a))时，就只适用于单件小批生产，此时，对此孔的镗削加工可在工件的一次安装中完成，但在大批大量生产中，为了用双面组合机床加工，就应改为双向递减(图 3.5(b))的孔径设计，用左右两个镗杆各镗两个孔，使机动时间大致相等，从而缩短加工工时，平衡节拍，提高效率。

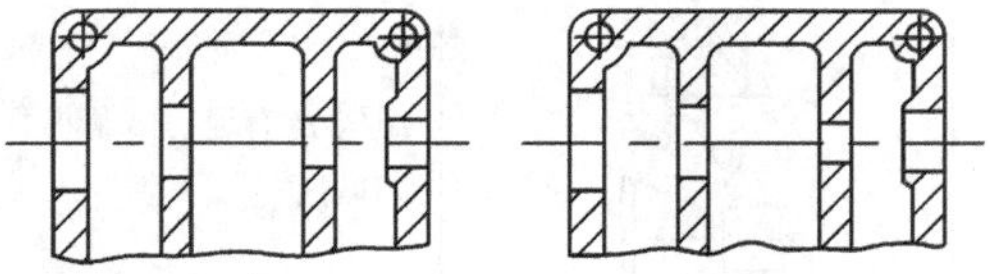

(a)　　(b)

图 3.5　零件结构工艺性与生产类型

零件结构工艺性对其工艺过程的影响很大，不同结构的两个零件尽管都能满足使用性能要求，但它们的加工方法与制造成本却可能有很大的差别。结构工艺性的问题比较复杂，它涉及毛坯制造、机械加工、热处理和装配工作。分析结构工艺性，要从它的主要表面、表面的尺寸和各表面的组合方式去认识它们的结构特点。表 3.5 所示为常见的零件结构工艺性的对比实例。

表 3.5　零件结构工艺性实例

序号	*A* 结构工艺性差	*B* 结构工艺性好	说明
1	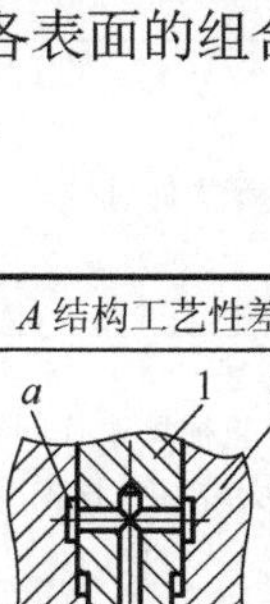	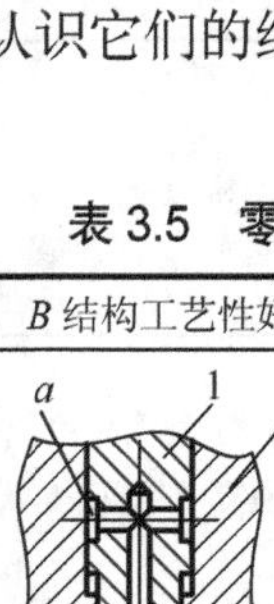	在结构 *A* 中，件 2 的凹槽 *a* 不便于加工和测量。宜将凹槽 *a* 改在件 1 上，如结构 *B*

续表

序号	*A* 结构工艺性差	*B* 结构工艺性好	说明
2	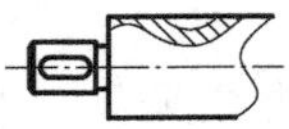	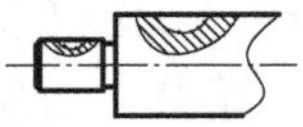	键槽的尺寸、方位相同，则可在一次装夹中加工出全部键槽，提高生产率
3	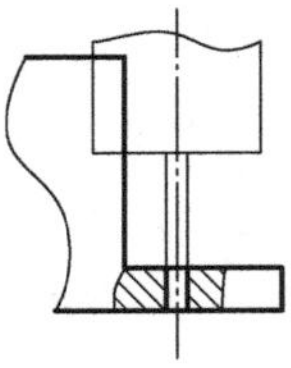	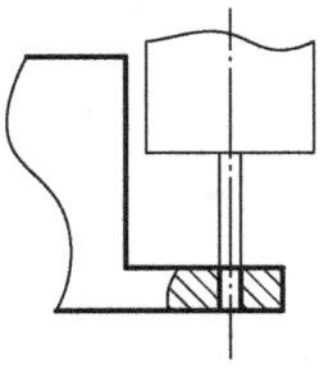	结构 *A* 的加工面，不便引进刀具
4	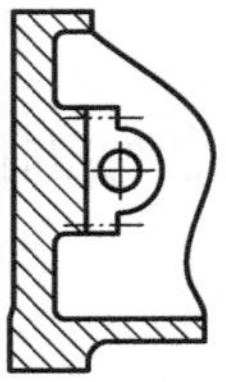	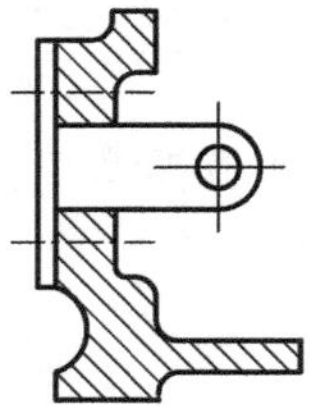	箱体类零件的外表面比内表面容易加工，应以外部连接表面代替内部连接表面
5	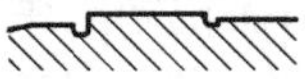		结构 *B* 的三个凸台表面，可在一次走刀中加工完毕
6	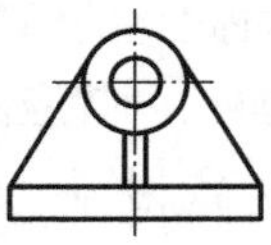	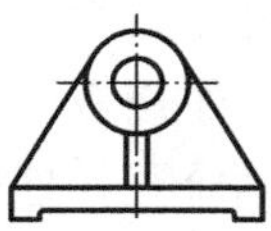	结构 *B* 的底面的加工劳动量较小
7	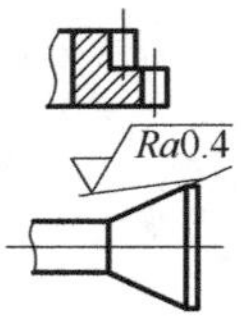	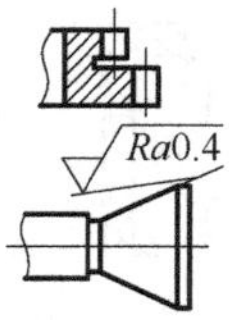	结构 *B* 有退刀槽保证了加工的可能性，减少了刀具(砂轮)的磨损
8		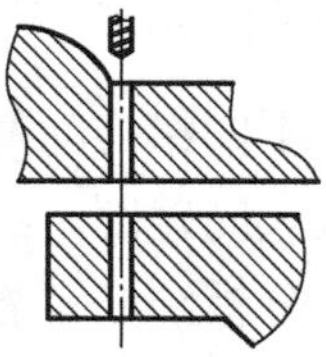	加工结构 *A* 上的孔时，钻头容易引偏
9	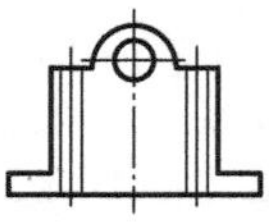	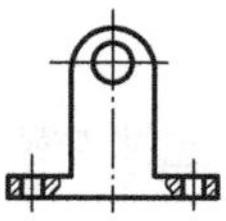	结构 *B* 避免了深孔加工，节约了零件材料
10	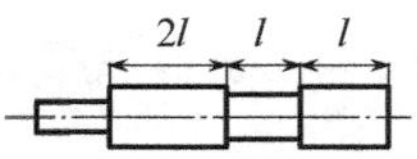	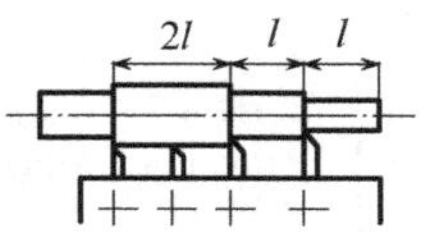	加工表面长度相等或成倍数，直径尺寸沿一个方向递减，便于布置刀具，可在多刀半自动车床上加工，如结构 *B* 所示

续表

序号	A 结构工艺性差	B 结构工艺性好	说明
11	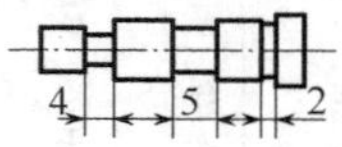	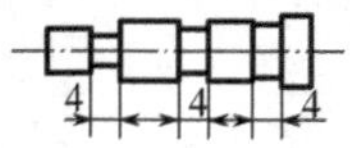	凹槽尺寸相同，可减少刀具种类，减少换刀时间，如结构 B 所示

3.2.2　毛坯的选择

毛坯的种类和质量对机加工的质量、劳动生产率和成本有着重要影响，其尺寸形状与成品零件相接近，可减少加工余量，节约材料，提高生产率，但这样会使毛坯成本提高。为合理选择，应从下面几个方面考虑。

(1) 零件的生产纲领。当零件的产量较大时，应该选择精度和生产率比较高的毛坯制造方法，如金属模机械造型、模锻、型材等，虽然用于毛坯制造的设备和工艺装备费用较高，但可以通过降低材料消耗和减少机械加工费用予以补偿。当零件的产量较小时，则选择自由锻造或手工造型的毛坯。

(2) 零件的结构形状和外形尺寸。零件的材料和尺寸在很大程度上决定了毛坯的制造方法。例如形状复杂、薄壁的毛坯往往不能采用金属型铸造。大尺寸的毛坯，不能采用模锻和压铸，只宜采用自由锻造和砂型铸造零件。形状有时也决定毛坯的类型，例如阶梯轴若直径差不多，可直接选圆棒料；若直径相差较大，为减少材料消耗和机械加工的劳动强度，则宜选择锻件毛坯。

(3) 零件材料和材料的性能要求。零件材料和对材料性能的要求决定了毛坯的种类。例如材料为铸铁和青铜的零件应该选择铸件毛坯；钢质零件当形状不复杂，力学性能要求不太高时可选型材；重要的钢质零件，为保证其力学性能，应选择锻件毛坯。

(4) 现有生产条件。选择毛坯时，还应该考虑具体的生产条件，还要结合产品的发展，充分利用新工艺、新技术和新材料，如精密铸造、精密锻造等。

3.2.3　毛坯的种类

常用的毛坯种类有铸件、锻件、型材、冲压件和焊接件等。

(1) 铸件。铸件适用于做复杂形状零件的毛坯。其制造方法常见的有砂型铸造、金属型铸造、压力铸造、低压铸造、熔模铸造、离心浇铸等。各种铸造方法及工艺特点如表 3.6 所示。

(2) 锻件。锻造可使金属的晶粒细化，获得精密的纤维组织，从而提高零件的强度，适用于对强度有一定要求，形状比较简单的零件。当为单件小批量、大尺寸工件时，采用自由锻；当为大批量生产、中小尺寸工件时，采用模锻。其制造方法及工艺特点如表 3.6 所示。

(3) 型材。型材有热轧和冷拉两种。热轧型材尺寸范围大，精度较低，用于一般机器零件。冷拉型材尺寸范围较小，精度较高，多用于制造毛坯精度要求较高的中小零件。在自动车床、半自动车床和六角车床上多采用冷拉型材。

(4) 焊接件。用焊接的方法得到的结合件。焊接方法简单方便，生产周期短，节省材料，减轻重量。

(5) 其他毛坯。主要包括冲压、粉末冶金、冷挤和塑料压制等。

表 3.6 各种毛坯制造方法的工艺特点

制坯方法		尺寸或重量		形状复杂程度	毛坯精度/mm	表面质量	材料	生产方式
类别	种别	最大	最小					
利用型材	棒料分割	随棒料规格		简单	0.5～0.6(视尺寸和割法)	粗	各种棒料	单件、中批、大量
铸造	1. 手工造型、砂型铸造	通常～100t	壁厚3～5mm	极复杂	1～10(视尺寸)	极粗	铁碳合金,有色金属和合金	单件、小批
	2. 机械造型、砂型铸造	通常～250kg	壁厚3～5mm	极复杂	1～2(视尺寸)	粗	铁碳合金,有色金属和合金	大批、大量
	3. 刮板造型、砂型铸造	通常～100t	壁厚3～5mm	多半为旋转体	4～15(视尺寸)	极粗	铁碳合金,有色金属和合金	单件、小批
	4. 组芯铸造	通常～2t	壁厚3～5mm	极复杂	1～10(视尺寸)	粗	铁碳合金,有色金属和合金	单件、中批、大量
	5. 离心铸造	通常～200kg	壁厚3～5mm	多半为旋转体	1～8(视尺寸)	光	铁碳合金,有色金属和合金	大批、大量
	6. 金属型铸造	通常～100kg	20～30g,对有色金属壁厚1.5mm	简单和中等(视铸件能否从铸型中取出)	0.1～0.5	光	铁碳合金,有色金属和合金	大批、大量
	7. 精密铸造	通常～5kg	壁厚 0.8mm 壁厚;对锌为	极复杂	0.05～0.15	极光	特别适用于难切削的材料锌、铝、镁、铜、锡和铅的合金	单件、小批
	8. 压力铸造	10～16kg	0.5mm 对其他合金为1.0mm	只受铸型能否制造的限制	0.05～2,在分型方向还要小一些	极光		大批、大量
锻压	1. 自由锻造	通常～200t		简单	1.5～25	极粗	碳钢、合金钢和合金	单件、小批
	2. 锤模锻	通常～100kg	壁厚2.5mm	受模具能否制造的限制	0.4～3.0,在垂直分模线方向还要小一些	粗	碳钢、合金钢和合金	中批、大量

续表

制坯方法		尺寸或重量		形状复杂程度	毛坯精度/mm	表面质量	材料	生产方式
类别	种别	最大	最小					
锻压	3. 平锻机模锻	通常 ~100kg	壁厚 2.5mm 对铝合金	受模具能否制造的限制	0.4 ~ 3.0，在垂直分模线方向还要小一些	粗	碳钢、合金钢和合金	大批、大量
	4. 挤压	直径约 200mm	壁厚 1.5mm 对铝合金	简单	0.2 ~0.5	光	碳钢、合金钢和合金	大批、大量
	5. 辊锻	通常 ~50kg	壁厚 1.5mm	简单	0.4 ~2.5	粗	碳钢、合金钢和合金	大批、大量
	6. 曲柄压机模锻	通常 ~100kg	壁厚 1.5mm	受模具能否制造的限制	0.4 ~1.8	光	碳钢、合金钢和合金	大批、大量
	7. 冷热精压	通常 ~100kg	壁厚 1.5mm	受模具能否制造的限制	0.05 ~0.10	极光	碳钢、合金钢和合金	大批、大量
冷压	1. 冷镦	直径 25mm	直径 3.0mm	简单	0.1 ~0.25	光	钢和其他塑性材料	大批、大量
	2. 板料冲裁	厚度 25mm	厚度 0.1mm	复杂	0.05 ~0.5	光	各种板料	大批、大量
压制	1. 塑料压制	壁厚 8mm	壁厚 0.8mm	受压型能否制造的限制	0.05 ~0.25	极光	含纤维状和粉状填充剂的塑料	大批、大量
	2. 粉末金属和石墨的压制	横截面面积 $100cm^2$	壁厚 2.0mm	简单，受模具形状及在凸模行程方向压力的限制	在凸模行程方向：0.1 ~0.25，在此垂直方向：0.25	极光	各种金属和石墨	大批、大量

3.3　基准及其选择

零件在加工之前要往机床上安装，在装配时要往部件上安装，这些过程都涉及基准的问题。在确定基准之前首先要确定零件的加工装夹方式和加工方法。

3.3.1　工件的装夹方法

在机床上进行加工时，必须先把工件安装在准确的加工位置上，并将其可靠地固定，以确保工件在加工过程中不发生位置变化，才能保证加工出的表面达到规定的加工要求(尺寸、形状和位置精度)，工件从定位到夹紧的整个过程叫作装夹，工件在机床上的装夹方法主要有两种：

1) 找正法装夹工件

(1) 直接找正法：把工件直接放在机床工作台上或放在四爪单动卡盘、机用台虎钳等机床附件中，利用划针或百分表，直接按工件的某些表面找正位置。如加工图 3.6(a)的ϕ50 孔时要保持孔的位置准确，可直接装在四爪卡盘上进行加工，这时要如图 3.6(b)所示，按孔的轮廓及尺寸 *A*、*B* 进行找正、夹紧后再进行加工。

(2) 划线找正法：按照加工要求进行加工位置的划线工序，然后再按划出的线痕进行找正实现装夹。特别复杂的零件往往需要几次划线工序，因为一些表面的划线工作，必须等到另一些表面加工后才能进行。

划线的目的主要有：使工件各表面都有足够的加工余量，使加工表面与不加工表面保持正确位置关系，使工件安装迅速。

找正法装夹工件，劳动强度大、生产效率低、要求工人技术等级高，定位精度较低，由于常常需要增加划线工序，所以增加了成本。但由于只需要使用通用性很好的机床附件和工具，因此能适用于加工各种不同零件的各种表面，特别适合于单件、小批量生产。

2) 用夹具装夹工件

通过夹具上的定位元件使工件获得正确位置并夹紧的方法。这种方法比找正法安装迅速方便，不需要进行划线就可以直接装夹，定位精度稳定，广泛用于成批和大量生产中。如图 3.6(c)所示，加工时工件放到支承板 1 上，即可确定孔的位置，拧紧螺钉 2 带动杠杆式压板 3 动作，即可将工件夹紧。显然，这种安装方法定位精度较高，定位夹紧动作迅速，容易提高生产率。

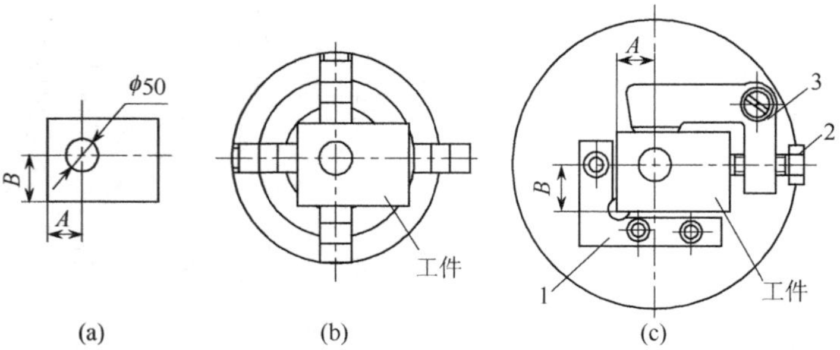

图 3.6　装夹方法

1-支承板；2-螺钉；3-压板

3.3.2　基准及其分类

基准就是确定零件或部件上某些点、线、面位置时所选作参照系的那些点、线、面。基准是测量和计算的起点和依据。

从用途上来分，基准可分为设计基准、加工基准、装配基准、检查基准和工序基准。它们的定义是相似的，区别主要在于应用的场合不同。在设计时或在设计图纸上确定零件位置或零件上某一点、线、面位置的那些点、线、面称为设计基准。在加工时，确定零件位置或零件上某一点、线、面位置的那些点、线、面称为加工基准。在装配时，确定零件位置的点、线、面称为装配基准。在检查时，确定零件位置或零件上被检查表面位置的点、线、面称为检查基准。在工序图上确定零件位置或零件上某一表面位置的点、线、面称为工序基准。

图 3.7 是设计基准的实例。图中的车床主轴箱，顶面 B 的设计基准是底面 D；孔Ⅱ的设计基准是孔Ⅲ和孔Ⅳ的轴心线(在图纸上应标注 R_2 及 R_3 两个尺寸)。设计基准是由该零件在产品结构中的功用来决定的。设计基准与标注尺寸有一定的关系，图纸上的尺寸是根据设计零件的结构特点及机械装配需要而标注的，但标注尺寸只考虑设计要求还不够，必须考虑加工制作条件，如不这样，有时会使加工制造困难，或会造成不能加工，因而必须考虑加工基准问题。

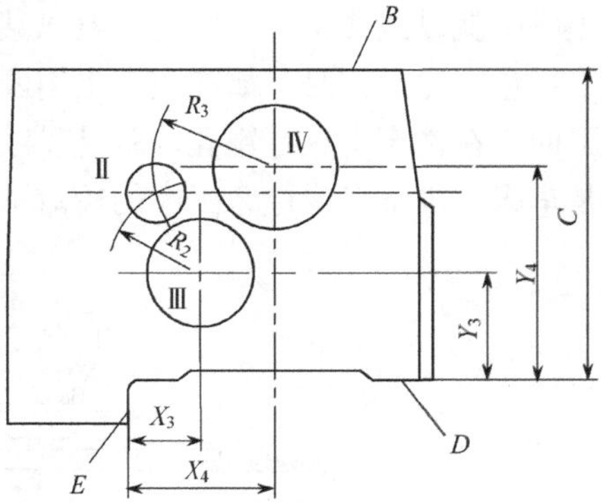

图 3.7　车床主轴箱设计基准

图 3.8 是几个装配基准的实例。图 3.8(a)中的 A 和 B 面是床头箱体或床头箱的装配基准。在装配时，箱体零件和整个床头箱都是以箱体零件上的 A 和 B 面为基准安装到床身零件上去的；同理，齿轮的装配基准是其内孔 A 和一端面 B；轴的装配基准是安装滚动轴承内环的两轴颈 A 和 B。图 3.9 是几个检查基准的实例。图 3.9(a)为用专用卡规检查时，检查基准为小外圆；图 3.9(b)为用游标卡尺检查，检查基准为大外圆。

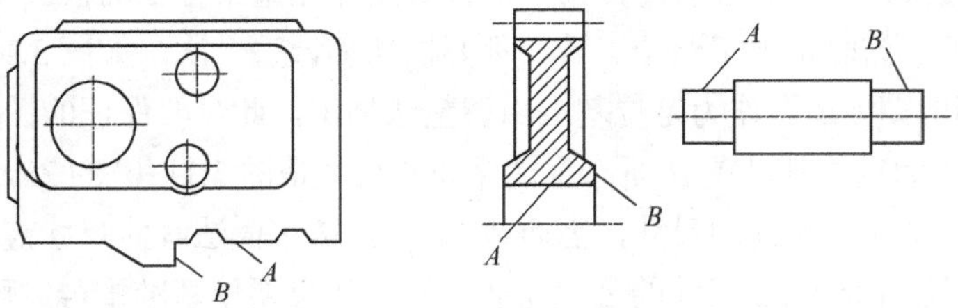

(a)　　(b)　　(c)

图 3.8　装配基准

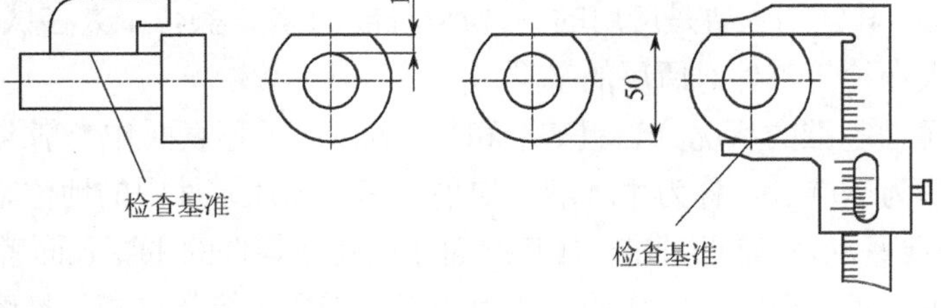

(a)　　(b)

图 3.9　检查基准

本课程的主要研究对象是加工基准。定位基准是加工基准中最常用的一种。但是从用途上来分，除了定位基准以外，加工基准还有校对基准和测量基准。工件在加工时的安装有按划线(或表面)找正的方法和用夹具直接定位的方法。定位基准适用于后者，工件靠定位基准安装在夹具上，并以它为基准进行工件的定位。在用找正法加工时，工件在机床上的定位，是以划线或工件上某个表面作为基准，这根线(或划这根线时所依据的基准)或是这个表面就是加工基准。为了与定位基准相区分，把这种基准叫作校对基准。如图 3.10 所示的床身零件导轨面的磨削工序，用固定在磨头上的百分表，找正工件上的导轨面，调整床身下部的四个楔铁 2，来保证一定的找正精度。此时加工基准是被找正的表面，即导轨面本身。而床身的底面仅是安装表面，不是加工基准，导轨面即为校对基准。单件小批生产中广泛使用按划线找正的方法，尤其是对一些复杂铸件，进入加工车间后的第一道工序常是划线工序，在后面工序中就以线找正。划线时一般以某个表面作为基准，对被加工表面划线并留出必要的精加工余量。在加工时，如在车床上用四爪卡盘或花盘装夹工件进行车削，在刨床或铣床上加工平面，在镗床上进行镗孔，就是以线作为基准进行找正。这时划出的线或划线所用的基准就是车床、刨铣床或镗床工序的校对基准。

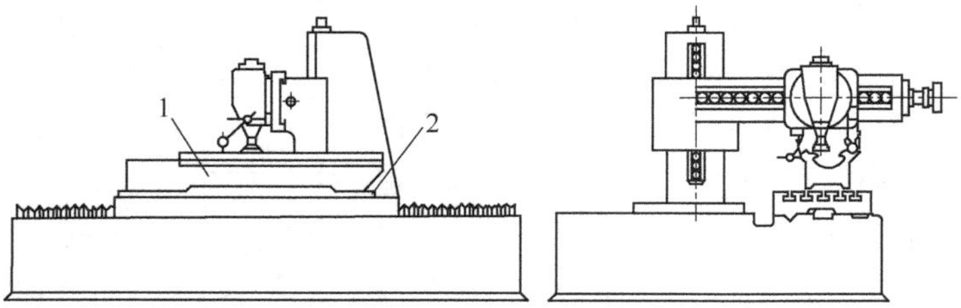

图 3.10　床身在导轨磨床上的安装

1-床身零件；2-楔铁

在用夹具定位的加工中，刀具常按夹具上的对刀元件进行调整，而在以后整批工件的加工中，刀具的位置不再改变。但有时，刀具的位置是靠测量工件上的被加工尺寸来调整，即用试切法进行加工。这时每加工一个工件，都要试切和调整一次。如图 3.11(a)所示的工件，在加工 A 面时，可以以 B 面作为定位基准用调整法加工，此时要保证的图纸尺寸是 $32^{+0.2}_{0}$，设计基准是 C 面，而定位基准是 B 面，直接保证的尺寸是图 3.11(b)的 28，因此产生基准不重合误差，封闭环是间接保证的尺寸，因而是 $32^{+0.2}_{0}$。按极值法解此尺寸链，加工尺寸 28 的上下偏差为 $^{-0.1}_{-0.2}$，比图纸上 32 尺寸的公差还要严格。如果要使基准重合，可以不用调整法，用直接测量被加工尺寸，即用 C 面为基准进行试切，如图 3.11(c)所示，这时 C 面就成为加工时的测量基准。由于测量基准和加工基准重合，就没有基准不重合误差。测量基准和检查基准一般是重合的，其区别主要是应用的场合不一样，前者是操作工人在试切时所用的基准；而后者是检查工人在检查工件时所用的基准。

加工基准还可按基准的状况分为粗基准和精基准。以毛坯表面作为基准者，称为粗基准；以加工过的表面作为基准者，称为精基准。如果按基准面在零件中的地位来分，还可分为基本基准(或称为主要基准)和辅助基准。凡基准面原来就是零件的主要表面者，称为基本基准；凡基准面是为了加工工艺而特意制作的，或为了工艺需要，特意提高了精度要求者，称为辅助基准。轴类零件在加工时常用的顶尖孔就是一种辅助基准。

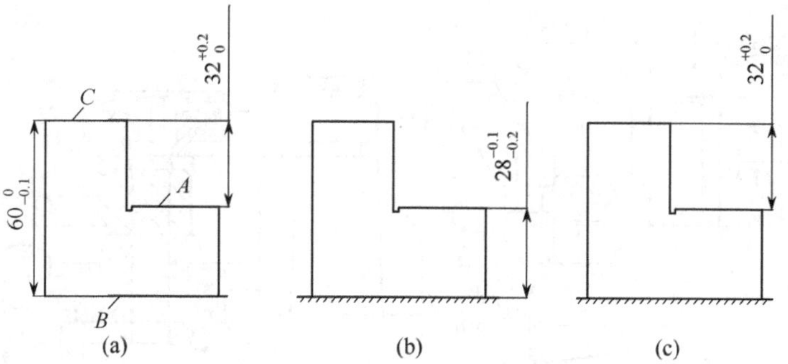

图 3.11　定位基准和测量基准

工序基准实质上就是工序图中的设计基准。工序图是工序人员制订的，是为加工工艺服务的，因此一般认为工序基准是加工基准的一种，但是从其用途来看，又类似于设计基准。当设计基准和定位基准不重合时，如果工序基准选用设计基准，则产生工序基准与定位基准不重合的问题；如果选用定位基准作为工序基准，则产生工序基准和设计基准不重合的问题，但是归根到底，其起因还是由于设计基准与定位基准的不重合。总之，基准的分类可归纳为图 3.12。

3.3.3　粗基准的选择

粗基准主要用于开始加工阶段，零件均为毛面，误差较大，粗基准的作用可以通过图 3.13 的例子加以说明。图 3.13 所示为一回转体零件。其毛坯在铸造(或锻造)时，内孔 2 和外圆 1 总有点误差，如偏心。因此在加工时，如果用不加工的外圆表面 1 作为粗基准(用三爪卡盘夹住外圆 1)，如图 3.13(a)所示，则加工后的表面与不加工面 1 基本是同轴的，壁厚是均匀的，但内孔 2 表面等加工面的加工余量是不均匀的。同样是这个零件，如果选用内孔作为粗基准(用四爪卡盘夹住外圆 1，然后按内孔 2 找正)，则加工面与内孔 2 的毛坯表面是同轴的，因而内孔 2 的余量是均匀的，但是加工面与不加工面 1 则不同轴，即工件壁厚不均匀，如图 3.13(b)所示。

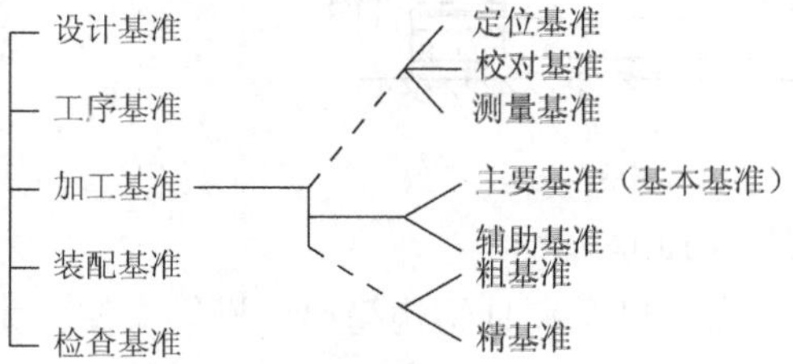

图 3.12　基准的分类

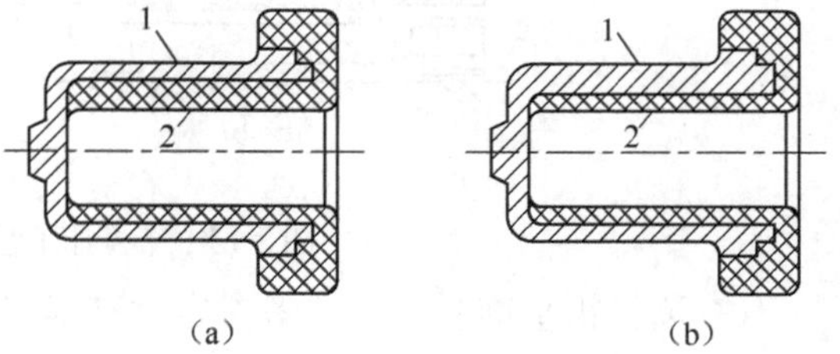

图 3.13　两种粗基准选择的对比

由此可见，粗基准的选择，影响不加工面与加工面的相互位置，影响加工面的加工余量分配，且两者是矛盾的，因此在选择粗基准时，必须清楚哪一要求是主要的，一般遵循下列原则：

(1)相互位置要求原则。如果必须保证工件上加工面和不加工面之间的相互位置要求，则应以该不加工面作为粗基准。如果零件上有很多不加工面，则应以其中与加工面的位置精度要求较高的表面作为粗基准。图 3.13 所示的零件，一般要求壁厚均匀，因此图 3.13(a)所示的方案是正确的。如图 3.14(a)所示的拨杆，不加工表面很多，但是在钻ϕ22H9 孔时，如果ϕ40 外圆与孔不同轴时，造成壁厚不匀，影响外观，因此在加工ϕ22H9 孔时，选用ϕ40 外圆作为粗基准，如图 3.14(b)所示。

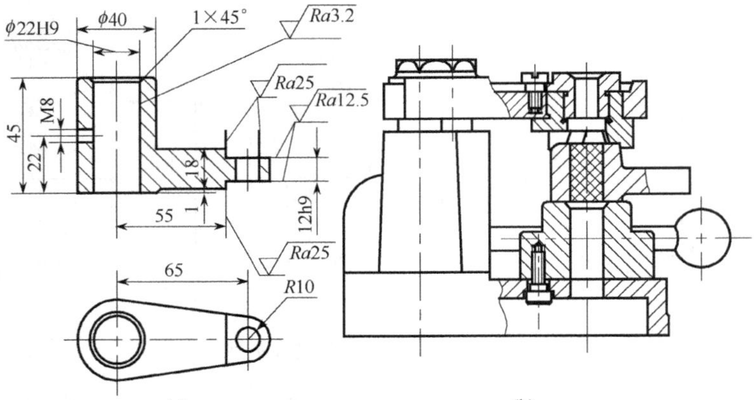

(a)　　(b)

图 3.14　粗基准的选择

(2) 余量均匀原则。如果工件必须保证其重要表面的加工余量均匀时，则应选择该表面为粗基准。例如，就车床床身零件而言，导轨面是最重要的表面，要求耐磨。在铸造床身毛坯时，导轨面是向下放置的，没有气孔、夹渣等铸造缺陷。因而在加工时，希望导轨面去掉较少的余量，在表层保留均匀和致密的组织，以增加导轨的耐磨性。为此，应选择导轨面作为粗基准。先以导轨面为基准，加工床身的底平面，再以加工过的底平面为基准，加工导轨面，如图 3.15 (a) 所示。相反，如果图 3.15 (b) 所示，以底平面为粗基准加工导轨面，再以导轨面为基准加工底平面，则毛坯的上下面平行度误差将会增大导轨面的加工余量，因而保证不了导轨面的质量。

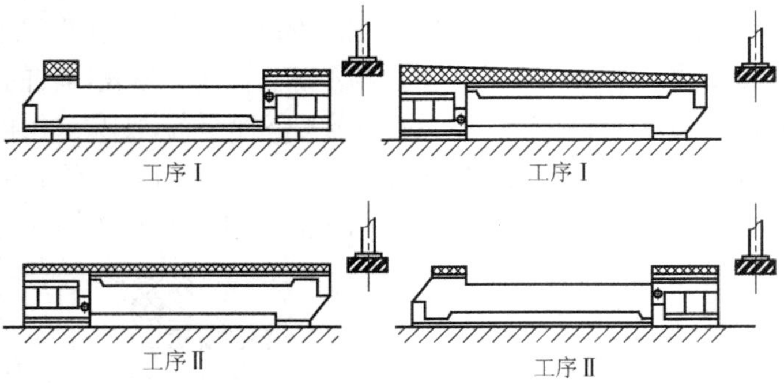

(a)　　(b)

图 3.15　床身加工粗基准选择的正误对比

(3) 选择粗基准时，必须考虑定位准确、夹紧可靠，以及夹具结构简单、操纵方便。为了保证定位准确，夹紧可靠，首先要求选用的粗基准尽可能平整、光洁和有足够大的尺寸，不允许有锻造飞边和铸造浇、冒口或其他缺陷。不宜选用铸造分型面作为粗基准。同时还必须注意到铸造偏箱及泥芯移动所造成的缺陷。例如，加工活塞时的粗基准选择，按照 (1) 中的叙述，应以活塞内壁为粗基准，因为活塞需要壁厚均匀，内壁为不加工表面。在实际生产中，铸铁活塞的成批生产，也确实是用内壁作为粗基准来设计夹具的。但是在大批生产铝活塞的工艺过程中，用图 3.16 所示的夹具确实不可行。因为铝活塞在采用金属型铸造时，内壁上有四根飞刺，而 *B*—*B* 剖面中的两个定位夹紧销正好顶在飞刺上，这样就使定位不可靠，产生很大误差，因而不能使用。由于用金属型铸造时，毛坯的内壁与外圆具有较好的同轴度 (其误差小于要求壁厚的均匀度)，因此在大批生产铝活塞时，一般都用活塞外圆柱面作为粗基准，这样既方便又好用。

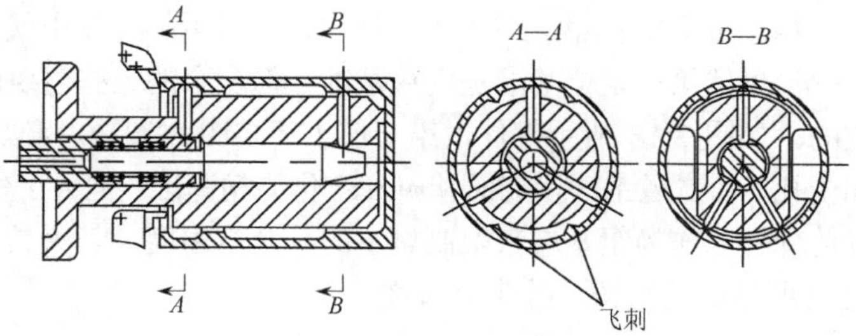

图 3.16　毛坯飞刺对粗基准选择的影响

(4) 如果已经能用精基准定位时，一般就不重复使用粗基准。这常称为不重复使用粗基准的原则。因为粗基准本身都是毛坯表面，精度和粗糙度较差，如果在两次安装中，重复使用同一粗基准，则在两次安装下加工出的诸表面之间将会有相当大的位置误差。例如，如果将图 3.17 (a) 所示的零件按图 3.17 (b)、(c) 所示的工艺加工，即第一道工序以不加工的 $\phi30$ 外圆作为粗基准，车端面和内孔，然后在第二道工序中仍以 $\phi30$ 外圆为粗基准，钻三个 $\phi7$ 孔，则加工出的 $\phi7$ 孔与 $\phi16$H7 孔将产生很明显的位置度的误差，其大小有时可达 2～3mm。因此，使用这样的工艺方案是错误的。正确的方案应把第二道工序的基准改用 $\phi16$H7 作为精基准，如图 3.17 (d) 所示。图 3.17 (c) 是一个组合夹具，可以用于不同高度及半径的钻孔工序。

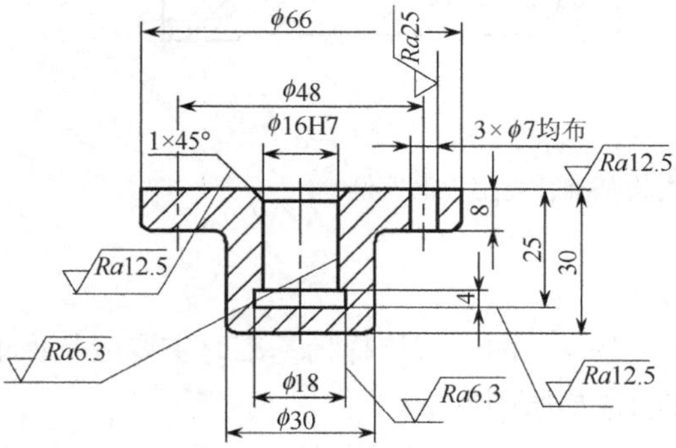

(a) 零件图

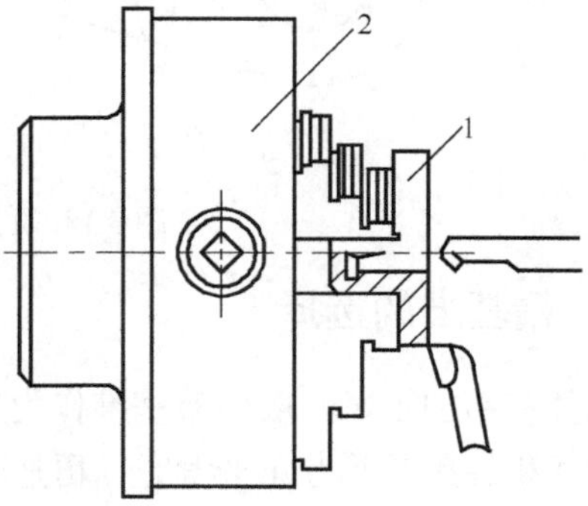

(b) 在车床上用三爪卡盘车端面及内孔

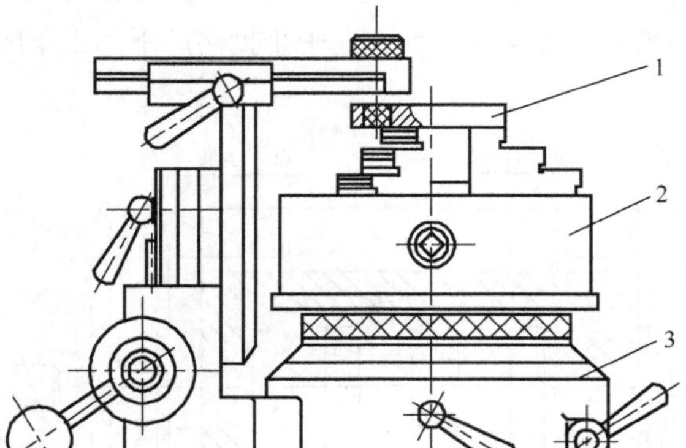

(c) 用组合夹具在钻床上钻3×$\phi7$孔

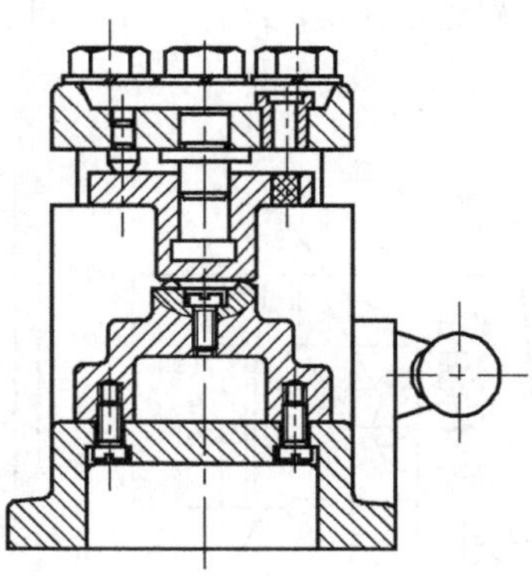

(d) 用滑柱钻模钻孔

图 3.17　重复使用粗基准的错误实例及其改进方案

1-工件；2-三爪卡盘；3-转台

不要错误地认为粗基准只能在第一道工序中使用，在以后的工序中就不能用粗基准。事实上在以后的工序中，虽然第一定位基准是用精基准，但剩余的一些需要限制的自由度常常是用粗基准来定位的。如图 3.18 所示零件，第一道工序与图 3.17(b)相似，用ϕ26 外圆作为粗基准加工端面和内孔，第二道工序以端面和ϕ15H7 作为精基准，但为了保证ϕ4 孔与铸件外廓相对称，就应以铸件外廓作为粗基准来限制剩下的一个自由度，其夹具如图 3.18(b)所示，用活动 V 型铁来保证所钻的孔与铸件外廓相对称。

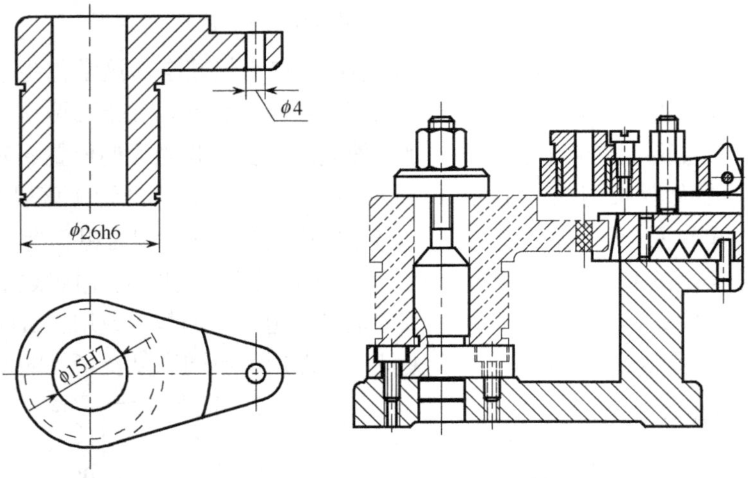

(a)　　(b)

图 3.18　利用粗基准补充定位的实例

3.3.4　精基准的选择

工件在精加工时一般用精基准作为加工基准，因此在选择精基准时主要应从保证工件的位置精度和装夹这两方面来考虑。精基准的选择原则如下。

(1)应尽量选择设计基准作为精基准，这常称为基准重合原则。如图 3.19 所示的床头箱体，主轴孔Ⅳ的设计基准是底面 M 和下凸台 E。在镗铸造孔时最好用 M、E 作为精基准，这样就没有基准不重合误差，容易保证图纸技术要求的实现。在中小批生产下加工车床床头箱体时，就应采用 M、E 作为精基准。

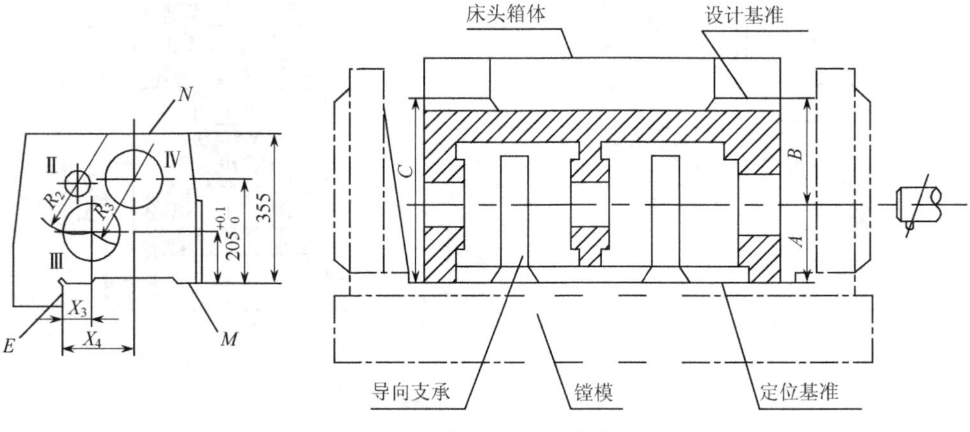

图 3.19　基准重合原则的举例

但是在大批生产中，为了提高夹具的刚度和易于实现半自动化，有时采用顶面 N 作为定位基准，这时就产生了基准不重合误差。关于基准不重合误差的计算如图 3.20 所示。加工时是以 N 为基准的，因此直接从加工得到的尺寸为 $150^{+0.05}_{0}$，但设计基准是 M 面，图纸上的尺寸为 $205^{+0.1}_{0}$，加工基准和设计基准不重合。图纸尺寸 $205^{+0.1}_{0}$ 是从图 3.20 所示的工艺尺寸链中间得到的，因此是该尺寸链的封闭环。组成环为 $150^{+0.05}_{0}$ 和 355，前者为减环、后者为增环。从“机械精度设计”所讲的尺寸链理论可以知道，各组成环的误差应小于封闭环的误差，因此为了保证图纸上 $205^{+0.1}_{0}$ 的实现，355 尺寸的公差应缩小，不能是自由公差，其上下偏差 a、b 可用尺寸链的极值法求解得出。

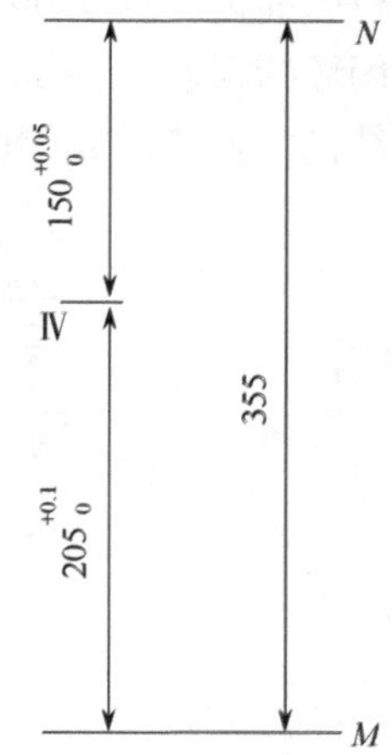

图 3.20　基准不重合的计算

封闭环的上偏差=增环的上偏差−减环的下偏差　　(3-1a)

封闭环的下偏差=增环的下偏差−减环的上偏差　　(3-1b)

$$+0.1 = a - 0 \qquad a = 0.1$$

$$0 = b - 0.05 \qquad b = 0.05$$

故尺寸为 $355^{+0.1}_{+0.05}$。

(2) 当选用设计基准为精基准有困难时，可以采用非设计基准作为精基准，但应尽量减少基准的转换次数，以减少基准不重合误差。这称为最短路线原则。例如某厂加工的花键轴如图 3.21(a) 所示，其花键部分的长度为 88±0.23mm，属于 13 级精度。这个精度要求是不高的，但如果采用基准转换过多的工艺方案，结果仍会出现超差现象。其工艺方案如下：

① 在卧式铣床上铣端面，利用夹具保持尺寸 148±0.13mm(11 级)，如图 3.21(b) 所示。

② 在立式钻床上打顶尖孔，利用夹具及定程挡铁，控制顶尖孔至另一端面的距离为 148.8±0.13mm。上述尺寸是用一个 ϕ4mm 的钢球放在钻好的顶尖孔中进行测量的，如图 3.21(c) 所示。

③ 在多刀半自动车床上加工 ϕ20k6 一端，控制顶尖孔到 A 面的距离为 126.8±0.13mm，如图 3.21(d) 所示。

④ 在多刀半自动车床上加工 ϕ18 一端，控制顶尖孔到 B 面的距离为 110.8±0.13mm，如图 3.21(e) 所示。

上述工艺方案组成的工艺尺寸链如图 3.21(f) 所示。尺寸 88 是间接保证的尺寸，因此是该尺寸链的封闭环，其余尺寸均为组成环，其中 148±0.13，126.8±0.13，110.8±0.13 为增环，两个 148.8±0.13 为减环。该尺寸链的名义尺寸是这样求的：

封闭环的名义尺寸=诸增环名义尺寸之和−诸减环名义尺寸之和 (88=110.8+126.8+148−148.8−148.8)。

由于该尺寸链组成环数目很多，封闭环的误差应该用概率法求解得出，不宜采用极值法求解。封闭环 88 的误差为 $\pm\delta$，则

$$\delta = \sqrt{5 \times 0.13^2} = 0.29$$

显然 88±0.29 的误差超过 88±0.23 的图纸要求，因而该工序不能保证零件的质量。

为了缩短尺寸链的长度，在图 3.21(d)、(e) 两道多刀工序中复合工步可不用顶尖孔定位，而采用图 3.21(h) 所示的浮动顶尖，直接以左端面定位，这样工艺尺寸链就如图 3.21(g) 所示，

封闭环仍为尺寸 88，但组成环变成 148±0.13，126±0.13，110±0.13 三个，由概率法求解得封闭环的误差为 $\pm\sqrt{3\times0.13^2}=\pm0.22\text{mm}$，满足了图纸上的技术要求。如果采用图 3.21(i)所示的结构，直接以 A 端面定位，则实现了定位基准与设计基准的一致，没有基准不重合误差。

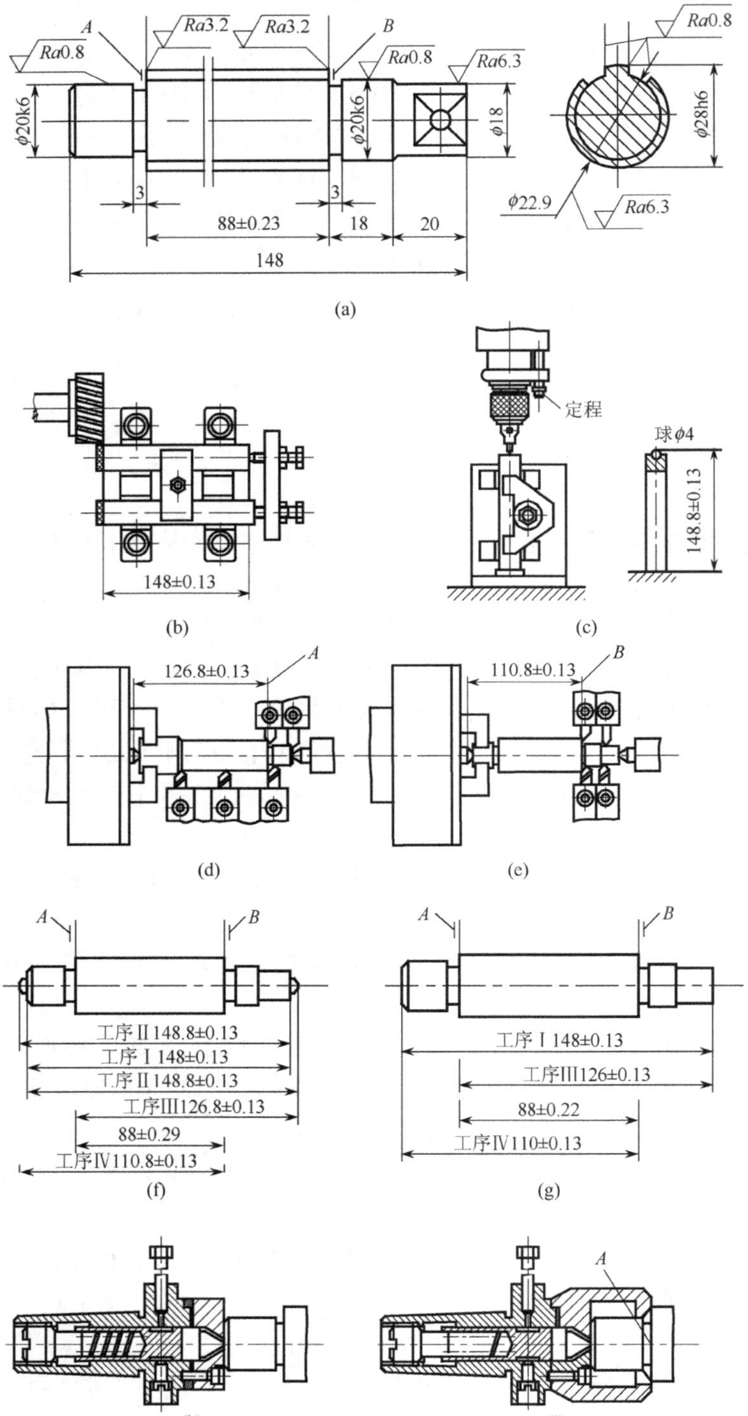

图 3.21　最短路线原则的举例

(3) 当工件以某一精基准定位，可以较方便地加工所有(或大多数)其他各表面时，则应尽早地把这个基准面加工出来，并达到一定精度，以后各工序都以它为基准，这常称为统一基准原则。车床床头箱体的加工就是用统一基准的一个实例。表 3.7 是大批生产下加工床头箱体的工艺路线，所用的统一基准是床头箱体的顶面和顶面上的两个销孔(这两个销孔是为工艺需要改制的)，工序 1、2 是加工出统一基准，工序 3、4、5 是用它为基准加工出所有平面，工序 6 是精修一下顶面，以提高统一基准的精度，再以它为基准在工序 7、8、、9、10、11 中加工所有的孔。常用的统一基准如下。

表 3.7　床头箱体的工艺路线和基准转换图

工序号	工序名称	加工面和基准面
		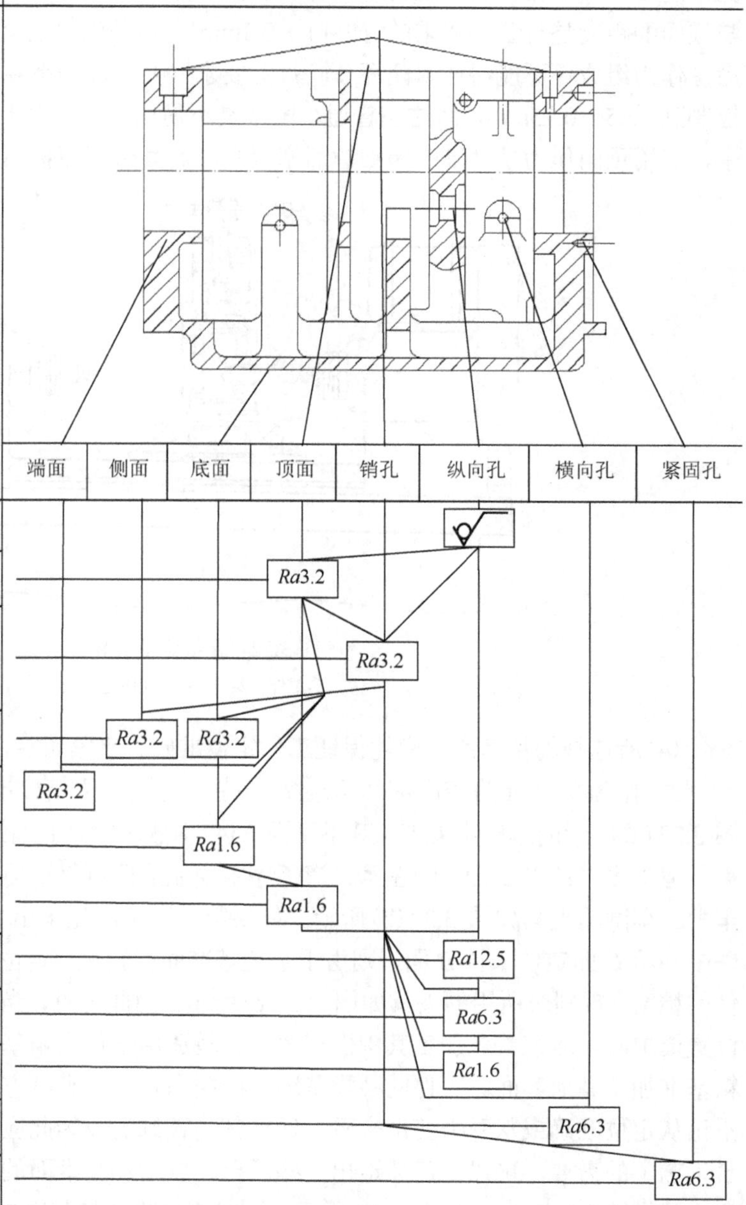
0		
1	粗、半精加工顶面	
2	钻两定位销孔和 顶面上所有紧固孔	
3	加工底面和侧面	
4	加工端面	
5	精加工底面	
6	精加工顶面	
7	粗加工纵向孔	
8	半精加工纵向孔	
9	精加工纵向孔	
10	加工横向孔和紧固孔	
11	加工其他壁上紧固孔	

① 箱型零件：一般都用一个较大的平面及两个距离较远的销孔，即一面两销。

② 轴类零件：一般都用两个顶尖孔。

③ 圆盘类零件：一般用端面及一个短孔，加工活塞时也用一个端面及一个短孔(止口)。

④ 一个长孔及一个止推面。

采用统一基准原则，可以简化工艺规程和夹具的设计工作，可以避免基准转换过多，保证必要的精度。但是应该指出，在选用的统一基准与设计基准不相重合时，其工艺尺寸链包含两个组成环和一个封闭环，并非是最短的，因而其精度不如直接用设计基准来得高。例如对于活塞加工，一般用端面和止口作为统一基准，用它来加工活塞外圆、顶面和镗活塞销孔，但是在精细镗(金刚镗)活塞销孔的工序中(该工序一般是活塞工艺规程中的最后一道工序)，如果用统一基准作为精基准(其夹具图见图 3.22)，则不能保证图纸的技术要求。图纸上销孔与顶面的距离是有公差要求的(如 0.1～0.3mm)，但是活塞的全长是没有公差要求的，因此用后者作为组成环不能保证封闭环(前者)的要求。要保证图纸要求的实现，就要把全长的公差控制到 0.05～0.15mm，而这在普通车削中是不易达到的。由于这个原因，在活塞的工艺规程中，有用顶面作为精基准来精细镗活塞销孔，而其余工序仍用止口端面统一基准。

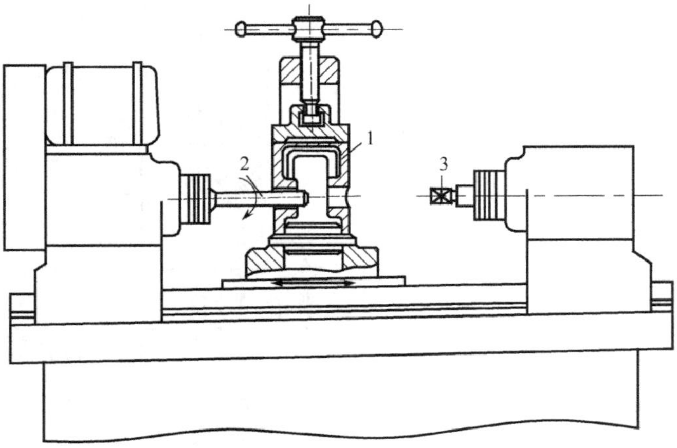

图 3.22　精细镗活塞销孔

1-工件；2-刀杆；3-削边定位销

(4) 所选择的精基准，应能保证工件定位准确、夹紧可靠，并有合适的定位夹紧机构。

① 作为精基准的表面应尽可能大一些，这样定位精度准确，装夹更方便可靠。例如图 3.23(a)所示的车床小刀架，其下平面 B(包括燕尾槽)面积较大，比较适合作精基准。如果第一道工序先铣出 B 面，则在第二道工序中便能准确可靠地用它来定位，进行 C 面及凸缘的车削。车削的夹具如图 3.23(b)所示。如果第一道工序先车出 C 面及凸缘，然后在第二道工序中利用 C 面定位来铣 B 面，则由于定位基准面积较小，定位夹紧不可靠，因而不易保证工件的精度。铣削时所用的夹具如图 3.23(c)所示。由此可见，当工件上几个加工面之间有相互位置要求时，应该首先加工其中面积较大、较适用于作为精基准的表面，然后再以该面作为精基准加工其他表面。工件的装配基准一般面积较大、夹持方便，因此利用装配基准定位，不论从定位准确或从受力变形来看，往往都是较好的，因此应尽量选它作为精基准。有时为了工艺上的需要，可以专门铸造出一些凸台，以增加基准面的面积。例如，前面所述的小刀架，就常铸出一凸台，如图 3.24 所示。这时用它作为精基准来铣面，就没有前述的问题。

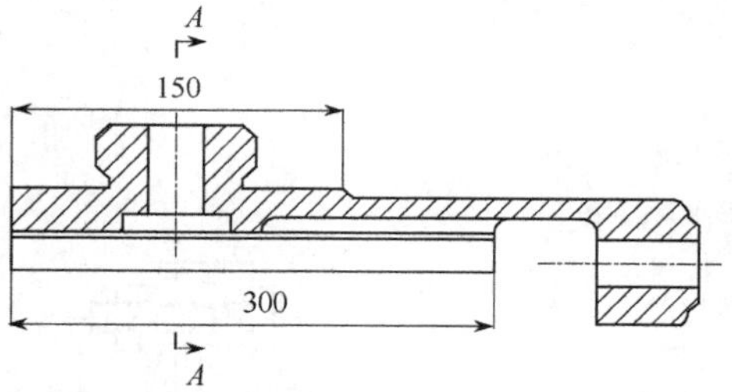

(a) 车床小刀架简图

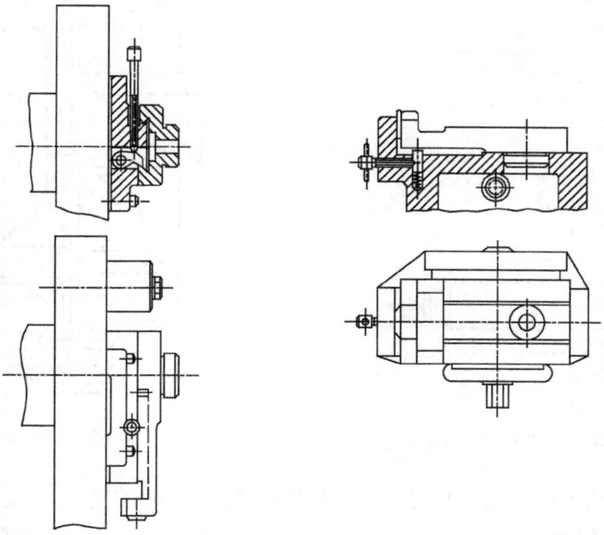

(b)　(c)

图 3.23　小刀架加工中的精基准选择

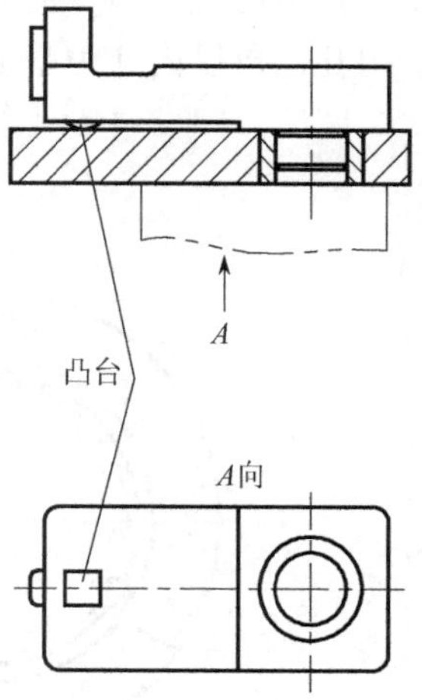

图 3.24　小刀架上的工艺凸台

② 在选择精基准时，必须考虑是否有合适的定位夹紧机构可以采用。例如，单件小批生产中加工图 3.25(a)所示的零件时(零件上的外圆ϕ120h6 与内孔ϕ30H7 要求同轴，其允差为 0.015mm)，如果首先加工出ϕ120h6 外圆，再以它为精基准加工ϕ30H7 孔时(图 3.25(b))，则因一般三爪卡盘本身制造误差较大，以致使同轴度误差大大超过公差范围(径向跳动可达 0.10mm)；如果首先加工ϕ30H7 孔，然后再以孔为精基准，用带锥度的心轴在外圆磨床上磨ϕ120h6 外圆(图 3.25(c))，由于心轴制造简单，本身跳动量很小，因此加工出来的外圆与孔的同轴度误差很容易达到上述公差要求。

但是在大批大量生产时，由于可以采用专用夹具，以外圆作精基准加工内孔，同样也可以保证所需要的精度要求。例如，圆柱滚子轴承外环，就是先在无心磨床上加工外圆，然后再以外圆及端面作精基准，利用图 3.26 所示的膜状卡盘定位来磨内孔。由于这种夹具结构上的一些特点，以及在加工工件之前可以将卡爪就地修磨到所需直径，因而可以保证工件外圆与孔的同轴度误差在 0.005～0.010mm。

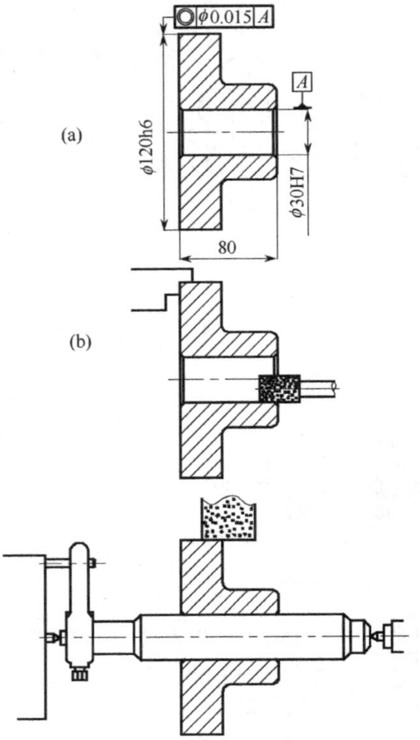

图 3.25　单件生产时盘形零件精基准的选择

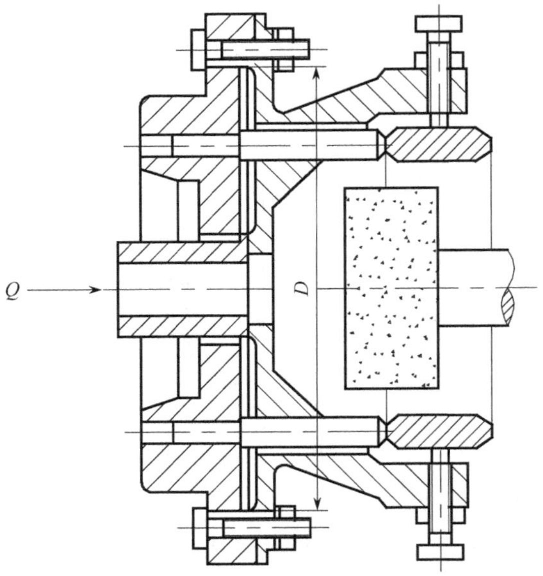

图 3.26　膜状卡盘定位结构

(5) 在光整加工和磨削加工中，用自为基准或互为基准的方法，来减少加工余量，提高生产效率，保证表面层的质量。例如，床身导轨面的磨削加工，为了减小磨削用量，常用导轨面本身作为加工基面，如图 3.10 所示。再如加工精密齿轮，当用高频淬火把齿面淬硬后，需要进行磨齿时，为了提高磨齿的生产效率，保证很薄的淬硬层不致磨掉，常先以齿面为基准磨内孔，再以内孔为基准磨齿面，以保证齿面余量的均匀，其夹具结构如图 3.27 所示。

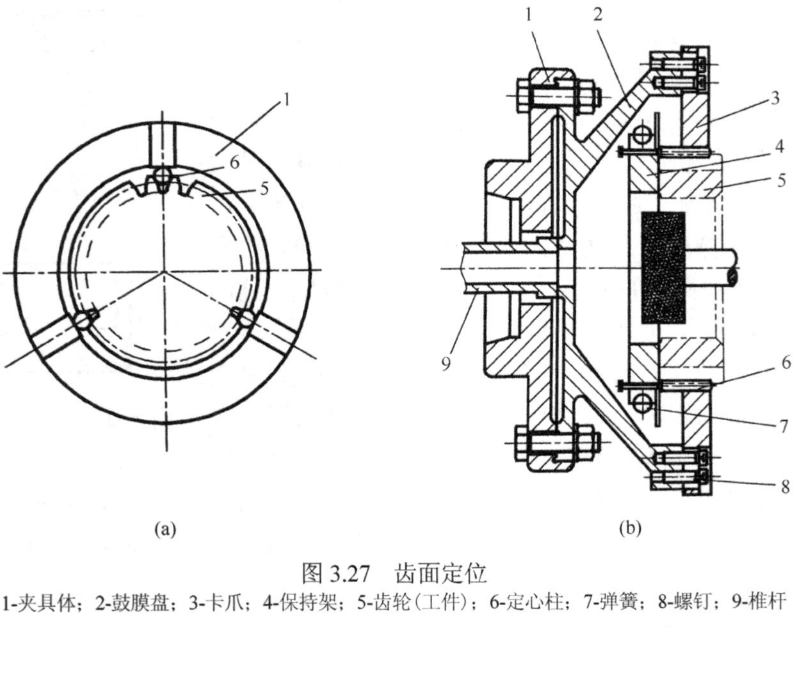

图 3.27　齿面定位

1-夹具体；2-鼓膜盘；3-卡爪；4-保持架；5-齿轮(工件)；6-定心柱；7-弹簧；8-螺钉；9-椎杆

研磨、珩磨、超精加工等光整加工，其生产效率与加工余量的大小关系密切，因此这种加工方式，都以加工表面本身作为精基准。

3.4　加工工艺路线的拟订

加工工艺路线的拟订是制订工艺规程的关键，其主要任务是选择各个表面的加工方法和加工方案，确定各个表面的加工顺序和工序的组合等内容，它与定位基准的选择有密切关系。

3.4.1　加工方法的选择

如何根据图纸上的公差和技术要求，根据生产纲领和企业的实际情况，正确选择加工方法(包括所用的机床、夹具和刀具)，是拟订工艺路线中的一个重要问题。

1. *经济加工精度和粗糙度*

经济加工精度是指在正常的机床、刀具、工人等工作条件下，以最有利的消耗成本所能达到的加工精度。

一种加工方法，如车、铣、刨、磨等，它的加工精度和加工后的表面粗糙度究竟是多少，这个问题，应该同成本相联系起来。同样一种加工方法，工人技术水平高，机床的维护保养情况好，操作精细，加工出的精度和表面质量就会提高。反之，加工出的精度和表面质量就会较低。例如，精车工序，一般能达到 7～8 级精度和 Ra 1.6～3.2 的粗糙度，但如果细心操作，也可能达到 6～7 级精度和 Ra 0.8 的粗糙度，但耗费的成本较高。大量的统计资料证明，任何一种加工方法，其加工误差与加工成本之间的关系大致符合图 3.28 所示曲线的形状。图中横坐标表示加工误差δ，纵坐标表示加工成本 Q。曲线 A 段很陡峭，它表示成本虽然增加很多，但是加工误差却减少很少，δ_a表示这种加工方法的极限精度。曲线 C 段很平坦，它表示用精度较高的加工方法加工精度较低的工件，没有充分发挥它的作用，Q_a代表这种加工方法的最低成本。曲线 B 段表示所选用的加工方法与所要求的精度相适应，这一段所表示的精度范围，即通常所说的经济加工精度。应该指出，经济加工精度的概念是从几种加工方法相比较而产生的。例如，车、磨外圆两种方法相比较，如图 3.29 所示，在加工误差要求小于δ_A时，以选择磨的方法成本较低，而当误差要求大于δ_A时，则以选择车的方法成本较低。δ_A这个精度就是磨削方法的经济加工精度的上限，也是车削方法经济加工精度的下限。

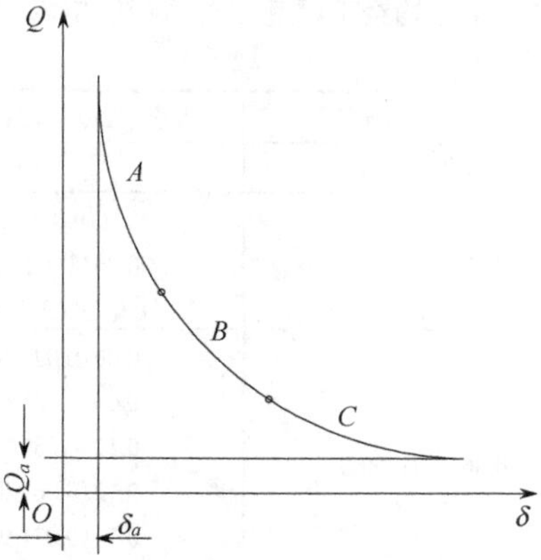

图 3.28　加工误差与加工成本的关系

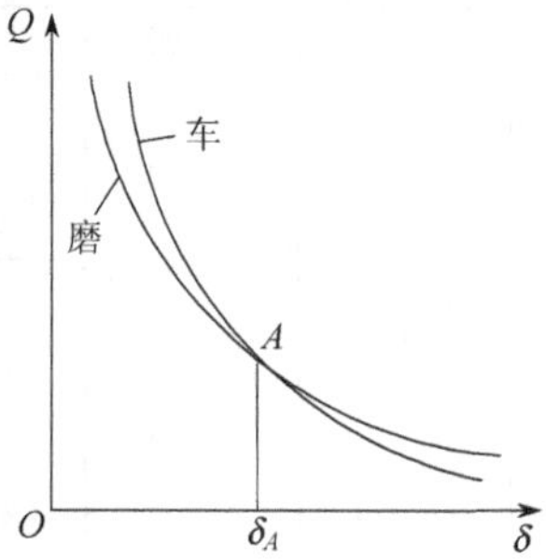

图 3.29　车、磨外圆的误差-成本曲线

表 3.8 和表 3.9 表示各种常用加工方法的经济精度和粗糙度，可供参考。

表 3.8　各种加工方法的经济精度和粗糙度(中批生产)

被加工表面	加工方法	经济精度	表面粗糙度/μm
外圆和端面	粗车	IT11～13	*Rz* 50～*Rz* 100
	半精车	IT8～10	*Ra* 6.3～*Ra* 12.5
	精车	IT7～8	*Ra* 1.6～*Ra* 6.3
	粗磨	IT5～7	*Ra* 0.4～*Ra* 0.8
	精磨	IT6~7	*Ra* 0.1～*Ra* 0.4
	研磨	IT5 以上	*Ra* 0.05～*Ra* 0.1
	超精加工	IT5 以上	*Ra* 0.012～*Ra* 0.1
	精细车	IT6~7	*Ra* 0.2～*Ra* 1.6
孔	钻孔	IT11～13	*Rz* 50～*Rz* 100
	铸锻孔的粗扩(镗)	IT11～13	*Rz* 25～*Rz* 50
	精扩	IT8～9	*Ra* 1.6～*Ra* 3.2
	粗铰	IT8～9	*Ra* 1.6～*Ra* 3.2
	精铰	IT7～8	*Ra* 0.8～*Ra* 1.6
	半精镗	IT8～9	*Ra* 1.6～*Ra* 3.2
	精镗(浮动镗)	IT7～8	*Ra* 0.8～*Ra* 1.6
	精细镗(金刚镗)	IT6~7	*Ra* 0.05～*Ra* 0.2
	粗磨	IT7~8	*Ra* 0.2～*Ra* 0.8
	精磨	IT6~7	*Ra* 0.1～*Ra* 0.2
	研磨	IT6	*Ra* 0.05～*Ra* 0.1
	珩磨	IT6～7	*Ra* 0.025～*Ra* 0.2
	拉孔	IT7～8	*Ra* 0.8～*Ra* 1.6
平面	粗刨粗铣	IT11～13	*Rz* 25～*Rz* 100
	半精刨半精铣	IT8～11	*Ra* 3.2～*Ra* 12.5
	精刨精铣	IT6～9	*Ra* 0.4～*Ra* 1.6
	拉削	IT6～9	*Ra* 0.2～*Ra* 0.8
	粗磨	IT6～7	*Ra* 0.2～*Ra* 0.8
	精磨	IT5～6	*Ra* 0.2～*Ra* 0.4
	研磨	IT5	*Ra* 0.012～*Ra* 0.2

表 3.9　各种机床上加工时形位精度的平均经济精度

(表中括号内的数字，是新机床的精度标准)

机床类型			圆度/mm	圆柱度/(mm/mm 长度)	平面度(凹入)/(mm/mm 直径)
普通车床	最大加工直径/mm	≤400	0.02(0.01)	0.02(0.01)/100	
		≤800	0.03(0.015)	0.05(0.03)/300	0.03(0.015)/200 0.04(0.02)/300 0.05(0.025)/400
		≤1600	0.04(0.02)	0.06(0.04)/300	0.06(0.03)/500 0.08(0.04)/600 0.10(0.05)/700 0.12(0.06)/800 0.14(0.07)/900 0.16(0.08)1000

续表

机床类型			圆度/mm	圆柱度/(mm/mm 长度)	平面度(凹入)/(mm/mm 直径)
提高精度的车床外圆磨床	最大削磨直径/mm	≤400	0.01(0.005)	0.02(0.01)/150	0.02(0.01)/200
		≤200	0.006(0.005)	0.011(0.01)/500	—
		≤400	0.008(0.005)	0.02(0.01)/1000	—
		≤800	0.012(0.007)	0.025(0.015)全长	—
镗床	镗杆直径	≤100	0.04(0.02)	0.04(0.02)/300	0.04(0.02)/300
内圆磨床	最大孔径	≤50	0.008(0.005)	0.008(0.005)/200	—
		≤200	0.015(0.008)	0.015(0.008)/200	—

机床类型			平面度	平行度(加工面对基准面)	垂直度	
					加工面对基准面	加工面相互间
			(mm/mm 长度)			
卧式铣床			0.06(0.04)/300	0.06(0.04)/300	0.04(0.02)/150	0.05(0.03)/300
立式铣床			0.06(0.04)/300	0.06(0.04)/300	0.04(0.02)/150	0.05(0.03)/300
龙门铣床	最大加工宽度/mm	≤2000	0.05(0.03)/1000	0.03(0.02)/1000 0.05(0.03)/2000 0.06(0.04)/3000 0.07(0.05)/4000 0.10(0.06)/6000 0.13(0.08)/8000	0.03(0.02)/1000	0.06(0.04)/300
		>2000				0.10(0.06)/300
龙门刨床		≤2000	0.03(0.02)/1000	0.03(0.02)/1000 0.05(0.03)/2000 0.06(0.04)/3000 0.07(0.05)/4000 0.10(0.06)/6000 0.12(0.07)/8000	—	0.03(0.02)/300
		>2000				0.05(0.03)/500
平面磨床	立轴矩台卧轴矩台		—	0.02(0.015)/1000	—	—
	卧轴矩台(提高精度)		—	0.009(0.005)/500	—	0.01(0.005)/100
	卧轴圆台		—	0.02(0.01)/工作台直径	—	—
	立轴圆台		—	0.03(0.02)/1000	—	—

2. 典型表面的加工路线

任何零件都是由一些简单的几何表面，如外圆、内孔、平面、成形表面等组合而成，因此任何零件的工艺路线也就是这些表面的工艺路线的恰当的组合。表面的精度和粗糙度要求不同，它的加工工艺路线就不相同；工件的材料、性质不同，如钢和有色金属，淬硬和不淬硬，它的工艺路线也就不同；生产的类型不同，它的工艺路线也将不同。加工方法的选择(包括采用新工艺)实质上是谋求质量、产量和经济性之间的矛盾获得解决。

表 3.10 所示为外圆柱面的典型加工路线，可供参考。车削是加工外圆的主要方法，尤其是粗加工和半精加工，几乎全都用车削。磨削的方法，如图 3.29 所示，在精加工时是比车削更为经济的方法。在中批生产的场合，6 级精度的外圆应该用磨削作为精加工方法，但在单件生产时用精车比磨削经济。对于淬硬工件，淬硬后的外圆一定得用磨削进行加工。对于有色金属，如铜、铝等制造的零件，用磨削作为精加工方法常常不易保证必要的表面粗糙度，因此常用精细车的方法来精加工。

表 3.10　外圆柱面的典型加工路线(中批生产)

精度	粗糙度	加工路线	适用范围
IT11～13	Rz 50～Rz 100	粗车	适用于除淬火钢以外的金属材料
IT8～9	Ra 3.2～Ra 6.3	粗车→半精车	
IT7～8	Ra 0.8～Ra 1.6	粗车→半精车→精车	
IT6～7	Ra 0.08～Ra 0.2	粗车→半精车→精车→滚压(抛光)	
IT6～7	Ra 0.4～Ra 0.8	粗车→半精车→磨削	除不宜用于有色金属外,主要适用于淬火钢件的加工
IT5～7	Ra 0.1～Ra 0.4	粗车→半精车→粗磨→精磨	
IT5	Ra 0.012～Ra 0.1	粗车→半精车→粗磨→精磨→超精磨	
IT5～6	Ra 0.025～Ra 0.4	粗车→半精车→精车→金刚石车	主要用于有色金属
IT5 以上	Ra 0.025～Ra 0.2	粗车→半精车→粗磨→精磨→镜面磨	主要用于高精度要求的钢件加工
IT5 以上	Ra 0.05～Ra 0.1	粗车→半精车→精车→精磨→研磨	
IT5 以上	Ra 0.025～Ra 0.4	粗车→半精车→精车→精磨→粗研→抛光	

表 3.11 是孔的典型加工路线，可供参考。对于直径小于 30mm 的孔，毛坯一般都是实心的，不铸(或锻)出孔，因此第一道工序都是钻孔。对于直径大于 50mm 的孔，毛坯上一般都铸或锻出孔，第一道工序用粗镗工序。直径在 30～50mm 的孔，毛坯上是否有孔，需视具体情况而定。如果它是位于大的箱体零件上面，则一般不铸，因为铸出的孔由于泥芯在浇铸时的偏斜反而会给加工带来很大的困难。如果它是位于中小零件上面，则一般铸或锻出，以节约金属和减少加工工作量。直径较小的孔，用定尺寸刀具如钻、扩、铰进行加工，可以提高生产效率，保证加工质量。孔径大于 50mm 时，一般就不宜使用钻、扩、铰等加工方式，而

表 3.11　孔的典型加工路线

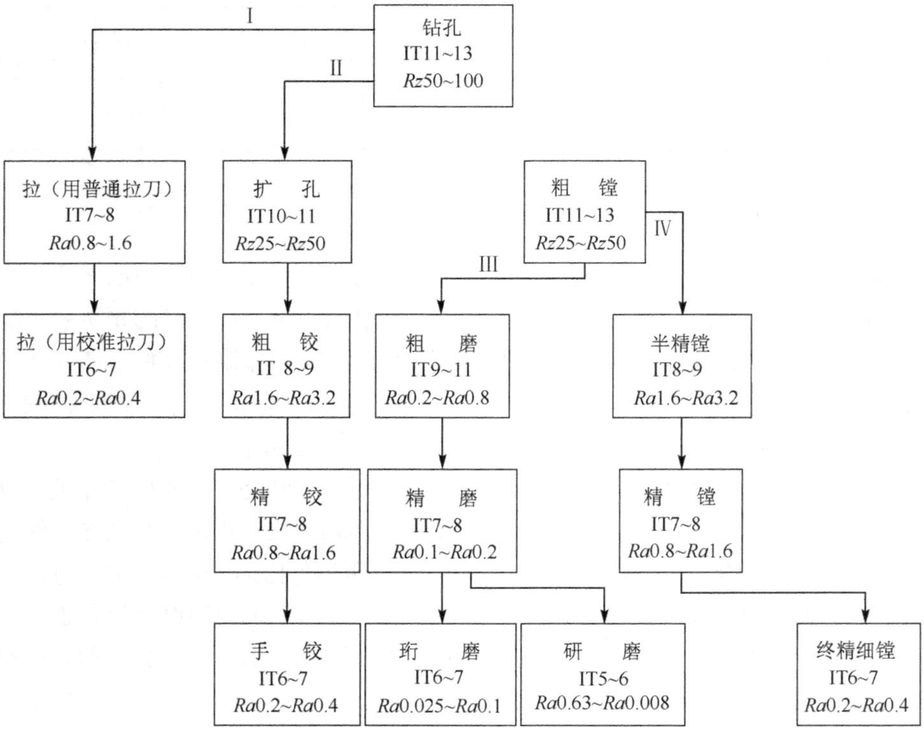

是用镗孔来代替。为了发挥定尺寸刀具的优点，在精镗工序中，广泛使用镗刀块。如使用在镗杆中可以径向自由滑动的浮动镗刀块，可以加工出 7 级精度 *Ra* 为 1.6 的粗糙度，生产效率高，因而广泛地用在箱体零件的孔系加工中。磨孔由于砂轮直径受孔径限制，磨削速度太低，生产效率及加工质量都远不如外圆磨削，因此主要用在淬硬工件的加工。拉孔生产效率高，容易保证加工质量，因而用得比较广泛。主要的限制是拉刀成本较高和拉削时有很大的轴向力，因此主要用在基准孔的加工和具有很大轴向刚度的盘形零件、短套筒、杆形零件的加工中。

平面的加工路线如表 3.12 所示。铣和刨是加工平面的主要方法，一般来说，铣比刨生产效率要高，但是对于窄长形表面，如床身导轨面，刨的生产效率不见得比铣低。平面的精加工主要用磨削，但对于大件，常用宽刀精刨的方法来精加工不需淬硬的工件。平面的光整加工主要用研磨和刮研，前者主要用在淬硬件和小件，后者用在不淬硬件。拉削的方法主要用在大量生产。

表 3.12　平面的加工路线（中批生产）

精度	粗糙度 *Ra*/μm	加工路线
IT11～IT13	25～100	粗铣（或粗刨）
IT8～IT11	3.2～12.5	粗铣（刨）→半精铣（刨） 车平面
IT7～IT9	1.6	拉削
IT6～IT9	0.4～1.6	粗刨→半精刨→ 粗铣→半精铣→ } → { 宽刀精刨 / 高速精铣 / 磨 / 刮研
IT6	0.2～0.4	粗拉→精拉
IT5～IT6	0.2～0.4	粗刨→半精刨 粗铣→半精铣 } →粗磨→精磨
IT5	0.012～0.2	粗刨→半精刨 粗铣→半精铣 } →粗磨→精磨→ { 研磨 / 超精加工

综上所述，在选择加工方法时，应综合考虑以下几点，以求得一个合理的方案。

(1) 应根据表面的精度和粗糙度要求，选择能保证这些质量要求的有效加工方法。

(2) 要结合零件材料和热处理要求来考虑。例如，加工精度为 IT7 级、表面粗糙度 *Ra*=0.8～1.25μm 的内孔，若材料是有色金属，则采用镗、铰、拉等切削加工方法比较适宜，而很少采用磨削加工。

(3) 要结合零件的结构和尺寸大小来考虑。

(4) 要考虑生产率和经济性。选择的加工方法应与生产类型相适应，才能既是高效率又是经济的。任何一种加工方法能获得的加工精度都是一个较大的范围，但在正常条件下能经济地达到的加工精度只是其中某一较小范围。

(5) 选择表面加工方法，还必须从现有生产条件、设备、设备负荷、工艺装备和工人技术水平等实际情况出发，以便保证所选择的加工方法切实可行。

选择零件各表面加工方法应该从主要表面的加工方法开始，主要表面的加工方法选好后，再选次要表面的加工方法。

3.4.2 工序顺序的安排

各表面加工方法选定后，必须把切削加工、热处理和辅助工序一起考虑，合理安排。

1. 加工阶段的划分

当工件的加工质量要求较高时，常把工艺路线分成几个阶段，一般可分为：

(1) 粗加工阶段。其目的主要是高效率地去除各加工表面上的大部分余量，并为半精加工提供基准。

(2) 半精加工阶段。其任务是完成次要表面的加工，并为主要表面的精加工做好准备。

(3) 精加工阶段。主要目的是保证工件的尺寸精度、形状精度、位置精度和表面粗糙度。在这个阶段中各表面的加工余量和切深进给一般都较小。

(4) 光整加工阶段。主要目的是降低表面粗糙度及提高表面层的机械物理性质。有的光整加工方法可以提高工件的尺寸精度和形状精度。工件的位置精度一般不能提高。

划分加工阶段的主要目的是：

(1) 保证加工质量。粗加工时切削力大、切削时发热大，因此受力变形和受热变形都大。另外工件的内应力会由于表面切掉一层金属而重新分布，因此将产生变形。如果粗加工与精加工混在一起，则会破坏已精加工表面的精度。

(2) 合理使用设备。粗加工可在功率大、精度低、生产率高的机床上进行，充分发挥设备潜力，提高生产率；而精加工可在精度较高的机床上进行，有利于长期保持高精度设备的精度，有利于加工精度的稳定，并有利于合理配备操作工人等级。

(3) 粗加工阶段可及时发现毛坯缺陷，如气孔、砂眼，余量不足等，因而可以确定后续工序可否进行，以免浪费精加工的工时。

(4) 适应热处理的需要。热处理工序使加工路线自然划分成阶段，如淬硬前安排粗加工和半精加工，淬硬后安排精加工等。

划分加工阶段的条件有：

(1) 根据零件的技术要求。一般零件分粗、精两个阶段，高精度零件可分粗、半精、精、精密加工阶段。

(2) 根据年生产纲领及生产条件。大批量生产时，划分较细；小批量生产时，有时混杂加工。

(3) 根据毛坯的情况。如果毛坯质量差，则可以增加荒加工阶段，以暴露毛坯中的问题，如砂眼、气孔、夹渣、白口等。

(4) 根据零件大小划分。大型零件运输不便，安装不便，粗精加工在同一工作地进行。

2. 安排工序顺序的原则

加工顺序是指工序的排列先后，这与加工质量、生产率和经济性有密切关系。

(1) 先粗后精，粗精分开。即先把基准面加工出来，再以它为基准加工其他表面。表 3.7 所示的床头箱体加工路线就是一例。先用粗基准加工顶面和两销孔，然后用它们作精基准加工所用平面，在进入精加工以前，先把顶面修一下，再以精度提高了的精基准加工所有的孔。可以看到，由于床头箱体的精度不是很高，为了减少工序数目，提高生产率，该例中没有严格划分加工阶段，即没有把孔的加工分成粗、精工序，把粗加工孔的工序提到精加工平面以前。对于精度要求很高的箱体零件，如坐标镗床的床头箱体，严格划分加工阶段是必要的，否则很难保证加工质量。

轴的加工路线一般都是先加工两头的顶尖孔，然后再以顶尖孔作为精基准，粗加工、半精加工所有外圆表面。在精加工外圆以前，一般先修一下顶尖孔，尤其是对全部淬硬的轴，一般在淬硬后都研磨顶尖孔，然后再以它为基准磨削所有外圆。

⑵先加工平面再加工孔。这是上一条原则的一个特例。因为对于底座、箱体等类零件，平面的轮廓尺寸较大，用平面为精基准加工孔，比较稳定可靠，也比较容易实现；如果先加工孔，再以孔为基面加工平面，则比较困难。

⑶先主要面，后次要面。先安排主要表面的加工，再把次要表面的加工工序插入其中。这里所说的次要表面主要是指键槽、螺孔(或螺栓用光孔)、连接螺纹等表面。这些表面一般都与主要表面有一定的相对位置要求，应以主要表面作为基准进行加工，而其本身去除的金属量并不大，劳动量也不大，因此这些表面的加工一般放在主要表面的半精加工以后，精加工以前一次加工完毕。

⑷有些零件的精加工工序必须在装配(总成)以后进行。图 3.30 所示的轴承座和连杆的加工，它们的轴承孔和连杆大头孔的半精加工和精加工都要在轴承座和轴承盖、连杆体和连杆盖装配(总成)以后才能进行，否则将难以保证精度。

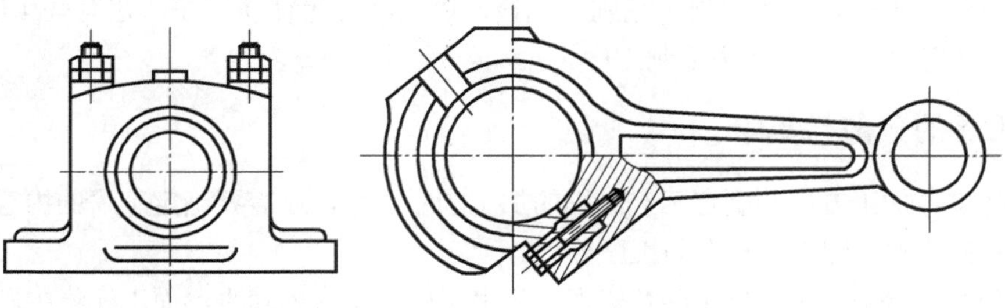

(a)　　(b)

图 3.30　总成后加工的零件

3. 热处理工序和辅助工序的安排

热处理可用来提高材料的机械性能，改善金属的加工性和消除内应力，其安排的位置应视其作用而定，主要取决于零件的材料和热处理的目的要求。

⑴正火、调质等改善材料机械性能和加工性的热处理，应放在粗加工以前或粗加工和半精加工之间进行。放在粗加工之前可改善粗加工的加工性并可减少车间之间的转换次数；放在粗加工与半精加工之间可消除粗加工的内应力。

⑵消除内应力的热时效工序，一般放在粗加工前或放在粗加工与半精加工之间进行。放在粗加工前可减少车间与车间之间的转换次数，但不能消除粗加工的内应力。放在粗加工和半精加工之间，应力消除较彻底。

⑶淬硬工序一般放在半精加工和精加工之间进行。在淬硬工序以前需将铣键槽、车螺纹、钻螺栓用孔等次要表面的加工进行完毕，以防止零件淬硬以后加工不动。渗碳淬火的工

件，由于渗碳时变形很大，常将渗碳工序提前在次要表面加工之前进行，然后加工次要表面再淬火，这样可以减少淬硬后次要表面与主要表面之间的位置误差，且可保证次要表面不被淬硬。氮化工序工件变形很小，需要的时间很长，因此常安排在精加工之间进行，即在粗磨之后，精磨之前进行。表面的装饰性镀层和发蓝工序一般放在工件精加工后进行。电镀工序后应进行抛光，以增加耐蚀性和美观。耐磨性镀铬则放在粗磨与精密之间进行，即粗磨—镀铬—精磨。

辅助工序包括检验工序、去毛刺、平衡、清洗、防锈等工序。

检验工序是重要的辅助工序，它是保证产品质量的必要措施之一。每个操作工人必须在操作过程中和加工完成后进行自检。在工艺规程中还必须在下列情况下安排检查工序：

① 零件全部加工完毕以后；

② 从一个车间转到另一个车间的前后；

③ 工时较长或关键工序的前后；

④ 粗加工之后，精加工之前。

除了一般性的尺寸检查(包括形位误差的检查)以外，还有一些特种检查。X 射线检查、超声波探伤等多用于工件(毛坯)内部质量的检查，一般安排在工艺过程的开始。磁力探伤，荧光检验主要用于工件表面质量的检验，通常安排在精加工阶段。密封性检验、零件的平衡、零件的重量检验一般安排在工艺过程的最后进行。

特别值得提出的是不应忽视去毛刺、倒棱，以及清洗等辅助工序。在有些工序(如铣键槽、齿面倒角等)后面应安排去毛刺工序。

3.4.3 工序的分散与集中

在选择零件加工方法和确定工艺过程的加工顺序之后，还需要确定工序的内容，一般遵循两种不同的原则，即工序集中与工序分散。

工序分散是整个工艺安排工序数较多，每道工序加工内容较少，而工序集中则相反，整个工艺过程集中在几个工序中完成，而每道工序的加工内容较多。

1. 工序分散的特点

(1) 机床、刀具、夹具等工艺装备比较简单，调整和维修方便、容易，生产准备工作周期较短，生产工人便于掌握，适宜于产品经常变换。

(2) 有利于选择最合理的切削用量，减少机动时间。

(3) 工艺路线长，设备和工人数量增多，生产周期长，运输量较大，生产面积也较大。

2. 工序集中的特点

(1) 采用高生产率的专用设备和工艺装备，减少工件的安装次数，而且每次安装后可加工许多表面，有利于保证这些表面的互相位置精度。

(2) 工艺路线短，设备和工人数量减少。生产周期短，运输量较小，生产面积较小。

(3) 专用设备和工艺装备的数量多，又复杂，因此调整和维修较麻烦，生产准备周期较长，变换产品较困难。

集中和分散应根据生产纲领、零件技术要求、工厂生产条件而定。一般，大批大量生产适于工序分散原则，单件小批生产适于工序集中原则，产品经常变换适于工序分散原则，零件加工质量技术要求高适于工序分散原则，零件尺寸、重量大，易适于工序集中原则。但情况在变化，随着数控、加工中心、FMS 等的发展，工序集中越来越多。

3.5　加工余量及工序尺寸、公差的制订

3.5.1　加工余量的含义

加工余量的定义是指加工表面为了达到所需要的精度和表面质量而应切除的金属层厚度，也即加工前后的尺寸之差。对于外圆(被包容尺寸)是加工前尺寸减加工后尺寸。对于孔(包容尺寸)是加工后尺寸减加工前尺寸。对于外圆和孔，余量是双边余量；对于平面，余量是单边余量。加工余量可分为工序加工余量和总加工余量。工序加工余量是指某一表面在一道工序中所切除的金属层厚度，即该工序加工前后尺寸之差。总加工余量是指零件从毛坯变为成品的整个加工过程中某一表面所切除的金属层的总厚度，即零件上同一表面毛坯尺寸与图纸尺寸之差。显然，总加工余量是同一加工表面各工序余量之和。

余量一般是指公称余量，公称余量即公称尺寸之差。图 3.31(a)所示为被包容尺寸的余量及工序尺寸图。图 3.31(b)所示为包容尺寸的余量及工序尺寸图。图中的 l 及 L 分别表示被包容尺寸和包容尺寸的公称尺寸，T 表示图纸上标注的公差。$l_{坯}$和 $L_{坯}$分别表示被包容尺寸毛坯和包容尺寸毛坯的公称尺寸，$T_{坯}$表示毛坯的公差，$T_{坯入}$表示毛坯公差中的入体部分。l_i 和 L_i 表示被包容尺寸和包容尺寸的第 i 道加工工序(工步)后的公称尺寸，T_i 为该工序尺寸的公差。Z 表示公称总余量即毛坯尺寸与工件公称尺寸之差，Z_i 表示第 i 道加工工序的公称余量。

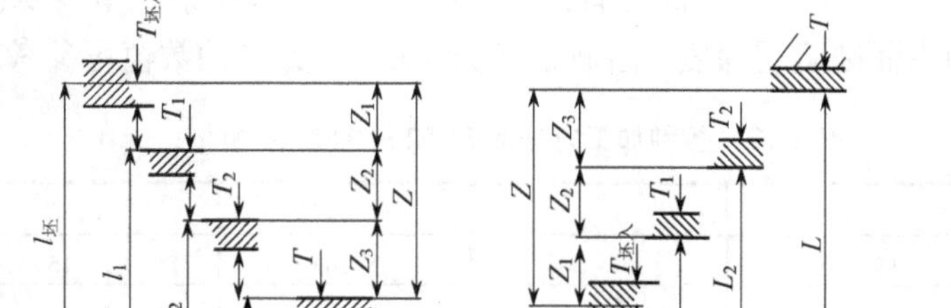

图 3.31　余量及工序尺寸

$$Z_i = L_i - L_{i-1} \quad 或 \quad Z_i = l_{i-1} - l_i \tag{3-2}$$

$$Z = L - L_{坯} = \sum Z_i \quad 或 \quad Z = l_{坯} - l = \sum Z_i \tag{3-3a}$$

对于外圆与孔，由于是双边余量，应取单边余量的双倍。

$$D_i - D_{i-1} = 2Z_i \quad 或 \quad d_{i-1} - d_i = 2Z_i \tag{3-3b}$$

式中，d 表示外圆直径，D 表示孔的直径。

在工序图上规定的该工序加工后尺寸即为该工序的工序尺寸。工序尺寸的公差一般采用入体原则，即对孔用 H，对轴用 h，如图 3.31 所示。毛坯公差一般采用双向偏差。

每一个工件的实际余量并不都等于公称余量，如图 3.32 所示，最小余量是公称余量减去上工序的公差。对于第一道工序，最小余量应为公称余量减去毛坯公差的入体部分 $T_{坯入}$。

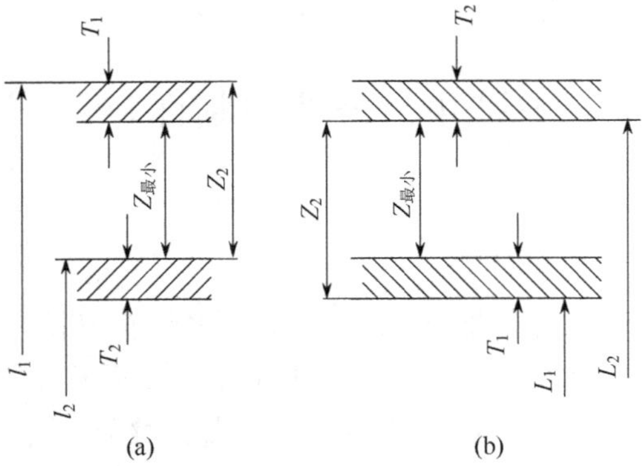

图 3.32　最小余量和公称余量

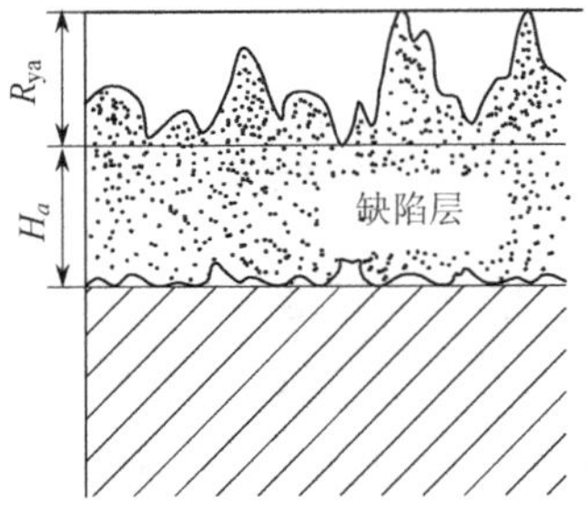

图 3.33　表面层结构

3.5.2　加工余量的确定

加工余量过大将不能保留零件最耐磨的表层，降低表层机械物理性能，浪费材料、浪费工时、增加机床和刀具的磨损，使成本提高。加工余量过小不能保证去掉零件表面缺陷层，不能修正上道工序的误差和加工后的痕迹，将影响加工质量，造成废品。

影响加工余量的因素有：

(1) 前一工序的公差 T_a(对毛坯来说，是公差的入体部分)。

(2) 前一工序所遗留的表面粗糙度值 R_{ya} 和表面缺陷层深度 H_a。被加工表面层的结构如图 3.33 所示，为了使加工后的表面没有前一工序的痕迹，最小余量至少要包含前一工序的表面粗糙度值 R_{ya} 和表面缺陷层深度。各种加工方法的 R_y 及 H 的数值可参考表 3.13。

表 3.13　各种加工方法的 R_y 和 H 的数据(单位：μm)

加工方法	R_y	H	加工方法	R_y	H
粗车内外圆	15～100	40～60	磨端面	1.7～15	15～35
精车内外圆	5～45	30～40	磨平面	1.5～15	20～30
粗车端面	15～225	40～60	粗刨	15～100	40～50
精车端面	5～54	30～40	精刨	5～45	25～40
钻	45～225	40～60	粗插	25～100	50～60
粗扩孔	25～225	40～60	精插	5～45	35～50
精扩孔	25～100	30～40	粗铣	15～225	40～60
粗铰	25～100	25～30	精铣	5～45	25～40
精铰	8.5～25	10～20	拉	1.7～3.5	10～20
粗镗	25～225	30～50	切断	45～225	60
精镗	5～25	25～40	研磨	0～1.6	3～5
磨外圆	1.7～15	15～25	超精加工	0～0.8	0.2～0.3
磨内圆	1.7～15	20～30	抛光	0.06～1.6	2～5

(3) 前一工序所形成的工件空间误差 ρ_a。所谓空间误差，是指没有包括在尺寸公差带内的形状误差和位置误差，如弯曲、位移、偏心、偏斜、不平行、不垂直等。图 3.34(a) 表示轴类

零件弯曲时，弯曲度ρ对加工余量的影响。从图中可以看到，为了消除弯曲的影响，将使单边最小余量增加ρ。图 3.34(b)表示孔的轴线偏斜ρ对加工余量的影响，从图中可以看到，单边余量增加ρ后才能加工出合乎质量要求的孔。

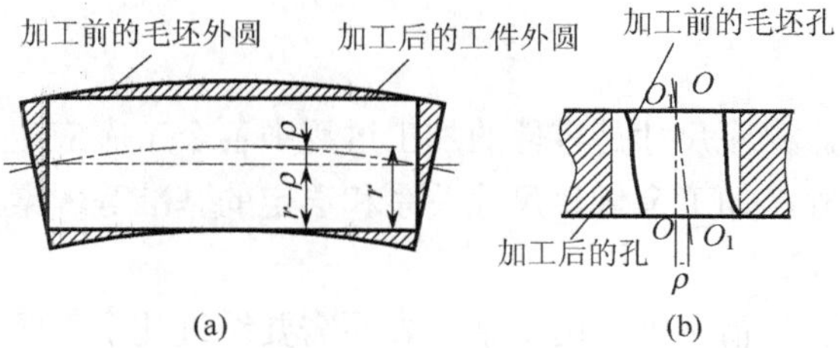

图 3.34　空间误差对加工余量的影响

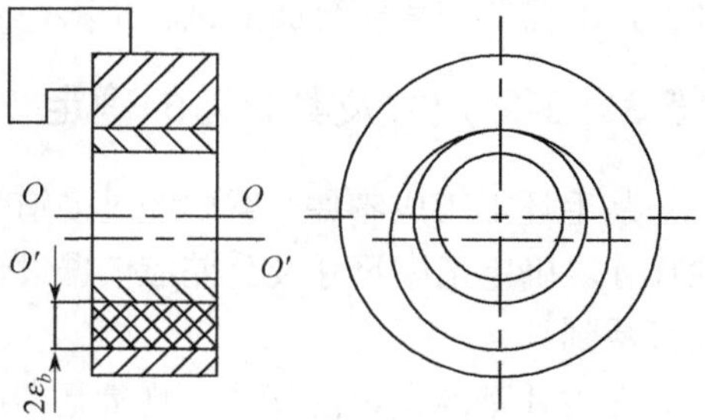

图 3.35　安装误差对余量的影响

(4)本工序的安装误差ε_b。如果本工序存在着安装误差(包括定位误差、夹紧误差以及夹具本身的制造误差)，则在确定加工余量时还应增加这一误差。如图 3.35 所示，孔原来的中心线为 OO，但本工序加工时回转轴线为 $O'O'$，存在着安装误差(偏心)ε_b，单边余量需增加ε_b才能补偿它的影响。

由于空间偏差及安装误差都是有一定方向的，因此它们的合成应为向量和。综上所述可以得出加工余量的计算公式，即对于平面加工等单边余量：

$$Z_b = T_a + R_{ya} + H_a + \left|\vec{\rho}_a + \vec{\varepsilon}_b\right| \tag{3-4a}$$

对于外圆、孔等双边余量：

$$2Z_b = T_a + 2(R_{ya} + H_a) + 2\left|\vec{\rho}_a + \vec{\varepsilon}_b\right| \tag{3-4b}$$

上述公式在具体应用时，应根据具体情况进行修正，如对于用浮动镗刀块镗孔、拉刀拉孔、铰刀铰孔等场合，由于刀具基本上是按工件孔的原来轴线进行加工的，不能纠正孔的偏斜和弯曲，因此余量的计算公式应为

$$2Z_b = T_a + 2(R_{ya} + H_a) \tag{3-5}$$

再如对于研磨、珩磨、超精加工、抛光等光整加工的工序，其主要任务是去掉前一工序所留下的表面痕迹。它们有的可以提高尺寸及形状精度，其余量计算公式为

$$2Z_b = T_a + 2R_{ya} \tag{3-6}$$

有的不能纠正尺寸及形状公差，仅降低表面粗糙度，其计算公式为

$$2Z_b = 2R_{ya} \tag{3-7}$$

在实际生产中，加工余量都是根据手册中推荐的数据，结合实际情况进行一定修正后确定。有些大厂根据本厂的经验编制一些资料和表格，作为确定余量时的参考。

确定加工余量的方法主要有以下三种。

(1)经验估计法。经验估计法是工艺人员根据积累的生产经验来估计确定加工余量的方法。为了避免产生废品，此法所估计的余量一般偏大，常用于单件、小批生产。

(2)查表修正法。查表修正法是以生产实践和试验研究积累的有关加工余量的资料数据

为基础，并按照具体的生产条件加以修正来确定加工余量的方法。此法应用比较广泛。

(3) 分析计算法。分析计算法是根据一定的试验资料和计算关系式，对影响加工余量的各种因素进行综合分析计算来确定加工余量的方法。这种方法确定的加工余量是最为经济合理的，但需要积累较全面的试验资料，且计算过程较复杂，目前很少应用。

3.5.3　工序尺寸及其公差的确定

从毛坯加工成零件，需要经过多道工序。工序尺寸是零件的加工过程中各个工序应达到的尺寸。确定工序尺寸及公差应依据设计尺寸、加工余量、尺寸关系和选定的基准等因素，计算得到。

在设计基准、定位基准、测量基准都重合的情况下，由于某一表面需要经过几个工序或工步才能完成，因此在工序图上需要注明每个工序加工后的工序尺寸及其公差。确定这些工序尺寸的方法是：先确定各工序的加工余量，然后再从后到前(从精加工到粗加工)确定各工序的工序尺寸及其公差，并将各工序尺寸的公差按照“入体原则”进行标注。例如某零件上一个$\phi72^{+0.023}_{-0.008}$mm 的孔，毛坯为锻件(毛坯上带孔)，其工艺路线为粗镗—半精镗—精镗—淬硬—磨孔。

(1) 确定加工余量。从有关手册查得其公称余量为：磨孔 0.7mm；精镗 1.3mm；半精镗 2.5mm；粗镗 4.5mm；总余量 9mm。

(2) 计算各工序尺寸。从后往前计算：磨孔后按图纸规定$\phi72$；精镗后$\phi(72-0.7)=\phi71.3$；半精镗后$\phi(71.3-1.3)=\phi70$；粗镗后$\phi(70-2.5)=\phi67.5$；模锻后毛坯$\phi(67.5-4.5)=\phi63$。

(3) 确定工序尺寸的公差。各工序尺寸的公差由各工序所采用加工方法的经济精度决定，并按入体原则分布。磨孔后按图纸规定为$\phi72^{+0.023}_{-0.008}$mm；精镗后采用 H8、$\phi71.3^{+0.045}_{0}$mm、Ra 1.6；半精镗后采用 H10、$\phi72^{+0.12}_{0}$mm、Ra6.3；粗镗后采用 H12、$\phi67.5^{+0.30}_{0}$mm、Ra12.5；模锻后，毛坯采用$\phi63^{+1}_{-2}$mm。

3.6　尺寸链及其应用

3.6.1　尺寸链的定义及组成

1) 工艺尺寸链和装配尺寸链

由相互关联的按一定顺序首尾相接构成封闭形式的一组尺寸称为尺寸链。根据其用途不同，可分为工艺尺寸链和装配尺寸链。

(1) 工艺尺寸链。

在单个零件加工过程中，由相互关联的尺寸形成的尺寸链，称为工艺尺寸链。它的所有尺寸都在一个零件上。

如图 3.36 所示，A_1、A_2、A_3尺寸及公差在图上标注说明这几个尺寸是一定要保证的，而A_0尺寸是由A_1、A_2、A_3的具体尺寸决定的。

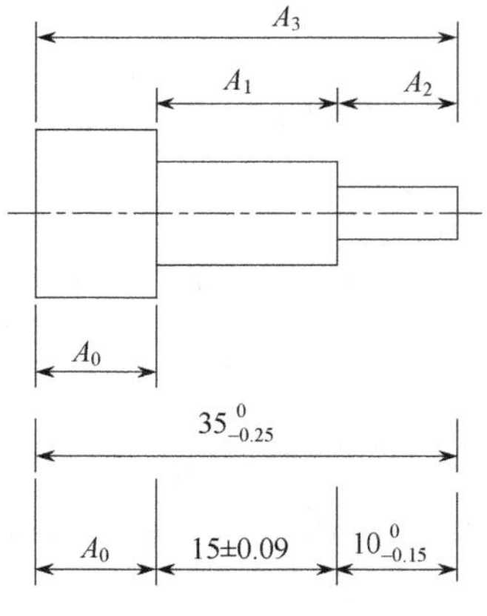

图 3.36　工艺尺寸链

(2)装配尺寸链。

在装配关系中用以表示装配关系及精度的封闭尺寸联系，称为装配尺寸链。它的每个尺寸都分布在不同的零件上。

装配尺寸链与工艺尺寸链分析方法类似，此处仅介绍工艺尺寸链，装配尺寸链在后面继续讲解。

2)尺寸链的组成

组成尺寸链的各尺寸称为尺寸链的环，尺寸链由一个封闭环和若干个组成环所构成。封闭环的尺寸和公差由各组成环来决定。其具体分类如下：

① 环——列入工艺尺寸链中的每一个尺寸称为工艺尺寸链的环；

② 封闭环——尺寸链中在加工过程最后间接获得的尺寸(环)成为封闭环；

③ 组成环——尺寸链中直接获得的并对封闭环有影响的尺寸环都称为组成环。组成环中任一环的变动必然引起封闭环的变动；

④ 增环——尺寸链中的组成环。由于其变动引起封闭环同向变动，则该组成环为增环，用 $\vec{A}_i$ 表示；

⑤ 减环——尺寸链中的组成环。由于其变动引起封闭环反向变动，则该组成环为减环，用 $\overleftarrow{A}_i$ 表示。

3)尺寸链的分类

按尺寸间相互关系，可分为：

① 直线尺寸链——全部组成环平行于封闭环的尺寸链；

② 平面尺寸链——全部组成环在一个或几个平行平面内，但某些组成环不平行封闭环的尺寸链；

③ 空间尺寸链——组成环位于几个不平行的空间平面内的尺寸链。

4)工艺尺寸链的建立

应用工艺尺寸链解决实际问题的关键是找出工艺尺寸链。

(1)封闭环的确定。在工艺尺寸链中，封闭环是加工过程中自然形成的尺寸，如图 3.37 所示的 A_0。但是，在同一零件加工的工艺尺寸链中，封闭环是随着零件加工方案的变化而变化。如图 3.37 所示，如果加工方案是先直接获得 A_2 尺寸，再直接获得 A_0 尺寸，则 A_1 尺寸为间接获得，即为封闭环。

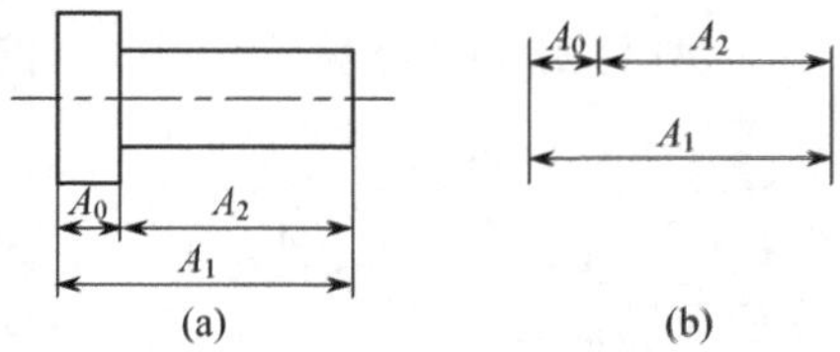

图 3.37　小轴及其轴向工艺尺寸链图

(2)组成环查找。封闭环确定后，从构成封闭环的两端开始，同步地按照工艺过程的顺序，分别向前查找该表面最近一次加工的加工尺寸，之后再进一步向前查找此加工尺寸的工序基准的最近一次加工时的加工尺寸，如此继续向前查找，直到两条路线最后得到加工尺寸的工序基准重合，至此上述尺寸系统即形成封闭，从而构成了工艺尺寸链。

3.6.2　尺寸链的计算方法

1)极值法

这种计算方法是指在各组成环均出现极值(各增环皆为最大极限尺寸，而各减环皆为最小极限尺寸；或反之)时，计算封闭环尺寸与各组成环的关系的方法，是考虑同时出现极值的情况，实际很难出现，因此比较保守，但计算简单，广泛采用。

用极值法计算尺寸链的基本公式如下：

(1)封闭环的基本尺寸 A_0。封闭环的基本尺寸等于各增环的基本尺寸之和减去各减环的基本尺寸之和，即

$$A_0 = \sum_{i=1}^{n} \vec{A}_i - \sum_{i=n+1}^{m} \overleftarrow{A}_i \tag{3-8}$$

式中，n 为增环环数；$m-n$ 为减环环数；m 为总组成环环数。

(2)封闭环的极限尺寸 $A_{0\max}$ 和 $A_{0\min}$。封闭环的最大极限尺寸等于所有增环的最大极限尺寸之和减去所有减环的最小极限尺寸之和，即

$$A_{0\max} = \sum_{i=1}^{n} \vec{A}_{i\max} - \sum_{i=n+1}^{m} \overleftarrow{A}_{i\min} \tag{3-9}$$

封闭环的最小极限尺寸等于所有增环的最小极限尺寸之和减去所有减环的最大极限尺寸之和，即

$$A_{0\min} = \sum_{i=1}^{n} \vec{A}_{i\min} - \sum_{i=n+1}^{m} \overleftarrow{A}_{i\max} \tag{3-10}$$

(3)封闭环的极限偏差 ES_0 和 EI_0。封闭环的上偏差等于所有增环的上偏差之和减去所有减环的下偏差之和，即

$$ES_0 = \sum_{i=1}^{n} ES_i - \sum_{i=n+1}^{m} EI_i \tag{3-11}$$

封闭环的下偏差等于所有增环的下偏差之和减去所有减环的上偏差之和，即

$$ES_0 = \sum_{i=1}^{n} EI_i - \sum_{i=n+1}^{m} ES_i \tag{3-12}$$

(4)封闭环的公差 T_0。封闭环的公差等于各组成环公差之和，即

$$T_0 = \sum_{i=1}^{m} T_i \tag{3-13}$$

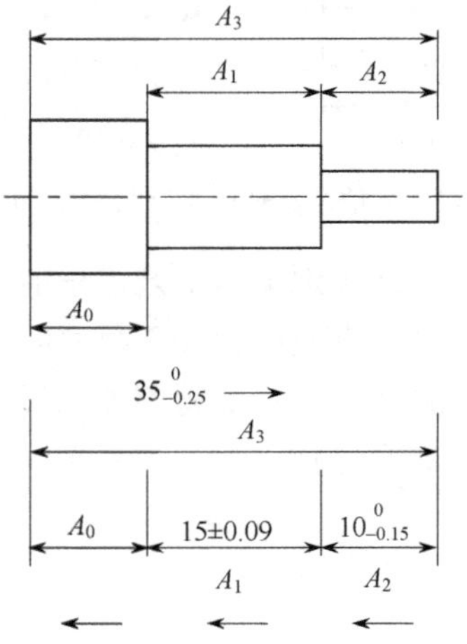

图 3.38　极值法计算尺寸链

由此可见，封闭环的公差比任何组成环的公差都大，为了减小封闭环的公差，就应尽量减少组成环的数目，这一原则称为“尺寸链最短原则”。一般在零件设计时，应选择最不重要的环节作为封闭环，在封闭环的公差已经确定的情况下，如果组成环的数目越多，则各环节的公差就越小，加工要求也就越高，加工越困难。

例如，某阶梯轴的各个尺寸如图 3.38 所示。已知尺寸值 A_1、A_2、A_3，A_0 是加工以后自动获得的尺寸值，求其尺寸大小和公差值。

根据极值法计算尺寸链的公式计算如下：由题意可知，A_0 为封闭环。

① 计算封闭环的基本尺寸：$A_0 = \vec{A}_3 - (\overleftarrow{A}_1 + \overleftarrow{A}_2) = 35 - (15 + 10) = 10(\text{mm})$。

② 计算封闭环的最大极限尺寸：$A_{0\max} = \overrightarrow{A_{3\max}} - (\overleftarrow{A_{1\min}} + \overleftarrow{A_{2\min}}) = 35 - (15 - 0.09 + 10 - 0.15) = 10.24(\text{mm})$；

计算封闭环的最小极限尺寸：$A_{0\min} = \overrightarrow{A_{3\min}} - (\overleftarrow{A_{1\max}} + \overleftarrow{A_{2\max}}) = 35 - 0.25 - (15 + 0.09 + 10) = 9.66(\text{mm})$。

③ 计算封闭环的上偏差：$ES_0=ES_3-(EI_1+EI_2)=0-[(-0.09)+(-0.15)]=+0.24$ (mm)；

计算封闭环的下偏差：$EI_0=EI_3-(ES_1+ES_2)=-0.25-[(+0.09)+(0)]=-0.34$ (mm)。

④ 计算封闭环的公差：$T_0=T_1+T_2+T_3=0.18+0.15+0.25=0.58$ (mm) $=A_{0\max}-A_{0\min}=ES_0-EI_0$。

2) 统计法

应用极值法解尺寸链，简单、可靠，但是当封闭环公差较小、环数较多时，则各组成环公差就相应的减少，造成了加工困难，成本增加。为了扩大组成环的公差，以便加工容易，可采用概率法解尺寸链以确定组成环的公差。

运用概率理论来求解封闭环尺寸与各组成环尺寸间的关系。若各组成环的尺寸分布均接近正态分布，且误差分布中心与公差带中心重合，由此可以引出概率法的基本计算公式。

基本公式如下：

(1) 封闭环的基本尺寸 A_0 等于增环、减环的基本尺寸的代数和。即同前面极值法公式

$$A_0 = \sum_{i=1}^{n} \vec{A}_i - \sum_{i=n+1}^{m} \overleftarrow{A}_i$$

根据概率论原理，若将各组成环视为随机变量，则封闭环也为随机变量，则有封闭环的平均值等于各组成环的平均值的代数和。

(2) 封闭环的公差 T_0

$$T_0 = \sqrt{\sum_{i=1}^{m} T_i^2} \tag{3-14}$$

一般在进行计算时，先将各尺寸变为对称公差带分布，然后再进行计算。例如前面讲解极值法的例题运用统计法进行计算时，计算过程如下。

① 将各个尺寸化为对称公差带分布：

$$\overleftarrow{A}_1 = 15 \pm 0.09$$
$$\overleftarrow{A}_2 = 10_{-0.15}^{\ 0} = 9.925 \pm 0.075$$
$$\vec{A}_3 = 35_{-0.25}^{\ 0} = 34.875 \pm 0.125$$

② 运用统计法公式进行计算。

基本尺寸：$A_0 = \vec{A}_3 - (\overleftarrow{A}_1 + \overleftarrow{A}_2) = 34.875 - 15 - 9.925 = 9.95$。

公差值：$T_0 = \sqrt{T_1^2 + T_2^2 + T_3^2} = \sqrt{0.18^2 + 0.15^2 + 0.25^2} = 0.342$。

最后求得：$A_0 = 9.95 \pm 0.171$。

3.6.3　工艺尺寸链的应用

工艺尺寸链主要用于制订工艺规程中确定工序尺寸或校对检验尺寸。

1) 工艺基准与设计基准重合时工序尺寸及公差的计算

零件上内孔或外圆多属于这种情况，当表面经多次加工时，各工序的工序尺寸和公差取决于各工序的加工余量及经济加工精度。确定之后就可以计算出各工序的工序尺寸及其公差，计算顺序从后到前。

2) 工艺基准与设计基准不重合时工序尺寸及公差的计算

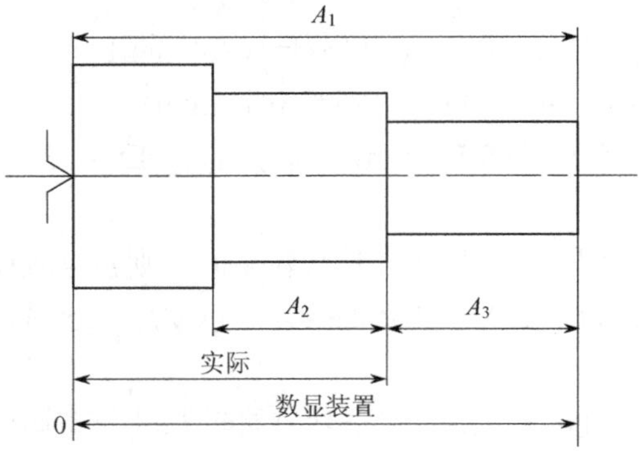

图 3.39　工序图标法

在制订工艺规程时，有时为了方便工件的定位或测量，工艺基准(定位基准或测量基准)与设计基准不重合，这时需要通过尺寸换算，确定有关工序尺寸及公差，从而按确定后的工序尺寸及公差进行加工，就会满足原设计要求。加工序图标法，如图 3.39 所示。

3) 定位基准与设计基准不重合时的工艺尺寸换算

[例 3.1]　如图 3.40(a)所示，A、B、C 均已加工完，现用调整法加工 D 面。为方便选择 A 为定位基准并按工艺尺寸 L_3 对刀，为了保证加工后 L_0 符合要求，必须对 L_3 进行控制。

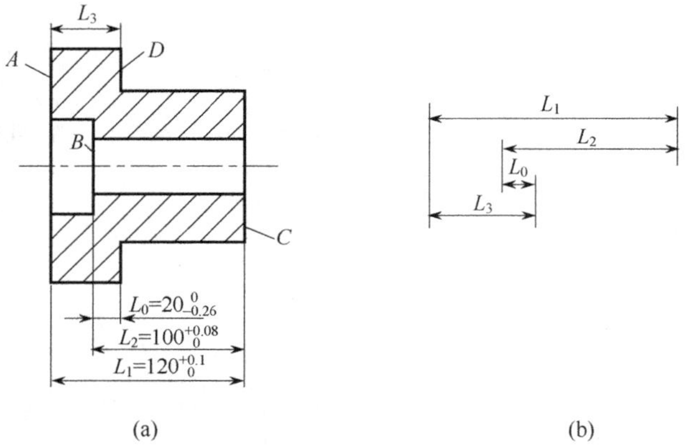

图 3.40　加工零件简图及其尺寸链图

解　(1) 画出尺寸链图，并判断封闭环，如图 3.40(b)所示。L_0 是间接获得尺寸，因此 L_0 是封闭环，从封闭环任意一端出发，按 $L_0 \to L_2 \to L_1 \to L_3$ 连接封闭尺寸组，即工艺尺寸链。

(2) 判断增减环：$\overleftarrow{L_1}$ 为减环，$\overrightarrow{L_2}$、$\overrightarrow{L_3}$ 为增环。

(3) 计算。

基本尺寸计算：

$$L_0 = (L_2 + L_3) - L_1$$

$$L_3 = L_1 + L_0 - L_2 = 120 + 20 - 100 = 40(\text{mm})$$

计算上偏差：

$$\text{ES}_0 = \text{ES}_2 + \text{ES}_3 - \text{EI}_1$$

$$0 = 0.08 + \text{ES}_3 - 0$$

所以，$ES_3= -0.08$mm。

计算下偏差：

$$EI_0 = EI_2+EI_3-ES_1$$
$$-0.026 = 0+EI_3-0.1$$

所以，$EI_3= -0.16$mm。

因此，L_3 工艺尺寸及公差为 $L_3= 40_{-0.16}^{-0.08}$ mm，按入体原则 $L_3= 39.92_{-0.08}^{\ 0}$ mm。

4) 测量基准与设计基准不重合时的工艺尺寸换算

加工时，有时有些加工表面的尺寸不便直接测量，因此需选一个易测表面为测量基准，间接保证设计尺寸。

[例 3.2]　图 3.41 所示，加工 *A* 时，要先车 *C*，再车 *B*，以 *C* 为测量基准测量 *B*，从而间接保证 $L_0 = 10_{-0.36}^{\ 0}$，试确定 L_2 的尺寸大小及其公差。

解　画出尺寸链，并判断封闭环，得 L_0 为封闭环，$\vec{L}_1$ 为增环，$\vec{L}_2$ 为减环，则有计算公式：$L_0=L_1-L_2$，所以，$L_2=L_1-L_0=50-10=40$ (mm)。

再由上偏差计算公式 $ES_0=ES_1-EI_2$，得

$$0=0-EI_2$$

所以，$EI_2=0$。

由下偏差计算公式 $EI_0=EI_1-ES_2$ 得

$$ES_2=EI_1-EI_0= -0.17+0.36=+0.19\ (\text{mm})$$

所以，最终计算结果为 $L_2= 40_{\ 0}^{+0.19}$ mm。

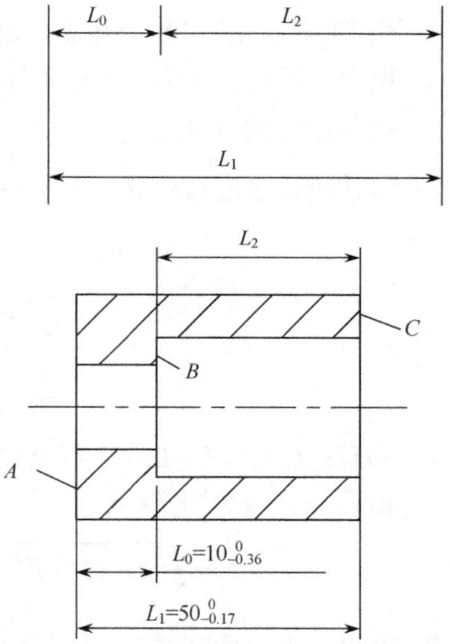

图 3.41　加工零件图和尺寸链

5) 多尺寸保证时工序尺寸的换算

在工件的加工过程中，有些加工表面的测量基准或定位基准是一些尚需加工的基准面，当加工这些基准面时，同时要保证两个设计尺寸精度要求，为此要进行工艺尺寸换算。

[例 3.3]　图 3.42 所示为一齿轮内孔简图，孔径设计尺寸为 $\phi 40_{\ 0}^{+0.05}$ mm，键槽尺寸深度为 $43.6_{\ 0}^{+0.34}$ mm，内孔淬硬，加工顺序如下：

① 镗内孔到 $\phi 39.6_{\ 0}^{+0.1}$ mm；

② 插键槽至尺寸 L_1；

③ 淬火热处理；

④ 磨内孔至 $\phi 40_{\ 0}^{+0.05}$ mm，同时间接保证键槽深度 $43.6_{\ 0}^{+0.34}$ mm。

解

(1) 画出尺寸链，并判断封闭环，键槽深度是在磨内孔时间接获得的，为封闭环。

(2) 判断增减环。得 $\vec{L}_1$、$\vec{L}_3$ 为增环，$\vec{L}_2$ 为减环。

(3) 计算。

封闭环基本尺寸计算公式：$L_0=L_1+L_3-L_2$，得出尺寸 $L_1=L_0+L_2-L_3=43.6+19.8-20=43.4$ (mm)。

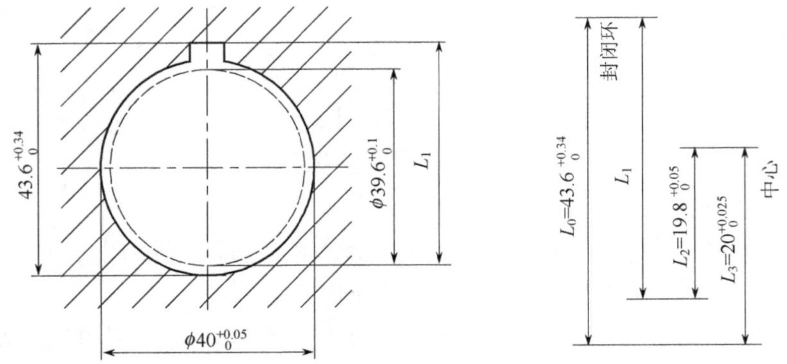

图 3.42　加工零件图及尺寸链

由 $ES_0=ES_1+ES_3-EI_2$，得出：$ES_1=ES_0+EI_2-ES_3=0.34+0-0.025=+0.315$(mm)。

由 $EI_0=EI_1+EI_3-ES_2$，得出：$EI_1=EI_0+ES_2-EI_3=0+0.05-0= +0.05$(mm)。

所以，最终得出插键槽的工序尺寸为 $L_1=43.4^{+0.315}_{+0.050}$ mm。

按入体原则表示为 $L_1=43.45^{+0.265}_{0}$mm 。

若按统计法进行计算：先将各个尺寸转化为对称分布公差的尺寸形式如下：

$$L_0=436.^{+0.34}_{0}=43.77\pm0.17\text{mm}$$

$$L_2=19.8^{+0.05}_{0}=19.825\pm0.025\text{mm}$$

$$L_3=20^{+0.025}_{0}=20.0125\pm0.0125\text{mm}$$

则有：$L_1=L_0+L_2-L_3=43.77+19.825-20.0125=43.583$(mm)

由 $T_0^2=T_1^2+T_2^2+T_3^2$ 得

$$T_1^2=\sqrt{T_0^2-T_2^2-T_3^2}=\sqrt{(0.34)^2-(0.05)^2-(0.025)^2}=0.336(\text{mm})$$

所以，得出插键槽的工序尺寸为 $L_1=L_1\pm\dfrac{T_1}{2}=43.583\pm0.168$mm。

3.7　时间定额和提高生产效率的工艺措施

在制订机械加工工艺规程时，首先应保证产品质量，同时要提高生产效率。生产效率通常用工人在单位时间内加工的合格产品数量或工人用于加工单件产品的劳动时间来表示。

3.7.1　时间定额的组成

时间定额(或称工时定额)就是完成某一工序所规定的工时。合理的时间定额能调动工人的积极性，提高生产率和促进生产的发展。时间定额是安排生产计划，进行成本核算的重要依据；也是实行计件工资或实施奖励制度的主要依据；在设计新厂时，又是计算设备数量、工人数量和车间面积的依据。

时间定额主要采取实验与计算的综合方法来确定。制订时间定额时要防止过紧或过松的倾向，应该具有平均先进水平的合理的时间定额。只有这样才能够使时间定额起到促进工人的生产技术能力和熟练程度不断提高，发挥他们的积极性和创造性，从而推动生产的发展。时间定额应该随着生产水平的发展而及时修订。

完成零件某一工序所用的时间称为单件时间，一般包括下列组成部分：

1) 基本时间 T_j

对机械加工来说，就是切去金属层所耗费的机动时间。它是直接用于改变工件的尺寸、形状和性质所需要的时间，一般可用计算的方法予以确定。例如，对于车削，如图 3.43 所示。

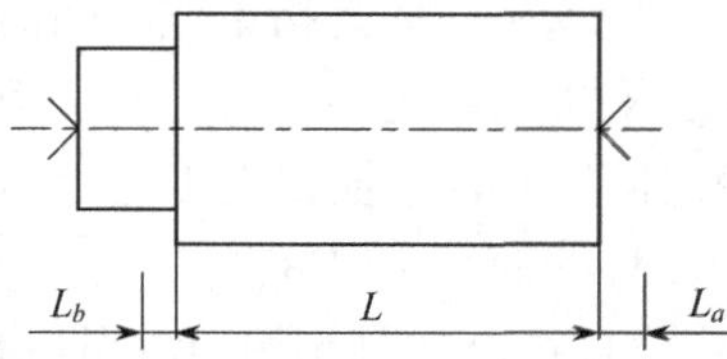

图 3.43　车削机动时间的计算

$$T_j = \frac{(L + L_a + L_b) \times i}{n \times f} (\text{min}) \tag{3-15}$$

式中，L 为被加工表面长度(mm)；L_a 为刀具切入长度(mm)，其数值与刀具的主偏角和采用的切深有关；L_b 为刀具切出长度，一般可取 1～3mm；i 为走刀次数；n 为工件每分钟转数；f 为刀具进给量(mm/r)。

2) 辅助时间 T_f

它是工人为完成主要工作而进行的各种辅助动作所需要的时间。例如，装卸工件，开动或停止机床，改变切削速度或进给量，测量工件尺寸等所需的时间。辅助时间的确定，对大批大量生产，可将辅助动作进行分解，再分别查表予以综合；对中批生产，不能那样仔细和精确，可以根据以往的统计资料予以确定；在单件小批生产，一般用基本时间的百分比来进行估算。

3) 工作地点服务时间 T_{fw}

它是指工人在工作班内照管工作地点(如清扫、润滑、整理等工作)和为了保持工作状态所需的时间。后者如更换磨钝的刀具、修整砂轮、对机床进行小调整等。工作地点服务时间很难精确估计，一般按操作时间(基本时间和辅助时间的总和)的 2%～7%来进行估算。

4) 休息和自然需要时间 T_x

它是指工作班内所允许的必要的休息和生理上的自然需要的时间。对机床操作工人，一般按操作时间的 2%进行估算。

上述四部分时间的总和即为单件时间 T_d，即

$$T_d = T_j + T_f + T_{fw} + T_x \tag{3-16}$$

5) 准备终结时间 T_z

对成批生产来说，在加工一批工件的开始和终结时，需要一定时间进行下列工作：熟悉工艺文件，领取毛坯、材料、刀具和夹具，调整机床，交付检查，发送成品，归还刀具、夹具等。它们所耗费的时间称为准备终结时间 T_z。准备终结时间对一批工件只有一次。批量 N 越大，摊到每个工件上的时间 T_z/N 越小，大量生产可忽略 T_z。

每个工件某一工序的时间定额即单件核算时间为 T_h，即

$$T_h = T_d + T_z / N = T_j + T_f + T_{fw} + T_x + T_z / N \tag{3-17}$$

3.7.2　提高劳动生产率的工艺措施

劳动生产率是指单位时间内工人的平均生产量或创造的价值。不断提高劳动生产率是企业的根本任务之一，它是一个综合性的问题。劳动生产率与时间定额有密切关系，因此要缩短时间定额，下面仅就工艺上的一些问题进行讨论。

1)缩短基本时间

(1)提高切削用量(切削速度、切深、进给量)。目前用硬质合金刀具车削时的切削速度一般可达 200m/min。近年来出现的聚晶人造金刚石和聚晶立方氮化硼的新型刀具材料，切削速度可达 900m/min。

(2)采用多刀加工、多件加工的方法，减少或重合切削行程长度。图 3.3 所示为六角车床上常用的多刀加工方法。图 3.44 所示为加工车床床身用的九轴龙门铣的工序简图。主轴Ⅰ上的三把铣刀铣三个侧面 1、2、3，在主轴Ⅰ下面的主轴Ⅱ有一端铣刀铣侧面 4，主轴Ⅲ上的端铣刀铣平面 5，主轴Ⅳ上端铣刀铣平面 6，主轴Ⅴ上端铣刀铣侧面 7，主轴Ⅵ上有两把端铣刀，以其端面和圆柱面铣 V 型导轨的 8、9 面，主轴Ⅶ上铣刀铣 10、11 面，主轴Ⅷ上端铣刀铣 12 面，主轴Ⅸ上两把铣刀铣 13、14 面。这样，床身零件在一次走刀中，所有的表面全都粗加工完成，大大提高了劳动生产率。

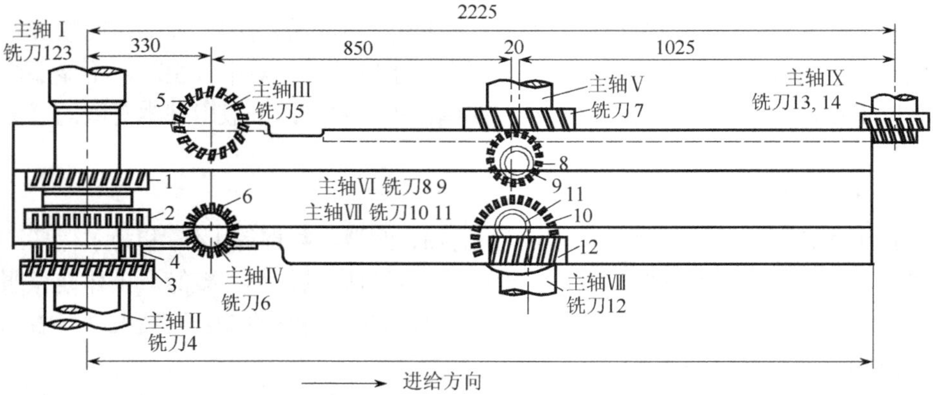

图 3.44　在九轴龙门铣床上铣车床床身

多件加工可分为顺序加工、平行加工和平行顺序加工三种。工件顺着走刀方向一个接一个安装进行加工称为顺序加工。它可以缩短切入、切出时间长度，一般用于端铣、滚齿等切入切出长度较大的场合，如图 3.45(a)所示。用多把刀具同时平行加工几个零件称为平行加工，它可以缩短单件时间，应用很广泛，常见于铣削和磨削平面。图 3.45(b)所示为用四把刀具同时铣削两个工件的实例。把平行加工和顺序加工合并起来为平行顺序加工。图 3.45(c)所示为在平面磨床上用平行顺序法加工一批相同工件的实例。这种方法适用于工件较小，批量较大情况。

2)缩短辅助时间

辅助时间在单件时间中占有较大比重，尤其在单件小批生产中更是如此。缩短辅助时间有两条基本途径，一是直接缩短辅助时间，二是将辅助时间与基本时间相重合。

(1)直接缩短辅助时间。

①提高机床自动化程度。

②采用各种类型的夹具以缩短装卸和找正工件的时间。

③采用定程装置以减少加工过程中测量工件和试切走刀时间。

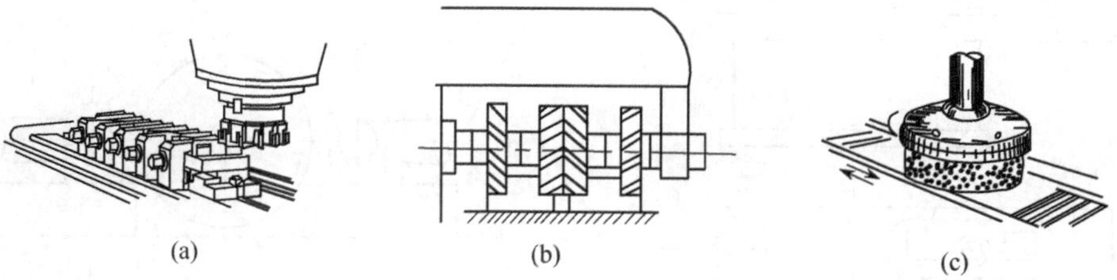

图 3.45　多件加工示意图

④采用各种辅助工具，减少更换和装夹刀具的时间。

⑤采用主动检测装置或数字显示自动测量装置，以减少加工过程中的测量时间。主动测量的自动测量装置能在加工过程中测量工件的实际尺寸，并能用测量的结果控制机床的自动循环。图 3.46 所示为在外圆磨床上使用的主动测量装置。该装置的弓形架上装有两个硬质合金触点，它与工件接触，量杆在弹簧的作用下压向工件。在加工过程中工件尺寸的变化，经过量杆上的斜面可以在百分表上反映出来，工人可从百分表的读数来控制机床，减少了测量工件的时间(或者说，测量时间与机动时间重合)。

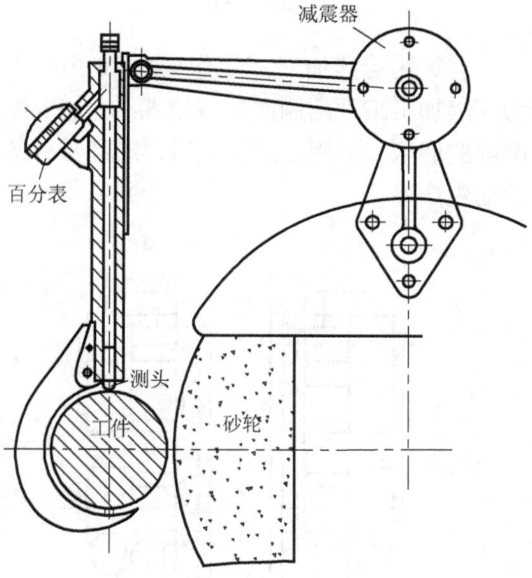

图 3.46　外圆磨床上的主动测量装置

(2)将辅助时间与基本时间重合。

①采用可换的相同夹具交替工作，或用可换工作台交替工作。例如在多刀半自动车床或外圆磨床上，以心轴定位加工工件时，可以采用两个同样的心轴，一个工件加工时，另一个心轴进行工件的装卸。再如在龙门刨床上用夹具夹持工件刨削时，一个工作台在工作时，另一个相同的工作台在下面装卸工件，加工完毕后，吊起工作台进行互换，交替工作。

②采用多位夹具，如图 3.47 所示为在立式铣床上采用转位夹具的例子。图中 A、B 为工件，1 为两位夹具。A 在工作，B 在装卸。加工完毕后，夹具转过 180°，即可继续工作。

图 3.48 所示为“摆式”铣削，当左面的位置在加工时，工人在右面的位置装卸工件；当Ⅰ的位置加工终了时，工作台以快速进给通过中间的空程，然后转换为工作进给，加工Ⅱ位置上的工件。此时，已加工完毕的Ⅰ位置上就进行装卸工件，如此循环。“摆式”铣削一般用在端铣上，因为周铣时，一面为“逆铣”时，另一面就为“顺铣”，这对一般铣床是不合适的，容易引起打刀等事故。

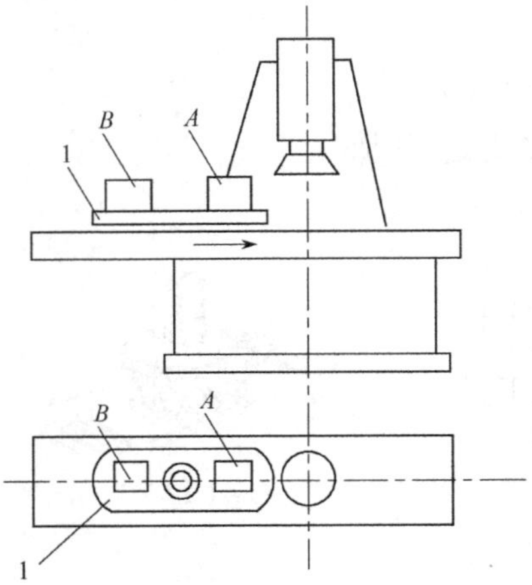

图 3.47　转位夹具

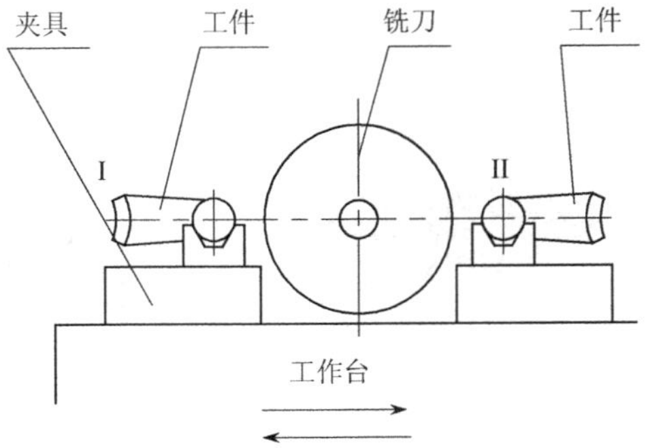

图 3.48　“摆式”铣削

③采用连续加工。连续加工方式主要用于大批大量生产中的铣床和磨床上，图 3.49 所示为连续加工工件两侧面的鼓轮铣，在加工过程中，在装卸区内装卸工件。图 3.50 所示为连续磨削的磨床。采用连续加工时，装卸工件的工作，全部在加工时间内进行，因而能显著提高劳动生产率。

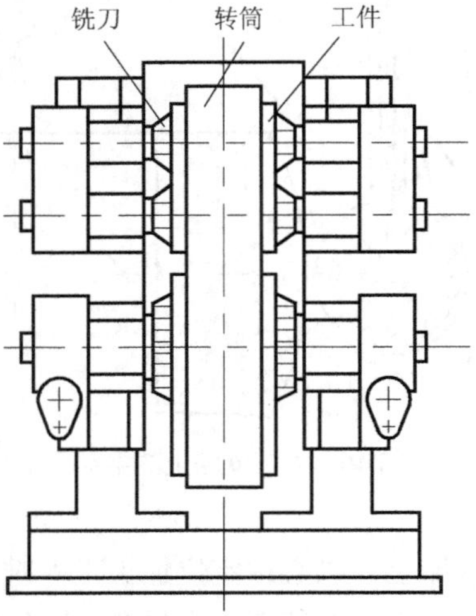

图 3.49　连续切削加工

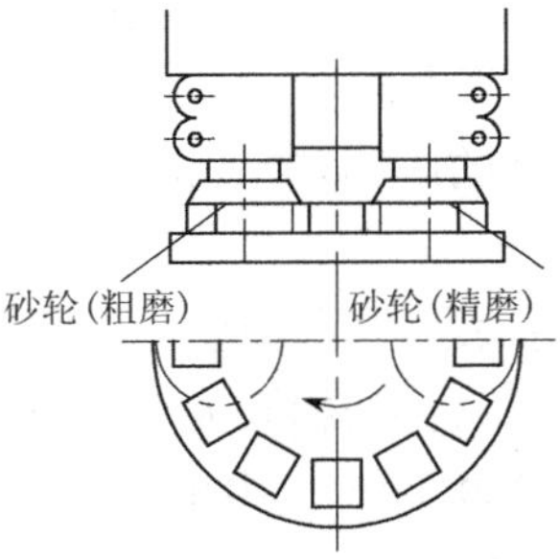

图 3.50　连续磨削加工

3) 缩短准备终结时间

①夹具和刀具调整的通用化。

②采用可换刀架或刀夹。

③采用刀具的微调机构和对刀的辅助机构以缩短调整时间。

4) 缩短工作地点服务时间

5) 可以采用多机床同时进行操作的办法，以提高效率。例如，让一个工人同时看几台机床。

6) 高效及自动化加工

在大量生产时，运用流水线、自动线进行加工；而单件小批量生产时，运用 NC(数控)、加工中心 MC、柔性制造单元 FMC 及 FMS、CAM 等方法。

3.8　工艺过程方案的技术经济分析

工艺方案的技术经济分析就是对各种工艺方案的经济效果进行分析、论证，以便从中找出最优的方案。大致可以分为两种情况，第一种情况是计算一些技术经济指标，并加以分析。第二种情况是对不同工艺方案进行工艺成本的分析和比较。

目前在实际工作中，已经广泛应用工艺方案技术经济分析的，是在新建车间的设计工作中。在建造某一产品的机械加工车间之前，总是先制订其主要零件的工艺流程，然后计算切削用量、确定时间定额、计算设备需要量和工人需要量，最后计算厂房面积，进行厂房的设计。工艺方案的合适与否，对新建车间的设计有着决定性的影响，而最常用的技术经济分析方法是对车间的一些经济技术指标进行分析比较。其主要指标有：每一产品所需要的劳动量(工时及台时)。每一个人每年的产量(台或重量)。每一设备的产量，每一平方米生产面积的产量等。在车间设计工作完成以前，总是将上述指标与国内外同类产品的加工车间的相同指标进行比较，以判断设计的好坏。

在原有车间中制订整台机器所有零件的工艺规程时，有时也用一些技术经济指标来加以衡量。常用的指标有：劳动量(工时及台时)、工艺装备系数(专用工、夹、量具与机床数量之比)、设备构成比(专用设备与万能设备之比)、钳工修配劳动量系数(钳工修配劳动量与机床加工劳动量之比)、工艺过程的分散与集中程度(用一个零件的平均工序数目来表示)、金属消耗和电力消耗等。

所谓工艺成本，是指生产成本中与工艺过程有关的那一部分成本，而与工艺过程无关的那一部分成本，例如行政总务人员的工资、厂房的折旧和维持费用等，一般在工艺方案经济评比中就不予考虑。零件成本的组成如图 3.51 所示。

- 零件成本
  - 第一类费用(工艺成本)
    - 可变成本(与生产量有关)
      - 材料费
      - 机床工人的工资
      - 机床维持费
      - 通用机床折旧费
      - 刀具维持费及通用刀具折旧费
      - 通用夹具维持与折旧费
    - 不变成本(与生产量无关)
      - 专用机床折旧费
      - 专用刀具折旧费
      - 专用夹具折旧费
  - 第二类费用
    - 行政总务人员的工资及办公费
    - 厂房的维修及折旧费
    - 照明、取暖、通风、用水
    - 运输费

图 3.51　零件成本组成

工艺成本可以分为两大部分：一类是与年产量直接有关的费用称为可变费用，用 V 表示。这类费用包括材料或毛坯费用、机床工人的工资、机床的电费、万能机床的折旧费和修理费、万能夹具的费用、刀具的费用等。另一类是与零件的年产量没有直接关系的费用称为不变费用，用 S 表示。这类费用包括专用机床的折旧费和修理费、专用夹具的费用等。专用机床和专用夹具是专为某零件的加工所用的，它不能用来加工其他零件，因此当产量不足、负荷不满时，它就闲置不用。由于设备的磨损包括有形磨损和无形磨损两大部分，设备的折旧年限(或年折旧费用)是确定的，因此专用机床和夹具的费用就与年产量无直接关系。

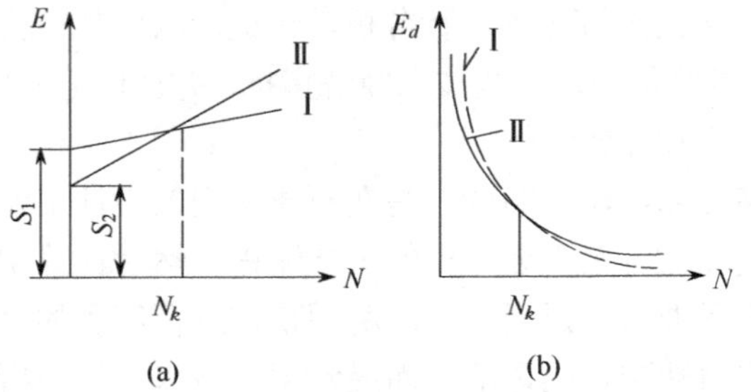

图 3.52　工艺成本与年产量的关系

如果零件的年产量为 N，则年工艺成本 E 应为

$$E=VN+S \tag{3-18a}$$

其图形为一直线，如图 3.52(a)所示。单件工艺成本应为

$$E_d=V+\frac{S}{N} \tag{3-18b}$$

其图形为一双曲线，如图 3.52(b)所示。

对于两个不同的工艺方案进行经济比较时，一般可以分为两种情况：

①当需要比较的工艺方案的基本投资相近，或在采用现有设备条件的情况下，工艺成本即可作为衡量各种方案经济性的依据。如图 3.53 所示，各方案的优劣与加工零件的计划产量有密切关系，当计划产量 $N<N_k$ 时，宜采用第Ⅱ种方案。当 $N>N_k$ 时，宜采用第Ⅰ种方案。N_k 称为临界产量，其值由计算确定：

$$N_kV_1+S_1=N_kV_2+S_2$$

得

$$N_k=\frac{S_2-S_1}{V_1-V_2} \tag{3-19}$$

②当需要比较两个工艺过程方案的基本投资差额较大时，如第Ⅰ种方案采用生产率较高，但价格较贵的机床及工艺装备，所以基本投资(K_1)大，但工艺成本(E_1)较低；第Ⅱ种方案采用了生产率较低、但价格较便宜的机床及工艺装备，所以基本投资(K_2)小，但工艺成本(E_2)高。这也就是说工艺成本的降低是由于增加基本投资而得到的，这时单纯比较工艺成本是难以全面评定其经济性的，必须同时考虑不同方案的基本投资差额的回收期限。回收期限是指第Ⅰ种方案比第Ⅱ种方案多花费的投资，需要较长时间才能由于工艺成本降低而收回来。回收期限可用下式求得

$$\tau=\frac{K_1-K_2}{E_2-E_1}=\frac{\Delta K}{\Delta E} \tag{3-20}$$

式中，τ 为回收期限(年)；ΔK 为基本投资差额(元)；ΔE 为全年生产费用节约额(元/年)。

回收期限越短，则经济效果越好，回收期限必须满足以下要求：

(1)回收期限应小于所采用的设备或工艺装备的使用年限。

(2)回收期限应小于该产品由于结构性能及国家计划安排等因素所决定的生产年限。

(3)回收期限应小于国家所规定的标准回收期间，如采用新夹具标准回收期间常定为 2～3 年；采用新机床时标准回收期间常定为 4～6 年。

3.9　制订工艺规程的实例——床头箱体的加工

3.9.1　零件的结构特点和技术要求分析

CA6140 普通车床的生产属于大批生产的类型，床头箱体为其主要零件之一，技术要求较高。零件的材料为 HT20～HT40 铸铁，重 214kg，其零件图如图 3.53 所示。

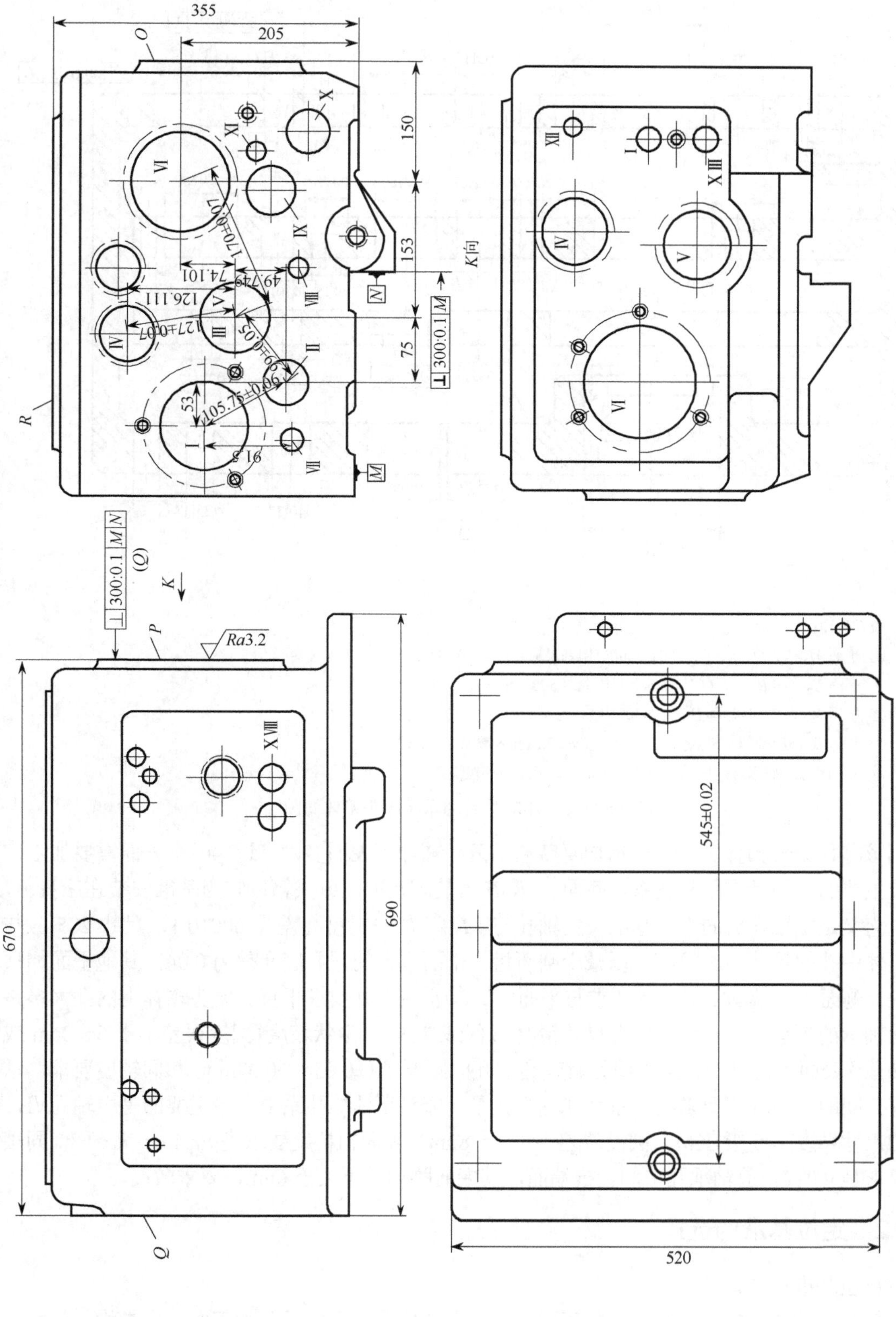
355
205
150
153
75
K向
300:0.1 M
N
M
170±0.07
74.101
126.111
49.749
127±0.07
105.75±0.06
53
91.5
300:0.1 M N
(Q)
K
P
Ra3.2
670
690
545±0.02
520
O
R
Q

(a) 外形图

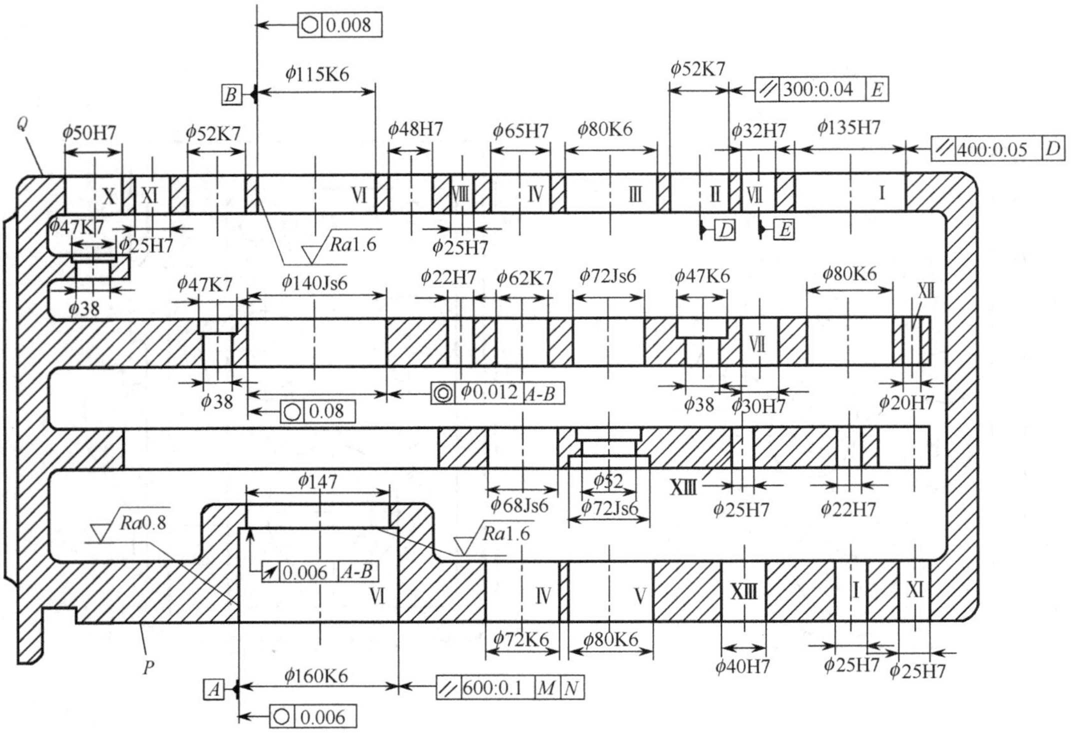

(b) 展开图

技术条件：

① 平面 *M*、*N*、*O*、*R*、*P*、*Q* 的平面度(用塞尺检查)允差 0.04mm。

② 平面 *N*、*O*、*R*、*P*、*Q* 对 *M* 的垂直度允差 300∶0.1。

③ 平面 *P*、*Q* 对 *N* 的垂直度允差 300∶0.1。

④ 箱体纵向孔(除Ⅵ轴外)各孔表面粗糙度 *Ra* 3.2(孔内端面为 *Ra* 6.3)。

⑤ 各轴线上的轴承孔应同轴，用检验棒检验，要求转动轻快。

图 3.53　CA6140 型普通车床床头箱体简图

该零件为一箱体类零件，结构复杂箱壁薄，被加工表面多，有近 40 个表面需要加工，但最主要的表面是平面和孔系。底面 *M* 及 *N* 为装配基准，床头箱以它为基准安装在床身上，同时它又是主轴孔Ⅵ的设计基准。主轴孔与 *M*、*N* 的平行度允差为 600∶0.1，尺寸 205 应与尾架体中孔的尺寸 205 等高，以减少刮研量。平面本身的平面度允差为 0.04，其他平面如顶面 *R*、侧面 *O*，端面 *P*、*Q* 等要求与平面 *M*、*N* 垂直，并要求平直。床头箱体上的孔大多是滚动轴承的支承孔，它们不仅有尺寸精度(6 级或 7 级)、形状精度(圆度误差小于 6～8μm 或 10μm)及表面粗糙度的要求，而且有较高的孔间距要求(±0.05～±0.07mm)和同轴度要求。这种有孔间距和同轴度要求的一系列孔称为孔系。床头箱体的孔系中，最主要的是主轴孔Ⅵ，它的尺寸精度是 6 级(K6)，圆度误差小于 6～8μm，表面粗糙度要求是 *Ra* 1.6～*Ra* 0.8，同轴度要求是 0.012。前轴承孔中的止推端面，其端面跳动量不大于 6μm，要求较高。

3.9.2　定位基准的选择

1)粗基准的选择

粗基准的作用主要是决定不加工面与加工面的位置关系，以及加工面的余量均匀等两大方面。床头箱体的主轴孔是它的最主要表面，要求余量均匀，因此应选主轴孔为粗基准。床头箱体中有个别大齿轮，它们与不加工的内壁只有不大的间隙，若加工出的轴承孔与内壁有较大的位置误差，则会使大齿轮外圆与孔壁相碰，所以应以内壁为粗基准；但在具体的夹具设计中是有困难的，不易实现，而且由于铸造时，内壁与主轴孔按一个泥芯浇铸，因此在实际生产中都以主轴孔作为粗基准，用它作为粗基准可同时满足上述两方面的要求。以主轴孔为粗基准只能限制工件的四个自由度，为了实现工件的完全定位，一般还选一与主轴孔相距较远的 I 轴孔作为粗基准，以限制围绕主轴孔回转的自由度。

2) 精基准的选择

床头箱体的精基准最好是用设计基准 *M* 及 *N*，事实上，单件、小批、中批生产下的床头箱体加工大多数也确实以 *M* 及 *N* 面为精基准的，其夹具如图 3.54 所示。它的主要优点不仅在于没有基准不重合误差，而且由于箱口朝上，观察和测量都比较方便，安装和调整刀具也较方便。但是在镗削箱体中间壁上的孔时，为了增加镗杆刚度，需要在中间增加导向支承。以底面作为基面的镗模，中间支承只能采用吊架的方式，如图 3.54 所示。这种吊架刚度差，操作不方便，安装误差大，不易实现自动化，因而不适于大批生产。

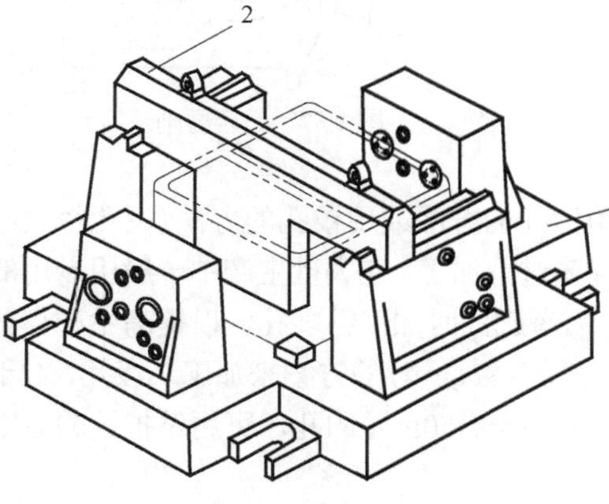

图 3.54　吊架式镗模

1-夹具体；2-吊架

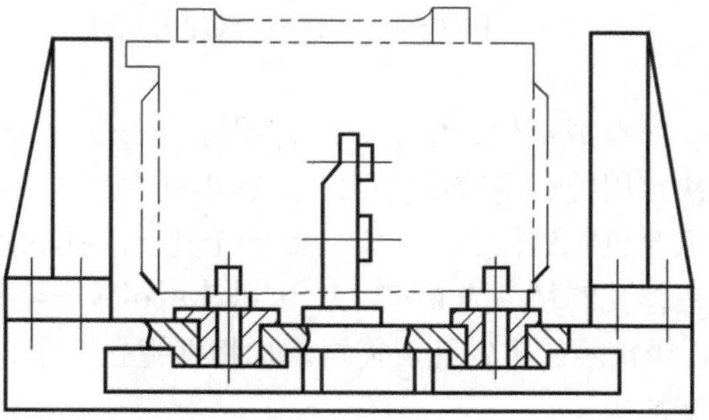

图 3.55　以顶面定位的镗模

在大批生产中常用顶面作为精基准，用一面两销这种典型的统一基准。此时底面 *M* 朝上，工件翻过来安装，如图 3.55 所示。这种夹具的优缺点正与前述的夹具相反，没有吊架所带来的问题，易于自动化，广泛用于大批生产中，成为组合机床的夹具。但正如前所述，有基准不重合误差，需要将箱体总高度的 355 公差由 0.3 改小，如改为 $355^{+0.1}_{+0.05}$。同理为了保证主轴孔与 *M*、*N* 面的平行度误差不大于 600∶0.1，箱体顶面 *R* 与底面 *M* 的平行度允差应不大于 600∶0.05，否则将增加装配时钳工的修刮量，对生产带来不利影响。此外，由于用这种夹具时，无法观察加工的情况，无法在箱体内安装和调整刀具，无法测量中间箱壁上的孔，因此就根本不能用于中、小批生产及单件生产。

3.9.3　工艺路线的制订

1) 各种表面加工方法的确定

零件上的平面粗糙度 *Ra* 要求为 1.6，平面度误差小于 0.04mm，应该选用粗铣(刨)—半精铣(刨)—宽刀精刨、精刨刮研或粗精磨的工艺路线。由于本工件是属于大批生产的类型，粗加工及半精加工应选用铣的方案。本工件尺寸较大，选用龙门铣床比较适宜。如图 3.56 所示，可以用多轴龙门铣床同时加工几个平面，以提高生产率。在单件、小批生产中，一般用龙门刨床进行平面的加工。平面的精加工在大批生产下可用磨削的方法，如图 3.57 所示。在中小批生产中用宽刀精刨。如果没有精度较高的龙门刨床，在单件小批生产中可用钳工刮研的方法，用平面度很高的平板及直线度很高的直尺来刮研 M 及 N 面。

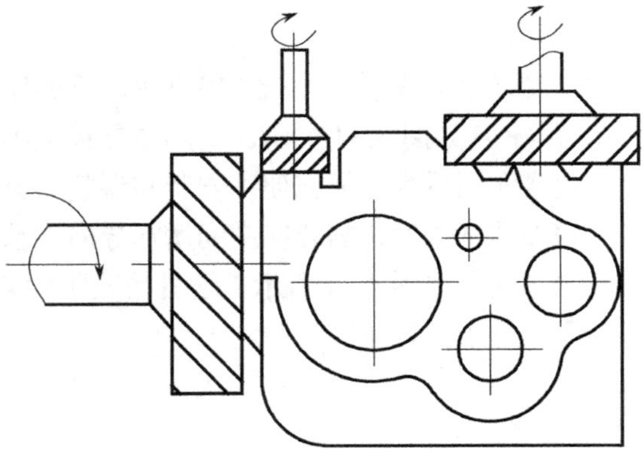

图 3.56　多轴龙门铣加工平面

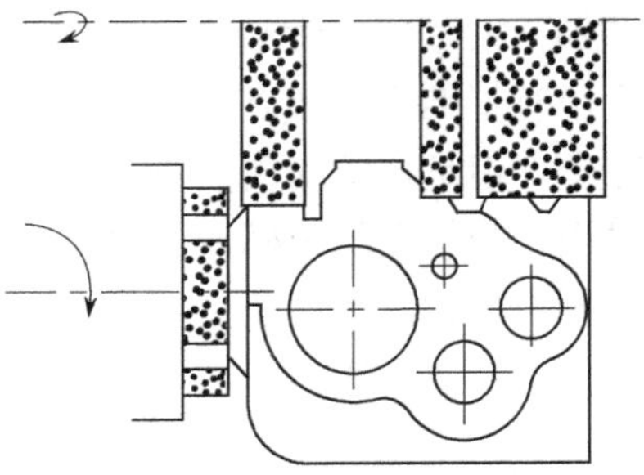

图 3.57　组合磨削

在成批生产中，一般都用镗模来作为夹具，用镗孔的方法或用铰孔的方法(视孔径大小决定用镗还是铰)进行加工。在小批生产中一般用镗床进行加工，在大批生产中一般用专用的组合机床进行加工。前者是一个孔一个孔的加工，后者则同时加工很多孔，以提高生产率。箱体孔的精度为 6～7 级，可以选用粗镗—半精镗—精镗(浮动镗)的方案来加工 7 级孔，对于 6 级精度的主轴孔，需再增加精细镗孔工序。对于直径小于 50mm 的孔，可用钻扩铰的方案来加工。

2) 工艺顺序的确定

床头箱体的技术要求较高，工艺方案中应划分粗加工、半精加工、精加工等阶段，但是零件的刚度较好，不易变形，因此加工阶段的划分也不应过细，以免不必要地增加劳动量。另外，根据先基准后一般、先平面后孔、先主要表面后次要表面等原则，可将工艺顺序安排如下：

① 铸造、热时效，刷防锈漆。

② 用粗基准加工精基准(顶面和两销孔)。

③ 用精基准粗加工、半精加工诸平面。

④ 修一下精基准。

⑤ 用修好的精基准粗精加工纵向孔。

⑥ 精加工主轴孔，以顶面及主轴孔为基准。

⑦ 加工非主要表面，如横向孔、螺孔等。

⑧ 精加工平面，用主轴孔作为精基准。其工艺路线卡片如表 3.14 所示。

表3.14　CA6140床头箱加工工艺综合卡片

××机床厂	机械加工工艺过程综合卡片	产品型号	零件号	零件名称	材料名称	材料规格	每台件数	共1页
		CA6140	02011	床头箱体	HT20～40	—	1	第1页

工序号	工序内容	车间	设备类别	备注
I	铸造、热时效	—	—	
II	刷防锈漆	—	—	
1	粗铣顶面 *R*	1	单位立式铣床	
2	钻、铰顶面 *R* 上两定位工艺孔，加工紧固孔	1	摇臂钻床	
3	粗铣底面 *M*、*N*，侧面 *O*，端面 *P*、*Q*	1	龙门铣床	
4	磨顶面 *R*	1	转台平面磨	
5	粗镗各纵向支撑孔	1	双工位组合机床	
6	自然时效 8h	1	—	
7	精镗各纵向支撑孔、半精镗VI孔	1	双工位组合机床	—
8	精细镗主轴支撑孔	1	专用机床	
9	钻铰横孔及攻丝	1	专用组合机床	
10	手铰ϕ160 内台阶端面	1	—	
11	钻 *M*、*P*、*Q* 各面上孔，攻丝	1	专用组合机床	
12	磨底面 *M*、*N*，侧面 *O*，端面 *P*、*Q*	1	平面磨床	
13	去毛刺、修锐边	—	—	
14	清洗	—	—	
15	总检入库	—	—	

3.9.4　孔系的加工

孔系的加工方法可分为三大类：找正法、坐标法和镗模法。

1) 找正法加工平行孔系

在单件小批生产中常用划线的方法找正。由于划线的误差、找正的误差都比较大，因此精度很低，孔间距的误差可达1mm，一般只用于粗加工或没有孔间距要求的孔系加工中。

2) 用坐标法加工平行孔系

这种方法用得比较广泛，在单件、小批生产中主要用这种方法来加工孔系。其基本原理是将孔系的所有孔间距尺寸及其公差换算成直角坐标系中的坐标尺寸及其公差，机床按坐标尺寸移动进行镗孔来达到图纸要求。

各种立式和卧式坐标镗床是使用最广泛的用坐标法加工孔系的精密机床。它所用的坐标测量装置是各种各样的，如用精密刻线尺和光电瞄准、用精密丝杠、用光栅或感应同步器、用激光干涉测量装置等。它的读数精度一般可达1μm，定位精度可达2～6μm。

3) 用镗模法加工孔系

这是用得最多的孔系加工方法，中批生产、大批大量生产都用此法加工孔系。在成批生产中可用车床改装为专用镗床进行孔系的加工，如图3.58所示，也可在普通镗床上用镗模进行加工。对于大批生产，一般用组合机床进行加工，如图3.59所示，可以同时加工很多孔，大大提高生产率。

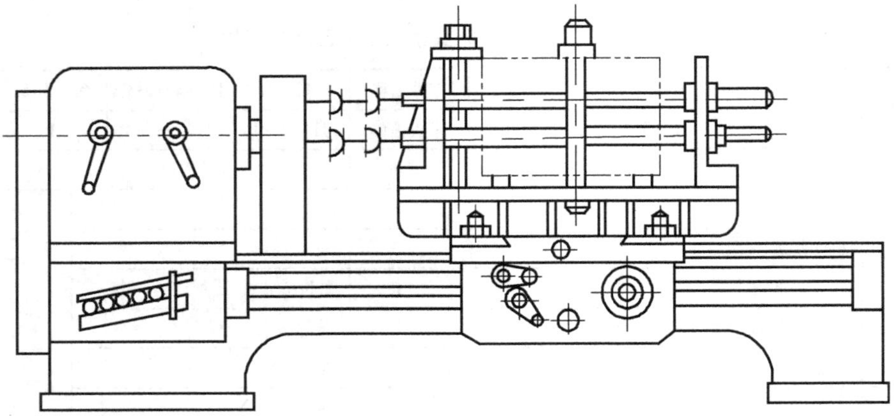

图 3.58　车床改为专用镗床

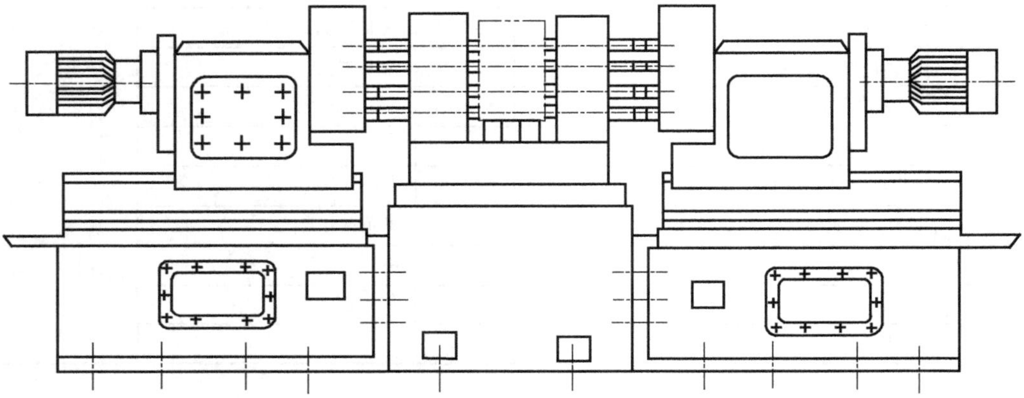

图 3.59　专用组合机床镗孔

使用镗模法加工时，镗杆与机床主轴要浮动连接，这时影响孔系精度的主要是镗模的精度，机床主要起传动扭矩的作用。其结构如图 3.60 所示。

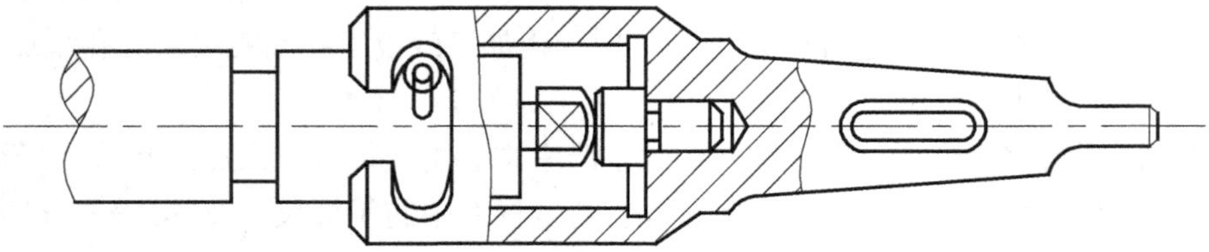

图 3.60　镗杆活动接头

3.9.5　CA6140 床头箱体的加工

对于 CA6140 床头箱体加工，还有一些具体问题，本箱体第一道工序即铣顶面 R 所用的夹具，如图 3.61 所示。工件先放在 1、2、3 各支承面上，侧面靠住支架 4(1、2、3、4 均起预定位作用)。接着扳动手柄 5，操纵液压系统使两短轴 6 伸入箱体主轴孔内，轴上的六个活动销 7 顶住主轴孔的毛面，此时工件抬起，1、2、3、4 均不接触。然后用样板找正离主轴孔相距最远的 I 孔的位置，调节两个可调支承 8 使孔 I 的轴线与样板吻合。扳动另一手柄 9，操纵液压系统使两压板 10 夹紧工件，最后调整 13，使其与箱体底面接触即可加工。

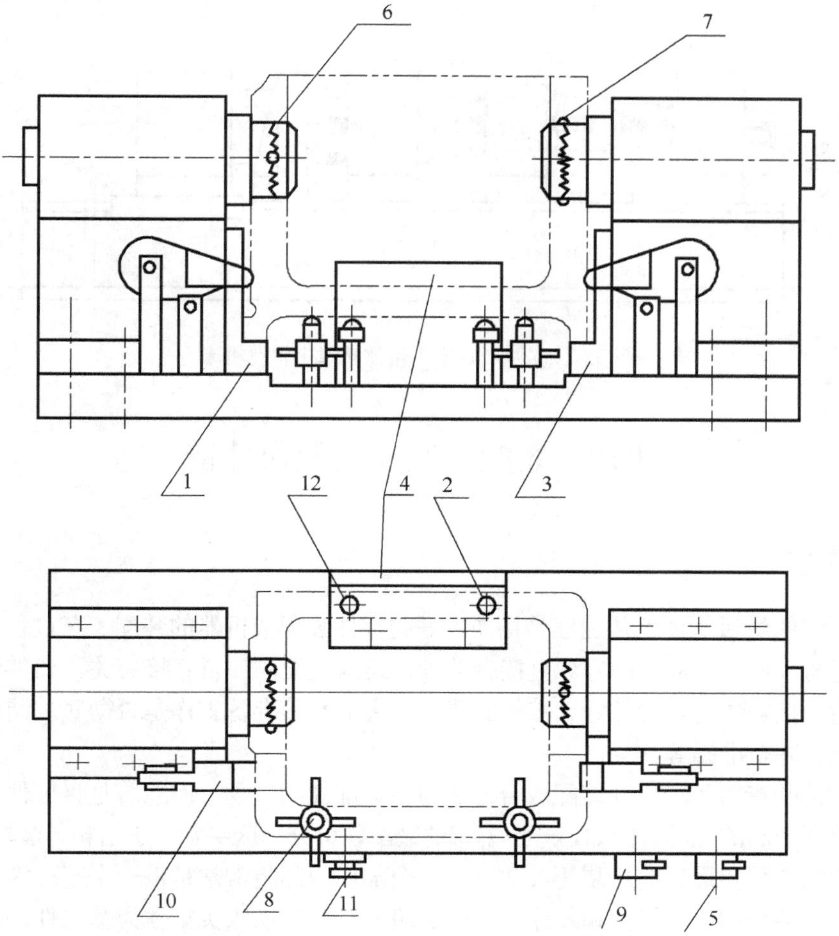

图 3.61　铣顶面用夹具(示意图)

本箱体是用两台双工位的组合机床对纵向各轴承孔进行粗镗和半精镗、精镗，对于主轴孔，还要再加一道精细镗孔工序。箱体零件的精细镗孔，一般是用金刚石为刀具或硬质合金刀具，在高速(100～250m/min)、细进给(0.03～0.18mm/r)、小切深(0.05～0.18mm)下进行的，但是由于本箱体主轴孔共三个同轴孔，中间那个孔很难用金刚镗加工，三孔的同轴度要求又很高；另外在主轴孔中又有一个精度要求很高的止推端面，用金刚镗很难加工其端面，使之与主轴孔的端面跳动误差小于 6μm。因此，本箱体主轴孔的最终工序是用低速宽刀浮动镗的方法，如图 3.62 所示。镗杆 1 上有三处镶有铜键的支承轴颈分别支承在中间支承 2、3、4 上，镗杆上可装六块镗刀块加工三个孔。每一个孔都有固定和浮动的镗刀块各一块，以完成第一次和第二次精加工。六块刀块可同时安在镗杆上，但由于前轴承孔是带台阶孔，因此在第二次精加工前要将前轴承孔的固定镗刀块取下，其浮动镗刀块端面有刃，在行程的最后将止推端面锪出来。这一工艺切速很低(小于 5m/min)、切深很小、冷却润滑充分，可以达到 6 级精度和 *Ra* 0.8 粗糙度，但止推端面的轴向跳动量小于 6μm 的要求，还是不能完全保证，因此在工艺路线中又增添了一道手铰端面的工序 10，以内孔ϕ160K6 为基准手铰端面。

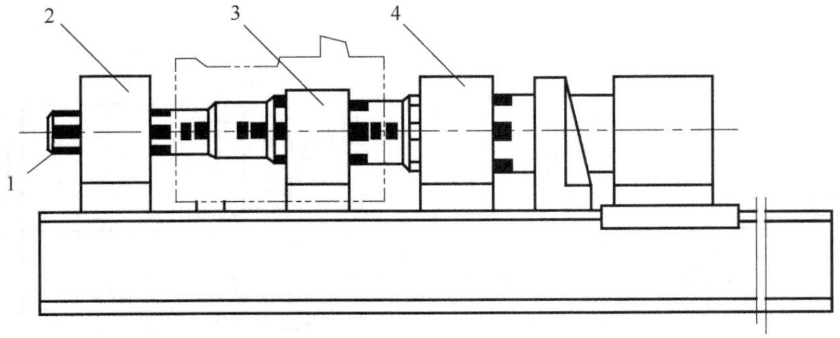

图 3.62　CA6140 床头箱体精镗主轴孔机床

3.10　装配工艺及装配尺寸链

3.10.1　概述

机器制造的最后一个工艺过程是将加工好的零件装配成机器的装配工艺过程。机器质量的好坏除了与零件加工质量的好坏直接有关外，还与装配的质量直接有关，如零件的配合情况是否合适，接触情况是否良好，零件的清洗、去毛刺等准备工作是否彻底，调整、试车、检验工序是否齐全准确等。

零件装配是指将各种零件装配成合件、组件、部件的过程，而总装是将部件、组件等最后总装为整个产品的过程。例如，一台车床的装配，可分为床头箱、进给箱、溜板箱、刀架、尾座等部件的部装和最后的总装两大部分。一个部件的部装常常是以一个基准零件为基础，在它上面装上各个相应的组件和零件，如床头箱的装配是以床头箱体为基准件，在上面装上Ⅰ轴组件、Ⅱ轴组件等组件，以及床头箱盖、手柄座、标牌等零件而完成；而机器的总装也常常是以一个基准零件(或组件)为基础，在它上面装上各个相应的部件、组件或零件，如车床的总装是以床身为基准件，在其上装上床头箱、刀架、进给箱等部件，以及齿条、丝杠、光杠等零件而完成的。图 3.63 所示为装配工艺流程示意图。其中，图 3.63(a)所示为部件装配流程示意图，图 3.63(b)所示为总装流程示意图。

装配过程中涉及的各个相关概念介绍如下。

合件：由若干零件永久连接(铆、焊)而成或连接后再经加工而成。例如，齿轮孔内压入一铜套后再加工齿形、发动机连杆小头孔中压入衬套后再进行精镗孔等。

组件：一个或几个合件和几个零件组合，如主轴、轴、齿轮。

部件：是一个或几个组件、合件和零件的组合，如机床箱。

产品：由部件、合件、组件、零件组合装配而成。

各种不同类型的工厂，采用不同的装配工艺方法和装配组织形式。对于大批、大量生产工厂，一般都采用互换法进行装配，不进行钳工修配、刮研等方法，对于配合精度很高的组件，则采用选择装配法或成对供应的方法；其组织形式一般采用连续移动或间歇移动的流水装配线，自动化水平较高。对于单件、小批生产，广泛使用各种修配、刮研的方法来保证必要的装配精度；其组织形式多采用固定式装配，基准件不移动，由一组工人进行装配。对于成批生产，则介乎两者之间，一般采用互换法装配，精度要求较高的采用修配法；产品笨重、批量不大的多采用固定流水装配，即产品不移动，工人有分工，每个工人只负责装配一个部分，流水作业。对于批量较大的可采用流水装配线，为适应品种的变化，应采用可变节奏的流水装配线。

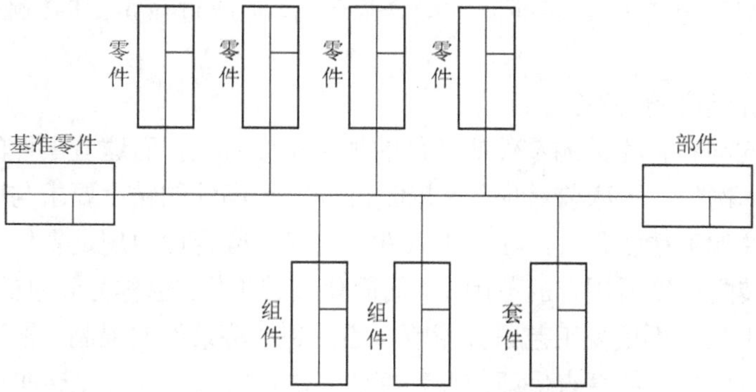

(a) 部件装配流程示意图

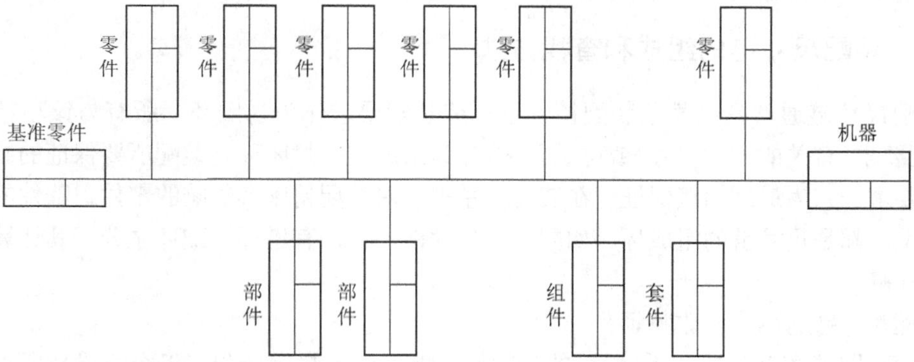

(b) 总装流程示意图

图 3.63　装配工艺流程示意图

零件在进入装配以前，必须仔细地清洗，以清除附在表面上的切屑、油脂和灰尘。零件应去除毛刺、不允许有尖棱角。机器(或部件)在装配完成后，必须进行严格地检验。应该按照检验规程的要求，进行试车和验收。例如，对于车床，应按照部颁标准，进行各项精度检验、空运转试验和切削试验等。

装配工艺的核心问题是如何多快、好、省地保证装配精度，这里面包含着如何查找装配尺寸链及如何解算装配尺寸链的问题。下面就着重分析研究这一问题。

3.10.2　装配精度

正确规定机器部件的装配精度，是产品设计的主要内容之一，也关系到产品的质量和经济性。要保证达到规定的装配精度，除了与机器的每一个零件的加工精度有关外，而且还在一定程度上必须依赖于装配工艺技术，特别在机器精度要求较高、批量较小时，尤其是如此。

装配精度一般包括：

(1) 相互位置精度。指产品中相关零件部件间的距离精度和相互位置精度，如机床主轴箱装配时，机床轴向中心距的尺寸和同轴度、平行度等。

(2) 相对运动精度。相对运动的零部件间在运动方向和相对运动速度上的精度，如机床溜板运动与主轴线平行度、水平度、垂直度。

(3) 相互配合精度。包括配合表面间的配合质量(间隙或过盈量)和接触质量(接触表面尺寸)。

装配精度与零件精度的关系：

多数装配精度均与和它相关的零件或工件的加工精度有关，而这些零件的加工误差的累积将影响装配精度。例如，车床前后顶尖(或锥孔中心)等高性的精度要求与床身、主轴箱、尾架和底板等零部件加工精度有关。在加工条件允许时，应合理地规定零件的制造精度，使它们累积后不超出装配精度所规定的范围。从而简化装配工作，也称为简单的制造精度过程。

但是零件的加工精度不仅受工艺条件影响，还受到经济条件的限制。在产品装配精度要求较高时，以控制零件加工精度来保证装配精度的方法，将给零件加工带来困难。这时常按经济加工精度来确定零件的精度要求，使之易于加工，而在装配时采用一定的工艺措施来保证装配精度。包括选配、修配、调整等，即装配尺寸链的解决办法。

3.10.3 装配尺寸链的组成和查找方法

装配尺寸链通常是以某项装配精度指标或装配要求作为封闭环，所有与该项精度指标(或装配要求)有关的零件尺寸(或位置要求)作为组成环。封闭环是装配所要保证的装配精度或技术要求，它为最后间接保证。在装配关系中，对装配精度有影响的零件、部件的尺寸和位置关系，都是尺寸链的组成环。如同工艺尺寸链一样，有增环、减环之分。其计算公式同工艺尺寸链。

装配尺寸链有两个基本特征：

(1) 尺寸(或相互位置关系)组合的封闭性，即由一个封闭环和若干个组成环所构成的尺寸链呈封闭图形。

(2) 构成这个封闭图形的每个独立尺寸的偏差都影响着装配精度，即封闭环本身不具有独立变化的特性，它是装配后才间接形成的，大都是产品或部件的装配精度指标。

例如，普通车床的精度检验标准的第十三项是“主轴锥孔中心线和尾座顶尖套锥孔中心线对溜板移动的等高度”，对于最大工件回转直径≤400mm 的车床来说，这项要求的误差不大于 0.06mm，而且只允许尾座高。这个 0～0.06mm 的精度指标即为该装配尺寸链的封闭环，围绕这项精度指标可找到与其有关的尺寸作为组成环而构成装配尺寸链。图 3.64 所示为此装配尺寸链，图中 A_1 为尾座体底平面到孔轴线的距离尺寸，A_2 为尾座底板的上平面到床身导轨的距离尺寸，A_3 为床头箱体底平面到主轴孔的距离尺寸，ΔA 为等高度的精度要求。

再如，车床精度检验标准第十八项“精车端面的平面度”，要求为试件直径 200mm 时，端面最大直径处误差小于 0.015mm，而且只许凹，不许凸。该装配尺寸链可简化绘制成图 3.65 所示。该尺寸链为一角度尺寸链，它由角度、平行度、垂直度等构成，其中 a_1 为主轴回转轴线与床身 V 型导轨在水平面内的平行度，a_2 为床鞍的燕尾形导轨对其 V 型导轨的垂直度，Δa 即为此精度要求(0.015/100)，属于封闭环。

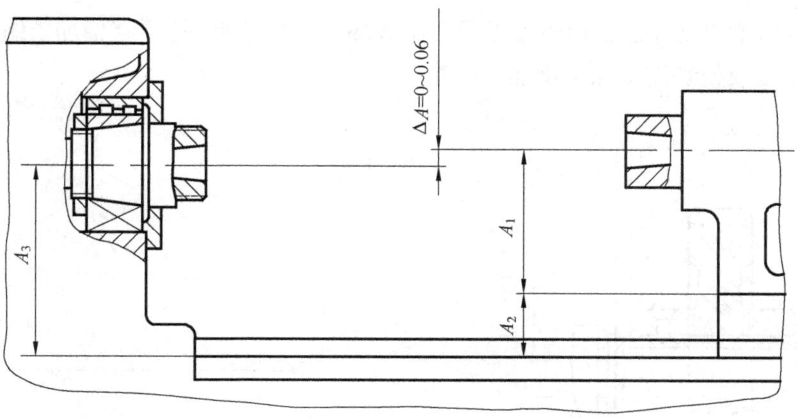

图 3.64　影响车床前后顶尖轴线等高度的装配尺寸链简图

例如，车床溜板箱装到床鞍下面时，要求溜板箱内的上齿轮与床鞍上的横进给齿轮有合适的啮合间隙，这个装配要求也构成一个装配尺寸链。这个尺寸链是平面尺寸链。其各环是直线尺寸，但彼此不一定完全平行，这就构成了平面尺寸链，是双坐标的，如图 3.66 所示。其中 X_1 为床鞍上横孔的轴线与定位销的纵向距离；X_2 为溜板箱上上齿轮曲线与定位销的纵向距离；Y_1 为横孔轴线与床鞍底面的距离；Y_2 为溜板箱上齿轮轴线与溜板箱上平面的距离；P_1 与 P_2 为横进给齿轮与溜板箱上齿轮的分度圆半径；N 为所要求的啮合侧隙，为封闭环。

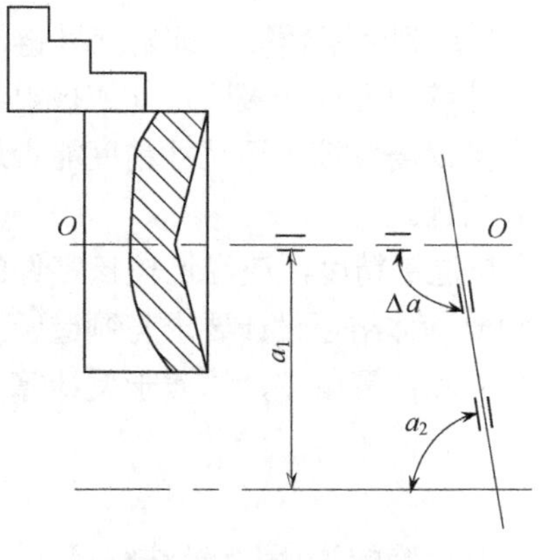

图 3.65　角度尺寸链举例

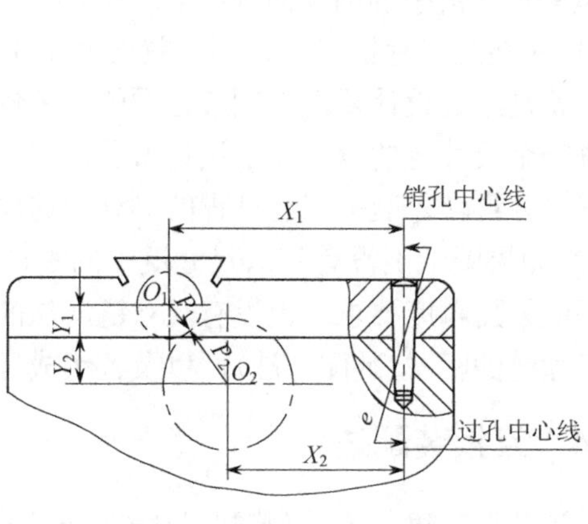

图 3.66　平面尺寸链举例

再如，组件装配中，对于一些装配要求也构成装配尺寸链。图 3.67 所示为轴上空套着的一个双联齿轮，装配要求是转动灵活，其径向间隙和轴向间隙不能超过某一规定值，如轴向窜动量应为 0.05～0.2mm。构成该轴向装配尺寸链的各组成环如图 3.67 所示，其中 A_1 为轴上台肩面与槽的轴向距离，A_2 与 A_k 为两垫圈的厚度，A_3 为齿轮的长度，A_4 为弹簧卡圈的厚度，N 为装配要求 0.02～0.05mm，为封闭环。

应该指出，在上面所举的几个实际例子中，都把装配尺寸链简化了，即把一些误差数值不大的组成环省略掉了。

从前述的例子中还可以看出，为了减少装配尺寸链的组成环数目，提高装配精度，应该尽量使一个零件以一个组成环列入尺寸链，而不要用两个或更多的组成环列入，即遵循最短路径原则如图 3.67 的线性尺寸链中，轴仅以 A_1 一个组成环列入。如果轴的零件图上采用

图 3.68 的尺寸标注方法，那么该轴就以两个组成环列入尺寸链，这样就增加了组成环的数目，降低了装配精度或使装配和加工增加了困难。

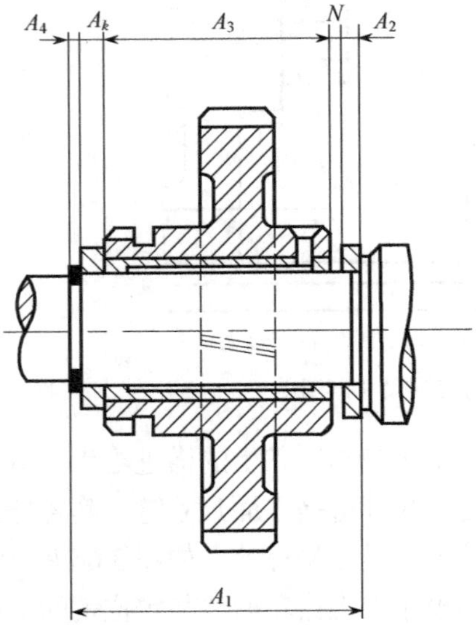

图 3.67　线性装配尺寸链举例

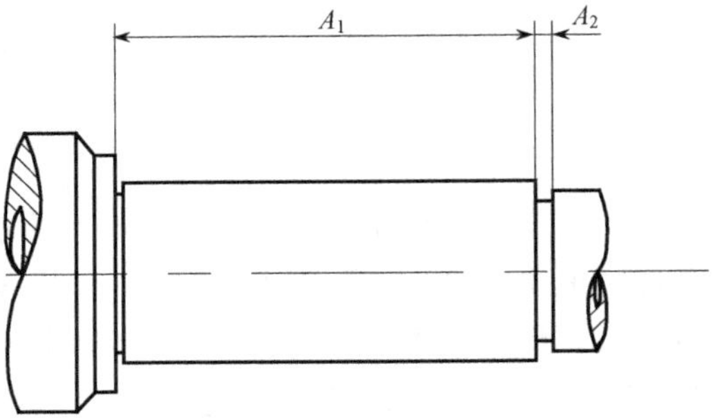

图 3.68　轴尺寸的不合理标注

装配尺寸链中的两类问题：

(1) 在装配尺寸链确定以后，就要确定用什么方法来达到装配精度，即解尺寸链。解尺寸链，就是结合设计要求与制造方面的经济性，确定尺寸链中各环的极限尺寸或极限偏差。如果每一个尺寸链的解法均由设计人员决定，则工艺人员仅需校核各环尺寸精度能否最终保证精度，并再转入装配工艺过程的制订，这属于正计算问题。

(2) 如果图纸上没有列入尺寸链中的零件尺寸精度与位置精度，或经过校核零件的精度不能保证装配精度要求，也没有尺寸链解法的说明，则要具体结合设计要求与制造经济性，确定尺寸链的解法(装配方法)，以及各组成环的尺寸公差和位置偏差，这属于反计算问题。

3.10.4　互换装配法

保证装配精度的方法(装配尺寸链的解法)有四种：互换装配法(用互换法解尺寸链)、选择装配法、修配装配法、调节装配法。从本节开始将分别进行叙述。

装配尺寸链的极值解法也称完全互换法，即装配时零件完全实现互换，不需经过任何选择、修配和调节就能达到规定的装配精度。这种方法的优点是装配工作简单、生产率高、不需要很高的工人技术水平、便于组织流水生产线和自动生产线、备件问题容易解决、维修方便等。其实质是用控制零件加工误差来保证装配精度。

如何根据装配的精度指标来确定各个零件相应尺寸的上下偏差，是属于尺寸链的反计算问题，即已知封闭环的上下偏差，求各组成环的上下偏差。这个问题是发生在产品的设计阶段。设计人员一般可以采取以下办法进行计算：

(1) 采取等公差值的方法来分配封闭环的公差，即如果该尺寸链共有 n 环(一个封闭环和 n–1 个组成环)，封闭环的公差值(精度指标的要求值)为 TA_Δ，则各零件相应尺寸的公差值 TA_i 为

$$TA_i = \frac{TA_\Delta}{n-1} \tag{3-21}$$

这种计算方法很简单，但没有考虑到各个零件(组成环)加工的难易、尺寸的大小，显然是不够合理的，但用得较广泛。

(2)采取等精度等级的方法来分配封闭环的公差，即根据各组成环的尺寸大小按比例分配，使各组成环具有相同的精度等级。显然这一方法比前一方法在工艺上要合理一些。根据公差标准的规定，标准公差的计算公式为

$$T = ai\,(\mu m)$$

式中，T 为零件的公差大小，i 为该尺寸相对应的尺寸分段的公差单位数(表 3.15)，a 为各精度等级相对应的常数(表 3.16)。

表 3.15　公差单位数 i

尺寸分段/mm	公差单位数/μm	尺寸分段/mm	公差单位数/μm
≤3	0.569	>80～120	2.189
>3～6	0.747	>120～180	2.541
>6～10	0.908	>180～250	2.911
>10～18	1.099	>250～315	3.235
>18～30	1.322	>315～400	3.551
>30～50	1.579	>400～500	3.898
>50～80	1.874	—	—

因此，如果根据该尺寸链各组成环的尺寸大小查表后得到总和 $\sum i$，则该尺寸链各组成环的平均值 a_{CP} 为

$$a_{CP} = \frac{TA_\Delta}{\sum i} \tag{3-22}$$

表 3.16　各精度等级的常数 a

精度等级	a	精度等级	a
IT5	7	IT9	40
IT6	10	IT10	64
IT7	16	IT11	100
IT8	25	IT12	160

上述方法只考虑了由于尺寸大小不同对加工的影响，但没有考虑由于形状、结构而引起的加工难易程度的不同，如孔和外圆相比，孔的加工要比外圆困难，如果选用同一精度等级就不合理，应该把外圆的精度等级选得比孔的精度高一级。因此，在利用式(3-22)进行计算后，应根据该尺寸链的各零件(组成环)的实际情况予以修改。

为了使各组成环的尺寸公差大小及其分布位置符合国家标准的规定，应该先取一相近于式(3-22)计算结果的标准值，决定平均精度等级，然后根据各零件的实际情况予以修改。为了保证封闭环仍符合精度要求所规定的数值，就需要在组成环中挑出一个组成环，使其大小与各环协调，即不符合国家标准的规定。这个组成环称为协调环(或称相依环、相依尺寸、从属环等)。关于公差带的分布位置的确定也与此相似，各组成环一般按国家标准选定，即对于

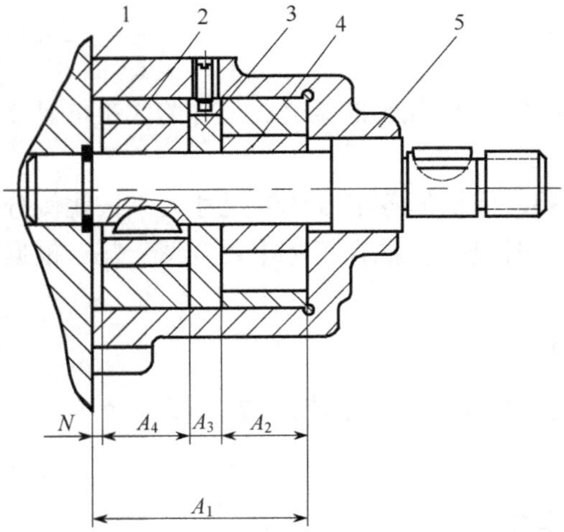

图 3.69 双联转子泵的轴向装配关系简图

1-机体；2-外转子；3-隔板；4-内转子；5-壳体

包容尺寸(如孔)宜选单向正偏差，对于被包容尺寸(如轴)宜选单项负偏差，对于孔心距尺寸宜选双向对称偏差。为了使封闭环的尺寸偏差符合规定的要求，协调环的公差带位置也不按照国家标准的规定，而要与其他各环相协调。

图 3.69 所示为某双联转子(摆线齿轮)泵的轴向装配关系简图。根据技术要求，冷态下的轴向装配间隙 N 应为 0.05～0.15mm，其组成环尺寸为 A_1=41mm；A_2=A_4=17mm；A_3=7mm。

$$N = \vec{A}_1 - (\overleftarrow{A}_2 + \overleftarrow{A}_3 + \overleftarrow{A}_4) = 41 - (17 + 17 + 7) = 0$$

$$\sum i = 1.579 + 1.099 + 1.099 + 0.908 = 4.685(\mu\text{m})$$

$$a_{CP} = \frac{0.1 \times 1000}{4.685} = 21.3$$

根据表 3.16，取 7 级精度。从该尺寸链各零件的实际情况来看，内外转子及隔板的两端面，都可以用平面磨床加工，公差可以规定得较严，其数值和公差带位置最好符合公差标准，这样可以用标准卡规来进行检验，因此 A_2、A_3、A_4 都选用 h7，而壳体的 A_1 尺寸可选为协调环，其公差带的大小应选得较宽一些。因为该零件要在车床上镗孔和车端面，精度的保证比较困难，而公差带的数值及位置可以不合乎公差标准中的数值，在生产中用通用量具检查而不使用极限量规。这样

$$A_2 = A_4 = 17_{-0.018}^{\ 0}; \qquad A_3 = 7_{-0.015}^{\ 0}$$

$$\text{TA}_1 = \text{TN} - (\text{TA}_2 + \text{TA}_3 + \text{TA}_4) = 0.1 - (0.018 + 0.018 + 0.015) = 0.049$$

由于协调环是增环，根据式(3-12)有

$$\text{EI}_{A_1} = \text{EI}_N + \text{ES}_{A_2} + \text{ES}_{A_3} + \text{ES}_{A_4} = +0.05$$

所以，$A_1 = 41_{+0.050}^{+0.099}$。

(3)经验法。等公差法不合理，等精度法计算复杂，因此可根据各组成环的平均公差，再根据尺寸大小加工难易，凭经验进行调整确定。

完全互换装配法的缺点是当装配精度要求较高，组成环数目较多时，对组成环的公差要求太严，因而增加了制造上的困难。在这样的情况下，就应该用概率法解尺寸链，即应用不完全互换法进行装配(或称部分互换装配法)。如果各组成环 A_i (各零件的相应尺寸)的尺寸分布都符合正态分布，其尺寸分散带 $6\sigma A_i$ 为其公差带 TA_i，$\text{TA}_i = 6\sigma A_i$。则封闭环 A_0 的尺寸分布也必然是正态分布，其公差 TA_Δ 也等于其尺寸分散带 $6\sigma A_\Delta$。而

$$\sigma A_\Delta = \sqrt{\sum_{i=1}^{n-1} (\sigma A_i)^2} \tag{3-23}$$

$$\text{TA}_\Delta = \sqrt{\sum_{i=1}^{n-1} (\text{TA}_i)^2} \tag{3-24}$$

如果各组成环 A_i 的尺寸分布不符合正态分布，根据其分布曲线的形状，从表 3.17 中可求得相对分布系数 k_i，$TA_i = 6\sigma A_i / k_i$。而封闭环的尺寸分布一般是正态分布，$TA_{\varDelta} = 6\sigma A_{\varDelta}$。此时式(3-23)成立，式(3-24)则变为

$$TA_{\varDelta} = \sqrt{\sum_{i=1}^{n-1}(ki \cdot TA_i)^2} \tag{3-25}$$

从式(3-24)和式(3-25)中可以看出，对各组成环公差的要求要比完全互换装配法要松。如果采取等公差值的方法来分配各组成环公差，则根据式(3-24)可得

$$TA_i = \frac{TA_{\varDelta}}{\sqrt{n-1}} \tag{3-26}$$

与式(3-21)相比，公差要放大 $\sqrt{n-1}$ 倍。如用式(3-25)，因为 $k_i > 1$，故放大倍数将小于 $\sqrt{n-1}$。

表 3.17 各种分布图的 k 和 α 值

	正态分布	辛浦生分布(等腰三角形)	等概率分布	平顶分布	试切法(轴)	试切法(孔)
分布曲线简图	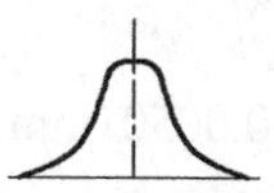	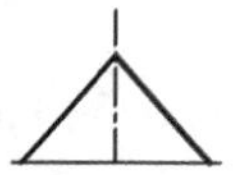	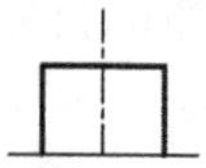	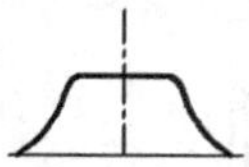	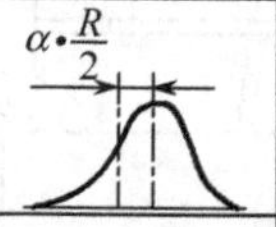	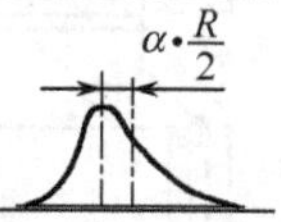
k	1	1.22	1.73	1.1～1.5	≈1.17	≈1.17
α	0	0	0	0	≈0.26	≈0.26

关于各组成环公差带的位置可以用双向对称公差带中心位置的办法来求出，即将所有组成环和封闭环的公差都用双向对称公差来表示$\left(A_i \pm \frac{TA_i}{2}\right)$，如果所有组成环的尺寸分布是符合正态分布的，则

$$A_{\varDelta} = \sum_{i=1}^{m}\vec{A}_i - \sum_{i=m+1}^{n-1}\overleftarrow{A}_i \tag{3-27}$$

如果组成环的尺寸分布属于不对称分布，则应从表 3.17 中求出相对不对称系数 α，而封闭环的尺寸分布是正态分布，是对称分布，其中心位置

$$A_{\varDelta} = \sum_{i=1}^{m}\left(\vec{A}_i + \frac{1}{2}\alpha_i\vec{T}_i\right) - \sum_{i=m+1}^{n-1}\left(\overleftarrow{A}_i + \frac{1}{2}\alpha_i\overleftarrow{T}_i\right) \tag{3-28}$$

应用部分互换装配法时，也要应用协调环的方法，其计算公式与前述的相似。

不完全互换法的特点：零件规定的公差比完全互换法所规定的大，有利于经济加工，装配过程一样简单、方便。有很小可能出现废品，用于组成环多的场合。

3.10.5 选择装配法

在大批、大量生产的情况下，对于装配精度要求很高的场合，如应用互换法进行装配，对组成环(零件)的精度要求太高，给加工造成了很大困难。这时常应用选择装配法，将零件(组成环)的加工精度降低到经济可行的程度，然而在装配时对零件进行挑选，选择合适的零件进行装配，以保证规定的装配精度要求。

选择装配法有直接选配法、分组选配法和复合选配法三种形式。直接选配法就是由装配工人根据手的感觉、凭经验来挑选合适的零件，如汽车发动机的活塞环与活塞的装配常采用这一方法，活塞环按厚度分列在不同的地方，装配工人将活塞环装入活塞的槽内，凭手的感觉来判断其间隙是否合适，如果感到太紧则选另一较薄的活塞环进行装配、如感觉太松则换一较厚的活塞环进行装配，一直等到满意为止。这种方法需要比较熟练的技术工人，工人选择零件常需较长的时间，因此应用得不大广泛。分组选配法是将相配的两零件都按其尺寸度量结果进行分组，分别标以不同颜色或分放在不同容器内，装配时大对大、小对小、相同颜色的进行装配。例如，汽车发动机的活塞销与活塞销孔的装配，滚动轴承中的滚动体与内、外圈的装配都采用这一方法。这种方法使用较多，由于同组零件可以进行互换，因此也可称为分组互换法。复合选配法是上述两种方法的复合，零件预先度量分组，装配时分组装配，但在组内根据工人的经验可以选择，如汽车发动机的气缸与活塞的装配就采用这种方法。

下面以某汽车发动机的活塞与活塞销的装配为例，来具体地叙述一下分组选配法。图 3.70 所示为其组件图，按照技术要求，销子直径 d 与销孔直径 D 在冷态装配时，应有 0.0025～0.0075mm 的过盈量，过盈量的公差

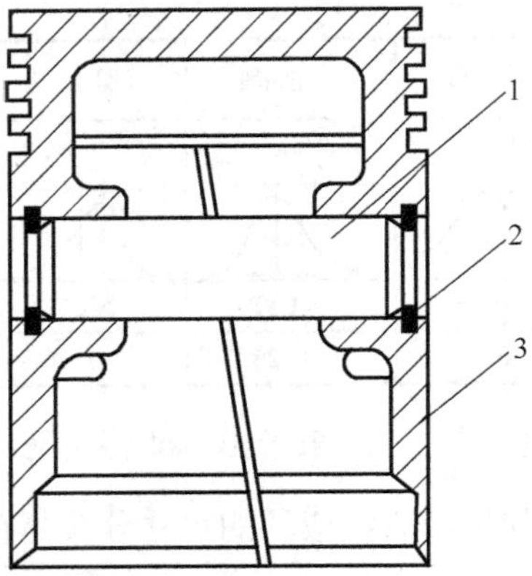

图 3.70　活塞与活塞销组件图

1-活塞销；2-挡圈；3-活塞

$$TN=0.0075-0.0025=0.0050\,(\text{mm})$$

若销子与销孔采用完全互换法装配，假设采用等公差量分配，则销子和销孔的公差都仅为 0.0025mm。又如，取销子公差带的位置为单向负偏差(基轴制)，以销孔作为协调环，则

$$d=\phi 28_{-0.0025}^{\ \ 0}\,\text{mm}$$
$$D=\phi 28_{-0.0075}^{-0.0050}\,\text{mm}$$

显然这样高的精度要求是很难制造的，是不经济的，因此，生产上采用分组选配法，将销和销孔的公差在相同的方向上放大四倍，即活塞销的外径 d 确认为 $28_{-0.01}^{\ \ 0}\text{mm}$，活塞销孔的内径 D 确定为 $28_{-0.015}^{-0.005}$，上偏差都没有变动，都变动下偏差以扩大其制造公差。这样可用无心磨床来磨活塞销外圆，可用金刚镗床来镗削其活塞销孔，然后用精密量具测量其尺寸，并按尺寸大小分成四组，用不同颜色区别或分别装入不同容器内，以便进行分组装配。活塞销和销孔的分组尺寸如表 3.18 所示。

表 3.18　活塞销和销孔的分组尺寸

组别	标志颜色	活塞销直径 $d=\phi 28_{-0.01}^{\ \ 0}$	活塞销孔直径 $D=\phi 28_{-0.015}^{-0.005}$	配合情况	
				最小过盈	最大过盈
Ⅰ	浅蓝	28.0000—27.9975	27.9950—27.9925	0.0025	0.0075
Ⅱ	红	27.9974—27.9950	27.9924—27.9900		
Ⅲ	白	27.9949—27.9925	27.9899—27.9875		
Ⅳ	黑	27.9924—27.9900	27.9874—27.9850		

需要注意的是，销子和销孔都规定有 0.0025mm 的圆度和圆柱度允差，分组尺寸都是以最小直径来进行的。

分组选配法的要点为：

(1) 为保证各组的配合情况都符合原来的精度要求，因此两配合件的公差范围应选为相等。公差增大要同方向增大，增大的倍数就是以后的分组数。

(2) 分组公差不能任意缩小，零件的形位精度要求要与分组公差相适应，即分组公差要大于形状误差和表面微观粗糙度之和。分组数不宜太多，只要能达到经济加工精度即可，否则分类、保管等组织工作量增加，容易产生差错。

(3) 要保证零件分组后在装配时各组的数量能配套。如果相配件的尺寸分布都符合正态分布规律，则零件分组后各组的数量是配套的。但如果尺寸分布不符合正态分布规律，如图 3.71 所示的情况，则各组零件的数目就不配套了，尤其是第一组与第五组，两者的相差最多。这时可以采取不等分分组的办法，如将轴的第一组尺寸范围缩小，第五组的尺寸范围扩大，这样可减少不配套的零件数，但将降低配合精度。另一个办法是聚集到相当数量的不配套零件后，专门加工一批零件进行配套，这是生产中常用的办法。

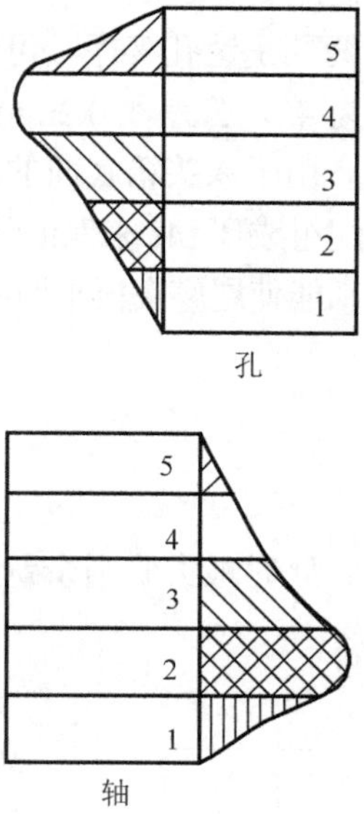

图 3.71　分组不配套的举例

3.10.6　修配装配法

修配装配法是用钳工或机械加工的方法修整产品尺寸链中某个有关的零件的尺寸以获得规定的装配精度的方法。修配法做尺寸链解法就是修配装配链中某一预定的组成环的尺寸，使封闭环达到规定精度(保证安装中修配量足够但又不能太大)。

在成批生产或在单件小批生产中，对于装配精度要求较高，组成环数目较多，当用互换法装配时对组成环的公差要求太严，难于制造时，常采用修配法进行装配。此装配工作劳动量大、工作复杂，具体步骤为装配—测量—拆—修。采用修配法时，各组成环的尺寸公差均按经济精度进行制造，选出其中的一环在装配时进行修配，以达到规定的装配精度。这个要进行修配的组成环称为修配环。如图 3.65 所示的普通车床前后顶尖轴线的等高度要求，就是通过修配法来达到的，考虑到尾座底板容易配刮(刮研面小，零件重量轻)，一般都选 A_2 为修配环。

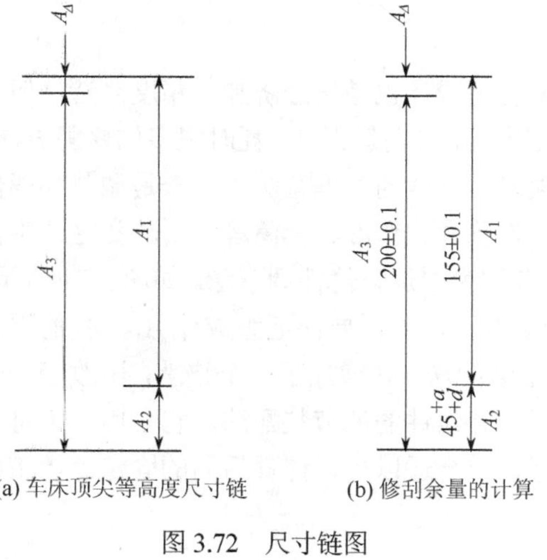

(a) 车床顶尖等高度尺寸链　　(b) 修刮余量的计算

图 3.72　尺寸链图

下面以上述实例，来分析修配装配法时的计算和设计。

为了保证车床在热检时尾座锥孔中心线仍能高于床头箱主轴中心线，冷检时，要求尾座中心线高出床头箱中心线 0.03～0.06mm。从图 3.72(a) 中可以看到，如用完全互换法进行装配，对各组成环的要求，按等公差值的方法进行分配，将都为 0.01mm。这个要求在加工中是很难达到的。当采用修配法进行装配时，各组成环可按经济精度制造，即 A_1、A_3 两环是镗孔工序，可定为±0.1mm 公差，设 A_1=155±0.1，A_3=200±0.1。尺寸 A_2 的公称尺寸应为 45，公差取 0.2mm，其上下偏差需经过计算才能确定。

由于床头箱底面的面积比尾座底板平面的面积要大得多，我们不希望刮研床头箱底面即修配组成环 A_3 来保证装配精度，因此计算上下偏差时，考虑的主要问题是要保证在所有情况下都能使尾座底板平面有必要的修刮余量。如图 3.72(b)所示，设最小修刮余量需 0.1mm，则

$$155-0.1+45+d-(200+0.1)=0.1+0.03$$

$$d=0.33\text{mm}$$

$$a=0.33+0.2=0.53(\text{mm})，即 A_2=45^{+0.53}_{+0.33}$$

此时最大修刮余量为

$$155+0.1+45+0.53-(200-0.1)-0.06=0.67(\text{mm})$$

这个数字对于钳工修刮来讲是不小的。为了降低这个数字，可以设法提高零件的加工精度，如将镗孔的精度提高到±0.05mm，底板的精度提高到 0.1mm，这样可将最大修刮量降为 0.37mm，但是这样势必增加加工时的困难。

另一个减少修配余量的有效方法是采用合并加工法。在这个例子中，将底板与尾座体两件合在一起去镗孔，这时就将图 3.72 的四环尺寸链变成图 3.73 的三环尺寸链，如 A_3 仍为 200±0.1，A_{12} 为 A_{12}±0.1。为了保证最小修刮余量 0.1mm，则

$$A_{12}-0.1-(200+0.1)=0.1+0.03$$

$$A_{12}=200+0.33\text{mm}，即 A_{12}=200^{+0.43}_{+0.23}\text{mm}$$

最大修刮余量为

$$200+0.43-(200-0.1)-0.06=0.47(\text{mm})$$

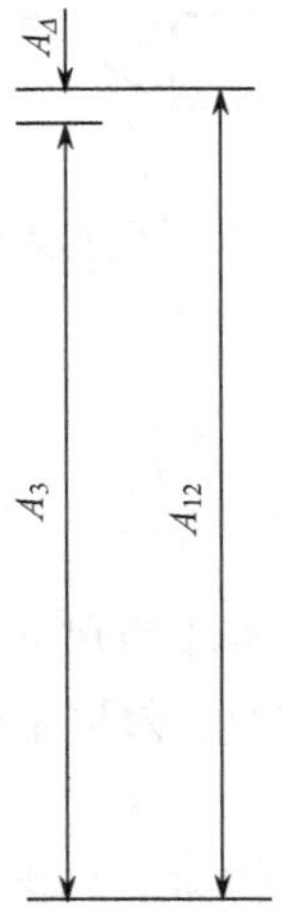

图 3.73　合并加工法

比前面减少了 0.2mm 而并不增加加工时的成本。

3.10.7　调节装配法

调节法在原则上与修配法相似。装配尺寸链的各组成环也是按经济加工精度制造，但为了保证达到封闭环的精度要求(装配精度)，它不采用手工劳动量很大、耗时很多的修配方法，而是用一个可调节尺寸的零件，来补偿装配累积误差。补偿的原理有两种，一是调节补偿件在机器中的位置，二是增加一个一定尺寸的零件，如垫片、垫圈、套筒等，用改变这个零件的尺寸进行调节。前者称为可动补偿件调节法，后者称为固定补偿件调节法。如图 3.74 所示，为了保证齿轮的轴向间隙，图 3.74(a)是采用互换装配法，它需要保证组成环 A_1、A_2 的很高的加工精度要求。图 3.74(b)是用固定补偿件的调节装配法，它增加了一个垫圈，用改变垫圈厚度 A_k 来保证较高的装配要求。图 3.74(c)是用可动补偿件的调节装配法，它是用一个可调节轴向位置的套筒，来保证较高的装配要求。位置调节合适以后，拧紧后面的固定螺丝予以固定。

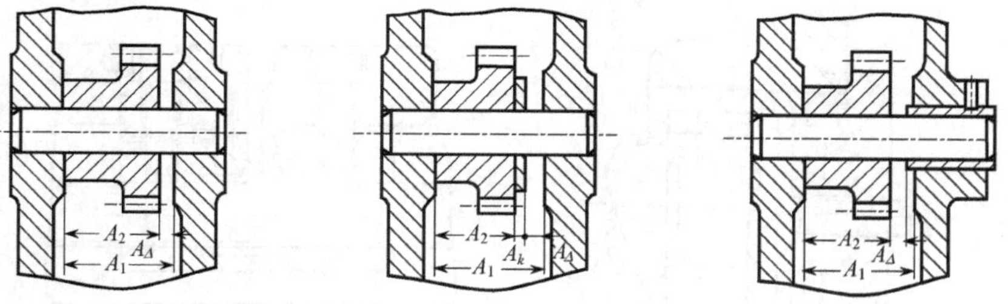

(a)　　(b)　　(c)

图 3.74　保证装配间隙的方法

图 3.67 所示为一个固定调节法的实例，调节环是一垫圈，其尺寸为 A_k。双联齿轮的轴向间隙要求 N 为 0.05～0.20mm，其各有关零件的尺寸(组成环)为：A_1=115mm；A_2=8.5mm；A_3=95mm；A_4=2.5mm；A_k=9mm，构成尺寸链，如图 3.75 所示。如果用完全互换法装配，按等公差值的原则分配封闭环的公差，则各组成环的公差应为

$$\delta_i = \frac{0.2 - 0.05}{5} = 0.03(\text{mm})$$

可以看出，这样小的公差对加工是比较困难的。

如用调节法，各组成环(调节环除外)公差按经济加工精度及“入体原则”确定为

$$A_1 = 115^{+0.15}_{\ \ 0}\ \text{mm};\quad A_2 = 8.5^{\ \ 0}_{-0.1}\ \text{mm}$$

$$A_3 = 95^{\ \ 0}_{-0.1}\ \text{mm};\quad A_4 = 2.5^{\ \ 0}_{-0.12}\ \text{mm}$$

由已知 A_k=9mm，公差为 0.03mm(磨削垫圈平面的经济加工精度)。

从图 3.76 可以看到，由于 A_1、A_2、A_3、A_4 所造成的空挡数值(调节件 A_k 没有放入时的数值)应为 A_{s+b}^{+a}，即

$$A_s = 115-(95+8.5+2.5) = 9\,(\text{mm})$$

$$a = 0.15-(-0.1-0.1-0.12) = 0.47\,(\text{mm})$$

$$b = 0,\quad A_{s+b}^{+a} = 9^{+0.47}_{\ \ 0}\ \text{mm}$$

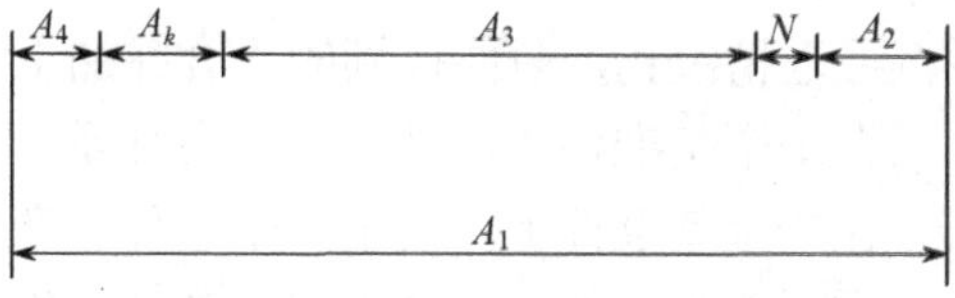

图 3.75　图 3.68 的装配尺寸链

空挡的误差为 0.47mm，而允许间隙的公差仅为 0.15mm，这就需要用几组垫圈，根据空挡的大小选择不同厚度的垫圈来达到装配精度。

如果调节件(垫圈)能做得绝对准确，补偿能力就等于封闭环的允差(0.15mm)，由于调节件有制造误差，补偿能力就应在封闭环允差中减去调节件的公差，即应为 0.15−0.03=0.12mm。

$$n = 0.47 \div 0.12 \approx 4$$

因此，调节件应做成四种尺寸，根据需要选择其中的一种进行装配，这四组垫圈的尺寸应为 $8.95^{\ \ 0}_{-0.03}$、$9.07^{\ \ 0}_{-0.03}$、$9.19^{\ \ 0}_{-0.03}$、$9.31^{\ \ 0}_{-0.03}$ mm。

利用可动补偿件进行调节的实例较多，图 3.76(a)所示实例为借转动螺钉来获得滚动轴承合适轴向位置，图 3.76(b)所示实例为用转动中间螺钉、调节中间楔块的上下位置来调节丝杠、螺母间隙。图 3.67 所示也是用类似原理来获得必要的装配精度，车床溜板箱相对于床鞍，在纵向(沿光杠轴向)是可以调节的，待调节到适当位置，即齿轮啮合间隙合适后，再钻铰定位销孔将位置固定。为了有足够的调节余量，固定溜板箱的螺钉与其孔之间应有较大的间隙，必要时将孔铣成长孔，以增大调节量。

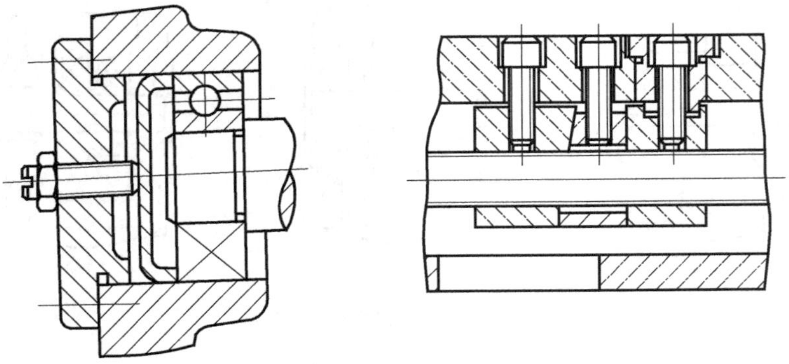

(a)　　(b)

图 3.76　可动补偿件调节法装配

3.11　装配工艺规程的制订

3.11.1　机器的组成和装配工艺系统图

零件是组成机器的基本单元，装配时通常将机器划分为若干独立的装配单元，以便组织流水平行作业装配，缩短周期，尤其是大量生产。

机器中能进行独立装配的部分，叫作装配单元，如车床床头箱、尾架、进给、溜板等零件。装配单元一般可以划分为几个等级，如零件、套件、组件、部件和机器。

独立单元分为零件、套件(合件)、组件和部件等。

在一个基准件上，装上一个或几个零件组成套件，套件可以是若干个零件的永久连接，套件组合后，有的还可能需要加工，它是最小的装配单元，如发动机连杆小头孔中压入衬套后再经过精镗孔，前面提到的“合并加工法”中，假使组成零件数较少也属于套件。

在一个基准件上，装上若干套件及零件组成组件，如主轴等。

在一个基准件上，装上若干组件、套件及零件组成部件，如主轴箱等。

在一个基准件上，装上若干部件、组件、套件及零件组成机器，如车床等。

装配工艺流程示意图如图 3.77 所示。

3.11.2　结构的装配工艺性

机器的装配工艺性是指机器结构符合装配工艺上的要求，装配工艺对机器结构的要求主要有下列三个方面：

(1)机器结构能被分解成若干独立的装配单元。

(2)装配中的修配工作和机械加工工作应尽可能少。

(3)装配和拆卸都很方便。

对于设计者来说，应尽可能满足装配工艺性要求，对工艺人员来说，必须了解设计意图，研究有关装配工艺性方面的问题，妥加处理。长期的机器生产，已经积累了许多装配工艺性方面的经验，不胜枚举。经验告诉我们，结构装配工艺性的优劣，对于能否顺利地装拆产品，关系很大。常常有这样的例子，结构上仅仅作一些小小的修改，都能对装配工作带来很大的方便，从而既提高了装配效率，又易于保证装配质量。

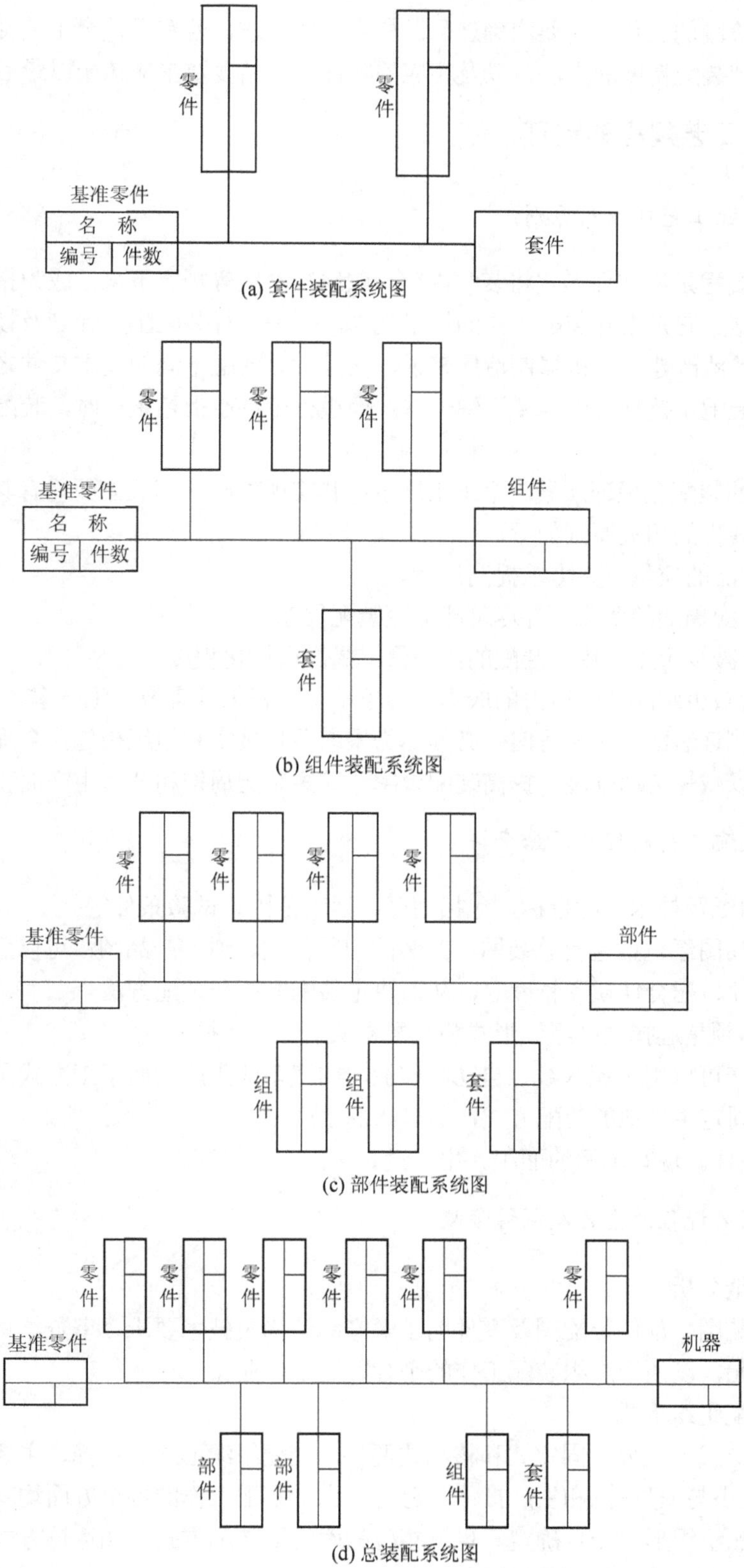

(a) 套件装配系统图

(b) 组件装配系统图

(c) 部件装配系统图

(d) 总装配系统图

图 3.77　装配工艺流程示意图

通过这一阶段的工作，需要明确产品图样和技术要求，若有不符合工艺性的地方，应作修改，对于达到装配精度的方法，以及相应的零件加工精度要求应该予以最后确定。

3.11.3 装配工艺规程的制订

1. 制订装配工艺规程的原则

装配工艺规程是用文件形式将装配内容、顺序、检验等规定下来，成为指导装配工作中发生问题的依据。它是指导装配工作的技术文件，也是进行装配生产计划及技术准备的主要依据。对于设计或改建一个机器制造厂来说，它是设计装配车间的基本文件之一。当进行大批量生产时，装配工艺规程内容要详细一些；而进行单件小批量生产时，装配工艺规程可以不太详细。

由于机器的装配在保证质量、组织工厂生产和实现生产计划等方面均有其特点，故具体制订装配工艺规程的相关原则如下：

(1) 保证产品的质量，并力求提高质量。

(2) 满足装配周期的要求，并尽可能缩短装配周期。

(3) 要尽量减少手工、钳工装配的工作量，提高机械化程度。

(4) 要尽量减少装配环节所占的成本，力争单位面积上具有最大生产率。

为此，在制订装配工艺规程时，必须尽力采取各种技术和组织措施，合理安排装配工序或作业计划，以减轻劳动强度、提高装配效率、缩短装配周期和节省生产面积。

2. 制订装配工艺规程的原始资料

(1) 产品图纸及技术性能指标，包括精度、运动范围、试验条件等。

一般的产品图纸包括全套总装图、部装图和零件图。通过产品图，可以了解产品结构、重量、配合尺寸、配合性质和精度等，从而决定装配顺序和装配方法。

(2) 生产纲领是选择生产组织形式和装配方法的主要依据。

大批量生产可以用于流水线、自动线作业，如汽车的生产，而手工方式采用较少；批量生产可以用于固定生产地的装配方式，如车床的生产。

(3) 生产条件。现有车间的面积、生产设备、工人水平等。

3. 装配工艺规程的内容及制订步骤

1) 产品图纸分析

从产品总装图、部件装配图及零件图了解产品结构及技术要求，审查结构的装配工艺性并划分装配单元，以便于组织装配工作的平行、流水作业。

2) 确定装配组织形式

装配组织形式一般分为固定式和移动式两种。装配组织形式的选择，主要取决于产品结构特点(尺寸大小与质量等)和生产批量。总之，由于装配工作的各个方面均有其内在联系的规律，所以装配组织形式一旦确定，也就相应的确定了装配方式，如运输方式、工作地的布置等。装配组织形式的具体划分如下：

- 移动式流水线
  - 固定节奏
    - 连续移动
    - 断续移动
  - 自由节奏
- 固定式装配

移动式流水装配是指被装配产品不断地从一个工作地点移动到另一个工作地点，每个工作地点重复地完成某一固定的装配工作。主要用于大批量生产，产品在装配线上移动，有固定节奏和自由节奏两种。前者严格，各工位装配工作必须在规定时间内完成，进行节拍性流水作业。 自由节奏则不严格，如图 3.78 所示。固定节奏又可以分为连续移动和断续移动两种方式，连续移动方式不适于装配那些装配精度要求较高的产品。

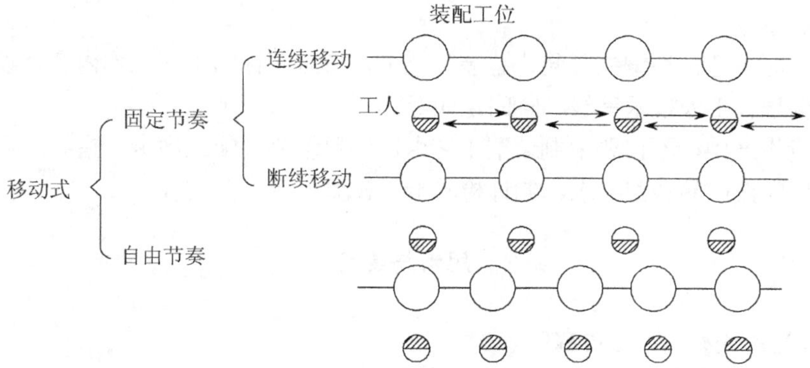

图 3.78　移动式装配

固定式装配，即产品固定在一个工作地上进行装配。根据生产规模，固定式装配又可分为集中式固定装配和分散式固定装配。按集中式固定装配形式装配，整台产品的所有装配工作都由一个工人或一组工人在一个工作地集中完成，它的工艺特点是：装配周期长，对工人技术水平要求高，工作地面积大。按分散式固定装配形式装配，整台产品的装配分为部装和总装，各部件的部装和产品总装分别由几个或几组工人同时在不同工作地分散完成，它的工艺特点是：产品的装配周期短，装配工作专业化程度较高。固定式装配多用于单件小批生产；在成批生产中装配那些重量大、装配精度要求较高的产品(如车床、磨床)时，有些工厂采用固定流水装配形式进行装配，装配工作地固定不动，装配工人则带着工具沿着装配线上一个个固定式装配台重复完成某一装配工序的装配工作，如图 3.79 所示。

3)装配顺序的决定

在划分装配单元的基础上，决定装配顺序是一项重要的工作。

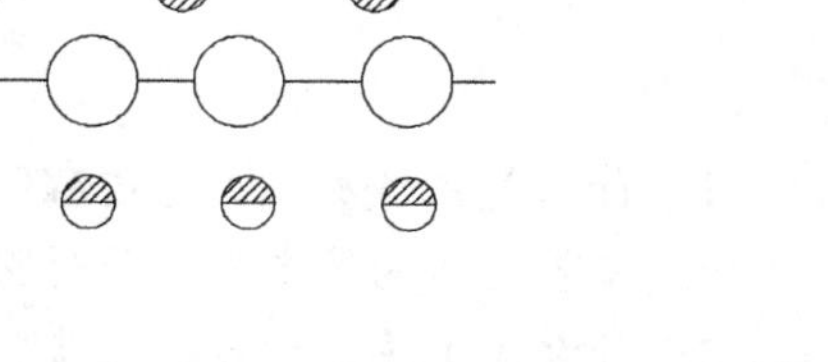

图 3.79　固定式装配

不论哪一等级的装配单元的装配，都要选定某一零件或比它低一级的装配单元作为基准件，首先进入装配工作；然后根据结构具体情况和装配技术要求考虑其他零件或装配单元装入的先后次序。总之，要有利于保证装配精度，以及使装配连接、校正等工作能顺利进行。一般规律是：先下后上，先内后外，先难后易，先重大后轻小，先精密后一般。

4) 合理的装配方法的选择

装配方法的选择主要有两个方面：

①确定手工装配还是机械装配。根据结构及其装配技术要求便可确定装配内容，为完成这些工作需要选择合适的装配工艺和相应的设备或工夹量具。例如，对于过盈连接，采用压入配合还是热胀配合法，采用哪种压入工具或哪种加热方法及设备，需要根据结构特点、技术要求、工厂经验及具体条件来确定。

②要保证装配精度，合理选用互换、分组、修配、调整等装配方法。

5) 编制工艺文件

主要是装配工艺过程卡片，包括装配工序、装配工序装备(工具、夹具、量具)、时间定额。

单件小批生产时，通常只绘制装配工艺系统图，装配时按产品装配图及装配工艺系统图规定的装配顺序进行。

成批生产时，通常还编制部装、总装工艺卡，按工序标明工序工作内容、设备名称、工夹具名称与编号、工人技术等级、时间定额等。

在大批量生产中，不仅要编制装配工艺卡，还要编制装配工序卡，指导工人进行装配工作。此外，还应按产品装配要求，制订检验卡、试验卡等工艺文件。

思考与练习

1. 什么是机械加工工艺过程？
2. 工艺过程的基本单元是什么？如何划分？
3. 什么是工序、安装、工步、工位和走刀？
4. 机械加工工艺规程制订的指导思想？
5. 不同生产类型的工艺过程的特点是什么？
6. 什么是机械加工工艺规程？它的作用是什么？工艺规程设计的原则和步骤有哪些？
7. 何为零件的结构工艺性？
8. 毛坯的种类及其选择原则？
9. 获得加工尺寸的几种方法？
10. 何为设计基准、工艺基准、工序基准、定位基准、测量基准和装配基准？
11. 图 3.80 所示为箱体的零件图及工序图，试在图中指出：①平面 2 的设计基准、定位基准及度量基准；②镗孔 4 的设计基准、定位基准及度量基准。

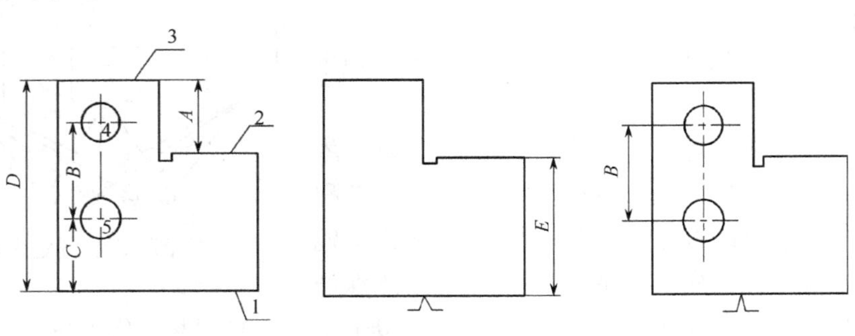

(a) 零件图　　(b) 铣削平面2工序图　　(c) 镗孔工序图

图 3.80

12. 粗基准、精基准的定义及其选择原则？

13. 什么是经济加工精度？

14. 加工阶段是如何划分的？划分加工阶段的目的？

15. 加工工序的安排应遵循哪些原则？热处理工序及辅助工序应如何安排？

16. 分散工序和集中工序的特点及其适用场合？

17. 什么是加工余量、工序间余量和总余量？加工余量和工序尺寸与公差之间有何关系？

18. 影响加工余量的因素有哪些？

19. 什么是尺寸链？何谓尺寸链的封闭环和组成环？

20. 尺寸链有哪些种类？尺寸链的计算方法有几种？又可分为几种计算情况？

21. 试比较尺寸链计算的极值解法及概率解法的基本公式，并讨论两种解法的实质、特点、适用范围。

22. 图 3.81 所示为零件简图，其内、外圆均已加工完毕，外圆尺寸为 $\phi 90_{-0.10}^{\ 0}$ mm，内孔尺寸为 $\phi 60_{\ 0}^{+0.05}$ mm。现铣键槽，其深度要求为 $5_{\ 0}^{+0.30}$ mm，该尺寸不便直接测量，为检测槽深是否合格，可直接测量哪些尺寸？试求出它们的尺寸及其极限偏差。

23. 图 3.82 所示为加工轴套的车削工序图，由于设计尺寸 $0.66_{-0.1}^{\ 0}$ mm 不便直接测量，工艺采用：钻、镗孔 $\phi 6.3_{\ 0}^{+0.08}$ mm —镗孔 $\phi 7_{\ 0}^{+0.1}$ mm、深 5±0.015mm—调头车端面 2，控制总长 $11.4_{-0.04}^{\ 0}$ mm —镗孔 $\phi 7_{\ 0}^{+0.1}$ mm，控制测量深度 A，画出尺寸链图，试求工序尺寸 A 及其极限偏差。

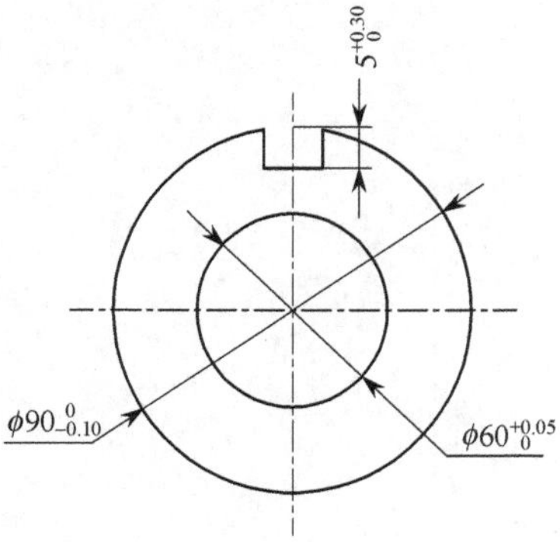

图 3.81

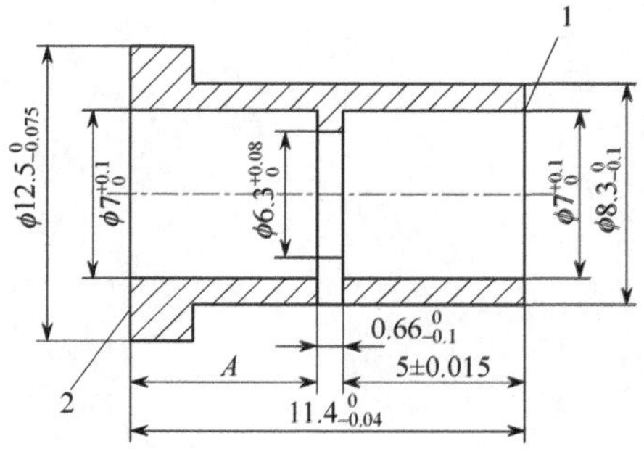

图 3.82

24. 何谓时间定额、单件时间及其单件时间的组成？

25. 提高劳动生产率的工艺措施有哪些？

26. 什么是工艺成本、可变费用、不变费用？怎样比较不同工艺方案的经济性？

27. 什么是装配尺寸链？装配尺寸链的封闭环是什么？

28. 保证装配精度的装配方法有哪几种？它们各适用于什么场合？

29. 什么是平面尺寸链？平面尺寸链的解算与直线尺寸链相比较有何异同？

30. 图 3.83 所示为一个齿轮装配结构图，由于齿轮要在轴上回转，要求齿轮左右端面与轴套和挡圈之间应留有一定间隙，要求装配后齿轮右端的间隙为 0.10～0.35mm。已知 A_1=35mm，A_2=14mm，A_3=49mm。

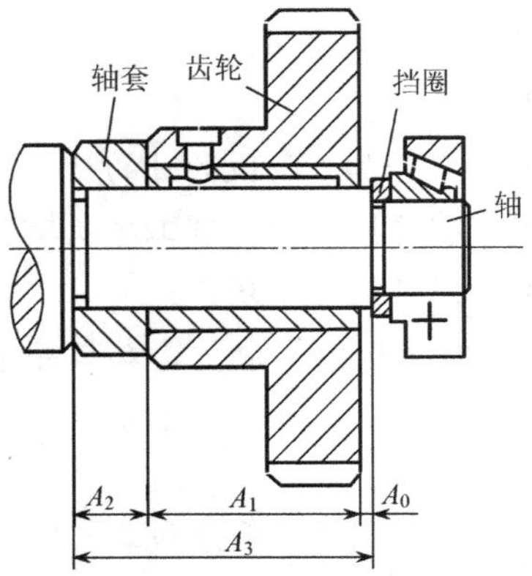

图 3.83

(1) 试以完全互换装配法解算各组成环尺寸及其极限偏差。

(2) 设 A_1、A_2、A_3 的尺寸分布均为正态分布，且尺寸分布中心与公差中心相重合，即 $k_1=k_2=k_3=1$，$e_1=e_2=e_3=0$，试以统计互换装配法解算各组成环的尺寸和极限偏差。

第 4 章　机床夹具设计原理

在机床上进行机械加工时，除了要使用刀具、量具之外，还需要一些辅助装置及辅助工具，像车床上使用的各种卡盘，铣床上使用的虎钳等。它们是机床与工件间的一种连接装置，其功用是使工件能安装到机床的正确位置之上，称为机床夹具(或简称夹具)。此外还需要一些装夹和支承刀具用的辅助工具，简称辅具，如铣刀杆、镗刀杆、钻卡、丝锥夹头等。习惯上把上述的刀具、量具、夹具、辅具统称为工艺装备。夹具在工艺装备中占有十分重要的地位，因为夹具的好坏将在很大程度上影响工件的加工精度、生产率及成本。一台好的夹具，往往可以使低精度的机床加工出高精度的产品；或是使生产率成倍增长。因此夹具是工艺过程中最活跃的因素之一，而机床夹具设计则是机械加工工艺中的一项重要工作。

4.1　机床夹具的概述

4.1.1　机床夹具的定义

机床夹具的定义有多种说法。从广义上讲，为了使工艺过程的任何工序保证质量，提高生产率，减轻工人劳动强度及工作安全等的一切附加装置均称为夹具。

为了使工件在机床上正确安装，经常采用的办法是使用各种类型的机床夹具。所谓机床夹具，就是将工件进行定位、加紧，将刀具进行导向或对刀，以保证工件和刀具间的相对位置关系的附加装置，简称夹具。

夹具是一种工艺装备，它可以迅速安装工件，并使工件在加工中保持在所需要的正确位置上，因此夹具占有的位置是很重要的，它直接影响产品的质量和生产率，是工艺设计中的一项重要内容。

4.1.2　工件的安装

夹具是用于工件安装的一种工艺装备。工件安装包含了两个方面的内容：

(1) 工件在机床应准确地占有合适的位置，使工件与刀具及机床主轴、导轨之间具有准确的相对位置，从而保证被加工工件的尺寸精度和位置精度，这称为工件的定位。

(2) 将工件固定在既定的位置上，使它不致因切削力、惯性力、重力的作用而移动，保证机械加工的正常运行，这称为工件的夹紧。

工件的定位及夹紧总称为安装。

图 4.1 表示一扇形零件的钻孔、铰孔工序图。工序内容为加工三个ϕ8H8 孔，它们的精度要求如下。

① 尺寸精度：孔径公差为 0.022mm。

② 位置精度：ϕ8H8 三孔中心线与端面 A 距离公差 0.2，平行度 0.08；与ϕ22H7 孔对称度为 0.1；三孔还应均布，公差 20′(±10′)。

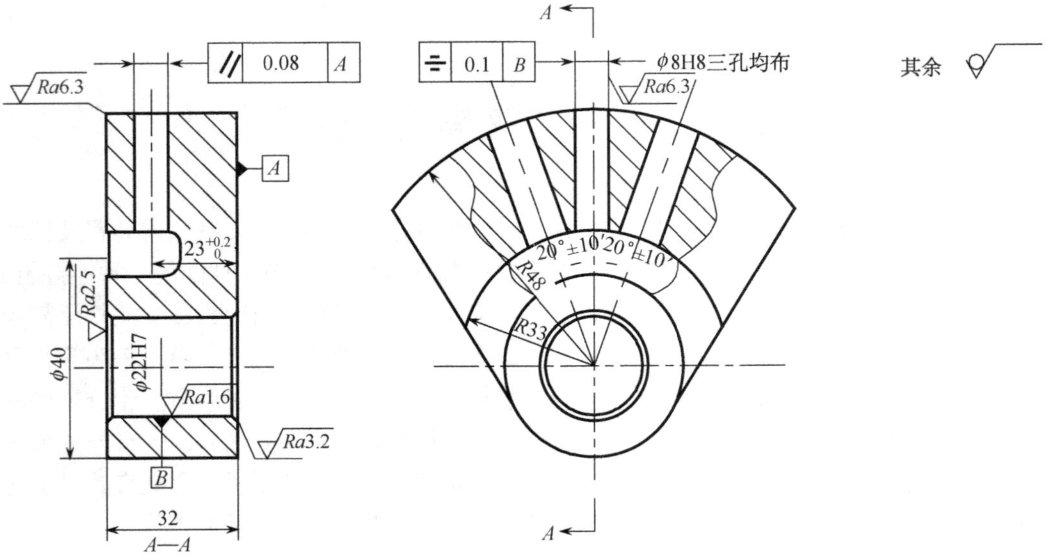

图 4.1　扇形零件的工件简图

上述的孔径精度可由铰孔保证。为了保证孔的位置精度，工件在安装时必须做到：使 *A* 面平行于钻床主轴轴线，并严格控制它们之间的距离，以保证孔与端面的平行度要求及距离要求。其次应使钻床主轴轴线与ϕ22H7 孔中心线相交，以保证对称度要求。最后为保证三孔均布，安装时应严格控制三孔中心线之间的夹角。上述诸点就是对该工件的安装要求，不难看出，安装的好坏将对加工精度产生重要的影响。常见工件的安装有两种主要方式：

(1) 划线安装。这种安装方法是按图纸要求，在工件表面上划出加工表面的尺寸及位置线，然后利用划针盘等工具在机床上对工件找正然后夹紧。这种安装方法简单，不需要专门设备而且通用性好，但生产效率低、精度不高(一般找正时的对线精度为 0.1mm 左右，因孔的位置精度要求较高，靠划线安装是很难达到的。划线安装适用于单件小批生产，或中批生产时复杂铸件的粗加工工序)。

(2) 夹具安装。为了提高加工精度和生产率，通常采用夹具安装。此时工件不再需要划线和找正，而是靠夹具来保证工件在机床上所需的位置，并使其夹紧。图 4.2 所示的钻床夹具，是专门用于图 4.1 所示零件的钻孔及铰孔工序。工件 1 的孔ϕ22H7 与夹具定位销 2 配合，端面 *A* 与定位销 2 端面接触，工件侧面靠紧在挡销 3 上，此时工件在夹具中实现了定位。拧动螺母 10，通过开口垫圈 9 将工件夹紧。件 12 为钻模套，它的硬度与钻头、铰刀的硬度相同。钻头通过钻模套而对工件加工，由于它的导向作用，保证了钻头与工件的相对位置，使ϕ8H8 孔获得所要求的位置精度。加工完一个孔后，拧动手柄 7，可将转盘 11 松开，利用手钮 6 将转盘定位销 5 由定位套 4 中拔出，使转盘带动工件一起回转 20° 后，将销 5 重新插入套 4′(或 4″)中，实现了分度。拧动手柄 7 将转盘 11 锁紧，便可进行其余孔的加工，并保证了三孔均布的要求。这种安装方法不但保证了所加工孔的各项精度，而且装夹工件也十分迅速、方便。由此可见，夹具安装可以获得划线安装所达不到的高精度和高生产率，它通常用于中批生产以上的生产类型。

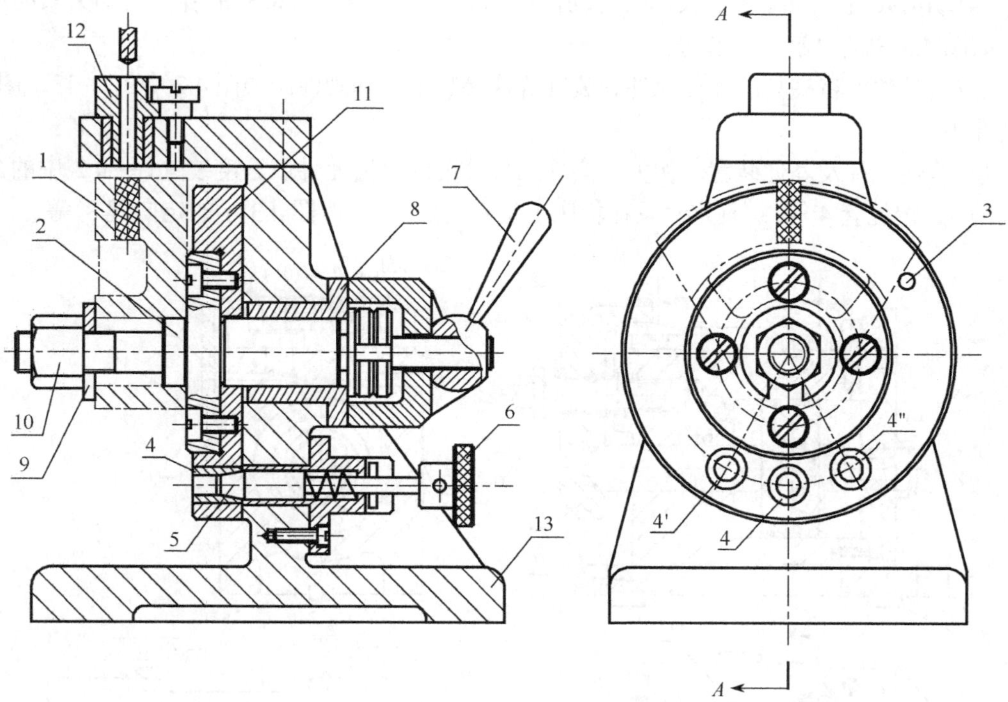

图 4.2　钻孔及铰孔夹具图

1-工件；2-定位销；3-挡销；4-定位套；5-定位销；6-手扭；7-手柄；8-衬套；9-开口垫圈；10-螺母；11-转盘；12-钻模套；13-夹具体

4.1.3　夹具的组成

为了进一步了解夹具的组成，我们再看一个铣床夹具。图 4.3 为铣削小型连杆两个端面 *A*、*B* 所用的夹具。加工时每次安装两个工件，工位 I 加工端面 *A*，工位 II 加工端面 *B*。件 1、件 2 为平面定位元件，件 4 为挡销，件 3 为 V 型铁定位元件，工件靠紧在它们之上便可实现定位。压缩空气推动活塞 7，经活塞杆 6 推动压板 5 同时夹紧两个工件 11、12。在一次加工中，可由工位 II 处拆下一个工序成品（*A*、*B* 面均已加工）；由工位 I 处拆下一个工序半成品（*A* 面已加工，*B* 面待加工），将它翻转 180° 安放在工位 II 处，再于工位 I 处安放一个新毛坯。于是在机床的一个工作循环中，便可加工出一个工序成品及一个工序半成品，提高了生产率。铣刀相对于两个工件的位置，可以由对刀块 9 来校准。定位元件 1、2 有高度差（0.8mm），保证了加工 *B* 面所需的余量。

通过上面介绍的两种不同类型的夹具，我们可以把夹具的组成归纳如下：

(1) 定位元件及定位装置。用来确定工件在夹具上位置的元件或装置。如图 4.2 中的定位销 2 和挡销 3，图 4.3 中的定位支承 1、2 及 V 型铁 3、挡销 4 等。

(2) 夹紧元件及夹紧装置。用来夹紧工件，使其位置固定下来的元件或装置。如图 4.2 中的螺母 10，开口垫圈 9，图 4.3 中的压板 5 等。

(3) 对刀元件。用来确定刀具与工件相互位置的元件。如图 4.2 中的钻模套（亦称导向元件），图 4.3 中的对刀块 9 等。

(4) 动力装置。为减轻工人体力劳动，提高劳动生产率，所采用的各种机动夹紧的动力源。如图 4.3 中的气缸、活塞等。

(5) 夹具体。将夹具的各种元件、装置等连接起来的基础件。如图 4.2 中的件 13，图 4.3 中的件 10。

(6) 其他元件及其他装置。例如，实现工件分度的分度元件或分度装置(图 4.2 中的分度定位销 5、定位套 4 等)；确定夹具在机床上位置的定向元件(图 4.3 中的定向键 8)等。

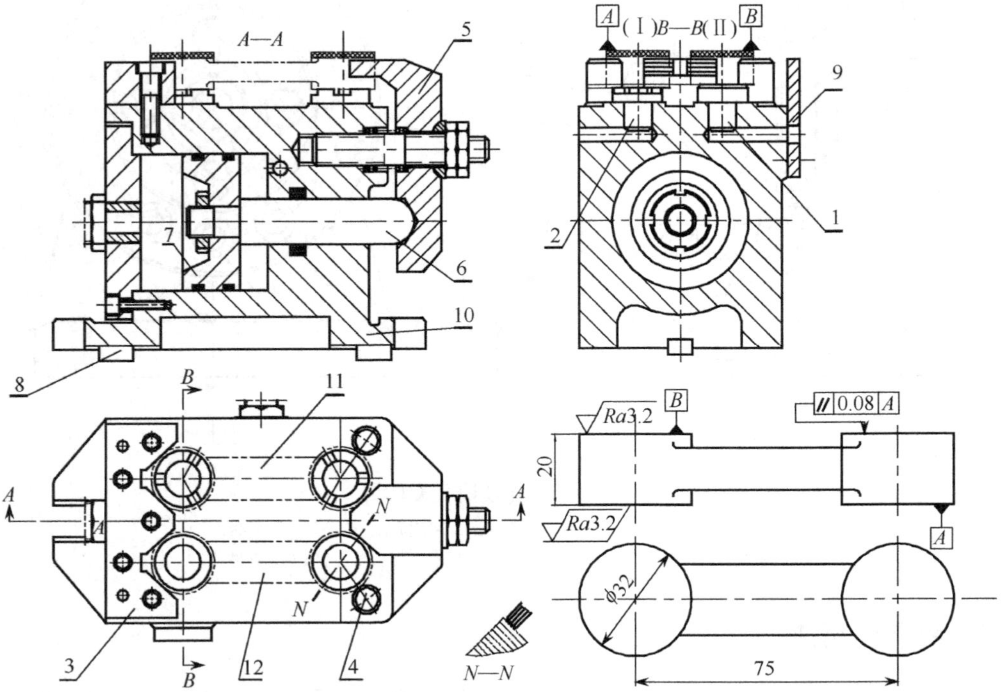

图 4.3　铣连杆端面夹具图

1、2-平面定位元件；3-V 型铁；4-挡销；5-压板；6-活塞杆；7-活塞；8-定向键；9-对刀块；10-夹具体；11、12-工件

夹具的工作原理要点如下：

(1) 使工件在夹具中占有正确的加工位置。这是通过工件各定位面与夹具的相应定位元件的定位工作面接触、配合或对准来实现的。

(2) 夹具对于机床应先保证有准确的相对位置，而夹具结构又保证定位元件的定位工作面对夹具与机床相连接的表面之间的相对准确位置，这就保证了夹具定位工作面相对机床切削运动形成表面的准确几何位置，也就达到了工件加工面对定位基准的相互位置精度要求。

(3) 使刀具相对有关的定位元件的定位工作面调整到准确位置，这就保证了刀具在工件上加工出的表面对工件定位基准的位置尺寸。

4.1.4　夹具的作用

(1) 保证加工精度。由于采用夹具安装，可以准确地确定工件与刀具、机床之间的相互位置，并使加工过程不受或少受各种主观因素的影响，因而比较容易获得较高的加工精度，并使一批零件的精度稳定。

(2) 缩短辅助时间。在机械加工中，除了切削时间以外，很多时间是花在装夹工件、找正、对刀上。采用夹具安装可以使装夹方便，免去工件逐个的找正及对刀，因此可以大大减少这部分辅助时间。此外夹具安装还容易实现多件加工，多工位加工，机动时间与辅助时间重合等，可以进一步缩短辅助时间，提高劳动生产率。

(3) 扩大机床的使用范围。有一些夹具实质上是对机床的改装，因而可以改变原机床的功能，扩大其使用范围。例如，在车床床鞍上或摇臂钻床上安装镗模夹具后，可以进行箱体孔系的镗削加工，使车床、钻床具有镗床的某些功能。

(4) 减轻工人的劳动强度。

(5) 降低生产成本。

(6) 可由较低技术等级的工人进行加工。

4.1.5　夹具的分类

虎钳多件夹紧　三爪卡盘自中心驱动　专用夹紧

按夹具的使用范围，可将其划分成如下几类。

1) 通用夹具

例如车床上使用的三爪卡盘、四爪卡盘、拨盘；铣床上使用的平口虎钳、分度头、转台；平面磨床使用的是电磁吸盘等。这些夹具的通用性强，使用时无须调整或稍加调整，就可以适应多种工件的安装，因而被广泛用于单件小批生产中。

2) 专用夹具

如图 4.2、图 4.3 所示的夹具，都是用于某一特定工件的特定工序，称为专用夹具。它的结构紧凑、针对性强、使用方便，但设计制造这类夹具的周期较长，成本也较高，产品变更时便无法使用。因而专用夹具被广泛应用于成批及大量生产中。

3) 成组夹具

一台夹具稍加调整或更换个别零件，便可适用于一组相似工件的安装，称为成组夹具。这类夹具兼顾了夹具的专用性与通用性，适用于中小批生产。

成组夹具多件夹紧　平面定位内圈夹紧　四爪卡盘四爪独立驱动

4) 组合夹具

这类夹具是由标准化元件组装而成。标准元件有不同的形状、尺寸及功能，它们组装用的配合部分具有良好的互换性和耐磨性。使用时，可按加工工件的需要，选用适当的元件组装成不同类型的专用夹具，用毕后可将元件拆卸、清洗、入库备用。我国一些大中城市已建立了不同规模的组合夹具租用站，为各中小工厂服务。

5) 随行夹具

这是自动线上应用的一种夹具，它除了负担工件的安装任务，还随着工件向前输送。一个多工位的自动线上有许多相同的随行夹具，它们保证着各工位加工的正常运行，并由自动线的输送装置将工件间歇地、顺序地运送到下一个工位。

气动楔形同步夹紧　四爪自中心驱动　钻床夹具

此外，按照机床种类的不同，机床夹具又可以分为车床夹具、磨床夹具、钻床夹具、镗床夹具和铣床夹具等；按照工艺过程的不同，夹具可以分为机床夹具、检验夹具、装配夹具、焊接夹具等；按照采用的夹紧动力源的不同，可以分为手动夹具、气动夹具、液压夹具、气液夹具、电动夹具、电磁夹具、真空夹具等。

4.2　工件的定位

4.2.1　定位与基准

工件在夹具中占有正确的位置称为定位。不应该把工件的定位片面地理解为“工件位置的固定”。固定工件的位置，这是夹紧的含义。有时会出现这样的情况，工件在夹具中，因偶然事故而没有安放在正确的位置上，即没有定位，但夹紧机构仍可以将它夹紧，而使其位置固定下来。此时工件没有被固定在正确的位置上，我们仍然认为工件没有实现定位。这就是说，定位与夹紧是两个互相有联系，但又不容易混淆的概念。使工件在夹具中处于正确的位置，这是定位的任务；将工件已取得的位置固定下来，则由夹紧来完成。

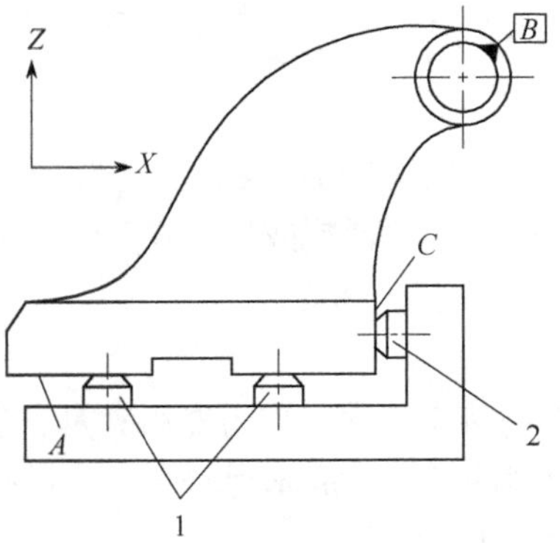

图 4.4　定位基准

1、2-定位元件

将工件的有关表面靠紧在夹具的定位元件上，即可以实现定位。由此可见，工件的定位不但与定位方案、定位元件有关，而且还与工件上用以定位的各表面有关。这些表面是工件定位的基础，即确定工件各表面相互位置的基准。

工件在夹具上安装时，用来确定其位置所用的基准，称为定位基准。它一般就是工件上与夹具定位元件相接触的一些表面。

图 4.4 是镗孔时工件的安装简图。采用工件的底面 *A* 及侧面 *C* 定位，加工孔 *B*。这时表面 *A*、*C* 即为定位基准。

正确选择定位基准，是工艺规程拟订的主要内容之一，也是夹具设计的必要前提。在可能的情况下，应尽量选设计基准(或工序基准)为定位基准，这样可以减少基准的转换误差，提高定位精度。

4.2.2　定位原理

在讨论工件定位时，应首先回答的问题是：定位的基本条件是什么？实现定位应该遵循怎样的原则？为了搞清楚这个问题，可以先讨论与定位相反的问题——工件在夹具中的位置可能有变化(运动)，一旦消除了这些位置的变化，即限制了工件可能的运动，便实现了定位。

一个物体在空间可能具有的运动，称为自由度。由运动学可知，刚体在空间可以有六种独立运动，即具有六个自由度。对于图 4.5 所示的长方体，它在直角坐标系 *OXYZ* 中的六个运动是：

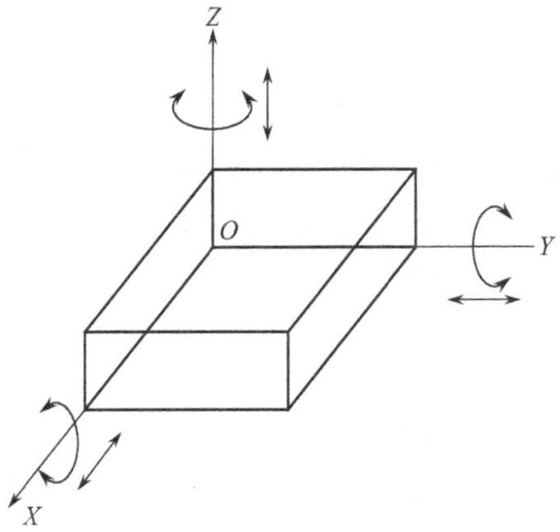

图 4.5　自由度示意图

三个平移运动——沿 X 轴平移 $\overrightarrow{X}$，沿 Y 轴平移 $\overrightarrow{Y}$，沿 Z 轴平移 $\overrightarrow{Z}$；

三个回转运动——绕 X 轴回转 $\overset{\frown}{X}$，绕 Y 轴回转 $\overset{\frown}{Y}$，绕 Z 轴回转 $\overset{\frown}{Z}$。

从运动学的观点来看，所谓定位就是采取各种约束措施，来消除工件的六个自由度，这里所说的约束则是由各种定位元件所构成。例如在讨论长方体工件的定位时，我们可以在其底面布置三个不共线的约束点 1、2、3(图 4.6)；侧面布置两个约束点 4、5；端面布置一个约束点 6。

约束点 1、2、3：限制 $\overrightarrow{Z}$、$\overset{\frown}{X}$、$\overset{\frown}{Y}$ 三个自由度。

约束点 4、5：限制 $\overrightarrow{Y}$、$\overset{\frown}{Z}$ 两个自由度；

约束点 6：限制 $\overrightarrow{X}$ 一个自由度。

于是完全限制了工件的六个自由度，即实现了完全定位。在具体的夹具中，约束是由六个支承钉所组成，每个支承钉与工件的接触面积很小，可视为约束点，具体情况如图 4.6(b) 所示。

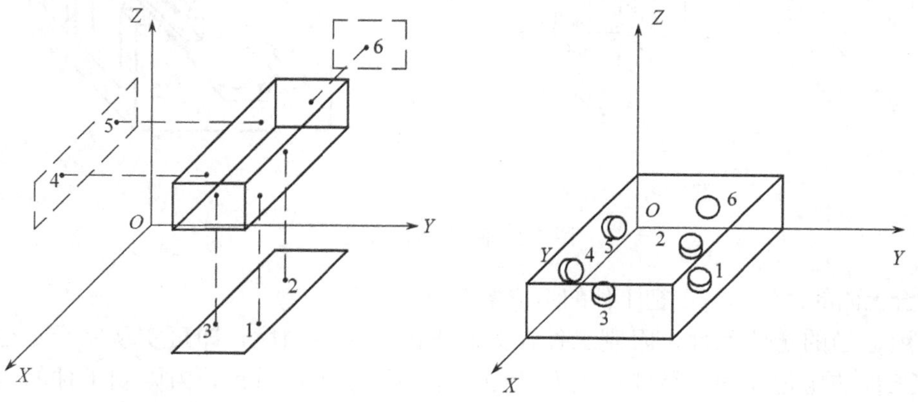

(a)　　(b)

图 4.6　长方体工件的定位

对于圆盘类工件，也可以采取类似方法定位。如图 4.7 所示，端面布置三个约束点 1、2、3，限制 X、Y、$\overrightarrow{Z}$ 三个自由度；侧面圆柱面布置两个约束点 5、6，限制 $\overrightarrow{X}$、$\overrightarrow{Y}$ 两个自由度；槽侧布置一个约束点 4，限制 $\overset{\frown}{Z}$ 一个自由度，工件实现完全定位。

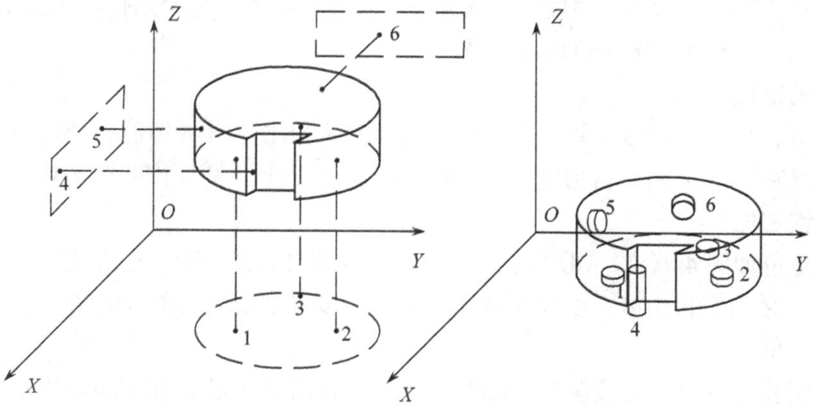

图 4.7　圆盘类工件的定位

对于轴类零件(图 4.8)，可在外圆柱表面布置四个约束点 1、3、4、5，限制$\vec{Y}$、$\vec{Z}$、$\widehat{Y}$、$\widehat{Z}$四个自由度；槽侧布置一个约束点 2，限制$\widehat{X}$一个自由度；端面布置一个约束点 6，限制$\vec{X}$一个自由度，工件实现完全定位。为了在外圆柱面上布置四点约束，一般采用 V 型铁，如图 4.8(b)所示。

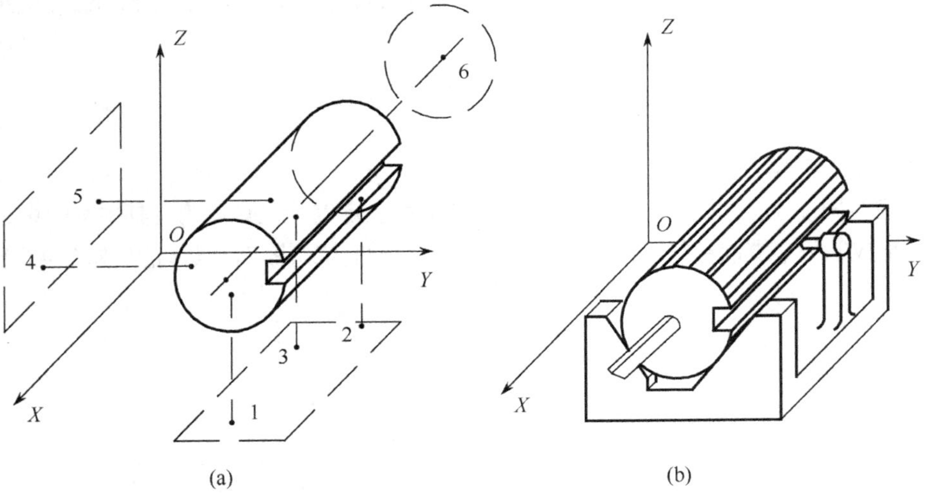

图 4.8　轴类零件的定位

综合上面的讨论，可以把工件的定位条件归纳如下：

采用适当的定位元件，限制工件在夹具中的六个自由度，即可实现完全定位。这一点称为工件的定位原理。另外从上面举的三个例子中可以看出，为限制工件的六个自由度，需要也仅需要六个约束点。因此定位条件还可以换另一种方式来表述：采用六个按一定规则布置的约束点，限制工件的六个自由度，即可实现完全定位。这称为六点定位原理。

由于工件的形状是千变万化的，定位元件的形式和种类也很多，要讨论某一个定位元件究竟相当于几个约束点，常常是困难的，有时也是不必要的。因此，在实际应用时，往往绕过约束点的概念，直接分析某个定位元件限制了哪几个自由度，夹具中所有定位元件的组合是否完全限制了工件的六个自由度等，来判断工件是否实现了完全定位。下面就来讨论几种常见的定位元件，看看它限制自由度的情况。

1) 定位销定位

定位销有长短之分，这主要取决于销定位时的长径比，图 4.9(a)、(b)表示了销定位情况，短销则限制$\vec{X}$、$\vec{Y}$两个自由度；长销可以限制$\vec{X}$、$\vec{Y}$、$\widehat{X}$、$\widehat{Y}$四个自由度。

2) V 型铁定位

V 型铁定位如图 4.9(c)、(d)所示，它适用于外圆柱表面定位。短 V 型铁可限制$\vec{X}$、$\vec{Z}$两个自由度；长 V 型铁可限制$\vec{X}$、$\vec{Z}$、$\widehat{X}$、$\widehat{Z}$四个自由度。

V 型铁定位
自动定心夹紧

3) 锥销定位

锥销与圆孔定位时，是接触在孔端的边缘上，如图 4.9(e)、(f)所示。固定锥销可限制$\vec{Z}$、$\vec{Y}$、$\vec{Z}$三个自由度；浮动锥销则限制$\vec{X}$、$\vec{Y}$两个自由度。

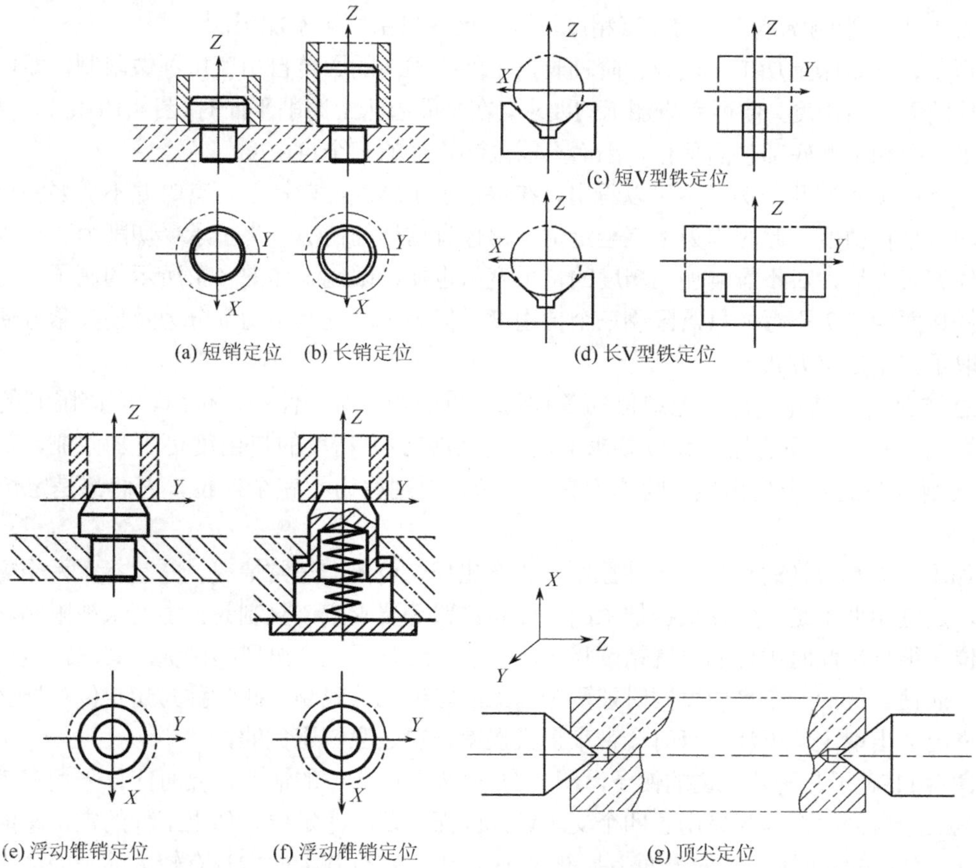

图 4.9　定位示意图

4) 顶尖定位

车床上常用顶尖定位，如图 4.9(g)所示。由于顶尖孔是短小的锥面，因此可以把左右两个顶尖定位，看作是两个锥销与孔端边缘定位。左顶尖相当于固定锥销，右顶尖则相当于浮动锥销。左顶尖限制 $\overleftrightarrow{X}$、$\overleftrightarrow{Y}$、$\overleftrightarrow{Z}$ 三个自由度，加上右顶尖时，尚可再限制 $\widehat{X}$、$\widehat{Y}$ 两个自由度，共限制五个自由度，余下 $\widehat{Z}$ 没有限制。

4.2.3　定位的正常情况和非正常情况

上面谈到了要使工件完全定位，必须限制它的六个自由度。是否在任何情况下都一定要限制六个自由度呢？当然不是，一般只要求限制足以影响加工精度的那些自由度。例如，在长方体上铣一个通槽时(图 4.10(a))，需要限制的自由度为：$\overleftrightarrow{Y}$、$\overleftrightarrow{Z}$——工件在 Y、Z 方向的位置移动，将引起被加工槽位置尺寸 L、H 的变化；$\widehat{X}$、$\widehat{Y}$、$\widehat{Z}$——工件绕 X、Y、Z 轴的位置转动，将影响槽侧及槽底的位置精

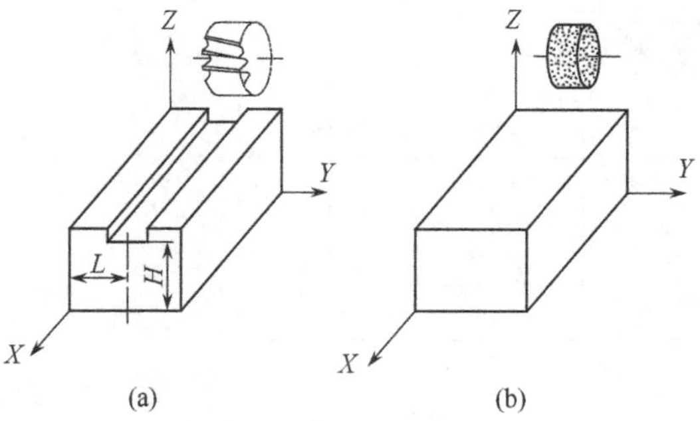

图 4.10　不完全定位情况

度。而 $\overset{\frown}{X}$ 并不影响铣槽工序的加工精度，因此这一自由度可不加限制。

再如，在车床上加工光轴或台阶轴时，工件绕轴线的回转自由度可不做限制，即仅需限制工件的五个自由度，便可完成加工的要求。在平面磨床上磨削平面时(图 4.10(b))，仅要求被加工平面和工件底部基面平行，因而只需限制工件的三个自由度。

从上面谈到的几个例子中可以看出，在保证加工精度的前提下，有时并不需要完全限制工件的六个自由度，此时称为不完全定位。但也有这样的情况，为了承受切削力、夹紧力或使工件夹紧方便，对不影响加工精度的自由度，也加以限制。如图 4.3 所示的例子，为了保证连杆端面 *A*、*B* 平行，只需限制三个自由度，但为了承受水平切削分力及使夹紧方便，还是采取了完全定位方式。

总结上面的结论，可以把定位的条件进一步引申，即工件在定位时，应该限制的自由度的数目，应由工序的加工精度要求而定，不影响加工精度的自由度可不加限制，若要求工件限制全部的六个自由度，则称为完全定位，否则称为不完全定位，它们都是定位的正常情况。

如果在夹具设计时违反了上述原则，将会出现定位的非正常情况。它包括了两个方面：其一，定位元件不足，致使根据加工的尺寸和位置等要求应该限制的自由度未被限制，叫作欠定位。很显然此时工件的位置精度将无法保证，这是不允许出现的情况。其二，定位元件过多，而使工件的一个自由度同时被两个以上的定位元件限制，此时称为超定位(过定位)。这种情况会出现定位干涉，有时会带来很大误差，也是应该避免的。

图 4.11 表示几种超定位的例子。图 4.11(a)为平面定位的情况，此时应该采用三个支承钉限制三个自由度，但却采用了四个支承钉，因而出现了超定位。如果工件的定位基面为粗基准(以尚未进行机械加工的表面为基准面)时，由于定位基准面本身有较大的平面度误差，

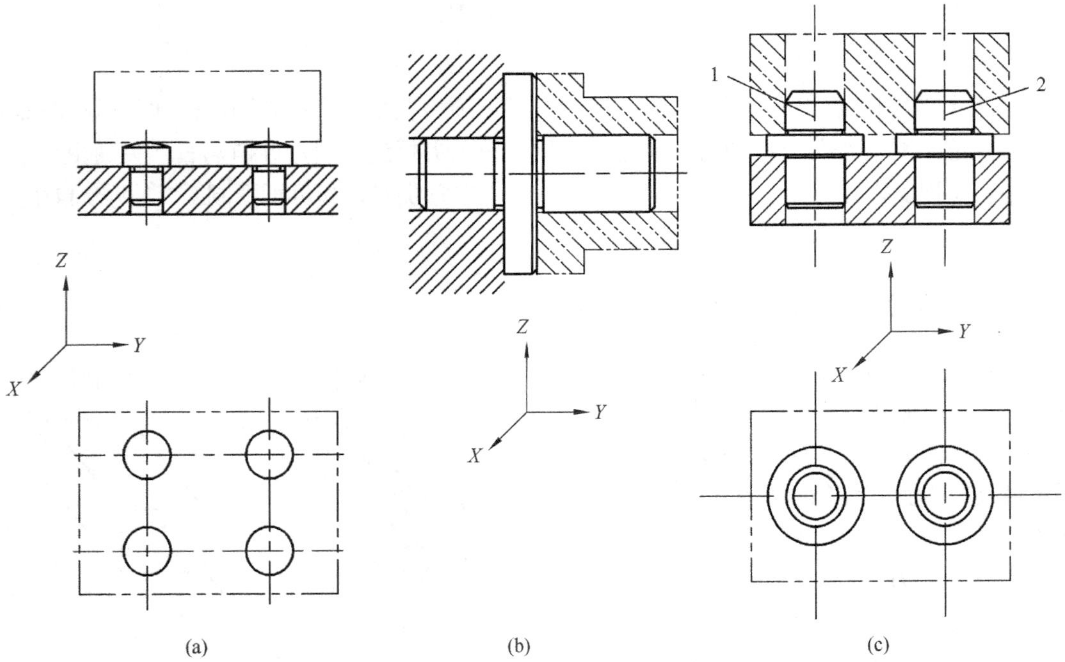

图 4.11　超定位的几个例子

因此不可能同时与四个支承钉接触。这时工件安放在四个支承钉上，类似于四条腿的桌子摆放在不平的地面上一样，反倒会失去稳定。若在夹紧力的作用下，使定位基准与四个支承钉全部接触，又会使工件变形，产生较大的误差。为了避免这种情况，可以撤去一个支承钉，再将支承钉重新布置或者把四个支承钉之一改为辅助支承，这种支承只起支承作用而不起定位作用。

图 4.11(b)为孔与端面联合定位情况，由于大端面可以限制三个自由度，长销限制四个自由度，它们组合在一起时，$\widehat{X}$、$\widehat{Z}$将被两个定位元件所限制，即出现超定位。此时若工件端面与工件孔的轴线不垂直，则在夹紧力(一般为轴线方向)作用下，将使工件或长销产生变形，引起较大误差。为了改善这种情况，应采取如下几种措施(图 4.12)：

① 长销与小端面组合，定位以长销为主，限制四个自由度，端面限制一个自由度(图 4.12(a))；

② 短销与大端面组合，定位以大端面为主，限制三个自由度，短销限制两个自由度(图 4.12(b))；

③ 长销及浮动端面垫组合，定位以长销为主，限制四个自由度，端面浮动垫圈只限制一个自由度(图 4.12(c))。

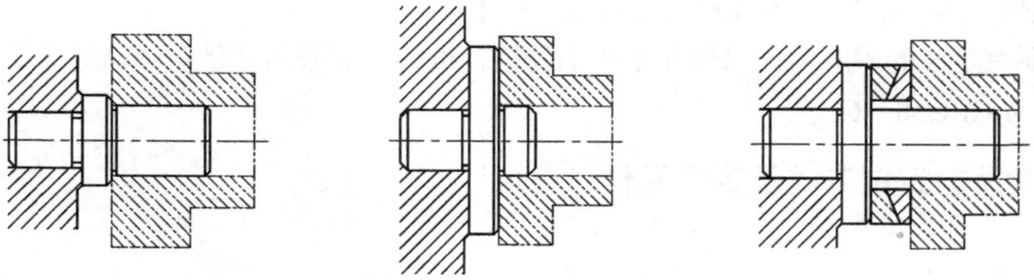

(a)　(b)　(c)

图 4.12　改善超定位的措施

图 4.11(c)表示了利用工件底面及两个销孔定位，此时两个短销 1、2 均限制$\vec{Y}$，因而产出超定位。这时会出现定位干涉，即会因为工件孔心距误差，而使工件根本无法装入两定位销内。为改变这种情况，一般是将两销之一做成削边销，使它不限制$\vec{Y}$自由度，而避免定位干涉。

在判断是否会出现超定位时，常常要看某种定位方式，是否会导致上述的超定位后果：如使定位不稳定、工件或夹具变形以及定位干涉等。如图 4.11(a)所举的例子，如果工件的定位基面是精基准(已加工过的表面作为基准面)，其本身原始形状误差较小，而四个钉支承的顶部又保证在一个平面中，则定位时不但不会产生超定位的不良后果，反而增加了定位的稳定性，这时图 4.11(a)的定位方式，则是允许的。

总之，具体情况还得具体分析：

(1)加工要求限制的自由度没有限制，是欠定位，欠定位是不允许的；所限制的自由度小于六个时，不一定是欠定位，也可能是不完全定位。

(2)一个自由度由一个以上定位元件限制时，产生超定位，超定位一般是不允许的，它可能产生破坏定位，可能使工件不能装入、工件变形或夹具变形等危害。所限制的自由度小于六个时，也可能有过定位。

(3) 如果工件定位面精度较高，夹具定位元件精度也很高时，过定位是可以允许的，因为它可以提高加工刚度。

(4) 如果工件刚度较低时，用过定位能提高其刚度，使加工精度改善。

(5) 工件的定位应根据加工要求而定，不必完全定位。

(6) 欠定位和过定位也可能同时存在。

4.3 典型的定位方式、定位元件及定位装置

4.3.1 定位元件的要求

工件的定位表面有各种形式，如平面、外圆、内孔等，工件在夹具中的定位要通过一定结构的定位元件，以保证定位元件的定位面和工件定位基准面相接触或配合，实现工件的定位，同时用六点定位原理来分析所限制的工件的自由度。

一般来说，对定位元件的设计应该满足下列要求：

(1) 要有与工件相应的精度；

(2) 要有足够的刚度，不允许受力后发生变形；

(3) 要有足够的耐磨性，以便在使用中保持精度。一般采用低碳钢渗碳淬火或中碳钢淬火，硬度为 HRC58～62。

4.3.2 常见的定位方式及定位元件

1. 平面定位

在实际加工中，以平面为基准而实现工件定位，是最常见的定位方式之一。平面定位就是利用工件上的一个或几个平面作为定位基准面来实现定位工件的方式。像箱体、床身、机座、支架等类零件，在其主要的加工工序中，经常采用平面定位。

图 4.13 为平面定位示意图，其中图 4.13(a) 表示以粗基准定位的情形，由于定位基面误差较大，因此只适用于采用支承钉。图 4.13(b) 表示以精基准定位的情形，此时基面精度较高，一般可采用支承板。在多基准组合定位时，习惯上把限制自由度最多的定位基面称为第一定位基面，并依限制自由度的多寡而分为第二、第三定位基面。对于箱形零件而言，其三个定位基面的安排，以及有关定位元件的布置，一般应遵守下述原则。

(1) 装置基面(第一定位基面)，应该是工件上最大的且较精确平面，在其上布置三个支承元件(对精基准也可布置四个支承元件)，限制三个自由度。诸支承元件构成了支承面，如图 4.13 中的三角形 123，长方形 1234，其面积应尽可能大，这样做有利于提高定位精度，增加定位稳定性。使用定位元件应该尽量布置在装置基面的边缘。

(2) 导向基面(第二定位基面)，应选择工件上窄长的平面，布置两个定位支承，限制两个自由度。为了提高导向精度，两个定位支承相距应尽量远。

(3) 定程基面(第三定位基面)，一般选面积较小的平面，布置一个定位支承，限制一个自由度。

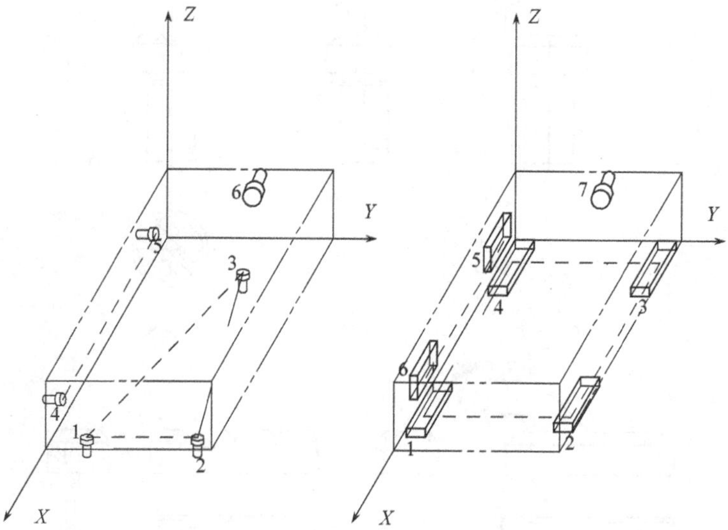

(a)　　　　(b)

图 4.13　平面定位

平面定位方式所需的典型定位元件及定位装置，均已标准化。下面将它们的有关结构做一简单介绍。

平面定位勾形压板车床夹具

1) 支承钉及支承板

图 4.14(a)、(b)、(c)表示支承钉，它们有平头、球头、花头之分。图 4.14(a)为平头支承钉，它与定位基面之间的接触大，因而可以减小它们之间的压强，避免压坏定位基面，常用于精基准定位。图 4.14(b)为球头支承钉，由于它与基面之间为点接触，因此容易保证接触点位置的相对稳定，但这种支承钉易磨损，多用于粗基准定位。图 4.14(c)为花头支承钉，它的突出优点是与定位基面之间的摩擦力较大，但花头的槽中容易积屑，所以常用在摩擦力要求较大的侧面定位。

在大、中型零件定位时，若为精基准定位，则多用支承板。图 4.14(d)为一种常用的支承板，其优点是形状简单，易制造，但埋头螺钉处清理切屑比较困难；图 4.14(e)所示的支承板，做了一些改进，可克服这一毛病。

为了使上述两类支承耐磨，一般均采用较好的材料来制造支承。对于 $D \leqslant 12$mm 的支承钉及小型支承板，一般用 T7A 钢，淬火硬度 HRC60～64；对于 $D>12$mm 的支承钉及较大型的支承板，一般用 20 钢渗碳淬火，硬度为 HRC60～64，渗碳深度为 0.8～1.2mm。支承钉的尾柄与基体孔的配合种类，多选为 H7/n6 或 H7/m6。

2) 可调支承与自位支承

可调支承与上面谈到的固定支承不同，它的顶端位置可以在一个范围内调整，并可用螺母锁紧。当工件的定位基面的形状复杂(如成形面、台阶面等)或者各批毛坯的尺寸、形状变化较大时，多采用这类支承。可调支承一般仅对一批零件调整一次，其典型结构如图 4.15 所示。

在夹具设计中，为了避免超定位，需要减少某个定位元件所限制的自由度数目，或是使两个或多个支承组合只限制一个自由度，常把支承做成浮动或联动结构，使之自位，称为自

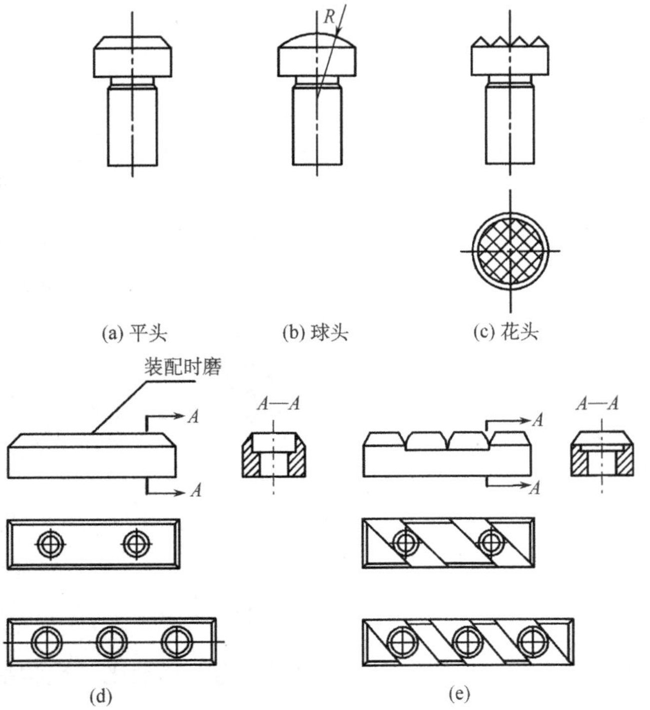

图 4.14　支承钉与支承板

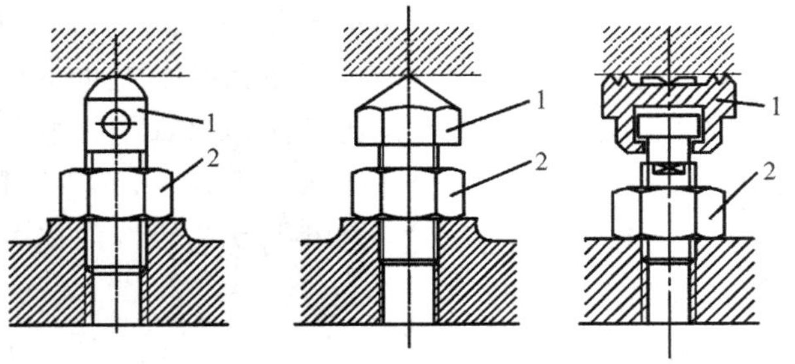

图 4.15　可调支承

1-支承；2-螺母

位支承。图 4.16 表示了三种自位支承的具体结构。图 4.16(a)用于不连续表面定位；图 4.16(b)用于台阶表面定位；图 4.16(c)用于有基准角度误差的平面定位，以避免超定位。

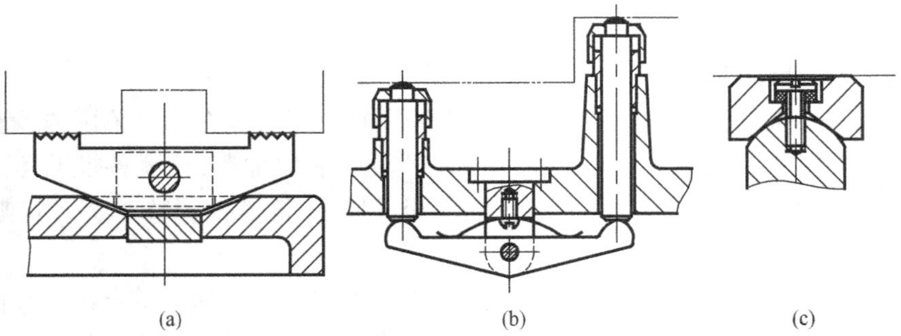

图 4.16　自位支承

3) 辅助支承

为避免粗基准定位时的超定位，可采用辅助支承。另外，当工件定位基面较小，致使其一部分悬伸较长时，为增加工件的刚性，减少切削时的变形，也常采用辅助支承。如图 4.17 所示的轴承座，在加工其底面时，是以它的顶部剖分面为定位基面的，此时工件将有部分要悬空，刚性差。因此，应该在它的一端加以辅助支承，以加强其刚性。

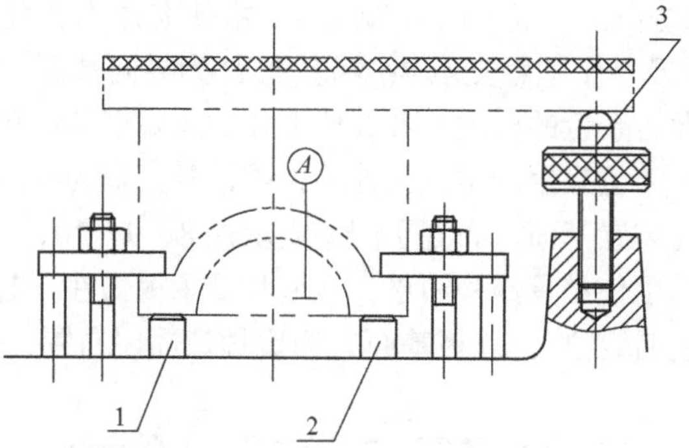

图 4.17　辅助支承应用举例

1、2-支承板；3-辅助支承

辅助支承的典型结构如图 4.18 所示。图 4.18(a)、(b)、(c)所示的辅助支承，是在工件定位夹紧之后，再调整它们与工件接触，因而仅起辅助的支承作用而不破坏定位。这些支承的结构简单，但效率低，一般适用于单件小批生产。图 4.18(d)、(e)所示的辅助支承，其结构比较完善。它们是靠弹簧使其支承靠在工件定位基面上，然后再将它们锁紧。

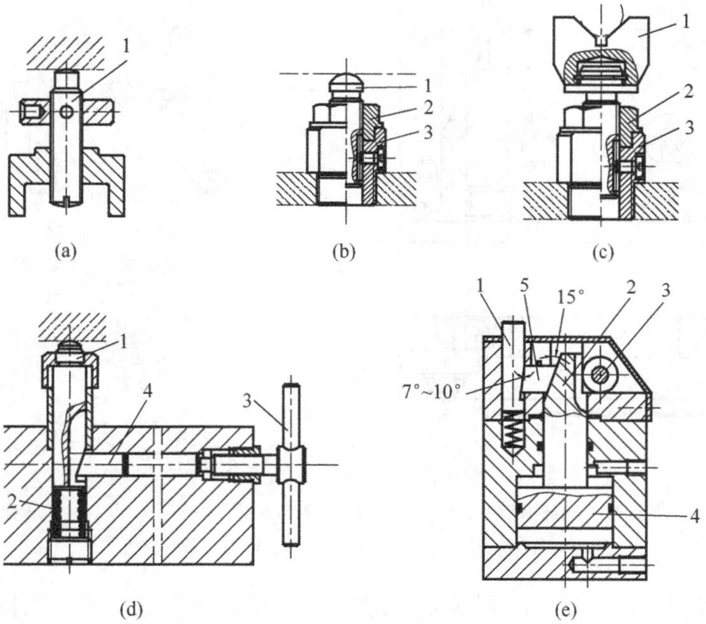

图 4.18　各种辅助支承

(a)：1-支承；(b)：1-支承；2-调整螺母；3-固定螺母。(c)：1-V 型铁；2-调整螺母；3-固定螺母。(d)：1-支承；2-弹簧；3-手柄；4-锁紧销。(e)：1-支承；2-推杆；3-滚子；4-活塞；5-锁紧销

图 4.18(d)是手动锁紧方式，扭动手柄 3 推动锁紧销，利用斜面而锁紧支承，适用于成批生产；图 4.18(e)是利用气动锁紧，可以使操作更加方便，适用于大批大量生产；各种辅助支承在使用时，应在工件拆卸后将支承调低，或将锁紧装置松开，待装好工件后进行调整或锁紧。辅助支承是每一工件调整一次，它与可调支承的作用是不同的。采用辅助支承将使夹具结构复杂，一般多用在粗基准定位时。

图 4.19 所示是一个双工位铣床夹具，立铣头负担工件的面 A、C 的加工；卧铣头进行面

B 加工。工位（Ⅰ）安装毛坯，粗基准 *A* 为装置基面，为避免超定位，布置了三个支承钉 1、2、3 及一个辅助支承 4；粗基面 *D* 为导向基面，布置两个可调支承 5、6，它们可以调节铣削 *C* 面时余量的分配，并补偿毛坯的原始误差；粗基准面 *E* 为定程基面，布置一个止推销 7。这一工位采用的定位元件除止推销外，均为标准元件。工位（Ⅱ）安装工序半成品，以精基面 *B* 为装置基面，布置了四个支承板 8、9、10、11；精基面 *C* 为导向基面，靠两个支承板定位，为了使夹具结构简单，它们与支承板做在一起（支承板 9、10 形状为 *L* 形，可同时于正向及侧向定位）；以粗基面 *F* 为定程基面，布置一个止推销 12。

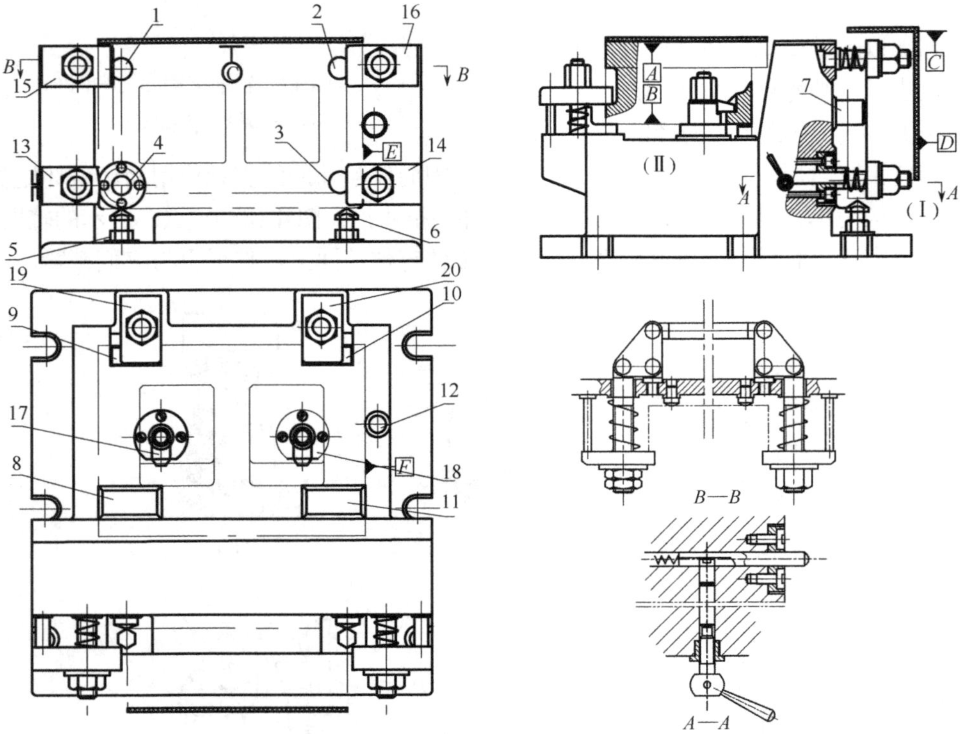

图 4.19　箱体组合铣夹具

1、2、3-支承钉；4-辅助支承；5、6-可调支承；7、12-止推销；8、9、10、11-支承板；17、18-钩形压板；13、14、15、16、19、20-螺旋夹板

工位（Ⅰ）靠螺旋压板 13、14 以及联动螺旋压板 15、16 夹紧工件。工位（Ⅱ）则用联动钩形压板 17、18 及联动螺旋压板 19、20 夹紧工件。

2. 孔定位

孔定位在夹具中有着广泛的应用。这种定位方式的基本特点是：定位孔与定位元件（或装置）之间处于配合状态，并要求确保孔中心线与夹具规定的轴线重合。孔定位经常与平面定位组合使用。下面重点讨论几类常用的孔定位方式。

1）定位销

定位销主要用于零件上的中小孔定位，一般孔直径 $d \leqslant 50$mm。定位销的结构图如图 4.20 所示。一般将图中的定位销以 H7/r6 或 H7/n6 配合，直接压

定位销定位

入到夹具体孔内，也可以用螺栓经过中间套以 H7/n6 与夹具配合，以便于更换，如图 4.21 所示的非标准定位销。定位销的头部应该做出 15° 的倒角或者圆角，以便于装入工件定位孔，其尾部有尾柄，为固定用。定位销工作部分直径可以按照 h5、h6、g5、g6、f6、f7 制造。圆柱形定位销可以限制两个自由度，削边销(菱形销)则只限制一个自由度。

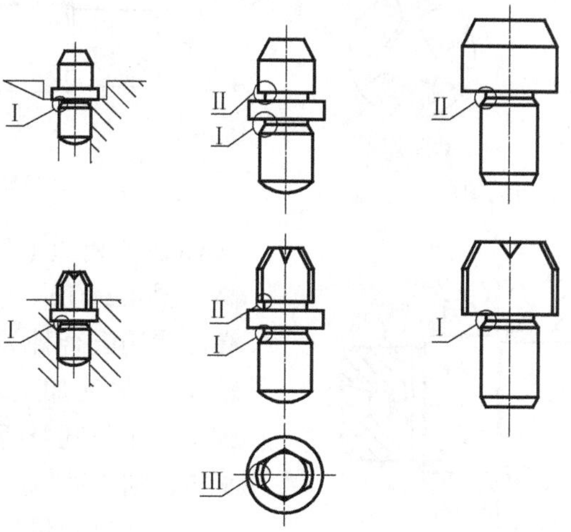

图 4.20　定位销结构图

直径小于 16mm 的定位销，用 T7A 材料，淬火 53～58HRC；直径大于 16mm 的定位销，用 20 钢，渗碳淬火 53～58HRC。

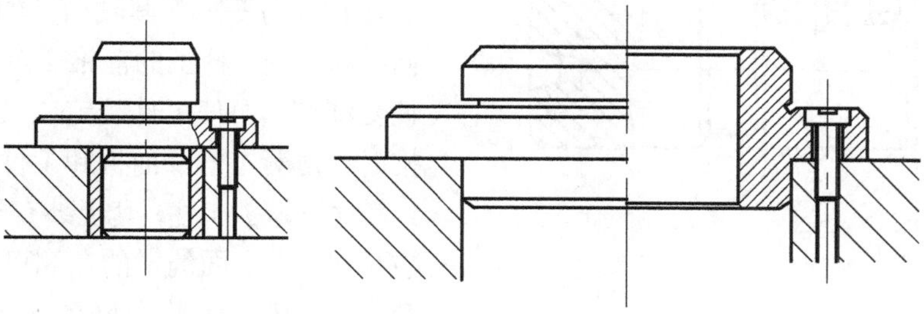

图 4.21　非标准定位销

2) 锥销

锥销常用于工件孔端的定位，其结构如图 4.22 所示。其中图 4.22(a)用于精基准，4.22(b)用于粗基准，均可以限制工件的三个自由度。而对于浮动型锥销，可以限制两个自由度。

3) 心轴

(1) 锥度心轴(图 4.23)。这类心轴的定位表面带有很小的锥度，常用锥度为 1∶1000～1∶5000。工作时，工件楔紧在心轴上，靠孔的弹性变形产生少许的过盈，清除间隙并产生摩擦力带动工件回转，而不需另加夹紧装置。锥度心轴定心精度较高，一般可达 0.005～0.01mm。在车削或磨削同轴度要求较高的盘类零件时，多采用这类心轴。在使用锥度心轴时，一般要求工件孔有较高的精度，否则孔径的变化将影响工件轴向位置，给机床调整或工人操作带来麻烦。另外，工件宽度也不应过窄，以免它在安装时产生歪斜。

(2) 刚性心轴。在成批生产时，为了克服锥度心轴定位时，工件轴向位置不固定的缺点，经常采用刚性心轴。图 4.24(a)工件与心轴为间隙配合，常用的配合种类为：基孔制(h、g、f)。

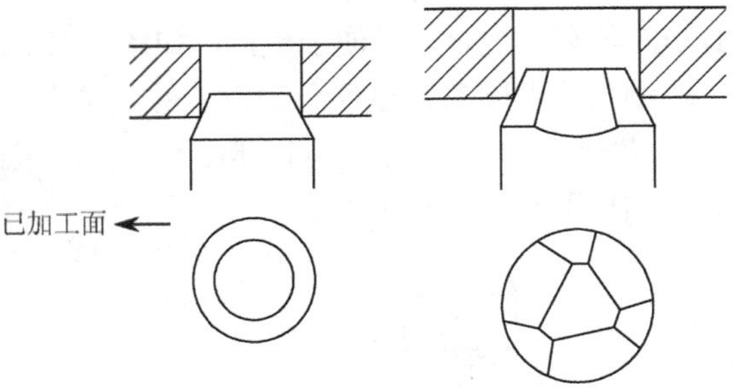

(a) 圆锥销　(b) 削边销

图 4.22　锥销结构图

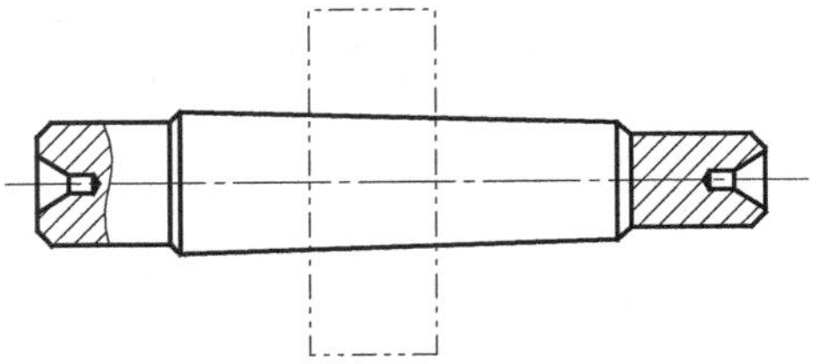

图 4.23　锥度心轴

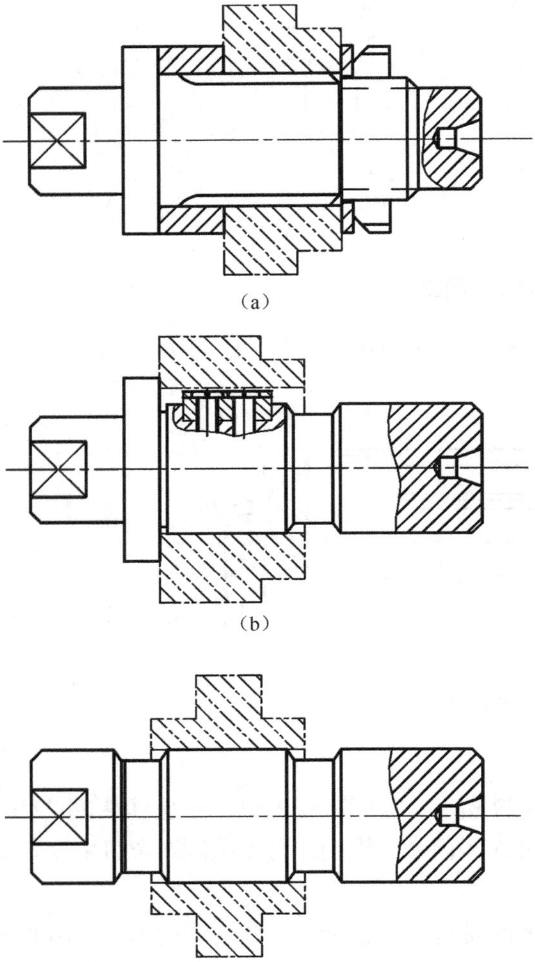

(a)

(b)

(c)

图 4.24　刚性心轴

这种心轴装卸工件方便，但定心精度不够高。图 4.24(b)、(c)为过盈心轴，定心精度高，常用配合种类为：基孔制 r、s、u。心轴(b)可同时加工外圆及一个端面；心轴(c)则可加工外圆及两个端面。若孔带有花键或平键，则心轴也应做成相应形式，这样可适当减少其过盈量。

(3)弹性心轴。为了提高定心精度，而又使工件装卸方便，常常采用弹性心轴。图 4.25(a)为胀胎心轴。件 1 为薄壁弹性套，为了使它容易变形，其轴向开槽数条。当杆 4 向后拉动时，杆上的前锥 2 及体 3 的后锥迫使套涨开，而使工件既定位又夹紧。当杆前推时，使套 1 松开而拆卸工件。为了防止套 1 有时与体 3 卡住，套上装有销钉 5，当杆 4 右行时，它上面的槽的左侧可推动销钉迫使套 1 松开。胀胎心轴的定心精度一般为 0.01～0.02mm。

图 4.25(b)为液性塑料心轴，它也是一种弹性心轴。件 6 为弹性薄壁套筒，它紧套在体 7 上，并与体之间形成一个空腔，腔内充满了液性塑料。这种塑料，质地柔软富有弹性，虽为固体但具有一些液体的性质，即它可以均匀传递压强。拧动螺钉 5，即可靠塑料传力，而使套 6 张开，实现工件的定位夹紧。这种心轴精度很高，可达 0.003mm 左右。但因弹性变形有限，因而要求孔径具有较高的精度。图 4.25(b)表示的是一个精滚齿轮用的液性塑料心轴，因加工时振动较大，所以除靠心轴定心夹紧之外，还附有轴向夹紧装置，即拧动螺母 8 使工件夹紧在端面上。此外在安装工件时，摇臂 9 抬起，使球 2 卡入齿槽内，限制齿轮回转自由度，保证精滚时齿厚余量均匀，定位夹紧后，转下摇臂 9，以免妨碍加工。

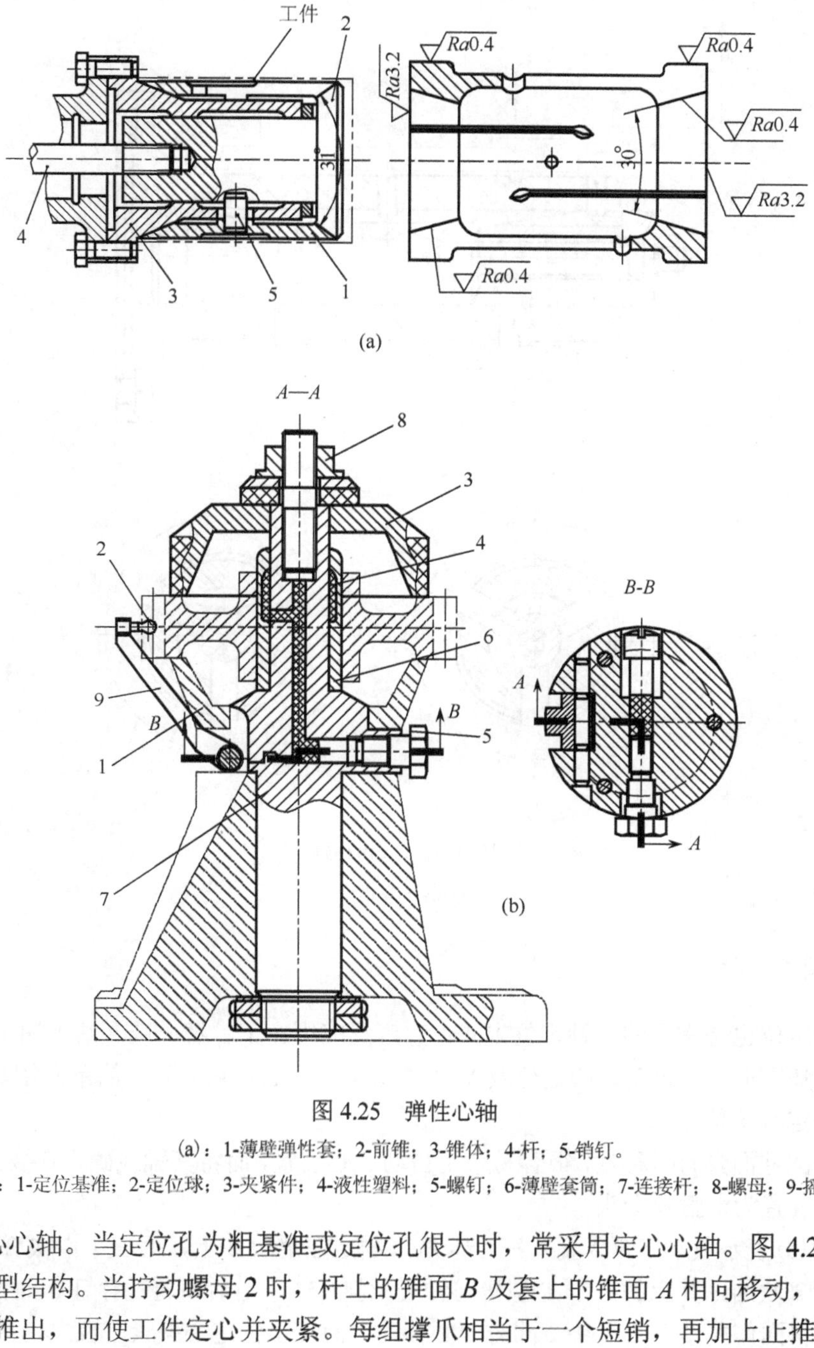

图 4.25　弹性心轴

(a)：1-薄壁弹性套；2-前锥；3-锥体；4-杆；5-销钉。

(b)：1-定位基准；2-定位球；3-夹紧件；4-液性塑料；5-螺钉；6-薄壁套筒；7-连接杆；8-螺母；9-摇壁

(4) 定心心轴。当定位孔为粗基准或定位孔很大时，常采用定心心轴。图 4.26 表示了这种心轴的典型结构。当拧动螺母 2 时，杆上的锥面 B 及套上的锥面 A 相向移动，而使两组共六个撑爪 1 推出，而使工件定心并夹紧。每组撑爪相当于一个短销，再加上止推端面，共限制五个自由度。

图 4.27 表示铣陀螺蜗杆支架侧面槽的夹具。选用工件上精加工后的孔 ϕ42H7 为第一定位基准面，靠胀胎 3 实现定位夹紧，限制四个自由度；胀胎端面限制一个自由度；工件上垂直孔 ϕ18H7 中的削边销，限制工件绕轴的回转自由度。

为了装卸工件方便，此销可用手把 6 使之上下移动。另外，由于工件上被铣削部分为悬空状态，为增加刚性，设有辅助支承 4，并由手柄 5 将其锁紧。

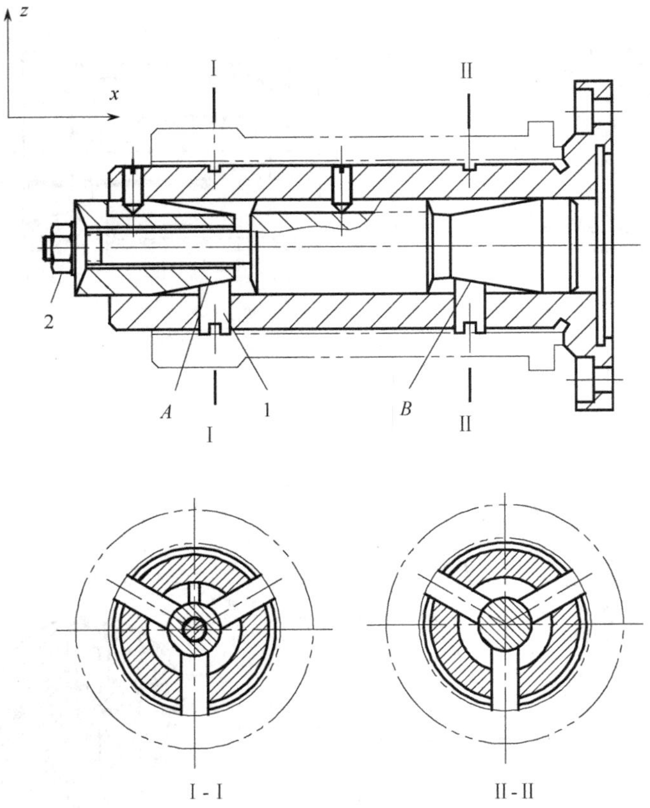

图 4.26　定心心轴

1-螺母；2-撑爪

万能三爪卡盘

3. 外圆面定位

外圆面定位也是常见的一种定位方式，它广泛应用在车、磨、铣、钻等加工中，外圆面定位有两种基本形式：自动定心定位及 V 型铁定位。下面对它们做一简单介绍。

1) 自动定心定位

由于外圆柱面具有对称性，很容易采用自动定心装置，而将其轴线确定在要求的位置上。常见的定心装置为卡盘及卡头。

图 4.28(a)表示气动三爪卡盘。三个卡爪 1 固定在滑块 2 上，而三个滑块 2 又通过 T 型槽与斜槽盘 3 联结，其上的三个 T 型槽与轴线倾斜 15°，当活塞通过螺钉 5 而拉动斜槽盘 3 向左时，靠斜面作用使三个滑块 2 同时向心移动，而使工件定心夹紧，反之，活塞反向运动时，卡盘放松。

图 4.28(b)为常用的一种筒夹卡盘，拧动小锥齿轮 4 带动大锥齿轮 3 回转，锥齿轮 3 的中孔螺纹与套 2 尾端梯形螺纹相配而使套 2 左右移动，弹性套 2 向左移动，靠套端的锥面作用，迫使套收缩，而使工件定心夹紧，套 2 反向移动时，则可放松。图 4.28(c)为鼓膜式定心夹头，多用在磨削加工中。鼓膜盘 1 是一个弹性元件，它靠螺钉螺母 2、3 固定在体 4 上。其圆周方向上带有卡爪 6～18 个，卡爪端部有螺钉 5 用来定心并夹紧工件，它们可限制两个自由度。

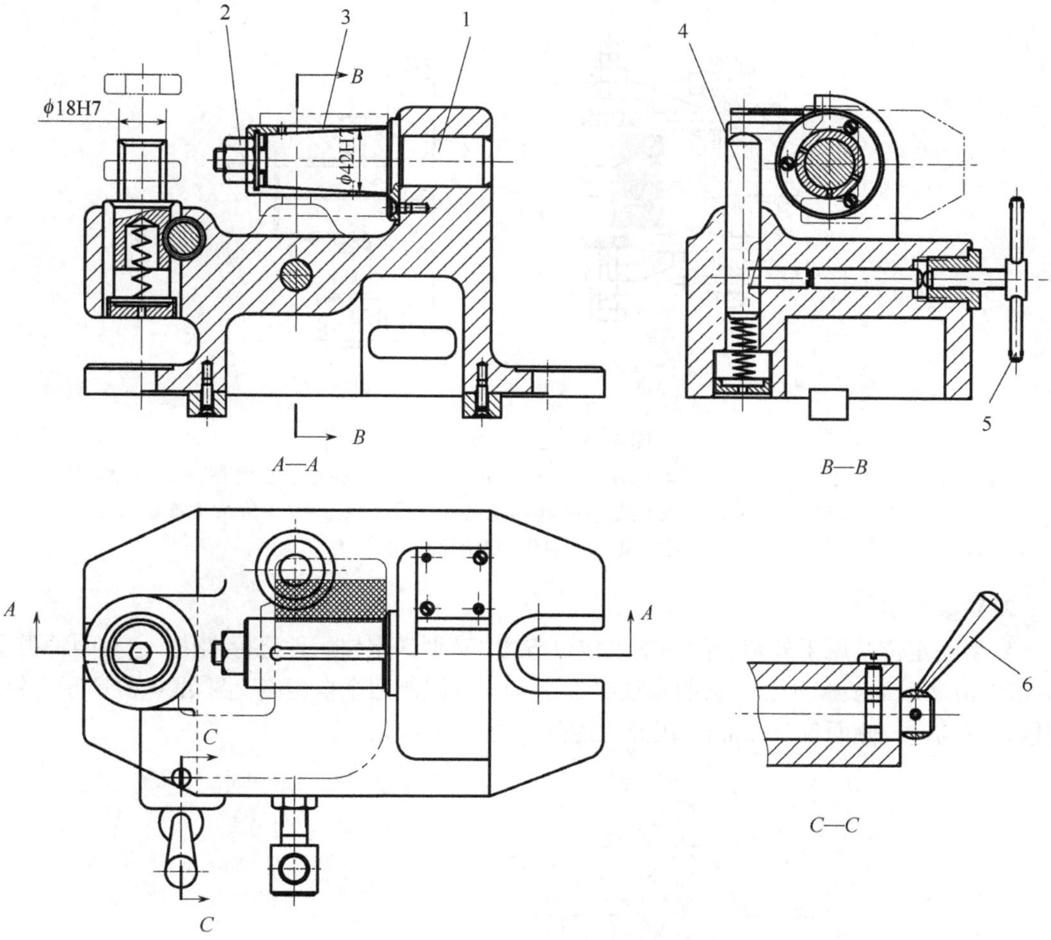

图 4.27　铣槽夹具

1-弹性心轴；2-螺母；3-胀胎；4-辅助支承；5-手柄；6-手把

图 4.28(d)表示液性塑料筒夹，其作用原理与图 4.25(b)中的液性塑料心轴类似。拧动螺钉 4 通过销 5 即可利用塑料传力，而使弹性套 1 变形将工件定心夹紧。

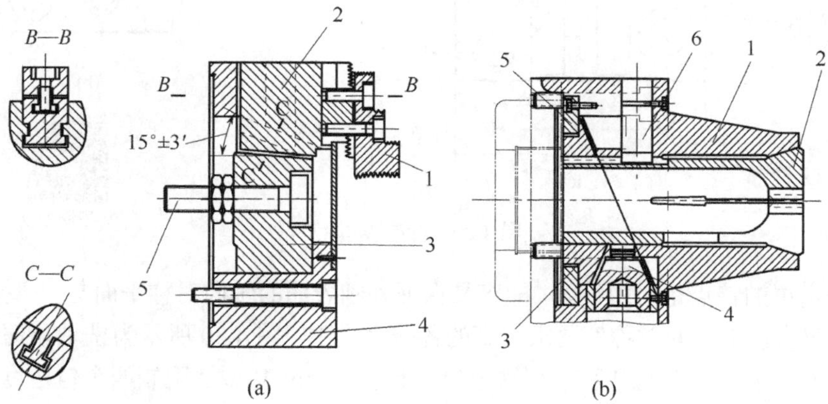

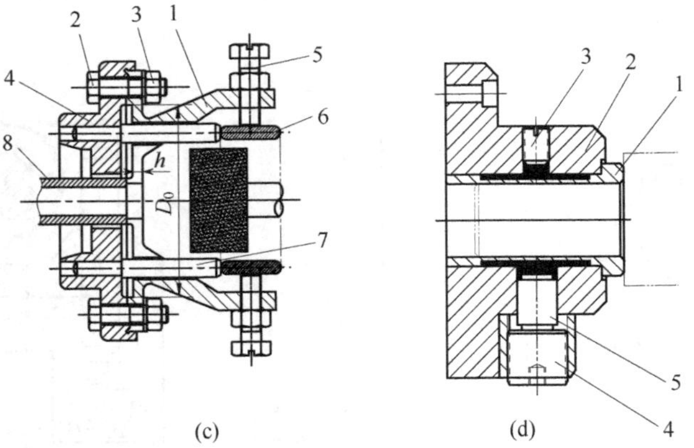

图 4.28　定心卡盘与卡头

(a)：1-三爪卡盘；2-滑块；3-斜槽盘；4-夹具体；5-螺钉。(b)：1-夹具体；2-弹性套；3-大锥齿轮；4-小锥齿轮；5-垫块；6-销。(c)：1-鼓膜盘；2-螺栓；3-螺母；4-夹具体；5-螺钉；6-工件；7-挡销；8-推动套。(d)：1-弹性套；2-夹具体 ；3-螺栓；4-螺钉；5-销

2) V 型铁定位

V 型铁定位是属于外圆表面的支承定位方式。V 型铁定位元件已标准化，它有两种类型：图 4.29(a)所示为长 V 型铁，它的宽径比 $B/D\approx1$，可限制四个自由度；图 4.29(b)所示为短 V 型铁，它的定位侧面仅宽 2mm，因此只能限制两个自由度。

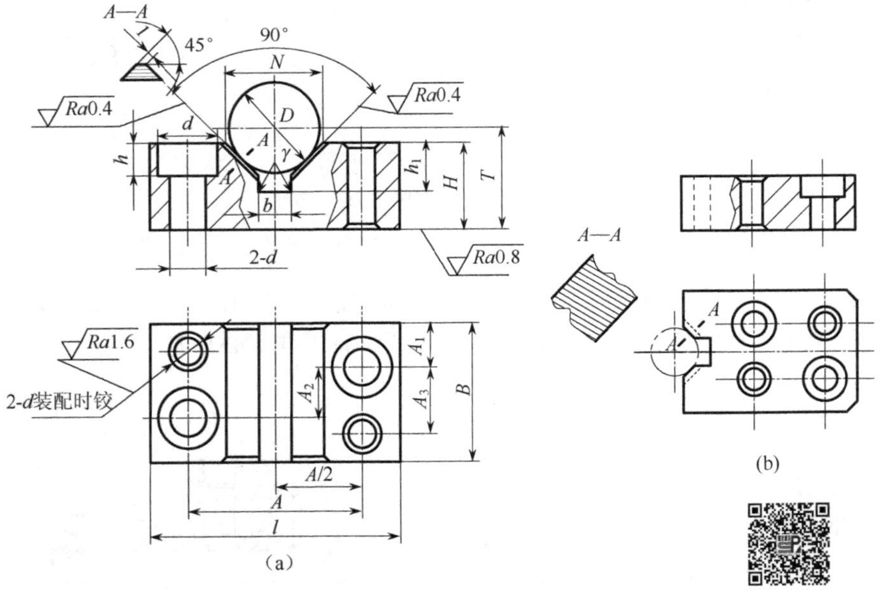

V 型铁定位
多件同步夹紧

V 型铁定位
多件同步夹紧

图 4.29　标准 V 型铁

V 型铁定位的特点是对中性好，即容易保证外圆表面的轴向对称平面与 V 型铁对称平面重合。它常应用在工件的对称度要求较高的各类夹具中。图 4.30 所示为铣轴端槽的夹具。由于槽有对称度要求，因此采用了 V 型铁定位。上下两个短 V 型铁限制四个自由度，轴端止推支承 7 限制一个自由度。气缸通过活塞杆 2 的斜面推动杆 9，使压板同时夹紧两个工件，用两把铣刀同时加工。

V 型铁不仅用于整外圆柱表面的定位，而且也经常用在部分外圆柱表面的定位，以及任意曲线柱面的定位之中。V 型铁还常与其他平面定位元件、孔定位元件等组合使用，如若发生超定位，可将它做成浮动形式。图 4.31(a)为在菱形工件上钻孔的盖板式夹具。工件止口与定位套 2 配合，限制两个自由度，支承钉限制三个自由度，绕轴的回转自由度，可用短 V 型铁 1 限制。为了防止定位干涉，将 V 型铁 1 做成沿其对称线可浮动的形式。对于图示的小型盖板式钻模，一般可不必夹紧。图 4.31(b)表示另一种钻床夹具。工件的定位方式与上面相似，定位套 1 与端面组合限制五个自由度，回转自由度由 V 型铁限制，为了避免定位干涉，V 型铁做成摆动形式。

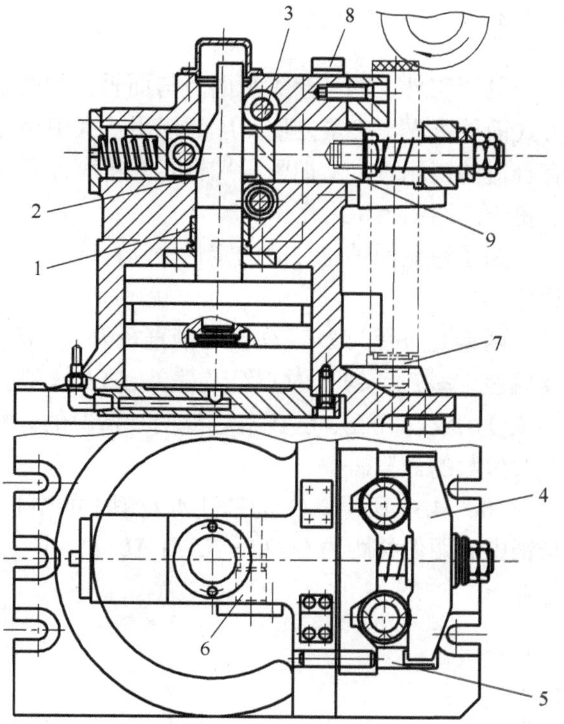

图 4.30　铣轴端槽的夹具

1-导套；2-活塞杆；3-滚子；4-压板；5-挡销；6-滚子支承；7-轴端止推支承；8-对刀块；9-杆

此外还有一些其他外圆面定位形式，定位套就是一种。图 4.32(a)表示长定位套，它相当于长定位销，可限制四个自由度；图 4.32(b)为短定位套，相当于短销定位，限制两个自由度，若与端面组合使用，则限制五个自由度，它多用在止口定位。定位套的优点是简单方便，缺点是定位时有间隙，定心精度不够高。

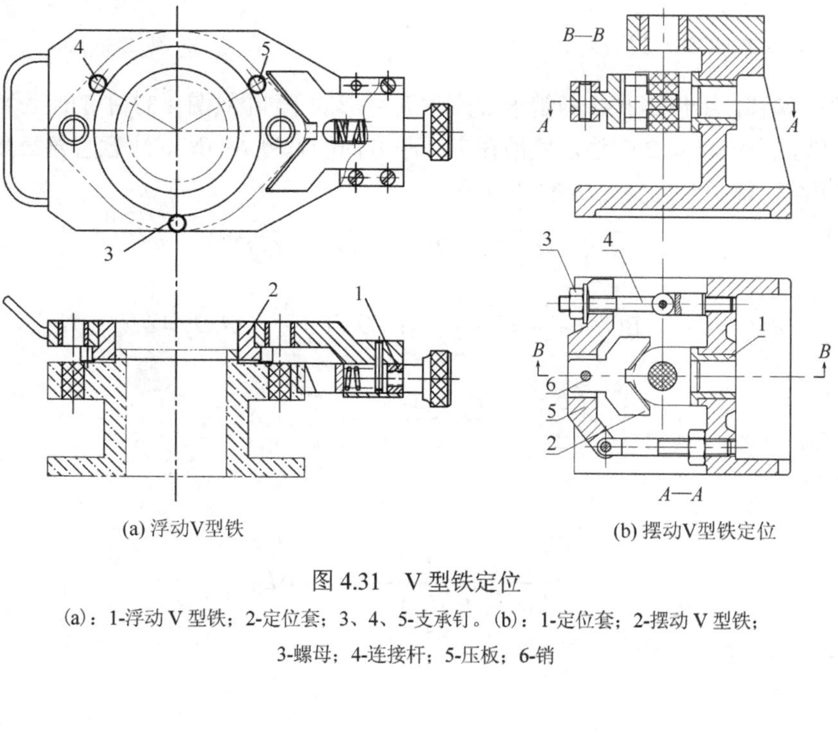

图 4.31　V 型铁定位

(a)：1-浮动 V 型铁；2-定位套；3、4、5-支承钉。(b)：1-定位套；2-摆动 V 型铁；3-螺母；4-连接杆；5-压板；6-销

4. 一面两销定位

利用工件上的一个大平面及与面垂直的两个销孔定位，简称为一面两销定位。这种定位方式简单可靠，夹紧方便，广泛应用在大中型零件的加工或组合机床加工中。有时工件上没有合适的销孔时，常把紧固螺钉孔的精度提高或是钻铰两个工艺孔(非设计图上规定的孔)，以备一面两销定位之用。

为了避免两销定位时的定位干涉，应将两销之一做成削边销。下面我们来讨论它的有关计算。

两销孔直径为 D_1、D_2；两销直径为 d_1、d_2；间隙为$\varDelta_1=D_1-d_1$；$\varDelta_2=D_2-d_2$；销孔中心距及偏差 $L\pm\delta L_g$；销子中心距及偏差 $L\pm\delta L_x$。则可能出现定位干涉的最危险情况为($L+\delta L_g$、$L-\delta L_x$)，或($L-\delta L_g$、$L+\delta L_x$)。这两种情况的计算结果相同。下面仅以第一种情况为例，讨论有关参数的计算。

如图 4.33 所示，O_1 为销孔 1 及销 1 的中心；O_2 为销 2 中心；O_2'为销孔 2 中心。此时孔与销中心距偏移距为$\overline{O_2O_2'}=\delta L_g+\delta L_x$。

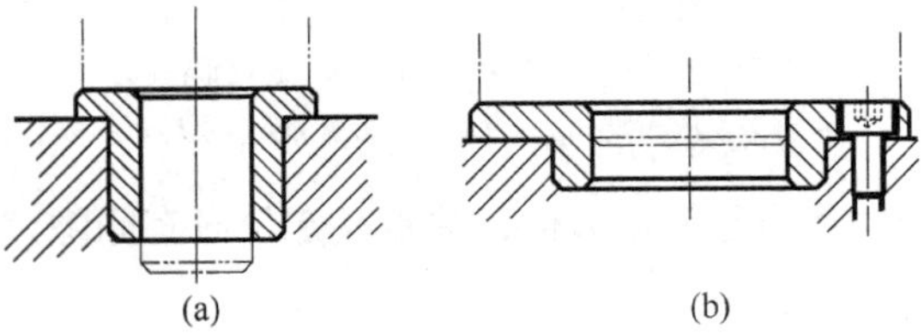

图 4.32　定位套

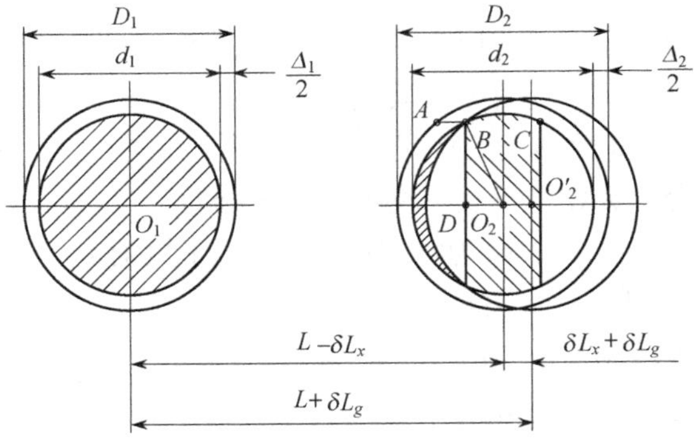

图 4.33　削边销计算

由于这一偏移，将使销孔 2 与销子 2 产生新月形的干涉区(图 4.33 中的阴影部分)。为了避免这种干涉，应该将销 2 削边，使销在中心距方向的宽度 $b\leqslant BC$。注意直角三角形$\triangle BDO_2$和$\triangle BDO_2'$等高，即可导出关于 b 的计算公式：

$$\overline{BO_2}^2-\overline{O_2D}^2=\overline{BO_2'}^2-(\overline{O_2D}+\overline{O_2O_2'})^2$$

其中　$\overline{BO_2}=\dfrac{d_2}{2}$；$\overline{BO_2'}=\dfrac{D_2}{2}=\dfrac{d_2+\varDelta_2}{2}$；$\overline{O_2D}=\dfrac{b}{2}$；$\overline{O_2O_2'}=\delta L_g+\delta L_x$

则有

$$\left(\frac{d_2}{2}\right)^2-\left(\frac{b}{2}\right)^2=\left(\frac{d_2+\varDelta_2}{2}\right)^2-\left(\delta L_x+\delta L_g+\frac{b}{2}\right)^2$$

化简，可解得

$$b=\frac{\varDelta_2\left(d_2+\dfrac{\varDelta_2}{2}\right)}{2(\delta L_x+\delta L_g)}-(\delta L_x+\delta L_g)$$

略去高阶小量，得近似公式

$$b \approx \frac{\varDelta_2 D_2}{2(\delta L_x + \delta L_g)} \tag{4-1}$$

式(4-1)即为常用的销宽计算公式。

在设计削边销时，已知条件为：两销孔的公称尺寸及偏差，两孔中心距及偏差。要求决定两销的公称尺寸、削边宽度及销径偏差，两销的中心距及偏差。具体设计步骤如下：

(1)决定定位销中心距公称尺寸及偏差。定位销中心距公称尺寸与销孔中心距公称尺寸相同，其偏差可按下式决定

$$\delta L_x = \left(\frac{1}{5} \sim \frac{1}{3}\right)\delta L_g$$

式中，δL_g 为对称分布形式的销孔中心距偏差值，若图纸上此项偏差按非对称形式给出时，应该先将它化为对称形式。

(2)决定定位销 1 的公称尺寸及偏差。由于销孔一般为基孔制的孔，因此销与孔的公称尺寸应相同，配合种类一般选 H/g 或 H/f，销的精度等级应比孔的精度等级高 1～2 级。

(3)决定削边销的公称尺寸、宽度及偏差。削边销的有关尺寸表示在表 4.1 中，按孔的公称尺寸 D_2，可查出尺寸 b、B。然后再由式(4-1)计算出间隙

$$\varDelta_2 = \frac{2b(\delta L_x + \delta L_g)}{D_2}$$

表 4.1　削边销尺寸表

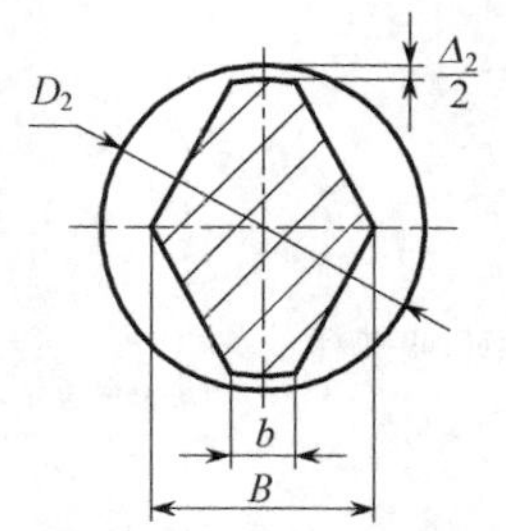

D_2	3～6	>6~8	>8～20	>20~25	>25~32	>32~40	>40~50
b	2	3	4	5	6	7	8
B	$D_2-0.5$	D_2-1	D_2-2	D_2-3	D_2-4	D_2-5	

则削边销公称尺寸为 $d_2 = D_2 - \varDelta_2$。其配合种类选为 g，精度等级应比孔的精度等级高 1～2 级。

应该指出，削边销不仅成功地应用于一面两销定位，也广泛应用于其他方面。图 4.34 即为一例，它是平面与孔的联合定位，为了避免支承板与定位销之间的超定位，也应将销做成削边形式。

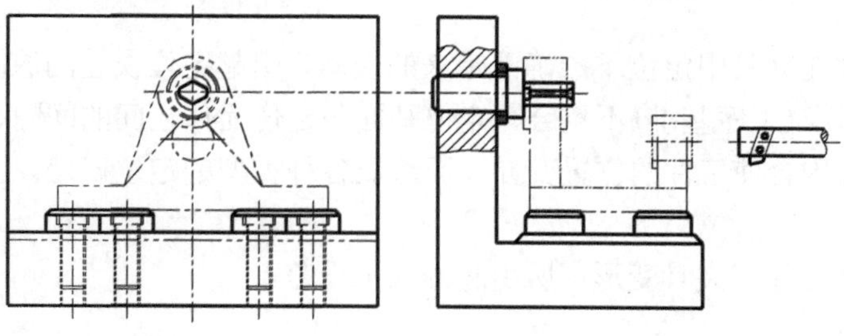

图 4.34　平面与孔联合定位

5. 其他定位方式

除了上面举出的几种常用定位方式之外，还有不少特殊定位方式，齿面定位便是一种。在齿轮加工中，如果齿轮为全淬火(齿面及内孔都淬火)处理，一般在淬火后要求对孔及齿面进行磨削加工。为了使磨齿时齿侧面余量均匀，则要求磨孔时应以齿侧面定位。图 4.35(a)为齿侧面定位原理简图，它是用三个精度很高的定心柱，均布地插入齿槽内，而实现定位的。这样即可保证被磨的孔与齿圈的中心同心。然后再以孔定位磨齿时，齿侧余量必然均匀，从而提高了磨齿精度。图 4.35(b)为实际夹具图，其基本形式与鼓膜式定心卡头相似，三个卡爪 3 固定在鼓膜盘 2 上，保持架 4 上装有三个浮动定心柱 6，卡爪通过它而夹紧工件，实现了齿面定位。这个夹具的具体操作与鼓膜式夹具相同。

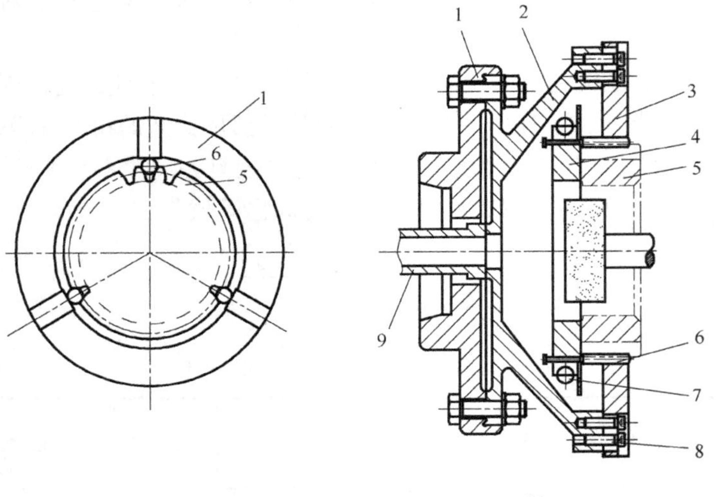

(a) (b)

图 4.35 齿面定位

1-夹具体；2-鼓膜盘；3-卡爪；4-保持架；5-齿轮(工件)；6-定心柱；7-弹簧；8-螺钉；9-推杆

4.4 定位误差

4.4.1 与夹具有关的误差

在使用夹具加工工件时，除了要求工件安装可靠、操作方便、调整迅速之外，首要的要求还是保证加工精度。这是设计夹具结构及决定其各项尺寸公差、形位公差时应该充分考虑的问题。

1) 定位误差$\Delta_{定}$

它是指因工件在夹具中定位不准确而带来的误差，引起定位误差的原因是多方面的：如定位基准与设计基准(工序基准)不重合、定位基面与定位元件之间的间隙、定位基面本身的形状、位置误差等均会使工件的位置变异，而造成各种类型的定位误差。

2) 夹紧误差$\Delta_{夹紧}$

因夹紧力而使工件或夹具变形，所引起的加工误差。

3) 导向误差$\Delta_{导}$

当夹具的对刀元件与定位元件之间存在有误差，或者因对刀时操作不经心都会带来对刀误差；在钻、镗床夹具中，刀具或刀杆是靠钻模(或镗模)套导向的，导套的位置误差以及它与刀具、刀杆之间的间隙，会引起导向误差。

4) 夹具的安装误差$\Delta_{夹安}$

夹具在机床上的安装，一般是靠定向键来保证它与机床间的相对位置。若定向元件与定位元件之间有误差，也会引起加工误差，称为夹具的安装误差。

5) 夹具本身的制造误差$\Delta_{夹}$

夹具的定位元件之间，定位元件与导向元件、对刀元件之间存在误差也会引起工件的误差。这类误差属于夹具制造误差。

4.4.2　定位误差

1) 因基准不重合带来的定位误差

定位基准与设计基准(工序基准)不重合时，两个基准之间联系尺寸的误差会反映到被加工表面上去，这类定位误差有时称为基准转换误差，下面是两种常见的情形。

(1) 平面定位。

如图 4.36 所示，由设计图上尺寸标注的情况来看，C 面的设计基准为 A 面，但加工时却以 B 面为定位基面。因此，在实际加工中，是通过控制铣刀与定位面 B 之间的尺寸 A_2 而间接获得尺寸 N。即 A_1、A_2、N 构成一工艺尺寸链，其中 N 为间接获得的尺寸，是该尺寸链的封闭环。由尺寸链可知

$$\delta N = \delta A_1 + \delta A_2$$

式中，δA_2 为本道工序中的加工误差，δA_1 即为基准转换误差。

(2) V 型铁定位。

图 4.37 所示为铣键槽时的定位误差问题。键槽的深度是由槽底至轴下母线 Q 的距离 A 来控制，此时母线 Q 即为设计基准，但 V 型铁定位时，却是以工件与 V 型铁的切点处母线 A、C 为基准，因而也会产生基准转换误差。设加工是按标准工件(直径为 d，圆心为 O)调整的，若工件直径有误差，变为 $d+\delta$，则尺寸由 A 变至 A'，于是定位误差Δ为

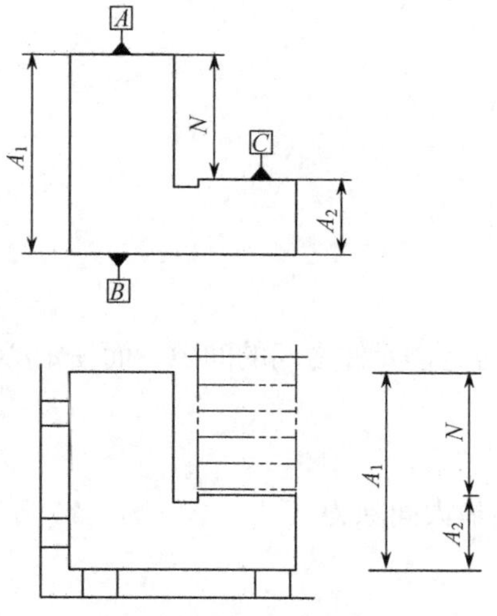

图 4.36　基准转换误差

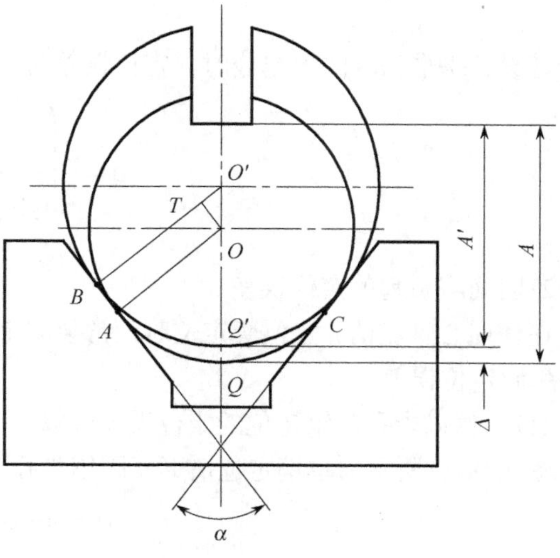

图 4.37　铣键槽的定位误差

$$\Delta = A - A' = QQ'$$

注意
$$QQ' = O'Q - O'Q' = O'O + OQ - O'Q'$$

其中
$$OQ - O'Q' = \frac{d}{2} - \frac{d+\delta}{2} = -\frac{\delta}{2}$$

$$OO' = O'T / \sin\frac{\alpha}{2} = \frac{\delta}{2\sin\frac{\alpha}{2}}$$

则定位误差为

$$\Delta = \frac{\delta}{2}\left(\frac{1}{\sin\frac{\alpha}{2}} - 1\right) \tag{4-2}$$

或为

$$\Delta = k\delta \tag{4-3}$$

$$k = \frac{1}{2}\left(\frac{1}{\sin\frac{\alpha}{2}} - 1\right)$$

可以看出，此时轴径误差δ并非 1∶1 地传递给定位误差Δ，而需要乘以折算系数 k，k 与α有密切关系：

α	120°	90°	60°
k	0.077	0.207	0.5

k 随α增大而减少，定位误差也随之减少。但增加α将使定位时稳定性变坏，因此一般的 V 型铁常选$\alpha = 90°$。

同理，若设计基准为轴的对称面(中线)时，定位误差为

$$\Delta = OO' = \frac{O'T}{\sin\frac{\alpha}{2}} = \frac{\delta}{2\sin\frac{\alpha}{2}} \tag{4-4}$$

若设计基准为轴的上母线时，定位误差为

$$\Delta = \frac{\delta}{2}\left(\frac{1}{\sin\frac{\alpha}{2}} + 1\right)$$

2)因间隙引起的定位误差

在使用心轴、销、定位套定位时，常会因定位面与定位元件之间的间隙，而使定心不准确，引起定位误差。

(1)工件以内孔与销定位的定位误差计算。

图 4.38(a)所示为单销定位情形，因销与孔之间的最大间隙为

$$\delta = \Delta + \delta_x + \delta_g$$

式中，Δ为最小间隙；δ_x、δ_g为销及孔的公差。

这个间隙将使一批工件安装时孔的中心偏离销的中心。其中心偏移误差域是以δ为直径的圆，圆心即为销的中心(图 4.38(a)中，为了清晰起见，将误差域放大画在右边)。

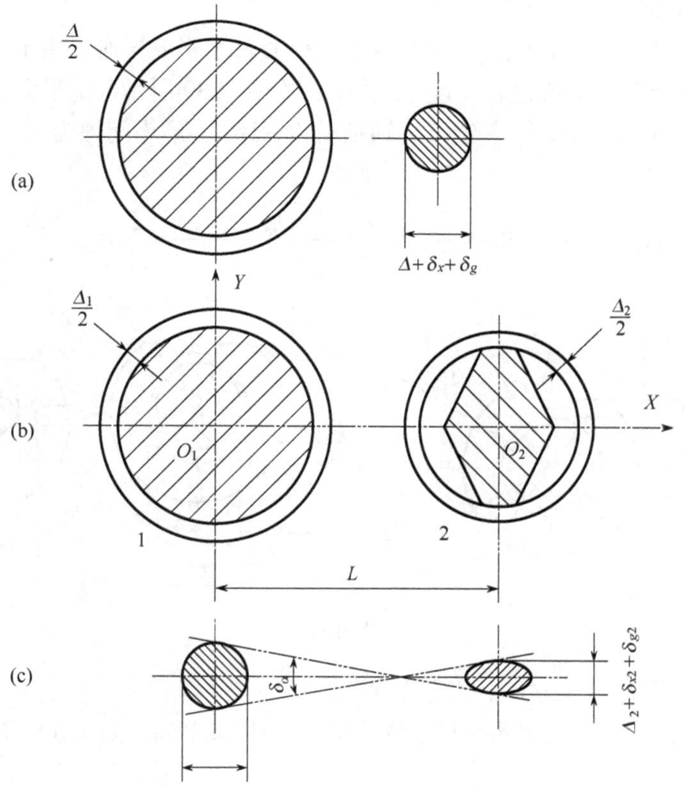

图 4.38　销定位的定位误差

在以两个销孔定位时，情况要复杂一些。如图 4.38(b)所示，孔 1 在销 1 中定位时，其中心偏移误差域是以

$$\delta_1 = \Delta_1 + \delta_{x1} + \delta_{g1} \tag{4-5a}$$

为直径的圆，圆心为 O_1；而削边销 2 定位时，由于它不限制 X 方向的自由度，因此孔 2 与销 2 的中心偏移误差域，在 Y 方向为

$$\delta_2 = \Delta_2 + \delta_{x2} + \delta_{g2} \tag{4-5b}$$

误差域近似为一个椭圆。具体情况如图 4.38(c)所示。孔 1、2 的中心偏移误差组合起来，将将引起工件的两种定位误差。

工件在 X 方向的位移，最大位移误差为

$$\delta_X = \delta_1 = \Delta_1 + \delta_{x1} + \delta_{g1} \tag{4-6a}$$

工件绕 O_1 转角误差$\delta\alpha$，由图 4.38(c)可知

$$\frac{\delta_\alpha}{2} \approx \tan\frac{\delta_\alpha}{2} = \frac{\delta_1 + \delta_2}{2L} = \frac{(\Delta_1 + \Delta_2) + (\delta_{x1} + \delta_{x2}) + (\delta_{g1} + \delta_{g2})}{2L} \tag{4-6b}$$

除了上面所讨论的两种情况之外，定位基面本身的形状误差，也会引起定位误差。例如，由于定位平面的平面度误差会引起定位误差等。

(2) 工件以内孔在圆柱心轴上的定位误差计算。

工件与过盈配合的圆柱心轴定位时，由于无径向间隙，所以无基准位移误差。这里只分析间隙配合的定位误差。

定位时孔与轴固定单边接触，也就是说当定位心轴水平放置时，由于工件的自重作用，工件与心轴一直在上母线处接触，实现单边接触。如图 4.39 所示，铣平面工序的定位基准为孔的中心线。已知孔径为 $\phi D^{+\delta D}_{0}$，定位心轴轴径为 $\phi d^{\ 0}_{-\delta d}$，最小间隙为 $\varDelta_{\min}=D-d(D>d)$。则基准位移误差为

$$\varDelta_Y = OO_2 - OO_1 = \frac{D_{\max}-d_{\min}}{2} - \frac{D_{\min}-d_{\max}}{2} = \frac{1}{2}(\delta_D+\delta_d) \tag{4-7a}$$

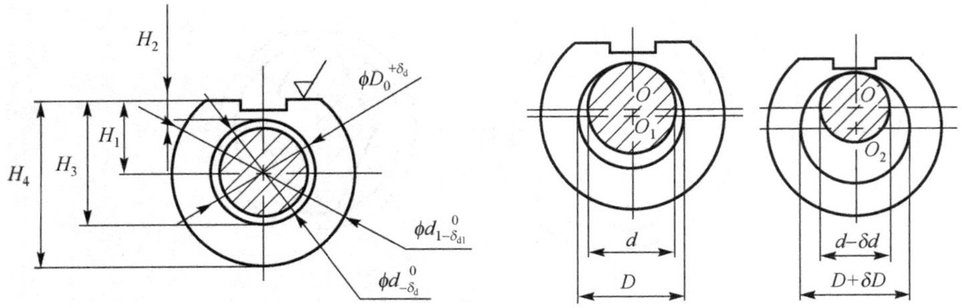

图 4.39

下面分别计算四种标注方式下的定位误差。

当标注尺寸为 H_1 时，工序基准与定位基准重合(图 4.39)，$\varDelta_B=0$，所以定位误差为

$$\varDelta_D(H_1)=\varDelta_Y=\frac{1}{2}(\delta_D+\delta_d) \tag{4-7b}$$

当标注尺寸为 H_2 时，工序基准与定位基准不重合，$\varDelta_B=\frac{1}{2}\delta_D$。所以 $\varDelta_D(H_2)$ 应为 $\varDelta_B$ 与 $\varDelta_Y$ 的矢量和。因为定位基准由一个极端位置 O_1 变到另一个极端位置 O_2 时，$\varDelta_Y$ 的方向是向下的，此时，$\varDelta_Y$ 与 $\varDelta_B$ 方向相反，则

$$\varDelta_D(H_2)=\varDelta_Y-\varDelta_B=\frac{1}{2}\delta_d \tag{4-7c}$$

当标注尺寸为 H_3 时，$\varDelta_B$ 仍为 $\frac{1}{2}\delta_D$，$\varDelta_Y$ 和 $\varDelta_B$ 同向，则

$$\varDelta_D(H_3)=\varDelta_Y+\varDelta_B=\frac{1}{2}(\delta_D+\delta_d)+\frac{1}{2}\delta_D=\delta_D+\frac{1}{2}\delta_d \tag{4-7d}$$

当标注尺寸为 H_4 时，$\varDelta_B=\frac{1}{2}\delta_{d1}$，此时 $\varDelta_Y$ 与 $\varDelta_B$ 无关，它们两个可以同时取得最大值，所以

$$\varDelta_D(H_4)=\varDelta_Y+\varDelta_B=\frac{1}{2}(\delta_D+\delta_d)+\frac{1}{2}\delta_{d1}=\frac{1}{2}(\delta_D+\delta_d+\delta_{d1}) \tag{4-7e}$$

定位孔与轴可以在任意方向上接触，这时定位心轴垂直放置，此种情况下，定位基准可

以在任意方向上变动，其最大变动量为孔径最大与轴径最小的间隙，即最大间隙，所以

$$\Delta_Y = D_{\max} - d_{\min} = \delta_D + \delta_d + \Delta \tag{4-7f}$$

其中 δ_D、δ_d、Δ 分别为定位孔、轴的尺寸公差和孔轴配合的最小间隙。而基准不重合误差则根据定位情况的不同而定，由此可以计算出 Δ_D。

角夹紧

4.5　工件的夹紧

工件在定位元件上定位后，必须采用一定的机构将工件压紧夹牢，使其在加工过程中不会因受切削力、惯性力或离心力等作用而发生振动或位移，从而保证加工质量和生产安全，这种机构称为夹紧机构。

4.5.1　夹紧机构的组成

夹紧机构主要由以下几部分组成。

(1) 夹紧元件。夹紧机构的最终执行元件，直接接触工件完成夹紧作用。

(2) 动力装置。使夹紧机构产生夹紧力的动力源，如气动、电动、液压装置等。采用手动夹紧时无此部分。

(3) 中间传力机构。在动力源和夹紧元件之间的传力机构。在传递力的过程中，它能起到如下作用：①改变作用力的方向；②改变作用力的大小，通常是起增力作用；③使夹紧实现自锁，保证动力源提供的原始力消失后，仍能可靠的夹紧工件，这对手动夹紧尤为重要。

4.5.2　夹紧机构的基本要求与设计原则

在设计夹紧机构时应该遵循的主要原则可以归纳为以下五条。

1) 夹紧必须保证定位而不能破坏定位

(1) 在确定夹紧力的着力点和方向时，应使工件的定位基面(尤其是装置基面)与定位元件可靠地接触，为此，主要夹紧力应垂直于装置基面。如图 4.40 所示，要求所镗的孔与 A 面垂直，因此主要夹紧力 Q 应与装置基面 A 垂直；若 Q 与 B 面垂直，则由于 A 面与 B 面有垂直度误差，所加工出的孔将与 B 面平行而不能保证与 A 面垂直。又如图 4.41 所示，为了使工件定位可靠，用 W 力夹紧工件，比单独用 W_1 力或 W_2 力夹紧工件好。如果不得已只能用 W_2 力夹紧，则 W_2 力的作用线必须垂直并通过支承 C，而不能高于 C，否则 C 点的支反力与 W_2 力将形成力矩，可能使工件偏斜，破坏定位。

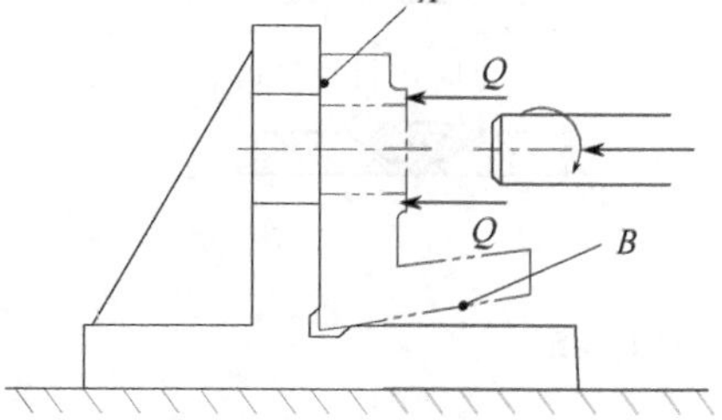

图 4.40　夹紧力方向对镗孔垂直度的影响

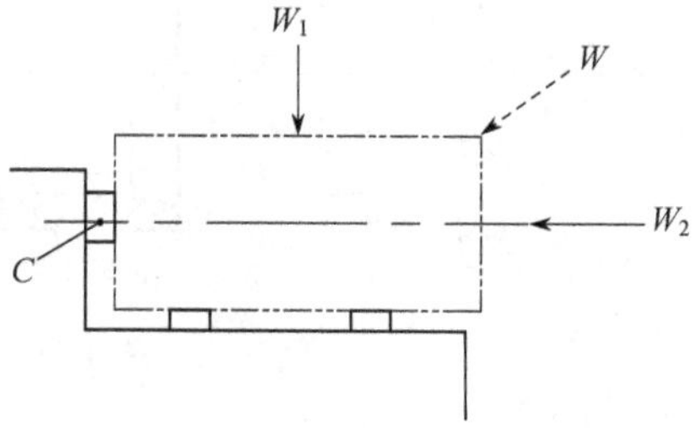

图 4.41　夹紧力如何保证定位

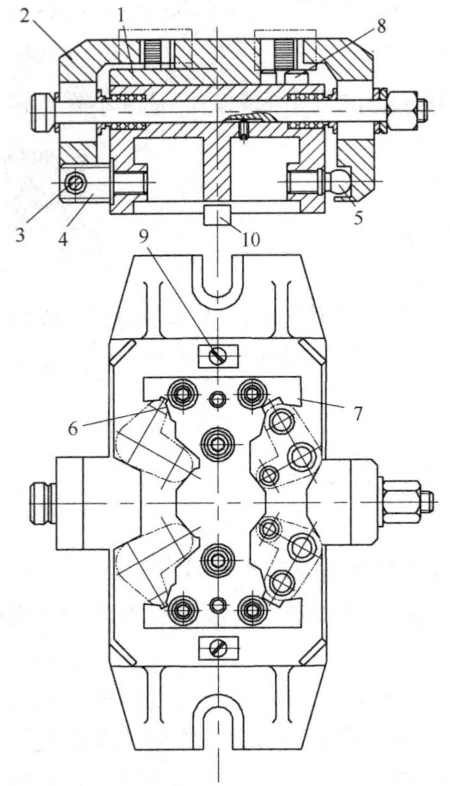

图 4.42　夹紧破坏定位的夹具及其改进设计

1-定位板；2-压板；3-销轴；4-铰链支架；5-球支承；6、7-V 型铁；8-支承钉；9-对刀块；10-定向键

(2) 夹紧元件在夹紧过程中的移动不应破坏工件的定位。如图 4.42 所示的铣床夹具的夹紧机构是一个不易发现的“夹紧破坏定位”的例子。该夹具用来铣削杠杆毛坯的端面。原设计的夹具(图 4.42 的左半部)用压板 2 夹紧工件，销轴 3 与压板 2 过盈配合并穿进铰链支架 4 的孔中。由于压板要同时夹紧两个工件，所以销轴与支架孔之间留有较大的间隙，以达到压板可以适当浮动的目的。使用中发现夹紧工件时工件向上抬起，工件定位基准(底平面)与定位板 1 之间出现 0.2mm 左右的间隙。原因为在松夹紧状态，压板因自重下落，销轴与孔在下部接触；在夹紧过程中，由于压板在螺母的推力下向夹具体靠拢，于是销轴便沿着支承孔的圆弧面向上“爬”，这样，压板便向上抬起。改进设计后的夹具如图 4.42 的右半部，压板下端改用球形支承 5，并将压板的孔底做成平面，这样在夹紧时，压板便不会上抬。

2) 工件和夹具的夹紧变形必须在允许范围内

(1) 夹紧力应作用在工件刚性较好的方向上，同时应尽量使夹紧力通过工件直接压在定位元件上，即所谓“点对点”压紧，不使工件的受力部位悬空，以免产生弯曲变形。图 4.43 给出了几个夹紧力着力点错误和正确对比例子。

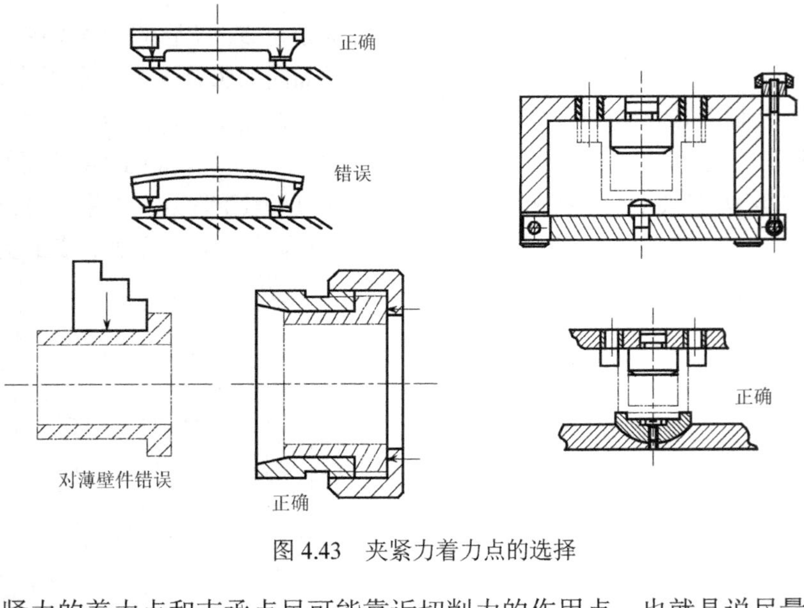

图 4.43　夹紧力着力点的选择

(2) 夹紧力的着力点和支承点尽可能靠近切削力的作用点，也就是说尽量避免工件被加工部位处于“悬臂”状态，这样有助于提高工件-夹具系统的抗振性。

(3) 夹紧机构对夹具体的反作用力不应使夹具体产生影响加工精度的变形。图 4.44(a) 为夹紧引起镗模导向支架 2 变形的情况，4 为引导镗杆的固定镗套，它的位置如有变动，将直接影响镗孔的位置精度。图 4.44(b) 为改进后的设计，夹紧力不会使导向支架变形。

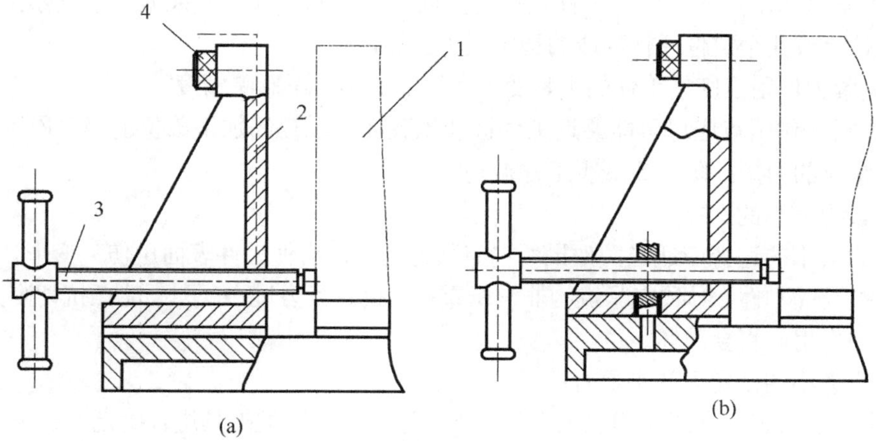

图 4.44　夹紧引起导向支架变形(双点画线)

1-工件；2-导向支架；3-螺杆；4-镗套

(4) 夹紧力的大小要适当。为了减少工件和夹具变形，夹紧力不宜过大。要准确地计算出所需的夹紧力往往不易做到，因为有许多因素难以准确估计，如切削力到底在多大的范围内波动？摩擦系数到底取多大合适等。为此，对气压、液压夹紧机构，要有夹紧力调节的环节，应有调节介质压力的装置。另一方面在设计过程中，最好搜集一些已在实际生产中应用的类似夹具的资料，供设计夹紧机构时参考。

3) 夹紧机构必须可靠

(1) 夹紧元件本身要有足够的刚度和强度，否则可能夹不紧或断裂。

(2) 对于手动夹紧，其自锁性能必须可靠。

(3) 夹紧机构必须有足够的夹紧行程。

4) 夹紧机构的操作必须安全、省力、方便、迅速

5) 夹紧机构的复杂程度和自动化程度应和生产规模及工厂的物力、财力相适应

4.5.3　夹紧力的确定

所需夹紧力的确定应考虑夹紧力的三要素：方向、作用点和大小。

1) 夹紧力的方向

确定夹紧力方向时应考虑：

(1) 夹紧力的方向应保证定位准确可靠，而不破坏定位，即保证在夹紧作用下使工件与定位元件接触，方向一般垂直于主要定位基准面。

(2) 夹紧力的作用方向应使所需夹紧力尽可能的小，以减轻疲劳强度，提高生产率，夹紧机构紧凑、轻便，工件变形小。一般最理想的夹紧力的作用方向是与重力、切削力方向一致的，如钻孔。

(3) 夹紧力作用方向应使工件变形尽可能小。

2) 夹紧力的作用点

作用点指夹紧元件与工件接触的一小块面积。它对工件的可靠定位、夹紧后的稳定和变形有显著影响，选择时应注意以下几点：

(1) 夹紧力作用点应能保持工件定位稳定而不致引起工件位移或偏移。夹紧力作用点应在定位元件上或几个定位元件形成的稳定受力区域内。

(2) 夹紧力作用点应使工件的夹紧变形尽可能的小，不影响精度。

(3) 夹紧力作用点应尽可能靠近工件被加工表面，以提高加工部位的夹紧刚性，减小切削力对夹紧点的力矩，防止或减少工件振动。

3) 夹紧力大小的选择

夹紧力大小的选择应适当，如果所选夹紧力过大，会使工件表面压伤、变形，因此就要增加相应夹具的刚性，导致夹紧机构非常笨重；如果夹紧力过小，则不能抵抗切削力、重力、惯性力等的作用，将会破坏定位。

夹紧力大小的确定方法主要有：

(1) 类比法。工厂参照在相似工作条件下经过考核的同类夹具进行确定。

(2) 计算分析法。计算夹紧力时，通常将夹具和工件看成一个刚性系统，以简化计算。根据工件在切削力、夹紧力(大工件应考虑重力、运动速度较大的工件应考虑惯性力)作用下处于静力平衡，可列出力的平衡方程式，求出理论夹紧力，再乘以安全系数 K，作为实际所需夹紧力。一般可取 $K=2\sim3$，或者按下式计算

$$K = K_1 \cdot K_2 \cdot K_3 \cdot K_4 \tag{4-8}$$

式中，K_1 为一般安全系数。考虑增加夹紧的可靠性和因工件材料性质及余量不均匀等引起切削力变化，一般取 $K_1=1.5\sim2$；K_2 为加工性质系数，粗加工取 $K_2=1.2$，精加工取 $K_2=1$；K_3 为刀具钝化系数，考虑刀具磨钝后切削力增大，一般取 $K_3=1.1\sim1.3$；K_4 为断续切削系数，断续切削时取 $K_4=1.2$；连续切削时取 $K_4=1$。

在整个加工过程中，若切削力的作用点、方向或大小有变化，则应按对工件夹紧最不利的情况考虑。如图 4.45 所示的卧铣加工，其最不利的情况是开始铣削时，在 $P \cdot L$ 力矩作用下绕 O 点的翻转。此时，阻止工件翻转的平衡力矩是支承 A、B 上的摩擦力矩 $F_A \cdot f \cdot L_1 + F_B \cdot f \cdot L_2$ (未考虑夹紧元件与工件表面间在夹紧点所产生的摩擦力矩)，设夹紧力为 W，$F_A = F_B = 1/2W$，则根据力矩平衡，考虑安全系数得

$$\frac{1}{2} W \cdot f(L_1 + L_2) = KPL$$

$$W = \frac{2LKP}{f(L_1 + L_2)}$$

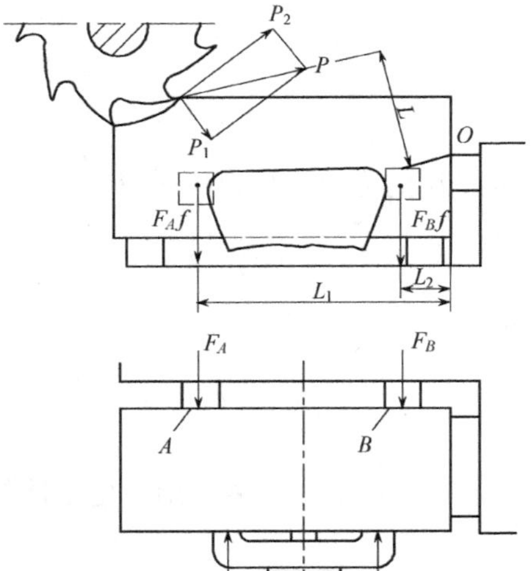

图 4.45　铣削时夹紧力计算举例

4.6　夹 紧 机 构

圆楔形快速夹紧　　半凸轮夹紧

4.6.1　斜楔夹紧机构

图 4.46 所示为最简单的斜楔夹紧机构。用锤轻轻向右敲打楔块 1，滑柱 2 便下降，滑柱上有一个可以摆动的压板 3 同时夹紧两个工件 4。挡销 5 是为了使楔块在松夹时仍留在夹具体内，以防止楔块丢失。

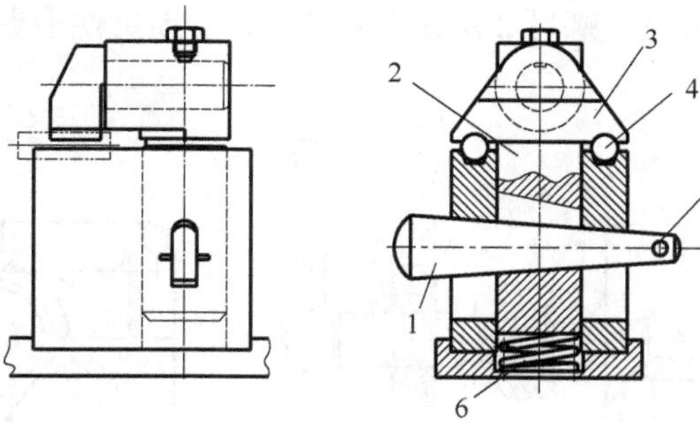

楔形夹紧

内圈楔形夹紧

图 4.46　斜楔夹紧机构

1-楔块；2-滑柱；3-压板；4-工件；5-挡销；6-弹簧

这种直接用楔块夹紧工件的办法虽然十分简单可靠，但操作不便，所以目前已很少使用。

计算斜楔所产生的夹紧力，可将楔块作为分离体作受力分析(图 4.47)。Q 为人力或其他机构作用在楔块大端的推力，R'为夹具体对楔块的法向反作用力 R 与滑动面上的摩擦力 F_1 的合力，φ_1 为其摩擦角；W'为滑柱对滑块的法向反作用力 W 与此滑动面上的摩擦力 F_2 的合力，φ_2 为其摩擦角。根据 Q、R'、W'三力的平衡，可得出下式：

$$W\tan\varphi_2 + W\tan(\varphi_1+\alpha) = Q$$

$$W = \frac{Q}{\tan\varphi_2 + \tan(\varphi_1+\alpha)} \tag{4-9}$$

再经过简单的换算，即可求出直接作用在工件上的夹紧力的大小。

若工件夹紧后 Q 力消失，则楔角 α 必须小于或等于 $\varphi_1+\varphi_2$ 才能自锁(一般推荐 $\alpha=6°\sim8°$)。然而目前大多数斜楔夹紧机构均由本身能自锁的螺旋机构或偏心机构推动或者由气缸、油缸推动，在这种情况下，α 角可大于 $\varphi_1+\varphi_2$。

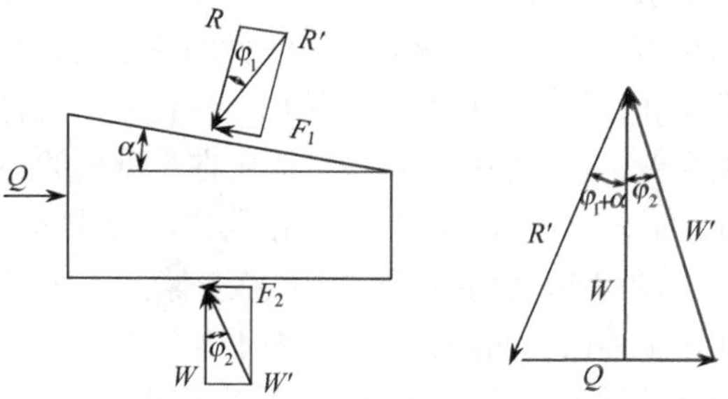

图 4.47　斜楔夹紧受力分析

斜楔夹紧机构的优点是有较大的扩力作用。α 角越小，扩力比 $i_Q=W/Q$ 越大。当 $\alpha=5°$ 时，i_Q 最大可达到 5.3。另外，它可以很方便地使力的方向改变 90°。其缺点是当 α 角较小时，楔块要移动较大的距离才能夹紧工件。若用手动机构，就显得效率很低。

4.6.2　螺旋夹紧机构

螺旋夹紧1　螺旋夹紧2

螺旋夹紧机构是夹具中应用最广泛的一种机构。图 4.48 所示为螺旋夹紧的装配用钻模，用来配钻手柄座 4 及轴 5 上的定位销孔。工件以手柄的外圆和端面定位，共限制五个自由度。由于工件已经过最后加工，其定位用的端面与外圆垂直度较好，所以不存在超定位问题。螺杆 1 通过压脚 3 夹紧工件。若用螺杆头直接压在工件上，则可能把已加工好的表面压出凹痕，另外可能因摩擦力使工件在夹紧过程中转动；采用压脚后，由于压脚可在螺杆头上自由摆动和不随螺杆转动，因而与工件接触均匀、接触面大，避免了用螺杆头直接压紧工件的缺点。螺母 2 镶在夹具体内，磨损后便于更换。钻套 7 可翻转，以便装卸工件。

螺旋对称夹紧

螺旋导向夹紧

导向螺纹夹紧

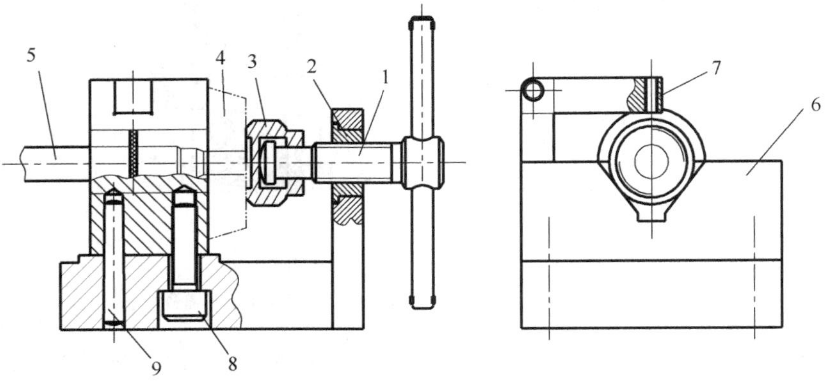

图 4.48　螺旋夹紧的装配用钻模

1-螺杆；2-螺母；3-压脚；4-工件；5-轴；6-V 型铁；7-钻套；8-螺钉；9-定位销

图 4.49 所示为用典型的螺旋压板夹紧工件的车床夹具。工件为拨叉，所要加工的孔为 ϕ22H7，要求壁厚均匀并与底面垂直；在夹具上用底板上凸起的一块轮廓与工件相同的平面、V 型铁 6 和挡销 3 将工件定位。从工件的加工精度来看，可以不用销 3 来限制工件的一个转动自由度(可以不完全定位)，但这样在安装工件时，将不容易使工件稳妥地靠在 V 型铁上，工件底面轮廓也可能偏离定位凸台的轮廓，重心不在 ϕ22 孔中心，当主轴停转后 V 型铁中心线处于水平位置时，工件会由于自重而回转给装夹工件带来不便；此外，挡销还可以传递一部分回转力矩。在这个夹具上，工件的夹紧主要靠 *B—B* 剖视图所示的螺旋压板机构。压板 2 上开有长孔，松夹后压板可以推出，以便装卸工件。由于工件可能产生的偏斜，避免夹紧时螺栓 5 受弯曲力矩。底板 7 用螺钉固定在带锥柄的心轴 8 上，二者的相互位置靠中间的轴孔配合来保证。心轴 8 插在车床主轴的锥孔内，因此它的锥度必须和所使用的车床主轴孔的锥度一致。

图 4.50 所示为用钩形压板夹紧的车床夹具。该夹具用于加工齿轮油泵壳体上的两个平行孔，工件以一面两销定位。由于工件要在两个地方夹紧，若采用前述螺旋压板机构，就显得结构尺寸过大，且不便布置，所以采用了这种结构紧凑的钩形压板。钩形压板 4 装在导向套筒 6 中，以增强压板刚度；导向套筒 6 上部开有 90°的缺口，当拧紧螺母 5 时，靠摩擦力带动钩形压板顺时针转到夹紧位置；而当反向松开螺母 5 时，则带动钩形压板逆时针转动 90°，以便取出工件。加工好一个孔后，松开螺帽 3，拔出定位销 7，使夹具体 2 转动 180°，再插入另一定位销孔，加工另一个孔。夹具底盘 1 固定在过渡盘 8 上，过渡盘则拧在车床主轴端部。

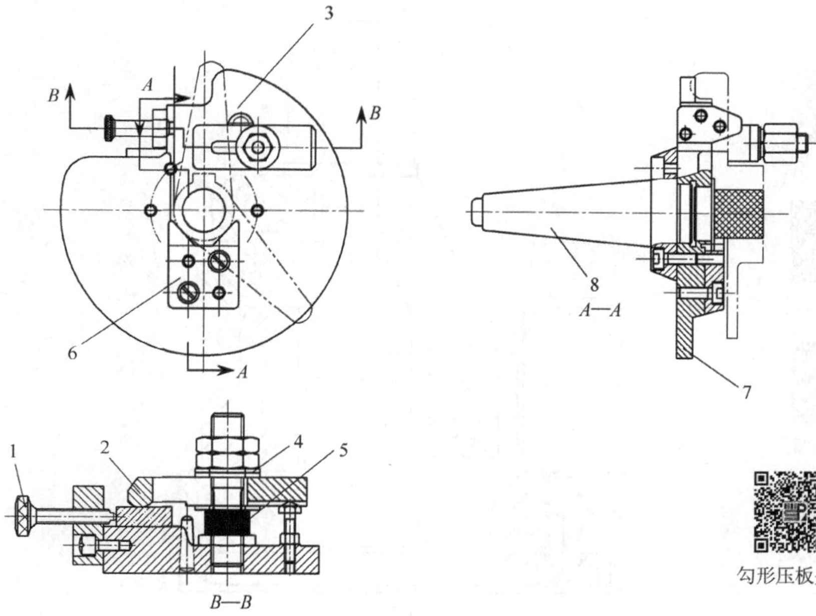

勾形压板夹紧

图 4.49　用螺旋压板夹紧的车床夹具

1-螺钉；2-压板；3-挡销；4-球面垫圈；5-螺栓；6-V 型铁；7-底板；8-锥柄心轴

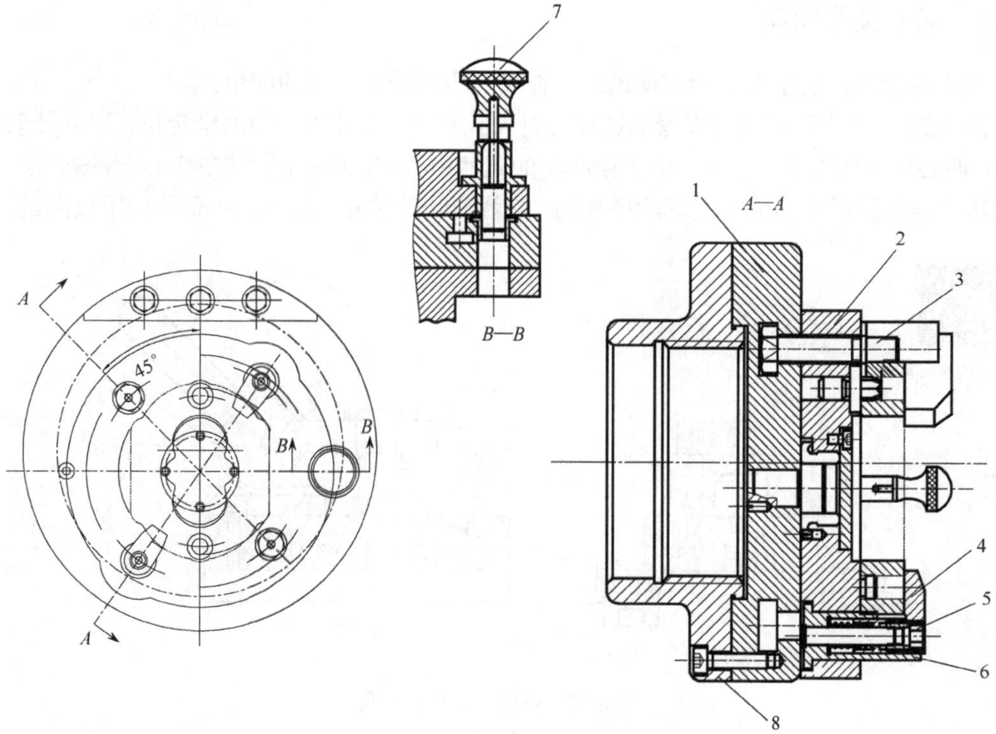

图 4.50　用钩形压板夹紧的车床夹具

1-底盘；2-夹具体；3-螺母；4-钩形压板；5-螺母；6-导向套筒；7-定位销；8-过渡盘

图 4.51 所示为可翻转的弯形压板夹紧机构。当松开螺母后，螺杆先向里翻转，接着压板也可向里翻转。其特点是结构简单、紧凑，操作方便。

压板夹紧

偏心勾形压板

凸轮夹紧

偏心夹紧

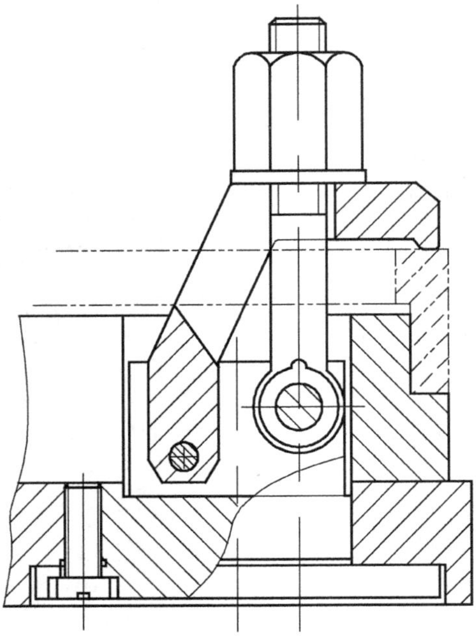

图 4.51　弯形压板夹紧机构

偏心同步夹紧　偏心夹紧

4.6.3　偏心夹紧机构

偏心夹紧机构由于其夹紧方便迅速，在夹具中获得了广泛的应用。

图 4.52 所示为用偏心轮夹紧的铣拨动臂长孔夹具。工件以一面两销定位，向下转动手柄 1 带动偏心轮 2 压在垫板 3 上，由于偏心轮的几何中心 O_1 相对于回转中心 O_2 有偏心量 e，所以回转中心到垫板的高度 h 是逐渐增加的，这就使回转轴向上抬起，从而带动压板夹紧工件。

凸轮快速夹紧

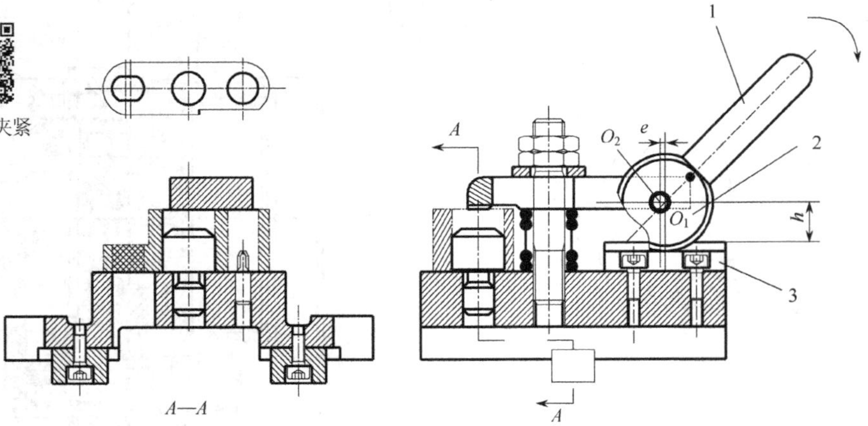

图 4.52　铣拨动臂长孔夹具

1-手柄；2-偏心轮；3-垫板

4.6.4　铰链夹紧机构

图 4.53 所示为拉削连杆大头分型面的夹具。工件以小头孔、底平面和大头半圆形凸台的

一个侧母线作为定位基准，共限制六个自由度。当气缸活塞杆 10 向右运动时，连杆 7、8 的摆动使压板 4 绕固定支点 5 摆动，浮动压板 3 便夹紧工件。由于连接连杆 7、8 的销轴 6 作圆弧运动，所以气缸 11 必须能够摆动。当厚度最小的工件完全被夹紧时，销轴 6 不能超过连杆 7、8 的死点(连杆 7、8 处于一条直线上的状态)，并留有一定的储备量，否则有的工件就可能夹不紧。这一点可通过连杆 9 与活塞杆 10 的螺纹连接来加以调节。当活塞杆向左运动时，整个铰链机构可使压板 4 抬起很大的距离，以便装卸工件。

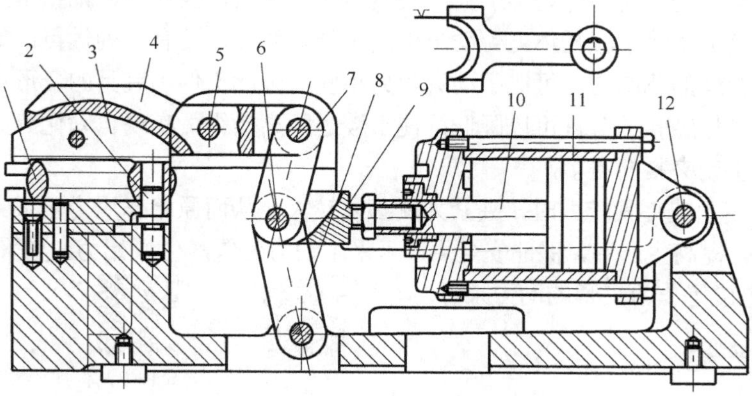

图 4.53　拉削连杆大头分型面的夹具

1-工件；2-定位销；3-浮动压板；4-压板；5-固定支点；6、12-销轴；7、8、9-连杆；10-活塞杆；11-气缸

4.6.5　联动夹紧机构

图 4.54 所示为多点夹紧联动铣平面夹具。转动手轮 1 带动压板 10，碰到工件后，接着推动滑柱 2，通过钢球 3 推动滑柱 4，又通过钢球 5 将夹紧力分别传递给滑柱 6、7，最后使

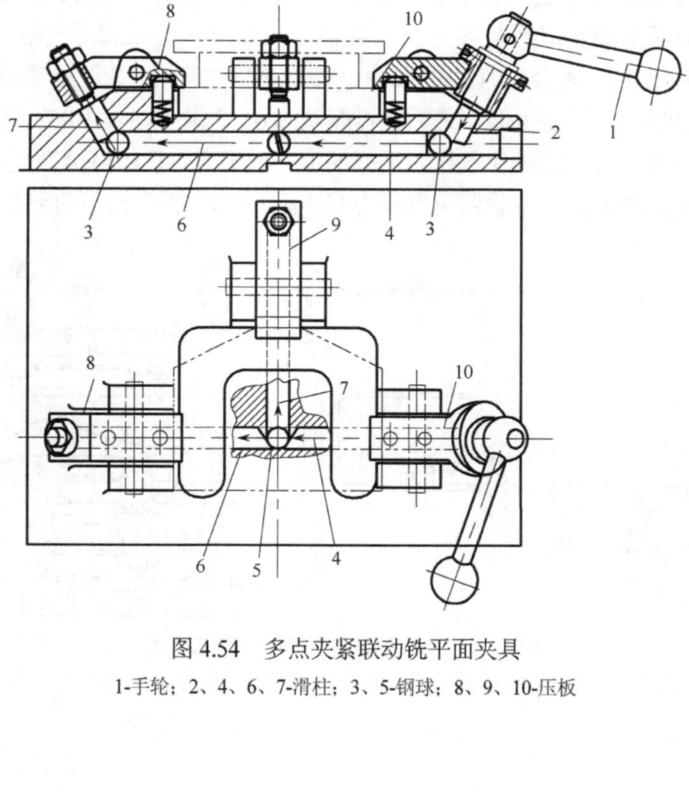

螺纹多件同步夹紧

图 4.54　多点夹紧联动铣平面夹具

1-手轮；2、4、6、7-滑柱；3、5-钢球；8、9、10-压板

压板 8、9 也夹紧工件。实际上通过浮动钢球的自动调节作用，三块压板同时达到最后的完全夹紧状态。

4.7　夹具的动力装置

手动夹紧机构，由于其结构简单，制造容易，成本低，因此在各种生产规模中都普遍使用。但手动夹紧，动作慢，劳动强度大，夹紧力变动较大，因此在大批量生产中，往往采用机动夹紧。机动夹紧除了减轻体力劳动，提高生产效率外，还有下列优点：如夹紧力通过试验可调节在最合理的范围内，可比手动夹紧力小些，因此工件和夹具的变形小，夹具的磨损减轻；对工人操作经验的要求可以降低；便于较远距离操纵，实现自动化等。当然，机动夹紧的成本要比手动夹紧高得多。

当切削力较大或夹具较大时，夹紧力就必须较大，从而原始作用力也很大，因此为减轻工人劳动强度，提高生产率，保证安全生产，采用动力装置产生原始力，如采用气压、液压、气-液联合、电磁等作为夹紧的动力来源。

气动夹紧　　气动同步夹紧　　气动自调节夹紧

4.7.1　气动夹紧

利用压缩空气作为动力源的气动夹紧装置是应用最广泛的一种夹具动力装置。压缩空气黏度小，管路损失小；管道不易堵塞，维护简便；不污染环境，输送分配方便。缺点是与液压系统相比，工作压力较低（0.4～0.6MPa 即 4～6kgf/cm^2），因此部件结构尺寸较大；气阀换向时，压缩空气排入大气发出噪音。

压缩空气一般由全厂集中的空气压缩机站经过专用管线输送到各个车间和有关工作位置。在进入夹具上的气缸之前，尚需安装一系列辅助装置。图 4.55 所示为其系统图。由车间总管路的压缩空气经过阀 1 进入分水滤清器 2，以去除压缩空气中所含的水分和杂质，然后通过油雾器 3，把润滑油吹成雾状并与空气混合形成油雾，用以润滑气缸，再经过调压阀 4 以保证压力的稳定（2、3、4 合称气动三大件，有专业厂生产），又经过单向阀 5（它的作用是防止气缸工作腔内的压缩空气回流），最后经过配气阀 6、7 进入夹具上的工作气缸 8（薄膜式）、9（活塞式），配气阀用以控制压缩空气进入活塞的上方或下方，以改变活塞运动的方向。压力继电器 10 与机床控制电路联锁，当管路空气压力突然降低时，即停止机床运转，防止发生事故。

气动旋转调动夹紧

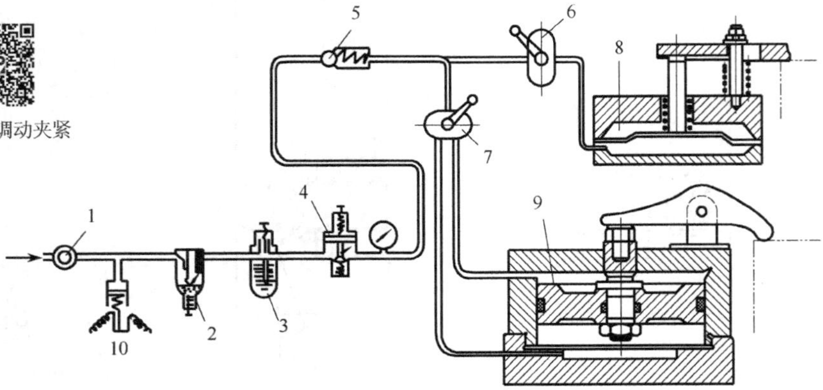

图 4.55　气动夹紧及其辅助装置系统图

1-阀；2-分水滤清器；3-油雾器；4-调压阀；5-单向阀；6、7-配气阀；8、9-工作气缸；10-压力继电器

图 4.56 所示为一种常用的固定式气缸的典型结构。车床、内外圆磨床上若采用气动夹紧机构，则需要采用回转式气缸，如图 4.57 所示。回转式气缸通常安装在主轴尾部的过渡盘 5 上。由于气缸随主轴转动，而压缩空气管路不能随着转动，所以要有导气接头 8。图 4.58 为导气接头的机构，轴 1 用螺母 6 紧固在回转气缸的后盖上，随气缸一起转动。阀体 2 不转动，压缩空气可由管接头 3 经通道 a 进入气缸左腔，或由管接头 4 经通道 b 进入气缸右腔。壳体与轴之间的配合间隙过大则会漏气，一般控制为 0.007～0.015mm。

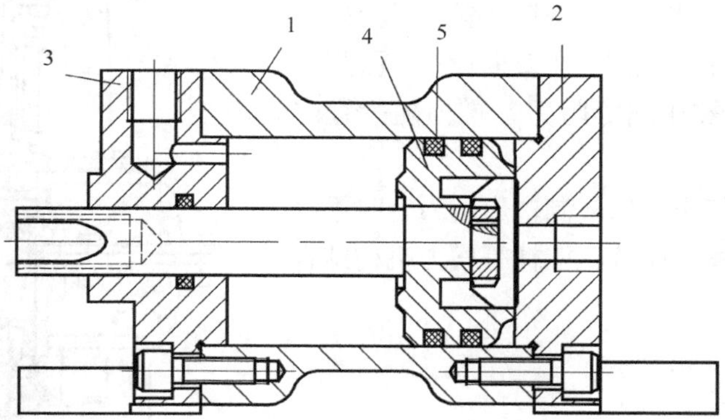

图 4.56　固定式气缸

1-缸体；2-前盖；3-后盖；4-活塞；5-密封圈

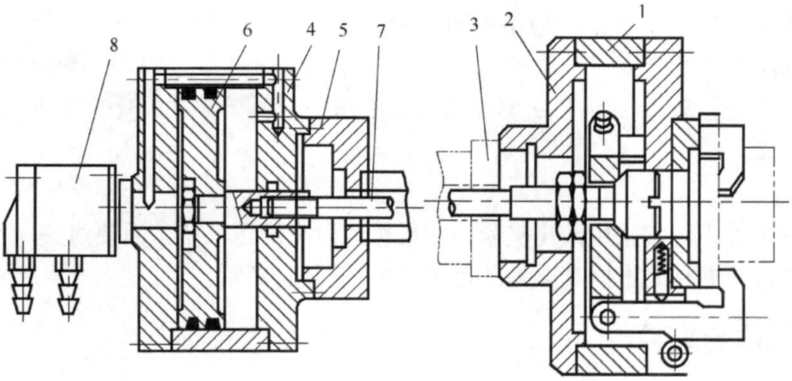

图 4.57　回转式气缸

1-夹具；2、5-过渡盘；3-主轴；4-气缸；6-活塞；7-拉杆；8-导气接头

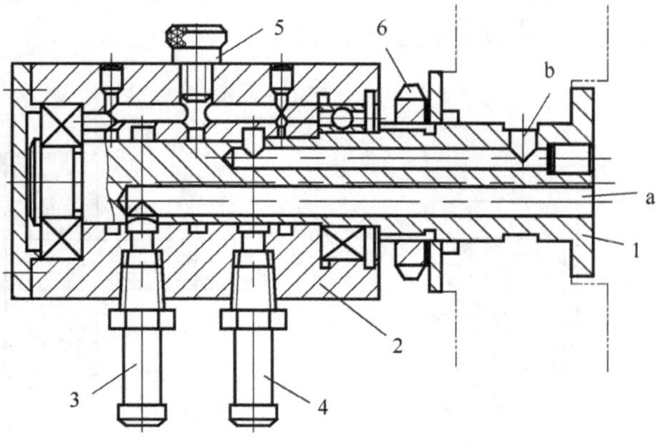

图 4.58　导气接头

1-轴；2-阀体；3、4-管接头；5-油杯；6-螺母

活塞式气缸的活塞与缸壁之间虽然采用密封措施，但因有相对运动，难免会漏气，密封圈寿命也较短，维修比较麻烦；气缸与活塞的加工要求也比较高。图 4.59 所示的薄膜式气缸就没有这些缺点。它密封性好，不易漏气；结构简单紧凑；气室体可用钢板冲制，制造容易，成本低；薄膜使用寿命长，可动作数万次。缺点是行程较短，约为橡皮膜直径的 1/4～1/5；推力也较小，而且由于薄膜变形及弹簧被压缩等阻力，推力随行程的增加而减小。

气动夹紧受空气压力的限制，作用力有时不够大，因此往往和斜楔、铰链、杠杆等增力机构结合使用。

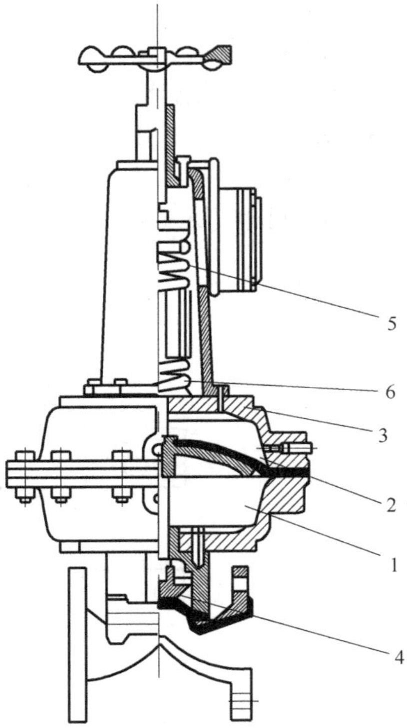

图 4.59　薄膜式气缸

1、2-气室；3-橡皮膜；4-管接头；5-推杆；6-弹簧

4.7.2　液压夹紧

液压夹紧与气动夹紧相比有下列优点：

(1) 压强可高达 6MPa 以上，比气压高十余倍，因此油缸直径可比气缸小很多，通常不需要增力机构，所以夹具结构简单紧凑。

(2) 液体不可压缩，因此液压夹紧刚性大，工作平稳，夹紧可靠。

(3) 噪声小。

在重切削条件下，宜采用液压夹紧。如果机床没有液压系统，而要为夹具专门设置一套液压系统，则将使夹具成本提高，为此可采用气-液联合夹紧。

4.7.3　气-液联合夹紧

气-液联合夹紧的能量来源为压缩空气，其工作原理如图 4.60 所示。压缩空气进入增压器 1 的 *A* 腔，推动其活塞左移，增压器 *B* 腔内充满了油，并与夹紧油缸接通，当活塞左移时，活塞杆就推动 *B* 腔的油进入夹紧油缸夹紧工件。

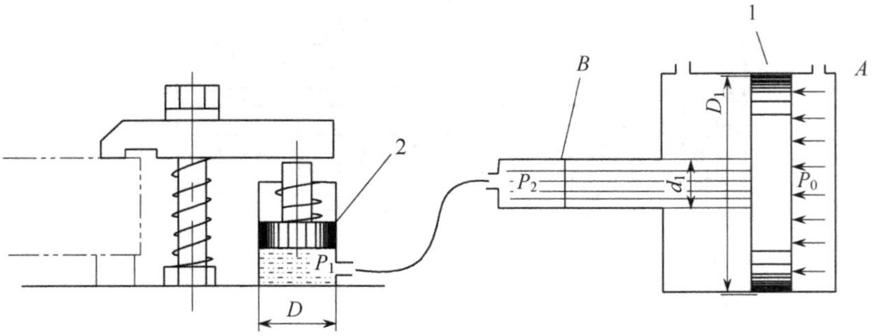

图 4.60　气-液联合夹紧原理

1-增压器；2-夹紧油缸

4.7.4　电磁夹紧

图 4.61 所示为车床用电磁卡盘，当线圈 1 通入直流电后，在铁心 2 上产生一定数量的磁通，磁力线 4 绕过隔磁套 5，通过工件形成闭路，将导磁的工件 3 吸在吸盘上。断开电流后，磁力线消失，工件便可取下。

螺旋滑块组合
楔形内圈夹紧
滑块铰链夹紧
气动螺旋夹紧
铰链滑块夹紧
气动压板夹紧
齿轮齿条自位夹紧
曲柄组合夹紧
螺旋偏心可调夹紧
多件自位同步夹紧
自位调整夹紧

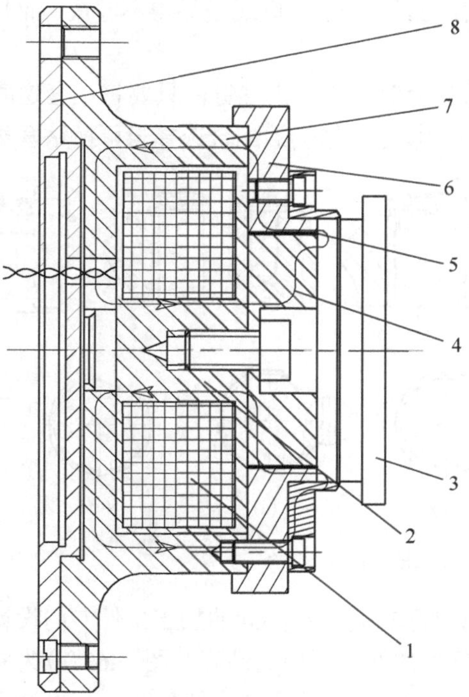

图 4.61　车床用电磁卡盘

1-线圈；2-铁心；3-工件；4-磁力线；5-隔磁套；6-吸盘；7-夹具底盘；8-过渡盘

4.8　夹具的其他装置

4.8.1　孔加工刀具的导向装置

在钻孔和镗孔加工中，因为钻头和镗杆结构细长，刚性差，在切削中容易偏斜、弯曲，所以为了保证孔的加工精度特别是位置精度，一般在钻床夹具(简称钻模)和镗床夹具(简称镗模)上都应有引导刀具的元件，即钻套和镗套来确定刀具的位置，并作为刀具的支承，以减少刀具的变形。

1)钻孔的导向

图 4.62 所示为各种标准结构的钻套。

(1)固定钻套(图 4.62(a)、(b))。钻套外圆以 H7/n6 或 H7/n7 配合直接压入夹具体的孔中。这种钻套结构简单，位置精度高(钻套外圆与孔没有间隙)，但磨损后更换费事，同时也不能用在工件上的一个孔需要连续更换刀具(钻-扩-铰)进行加工的场合，因为这时的刀具的直径一个比一个大，换一种刀具就要换一个钻套。固定钻套主要在中小批生产中用来加工小孔，或孔间距较小，需要结构紧凑的地方。

(2) 可换钻套(图 4.62c)。钻套与衬套之间用 H7/g5 或 H7/g6 配合，而衬套与夹具体上的孔则采用过盈配合 H7/n6 或 H7/r6。螺钉的作用是为了防止钻套随刀具转动或被切屑顶出。当钻套磨损后需要更换时，不需要更换衬套，所以比较方便，多用在大批大量生产中(钻套因磨损而更换的次数较多)；但若用于连续更换刀具的场合，则还是显得不够快，而且螺钉孔很快就会磨损。

(3) 快换钻套(图 4.62(d)、(e))。更换钻套时不必拧出螺钉，只要将钻套逆时针转动一下即可取出。它广泛用于需要连续更换刀具的场合。钻套的配合选择与可换钻套相同。

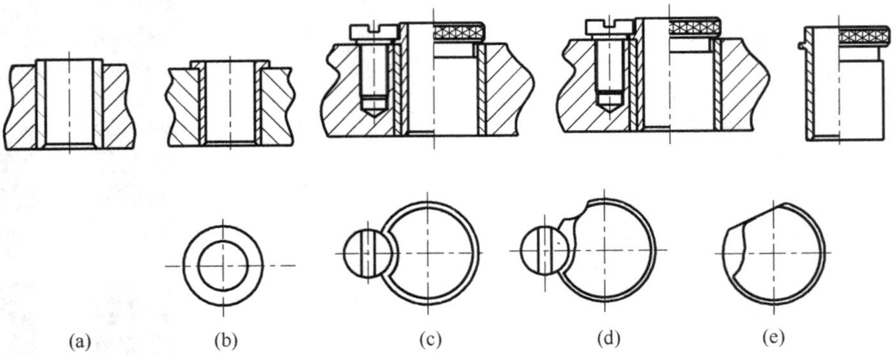

图 4.62　标准钻套的结构

不同于上述已经标准化的钻套，图 4.63 所示就是根据不同的加工条件专门设计的一些特殊钻套。图 4.63(a)、(b) 为用来加工孔距很近的两孔所用的钻套；图 4.63(c) 为双层钻套；图 4.63(d) 为在圆弧面(或斜面)上钻孔用的钻套，为了防止钻头偏斜，钻套尽量靠近工件。图 4.64 所示为钻孔和扩孔时应用钻套导向的实例。

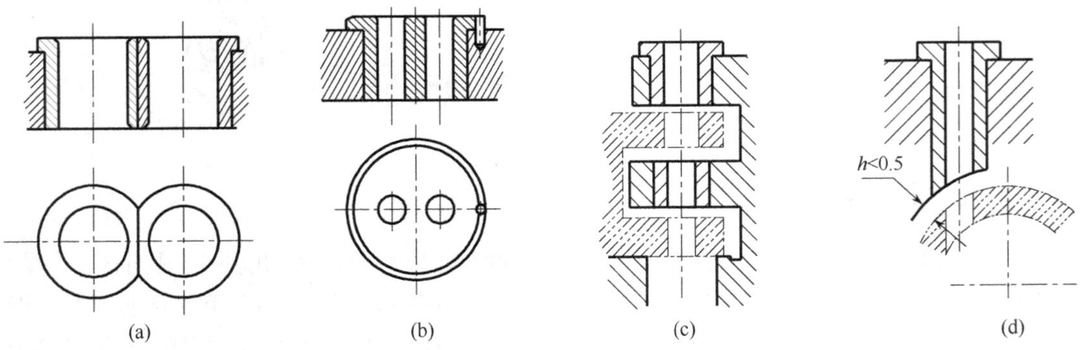

图 4.63　几种特殊钻套的结构

2) 镗孔的导向

加工箱体、支架、壳体一类零件上的孔系时，往往要在同一中心线上加工相距较远的两个或更多的孔，因此必须很好地解决镗杆的导向问题。图 4.65 所示为镗模结构示意图，镗杆 2 支承在两端镗套 3 上，工件 5 上被加工孔的位置精度完全决定于镗套的位置精度，因此导向支架 4 上用来安装镗套的孔也必须具有很高的位置精度。当镗杆两端被镗套支承时，它与机床主轴必须采用浮动连接(1 为浮动接头)，主轴只起传递扭矩的作用，否则，要把机床主轴中心与镗杆中心精确地调整在一条直线上非常困难。

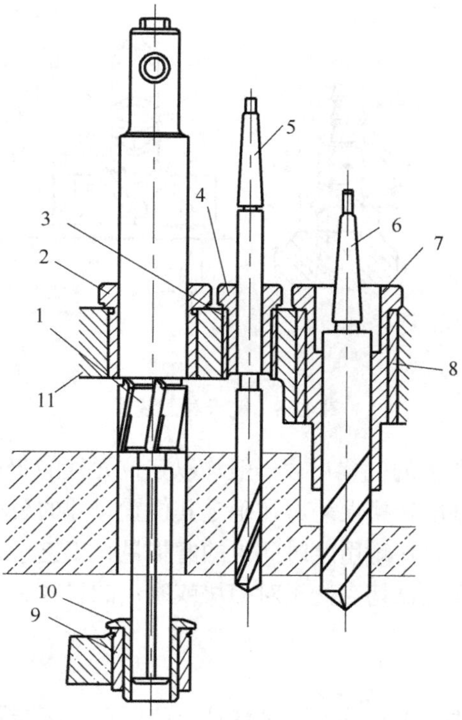

图 4.64　钻套应用示意图

1-扩孔钻；2、4、7、10-钻套；5、6-接长的钻头；3、8、9-衬套；11-钻模板

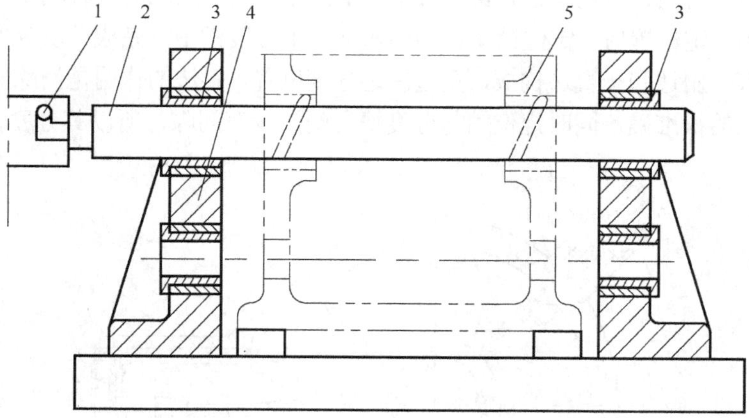

图 4.65　镗模结构示意图

1-浮动接头；2-镗杆；3-镗套；4-导向支架；5-工件

4.8.2　对刀装置

在铣床或刨床夹具上常设有对刀块，以便调整刀具相对于工件的位置。当夹具在机床工作台上的位置已经固定后，就可移动工作台(或刀架)，使刀具接近对刀块，然后在刀齿与对

刀块之间塞进一规定厚度的塞尺以确定刀具的最终位置。图 4.66 所示为铣床夹具上常用的几种对刀装置。

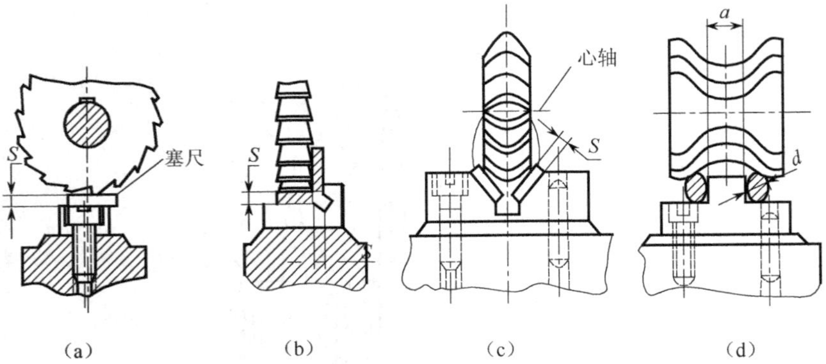

图 4.66　铣床对刀装置

对刀块工作表面在夹具上的位置尺寸一般均以定位元件的定位表面为基准标注，以减少尺寸链环节加多而带来的基准转换误差。在确定其位置尺寸的公差时，应考虑到塞尺的厚度公差、工件的定位误差、刀具在耐用度时间内的磨损量、工艺系统的变形以及工件允许的加工误差等因素，最后还要通过试切来修正对刀块或塞尺的尺寸。

4.8.3　分度装置

不少零件在加工过程中需要分度，这时夹具上就要有分度装置。图 4.67 所示为斜面分度装置。转位时，逆时针扳动手柄 7，拔销 1 在端部斜面作用下，从分度槽中推出，手柄与凸轮 3 连接在一起，凸轮则空套在中间的心轴上，凸轮转动，斜面 *A* 把定位销 5 拔出。当手柄转到下一个分度槽位置时，拔销 1 在弹簧 2 推动下插入槽中，然后顺时针转动手柄，就带动分度盘 6 转位，转到一定位置后，定位销就自动插入下一个分度槽中，完成一次分度。这种分度盘上的分度槽系有一斜边和一直边构成，直边决定分度位置，斜边的作用是消除间隙。由于这种分度板可以加工的很准确，同时定位销与分度槽之间又没有间隙，所以其分度精度较高。

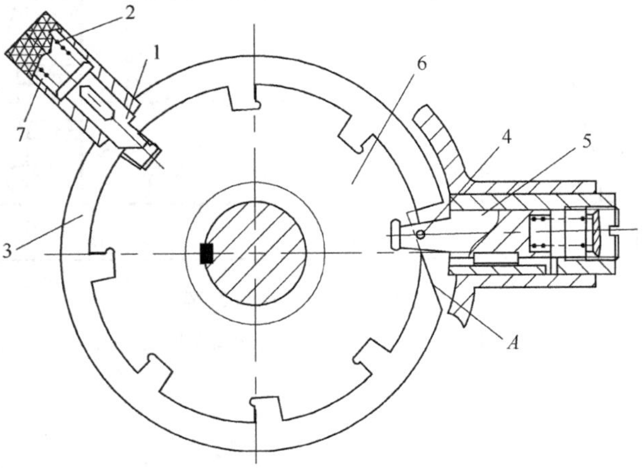

图 4.67　斜面分度装置

1-拔销；2-弹簧；3-凸轮；4-销子；5-定位销；6-分度盘；7-手柄

4.8.4　夹具在机床上的定位

夹具在机床上的定位，最基本的有两种形式，一种是安装在工作台平面上(如铣床、刨床、镗床夹具)；另一种是与机床的回转主轴相连接(如车床、内、外圆磨床夹具)。

安装在工作台平面上的夹具，其夹具体的底平面就是夹具的主要基面，各定位元件相对于此底平面应有一定的位置精度要求。夹具体的底平面应经过比较精密的加工(精刨、磨、刮研等)。

为了保证夹具相对于切削运动有准确方向，所以在夹具体的底平面上往往安装两个定向键(或销)。定向键的结构如图 4.68 所示。定向键与工作台上的 T 型槽应有良好的配合(一般采用 H7/h6)。两定向键的距离应在夹具底座允许的范围内尽可能远些。定向键应嵌在精度高的 T 型槽内(通常机床工作台上中间的 T 型槽精度较高)。夹具定位后，再用螺钉把紧在工作台上。

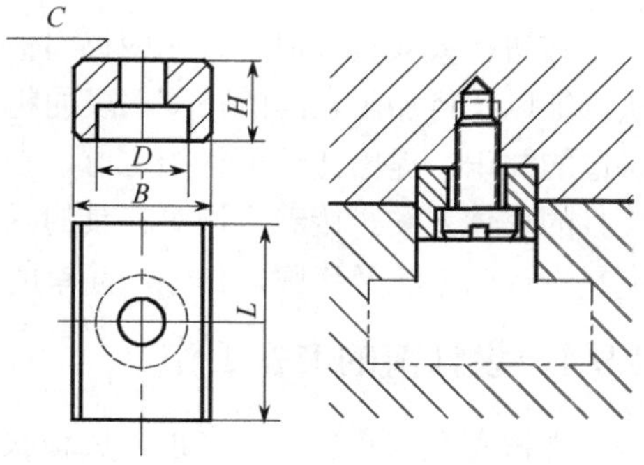

图 4.68　定向键

夹具在回转主轴上的安装，取决于所使用的机床主轴的端部结构。常见的有如图 4.69 所示的几种形式。图 4.69(a) 中夹具以长锥柄安装在主轴锥孔内。锥柄一般为莫氏锥度，根据需要可用拉杆从主轴尾部将锥柄拉紧。这种定位形式迅速方便，定位精度高，但刚度较低，适用于轻切削的小型夹具。图 4.69(b) 中夹具以端面 *A* 和圆柱孔 *D* 在主轴上定位。孔和主轴轴颈的配合一般采用 H7/h6 或 H7/m6。这种结构制造容易，但定位精度较低。夹具的紧固依靠螺纹。图 4.69(c) 中夹具用短锥 *K* 和端面 *T* 定位。这种定位方式因为没有间隙所以有较高的定心精度，并且连接刚度也较高。但要保证夹具体上的锥孔和端面同时和主轴上的锥面和台肩接触，就必须严格控制夹具体上的锥孔的锥度、直径以及锥孔与端面 *T* 的垂直度，否则会影响定位效果，所以加工比较困难。

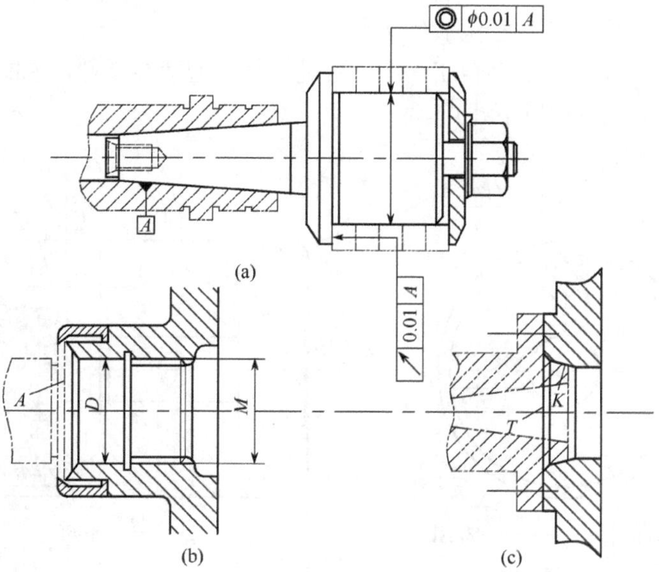

图 4.69　夹具在主轴上的安装

为了获得定位元件相对于机床成型运动的准确位置，有的情况下还可以采用就地加工的方法。夹具上定位元件定位面的最终加工就在使用这台夹具的机床上进行，加工好后夹具的位置不再变动，这样可以避免很多中间环节对夹具位置精度的影响。

4.9　夹具设计的方法及步骤

在进行夹具设计时，首先应该对被加工工件进行深入细致的分析，了解他们的尺寸、形状特征以及待加工表面的精度、表面粗糙度要求，这些是夹具设计的出发点。然后运用前面讲过的知识，提出几种可行的定位、夹紧方案，并仔细地分析对比，择优选取，由此确定出夹具的总体方案。接着应该对夹具的具体结构进行构思，并绘制成装配图、零件图。下面将夹具设计的方法及步骤，作一个简单的介绍。

4.9.1　设计前的准备工作

在决定夹具总体方案之前，应该收集和掌握下列必要的资料。

1) 生产纲领

工件的生产纲领即年产量，对于工艺过程及工艺装备都会产生十分重要的影响。例如，大批量生产时，都采用气动或其他机动夹具，它们的自动化程度都很高，同时装夹的工件数也较多，结构也比较复杂；而单件小批生产时，则都采用结构简单，成本低廉的手动夹紧夹具。

2) 零件图及工序图

工件的零件图是夹具设计的重要资料之一，它给出了工件在尺寸、形状和位置精度要求等方面总的情况。工序图则给出了夹具所在工序的情况、零件的工序尺寸、工序基准、已加工表面、待加工表面、工序精度等，它是夹具设计的直接依据。

3) 工序内容

夹具所在工序的内容，主要指该工序所用的机床、刀具，切削用量、工步安排、工时定额、装夹工件数目等。这些资料在考虑夹具总体方案和具体结构、估算夹紧力时，都是必不可少的。工序内容一般可在工艺卡片上查到。

图 4.70 表示了一个零件的钻铰工序图。这是一个小型套类零件，中批生产。在进行此工序的夹具设计时，应该注意以下几点。

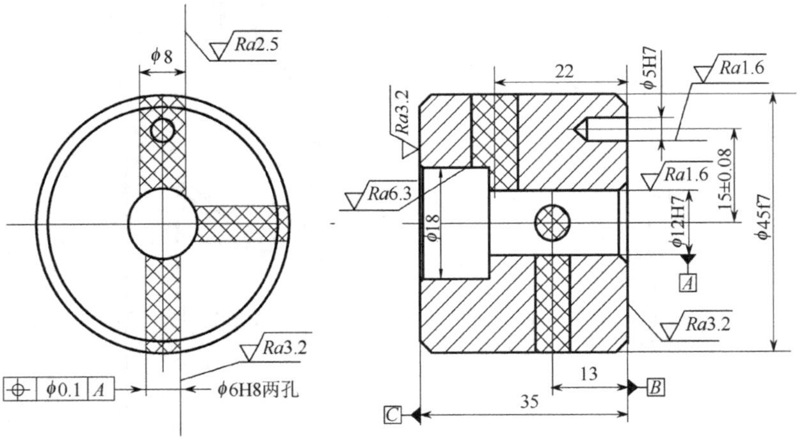

图 4.70　钻铰孔工序图

① 工序的具体内容是：钻、铰ϕ6 两孔，钻ϕ8 孔。

② 工序的精度要求是：两个ϕ6 孔的精度为 8 级，表面粗糙度为 *Ra*3.2，它们的中心线与ϕ12H7 孔中心线的位置度为 0.1，ϕ8 孔为自由尺寸，表面粗糙度为 *Ra*12.5。

③ 已加工表面有：孔ϕ12H7(*Ra*1.6)，孔ϕ5H7(*Ra*1.6)，外圆柱面ϕ45f7(*Ra*12.5)，两端面 *C*、*B*(*Ra*3.2)，孔ϕ18(*Ra*6.3)。

4.9.2　夹具总体方案的确定

所谓夹具的总体方案，主要指下述三个方面。

1) 定位方案

在考虑定位方案时，应该按工件的精度要求和工序内容来决定应限制的自由度数目。进而选择好定位基准，并考虑所需的定位元件。

对于图 4.70 所示的零件，因两个孔ϕ6H8 必须有较高的位置精度要求，所以采用完全定位，即限制六个自由度。可以作为精基准的表面很多，如ϕ12H7 孔、ϕ5H7 孔、ϕ45f7 外圆面，*C*、*B* 端面等。将它们组合起来便可以有如下几种定位方案：

① 一面两销定位，如图 4.71(a)所示；

② 长销、削边销、小止推面定位，如图 4.71(b)所示；

③ 端面、削边销、定心套定位，如图 4.71(c)所示。

上述三种方案，都可以满足限制六个自由度的要求，但在具体实施时仍有优劣、高下之分。这里不妨作一个简单的分析：

方案②主要定位元件为长销，工件必须由其一端装卸，较为费时，同时钻铰ϕ6H8 两孔时，长销上还应留出刀具越程所需的位置，而使其结构复杂，排屑及清理也不够方便；方案③为以ϕ45f7 外圆表面定位，由于ϕ6H8 两孔的中心线与ϕ12H7 孔中心线有位置度要求，因此以ϕ45f7 为定位基面，将会产生基准转换误差。对比起来方案①的定位比较准确，结构简单，操作也较为方便，因此是一个较好的方案。

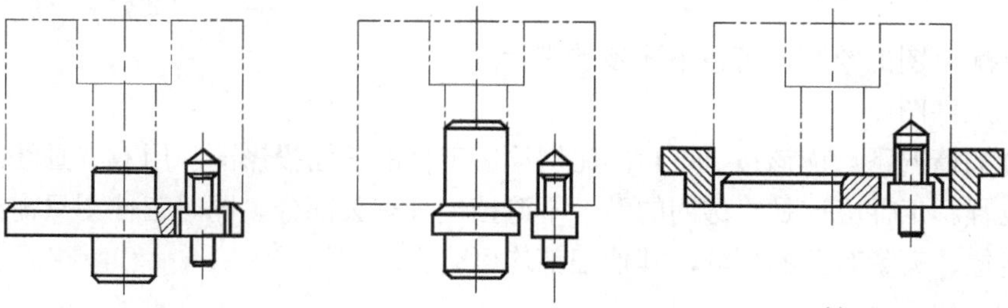

(a)　(b)　(c)

图 4.71　三种定位方案

2) 夹紧方案

考虑夹紧方案时，应该遵循前面讲过的原则，运用有关的知识，确定夹紧力的方向，施力点的布局，进行夹紧力的估算，设计或选择动力源，并初步考虑夹紧机构的具体结构。图 4.70 所示的零件为中批生产，零件尺寸也不大，可以采用手动夹紧。由于零件选用一面两销定位，因此夹紧力应该沿着定位销的轴线方向。具体的夹紧方案可以有如下几种。

(1) 螺钉垫圈夹紧。图 4.72(a)就是一种经常采用的夹紧方式，如图 4.2 所示的夹具，就是采用这种方法夹紧的。这种夹紧方式的优点是机构简单，操作也比较方便；缺点是装卸、夹紧工件都比较麻烦。由于工件销孔ϕ12H7 尺寸较小，不宜采用开口垫圈(否则螺栓尺寸将过小)，将使装卸工件费时。

(2) 钩形压板。如图 4.72 (b) 所示，这种夹紧机构装卸工件比较方便，但夹紧时要拧动两个螺母，比较费时。当然也可以采用联动钩形压板，拧动一个螺母而使两个压板压紧，但这样使整个机构复杂化。

(3) 铰链压板。如图 4.72 (c) 所示，此种夹紧方案结构简单，使用也方便，是一个较好的方案。

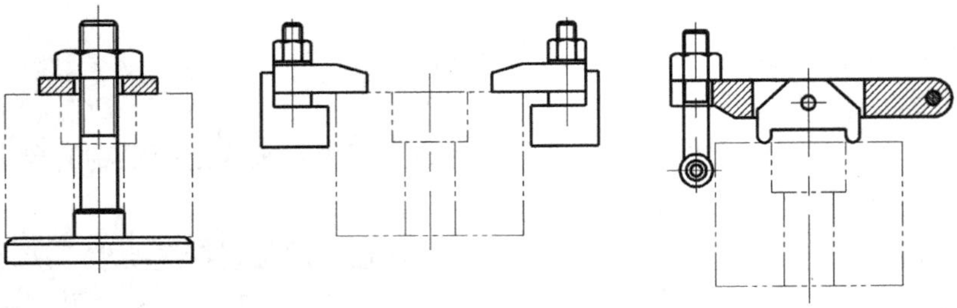

(a)　(b)　(c)

图 4.72　三种夹紧方案

应该指出的是，夹紧方案的确定还只是一个初步设想，在具体绘制其结构图时，还可能遇到一些限制或困难。如体积过大，夹紧机构与其他元件相碰等。部分地修改方案，甚至重新设计都是可能发生的。

3) 夹具的形式

一般按夹具的不同特点，可以将它划分成各种形式，熟悉这些形式，对于确定夹具的总体方案是很有好处的。以钻床为例，常见的形式有固定式钻模、翻转式钻模、盖板式钻模、回转式钻模、滑柱式钻模等。对于图 4.70 所示零件，由于它需要在两个方向上钻孔，因此只能采用翻转式钻模或回转式钻模。下面以翻转式钻模为例，讨论具体的结构设计。

4.9.3　夹具装配草图的绘制

夹具装配草图的绘制，可按下述步骤进行。

1) 绘制工件图

在可能的情况下，应该按 1∶1 的比例绘出工件的三面投影图。用双点画线线型表示工件的假想位置。工件应该是“透明的”，不遮挡夹具有关部分。同时工件图只需绘出外形轮廓以及与定位、夹紧有关的部分，其他细部均可略去。

2) 绘制定位元件

在绘制好工件轮廓图后，就可以按预定的定位方案，选用合适的标准定位元件或是设计特殊定位元件，并合理布置，绘制成图。

对于举例的夹具，由于采用了一面两销定位，应该先对销的结构尺寸进行计算，具体方法前面已经给出。其结果是：

定位销尺寸及偏差，$\phi 12\text{g}6\begin{pmatrix}-0.006\\-0.017\end{pmatrix}$；

削边销尺寸及偏差，$\phi 4.92\text{g}6\begin{pmatrix}-0.004\\-0.012\end{pmatrix}$；

削边销宽度，$b=2$，$B=4.5$；
两销的中心距及偏差，15±0.02；
定位元件的具体情况如图 4.73 (a) 所示。

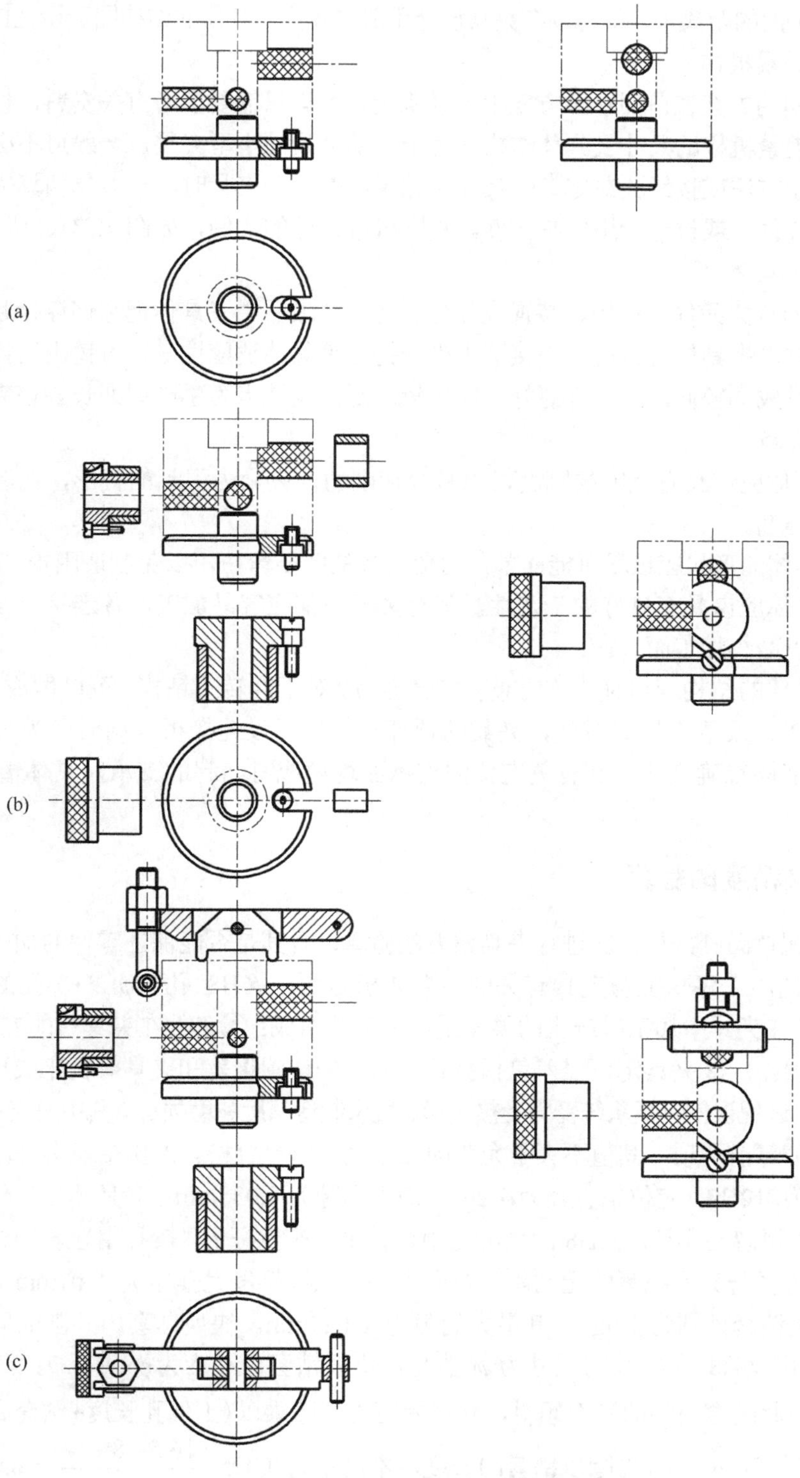

图 4.73　夹具装配图的设计步骤

3) 绘制导向元件及其他元件

画好定位元件后，便可进行导向元件、分度元件及有关装置的设计及绘图，对于所举的设计例子来说，由于要加工三个孔，需要布置三个钻模套。它们的结构尺寸、公差与配合、钻套底面与被加工面的距离等，都可以在夹具设计手册中查到，具体的结构图表示在图 4.73 (b) 上。

4) 设计夹紧机构

夹紧机构的方案在前面总体方案中已经确定，这里只需要参考有关资料，按照夹紧力的大小，决定夹紧机构的尺寸及具体结构。对于手动夹紧的小型夹具，一般可不必估算其夹紧力，可用类比方法或按经验决定有关尺寸。如果需要气动夹紧时，一般要估算夹紧力，并选择标准气缸部件，或设计专用气缸部件。夹紧机构设计的实例，如图 4.73 (c) 所示。

5) 绘制夹具体

当夹具的有关元件、机构、装置设计好了之后，最后用夹具体把它们连接起来，形成一个有机的整体。夹具体有铸造及焊接两大类。铸造夹具体适应性好，可铸出所需要的各种复杂形状，同时成本较低，抗震性能好，应用较广泛，其缺点为生产周期长。在夹具体设计时应注意如下几点。

(1) 夹具体应该具有足够的刚度，以减少切削力、夹紧力引起的变形，在容易变形的部位还应有加强筋。

(2) 夹具体的形状应该尽可能简单，避免过多的凹凸弯扭，以免制造困难，排屑麻烦。

(3) 夹具体应该具有良好的工艺性，其有关表面都应容易加工，各连接表面应该有凸台或鱼眼坑，以减少加工面。

(4) 夹具体的结构应该使操作方便，排屑容易。对于翻转式钻模，可以做成半箱形结构，考虑到装卸工件及清理切屑方便，夹具的顶部及前部不设连接板。同时，为了使翻转时夹具在机床上能够准确安放，其有关定位的支承面均做成有凸起的支承，具体情况如图 4.74 所示。

4.9.4　夹具精度的验算

夹具装配草图画好后，应进行夹具精度的验算，看其是否能保证零件的加工精度。对于所举例子来说，工序精度与夹具有关的主要要求是两个ϕ6H8 孔与ϕ12H7 孔的位置度允差 0.1mm。工件在夹具中加工时产生的误差是由三部分组成：①工件在夹具中的安装误差(定位误差加夹紧误差)；②夹具定位误差包括夹具对刀具的位置误差和夹具对机床成形运动的位置误差；③加工过程误差包括系统受力受热变形、机床制造精度和磨损等。其中第三项一般不易估算，因而常估算前两项，其值不大于允差的三分之二就算合格。本例中没有基准转换误差，工件定位孔为ϕ12H7，定位销直径为ϕ12g6，最大间隙为 0.035mm。夹具体与工件的刚性均较好，夹紧误差可忽略不计。ϕ6H8 的精度是由铰孔工步来保证的。铰孔用导套的结构如图 4.74 所示，衬套外径与夹具孔紧配无间隙，衬套内外圆的同轴度允差定为 0.01mm。衬套内径为ϕ10H7，快换钻套外圆为ϕ10g6，其最大间隙为 0.029mm。快换钻套内外圆的同轴度允差为 0.01mm。铰削ϕ6H8 孔用铰刀尺寸为$\phi 6_{+0.006}^{+0.011}$，快换钻套内孔应为ϕ6.011G7，其最大间隙为 0.025mm。由此间隙引起的铰刀倾斜，其误差应为间隙乘以(工件孔长度+钻套底端与工件表面距离+钻套长度的一半)再除以钻套的长度，本例中为$0.025\times\dfrac{16.5+8+14}{28}=0.034\text{mm}$。

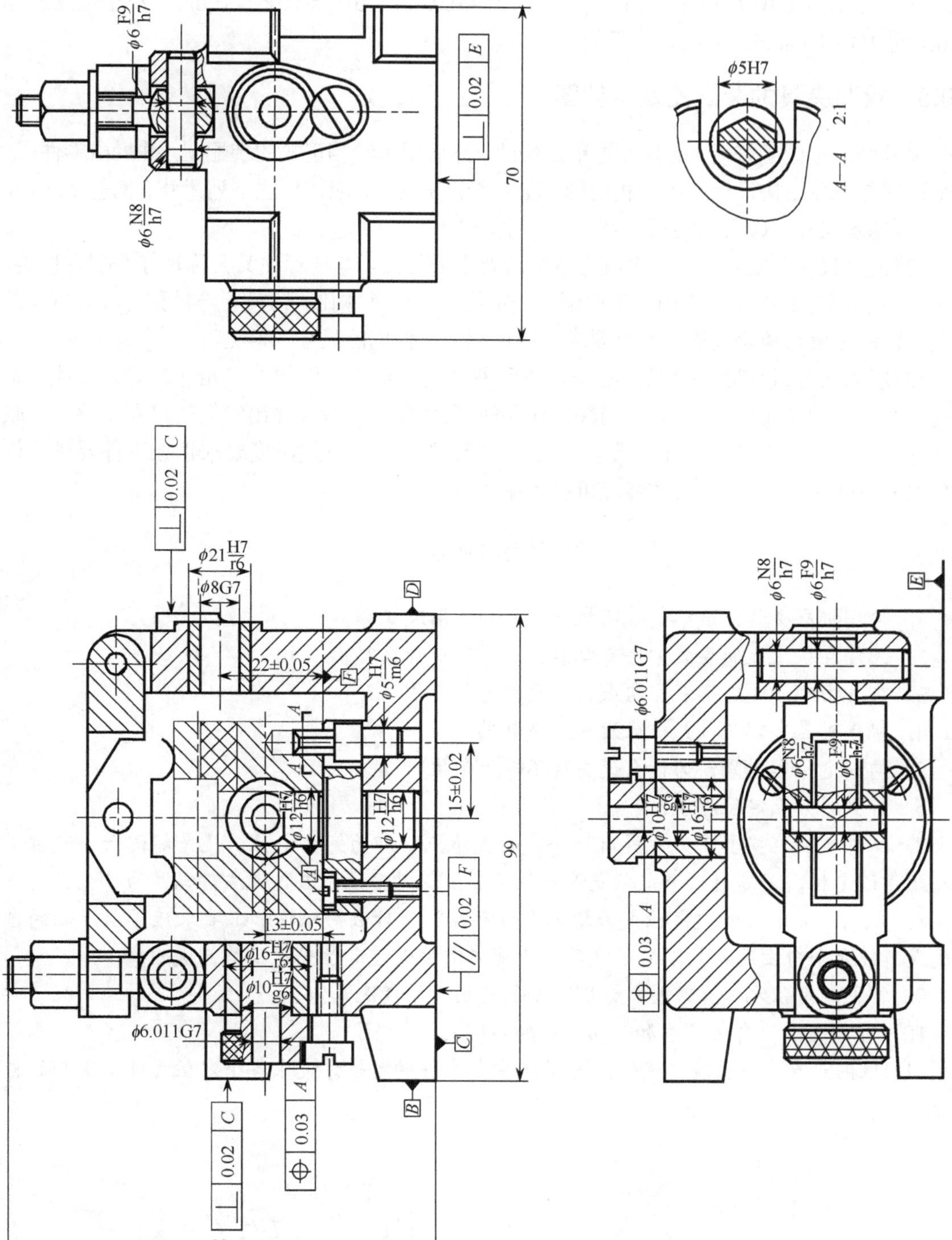

图 4.74　翻转式钻模装配图

夹具体上ϕ16H7 钻套孔与ϕ12H7 定位销孔的位置度允差定为 0.02mm。定位销的ϕ12h6 与ϕ12g6 同轴度允差为 0.01mm。将上述各项误差用概率相加得总误差值为 $\sqrt{0.035^2+0.01^2+0.029^2+0.01^2+0.034^2+0.02^2+0.02^2+0.01^2}=0.0657$(mm)，小于位置度允差 0.1 的 2/3，因而夹具精度是可行的。

4.9.5　绘制夹具的装配图及零件图

夹具装配草图画好后，应该经过审定修改，然后便可绘制正式的装配图，并拆出零件图。这个过程与一般结构设计过程是相同的。在夹具装配图上，应该标注下列尺寸、偏差及配合。

(1) 轮廓尺寸，即夹具的长、宽、高尺寸。

(2) 配合尺寸及配合种类。夹具上有配合要求的部位，均应标注其公称尺寸及配合种类。如图 4.74 所示夹具中，定位销与工件销孔，定位销与夹具体孔；钻模套与衬套，衬套与夹具体孔；铰链压板与销等处均有配合要求，应该标注出他们的尺寸及偏差。

(3) 联系尺寸及偏差。夹具上各个定位元件之间，定位元件与导向元件、对刀元件、定向键之间，各导向元件之间等，一般都有严格的尺寸要求，应标注出它们的尺寸及偏差。联系尺寸的公差，一般按工件相应公差的(1/2～1/5)选取。其位置精度要求也按工件要求的位置公差的(1/2～1/5)选取。具体情况可参考图 4.74。

思考与练习

1. 何谓机床夹具？试举例说明机床夹具的作用及其分类？

2. 工件在机床上的安装方法有哪些？其原理是什么？

3. 夹具由哪些元件和装置组成？各元件有什么作用？

4. 机床夹具有哪几种？机床附件是夹具吗？

5. 何谓定位和夹紧？为什么说夹紧不等于定位？

6. 什么叫六点定位原理？

7. 工件装夹在夹具中，凡是有六个定位支承点，即为完全定位，凡是超过六个定位支承点就是过定位，不超过六个定位支承点就不会出现过定位，这种说法对吗？为什么？

8. 定位、欠定位和过定位是否均不允许存在？为什么？根据加工要求应予以限制的自由度或工件六个自由度都被限制了就不会出现欠定位或过定位吗？试举例说明。

9. 常见的定位元件有哪些，分别限制的自由度的情况如何？

10. 可调支承、自位支承和辅助支承的不同之处？

11. 根据六点定位原理，试分析图 4.75 中各零件的定位方案中各个定位元件所限制的自由度。

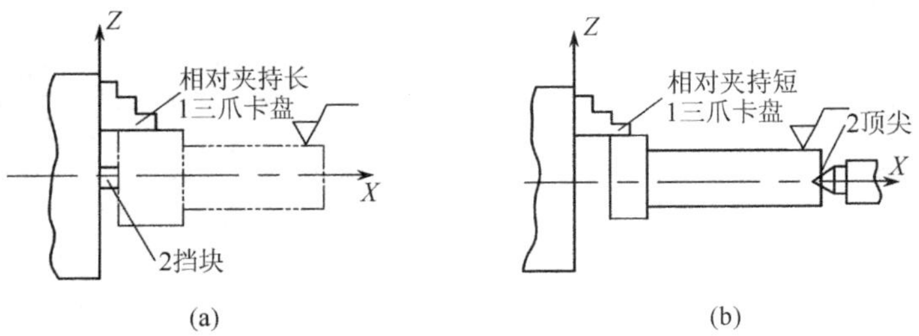

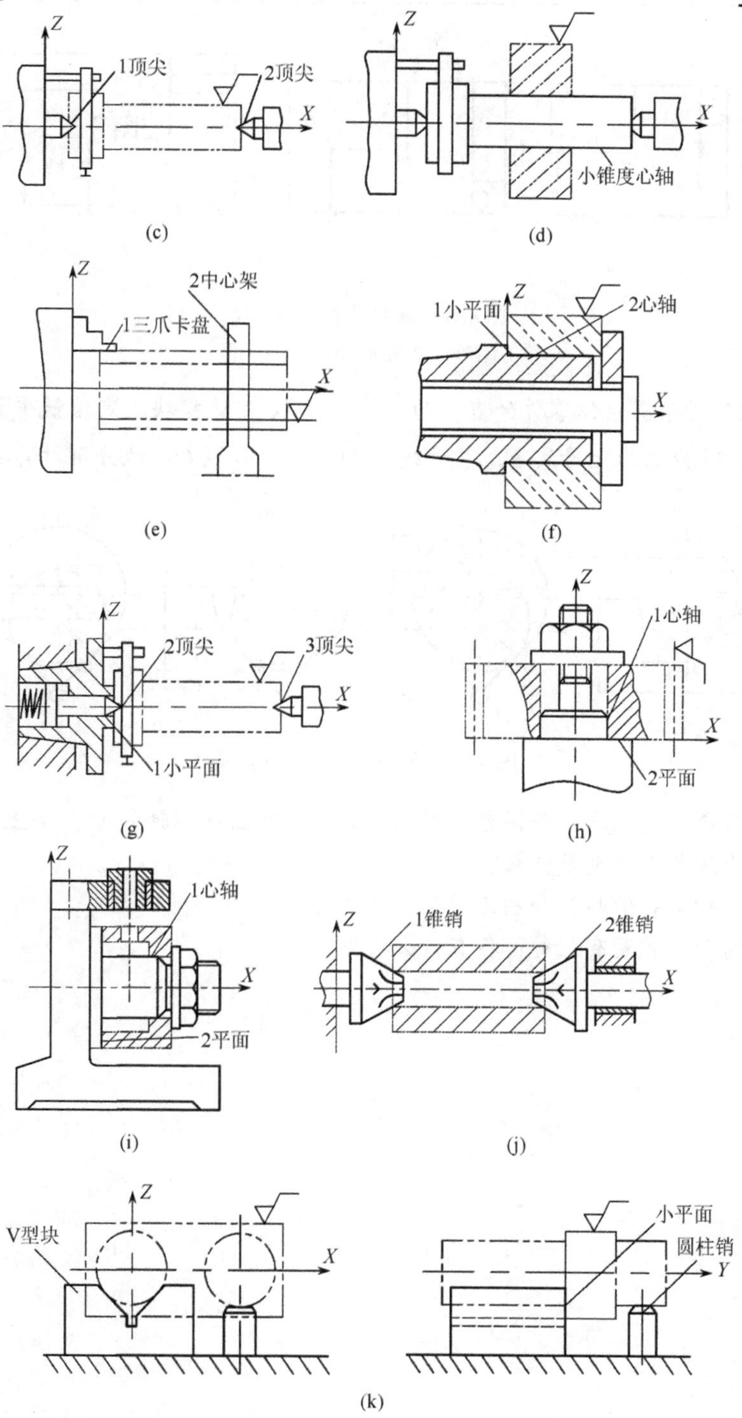

图 4.75　零件的定位方案

12. 何谓定位误差？定位误差由哪些因素引起的？定位误差的数值一般应控制在零件公差的什么范围之内？

13. 图 4.76(a)所示零件，底面 3 和侧面 4 已加工好，现需加工台阶面 1 和顶面 2，定位方案如图 4.76(b)所示，求各工序的定位误差。

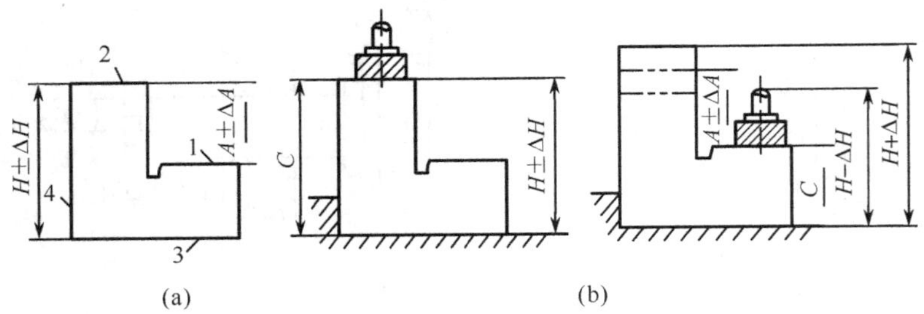

图 4.76　零件图和定位方案

1-台阶面；2-顶面；3-底面；4-侧面

14. 图 4.77 所示圆柱体零件的直径为 $d_{-\Delta d}^{\ 0}$，均放在 V 型块上定位铣平面，其加工表面的设计尺寸的基准分别为上母线 B、下母线 C 和零件中心线 O，试分别计算其定位误差。

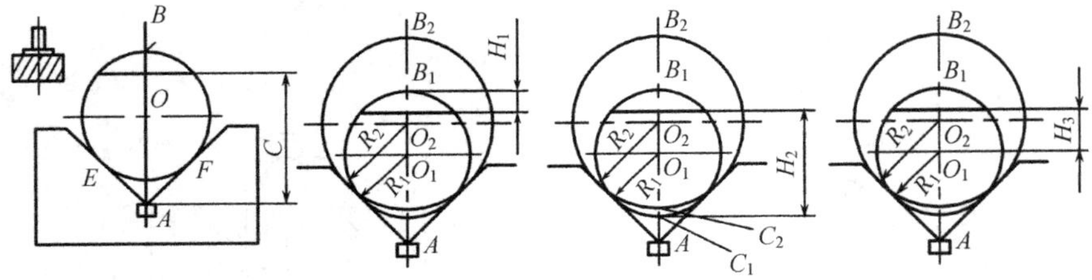

图 4.77　圆柱体零件定位方案

15. 为什么会出现基准位移误差？以工件的孔和外圆在心轴和 V 型块上定位为例。

16. 夹紧力的确定原则是什么？

17. 钻套的种类有哪些？分别适用于什么场合？

18. 夹具的动力装置有几种？各有什么特点？

第 5 章　机械加工精度

5.1　机械加工精度概述

5.1.1　精度的概念

零件的加工质量包含加工精度和被加工表面的表面质量两大部分。所谓加工精度，是指零件加工后的实际几何参数与理想零件的几何参数相符合的程度。它一般可分为尺寸精度、形状精度和位置精度三个方面。加工误差是指零件加工后的实际几何参数与理想零件的几何参数偏离程度。加工误差来源于两个方面：一个方面是机床-夹具-刀具-工件所组成的工艺系统本身的误差，另一方面是加工过程中出现的载荷和各种干扰，包括受力变形、热变形、振动、磨损等。

5.1.2　获得加工精度的方法

1) 获得尺寸精度的方法

工件在加工时其尺寸精度的获得方式，有下列四种。

(1) 试切法。靠试切工件、测量、调整刀具、再试切直到工件合格的方法来获得尺寸。如图 5.1(a) 的阶梯轴，要求车到 $\phi d_{-T}^{\ 0}$，加工时先试切一段，量其直径为 d_1，根据 d_1 与 d 的差值调整刀具位置再试切，再测量，如此反复，直到试切部分的尺寸合格后，再合上纵向进给机构，加工整个工件。图 5.1(b) 中 ϕD_1 的孔已镗好，加工孔 ϕD_2，要求其直径为 $\phi D_{2\ 0}^{+T_{D_2}}$、孔距 $L\pm\delta L$。先按照划线或机床的刻度尺镗出一段直径较小的孔，测量其与孔 ϕD_1 的孔间距为 L_1，根据 L_1 与 L 的差值移动工作台，再试切，直到孔间距符合要求为止，然后再镗到直径 $\phi D_{2\ 0}^{+T_{D_2}}$。试切法确定刀具与工件相对位置的过程较长，需要作多次调整、试切、测量和计算，费时较长，因此只适用于单件小批量生产中。

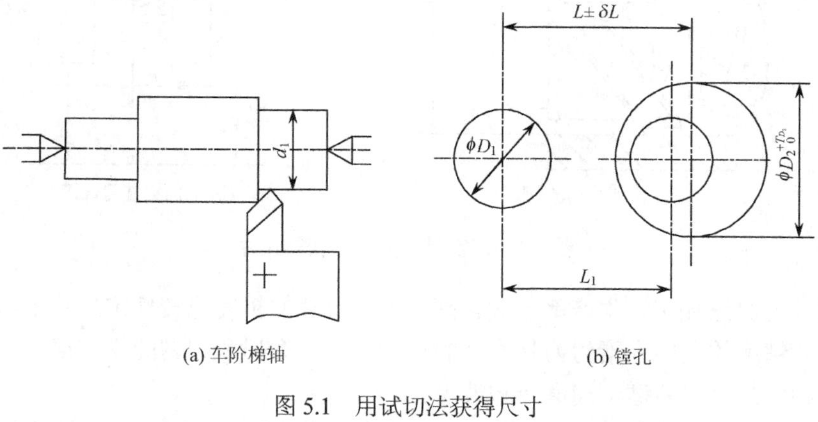

(a) 车阶梯轴　　　　(b) 镗孔

图 5.1　用试切法获得尺寸

试切法所能达到的精度可以很高，但是与操作工人的技术水平有关系。影响这种方法获得的尺寸精度的主要因素是试切尺寸的测量精度、机床微量进给机构的准确性、加工余量的变化和刀具的切削性能。

(2) 调整法。为了提高生产效率，常常用调整法来代替试切法。例如，在六角车床、多刀半自动车床、自动车床上加工工件时，事先将刀具调整到一定位置，加工时无须试切，一次走刀即完成这一复合工步，如图 5.2(a) 所示。六角刀架的纵向位置用挡块配合机械机构来控制，事先将挡块的位置调整好，以保证工件的轴向尺寸。调整法中影响工件精度的因素：调整机构的制造和安装误差、调整误差、行程开关的灵敏性等。图 5.2(b) 是在坐标镗床上加工工件孔系的示意图。工件的孔间距，完全由机床的定位精度来保证。

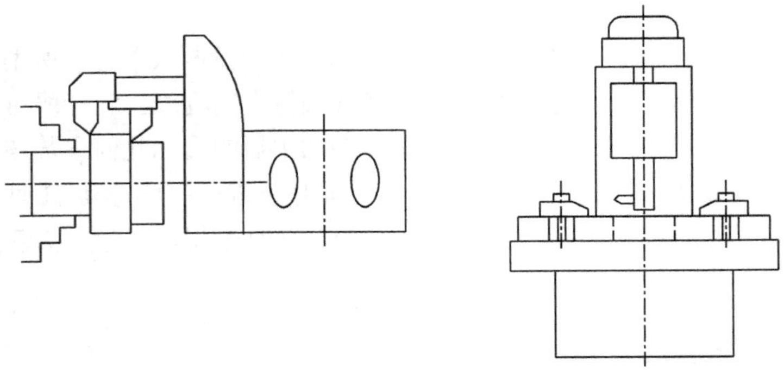

(a) 六角车床车轴　　(b) 坐标镗床加工孔

图 5.2　用调整法获得尺寸

(3) 定尺寸刀具法。用具有一定尺寸精度的刀具(如铰刀、扩孔钻、钻头等)来保证被加工工件尺寸精度的方法(如钻孔)。如图 5.3(a) 用镗刀块来镗孔，图 5.3(b) 是用三面刃铣刀的刀宽来保证槽的宽度。

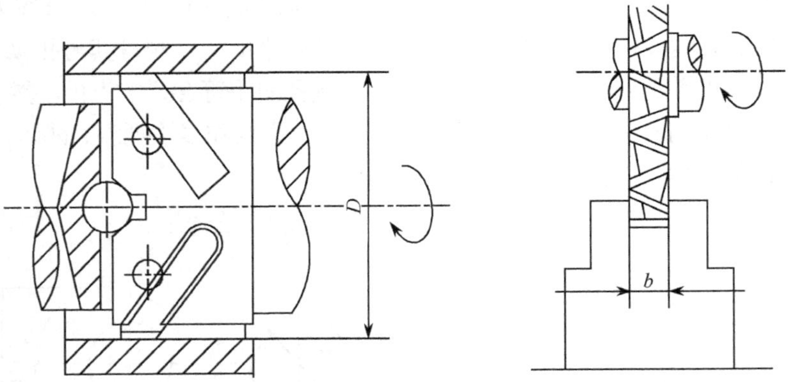

(a) 镗刀块镗孔　　(b) 三面刃铣刀铣槽

图 5.3　用定尺寸刀具法获得尺寸

用定尺寸刀具法加工，生产率一般较高，加工尺寸的精度也较稳定，几乎与操作技术无关。影响尺寸精度的主要因素为刀具本身的尺寸精度、磨损和刀具的安装误差，其次为切削时的条件，如切削热、刀瘤、润滑冷却液等。

(4) 自动控制法。使用一定的装置，在工件达到要求的尺寸时，自动停止加工。这种方法可分为自动测量和数字控制两种，前者要求机床上具有自动测量工件尺寸的装置，在达到要求时，停止进刀。后者根据预先编制好的数控机床程序来保证工件尺寸精度。

2) 获得形状精度的方法

在机械加工中，获得工件表面形状的方法可归结为两大类：一类是非成形运动法，如平面的钳工刮研和对磨等；另一类为成形运动法，也是目前最常用的方法，工件的表面形状主要依靠刀具和工件作相对的成形运动来获得。获得方法可具体归纳为如下三种。

(1) 轨迹法。这种方法是依靠刀具与工件的相对运动轨迹来获得工件形状的。刀尖的运动轨迹取决于刀具和工件的相对运动(成形运动)。例如，图 5.4(a)用工件的回转和车刀的直线运动来车削圆锥面；图 5.4(b)用工件的回转和车刀按靠模所作的曲线运动来车削成形表面；图 5.4(c)用刨刀的直线运动和进给运动来刨削平面等。这种方法，得到的形状精度主要取决于机床成形运动的精度。

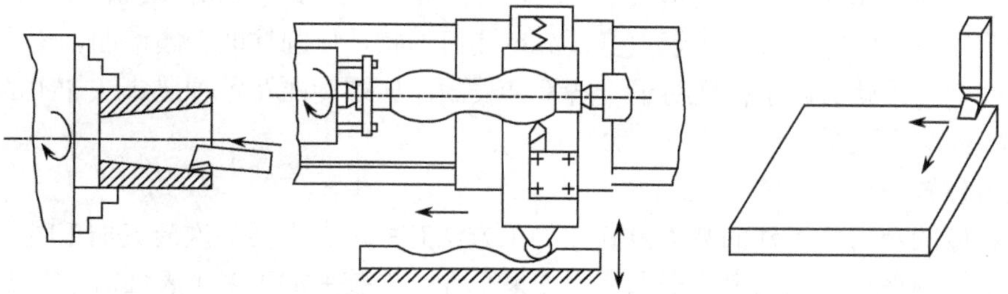

(a)　(b)　(c)

图 5.4　用轨迹法获得工件形状

(2) 成形法。为了提高生产效率，简化机床的复杂成形运动，常采用成形刀具来代替通用刀具，此时，机床的某些成形运动就被成形刀具的刀刃几何形状所代替。如图 5.5(a)是用成形车刀来车曲面，图 5.5(b)是用车刀车削螺纹，螺旋面由工件的回转运动和车刀的直线运动所产生，而螺纹的牙型则决定于车刀的形状，其牙型半角等于车刀的牙型半角。

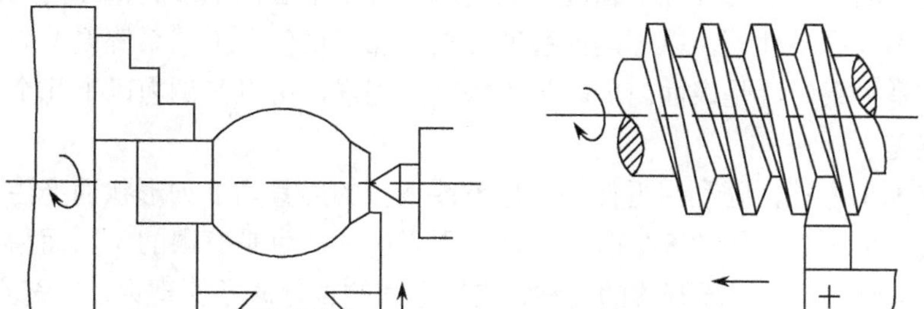

(a)　(b)

图 5.5　用成形法获得工件形状

很明显，这种加工方法，形状精度既取决于成形运动的精度，也取决于刀刃的形状精度。

(3) 展成法。各种齿形的加工，常采用此法。图 5.6 为滚齿时的情况，滚刀与工件保持一定的速比关系，而工件的齿形是由一系列刀齿的包络线所形成的。图 5.6(a)是滚铣齿形，图 5.6(b)是齿形包络线。

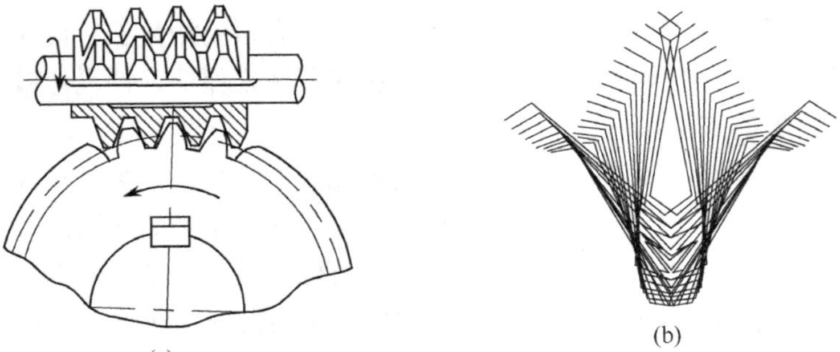

(a)　(b)

图 5.6　用展成法获得工件形状

由上可知，为了保证形状精度，必须首先保证各成形运动本身及其相互位置关系的准确性。各成形运动的相互关系，是指成形运动轨迹的相对位置关系(几何关系)和成形运动速度之间的相互关系(运动关系)。对于大多数简单几何形状，如圆柱面、圆锥面、平面等，只需要保证前一个关系就可以了；而对于一些复杂表面，如螺旋面及各种展成法加工的表面，则需要同时保证两个关系。

3) 获得位置精度的方法

位置精度的获得与工件的装夹方式和加工方法有关。当需要多次装夹加工时，有关表面的位置精度依赖夹具的正确定位来保证；如果工件一次装夹加工多个表面时，各表面的位置精度则依靠机床的精度来保证，如数控加工中主要靠机床的精度保证工件各表面之间的位置精度。

5.1.3　影响加工精度的因素

根据对精度获得方法的分析，尺寸、形状及位置取决于工件和刀具在切削过程中的相互位置，而工件和刀具又安装在夹具和机床上。因此，在加工中，机床、夹具、工件、刀具就构成了一个完整的系统。工件加工精度的问题就涉及整个工艺系统的精度问题。工艺系统中的误差，就在不同的条件下，以不同的程度反映为加工误差。工艺系统误差为“因”，是根源，加工误差是“果”，是表面。影响加工精度的因素，可以归纳为以下几个方面。

1) 原理误差

对于某些加工方法，因利用近似加工原理或近似的刀具切削刃形状而产生原理误差。例如，用滚刀加工齿轮时，如图 5.6(b)所示，由于刀齿的数目是有限的，因而齿形的形成是断续的，切成的齿形是一近似渐开线的折线，它们之间的误差属于原理误差，滚刀的齿数越多、头数越少、被加工齿轮的齿数越多时，原理误差越小。

2) 安装误差

利用夹具对加工工件进行定位、夹紧等安装时，会产生定位误差和夹紧误差，而夹具本身也有一定的误差，这些误差会影响工件的加工精度。

3) 测量误差和调整误差

在用试切法获得工件尺寸时，由于量具本身的精度以及由于测量温度、测量力而引起的误差将产生工件尺寸误差。在用调整法加工时，调整时的测量误差和调整方法本身的误差将产生工件的尺寸误差。

4) 机床、夹具、刀具的制造精度和磨损

机床的制造精度包含几何精度、运动精度、传动精度和定位精度四个方面，它们直接影响工件的加工精度。例如，车床上主轴的回转精度、床鞍纵向运动的直线度、前后顶尖的等高度以及前后顶尖连线与主轴回转轴线的平行度等都将影响工件的加工精度。

夹具可以看成机床的一个部分，尤其是万能夹具更是如此，如车床的卡盘、铣刨床的虎钳、分度头等。刀具的制造精度和磨损对工件的加工精度会造成影响，具体影响规律见第 2 章 2.6 节。

机床、夹具、刀具在使用过程中的磨损会引起新的误差，因而将降低工件的加工精度。

5) 机床、夹具、刀具、工件的受力变形

工件的加工过程都是外力的作用过程。在切削力、传动力、夹紧力、重力、惯性力的作用下，机床、夹具、刀具、工件都会产生变形。如在切削力的作用下，机床(夹具)-刀具-工件弹性系统(一般称为工艺系统)会产生变形，床头会后移、刀架会前移、工件会弯曲、刀具会变形等。这样会破坏已调整好的刀具和工件的相对位置，也会改变刀具和工件在成形运动中的相对位置，因而产生误差。传动力会使机床变形、夹紧力会使工件和夹具变形，在某些情况下，还需考虑重力或惯性力引起的机床和工件变形。此外，工件在毛坯制造过程或热处理过程中所形成的内应力，也会引起工件变形。这些都会降低加工精度。

6) 机床、刀具、工件的受热变形

在加工过程中，机床、刀具、工件由于切削热，使刀具和工件产生温升，由于机床运转时产生的摩擦热，使机床产生温升等。温度的变化，使机床、刀具、工件产生热变形、改变了刀具和工件的相对位置，产生了误差。

5.2　工艺系统的制造精度和磨损对工件精度的影响

5.2.1　机床主轴的回转精度及其对工件精度的影响

1) 机床主轴回转精度的基本概念

机床主轴的回转运动是机床上一种最基本的成形运动，是决定工件圆度的主要因素之一，尤其在精加工时，切削用量很小，受力变形也小，决定工件圆度的主要因素常常是机床主轴的回转精度。一个精密机床，如坐标镗床、精密车床、精密磨床，其主轴回转精度必须很高，否则就难以加工出高精度的零件。一个中等尺寸 5 级圆度公差是 3～7μm，而普通车床的主轴回转精度是 5～8μm。因而用普通车床是车不出 5 级圆度的零件的，只有用主轴回转误差为 1～2μm 的精密车床才能车出这样的零件。

主轴回转时，任一时刻其上某一截面有一点速度为零，此点称瞬时回转中心，各截面瞬时回转中心连线叫作瞬时回转轴线。在被测截面内主轴瞬时回转中心相对于理想(平均)回转中心的位置变动量为 $\Delta S = f(t,\theta)$，其中 t 是时间，θ 是转角。

什么叫主轴回转精度呢？以前人们把主轴定心轴颈在回转时的径向跳动和主轴轴肩在回转时的端面跳动(其测量方法见图 5.7)看成为主轴回转精度，这是不确切的。因为主轴定心轴颈的径向跳动是由两种误差所引起的，一是主轴回转轴线在回转时的漂移(相对于平均轴线的位置变动)，二是定心轴颈与主轴回转轴线的同轴度误差。这两种误差对工件精度的

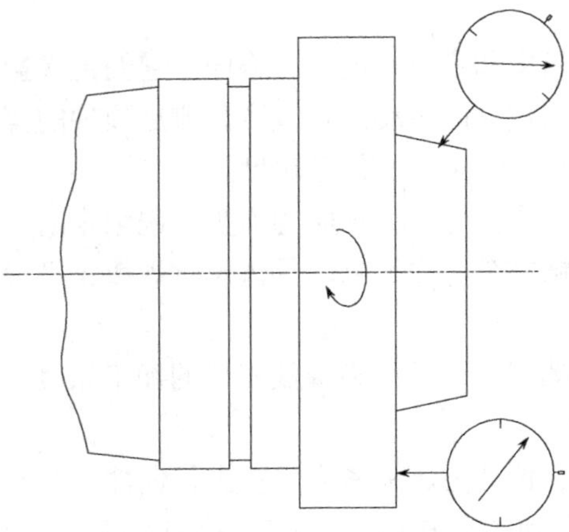

图 5.7　主轴定心轴颈的径向跳动和轴肩端面跳动的测量

影响又是很不相同的，前者主要影响工件的圆度，后者主要是影响工件被加工面和被夹持面的同轴度。例如，假设主轴回转轴线在回转时稳定，而定心轴颈与回转轴线有偏心，如图 5.8 所示，加工出的外圆 B 没有圆度误差，但它与被夹持面 A 是偏心的。因此，把前者称为主轴的回转精度，它不包含后者所涉及的内容。同样，主轴轴肩面的端面跳动也包含两部分内容，一是主轴回转轴线在回转时其轴向位置与平均位置间的变动量，二是轴肩面本身与回转轴线的垂直度误差。把前者称为主轴回转精度，它影响被加工端面的平面度。对后者，它不包含在回转精度以内。它不影响形状精度，而影响位置精度，如影响端面与被夹持面的垂直度。

研究主轴回转精度的目的是为了获得高圆度的被加工工件，因此在定义回转精度的同时，也应从工件的圆度方面来考虑。我们知道，在加工工件时存在一个误差敏感方向，在这个方向上存在的误差，对加工件的精度影响最大，而垂直于这个方向的误差，对工件精度的影响很小，一般可以忽略不计。这个误差敏感方向是经过刀具刀刃的切削点又垂直于已加工表面的方向，如车削圆柱面，它是图 5.9 中的 Y 向，在这一方向上存在的误差δ将 1∶1 地反映到工件的半径上去，而在垂直于 Y 向的 Z 向，其误差δ_Z的反映比例是很小的，如图 5.9 所示，反映到工件半径上的误差为

$$\Delta R = R - R_0 = \sqrt{R_0^2 + \delta_Z^2} - R_0 \approx \left(R_0 + \frac{\delta_Z^2}{2R_0}\right) - R_0 \approx \frac{\delta_Z^2}{2R_0}$$

由于δ_Z一般是一个微小量，因此它的二次方一般常忽略不计。

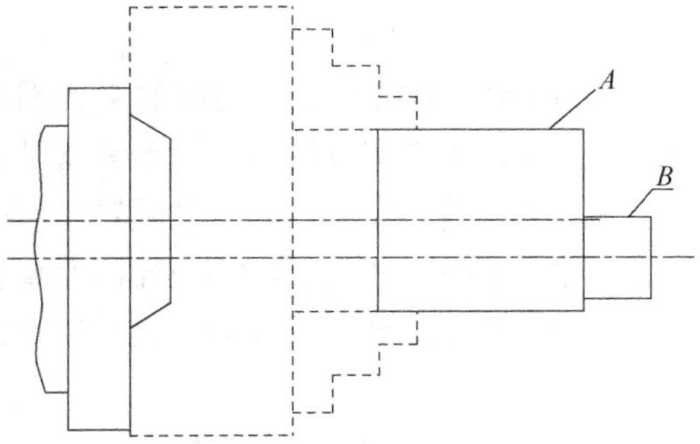

图 5.8　定心轴颈的偏心对工件的影响

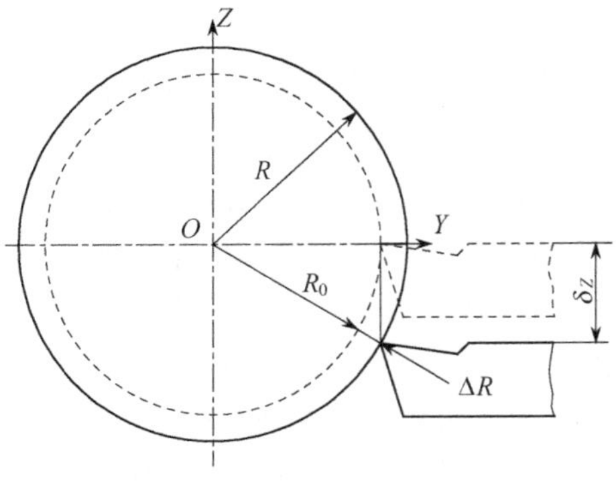

图 5.9　车削外圆时的误差敏感方向

这样，主轴回转精度的定义为：主轴回转轴线在回转时相对于其平均轴线的变动量在误差敏感方向的最大位移值。它可以是径向跳动、轴向跳动或摆动，如图 5.10 所示。

主轴回转精度的高低常用规定的截面内主轴一转或数转内瞬时回转中心的变动范围来衡量的。这个范围小，主轴回转精度就高。

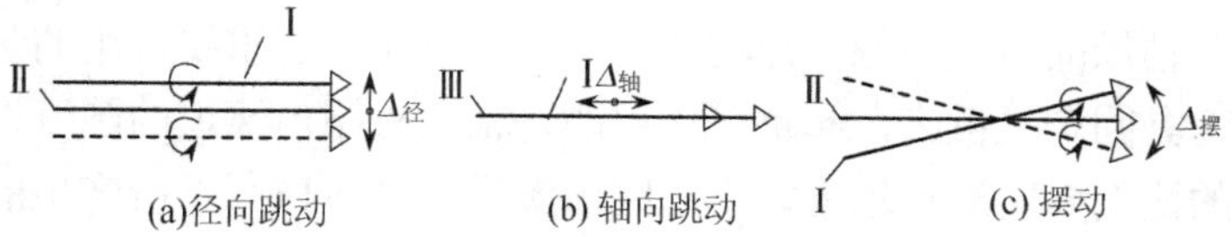

图 5.10　主轴回转误差

Ⅰ-瞬时回转轴线；Ⅱ-平均回转轴线

主轴回转误差是以瞬时回转中心与理想回转中心的距离大小表示的，但理想的并不存在，而平均回转中心是可以找到的。因此可认为，瞬时回转中心轴线与平均轴线的距离就是主轴回转误差。

2) 机床主轴回转精度的分析

所有机床可分为工件回转类机床和刀具回转类机床两大类。前者如车床、磨床，后者如镗床。前一类机床，由于刀具不回转而是工件回转，因此切削力方向是不变的，误差敏感方向也是固定不变的。后一类机床，由于刀具在回转，因此切削力方向随刀具而回转，误差敏感方向也在回转，但是相对于回转的镗杆(刀具)来说，切削力的方向、误差敏感方向的相对位置是不变的。

机床的主轴是以其主轴颈与床头箱的前后轴承(有时还有中间轴承)相配合而回转的，因此影响主轴回转精度的重要因素是轴承的精度、主轴的精度和床头箱体主轴孔的精度。轴承可能是滑动轴承(包括静压和动压两大类)，也可能是滚动轴承。

对于滑动轴承，影响主轴回转精度的直接因素是主轴颈的圆度误差、相应的轴承轴瓦内孔的圆度误差以及它们间的配合情况。对于工件回转类机床，由于切削力的方向不变，传动主轴回转的传动力的方向也是不变的，因此主轴在回转时，其受力的方向是固定的，因而轴瓦内孔与主轴颈的接触点位置对于轴瓦来说是变动较小的，也就是说，主轴颈在回转时，总是同轴瓦上的某一地段接触，如图 5.11 (a) 所示，这样，轴瓦内孔的圆度误差对主轴回转误差的影响就较小，而主轴颈的圆度误差起主要作用。对于刀具回转类机床，由于切削力的方向是变化的，因此轴瓦内孔的圆度误差对主轴回转精度起主要影响，而这类机床中传动主轴回转的常是一纯扭矩，如图 5.11 (b) 所示，主轴回转时，其轴线 O_1 的运动轨迹近似于一圆，主轴颈与轴承内孔接触点的位置相对于主轴颈来说变动较小，即主轴在回转时始终以其轴颈的某一地段与轴瓦接触，因而主轴轴颈圆度误差起的影响较小，如果轴承内孔的圆度误差较小，则镗出的孔其圆度误差也较小。

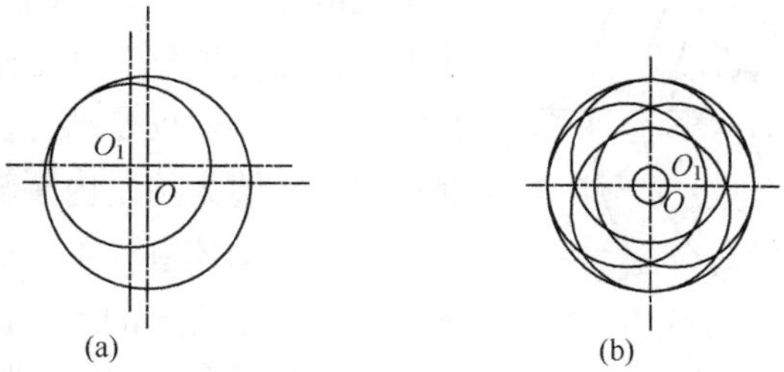

图 5.11　不同类型机床上影响主轴回转精度的不同情况

对于用滚动轴承作为主轴支承的情况，由于滚动轴承是由内圈、外圈、滚动体等多种零件所组成，因而影响主轴回转精度的因素就更多。关于轴承内外圈滚道的圆度误差对工件的影响，与前述滑动轴承的情况相似，即对工件回转类机床，起重要作用的是轴承内圈外滚道的圆度误差，对刀具回转类机床，起重要作用的是轴承外圈内滚道的圆度误差。但是这些误差反映到工件上的比例要比滑动轴承时小，因为滚道在载荷作用下所产生的弹性变形，会部分地补偿这些误差。

如果滚道与内孔或外圆有偏心，例如轴承内圈内孔与其外滚道有偏心，则将产生主轴定心轴颈的偏心，影响工件被加工面与被夹持面的同轴度，但不影响主轴回转精度。因此，这种误差是不会产生工件的圆度误差，而只是引起加工面和被夹持面之间的位置误差，如图 5.12 所示。图中Ⅰ表示主轴回转轴线，Ⅱ表示主轴几何轴线。如图 5.12(a)所示，用卡盘夹持工件车内孔时，会引起内孔与被夹持面——外圆的同轴度误差。如图 5.12(b)所示，用顶尖车外圆时，会引起调头前后分别车出的两段圆柱面的同轴度误差。如果轴承外圈外圆与内滚道有偏心，则与前相似，它也不会产生工件的圆度误差。

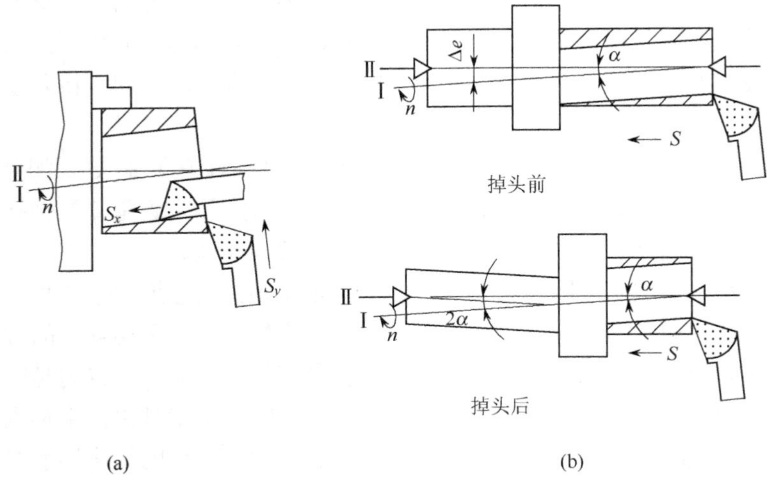

图 5.12　主轴几何轴线径向跳动所产生的加工误差

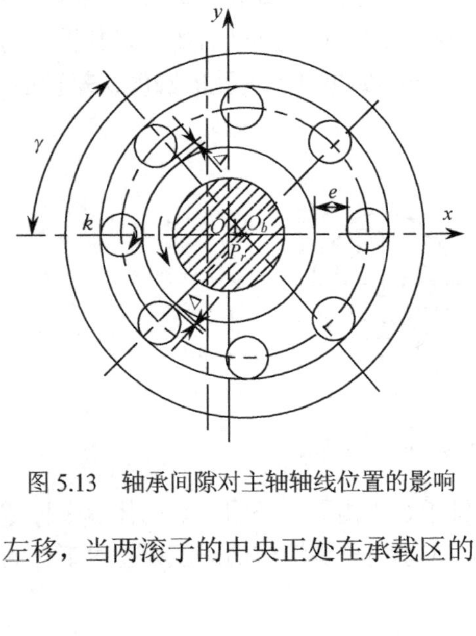

图 5.13　轴承间隙对主轴轴线位置的影响

滚动轴承的各个滚动体，如果尺寸不一或有圆度误差，则也会造成主轴回转误差。当直径较大的滚动体进入承载区时，主轴轴线会右移(该承载区在轴承的左边)，当直径较小的滚动体进入承载区时，主轴轴线左移(相对于前者而言)，因此滚动体的尺寸不一，会反映到工件上来，但是由于弹性变形的补偿作用，误差仅是部分反映到工件上。另外由于保持架的转速大约是内圈转速(假设内圈回转)的一半，因而滚动体直径不一产生的主轴回转误差，其频率约为主轴转速的一半，具有双转跳动的特点。滚动轴承如果有间隙 e，则会降低主轴的回转精度，如图 5.13 所示，当某一滚子正好处在承载区的中央，则回转轴线处于极右位置 O_b，滚子往下移动，轴线左移，当两滚子的中央正处在承载区的中央，轴线处于极左位置 O_1。当下一个滚子处于承载区中央时，回转轴线又处于极右位置。因此在机床装配时，对主轴的滚动轴承都要施加预加载荷以消除其间隙。预加载荷的大小要适当，太小、主轴刚度差、回转精度受影响；太大、主轴运转后的温升太大。

推力轴承的滚道端面跳动会造成主轴回转轴线的轴向跳动。如果不考虑在载荷作用下轴承的变形，如图 5.14 所示，推力轴承的定圈和动圈中，只要有一个没有端面跳动，则主轴回转轴线就不会轴向跳动，如图 5.14(a)所示。如果两个都有端面跳动，则回转轴线的轴向跳动将取其较小值。主轴回转轴线如有轴向跳动，则加工端面将产生平面度误差。如图 5.15(a)所示，加工的端面成螺旋面，当主轴向前窜动时，得右旋螺旋面；向后窜动时，得左旋螺旋面。主轴的轴向跳动对被加工螺纹的螺距影响较大，如果主轴回转一圈，轴线来回窜动一次，则将产生螺纹的螺旋线误差，如图 5.15(b)所示。

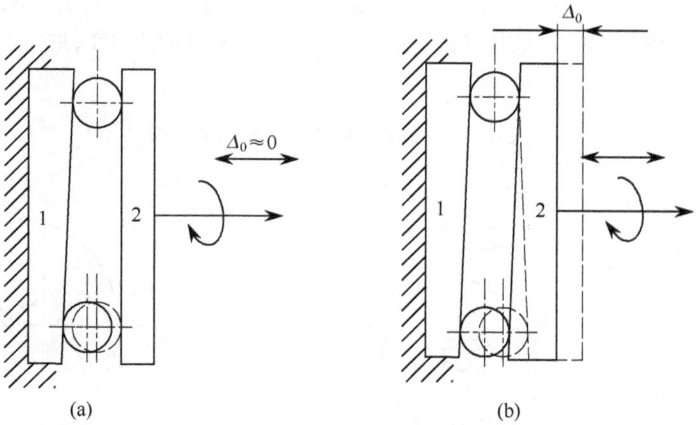

图 5.14　推力轴承端面跳动的影响

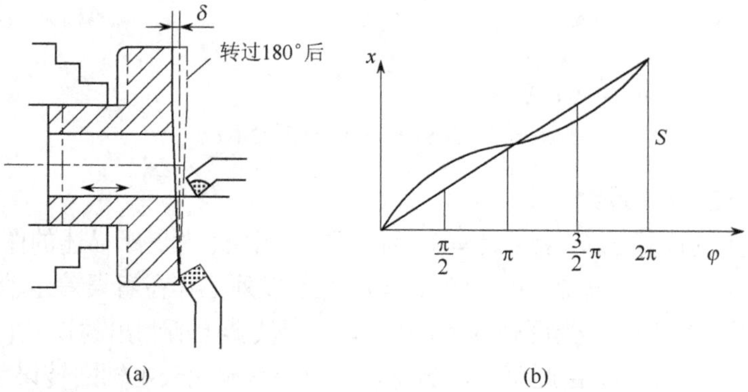

图 5.15　主轴轴向跳动引起的加工误差

安装滚动轴承的主轴颈如果不圆，则由于滚动轴承内圈是一个薄壁零件，因此必然会使内圈变形，滚道将随之而不圆。床头箱体中安装滚动轴承的内孔不圆，也会使轴承外圈滚道不圆。由于滚道不圆将产生主轴的回转误差。主轴的前后轴颈之间、床头箱体的前后轴承孔之间如果有同轴度误差，则会使滚动轴承内外圈相对倾斜，产生主轴回转轴线的径向和轴向跳动。此外如果压紧滚动轴承的螺母、过渡套和垫圈等零件的端面与螺纹的垂直度、端面与端面间的平行度有误差，则也会产生上述现象，引起回转轴线的径向、轴向跳动。因此为了保证主轴回转精度，必须控制上述零件的有关精度。

3) 机床主轴回转精度的测量

要测得主轴的回转精度，必须将回转轴线的漂移和相对回转轴线的偏心这两种误差区别开来，同时一定要把误差投影到误差敏感方向来测量，因此对于刀具回转型机床和工件回转型机床，其测量方法是不相同的。

(1) 刀具回转型机床的主轴回转精度的测量。如图 5.16 所示，在机床主轴上固定一调整盘，在盘上粘一钢球 5，此钢球必须精度很高，其圆度要比被测机床的回转精度高一个数量级。在钢球的相互垂直的两侧面各装一个位移传感器 3(可为电容或电感式传感器)，由传感器出来的电信号经放大器 6 放大后输入示波器 4 的水平和垂直偏置极板上，因此在示波器上即产生李沙育图形。将标准钢球的中心调整到离主轴回转中心有一微小的偏向量 e，如图 5.17 所示，如主轴没有回转误差，则当主轴回转时，x、y 两个方向上钢球与位移传感器间的间隙变化为δ_x、δ_y，则有

$$\delta_x = e\cos\omega t\ ,\quad \delta_y = e\sin\omega t$$

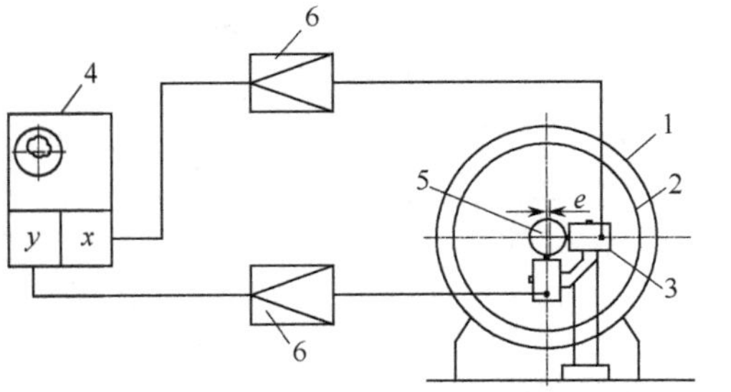

图 5.16　测定镗床主轴回转精度的一种方法

1-主轴；2-调整盘；3-位移传感器；4-示波器；5-钢球；6-放大器

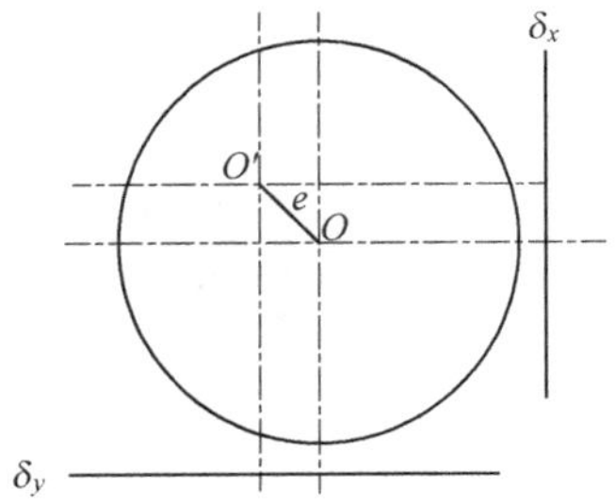

图 5.17　钢球安装偏心对测量的影响

O'-主轴回转中心；O-标准钢球中心

这样示波器上 x、y 轴的信号 s_x、s_y 为

$$s_x = Ke\cos\omega t\ ,\quad s_y = Ke\sin\omega t$$

式中，K 为放大器的放大系数。

示波器上光点的向径 $\rho = \sqrt{s_x^2 + s_y^2} = Ke$ 为一常数，因此光点所描述的图形是一个圆。如果主轴存在回转误差，则钢球在回转时除有偏心运动以外还存在着误差运动，两者按向量和叠加在一起，如图 5.18 所示。当回转误差δ较小时，示波器上所测出的误差$(\rho - e)$近似于δ在偏心 e 方向上的投影$\delta\cos\varphi$。由此可知，要使测出的误差能代表主轴回转误差，必须使偏心 e 的方向接近误差敏感方向，即钢球的偏心方向要接近刀具刀尖的方向。示波器荧光屏上实测得的李沙育图如图 5.19 所示，能包容图像的两个半径差最小的同心圆，其半径差即代表主轴回转精度(图中的 $\Delta R_{\min}$)。

(2) 工件回转型机床的主轴回转精度的测量。图 5.20 表示测定车床主轴回转精度的一种方法。由于这类机床的误差敏感方向是 y 向(水平面内垂直于工件轴线的方向)，因此位移传感器一定要固定在 y 向。标准钢球 3 与前相似必须有很高的圆度(比被测机床的回转精度高一个数量级)，其安装偏心要调到很小。图 5.20 中的 1、2 是两个偏心量相等(例如为 0.15mm)

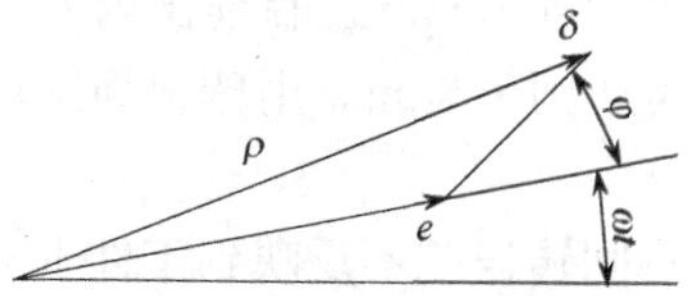

图 5.18　测量原理图

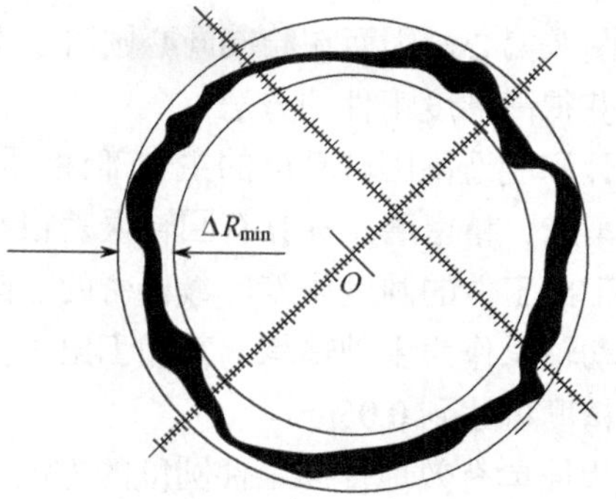

图 5.19　实测得的李沙育图

而偏心方向互成 90° 的圆盘，其目的是为了产生示波器上的基圆。在偏心盘和钢球侧面各装一个位移传感器，经过放大器进入运算电路后再进示波器。如果偏心盘的偏心为 e，则传感器Ⅰ、Ⅱ分别输出 $e\sin\varphi$ 和 $e\cos\varphi$ 的电信号，放大 K 倍后进入运算电路。传感器Ⅲ接收钢球传来的主轴回转误差在 y 向的分量 s，并放大 $K_0(K_0 \gg K)$ 倍后输入运算电路。从图 5.20 可知输往示波器 x、y 偏转极板上的电信号为 S_{II}、S_{I}，则有

$$S_{\mathrm{I}} = K \cdot e\sin\varphi + K \cdot e\sin\varphi \cdot K_0 S = K \cdot e(1 + K_0 S)\sin\varphi$$

$$S_{\mathrm{II}} = K \cdot e(1 + K_0 S)\cos\varphi$$

示波器上光点的向径 ρ 为

$$\rho = \sqrt{S_{\mathrm{I}}^2 + S_{\mathrm{II}}^2} = K \cdot e(1 + K_0 S)$$

当主轴没有回转误差$(S=0)$时，示波器上出现的是一半径为 $K \cdot e$ 的真圆。当主轴有回转误差 S 时，示波器上测得的 ΔR 即代表主轴的回转误差，$\Delta R = \rho - K \cdot e = K \cdot K_0 \cdot e \cdot S$ 。

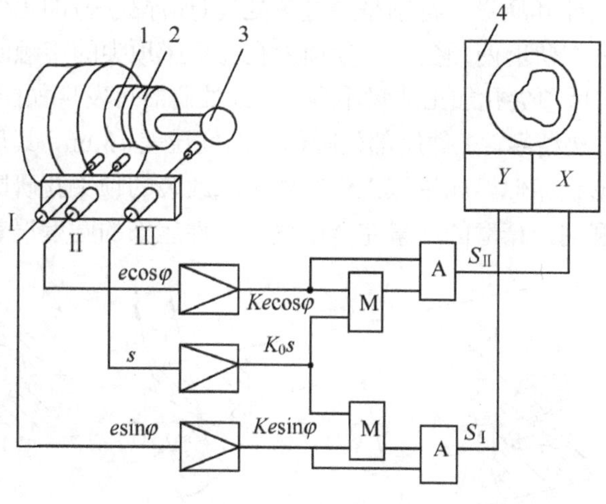

图 5.20　测定车床主轴回转精度的一种方法

1、2-偏心盘；3-钢球；Ⅰ、Ⅱ、Ⅲ-位移传感器；M-乘法器；A-加法器

主轴的回转误差 S 对传感器Ⅰ、Ⅱ也会有影响。但因其放大倍数 K 远小于传感器Ⅲ的放大倍数 K_0，因此可以忽略不计。钢球 3 不可能调得与主轴回转轴线绝对同心，这一偏心误差将会叠加到示波器的图形中去，但由于偏心误差所产生的图像，可以证明是一个心脏线，它

主要使图像偏心，因而在绘制同心圆时要考虑，但它对圆度误差影响不大。

4) 获得高圆度工件的方法

设计和制造高回转精度的主轴部件，是获得具有高圆度工件的主要方法。精密坐标镗床、高精度车床、精密磨床都具有回转误差很小的精密主轴部件。目前用滚动轴承支承的车床主轴，加工出工件的圆度误差，最精密的在国际上已经可以达到 0.6μm。目前国内外广泛使用静压滑动轴承作为主轴轴承，其加工出工件的圆度误差可达到 0.5μm。用球状静压轴承，主轴回转精度可达到 0.05μm。

更为简单有效地提高工件圆度的方法是使机床的主轴回转误差不反映到工件上去，或者说要使加工出来的工件圆度高于机床主轴及主轴轴承的圆度，应该说这才是从根本上提高圆度的方法。如果工件的精度总是低于机床的精度，那么从整体上来说就不会得到精度的提高。用死顶尖磨外圆是使工件圆度不依赖于主轴回转精度的典型实例。

外圆磨床在磨削外圆时，其前顶尖是不回转的，磨床头架通过拨盘带动工件回转。由于工件以其顶尖孔支承在不动的前后顶尖上，因此工件的回转轴线为前后两个顶尖的连线，机床主轴的回转精度不影响工件的圆度。为了获得高圆度的工件，要求工件顶尖孔与前后顶尖全面接触，这就要求工件前后顶尖孔同轴，其形状误差(圆度、角度误差等)小，这样就不会由于磨削力的作用和顶尖孔的磨损改变工件的回转轴线，因而产生工件的圆度和同轴度误差。图 5.21 表示工件两顶尖孔不同轴时前后顶尖的接触情况，由图 5.21 可知接触都呈点接触，不仅刚度很差而且很快就磨损。磨床的后顶尖一般都是由弹簧向前顶着，因此顶尖孔的局部磨损就使后顶尖自动向前补偿，回转轴线就改变了。另外由图 5.21 也可以看出，顶尖孔的接触面不是真圆，这些都会造成工件的圆度误差和同轴度误差。为了提高顶尖孔的质量，最好用专用的钻顶尖孔机床或铣端面钻顶尖孔机床，在工件的一次装夹下同时加工前后两顶尖孔，以保证其同轴度，而不是采用在车床上调头钻前后顶尖孔的方法。另外在磨削工序以前，应该修一下顶尖孔，以保证其质量，特别是经过热处理(如淬火等)的工件，更应该用与顶尖形状一致的铸铁顶尖，仔细研磨两顶尖孔，使顶尖孔与机床顶尖的接触面积达到 90%。我们曾经做过试验，当工件的后顶尖孔加工质量不良，用红油研后可发现如图 5.22(a)所示的极明显的三点接触时，虽经多次精磨，工件尾部外圆仍有圆度误差 13μm，其形状如图 5.22(b)所示，呈三棱形，与顶尖孔形状相似。如果该工件在用车床改装的顶尖孔研磨机床上，用铸铁顶尖研磨顶尖孔后再进行磨削，精磨的用量完全不变，工件尾部的圆度误差即能降低到 0.7μm。

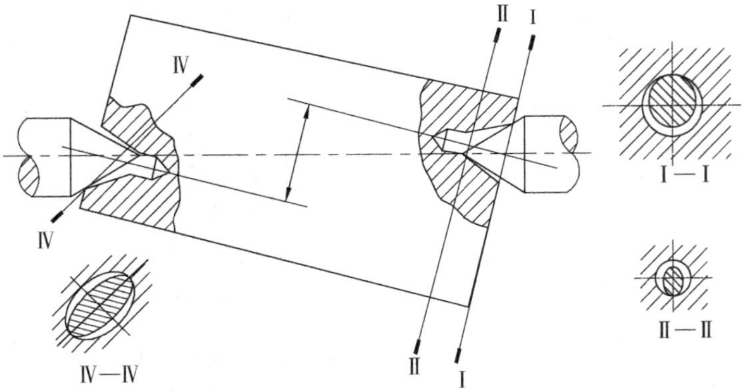

图 5.21　两顶尖孔不同轴时的接触情况

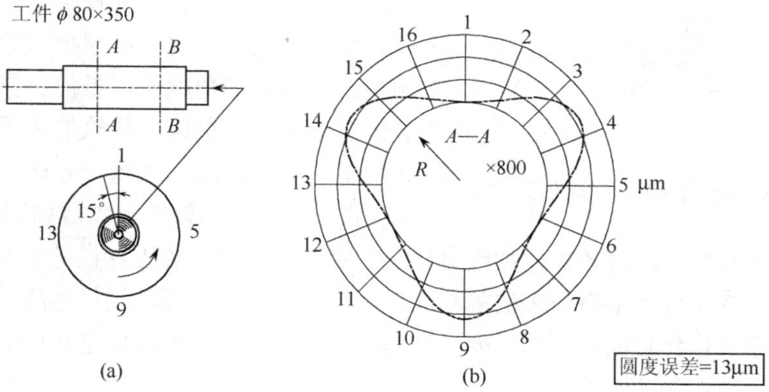

图 5.22　顶尖孔对磨削的影响

由此可见，顶尖孔质量好坏对轴类零件加工是很重要的，而在实际加工中，常由于不注意顶尖孔的加工而造成工件的圆度误差。

5.2.2　移动部件的直线运动精度对工件精度的影响

机床的另一类成形运动为移动部件的直线运动。对于刨床、铣床等平面加工机床来说，工作台(或滑枕)的直线运动精度直接影响工件的平面度。对于车床、镗床等以回转运动为主切削运动的机床来说，工作台(或刀架)的直线运动精度直接影响外圆和孔在纵截面内的形状精度(如圆柱度)。

直线运动精度主要取决于机床导轨的精度。对机床导轨的精度要求，主要有以下三方面：

① 导轨在水平面内的直线度；

② 导轨在垂直面内的直线度；

③ 前后导轨的平行度(扭曲)。

现以车床为例，其导轨在水平面内的直线度误差(如导轨向工人或背向工人弯曲)使床鞍的运动产生直线度误差，因而使工件在纵截面内的形状产生了误差。由于该误差在水平面内，属于误差敏感方向，因而将 1∶1 复映到工件的半径上去。床鞍移动在垂直面内直线度误差也会使车刀刀尖的运动轨迹产生误差，但由于该误差在垂直面内，属于误差不敏感方向，因而对工件纵截面内的形状误差影响较小。前后导轨的平行度误差将使床鞍移动时产生倾斜，刀架随之而倾斜，因而使刀尖产生位移。如图 5.23 所示，导轨的扭曲误差设为 *S*mm/1m，(在导轨 1m 内，各处倾斜度之差为 *S*mm，$S=\delta/B$)，则由于扭曲产生的刀尖水平位移可近似地看为 $S\cdot H$ (H 为车床的中心高)。

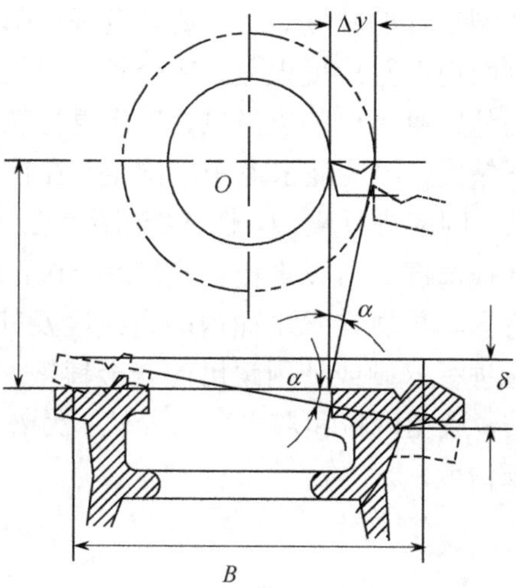

图 5.23　车床导轨扭曲对工件形状的影响

外圆磨床的情况与车床是类似的，其特点是磨床上加工的工件精度要求较高，为了不过

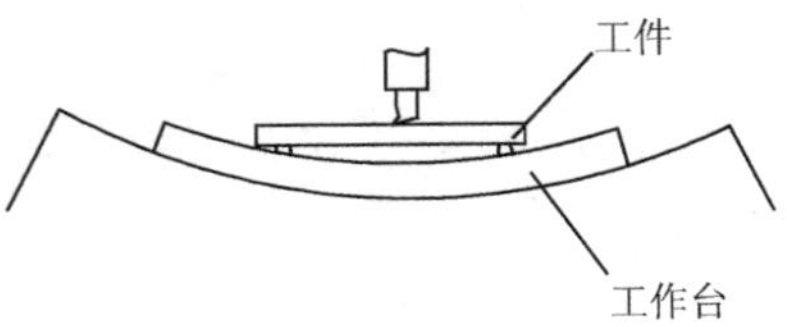

图 5.24　龙门刨床导轨误差对工件的影响

分提高对磨床床身导轨、工作台上定位面的精度要求，在磨削外圆时，工人都根据试磨时工件的锥度来调整上工作台的角度予以抵消。刨床、铣床、平面磨床等平面加工机床，导轨的三项误差都较大地反映到工件上，如龙门刨床，导轨在垂直平面内的直线度误差对工件的影响较大。如图 5.24 所示，由于工作台是一薄长件，刚度较差，如床身导轨为中凹形，刨出的工件也是中凹的。如果工件的刚度也很差，在工件下部有较多的等高的支承加以定位和夹紧，则虽然床身导轨有中凹或中凸形，但由于工作台台面都在本机床上就地精刨、台面各点的厚度是相同的，因此刨出的工件不受床身导轨误差的影响。

机床导轨的热变形是引起导轨精度降低的主要原因之一。例如，龙门刨床，其床身上部因导轨与工作台相对运动而摩擦发热等原因，其温度较下部高，上下温差使导轨拱曲，从而造成工作台直线成形运动误差。

做直线运动的部件，在移动过程中，由于重心位置改变而使床身或导轨产生不同程度的弹性变形，也往往是造成直线运动误差的原因。还有导轨的润滑状况对运动的直线性也有影响，经验证明，当润滑油的供油压力或供油量过大时，往往引起工作台移动时的不均匀漂浮，从而降低直线运动精度。

为了减少导轨误差对工件精度的影响，首先应该提高导轨的制造精度，使新机床在出厂时具有规定的精度指标。应该指出，机床的正确安装和具有一个良好的地基是非常重要的，尤其对于重型机床、大型机床，其影响更为显著。例如对于导轨磨床、龙门刨床等大型精密机床，应该根据当地土壤情况，挖掘一定深度(至少要挖 1～2m)后，浇灌出一个良好的水泥地基。否则过一定时候，由于床身自重及切削力等因素，地基会下沉，将严重影响工件的精度。一个缺乏良好地基的导轨磨床，使用半年后，由于地基下沉使床身在垂直面内的直线度误差，在全长内可达到 1mm，而允差仅为 0.08mm。机床在安装时应仔细调整床身下面的支承铁，使床身导轨达到规定的精度要求，然后再扭紧地脚螺钉，复检一下精度，再浇灌水泥予以固定。在使用一定期限以后，应复校各项精度，如需重新调整垫铁，则应进行重调。图 5.25 表示某 C620 车床在两班制情况下使用九个半月后，其导轨的磨损情况。可以看出在离床头 500mm 处，磨损最甚，可达 30μm。这样大的垂向磨损必将影响导轨在水平面内的直线度及其扭曲，从而降低加工的精度。因此机床导轨表面最好应进行淬硬或使用耐磨的合金铸铁，以提高耐磨性，在操作机床时应注意机床的润滑和清洁，避免砂粒和灰尘落入导轨。另外对于精密机床应禁止进行粗加工，以免过早地丧失机床精度。

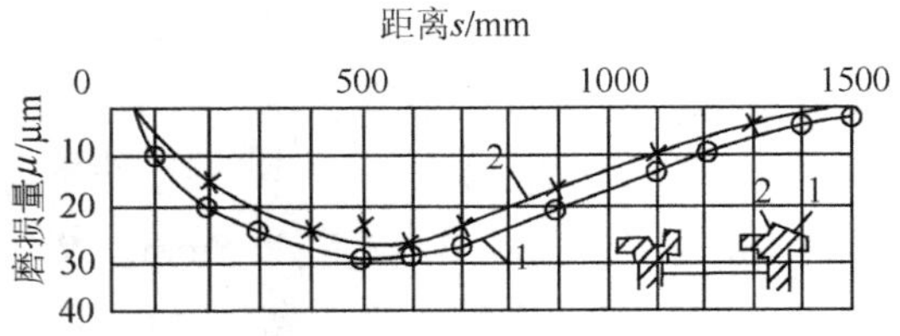

图 5.25　C620 车床的导轨磨损

5.2.3　机床的几何精度对加工精度的影响

机床的几何精度是指机床在空载条件下，不运动或运动速度较低时各主要部件的形状、位置和相对运动的精确程度。为了加工出准确的工件，不仅需要成形运动本身具有高的运动精度，而且它们之间需要准确的几何关系。例如，要获得准确的圆柱体就需要直线运动与回转运动轴线相平行，如果两者不平行就会产生误差。在车床上，如果机床导轨与主轴的回转轴线在水平面内不平行，则用卡盘夹紧工件进行切削时会有锥度。如果两者在垂直面内不平行，则将车出旋转双曲体，但由于垂直面内误差属于误差不敏感方向，因而数值较小常可忽略不计。在用顶尖定位进行车削时，前后顶尖的连线与刀尖运动轨迹在水平面内不平行，将产生锥度。前后顶尖不等高，即其连线在垂直面内与刀尖运动轨迹不平行将形成旋转双曲体。车床刀架的横向运动方向应与主轴回转轴线相垂直，否则车出的端面将成中凸形或中凹形。

镗床上用镗杆镗孔时，如果工作台进给方向与镗杆回转轴线不平行，则如图 5.26 所示，镗出的孔在垂直于镗杆回转轴线的Ⅰ—Ⅰ截面内是圆的，但在垂直于工作台进给轴线的Ⅱ—Ⅱ截面内是椭圆的，其圆度误差为δ，则

$$\delta = r(1-\cos\alpha) \approx \frac{D\alpha^2}{4} \tag{5-1}$$

式中，D 为镗刀刀尖的回转直径，α为两轴线间的夹角。

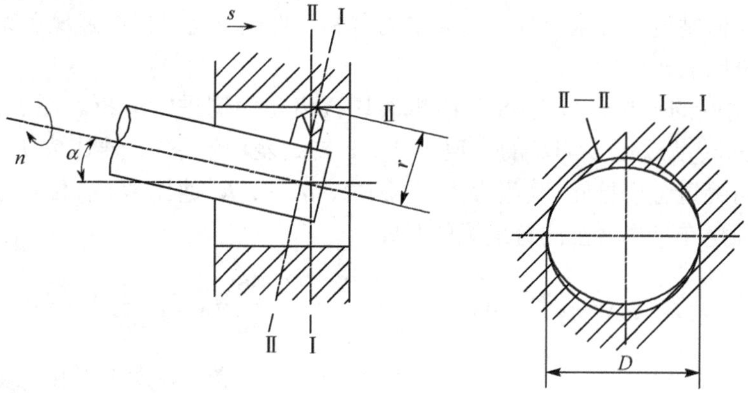

图 5.26　镗孔形状误差

在用碗形砂轮磨平面时，为了减少接触面，改善散热条件，常将机床主轴倾斜一角度α，如图 5.27 所示，这样磨出的平面将呈中凹形，其凹下量为δ，即

$$\delta = l\cdot\tan\alpha = \left[R-\sqrt{R^2-\left(\frac{B}{2}\right)^2}\right]\cdot\tan\alpha \approx R\alpha\left[1-\sqrt{1-\left(\frac{B}{2R}\right)^2}\right]$$

式中，l 为砂轮倾斜前后在工件轨迹距离，α为主轴倾斜的角度，R 为砂轮半径，B 为工件宽度。在实际生产中常常用一定厚度的塞尺塞进砂轮翅起端的下面(见图 5.27 中的 h)来控制主轴倾斜的角度，这时上述计算公式应改为

$$\delta = \frac{h}{2}\left[1-\sqrt{1-\left(\frac{B}{2R}\right)^2}\right] \tag{5-2}$$

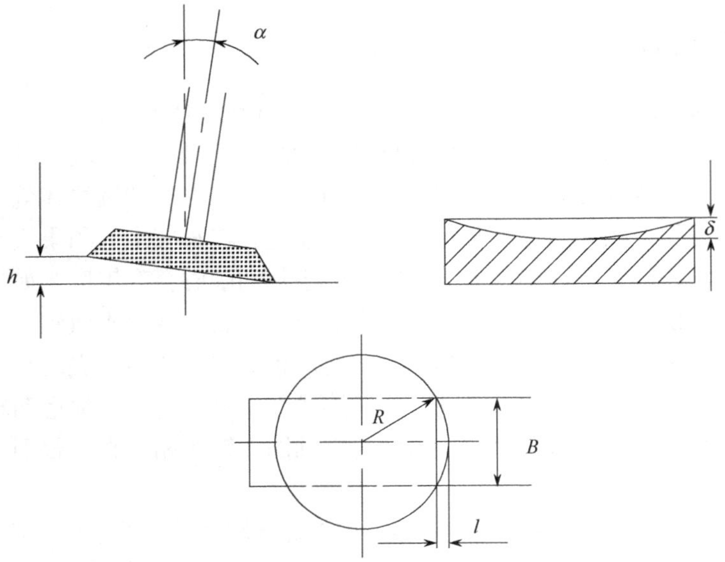

图 5.27 碗形砂轮磨平面时主轴倾斜造成的误差

5.2.4 机床的传动精度及其对工件精度的影响

对于某些加工方式，如车、磨螺纹，滚、插、磨齿等，为了保证工件的精度，除了前述的运动精度、几何精度的要求以外，还要求刀具和工件间具有准确的速比关系。机床传动链的精度也即是机床的传动精度。

机床传动精度的分析：以 Y38 滚齿机滚切直齿轮为例进行分析。图 5.28 为该机床的传动链。滚刀的转动经过 64/16 的升速再 1∶1 传到差动轮系(其速比为 $i_{差}$，在滚直齿轮时，$i_{差}=1$)，再经过分度挂轮(其齿数为 a、b、c、d、e、f，速比为 $i_{分}$)传到分度蜗杆，再以 1/96 减速传到固定在工作台上的分度蜗轮，即

$$\varphi_n(\varphi_{工件})=\varphi_1(\varphi_{刀具})\cdot\frac{64}{16}\cdot\frac{23}{23}\cdot\frac{23}{23}\cdot\frac{46}{46}\cdot i_{差}\cdot i_{分}\cdot\frac{1}{96}$$

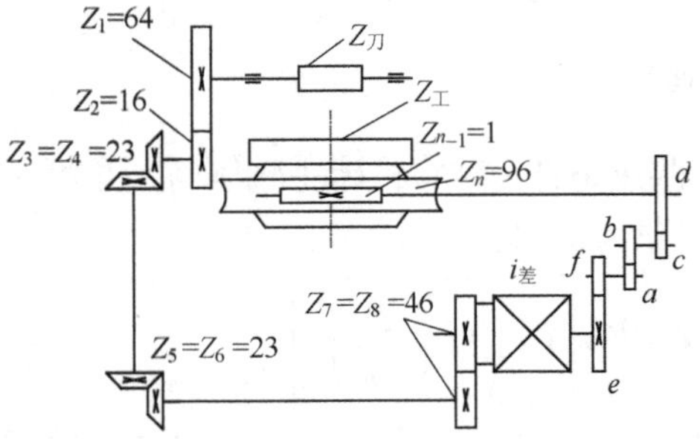

图 5.28 Y38 滚齿机传动链图

式中，φ代表转角。要求工件和刀具的速比是个常值(其比值为刀具和工件的齿数比)，即要求单位时间内工件和刀具的转角比是常值，也就是说应该没有转角误差，$\Delta\varphi=0$。由于刀具和工件间的速度(转角)传递是通过上述传动链进行的，因此要达到没有转角误差，从理论上讲，要求传动链所有元件都没有制造及安装误差。无论哪个元件有了误差都要影响传动精度，但是由于各传动件在传动链中的位置不同，它们对传动精度的影响情况也是不同的，有的影响很重，有的影响轻微，这样从实际生产的角度来看，就不必要求所有元件都要有很高的精度，而只是对其中影响严重的元件要求有很高的精度。

假设滚刀是匀速回转，这样就可以用工作台的转角误差来代表整个传动链的误差，如果

64 牙的齿轮 1 由于制造或安装的原因产生转角误差 $\Delta\varphi_1$，则该误差将通过传动链传到工作台上去，工作台由此产生的转角误差 $\Delta\varphi_{1n}$ 为

$$\Delta\varphi_{1n}=\Delta\varphi_1\cdot\frac{64}{16}\cdot\frac{23}{23}\cdot\frac{23}{23}\cdot\frac{46}{46}\cdot i_{差}\cdot i_{分}\cdot\frac{1}{96}=k_1\cdot\Delta\varphi_1$$

式中，k_1 称为第一个元件的误差传递系数。同理如果第 j 各元件有转角误差 $\Delta\varphi_j$，则传到工作台上的转角误差 $\Delta\varphi_{jn}$ 为

$$\Delta\varphi_{jn}=k_j\cdot\Delta\varphi_j$$

式中，k_j 为第 j 个元件的误差传递系数。

由此可见，传动链中各元件的误差传递系数的幅值是很不相同的，如在上例中，若将该机床分度挂轮的计算公式，则

$$i_{分}=24\cdot\frac{Z_{刀}}{Z_{工}}$$

代入则

$$k_n:k_{杆}:k_c:k_{中}:k_2:k_1=1:\frac{1}{96}:\frac{c}{96d}:\frac{Z_{刀}}{4Z_{工}}:\frac{Z_{刀}}{4Z_{工}}:\frac{Z_{刀}}{Z_{工}}$$

其中以分度蜗轮的误差传递系数最大(为 1)，如果 $Z_{刀}/Z_{工}>1/96$，64 牙的齿轮 1 次之，否则分度蜗杆次之。因此对于滚齿来说，影响机床传动精度的最主要的零件是分度蜗轮。分度蜗轮是齿轮加工机床的心脏，它的精度决定了整台机床的精度。

5.2.5　机床的定位精度对工件精度的影响

机床的定位精度指的是工作台或刀具从一个位置移动到另一个位置时，其位置的准确度。主要影响因素包括如下。

1) 进给机构的传动精度

图 5.29 为机床上常用的进给机构的示意图。图 5.29(a) 为丝杠减速，图 5.29(b) 为用齿轮和丝杠减速，这两种主要用在车、铣、刨、镗等普通机床。图 5.29(c) 为用蜗轮副、丝杠减速，图 5.29(d) 为用齿轮轮系和丝杠减速，它们主要用于磨床等需要作微量进给的机床。进给机构的精度主要取决于选用的进给机构的形式以及进给机构的传动精度。

2) 进给与测量分开时的测量精度

对于坐标镗床等精密机床，常常不用进给机构来定位，而另有一套测量系统，靠它来读数定位，常用的测量系统有精密刻线尺和光栅。把进给系统和测量系统分开的优点是可以避免进给系统(如丝杠)的磨损给定位精度的影响，但是机构比较复杂，需加一套光学读数系统。此时机床的定位精度主要取决于测量系统的精度。例如精密刻线尺的精度和光学读数系统的精度等。精密刻线尺的精度首先是由其制造精度而定，如对 1 级刻线尺，其刻线距离的累积误差，在 1m 以内应小于±2μm。其次安放工件和刻线尺的工作台，其导轨的直线度误差会影响定位精度。如图 5.30 所示，设导轨的直线度误差为 1m 内 0.01mm，即在 250mm 以内为 2.5μm，如果假想导轨运动曲线为一半径很大的圆弧，则其圆弧半径 R 应为

$$R-\sqrt{R^2-(125)^2}=0.0025\text{，}\quad R=3125000\text{mm}$$

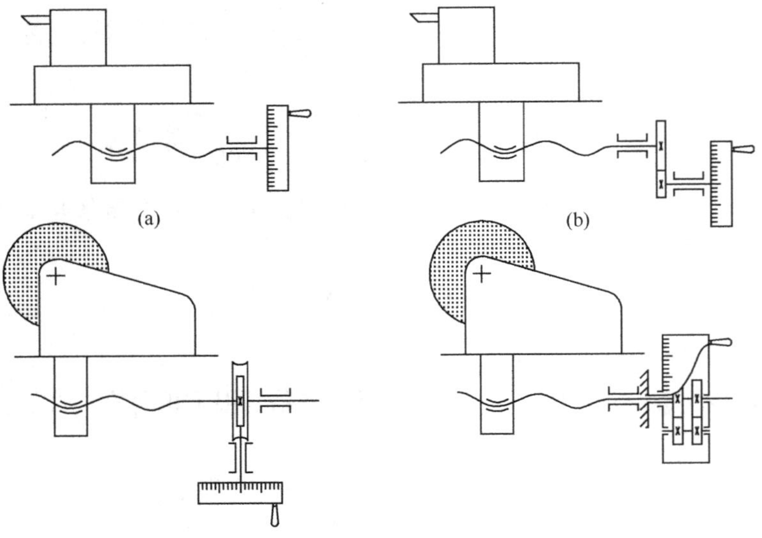

图 5.29　机床的进给机构

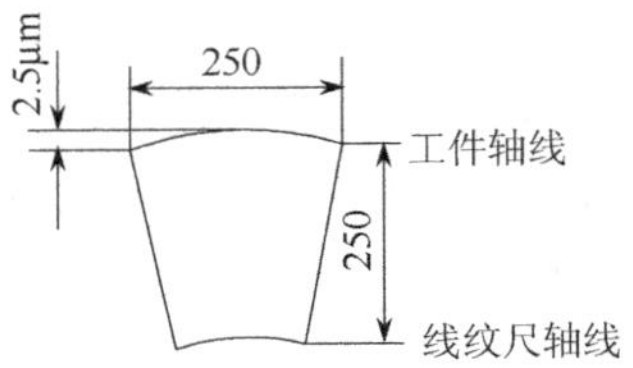

图 5.30　阿贝误差

此时如果工件和刻度尺并不是安放在同一直线上，而是相距 250mm，在工作台移动 250mm 以后，在刻线尺和工件上会相差δ，则

$$\delta = 250 \cdot \theta = 250 \cdot \frac{250}{R} = 250 \cdot \frac{250}{3125000} = 0.02(\text{mm}) = 20(\mu\text{m})$$

这个误差值对于精密加工来说是相当大的，因此在实际生产中应设法予以避免，例如将刻线尺与工作台尽可能安放在同一直线上等。

3) 爬行误差

在用试切法或调整法获得工件尺寸时，在试切中或在调整机床时都要进给机构做一微量进给以补偿所测得的误差。而一般进给机构在作微量进给时，常和低速连续运动一样，会出现“爬行”现象，如图 5.31 所示。在开始转动手柄时，刀架(或工作台)并不相应移动，待手柄转过一定角度时，刀架突然跃进一个较大距离，再转动手柄时又不移动，以后又跃进，如此反复。这样，刀架的实际位移和刻度盘上所显示的就不一致，根据刻度盘显示的刀架位置进行加工就会出现误差。出现这种现象的原因与低速连续运动时一样，是由于滑移面的摩擦系数具有“下降特征”，即滑移速度较低时，摩擦系数随着速度的加大而减小，静摩擦系数大于动摩擦系数，滑移时的摩擦力小于静止时的摩擦力，如图 5.32(a)所示。爬行现象产生的机理可用图 5.32(b)表示，设主动件 1 与刀架 2 之间为弹性连接，其刚度为 k。在开始转动手柄即主动件 1 开始移动时，2 并不移动，传动链中各传动元件产生弹性变形。待移动距离为 x_1 时，$k \cdot x_1$ 稍大于刀架的静摩擦力，刀架 2 开始移动。如果摩擦系数没有下降特征，摩擦力保持不变，则自此以后，刀架 2 即随主动件 1 的移动而移动，不会产生“爬行”的现象。但是由于动摩擦系数小于静摩擦系数，因此 $k \cdot x_1$ 将大于动摩擦力 $G_{f_{动}}$，刀架 2 产生一个加速度而向前跃进，直到位移达到 x_2 为止，此时 2 停止，摩擦力又将为静摩擦力 $G_{f_{静}}$，因而又重复上述过程。

消除爬行现象的措施可以通过改善滑移面的摩擦特性和提高传动系统的刚度来达到。在精密工艺中，已经开始用一些高刚度的特殊的微量进给机构，例如弹性变形微量进给机构、热伸长微量进给机构、磁致伸缩微量进给机构、压电晶体微量进给机构等来代替一般的丝杠螺母、齿轮齿条进给机构。图 5.33 是一个压电陶瓷补偿装置，它是用在金刚镗床上对镗刀作微量调整用的。它根据逆压电效应的原理，即对于一些材料如石英晶体、陶瓷等，在通以一定量的电荷时会产生一定量的伸长。因此当压电陶瓷 8 通电时，该元件伸长，推动滑柱 7、方形楔块 5、圆柱楔块 2 向左移动，因而使镗刀 3 产生微量径向位移。当压电陶瓷 8 通以反向电压，该元件收缩，在弹簧 6 的作用下，方形楔块下降，填补所腾出的空隙。因此对该装置给以一定次数的电压脉冲，就可以得到一定量的微量进给。

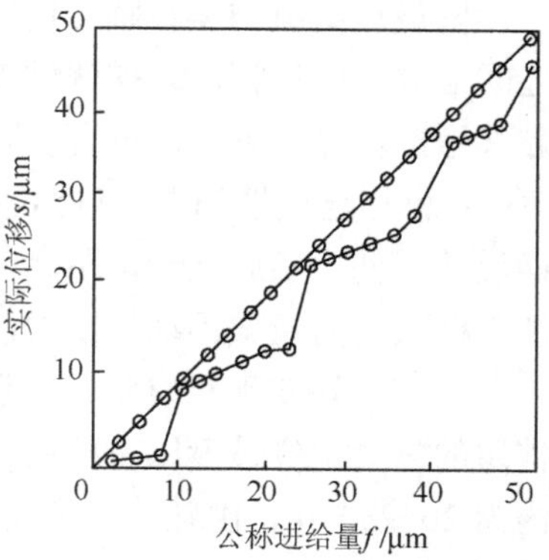

图 5.31　进给机构的爬行

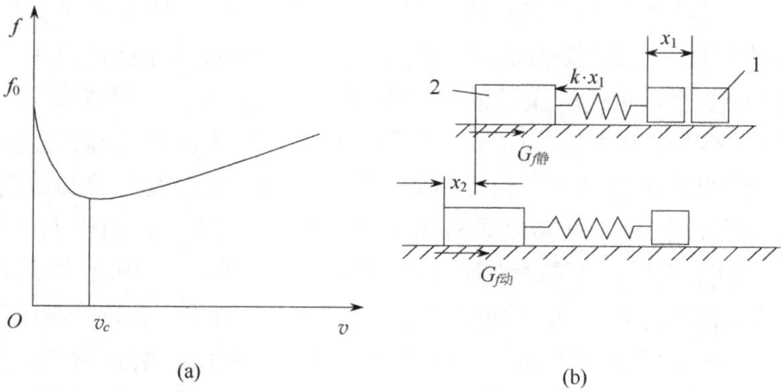

图 5.32　爬行的机理

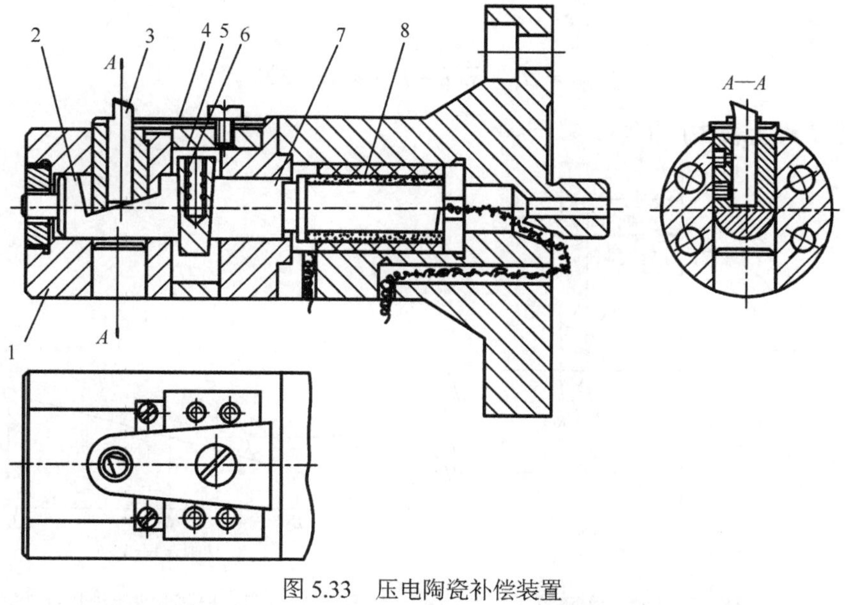

图 5.33　压电陶瓷补偿装置

1-镗杆；2-圆柱楔块；3-镗刀；4-压板弹簧；5-方形楔块；6-弹簧；7-滑柱；8-压电陶瓷

降低进给机构爬行临界速度的简便方法是在滑移面间施加适当的润滑油，使之在滑移面之间形成一层油膜，这样就可以在滑移面相对运动时把金属之间的干摩擦变成为油层之间的黏性摩擦，黏性摩擦是没有下降特性的，因此不会出现爬行现象。此外，用较快的进给速度 $v(v > v_c)$ 作连续性的微量进给也可以避免爬行的影响。具体操作方法是在微量进给前先将手柄反转，使刀架后退一定距离，然后以较快的速度不停顿地正转到所需位置。这样就不易出现手柄微动而刀架不动的情形，从而提高位移精度。

在用挡块实现重复定位的调整法加工中，工件的尺寸精度与挡块的精度有关，后者包括挡块的重复定位精度以及挡块位置的调整精度。在用刚性挡块重复定位时，刀架位置的精度约为 20～50μm，由熟练工人调整时可降到 10～15μm。如挡块的刚度较低，工人调整技术又差时，精度可低到 100～300μm。用百分表来控制刀架的位移，精度可达 10～20μm。

5.2.6　刀、夹、量具的制造精度和磨损对工件精度的影响

1) 刀具的制造精度和磨损的影响

在用定尺寸刀具或成形刀具进行加工时，刀具的制造精度和磨损对工件的精度有很大的影响。例如用铰刀、拉刀、镗刀块进行孔加工时，刀具的尺寸直接决定工件的尺寸，刀具的磨损会使尺寸变小，而机床主轴的径向振摆会使孔扩大。在用成形铣刀、拉大进行平面加工时，刀具的形状精度直接影响工件的形状精度。在用滚刀、插齿刀进行齿轮加工时，刀具的误差对工件的影响很大。一般刀具如车刀、铣刀、单刃镗刀的制造精度对工件精度没有直接影响，但其磨损对工件精度是有影响的。如图 5.34 所示，由于刀具的尺寸磨损(刀尖在误差敏感方向的磨损一般称之为尺寸磨损)会使工件的半径由 R 变成 R'，增加了 μ。刀具尺寸磨损量与切削路程的关系如图 5.35 所示。在切削初始的一段时间内(切削路程 $L < L_0$)磨损较多，初始磨损量为 μ_0，以后进入正常磨损阶段，磨损量与切削路程成正比，其斜率 K 称为单位磨损。其单位为每切削 1000m 路程时刀具的尺寸磨损量，以 μm 计，到最后($L > L'$)，磨损又急剧增加，这时应停止切削，进行刀具的刃磨。刀具的磨损量 μ 可用下式计算

$$\mu = \mu_0 + K(L - L_0) \approx \mu_0 + KL \tag{5-3}$$

式中，μ_0 及 K 可由表 5.1 查得。

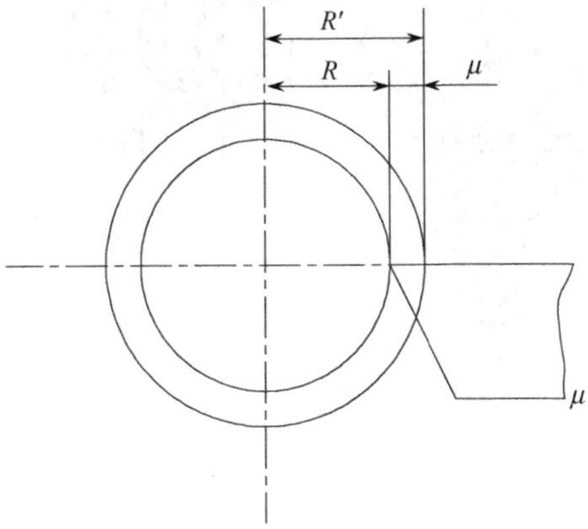

图 5.34　刀具的尺寸磨损

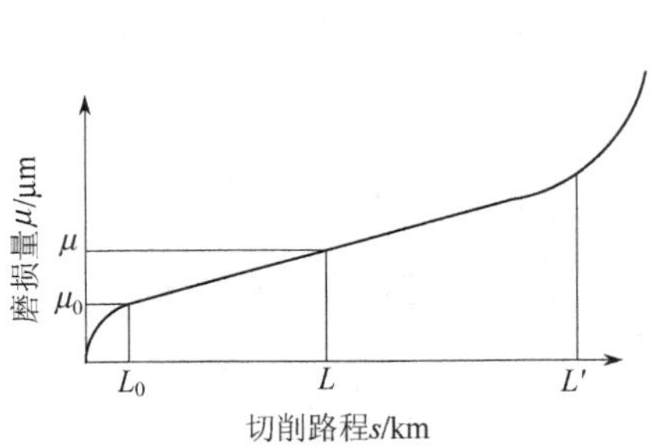

图 5.35　刀具磨损量与切削路程的关系

表 5.1　刀具的初始磨损量与单位磨损量

加工类别	加工材料	刀具材料	切削用量			初始磨损量 μ_0/μm	单位磨损量 K/(μm/km)
			切深 a_p/mm	进给量 f/(mm/r)	切削速度 v/(m/min)		
精车	45 钢	YG60 YG30	0.3	0.1	465～485	3～4	2.5～2.8
		YG15	<2	<0.3	100～200	4～12	8
	灰铸铁 HB = 187	YG4	0.5	0.2	90	3	8.5
		YG6				5	13
		YG8				5	19
	合金钢 σ_b = 920 兆帕	YT60 YT30	0.5	0.21	135	2	2.0~3.5
		YT15				4	8.5
		YG3				5	9.5
		YG4				6	30.0
精细车	灰铸铁 HB = 197	YG8	0.5	0.1	100	4	13
					120	5	18
					140	6	35

在用车刀车削轴类零件外圆时，刀具的磨损会产生工件的锥度，这在加工长轴时更为明显。在用调整法车削小轴时，车刀的磨损会使一批工件的尺寸逐渐增大，因而使整批工件的尺寸分散范围增大。

[例 5-1]　用调整法加工一批材料为 45 钢的小轴，直径 d 为 ϕ20mm，长 $l = 30$mm，刀具材料为 YT15，切削速度 v 为 100m/min，走刀量 s 为 0.3mm/r，试计算加工 500 件后刀具磨损所引起的工件直径的误差。

解　查表 5.1 得 $\mu_0 = 5\mu m$，$K = 8\mu m/km$。

车刀车削每件时的切削路径为

$$\frac{\pi dl}{s} = \frac{\pi \times 20 \times 30}{0.3} = 6283(\text{mm}) = 6.283(\text{m})$$

车削 500 件的车削路径为 $500 \times 6.283 = 3.14$(km)，车刃的磨损量为 $5 + 8 \times 3.14 = 30$(μm)，所以直径误差为 0.06mm。

精密车削、精细镗孔时，由于所用的进给量很小，刀具的磨损对工件精度的影响很大。

磨削时砂轮的耗损，一般比车刀刀尖的磨损大得多，因此在设计机床时，必须采用砂轮的自动进给及补偿装置来减少砂轮磨损的影响。

2) 夹具的制造精度和磨损

夹具的制造精度表现在定位元件、对刀装置和导向元件等本身的精度和它们之间的位置精度，磨损会给加工造成直接影响。同时夹具的制造精度和磨损也影响工件的精度。例如在采用镗模进行箱体孔系的加工时，镗杆的位置、工件的位置完全由镗模决定，这时，机床只起一个传递动力的作用，工件的精度例如孔间距、孔与孔的平行度或垂直度，孔与平面的平行度或垂直度等要求完全由镗模精度决定。夹具的磨损主要是定位元件和导向元件的磨损也将影响工件的加工精度。

3) 量具的制造精度和磨损

精确的测量是进行加工的先决条件，测量误差一般应控制在工件公差的 1/10～1/6 以内。

当测量精度达不到时，可考虑放宽到 1/3。量具的制造精度和磨损直接影响测量精度，一般工厂都应定期鉴定量具的精度，及时进行修理。不合格的量具禁止在生产中使用。

5.3　工艺系统的受力变形及其对工件精度的影响

5.3.1　基本概念

1）静刚度和动刚度

机械加工过程中由机床（夹具）–刀具–工件组成的工艺系统，在切削力、夹紧力、传动力、重力、惯性力等外力的作用下，以及在工件内应力的作用下，会产生相应的变形（弹性变形及塑性变形），从而破坏刀具和工件之间的已经调整好的相对位置和成形运动的位置，使加工后的工件产生形位误差和尺寸误差。例如在车细长轴时，在切削力的作用下，轴产生弯曲变形，使得车完的轴呈两头细中间粗的腰鼓形（图 5.36（a）），又如在内圆磨床上以切入式磨孔时，由于内圆磨头轴在磨削力的作用下产生弹性变形，使得磨后的孔出现锥度（图 5.36（b））。

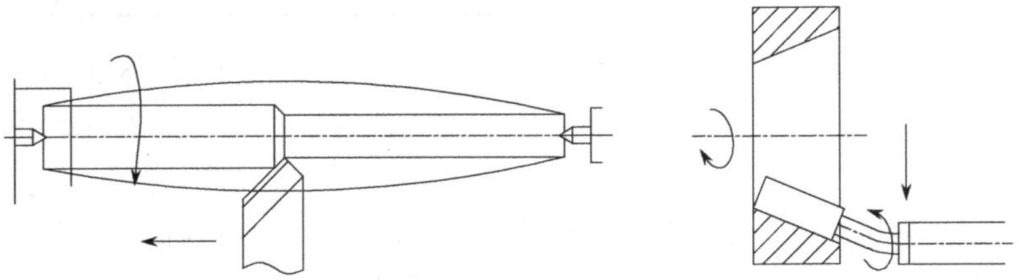

(a) 车细长轴　　(b) 磨内孔

图 5.36　受力变形对形状精度的影响

工艺系统在静载荷作用下，会产生静变形，载荷愈大，变形愈大。因此我们把静力与静力作用下产生变形的比值 $K_j = P_j / y_j$ 称为工艺系统的“静刚度”。

当系统受到周期性的外力或动态切削力作用时，系统就会产生振动。振动的振幅和频率与周期性外力的振幅和频率有关。把某一频率范围内产生单位振幅所需的激振力幅值定义为该频率下的“动刚度” K_D。如果工艺系统动刚度不好，加工时刀具和工件之间会产生强烈的振动，使切削过程中的稳定性受到破坏，从而影响加工过程的进行和工件的质量。

2）工艺系统刚度的定义

在加工过程中，把工艺系统抵抗受力变形的能力称为工艺系统的刚度，由于加工中受力变形是多方向的，从影响精度的角度出发，应该讨论对加工精度影响大的方向即误差敏感方向上的受力和变形问题。

机床在切削力作用下的变形情况是很复杂的，如图 5.37 所示的刀架，受到 P_y 力的作用后，不仅将产生 y 方向的变形，而且产生 z 方向的变形；同样在 P_z 力的作用下，不仅将产生 z 方向的变形，也产生 y 方向的变形。P_x 力也是一样，如图 5.38 所示，可使工件产生 x 方向的变形，也有 y 方向的变形。切削力是一个空间力，它可分解为 P_x、P_y、P_z 三个方向的分力。因此刀架的总变形是由 P_x、P_y、P_z 三力综合作用的结果。

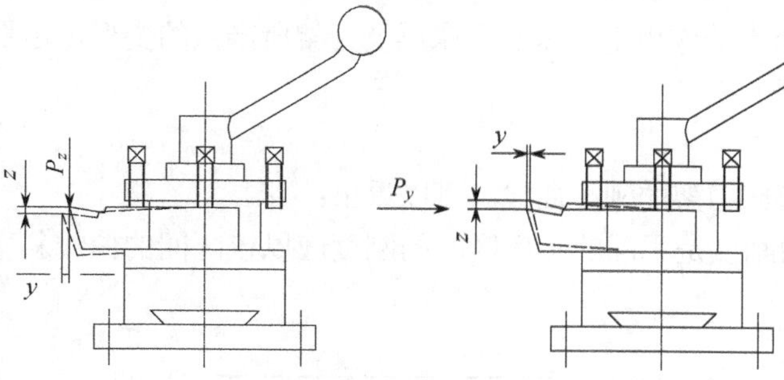

图 5.37　车床刀架的受力变形

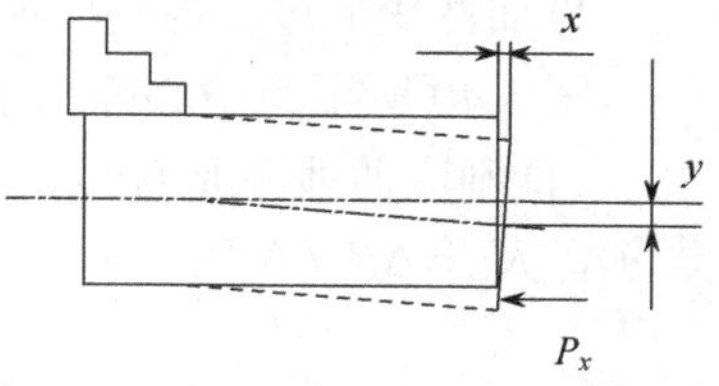

图 5.38　P_x 力作用下的工件变形

为了研究工艺系统受力变形对加工精度的影响，工艺系统(包括机床、夹具、刀具和工件)刚度的定义规定为：工艺系统在切削力综合作用下的误差敏感方向的切削分力与该方向上刀具对工件的变形的比值，即

$$K_s = \frac{P_y}{y} \tag{5-4}$$

y 值是在 P_x、P_y、P_z 的共同作用下(其合力方向即为切削力方向)系统在误差敏感 y 方向的变形，而并不只是在 P_y 力的作用下的变形。

这个定义也有一个缺点，即对某一机床部件或对某一工艺系统，刚度到底是多大无法确定下来，因为当使用的刀具几何角度改变或切削用量变化时，切削力的方向将会变化，因而刚度的数值也将变化。实验证明，一般车床刀架当只受到 P_y 力时，刚度约为 5000～20000N/mm。而当 $P_y : P_z = 1 : 2$ 时，由于 P_z 所产生的 y 方向的变形是负的，它抵消了一部分 P_y 所产生的 y 方向的正变形，因此刚度可提高到 30000～100000N/mm。并且在 P_z/P_y 的比值较大的情况下或在车刀悬伸太长时，P_z 所产生的 y 方向的变形会大于 P_y 所产生的 y 方向的变形，总变形就会等于零或为负值，因而会出现刚度等于无穷大或者是“负刚度”的情况。

当工艺系统的刚度不足时，为了保证加工质量和加工的顺利进行，则不得不限制切削用量。由此可见加工的生产率将受到系统刚度的限制，提高刚度则可以提高生产率。

5.3.2　机床部件刚度特点及影响因素

工艺系统包括工件、刀具、夹具、机床等，要计算工艺系统的刚度，必须知道各组成部分的刚度。例如，机床是由若干部件及零件所组成的，机床部件受力后的变形过程与一般的弹性变形是不同的。下面以车床的刀架为例来分析一下机床部件的受力变形过程。

如图 5.39 所示，在车床两顶尖间，装上一短而粗的心轴，然后在刀架上装一加载器。旋转加载器中的加载螺钉，使在刀架与工件间产生作用力，

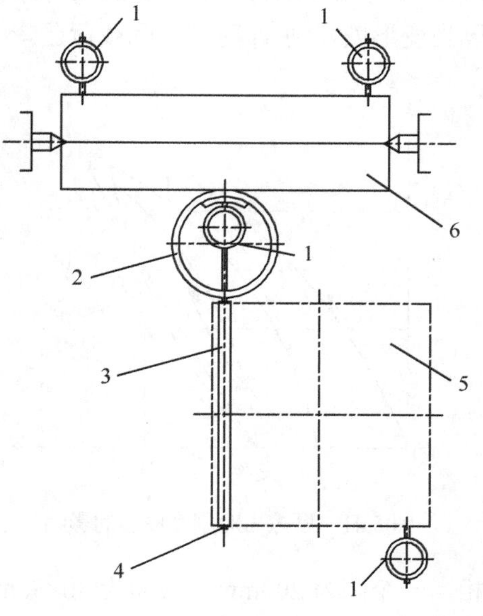

图 5.39　车床刚度的单向静测定

1-百分表；2-测力环；3-加载器；4-加载螺钉；5-刀架；6-心轴

此力的大小可以由测力环测出。在这个力的作用下，床头、床尾及刀架所产生的变形可由百分表直接测得。

1) 部件变形过程与刚度曲线特点

图 5.40 所示为中心高 200mm 的车床刀架的刚度曲线。可以看出：

(1) 刚度曲线不是直线，各区间的刚度是不同的，各区间的刚度应以该区间的曲线斜率表示，$K_s = \Delta P_y / \Delta_y$。

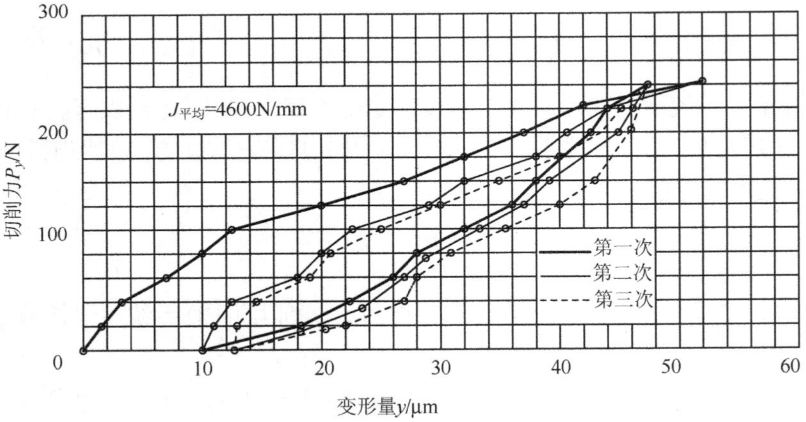

图 5.40　车床刀架的刚度曲线

(2) 加载曲线与卸载曲线不相重合，这是因为在机床部件变形时，零件之间还常伴随着相互错动和摩擦。如图 5.41 所示，如果没有摩擦力，则 P-y 的关系应为一直线，加载 P_1 得到 y_1 的变形量。现在有摩擦的影响，在达到同样的变形量 y_1 时，需要加的载荷就应为 $(P_1+\mu F)$，μF 即为克服摩擦力所需多加的载荷部分。同样在卸载时，由于摩擦力是阻止变形恢复的，所以当变形恢复到 y_1 时，实际载荷已降至 $(P_1-\mu F)$。曲线所包围的面积即表示由于摩擦造成的能量损失。

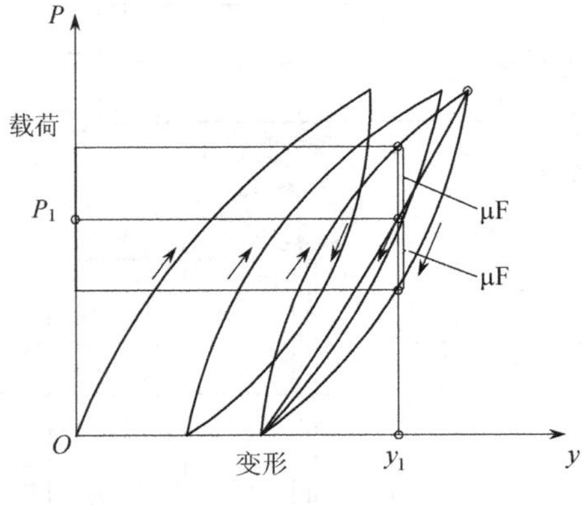

图 5.41　摩擦力对刚度曲线的影响

(3) 当载荷去除时，变形恢复不到原点，这说明机床部件的变形不单是弹性变形，而且伴随着不能恢复原状的塑性变形。

(4) 机床部件的刚度值远比我们按实体所估计的要小。按上例如果把第一次加载曲线的两个端点连起来，此线的斜率称为平均刚度，则其平均刚度约为

$$K_s平均 = \frac{P_y}{y} = \frac{240}{0.052} \approx 4600(\mathrm{N/mm})$$

可以看出这是一个不大的数值，根据计算，大约相当一个高为 200mm、截面为 30×30mm 铸铁柱的刚度值。

2) 影响部件刚度的因素

(1) 接触面间的接触变形。机床部件中有许多相互接触的表面，实际处于接触状态的只是公称面积的一小部分，而在这些不大的接触区中，真正处于接触状态的，又只是其中表面

微观不平度中的个别凸峰(图 5.42)。因此，在加载时，表面接触点处产生较大的接触应力，因而有较大的接触变形。这是机床部件的刚度值远比按实体估计的要小得多的重要原因。

(2) 部件中个别薄弱环节的影响。在部件中由于个别零件刚度比较低，受力后变形较大或者有些零件装配质量太差而出现有薄弱环节时，将使得机床刚度大大降低。图 5.43 就是典型的例子。当刀架镶条接触情况很差时(图 5.43(a))，镶条受正压力时会出现镶条弯曲变形的不利情况，因而增加了变形。当主轴锥孔(图 5.43(b))有中凸情况时，顶尖受力就会使顶尖变形，从而降低了刚度。

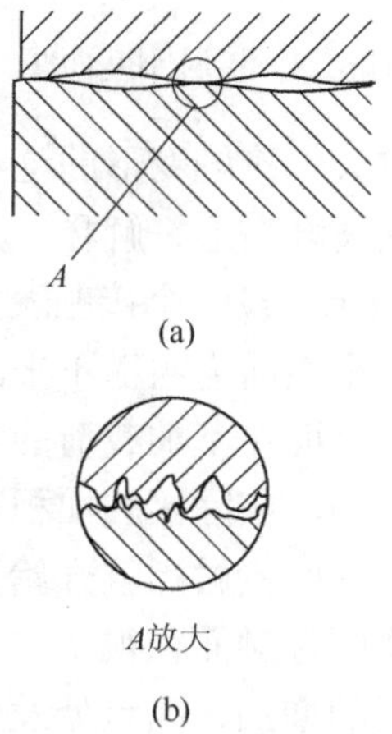

图 5.42　两零件接触面间的接触情况

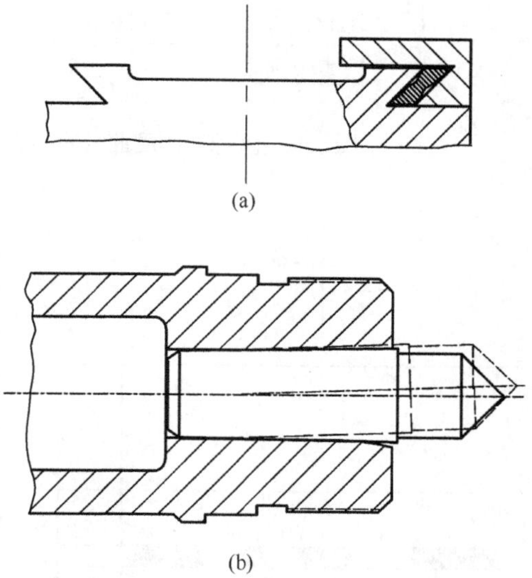

图 5.43　机床刚度中的薄弱环节

(3) 连接夹紧力的影响。有时夹紧力会使部件的刚度发生改变。

(4) 摩擦力。由于摩擦力具有不重复性，会使部件刚度随切削力方向改变而发生改变。

(5) 间隙的影响。当载荷方向不变化时，间隙的影响不大。而如果载荷的方向经常改变，则间隙的影响就很大，如图 5.44 所示。

(6) 变形的复合性。由于部件是多个零件组成，因此它的变形也是由多个零件变形复合而成的。

接触变形是机床变形的一个重要组成部分，而且有时还是其主要的部分，因此有必要对它进行一些讨论。两个相互接触的表面在受到与接触表面相垂直的法向载荷时，在法向会相互接近即产生接触变形。如表面所受到的压强为 q，接触变形为 δ，则无论从理论上或从实验中均可以得到证明

$$\delta = c \cdot q^m \tag{5-5}$$

式中，c、m 均为与工件材料及表面微观几何形状有关的常数。如用图像来表示可得图 5.45，δ 与 q 的关系并不是一个线性关系。接触刚度 K_j 的定义为

$$K_j = \frac{\mathrm{d}q}{\mathrm{d}\delta}$$

由图 5.45 可知，在 q 较小的时候 $\frac{\mathrm{d}\delta}{\mathrm{d}q}$ 较大或 $\frac{\mathrm{d}q}{\mathrm{d}\delta}$ 较小，即接触刚度较小，而在 q 较大的

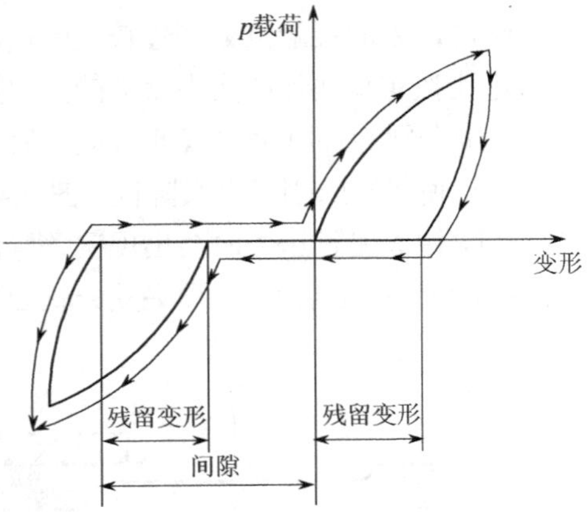

图 5.44　间隙对刚度曲线的影响

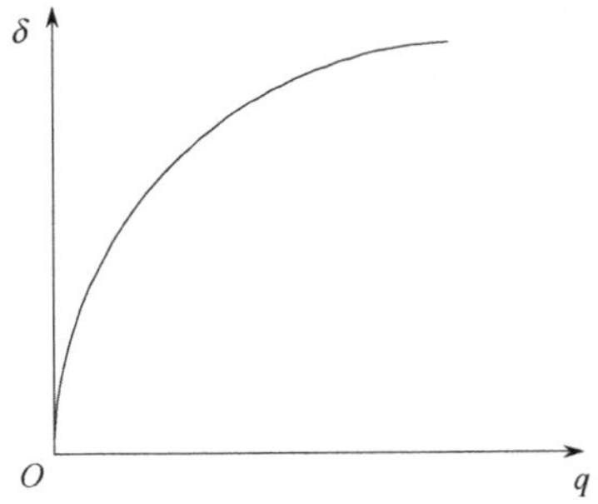

图 5.45　接触刚度曲线

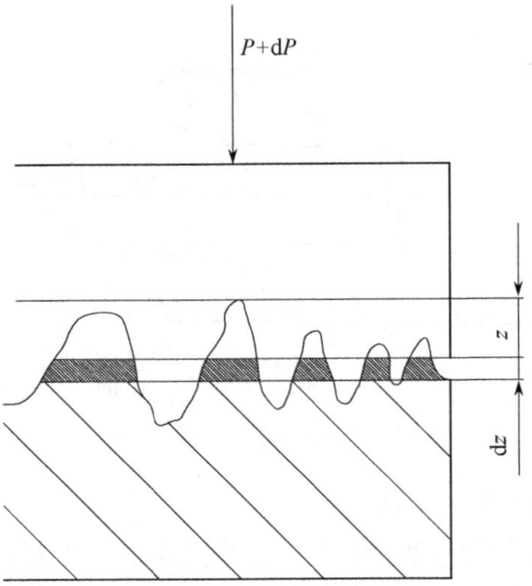

图 5.46　接触表面的模型

时候接触刚度较大。接触变形的这一特点可用表面微观形状中的波峰变形来解释。为了叙述的方便，如图 5.46 所示，设一个接触表面是绝对平滑的表面，而另一个表面为粗糙不平的表面。如前所述，两个接触表面在不加载荷的情况下，仅仅是一些高点相接触，实际接触面积很小。当开始施加小载荷时，这些接触点就开始变形产生了接触变形，由于实际接触面积很小，因此接触刚度较小。随着压强的增加，高点处发生弹性变形和塑性变形，因而实际接触面积将增加。由于实际接触面积的增加，接触刚度将增加，即在相同的 Δq 情况下，变形的增量 $\Delta\delta$ 减小。关于 c 和 m 的数值，根据很多的实验结果表明，当试件的材料为铸铁、钢或铜，接触面的表面粗糙度 Ra 为 0.1～1.6μm 时，系数 m 一般可认为是 0.5。c 的数值受连接表面的材料和表面粗糙度的影响较大，一般来说材料的弹性模量越小，接触刚度越小，c 值越大。例如在同样压强下，铸铁与夹布胶木的接触变形将大于铸铁与铜的接触变形。试件的表面粗糙度与 c 的关系如表 5.2 所示。表面越光，c 值越小，即在同样的压强下接触变形越小。因此提高零件的表面粗糙度是提高接触刚度的最有效的一个措施。

表 5.2　不同接触表面的粗糙度和 c 值

两接触面的加工方法	表面粗糙度 Ra/μm	c 值
精刨—精刨	>1.25～2.5	0.6
精车—精车	>0.63～1.25	0.4
磨—磨	>0.63～1.25	0.4～0.5
	>0.32～0.63	0.35
	>0.16～0.32	0.25
	>0.08～0.16	0.15
研磨—研磨	>0.04～0.08	0.07

续表

两接触面的加工方法	表面粗糙度 Ra/μm	c 值
刮—刮	5～12 点/英寸 ^{2}	1.5～2.0
	10～12 点/英寸 ^{2}	1.3～1.5
	15～18 点/英寸 ^{2}	0.8～1.0
	20～25 点/英寸 ^{2}	0.3～0.5

注：本表适用于连接面材料为钢或铸铁时。

5.3.3　工艺系统的刚度

工艺系统的变形是由机床、夹具、刀具、工件的变形所组成。所以工艺系统的刚度也就包括有机床刚度、夹具刚度、刀具刚度和工件刚度，它的总刚度为它们的合成。工艺系统的总变形及合成刚度为

$$y_{系统}=y_{机床}+y_{夹具}+y_{刀具}+y_{工件} \tag{5-6a}$$

$$\frac{1}{K_{s系统}}=\frac{1}{K_{s机床}}+\frac{1}{K_{s夹具}}+\frac{1}{K_{s刀具}}+\frac{1}{K_{s工件}} \tag{5-6b}$$

$$K_{s系统}=\frac{1}{\dfrac{1}{K_{s机床}}+\dfrac{1}{K_{s夹具}}+\dfrac{1}{K_{s刀具}}+\dfrac{1}{K_{s工件}}} \tag{5-6c}$$

知道了各个环节的刚度值后，就可以求出工艺系统的刚度。

5.3.4　工艺系统的变形对加工精度的影响

1) 由于切削力产生的系统变形对加工精度的影响

(1) 在切削力作用下，由于切削力的作用位置不同而产生各点的系统刚度不同、变形不同而引起工件的形状误差。

如图 5.47 所示，在两顶尖间车外圆柱面，设工件为绝对刚体，即忽略工件的变形，只考虑机床的变形。另外设切削力 P_y 不变，即只考虑由于切削力作用点不同而引起的工件误差，不考虑由于切削力变化而产生的工件误差。

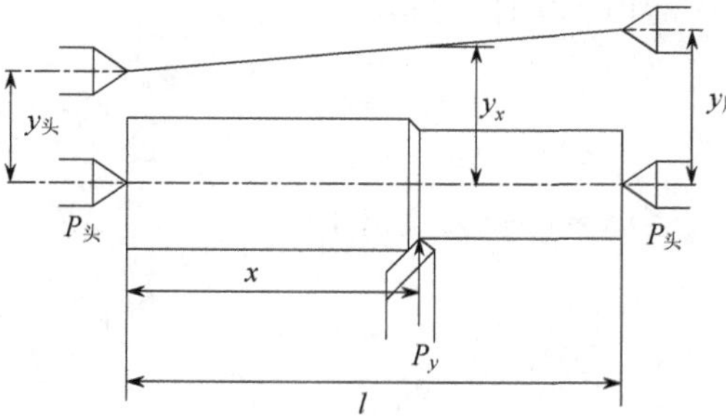

图 5.47　在两顶尖间车光轴时，机床的变形对工件精度的影响

在切削力的作用下机床的前后顶尖产生变形，刀架也产生变形，它们的方向是相反的但却都使工件尺寸加大，所以系统的总变形应把它们加起来。

当刀架距离床头顶尖为 x 处时，切削力的径向分力为 P_y，而作用在床头和床尾顶尖上的分力分别为(忽略 P_x 的作用)

$$P_{y头}=P_y\left(\frac{l-x}{l}\right)$$

$$P_{y尾}=P_y\cdot\frac{x}{l}$$

床头顶尖在 $P_{头}$的作用下产生位移

$$y_{头}=\frac{P_{头}}{K_{s头}}=\frac{P_y}{K_{s头}}\left(\frac{l-x}{l}\right)$$

床尾顶尖在 $P_{尾}$的作用下产生位移

$$y_{尾}=\frac{P_{尾}}{K_{s尾}}=\frac{P_y}{K_{s尾}}\cdot\frac{x}{l}$$

而由于床头床尾的变形，在刀尖处工件轴心线的位移量 y_x 应为

$$y_x=y_{头}+(y_{尾}-y_{头})\cdot\frac{x}{l}=y_{头}\left(\frac{l-x}{l}\right)+y_{尾}\frac{x}{l}$$

$$y_x=\frac{P_y}{K_{s头}}\left(\frac{l-x}{l}\right)^2+\frac{P_y}{K_{s尾}}\left(\frac{x}{l}\right)^2$$

注意：$y_x\neq y_{头}+y_{尾}$。

此时刀架的变形为

$$y_{刀架}=\frac{P_y}{K_{s刀架}}$$

因此由于机床的总变形使刀尖与工件相对位置的变化为

$$y_{机床}=y_x+y_{刀架}=\frac{P_y}{K_{s头}}\left(\frac{l-x}{l}\right)^2+\frac{P_y}{K_{s尾}}\left(\frac{x}{l}\right)^2+\frac{P_y}{K_{s刀架}} \tag{5-7a}$$

$$\frac{1}{K_{s机床}}=\frac{1}{K_{s头}}\left(\frac{l-x}{l}\right)^2+\frac{1}{K_{s尾}}\left(\frac{x}{l}\right)^2+\frac{1}{K_{s刀架}} \tag{5-7b}$$

当 $x=0$ 时(刀具位于床头)

$$y_{机床}=\frac{P_y}{K_{s头}}+\frac{P_y}{K_{s刀架}}$$

当 $x=l$ 时(刀具位于床尾)

$$y_{机床}=\frac{P_y}{K_{s尾}}+\frac{P_y}{K_{s刀架}}$$

当 $x=\dfrac{l}{2}$ 时(刀具位于正中间位置)

$$y_{机床}=\frac{P_y}{4K_{s头}}+\frac{P_y}{4K_{s尾}}+\frac{P_y}{K_{s刀架}}$$

注意：$y_{机床}\neq\dfrac{P_y}{2K_{s头}}+\dfrac{P_y}{2K_{s尾}}+\dfrac{P_y}{K_{s刀架}}$。

总之由于切削力的作用位置不同而使机床刚度不同，进而使工件在纵截面内产生形状误差，表现为车出的轴呈中凹形。

如果工件细长，刚性很差，此时机床在受力下的变形可以忽略不计，工艺系统变形主要

取决于工件的变形。在切削力作用下，在作用点 x 处的变形 y_1 为

$$y_1=\frac{P_y l^3}{3EI}\left(\frac{x}{l}\right)^2\left(\frac{l-x}{l}\right)^2=\frac{P_y}{3EI}\cdot\frac{x^2(l-x)^2}{l} \tag{5-8}$$

式中，E 为工件材料的弹性模量(对钢 $E=2\times10^4\times9.8\text{N/mm}^2$)；$I$ 为惯性矩(对轴 $I=\frac{\pi d^2}{64}$)。

当 $x=0$ 和 $x=l$ 时，$y_1=0$，当 $x=\frac{l}{2}$ 时，y_1 为最大，$y_1=\frac{P_y l^3}{48EI}$，这时工件形状呈腰鼓形。

(2) 由于工件加工余量不均或由于其他原因，使得切削力发生变化，因而使系统变形发生变化，引起工件的误差。

因余量不均所引起的误差，在加工中是很常见的。对一批零件来说，在用调整法加工时，由于各零件的余量不同，将会出现尺寸分散。另外，对于每一个零件来说，各处余量不均又将引起形状误差。

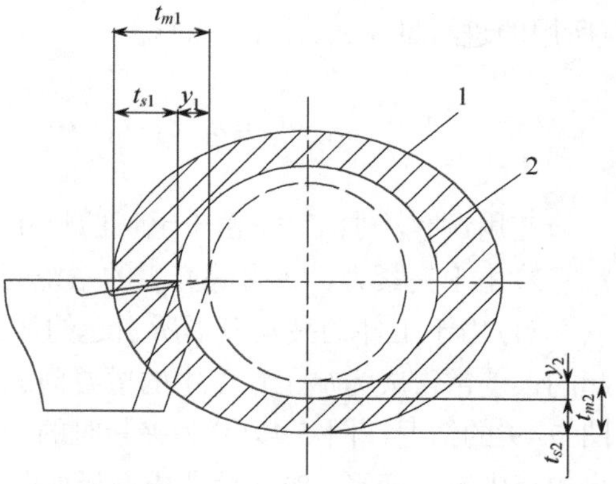

图 5.48　毛坯形状误差的复映

如图 5.48 所示，当切削一个横截面为椭圆形的毛坯时，工件转一转，切深就产生忽大忽小的变化。切深大时，切削力则大，由此产生的系统变形也大(工艺系统刚度可近似地看为一个常量)；切深小时，则切削力也小，系统的变形也小。这样使加工后的零件截面形状仍还是一个椭圆形(当然加工前后的形状误差的大小是不同的)，这种现象常称为“误差复映”。如图 5.48 所示，曲线 1 为毛坯的形状，曲线 2 为加工后的零件形状，刀具的虚线位置是刀具的原进刀位置，虚线圆则为理论上应得到的工件形状。由图可知，毛坯半径误差为$\varDelta_{坯}$，$\varDelta_{坯}=t_{m1}-t_{m2}$，式中 t_{m1}、t_{m2} 为毛坯横截面长短轴处的名义切深。工件半径误差为$\varDelta_{工}$，$\varDelta_{工}=y_1-y_2$，式中 y_1、y_2 为由于工艺系统变形而产生的位移。

$$y_1=\frac{P_{y_1}}{K_{s系}}，\quad y_2=\frac{P_{y_2}}{K_{s系}}$$

式中，P_{y_1}、P_{y_2} 为在毛坯横截面长、短处的 y 向切削分力；$K_{s系}$为系统的静刚度。

根据切削原理中的公式

$$P_y=\lambda\cdot c_p\cdot t\cdot s^{0.75}$$

式中，c_p 为与工件材料及刀具几何角度有关的切削力系数，可由切削用量手册中查知；λ 为切削分力 P_y 和 P_z 的比值；t 为切深；s 为每转进给量。

$$\varDelta_{工}=y_1-y_2=\frac{P_{y_1}}{K_{s系}}-\frac{P_{y_2}}{K_{s系}}=\frac{\lambda\cdot c_p\cdot s^{0.75}}{K_{s系}}(t_{s1}-t_{s2}) \tag{5-9a}$$

式中，t_{s1}、t_{s2} 为毛坯横截面长、短轴处的实际切深，由于 y_1、y_2 远比切深为小，所以可把实际切深 t_{s1}、t_{s2} 用名义切深来代替：

$$\Delta_{工} = \frac{\lambda \cdot c_p \cdot s^{0.75}}{K_{s系}}(t_{m1} - t_{m2})$$

$$\frac{\Delta_{工}}{\Delta_{坯}} = \frac{\lambda \cdot c_p \cdot s^{0.75}}{K_{s系}} = \varepsilon \tag{5-9b}$$

式中，$\varepsilon = \frac{\lambda \cdot c_p \cdot s^{0.75}}{K_{s系}}$ 称为误差复映系数。

当毛坯误差较大，一次走刀不能达到工件的精度要求时，常采用多次走刀，设走刀 n 次(所用的进给量为 s_1、s_2、…、s_n)

$$\Delta_{工} = \varepsilon_1 \cdot \varepsilon_2 \cdot \varepsilon_3 \cdot \cdots \cdot \varepsilon_n \cdot \Delta_{坯} = \left(\frac{c_p}{K_{s系}}\right)^n \cdot \Delta_{坯} \prod_{i=1}^{n} s_i^{0.75} \cdot \lambda_i \tag{5-10}$$

在用调整法加工时，由于毛坯的尺寸误差所造成的工件尺寸分散，其计算方法与此相同。

2) 由于夹紧力、重力等产生的系统变形对加工精度的影响

(1) 由于工件的夹紧变形所引起的加工误差。当工件刚性比较差时，由于夹紧变形所引起的误差常常成为加工精度中的主要问题。例如将薄壁环装在三爪卡盘中镗孔时，就会出现图 5.49 的情况，图 5.49(a) 为夹紧时的情况，夹持点处，圆环向里变形，而位于两夹持点中央的点则向外变形。镗孔后孔成圆形如图 5.49(b) 所示，但在放松取下后，由于工件弹性变形的恢复，被加工的孔会呈三棱形如图 5.49(c) 所示。

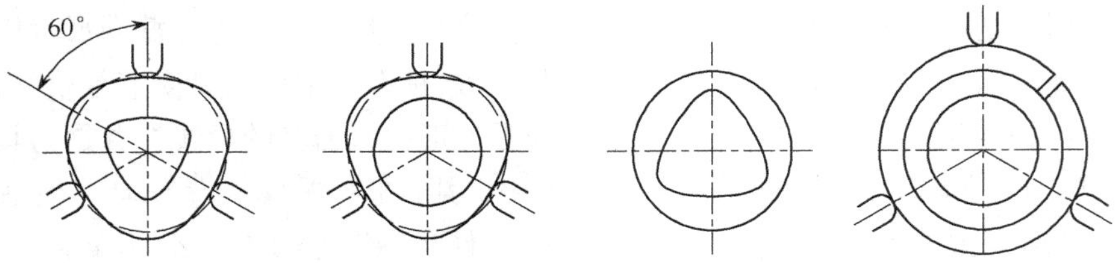

图 5.49　圆环夹紧变形误差

在实际生产中，薄壁零件很多，在加工中一定要注意减少夹紧变形。图 5.49(d) 是用过渡环的办法来增大夹持面积、减小夹紧变形。

磨削薄板零件时，如果工件原来有些翘曲，则在用磁性工作台磨削平面时，如图 5.50(a)、(b)、(c) 所示，磨出的工件仍有翘曲。改进的方法可在工件和磁性工作台中垫入一薄橡皮(厚 0.5mm 以下)，如图 5.50(d)～(g) 所示，磨后的工件比较平直。

在实际生产中，有时利用夹紧变形来补偿某些误差以提高加工精度，例如在磨削床身导轨面时，如果机床导轨的误差、工件热变形的误差使工件产生中凹的误差，则在磨削时可人为地将工件中部夹压得下凹一点，这样加工后松开工件，就会由于弹性恢复而使中部凸起。当然，这时一定要很好地控制夹紧变形的数值，而且要防止它对其他误差(如工件在水平面内的直线度误差)的影响，否则就难以取得良好的效果。

(2) 由于重力所引起的加工误差。重力对加工误差的影响可如图 5.51 所示。图中的立车横梁，会因刀架的自重而引起变形，因而给工件带来误差。

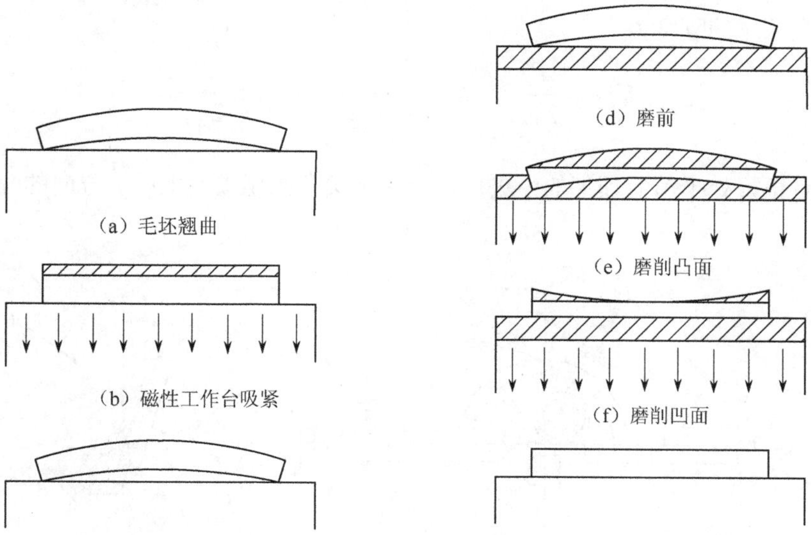

图 5.50　薄板零件的磨削

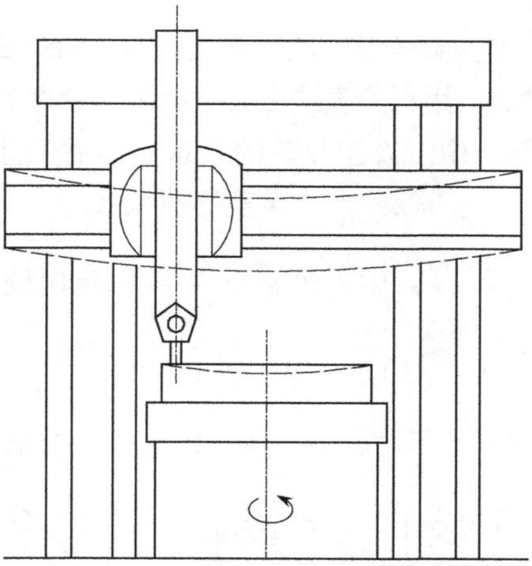

图 5.51　重力引起机床的变形

5.3.5　机床刚度的测定

1) 机床刚度的静测定法

图 5.52 所示为一种三向加载装置。装置上各加载螺孔间夹角为 15°，所以α角调整范围为 0°、±15°、±30°、±45°、±60°和±75°。β角可以任意调整，调整时首先松开在尾架套筒上的卡箍，即可转动加载器，根据刻线或者用样板或万能角度尺校准β角，然后再拧紧卡箍。在加载螺杆及模拟车刀间的力的大小，用测力环测定。

在测出加载的总力 P(相似切削力)之后，可根据α、β角的大小，计算出 P_x、P_y及 P_z。

$$P_x = P\sin\alpha\text{；}\quad P_y = P\cos\alpha\sin\beta\text{；}\quad P_z = P\cos\alpha\cos\beta$$

又根据百分表(其安放位置与图 5.39 的位置相同)测得的变形$y_{头}$、$y_{刀架}$和$y_{尾}$，可计算出

床头、刀架及床尾的刚度为

$$K_{s头}=\frac{P_y}{2y_{头}}；\quad K_{s刀}=\frac{P_y}{y_{刀架}}；\quad K_{s尾}=\frac{P_y}{2y_{尾}}$$

式中，施力点正好处于前后顶尖的中央，在床头顶尖和床尾顶尖上的 y 方向的分力均为 $\frac{P_y}{2}$。

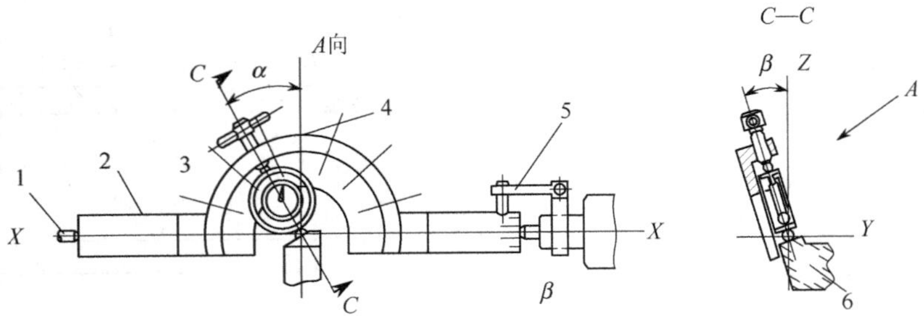

图 5.52　车床刚度测定的三向加载装置

1-前顶尖；2-接长套筒；3-测力环；4-弓形加载器；5-定位杆；6-模拟车刀

2) 用生产法测定车床刚度

用生产法测定车床刚度，是按误差复映的原理进行的。如图 5.53 所示，在一根刚度很大的轴上，预先车出三个偏心的轴颈，用百分表测出其径向跳动量为 $2e_{坯}$，$\Delta e_{坯}=2e_{坯}=t_{max}-t_{min}$。车削此偏心毛坯，进给量为 s，由于误差复映的关系，车后工件的各轴颈必然也是偏心的，测出其径向跳动量为 $2e_{工件}$，$\Delta_{工件}=2e_{工件}$。误差复映系数为

$$床头处\ \varepsilon_{头}=\frac{e_{工头}}{e_{坯头}}；\ 中间处\ \varepsilon_{中}=\frac{e_{工中}}{e_{坯中}}；\ 床尾处\ \varepsilon_{尾}=\frac{e_{工尾}}{e_{坯尾}}$$

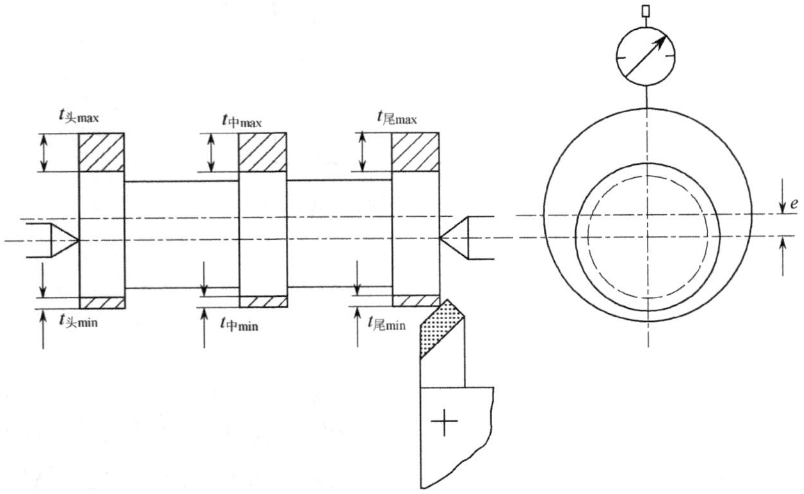

图 5.53　用生产法测定车床刚度

在床头顶尖处的工艺系统刚度为

$$K_{s系头}=\frac{\lambda\cdot c_p\cdot s^{0.75}}{\varepsilon_{头}} \tag{5-11a}$$

在工件中间的工艺系统刚度为

$$K_{s系中}=\frac{\lambda \cdot c_p \cdot s^{0.75}}{\varepsilon_{中}} \tag{5-11b}$$

在床尾顶尖处的工艺系统刚度为

$$K_{s系尾}=\frac{\lambda \cdot c_p \cdot s^{0.75}}{\varepsilon_{尾}} \tag{5-11c}$$

由于工件的刚性好，工件变形可忽略，所以

$$\frac{1}{K_{s系头}}=\frac{1}{K_{s头}}+\frac{1}{K_{s刀架}} \tag{5-12a}$$

$$\frac{1}{K_{s系中}}=\frac{1}{K_{s刀架}}+\frac{1}{4}\left(\frac{1}{K_{s头}}+\frac{1}{K_{s尾}}\right) \tag{5-12b}$$

$$\frac{1}{K_{s系尾}}=\frac{1}{K_{s尾}}+\frac{1}{K_{s刀架}} \tag{5-12c}$$

解这些方程组可计算出机床的各部分刚度：床头刚度 $K_{s头}$、床尾刚度 $K_{s尾}$、刀架刚度 $K_{s刀架}$。

3) 接触刚度的测定

要测量接触刚度，就要测量接触变形。在实际生产条件下，要精确测量接触变形，还比较困难。图 5.54 所示为一个测量接触变形的实验装置，两个试件 5 放在底座 7 上，它们间的接触变形，用固定在上试件的位移传感器 4，测量下试件上的三个研磨过的小平面 6 来测得。力是由加载活塞 2 通过球面垫圈、力传感器 3 施加到试件上去，其大小由力传感器来测得。由读得的力和位移的数值即可获得接触刚度的数值。

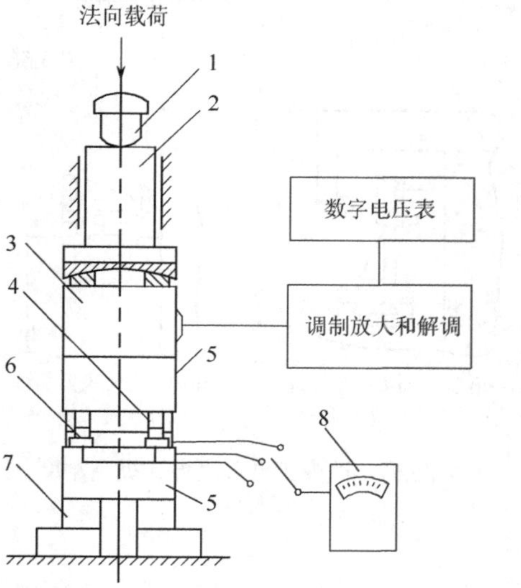

图 5.54　接触刚度的测量

1-压头；2-加载活塞；3-力传感器；4-位移传感器；5-试件；6-下试件上的研磨过的小平面；7-底座；8-测微仪

5.3.6　提高工艺系统刚度的措施

1) 选用合理的零部件结构和断面形状

在机床、夹具等工艺装备中都有一些重量或体积较大的支承件，如机床上的床身、立柱、横梁，夹具上的夹具体等，这些构件本身的刚度对整个工艺系统有较大影响。要提高支承件的刚度，不能依靠单纯增加其截面积，而必须选用合理的构件结构和断面形状，以求在节约材料和轻量化的基础上提高其刚度。就结构来说采用封闭式箱形结构，比带筋结构好，因封闭式箱形结构较轻、刚度较高，如图 5.55、图 5.56 所示。

如果断面面积不变，当断面从实心圆形、方形、矩形逐步改成空心时，刚度大大增加，材料消耗反而可减少为原来的 32%。

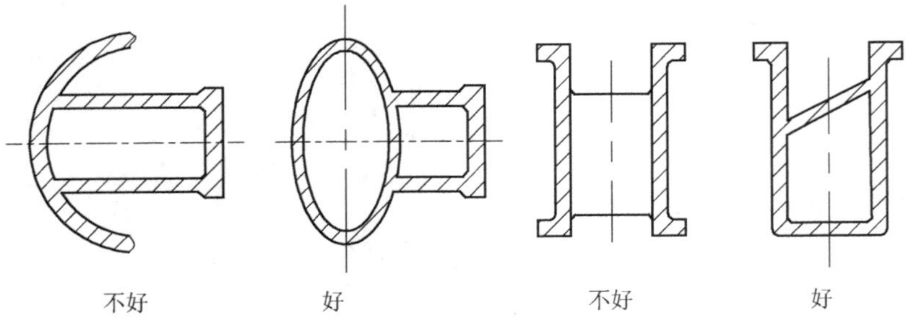

图 5.55　带筋结构与箱形封闭结构刚度的比较

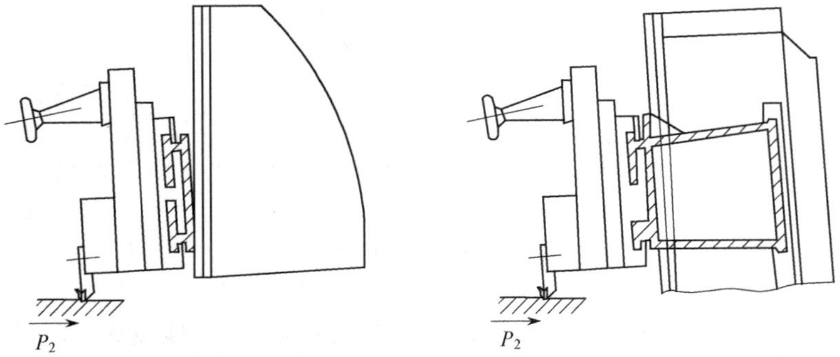

(a) 带筋横梁　　(b) 封闭式箱形横梁

图 5.56　龙门刨床横梁的结构

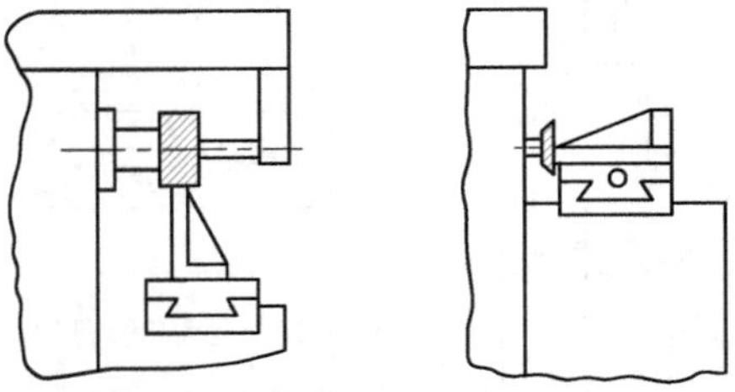

(a) 加工面离夹紧面远，工件倾覆力矩大　　(b) 加工面离夹紧面近，工件倾覆力矩小

图 5.57　改变工件装夹方式提高刚度

2) 提高连接表面的接触刚度

除提高连接表面几何形状精度降低表面粗糙度外，预紧两连接表面(施加预加载荷)，也能使连接表面的实际接触面积增加，提高接触刚度。

3) 采用正确的装夹方式

在夹具设计或工件的装夹时都必须尽量减小弯曲力矩或使作用力通过支承面，如图 5.57 所示。这个提高工艺系统刚度的措施简单有效，在生产现场常被再用。

5.4　工艺系统的热变形及其对工件精度的影响

5.4.1　工艺系统热源与热平衡

1) 工艺系统热源

在加工过程中都伴随有温度的变化，机床、夹具、刀具、工件等都将因温度变化有所变形，这些都会影响加工精度。在加工过程中引起工艺系统温度变化的热源，有以下四类。

(1) 切削热。

任何切削加工都会伴随着切屑的形成而产生热量，这些热量将传到切屑、刀具和工件上去，而切屑和切削液又将部分热量传到机床和工件。在车削加工中，切削热的分配情况如

图 5.58 所示，对于不同的切削用量，其分配情况是不同的。在切削速度大于 100m/min 时，传给切屑的占 65%以上，传给工件的小于 30%，传给车刀的小于 5%。对于钻孔、卧镗，由于大量的切屑留在孔内，因而传给工件的热量常在 50%以上。在磨削时，传给工件的热占 80%以上，传给砂轮的小于 15%，传给磨屑的小于 5%。

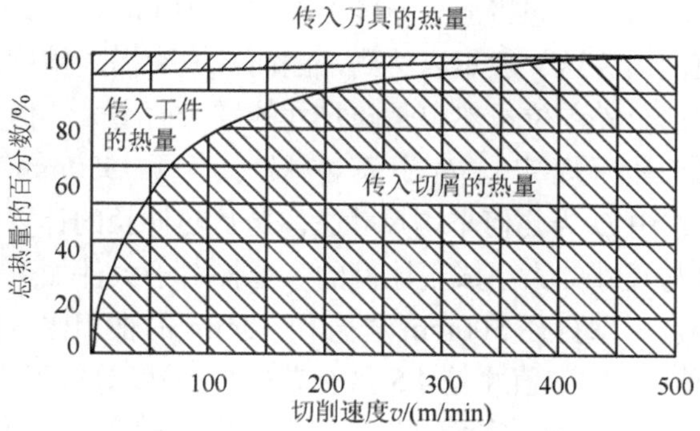

图 5.58　切削热的分配

(2) 摩擦热。

机床的导轨与工作台、丝杠与螺母，齿轮箱中的轴与轴承，齿轮传动副，皮带与皮带轮等都会由于摩擦而发热。各种电动机、液压系统的各种元件都会由于摩擦及其他能量消耗而发热。所有的这些热量都会使机床产生热变形。

(3) 环境温度。

指的是由于室温的变化以及在房间内不同位置(包括不同高度)的温度差异、由于空气流动而产生的温度差异等。

(4) 辐射热源。

日光、灯光、取暖设备以及人体都是常见的辐射热源。

前面两类是工艺系统内部存在的热源，后面两类属于外部热源。工艺系统在上述热源的作用下，温度将发生变化。机床、刀具、工件等各部分均产生温度场。开始时，温度不断上升，即温度场处于不稳定的状态。但是经过一段时间以后，温度场趋于稳定，这时热量的输入与散出相平衡，温度不再随时间而变化。

在工艺系统热变形中，以机床的热变形最为复杂，工件、刀具的热变形相对来说，要简单一些。这主要是因为在加工过程中，影响机床热变形的热源较多、也较为复杂，例如机床运转时各部分发出的摩擦热，就比较复杂；而对于工件和刀具来说，一般很少存在摩擦热的问题，热源比较单纯。因此，对工件和刀具的热变形，常常可以进行一些简化，然后用解析法进行计算和分析；但对于机床热变形，很长一段时间内，只能用实验测试的方法来进行研究。近年来，由于计算技术的发展，已经可以用有限元法和有限差分法来进行模拟计算，这样就可以在设计机床的同时，计算出机床各个部件的热变形数值，从而找到减少热变形的有效措施。毫无疑问，这对于精密机床和精密工艺的发展是有重大意义的。

工艺系统的热变形，对精密加工和大件加工，具有十分重要的意义。在精密加工的领域内，所用的切削用量常很小，切削力很小，因此由于各种作用力产生的变形一般不占重要地位。影响精密加工的加工精度的主要因素是机床的制造精度和工艺系统的热变形，而要提高机床制造精度又受到机床热变形的影响。据统计，在精密加工和大件加工中，由于工艺系统热变形所产生的误差常占加工误差的40%～70%。如磨削精密螺纹时，为了保证螺距精度，就一定要控制工件的温升，即控制工件与机床丝杠间的温度差别。如果两者相差1℃，一根一米长的丝杠，热伸长将达到11μm，而5级精度的丝杠，一米内的周节累积误差仅允许9μm。再如在超精密加工的领域内，要想将加工精度提高到0.01μm这一数量级，温度的变化就一定要控制在0.01℃的范围内。这一般难以达到，因而常成为提高精度的关键。对于大件加工来说，因为尺寸公差中的公差单位虽然也是随尺寸的增大而增大，但是它们之间的关系不是线性关系，例如我国国标规定，对于基本尺寸小于500mm的公差单位 i 值为 $i = 0.45\sqrt[3]{D} + 0.001D$，式中 D 为几何平均尺寸。但是从热伸长的计算中可以看出，由于温度变化而产生的热伸长是与尺寸的大小成正比例的。这样对于大件加工来说，温度变化的影响就比小件加工要显著得多。拿直径500mm与直径10mm的轴相比，同样的温升其热伸长将增大50倍，但其公差单位 i 的数值才差4.5倍左右(同样精度等级下，其公差带的数值差4.5倍左右)。这样对于小件加工来说，完全可以忽略微小温度的变化，对于大件加工，就成为值得重视的问题。

温度的变化除了产生尺寸的变化即所谓热伸长以外，还会产生工件形状的变化、机床零部件的形状和位置变化(倾斜)等，后者可称之为热倾斜。

2)工艺系统热平衡

热总是从高温处向低温处传递。有温差就必然有热流。当工件、刀具或机床的温度达到某一数值时，单位时间内散出的热量便与热源传入的热量趋于相等。这时工件、刀具或机床就处于“热平衡”状态，而热变形也就达到某一程度的稳定。因此，热平衡是研究加工精度时所必须关心的一个重要问题。

5.4.2 机床热变形对加工精度的影响

1)机床的温升与热平衡

机床各部件的热源发热量在单位时间内基本上不变时，机床在运转一段时间之后传入各部件的热量与各部件散失的热量相等或相近时，各部件的温度便停止上升而达到热平衡状态，各部件的变形也就停止。

由于机床各部件的尺寸差异较大，它们达到热平衡所需要的时间因而并不相同。热容量越大的部件所需要的热平衡时间越长。机床的床身、立柱、横梁等大型零件所需要的时间一般要比主轴箱所需的时间长。当整个机床达到热平衡后，机床各部件的位置便相对稳定。此时，它的几何精度就称为动态几何精度。在机床达到热平衡状态之前，机床几何精度变化不定，它对加工精度的影响也变化不定。因此，精密加工常在机床达到热平衡状态之后进行。

2)各类机床热变形及其对加工精度的影响

(1)车、铣、镗床类机床的热变形。

车床的主要热源是床头箱。床头箱内齿轮、轴承、离合器、皮带轮等的摩擦发热，会导致主轴在垂直面内和水平面内的位移和倾斜，也会使床身上固定床头箱的平面受热而弯曲。床鞍与床身导轨面的摩擦发热也将使导轨面受热，因而将使床身弯曲成中凸形。图5.59是某厂用热电偶实测C620-1机床在主轴转速600r/min下空转6小时后的主轴箱和床身温度分布情况。从图5.59中可以看到，温升最高的地方是床头箱的主轴前轴承处，可达40.3℃。图5.60

表示 C620-1 车床的热变形，在主轴转速为 1200r/min 下，主轴的抬高量为 140μm，主轴在垂直面内的倾斜为 60μm/300mm。主轴倾斜的主要原因是床身的弯曲，其误差占 75%，其次是前、后轴承的温度差，其误差占 25%。主轴在水平面内的位移相对来说较小，约为 18μm，倾斜为(0.3～0.8μm)/300mm，但由于它处于误差敏感方向，对加工精度的影响不可忽视。为了减少主轴在水平面内的变形量，一般可将床头箱在床身上的定位点 A 靠近主

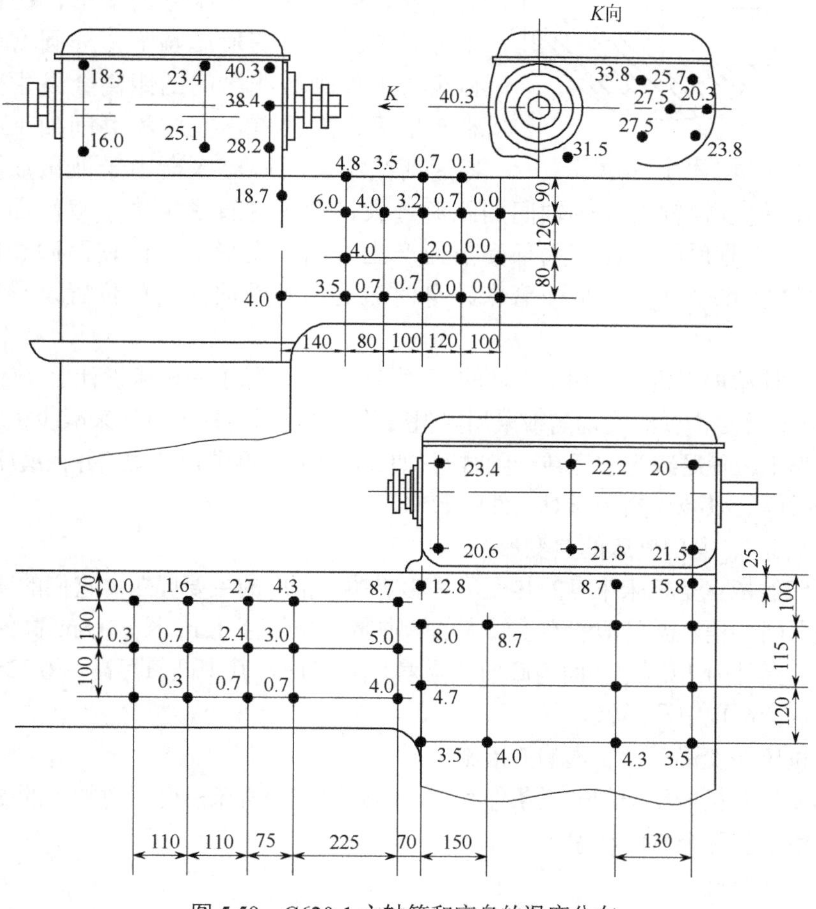

图 5.59　C620-1 主轴箱和床身的温度分布

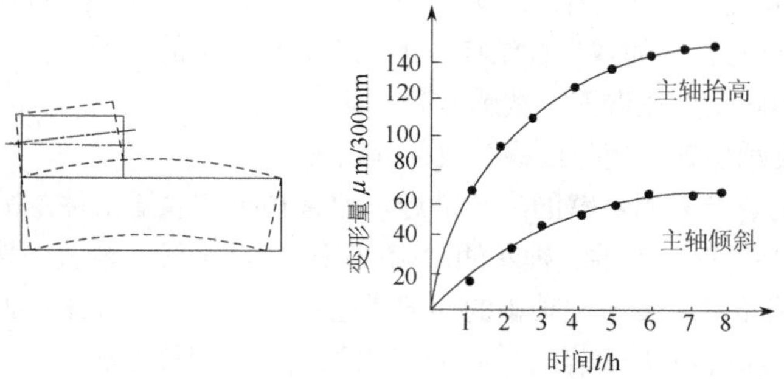

(a)　(b)

图 5.60　C620-1 车床的热变形

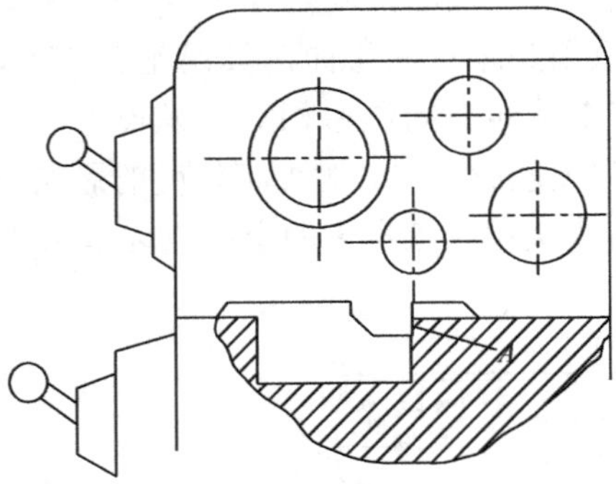
图 5.61　床头箱在床身上的定位

轴中心线的下方，如图 5.61 所示。为了减少床头箱的温升，一般都不采用在床头箱内贮润滑油的方案，另外可以采用低黏度机油作为润滑油来减少温升。

(2) 磨床的热变形。

磨床的热源除了砂轮架以外，还有机床的液压系统。后者常引起床身的变形，因而严重引起加工误差。在热变形影响下，外圆磨床的砂轮轴心线与工件轴心线之间的距离会发生变化，并可能产生平行度误差，在定程磨削加工中工件直径将逐渐减小。无心磨床会由于液压油温度升高而导致热变形，使砂轮轴与导轮轴间的距离增大，使工件直径增大。双端面磨床的冷却液喷向床身中部的顶面，使其局部受热而产生中凸的变形，从而使两砂轮的端面产生倾斜，影响厚度和平行度。平面磨床床身的热变形则受油池安放位置及导轨摩擦发热的影响。

磨床是一种精加工机床，加工工件的精度要求较高。除了在机床设计上，应设法减少发热量、加强冷却并尽力使温度均匀或采用热量转移、热变形转移等方法来减少机床热变形外，在机床的操作上应使磨床先空运转一段时间（如 2h）以后，再进行精磨，并在磨床工作时，尽量不要时开时停，以减少热变形对工件的影响。

(3) 导轨磨床、龙门刨床的热变形。

这类机床的特点是机床床身的热变形是影响加工精度的主要问题。它们的床身比较长，导轨面与底面间，稍有温差即能产生较大的弯曲量，如一台 12m 长、0.8m 高的导轨磨床床身，导轨面的温升为 1℃（导轨面与底面的温差为 1℃）时，其中凸量可高达 0.22mm，这时加工出的工件也会出现中凸形状。

3) 减少机床热变形对加工影响的措施

机床热变形与机床结构和外界条件有关，因此要减少机床热变形对加工的影响，要从结构设计和使用工艺两个方面考虑。

1) 结构设计措施

(1) 热对称结构设计。在主轴箱的内部结构中，注意传动元件安放的对称性可以均衡箱壁的温升从而减少其变形，如铣床立柱及升降台内部的传动元件的安排就应该力求对称。此外，大件结构也应该对称，如双立柱结构在加工中心机床上的应用。

(2) 使关键件的热变形在误差不敏感方向移动。

(3) 合理安排支承位置，使热位移有效部分缩短。

(4) 对发热大的热源采用足够的冷却措施。改善轴承的润滑条件是减少主轴箱发热的重要手段，如利用低黏度的润滑油、锂基润滑脂或用油雾润滑等，再就是采用小直径滚动轴承也可以减小发热。将电动机置于主轴箱的顶部或把液压系统置于床身外部，都可以减少发热。扩大散热面，保证良好自然冷却条件，以及采用强制式冷却等方法。

(5) 均衡关键件的温升。采用机床发出的热量预热重要部件温升较低的部位，以均匀机床零部件的温升，避免弯曲变形。

2) 工艺措施

(1) 安装机床的区域保持恒定的环境温度，可以采用均布加热器，合理取暖，不靠近照射等措施。

(2) 待机床达到或接近于热平衡状态后再进行加工，精密磨削中，经常采用这种方法。

(3) 严格控制切削用量以减少工件的发热。如坐标镗床的切削深度和进给量分别不要超过 0.5～1mm 和 0.05～0.07mm/r，并将粗、精加工分开，待工件冷却后再进行精加工。

(4) 把精密机床安装于恒温室内，以减少环境温度变化对加工精度的影响。例如，无恒温设备，精密加工应该在夜间进行，此时环境温度变化较小。

5.4.3　工件热变形对加工精度的影响

1) 工件热变形及其对加工影响

工件受热变形，对一般加工影响不大，但对精密件、大件影响大。因为精密件精度高，大件变形大，且加工周期长。

工件的热变形与三种因素有关，具体如下：

(1) 传入工件的热量多少。

(2) 工件的受热体积(尺寸)有关。薄壁零件，热变形较大，实心零件，热变形会相对小一些。

(3) 工件受热均匀与否。

工件的热变形可分为两种情况：一种是均匀受热或可以看作均匀受热，如室温变化、车磨外圆、车磨螺纹、镗孔等；另一种是不均匀受热，如磨平面、刨铣平面等。

2) 减少工件热变形对加工精度影响的措施

(1) 在切削区域施加充分冷却液，降低切削温度，减少切削时工件的热变形。

(2) 提高切削速度和进给量(如高速切削和磨削)，使传入工件热量减小。

(3) 工件在精加工前有充分时间间隔，使之充分冷却。

(4) 刀具和砂轮经常刃磨和修正，减少切削热和摩擦热的产生。

(5) 使工件在夹紧状态下时还有伸缩的自由，如采用弹簧后顶尖、气动后顶尖等，以减小加工过程中工件的热变形。

5.4.4　刀具热变形对加工精度的影响

刀具热变形的热源主要是切削热。切削热中传给刀具的比例虽然一般都不大，但由于刀具尺寸小，热容量小而其温升有时并不小，对加工精度的影响有时是不能忽视的。以车削为例，车刀在切削热的作用下将产生温升，因而发生刀具热伸长，如在用高速钢车刀车削时，刀刃部分的温度可达 700～800℃，刀具的变形可达 0.03～0.05mm。图 5.62 中的曲线 A 表示车刀在连续切削时的长度变化曲线。当切削停止后，刀具温度即下降，其下降曲线如

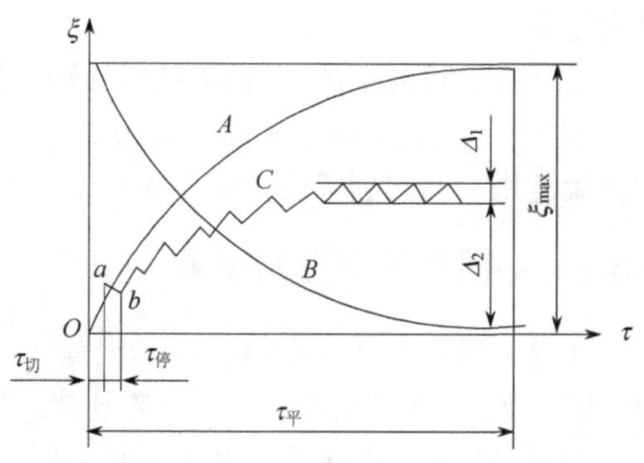

图 5.62　车刀的热伸长曲线

图 5.62 中的曲线 B。在车削一批圆柱体时，由于切削和不切削、受热和冷却交错进行，因此车刀的热伸长曲线为 C。

5.4.5 减少工艺系统热变形办法

(1) 减少热源产生热量。

切削加工时，可以采用低速小进给进行切削。

(2) 控制热源的影响。

采用冷却、恒温等手段，使机床、刀具、工件变形减小。

(3) 从结构上采取措施减少热变形。

(4) 进行综合补偿及校正。

在精密加工时，可以用综合补偿及校正的方法减少热变形。例如，精密丝杠加工时，可以采用两个校正尺：一个是校正螺母丝杠的误差，另一个是校正热变形引起的误差，即温度补偿尺。

5.5 保证和提高加工精度的途径

5.5.1 直接消除或减小原始误差

在加工细长轴时普遍存在问题是质量差、效率低，即使在切削用量很小的情况下也发生弯曲和振动，得不到准确的几何精度，即使采用跟刀架，也很难车出较高的精度和较低的粗糙度，所以说，“车工怕细长”，这是为什么呢？

首先，分析细长轴车削时的受力情况和变形状态。

车削加工时的径向力会将细长轴顶弯，发生变形，因此采用跟刀架可以有效地减小变形；切削加工时受到轴向力作用，细长轴会产生弯曲，在高速回转运动情况下，会受到离心力的作用，从而加剧了变形量，并导致振动；工件在切削热作用下，还会产生热伸长，而工件的两端是固定的，进而会有轴向力产生，从而又加剧了弯曲作用。

为了消除减少上述原始误差，可采用大进给量反向切削法加工细长轴，它包括：

(1) 进给方向由卡盘向尾座——通常的加工方向是相反的，后面采用浮动(可伸缩的)活顶尖。

(2) 采用大进给量和大主偏角车刀。当 P_x 增大，工件在强力拉伸下能消除径向振动，使切削过程平稳。

(3) 浮动(可伸缩的)活顶尖使细长轴工件的热伸长有缓解余地，从而减轻了弯曲变形。

(4) 在卡盘端工件上车出一缩颈部分，直径为工件直径的一半，这样直径减小，将会使工件柔性增加，起到了像接头一样的作用，可以消除在卡盘强夹持下轴心线歪斜的影响。

5.5.2 补偿或抵消原始误差

工艺系统中产生了关键性原始误差后，有时又不能采取直接消除或减少的方法(考虑成本、时间等)，于是出现了种种误差补偿或抵消法。

误差补偿法就是人为的加入一种新原始误差去抵消原来的误差，正误差用人为的负误差去抵消，负误差用人为的正误差去抵消，两者大小相等，方向相反，减少误差以提高精度。

例如，龙门铣床的横梁，在铣头重力的作用下会产生向下弯曲变形，因而严重影响加工表面的形状精度。若用加强机床横梁刚度和减轻铣头重量的方法去消除或减小原始误差，显然有困难。此时，可以将横梁导轨故意刮成向上凸的误差，如图 5.63 所示，以补偿铣头重力引起的向下垂的变形。

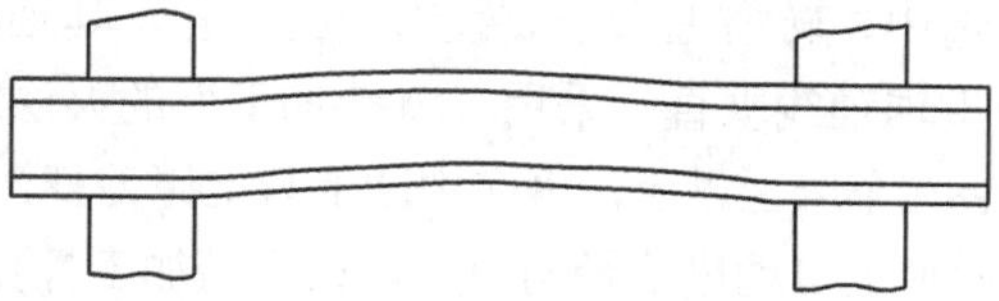

图 5.63　将横梁刮成向上凸

5.5.3　变形转移或误差转移的方法

工艺系统的原始误差，可以在一定条件下转移到误差的非敏感方向或不影响加工精度的方向上去。这样，在不减小原始误差的情况下，仍然可以获得较高的加工精度。

1) 转移变形

例如，将龙门铣床上铣头重力引起的横梁弯曲变形和扭曲变形转移到附加梁上，而附加梁的受力变形对加工精度毫无影响，如图 5.64 所示。

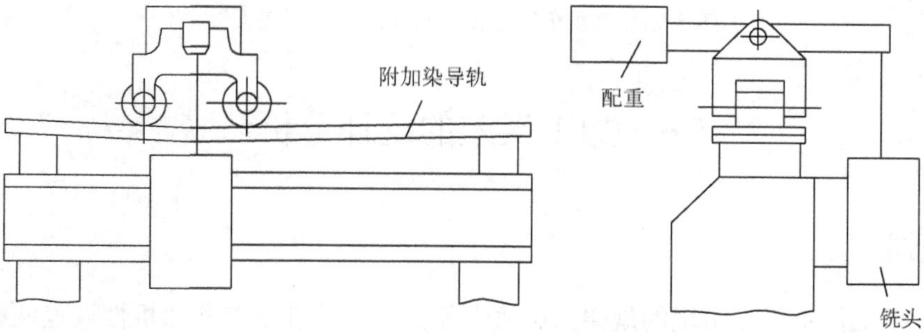

图 5.64　横梁弯曲变形和扭曲变形的转移

2) 转移误差

例如，六角车床的回转头，其转位很难没有误差，该误差直接影响内孔精度。若将刀具在垂直面内如图 5.65 所示安装，则回转头的转位误差Δ就处于 Z 向，而误差在 Z 向只相当于刀尖高低的变动，它对内孔直径的影响极小。

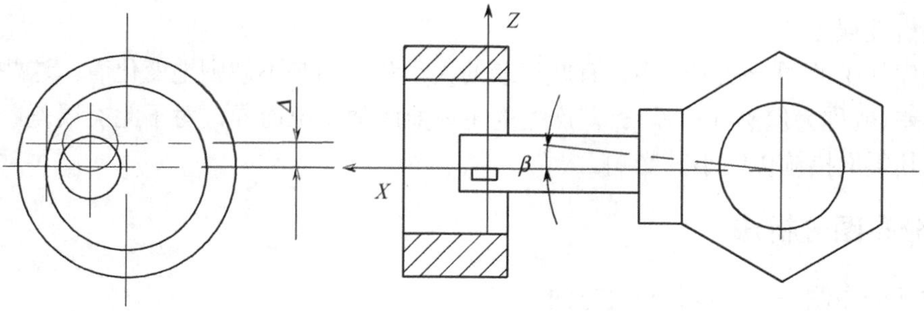

图 5.65　六角车床“立刀”安装以转移误差

5.5.4　就地加工达到最终精度的方法

“就地加工”的要点是：要保证部件间什么样的位置关系，就在这样的位置关系上，用一个部件装上刀具去加工另一个部件，这是一种达到最终精度的简捷方法。

例如，在六角车床制造中，转塔上六个安装刀架的大孔，其轴线必须保证和主轴回转轴线重合，而六个面必须和主轴轴线垂直。采用“就地加工”的办法就是：转塔各表面在装配前不进行精加工，待转塔装在车床上以后，再在主轴上装上镗刀杆，使镗刀旋转，转塔作纵向进给，依次精镗六孔。然后换上自动进给径向刀架，依次精加工各孔的端面，如图 5.66 所示。

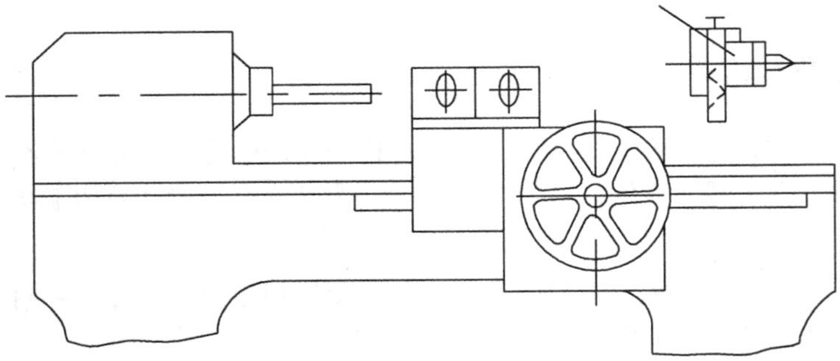

图 5.66　六角车床上转塔六孔的“就地加工”

5.6　加工误差的统计分析法

5.6.1　概述

根据一批工件中误差出现的规律，可将误差分为系统性误差和随机性误差两种，前者又可分为常值系统性误差与变值系统性误差两种。

1) 系统性误差

在顺序加工一批工件中，有些误差的大小和方向始终保持不变，这类误差称为常值系统性误差。针对此类误差，通过查明大小和方向进而相应调整或检修工艺装配或补偿来消除。

在顺序加工一批工件中，有些误差是按照某一较明显的规律逐渐变化的，这类误差称为变值系统性误差。针对此类误差，通过摸清规律选择自动连续补偿或自动周期补偿来消除。

2) 随机性误差

在顺序加工的同一批工件中，有些误差的大小和方向是不规则地变化着。这些误差称为随机性误差(或称为偶然性误差)。其产生的主要原因随情况而异，对于此类误差，只能找到根源，对其采取措施以缩小其影响。

5.6.2　分布图分析法

1) 实际分布图——频数分布直方图

如果将一批铰孔的工件，根据铰孔后的孔径按组距(尺寸间隔)0.002mm 进行分组，并套在相应的木杆上，就可以直观地看到工件孔径的分布情况(图 5.67(a))。这批工件将分属不同的组，中间的工件较多，两边的逐渐减少，尺寸有一定的“分散范围”。所谓分散范围就是最大尺寸与最小尺寸之差。

$$分散范围 = 最大尺寸 - 最小尺寸 = 10.010 - 9.994 = 0.016\,(\mathrm{mm})$$

这批工件尺寸的算术平均值为 10.003mm，基本上处于分散范围的中心。

实际进行统计分析时，先将各组距内的工件数(称为频数)列成如表 5.3 所示的频数分布表，再以工件尺寸为横坐标，以各组的频数为纵坐标，便可得到图 5.67(b)所示的频数分布直方图。

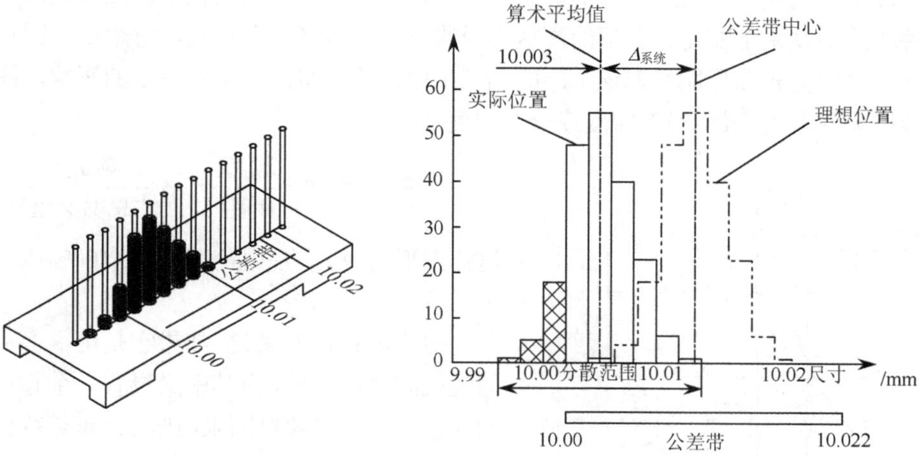

(a)　　(b)

图 5.67　一批工件铰孔后孔径的实际分布

表 5.3　频数分布表

组号	组界/mm	组中值/mm	频数分布												频数	频率
						10	20	30		40	50					
1	9.9915～9.9935	9.9925													0	0
2	9.9935～9.9955	9.9945	一												1	0.5
3	9.9955～9.9975	9.9965	𠃊												4	2
4	9.9975～9.9995	9.9985	正	正	正	𠃊									19	9.5
5	9.9995～10.0015	10.0005	正	正	正	正	正	正	正	正	正	𠃊			49	24.5
6	10.0015～10.0035	10.0025	正	正	正	正	正	正	正	正	正	正	正	一	56	23
7	10.0035～10.0055	10.0045	正	正	正	正	正	正	正	正	丅				42	21
8	10.0055～10.0075	10.0065	正	正	正	正	下								23	11.5
9	10.0075～10.0095	10.0085	正												5	2.5
10	10.0095～10.0115	10.0105	一												1	0.5
总计															200	100

一批工件的分布图在一定程度上可以代表这个工序的加工精度。工序的随机性误差影响分布图的分散范围，常值系统性误差影响分布图的位置，即影响其平均值的大小。如图 5.69(b)所示，在直方图上标注公差带及其中心，工件的分散范围及其算术平均值。这样，从图上就可以看到：

图中的分散范围小于公差带$\left(\frac{公差带}{分散范围}=\frac{0.022}{0.016}\approx 1.38>1\right)$，说明本工序的加工精度能满足公差要求。

图中出现了部分废品(带阴影部分)，其原因是算术平均值偏离了公差带中心(图中的$\Delta_{系统}$)，只要换一把直径加大0.008mm的铰刀，就有可能使整个分布图在横坐标上平移一个距离(到图中的理想位置)，使整批工件尺寸全部落在公差带内。

在画直方图时，组距(分组数)的选择是一个重要问题。分组数太少(组距太大)，直方图过于粗糙，但分组数太多(组距太小)，图形受到局部随机因素的影响太大。在用频数作为纵坐标时，图形的高矮受到组距的影响。组距较大，图形较高；组距较小，图形就矮。另外，如果工件的总数发生了变化，图形的高矮亦受影响，总数多，图形高，总数少，图形矮。为了使某一工序的分布图形能代表该工序的加工精度，不受组距及工件总数的影响，图形的纵坐标应改用频率密度(或称概率密度或分布密度)。

$$频率密度=\frac{频率}{组距}=\frac{频数}{工件总数\times 组距}$$

这样图形所包含的总面积等于1(100%)。

2) 正态分布图

对于随机误差来说，如果它是由很多相互独立的随机因素所组成，而其中又没有一个起决定作用的非正态分布的随机因素，则其分布是符合正态分布的。

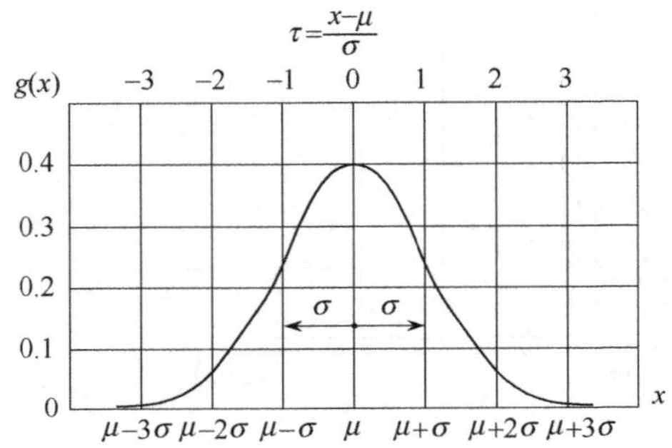

图 5.68　正态分布曲线

图5.68所示为正态分布曲线，其概率密度函数公式为

$$g(x)=\frac{1}{\sigma\sqrt{2\pi}}e^{-(x-\mu)^2/2\sigma^2}\quad(-\infty<x<+\infty,\ \sigma>0) \tag{5-13}$$

式中，μ为算术平均值(数学期望)，σ为均方差(标准差)。μ、σ为正态分布的两个参数，μ影响曲线的位置，$\mu=0$即曲线的对称轴与纵坐标轴相吻合。σ影响曲线的形状，σ越大，曲线越平坦(图5.69)，图5.69(a)μ不同σ相同，图5.69(b)$\mu=0$、σ不同。

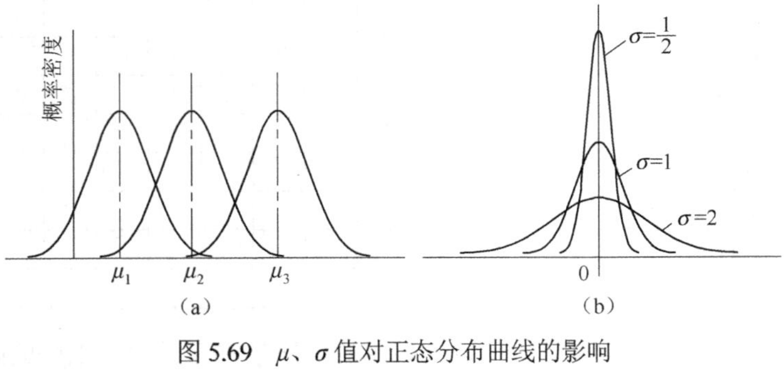

图 5.69　μ、σ值对正态分布曲线的影响

$\mu=0$、$\sigma=1$的正态分布称为标准正态分布，其概率密度函数公式为

$$g(\tau)=\frac{1}{\sqrt{2\pi}}e^{-\frac{\tau^2}{2}}$$

随机变量出现在 0 到 τ 区间的概率为这一区间内正态分布曲线与横坐标之间所包含的面积。

$$G(\tau)=\int_0^{\tau} g(\tau)\mathrm{d}\tau=\frac{1}{\sqrt{2\pi}}\int_0^{\tau}\mathrm{e}^{-\frac{\tau^2}{2}}\mathrm{d}\tau$$

这一数值可由表 5.4 中查出。

对于一般的正态分布曲线，可以利用坐标变换 $\tau=\dfrac{x-\mu}{\sigma}$，求得在 μ 到 $\mu+\tau\sigma$ 区间内随机变量出现的概率。

$$\int_{\mu}^{\mu+\tau\sigma} g(x)\mathrm{d}x=\int_{\mu}^{\mu+\tau\sigma}\frac{1}{\sigma\sqrt{2\pi}}\mathrm{e}^{-(x-\mu)^2/2\sigma^2}\mathrm{d}x=\frac{1}{\sqrt{2\pi}}\int_0^{+\tau}\mathrm{e}^{-\frac{\tau}{2}}\mathrm{d}\tau$$

这个概率可以从表 5.4 中查得。

表 5.4　$G(\tau)=\dfrac{1}{\sqrt{2\pi}}\displaystyle\int_0^{\tau}\mathrm{e}^{-\frac{\tau^2}{2}}\mathrm{d}\tau$ 的数值表 $\left(\tau=\dfrac{x-\mu}{\sigma}\right)$

τ	$G(\tau)$	τ	$G(\tau)$	τ	$G(\tau)$	τ	$G(\tau)$
0.00	0.0000	0.29	0.1141	0.66	0.2454	1.60	0.4450
0.01	0.0040	0.30	0.1179	0.68	0.2517	1.65	0.4504
0.02	0.0080	0.31	0.1217	0.70	0.2580	1.70	0.4554
0.03	0.0120	0.32	0.1255	0.72	0.2642	1.75	0.4599
0.04	0.0160	0.33	0.1293	0.74	0.2703	1.80	0.4641
0.05	0.0199	0.34	0.1331	0.76	0.2764	1.85	0.4678
0.06	0.0239	0.35	0.1368	0.78	0.2823	1.90	0.4713
0.07	0.0279	0.36	0.1406	0.80	0.2881	1.95	0.4744
0.08	0.0319	0.37	0.1443	0.82	0.2939	2.00	0.4772
0.09	0.0359	0.38	0.1480	0.84	0.2995	2.10	0.4821
0.10	0.0398	0.39	0.1517	0.86	0.3051	2.20	0.4861
0.11	0.0438	0.40	0.1554	0.88	0.3106	2.30	0.4893
0.12	0.0478	0.41	0.1591	0.90	0.3159	2.40	0.4918
0.13	0.0517	0.42	0.1623	0.92	0.3212	2.50	0.4938
0.14	0.0557	0.43	0.1664	0.94	0.3264	2.60	0.4953
0.15	0.0596	0.44	0.1700	0.96	0.3315	2.70	0.4965
0.16	0.0626	0.45	0.1736	0.98	0.3365	2.80	0.4974
0.17	0.0675	0.46	0.1772	1.00	0.3413	2.90	0.4981
0.18	0.0714	0.47	0.1808	1.05	0.3531	3.00	0.49865
0.19	0.0753	0.48	0.1844	1.10	0.3643	3.2	0.49931
0.20	0.0793	0.49	0.1879	1.15	0.3749	3.40	0.49966
0.21	0.0832	0.50	0.1915	1.20	0.3849	3.60	0.499841
0.22	0.0371	0.52	0.1985	1.25	0.3944	3.80	0.499928
0.23	0.0910	0.54	0.2054	1.30	0.4032	4.00	0.499968
0.24	0.0943	0.56	0.2133	1.35	0.4115	4.50	0.499997
0.25	0.0987	0.58	0.2190	1.40	0.4192	5.00	0.49999997
0.26	0.1022	0.60	0.2257	1.45	0.4265		
0.27	0.1064	0.62	0.2324	1.50	0.4332		
0.28	0.1103	0.64	0.2339	1.55	0.4394		

因此，如果由某工序加工出的一批工件，其尺寸分布是符合正态分布的，则出现在算术平均值μ和$\mu+\tau\sigma$区间内的工件概率，可以查表 5.4 的$G(\tau)$数值来求得。

$\tau=3$，$G(\tau)=0.49865$，即出现在μ到$\mu+3\sigma$区间的概率为 49.865%，出现在$\mu\pm3\sigma$区间内的概率为 2×49.865%，即 99.73%，只有 0.27%的概率不在此区间内。这个概率很小，因此我们一般都认为正态分布的分散范围是$\pm3\sigma$（图 5.68）。

正态分布的曲线有如下特点：

(1) 曲线对称于算术平均值轴线；

(2) 曲线两端与 x 轴相交于无穷远；

(3) 曲线下与x轴之间的总面积为 1，在对称轴的$\pm3\sigma$范围内出现的概率 99.73%代替全部零件，将 0.27%舍掉了。

5.6.3 分布图的作用和缺点

分布图可以用来判断一种工艺能否保证要求的加工精度。如果零件的公差为T，工序的均方差为σ，而$T<6\sigma$，则该工艺不能保证要求的加工精度，只有$T>6\sigma$时，该工艺才能保证要求的加工精度。分布图还可以用来判断产生废品的原因是属于常值系统性误差，还是属于随机误差。这只要画出分布图，并在图上标注公差带即可看出。如图 5.67 所示的铰孔工序产生废品的原因是常值系统性误差，只要更换铰刀就有可能消灭废品。

采用分布图分析加工误差尚存在下列不足之处：

(1) 没有考虑工件加工先后顺序，因此较难把变值系统性误差和随机性误差区分开来；

(2) 只能在一批零件加工完以后才能画出分布图，分析中看不出误差的发展趋势和变化规律，从而不能主动控制精度；

(3) 如出现问题，对本批零件已无法采取措施，只能对下一批零件起作用，不便在加工过程中积累控制资料；

(4) 计算量大。

5.6.4 正态分布图的应用

1) 判断某一工艺过程能否保证加工精度要求

一个工序其尺寸分散范围代表了该工序的工艺能力，一般取6σ，$p=6\sigma$，工件的加工公差T与工艺能力$p=6\sigma$的比值称为工艺能力系数C_p

$$C_p=\frac{T}{6\sigma}$$

当$C_p>1$，全部零件加工能合格，如果$C_p\gg1$，则造成浪费；当$C_p=1$，加工能力勉强，遇到外来因素影响时，将会产生不合格品；当$C_p<1$，加工能力不足。

一般把工艺能力系数分为五级，如表 5.5 所示。

表 5.5 工艺等级

工艺能力系数值	工艺等级名称	说明
$C_p>1.67$	特级工艺	工艺能力过高，可以允许有异常波动或作相应考虑
$1.67\geqslant C_p>1.33$	一级工艺	工艺能力足够，可以有一定的异常波动

续表

工艺能力系数值	工艺等级名称	说明
$1.33\geqslant C_p>1.00$	二级工艺	工艺能力勉强，必须密切注意
$1.00\geqslant C_p>0.67$	三级工艺	工艺能力不足，可能出少量不合格品
$0.67\geqslant C_p$	四级工艺	工艺能力很差，必须加以改进

2) 不合格率的确定

一般以 6σ 作为尺寸分散范围，当分散范围超出公差带极限尺寸时，就会出现不合格品。不合格品率就是超出公差带极限的工件概率，如图 5.70 所示。

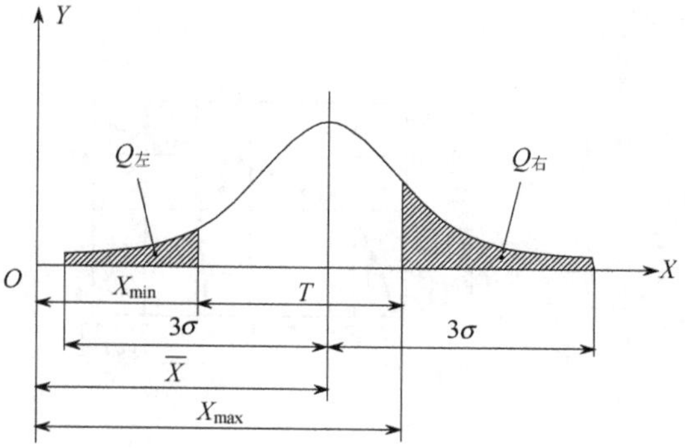

图 5.70　尺寸分布图

其中

$$Q_{右}=0.5-G\left(\frac{|X_{max}-\overline{X}|}{\sigma}\right)$$

$$Q_{左}=0.5-G\left(\frac{|X_{min}-\overline{X}|}{\sigma}\right)$$

当 $|X_{min}-\overline{X}|>3\sigma$，左全合格；而当 $|X_{max}-\overline{X}|>3\sigma$，右全合格。

3) 误差性质的判断

正态分布条件是没有变值系统误差的，可根据 $\overline{X}$ 和 C_p 来判断超差的原因是常值系统误差还是随机误差。

5.7　点图分析法

点图分析法就是按加工的先后顺序作出尺寸变化图，以暴露整个加工过程中误差变化的全貌。按工件加工顺序定期测量工件尺寸，以其序号为横坐标，以量得尺寸为纵坐标，则可得点图。加工如有变值系统误差，则可在点图上反映出来，如图 5.71(a) 所示的点图。

如果将上述数据按 m 个为一组进行分组，横坐标为分组的顺序号，同一组各工件的尺寸都画在同一横坐标上，纵坐标仍为工件尺寸或误差，则点图的长度可大为缩短，而且可以看出各个瞬间的尺寸分散情况，如图 5.71(c) 所示，有时在图上只画出上下两条包络线和中间一条平均线，如图 5.71(d) 所示，这样就更清楚地显示了在加工过程中工件平均尺寸和分散范围的变化情况，这个图常称为精度图。

在质量管理中，常把平均尺寸和分散范围的变化情况，分别用两个图来表示，前者称为 $\bar{x}$ 图，是将组内 m 件的尺寸取平均值后标上；后者称 R 图，是将组内 m 件中最大尺寸与最小尺寸的差值(常称之为极差)标上，如图 5.71(b) 所示，称为 $\overline{X}-R$ 图。

点图可以克服前述分布图的缺点，它可以显示变值系统性误差。如图 5.72(a) 所示的精度图，在加工过程中，工件的平均尺寸没有变化，因此就不存在变值系统性误差。而在图 5.72(b) 中由于存在刀具磨损这一较大的变值系统性误差，因此工件的平均尺寸在加工过程中逐渐增大。图 5.72(c) 所示为车削外圆时的精度图，它既显示了刀具磨损的影响，又显示了刀具热伸长的影响。

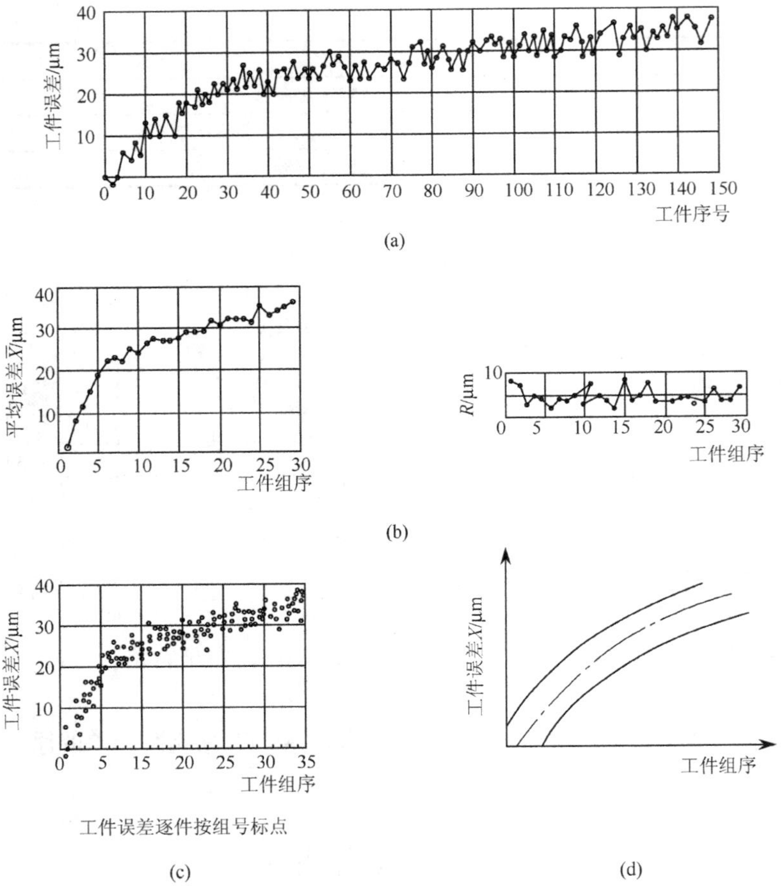

图 5.71　点图的各种形式(以半自动内圆磨床加工轴承内圈为例)

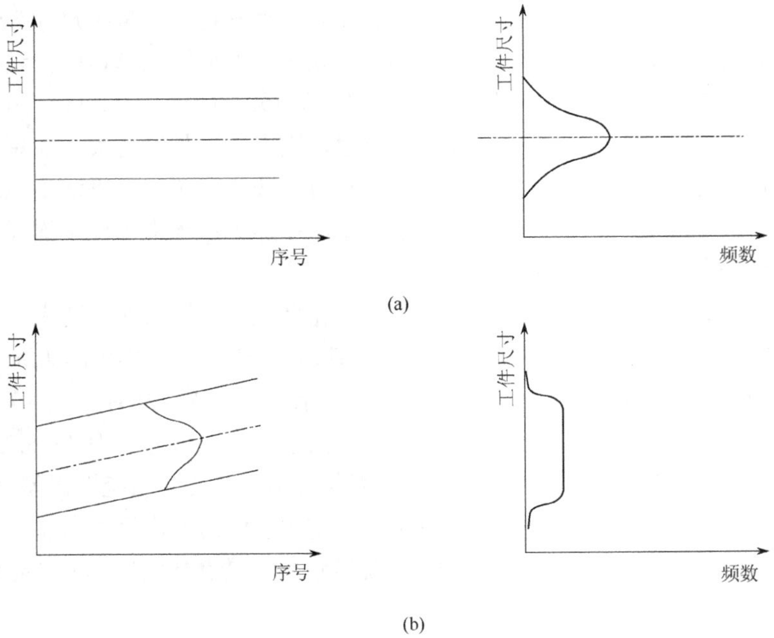

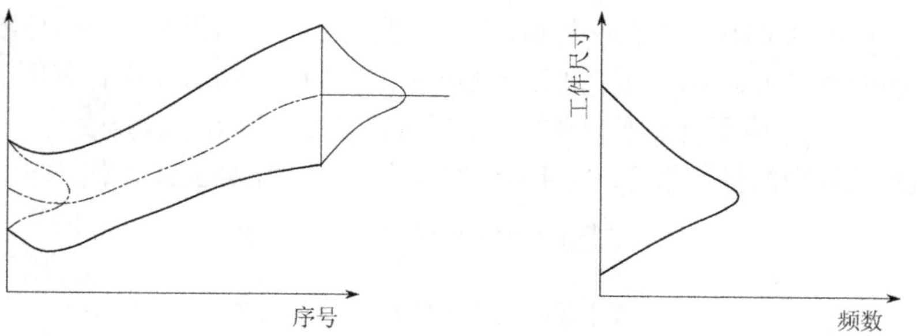

(c)

图 5.72　点图与分布图的关系

点图可以看作按加工顺序分解了的分布图。每一个瞬间都有一个假想的瞬时分布图，这个分布图一般是按正态分布的，有它的算术平均值和分散范围。随着加工的进行，瞬时分布的平均值在变化(变值系统性误差)，分散范围也会变化(图 5.72(c))，最后整个加工过程的总的工件分布图就是所有瞬时分布图的综合。因此正如图 5.72 所示，图 5.72(a)的分布图是正态分布，图 5.72(b)的分布图是平顶分布，图 5.72(c)的分布图是不对称分布。从点图可以很容易地推出分布图。

点图是在加工进行过程中逐渐绘制的，因此点图可以用来进行质量控制(质量管理)，这就是下节所要讨论的质量管理图。

5.8　质量管理图

管理图是质量控制的一种重要方法。在生产的进行过程中，每隔一定时间抽出一些产品进行质量检验，并把这些数据予以整理，画在一张图上，根据图形的情况决定能否继续生产，这就是用管理图来管理生产。常用的管理图为 $\bar{X}-R$ 管理图。

$\bar{X}-R$ 管理图即是在加工过程中，每隔一定时间，抽取 m 个工件(称作一个样组)，测量其尺寸，并计算其平均值 $\bar{X}$ 和其极差 R，将 $\bar{X}$ 和 R 值分别标点在 $\bar{X}$ 管理图和 R 管理图上，根据图形控制生产。在 $\bar{X}$ 管理图上画有上控制线 K_s 和下控制线 K_x，它们位于平均线 $\bar{X}$ 的两侧。在 R 管理图上画有上控制线 K_s，一般不画下控制线。图 5.73 所示为一张 $\bar{X}-R$ 管理图。

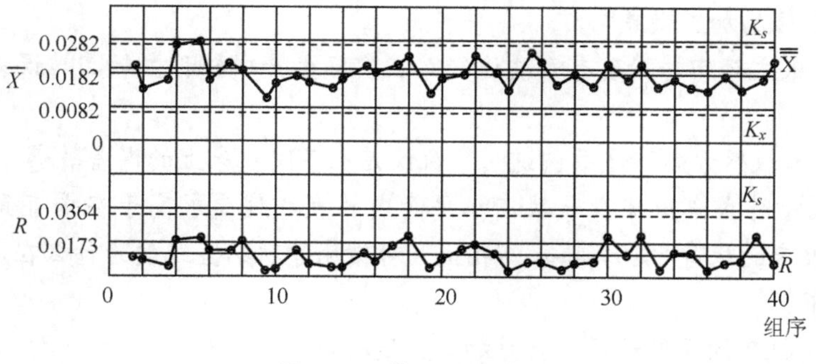

图 5.73　$\bar{X}-R$ 管理图

管理图中的上下控制线以及 $\bar{\bar{X}}$ 线应如何确定呢？如果这个工序有以往的统计资料，则可根据这些资料确定其 $\bar{\bar{X}}$ 、$\bar{R}$ 及 σ 值。$\bar{\bar{X}}$ 为这个工序总体(母体)的平均值，σ 为总体的均方差，

$\bar{R}$ 为所有 m 件为一组的极差 R 的平均值，有了这些数值，就可以画出上下控制线。如果这个工序没有以往的资料可参考，则可加工一批样本（$N=50\sim200$），从中计算出 $\bar{\bar{X}}$ 、$\bar{R}$ 及 σ 值。先以这些 $\bar{\bar{X}}$ 、$\bar{R}$ 及 σ 值画出上下控制线，以后再在加工过程中予以修改。

根据数理统计中的推导结论，上下控制线的位置可按下列公式计算

$$\bar{X}\text{ 图的上控制线 } K_s=\bar{\bar{X}}+A\bar{R} \tag{5-14a}$$

$$\bar{X}\text{ 图的下控制线 } K_x=\bar{\bar{X}}-A\bar{R} \tag{5-14b}$$

$$R\text{ 图的上控制线 } K_s=D\bar{R} \tag{5-15}$$

式中的系数 A、D 按表 5.6 选取。

表 5.6　A 与 D 系数表

每组个数	A	D
4	0.73	2.28
5	0.58	2.11

$\bar{X}$ 图的上下控制线也可以改写为

$$K_s=\bar{\bar{X}}+\frac{3\sigma}{\sqrt{m}} \tag{5-16a}$$

$$K_x=\bar{\bar{X}}-\frac{3\sigma}{\sqrt{m}} \tag{5-16b}$$

思考与练习

1. 什么是加工精度和加工误差？两者的含义有何异同？加工精度都包括哪些方面？
2. 获得零件尺寸精度、形状精度和位置精度的方法有哪些？
3. 影响加工精度的因素有哪些？
4. 何谓“原理误差”？它对零件加工的加工精度有何影响？
5. 什么是主轴回转精度？其对加工精度有哪些影响？
6. 普通车床主轴前端锥孔或三爪卡盘夹爪的定心表面，出现过大的径向跳动时，常在刀架上安装内圆磨头进行自磨自的修磨加工，修磨后的定心表面，其径向跳动量确实大为减小，试问：

(1) 修磨后是否提高了主轴回转精度？为什么？

(2) 在机床主轴存在几何偏心的情况下，以精车过的轴套工件的外圆定位来精车轴套内孔时，会产生怎样的加工误差？

7. 提高机床主轴回转精度有哪些途径？在实际生产中转移主轴回转误差常用的工艺方法有哪些？
8. 何谓误差敏感方向？试举例说明导轨误差在不同机床上的误差敏感方向。
9. 为什么对卧式车床床身导轨在水平面内的直线度要求高于在垂直面内的直线度要求？而对平面磨床的床身导轨其要求却相反？对镗床导轨的直线度为什么在水平面与垂直面都有较高的要求？
10. 什么是机床的几何精度，其对加工精度的影响如何？
11. 在车床的使用过程中，发现主轴内锥孔或三爪卡盘的定心表面，修磨后用千分表测量时使其径向跳动大大下降，试分析此时主轴回转精度能否提高？为什么？
12. 何谓机械加工工艺系统？何谓工艺系统刚度？工艺系统承受哪些外力？

13. 假设工件的刚度极大，且车床主轴、尾座刚度不等，$k_{主轴} > k_{尾座}$，试分析图5.74所示的三种加工情况，加工后工件表面会产生何种形状误差？

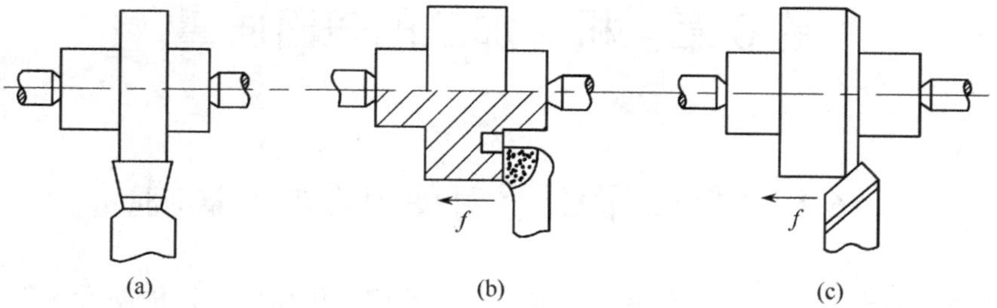

图5.74

14. 何谓误差复映现象？误差复映系数的含义是什么？它与哪些因素有关？减小误差复映现象对加工精度的影响有何工艺措施？

15. 提高工艺系统刚度的措施有哪些？

16. 工艺系统受哪些热源的作用？在各种热源的作用下，工艺系统各主要组成部分会产生何种热变形？有何规律性？对加工精度有何影响？采取何种措施可减小它们的影响？

17. 在车床上加工一批光轴的外圆，加工后经度量发现整批工件有下列几何形状误差(图5.75)，试分别说明可能产生上述误差的各种因素。

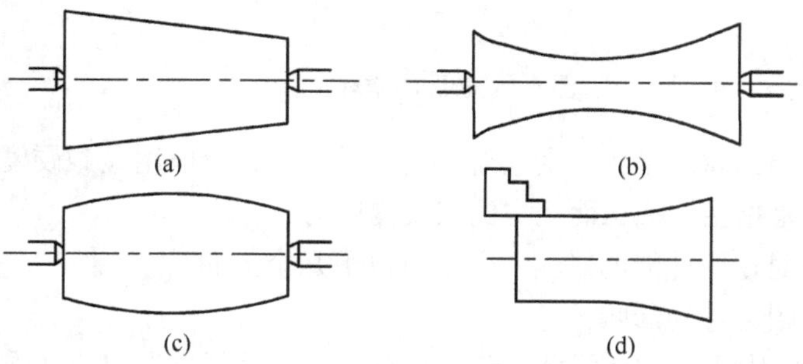

图5.75

18. 加工误差按其性质分类可分为几种？它们各有何特点或规律？各采用何种方法分析与计算？试举例说明。

19. 车削一批轴的外圆，其尺寸要求为$\phi 20_{-0.1}^{\ 0}$mm，若此工序尺寸按正态分布，均方差$\sigma = 0.025$mm，公差带中心小于分布曲线中心，其偏移值$\Delta_0 = 0.03$mm，如图5.76所示，试指出该批工件的常值系统误差及随机误差，并计算合格率及废品率。

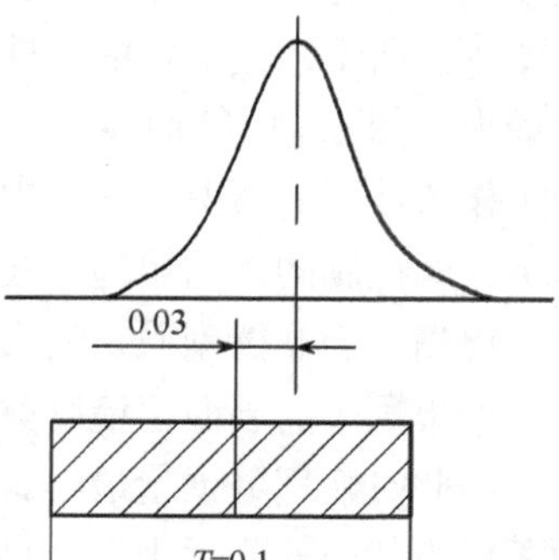

图5.76

20. 在车床上车削一批小轴，经测量实际尺寸大于要求的尺寸从而必须返修的小轴数为4%，小于要求的尺寸从而不能返修的小轴数为2%，若小轴的直径公差$T = 0.16$mm，整批工件的实际尺寸按正态分布，试确定该工序的均方差σ，并判断车刀的调整误差。

第 6 章　机械加工的表面质量

6.1　零件表面质量对使用性能的影响

零件的表面质量包括表面的微观几何形状和表面层的机械物理性能两大方面。其中表面的微观几何形状包括表面粗糙度、表面微观轮廓形状和伤痕等方面，而表面层的机械物理性能包括表面层的加工硬化、表面层的金相组织变化和表面层的残余应力等方面。表面粗糙度的概念，就是指表面的微观几何形状误差，而表面微观轮廓形状，根据目前加工方法的实际情况，可分为三类：尖峰状轮廓(图 6.1(a))，一般机械加工后的表面大多具有这种形状；圆弧状轮廓(图 6.1(b))，化学与电化学加工后的表面大多具有这种形状；凹坑轮廓(图 6.1(c))，电蚀加工后的表面大多具有这样的形状。

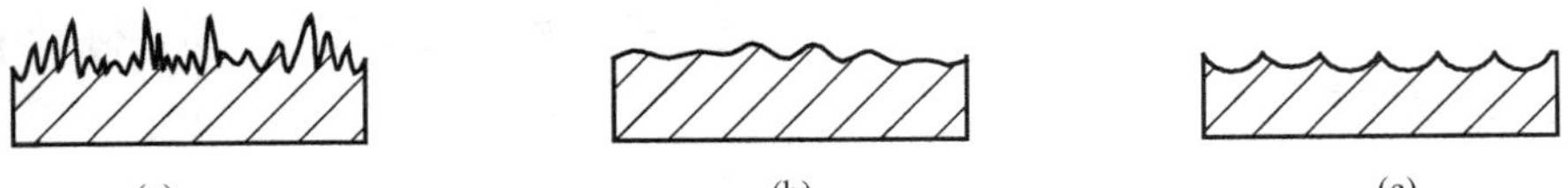

图 6.1　表面的微观轮廓形状

表面层的金相组织状况是指表面层金相组织的变化，一般用显微硬度 H_d 的变化来表示。关于残余内应力，是指由于加工而产生的宏观内应力。

零件表面质量对使用性能的影响，主要有以下几个方面。

1) 表面质量对耐磨性的影响

(1) 表面粗糙度对耐磨性的影响。零件磨损过程一般可分为初期磨损和正常磨损两个阶段。如图 6.2 所示，在摩擦副开始工作时，磨损很快，称为初期磨损。到一定时期以后，磨损量较小，进入正常磨损阶段。实验证明，摩擦副的初期磨损量与其表面粗糙度有很大关系。如图 6.3 所示，在一定的条件下，有一个最佳表面粗糙度，在这个表面粗糙度下，初期磨损量最小。图 6.3 中的曲线 1 代表轻的工作条件如轻载、润滑条件好的情况下，曲线 2 代表重的工作条件下的情况，从图中可以看到，它在曲线 1 的右上方。实验还表明，在初期磨损过程中，摩擦副的表面粗糙度在变化，当表面粗糙度低于最佳粗糙度时，磨损过程中表面粗糙度在提高。当摩擦副原来的表面粗糙度高于最佳表面粗糙度时，磨损过程中表面粗糙度会降低。如果原来的表面粗糙度就等于最佳粗糙度时，则磨损过程中，摩擦副的表面粗糙度变化不大，此时初期磨损量最小。当摩擦副原来的表面粗糙度较差时，开始时两表面的实际接触面积仅为其凸部，远小于计算面积，因而实际的单位面积上的负载远大于计算值，因此一开始时两表面间的挤裂、破碎、切断等作用都较强。随着磨损过程的进行，接触面积变大，表面粗糙度减小，压强减小，因而磨损也就减小，最后进入正常磨损阶段。当原始表面粗糙度太小时，由于两表面分子间的吸合力增加，两表面的存储润滑油的能力弱、润滑条件恶化，因此一开始时磨损量较大，随着磨损过程的进行，表面粗糙度增加，磨损量减小，进入正常磨损阶段。

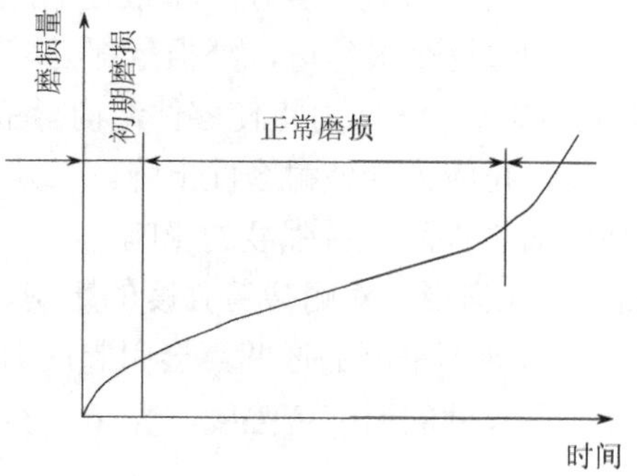

图 6.2　磨损曲线

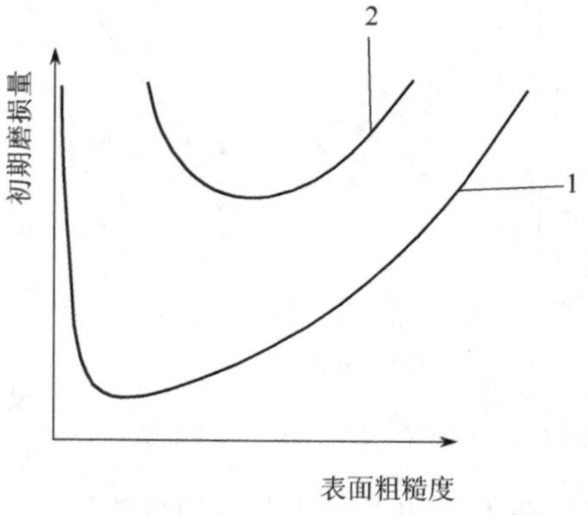

图 6.3　初期磨损量与表面粗糙度的关系

(2) 表面微观轮廓形状对耐磨性的影响。实验研究表明，在同样表面粗糙度下，圆弧形轮廓要比尖峰形轮廓耐磨，这一方面是由于实际接触面积的增加，另一方面是由于润滑油容易存留，使摩擦系数减小。

(3) 表面上加工纹路的方向(微观不平度的方向)对零件耐磨性的影响。实验研究表明，在轻载下，上下试件纹路方向与相对运动方向一致时磨损最少。如图 6.4(a) 所示，曲线 1 代表上下试件纹路方向相一致，并与运动方向相一致；曲线 2 代表两者上下纹路方向与运动方向相垂直。从图中可看到 1 的磨损量远较 2 小。但是在重载下情况就不同了，如图 6.4(b) 所示，曲线 1 磨损最大，上下两表面产生胶合，而磨损最小的是上下两表面的纹路相垂直，且运动方向平行于下表面纹路方向时。

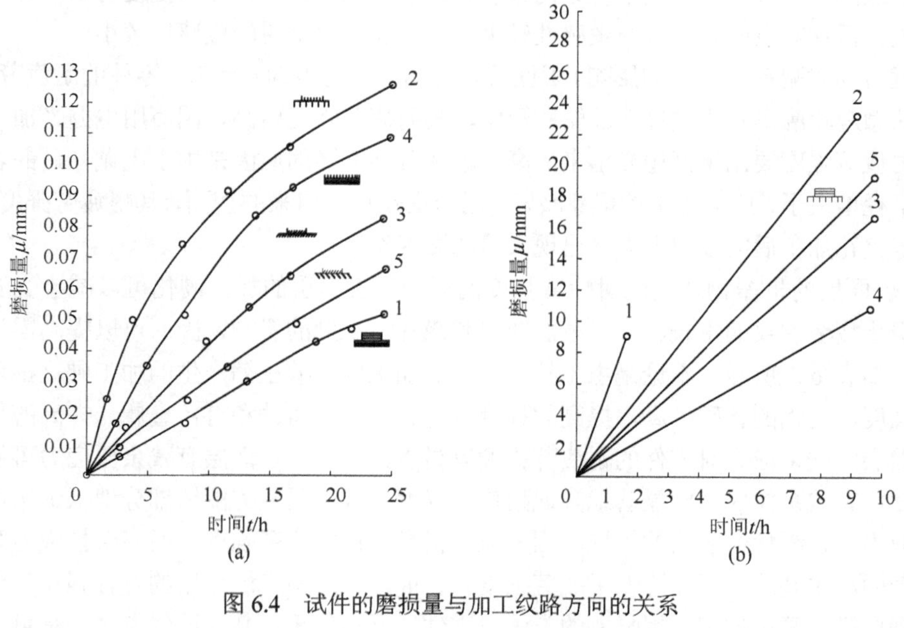

图 6.4　试件的磨损量与加工纹路方向的关系

(4) 表面层的加工硬化对耐磨性的影响。零件的表面层在机械加工过程中都有一定程度

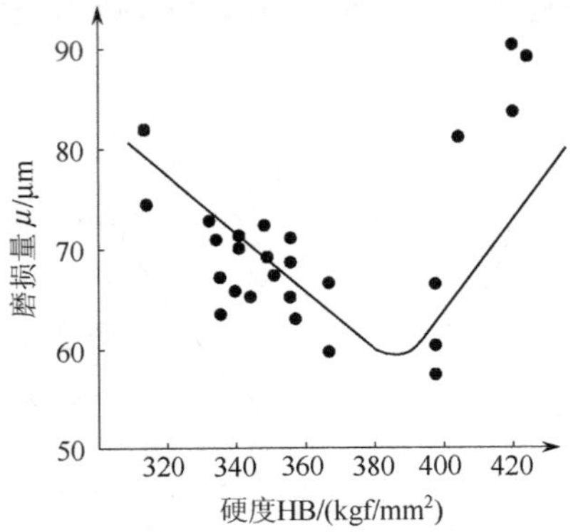

图 6.5　冷硬程度与耐磨性的关系

的加工硬化，这种加工硬化一般都能使耐磨性提高。但是，也不是加工硬化的程度越高，耐磨性就越高。图 6.5 表示 T7A 钢车削加工后，不同冷硬程度与耐磨性的关系。从图中可以看到，存在一个最佳的加工硬化程度，低于或超过这个最佳值，磨损量都会增加。

(5) 残余应力影响。压应力将使零件结构紧密，耐磨性提高；相反，拉应力会使耐磨性下降。

2) 表面质量对零件耐疲劳强度的影响

(1) 表面微观几何形状对耐疲劳强度的影响。在交变载荷作用下，微观不平度的低凹点会引起应力集中现象，因而降低了零件的耐疲劳强度，表 6.1 列出了某零件在不同加工方法下所测得的零件耐疲劳强度的数据。

表 6.1　不同加工方法下所测得的相对耐疲劳强度

加工方法	钢的强度极限 σ_b/MPa		
	470	950	1420
	相对耐疲劳强度/%		
精细抛光或精研磨	100	100	100
抛光或研磨	95	93	90
精磨或精车	93	90	85
粗磨或粗车	90	80	70
轧制钢材直接使用	70	50	35

从表 6.1 中可以看到，表面粗糙度越大，耐疲劳强度也越低，这是由于表面粗糙度差时，微观不平度凹谷部分的应力集中现象比较严重。越是优质钢，表面粗糙度对耐疲劳强度的影响也越大。钢材对表面粗糙度的敏感性较大，铸铁和有色金属的敏感性较小。

纹理方向对耐疲劳强度的影响。表面纹理方向与受力方向一致时，零件的耐疲劳性较好。圆弧形的微观轮廓形状比尖峰形的轮廓形状，其耐疲劳强度要高，因而用电抛光加工出的零件，其耐疲劳强度要比机械抛光出来的高。耐疲劳强度高的原因是由于电抛光后的表面凹坑的曲率半径增大了，应力集中的现象减轻。用电火花加工出来的表面，其耐疲劳强度将降低，原因是电火花加工后的金属表面，出现大量的微观裂纹。

(2) 表面层的机械物理性能对疲劳强度的影响。表面层的加工硬化可以减小交变变形的振幅、阻止疲劳裂纹的生长、减轻表面缺陷和微观不平度的影响，因而可以提高零件的耐疲劳强度，如表 6.2 所示。不论是由于拉伸产生的加工硬化或压缩产生的加工硬化都可以提高耐疲劳强度，而钢的含碳越高，提高的程度也越大，对于铸铁和有色金属，提高的程度就越小。表面层的残余应力对零件的耐疲劳强度有显著的影响。表面层有残余压应力可显著提高疲劳强度，有残余拉应力则显著地降低耐疲劳强度。残余压应力能够部分地抵消工作载荷施加的拉应力，延缓疲劳裂纹的扩展，因而能够提高零件的疲劳强度，而残余拉应力容易使已经加工表面产生裂纹，因而降低了疲劳强度。目前在生产中广泛使用的各种强化工艺，如用滚子或钢球进行滚压加工、用喷丸的方法对零件进行强化等，其主要优点之一是可以显著提高耐疲劳强度。强化加工能提高耐疲劳强度是由于表面层有残余压应力和加工硬化。

淬火零件在磨削加工时产生烧伤，将降低零件的耐疲劳强度，磨削后如产生裂纹，则影响更为显著。

表 6.2　冷作硬化对耐疲劳强度的影响

塑性变形种类	含碳 0.24%的钢		含碳 0.27%的钢		含碳 1.1%的钢	
	弯曲疲劳强度					
	MPa	%	MPa	%	MPa	%
未冷作硬化	200	100	280	100	270	100
拉伸到屈服点	240	104	310	111	300	111
伸长 2%	—	—	—	—	300	111
伸长 5%	—	—	—	—	320	118
伸长 10%	300	130	320	114	—	—
伸长 20%	340	148	360	129	—	—
压缩到屈服点	260	113	—	—	280	103
压缩 2%	—	—	—	—	300	111
压缩 5%	—	—	—	—	330	122
压缩 10%	290	126	320	114	—	—
压缩 20%	320	139	360	129	—	—

3) 表面质量对耐腐蚀性能的影响

零件的表面粗糙度对耐腐蚀性是有影响的。表面粗糙度越小，耐腐蚀性越好。腐蚀介质一般在凹处底部以及在表面裂纹中作用最厉害，因此凹进深度越大，底部圆角半径越小，就越容易腐蚀。圆弧形微观轮廓形状的耐腐蚀性就比尖峰状的要好。表面加工硬化或存在压应力有助于表面显微裂纹的封闭，因而可以提高耐腐蚀性，拉应力会使耐腐蚀性下降。表面存在裂纹时，耐腐蚀性会下降。

4) 表面质量对配合精度和配合性质的影响

(1) 表面粗糙度对配合精度和配合性质的影响。

相配零件的配合关系是用过盈量和间隙量来表示的，由于表面存在粗糙度，使之改变，影响配合精度和性质。

对于间隙配合来说，由于配合件的磨损将增大配合的间隙，改变配合的性质，降低配合的精度，因而表面质量对耐磨性的影响，也就是对间隙配合的影响。

对于过盈配合来说，由于测量出来的尺寸都是微观不平度的凸部所构成的尺寸，因此由测量尺寸计算而得的过盈量比实际的过盈量要大。为此，应作一补偿计算，根据实验研究，实际过盈量$\varDelta_{实}$应为

$$\varDelta_{实} = \varDelta_{测} - 1.2(R_{z1} + R_{z2}) \tag{6-1}$$

式中，$\varDelta_{测}$为根据测量两相配尺寸所计算得出的过盈量，R_{z1} 和 R_{z2} 是两相配表面的微观不平度的平均高度。

对于间隙配合，粗糙度大，磨损迅速，间隙增大，破坏了要求的配合性质，如液压元件将产生漏油。对于过盈配合，零件在装配过程中，配合表面的凸峰被压平，实际过盈量减小，降低了零件间的连接强度。

(2) 表面机械物理性能对配合精度和配合性质的影响。

零件表面残余应力会引起变形，使几何形状尺寸发生改变，从而影响配合精度和配合性质。

6.2　机械加工表面粗糙度的影响因素及其改进措施

6.2.1　切削加工

形成表面粗糙度的原因可以归结为三个方面：刀具刀刃与工件相对运动轨迹所构成的几何不平度，由于塑性变形及其他物理因素所附加的表面微观不平度，由于工艺系统的振动所产生的表面振痕。

1) 刀具刀刃与工件相对运动轨迹所构成的表面粗糙度

对于车削来说，如果切深较大，主要是以刀刃的直线部分形成粗糙度，则可不考虑刀刃圆弧半径 r 的影响，如图 6.6(a)所示，可以推导得出

$$Ra = \frac{f}{c\tan\kappa_r + c\tan\kappa_r'} \tag{6-2}$$

式中，f 为刀具的进给量(mm/r)，κ_r、κ'_r 为刀具的主偏角和副偏角，Ra 为表面粗糙度。如果切深和进给较小，工件的表面粗糙度主要由刀刃的圆弧部分构成，如图 6.6(b)所示，

(a)　　(b)

图 6.6　表面粗糙度的几何因素

$$Ra = r\left(1-\cos\frac{\alpha}{2}\right) = 2r\sin^2\frac{\alpha}{4} \approx \frac{f^2}{8r} \tag{6-3}$$

图 6.7 所示为 f、r 对表面粗糙度的影响曲线，其中实线代表由实验所得的曲线，虚线代表由式(6-3)计算所得的曲线。可以看出，两者是相近的。减小 f、κ_r、κ'_r 和增大 r 可以降低表面粗糙度。

对于铣削、钻削等加工方式，可以推出类似公式，找到影响表面粗糙度的几何因素。对于铰孔来说，正如用宽刀精车时一样，刀具的每转进给量对工件表面粗糙度的影响不大，如图 6.8 所示，而刀刃本身的直线度和粗糙度，却会复映到工件的表面上去。对表面粗糙度的影响较大。

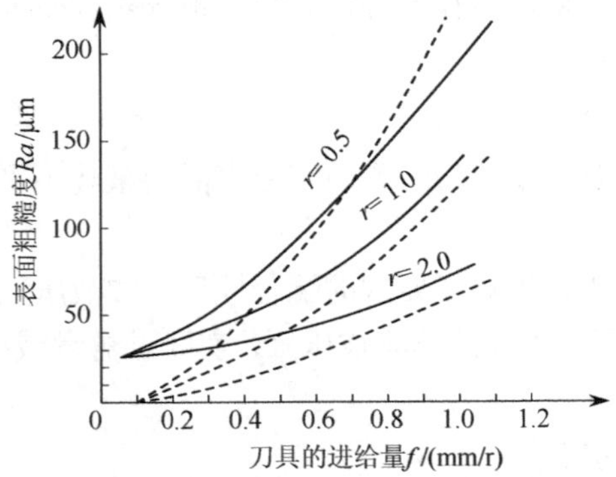

图 6.7　r、f 对表面粗糙度的影响

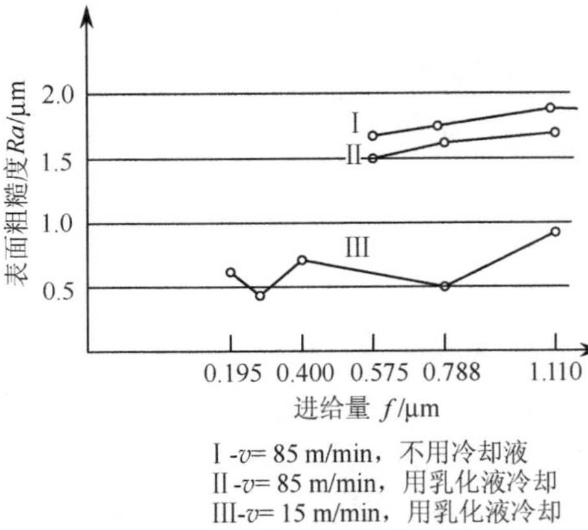

图 6.8　铰削铸铁时表面粗糙度与进给量的关系

图 6.9 表示用金刚镗床精细镗孔图(图 6.9(a))和铰孔图(图 6.9(b))后的表面微观轮廓形状。从图 6.7 中可以看到，由于精细镗孔时切削深度和进给量较小，切速较高，表面粗糙度主要由几何因素所构成，轮廓形状比较规则。而铰孔所形成的微观轮廓形状就很不规则，其凸起部分的顶端大多处于一条直线上，这是宽刀挤压的结果，而其粗糙度主要由物理因素例如塑性变形等引起。

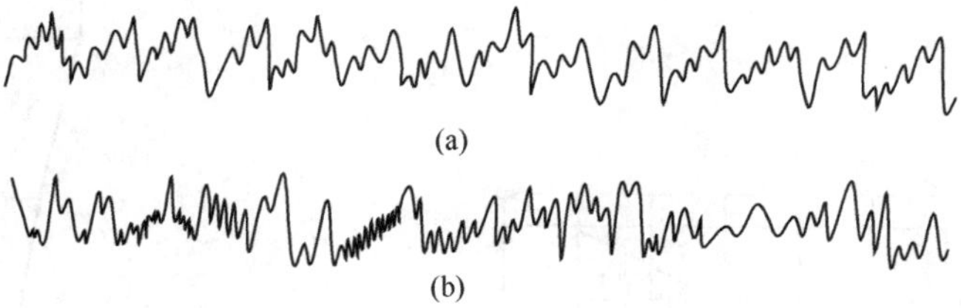

图 6.9　精细镗孔和铰孔后的表面轮廓形状水平方向放大 50 倍，垂直方向放大 1000 倍

2) 影响表面粗糙度的物理因素

切削加工后的表面实际轮廓形状与上述几何因素所构成的理论轮廓形状往往有很大的差别，理想轮廓形状将因塑性变形等物理因素的影响而受到歪曲，使实际的表面粗糙度大于理想粗糙度。这些物理因素的影响一般比较复杂，它与切削理论中加工表面的形成过程密切相关。从实际生产的角度出发，将有关影响表面粗糙度的物理因素可归纳为以下几个方面：

(1) 切削用量的影响。切削速度 v 对表面粗糙度的影响主要是由于物理因素所引起。切削速度很高，切削过程中的塑性变形程度就轻，这可以从切屑收缩系数的减小得到证明。积屑瘤、鳞刺都是在一特定的切削速度范围内产生的，小于或大于这个范围，就可以抑制其产生。

图 6.10 所示为车削 45 钢试件时，表面粗糙度 Ra、切屑收缩系数 K_s、积屑瘤高度 h 与切削速度 v 的关系。要获得小的表面粗糙度，可用很低的切削速度，如用宽刀精车时；也可用很高的切削速度，如精细车削时；而不能采用中等速度。铣削的情况与车削相似，一般常用高速精铣的方法来获得低粗糙度表面。铰削的方法与宽刀车削相似，一般要在低速下进行，速度的增高将使表面粗糙度恶化，如图 6.11 所示。对于铝合金等有色金属零件，如要求有 Ra0.4μm 以下表面粗糙度，一般不宜用磨削加工，因为砂轮容易被铝屑等堵死，这时应该用精细车削进行加工，其理想切削速度常在 1000m/min 以上。但对于尺寸较小的工件，要达到这样的切速，需要极高的转速，这在机床结构设计上是有困难的。图 6.12 所示的超声波切削加工可以解决这个问题。切削过程中，刀具在切向由超声波发生器，经过振幅扩大棒 1，得

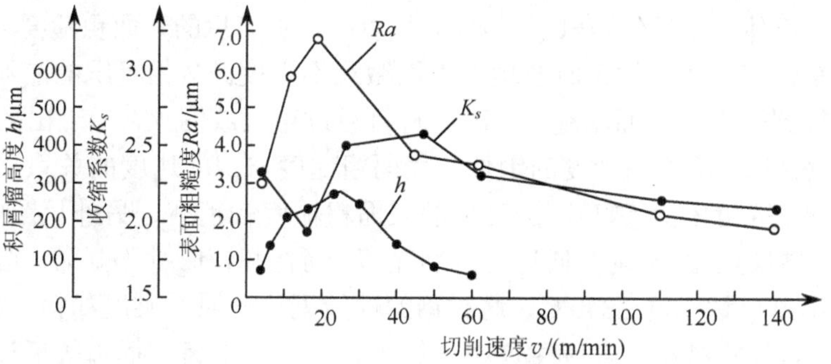

图 6.10　Ra、K_s、h 与切削速度 v 的关系

到一个小振幅的振动。由于振动位于误差不敏感方向，不会对几何形状精度产生影响，但可以减轻切削区的塑性变形，因而在一般车床主轴转速的情况下可以得到 *Ra*0.2μm 以下的表面粗糙度。

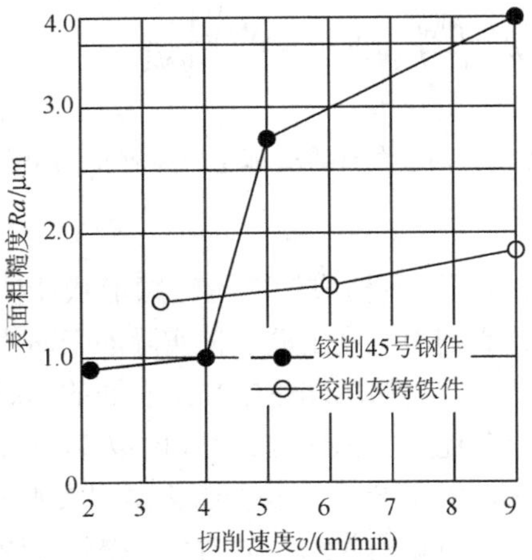

图 6.11　铰孔时表面粗糙度与切削速度的关系

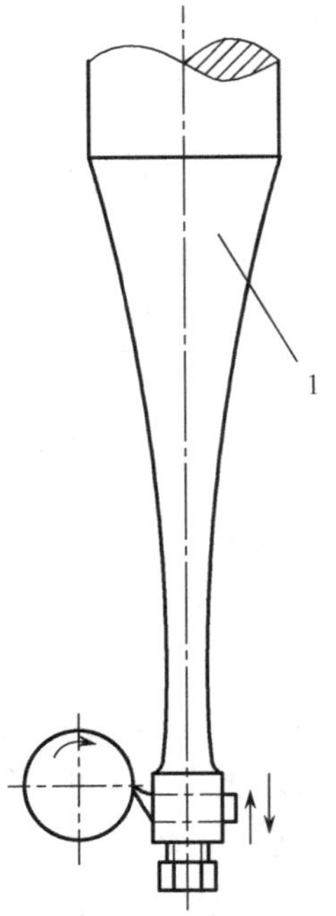

图 6.12　超声波切削加工示意图
1-振幅扩大棒

切削深度对加工表面粗糙度的影响是不明显的。但当 a_p 太小时，正常切削就不能维持，刀刃会在工件表面打滑，从而使粗糙度增大。因此铰孔时如余量太小，表面粗糙度会恶化，当然余量太大，切削力太大、发热太大，对加工精度、刀具耐用度和表面粗糙度均不利。刀具的进给量，一般对表面粗糙度有很大的影响，这主要是由于前述的几何因素的作用。当 f 很小时，几何因素逐渐减弱，塑性变形占主导地位。当 f 小于 0.02mm/r 时，f 的减小就不再使 *Ra* 降低。

(2) 工件材料的影响。一般来说，材料的韧性越大，切削加工时的表面粗糙度越差。低碳钢的工件，加工后的表面粗糙度就不如中碳钢的工件。铁素体–珠光体组织的材料如果转变为索氏体或屈氏体、屈氏体–马氏体组织，可以降低加工后的表面粗糙度。其原因是铁素体的韧性好，塑性变形大，加工时会增加表面微观不平度。金相组织的晶粒均匀，粒度较细，加工时能得到较小的表面粗糙度，因此材料经过正火或回火，加工出的表面粗糙度会有所降低。图 6.13 表示不同硬度的钢件，表面粗糙度与切削速度的关系。从图中可以看到，由于热处理得到的硬度越高，加工后的表面粗糙度就越小。另外从图中还可以看到，工件材料对表面粗糙度的影响在低速时特别显著，而在高速时并不显著。这是因为在高速切削时，表面温度可达 780～840℃，这时钢的性能无论其原始硬度如何，都会趋于一致，加工后的 *Ra* 的差别将减小。实际生产中，铰孔、拉削、滚齿、插齿等低速加工方法中，工件的材料对表面粗糙度有很显著的影响，而减小其粗糙度的有效措施就是进行调质以改善材料的性能。对于脆性材料，其切屑呈碎粒状，加工时由于切屑的崩碎而在加工表面留下许多麻点，使表面更粗糙，若降低切削用量，使用煤油作润滑冷却液，则可以减轻崩碎现象，使粗糙度变小。

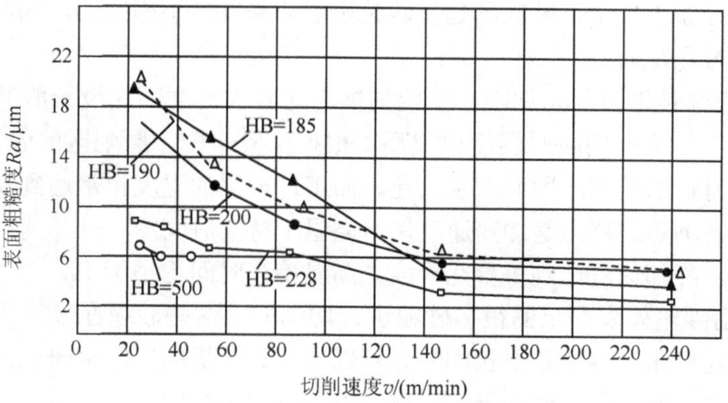

图 6.13　不同硬度的钢工件，表面粗糙度与切削速度的关系

(3) 冷却润滑液的影响。冷却润滑液的冷却作用和润滑作用，对降低表面粗糙度都是有利的，其中，更直接的是润滑作用。当冷却液中含有表面活性物质如硫、氯等化合物时，润滑性能加强，作用会更加显著，切削区金属表面的塑性变形的程度就会下降，从而使表面粗糙度降低。图 6.14 表示不用冷却润滑液，而用乳化液和用油时，加工表面粗糙度与切削速度的关系曲线。从图中可以看到，用油作冷却润滑液时，表面粗糙度较小。在铰孔时，用煤油作冷却润滑液来铰铸铁工件的孔，用豆油或用硫化油来铰钢件的孔，表面粗糙度较小。

(4) 工艺系统的振动对表面粗糙度的影响。工艺系统的低频振动一般在工件表面上产生波纹度，工艺系统的高频振动，使工件和刀尖的相对位置发生微幅振动，会使表面粗糙度增大。

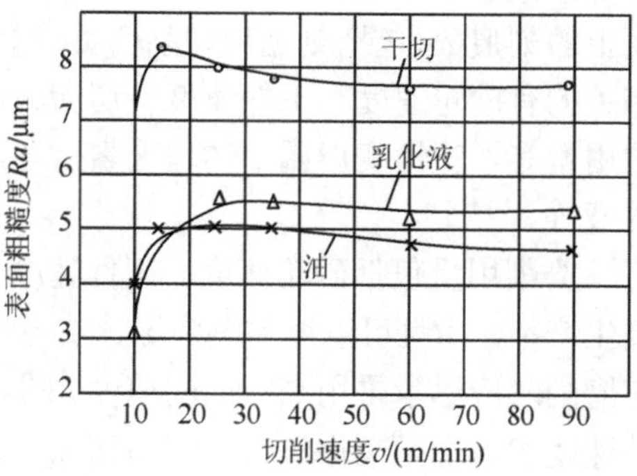

图 6.14　冷却润滑液对表面粗糙度的影响

6.2.2　磨削加工

磨削加工是目前用得最多的一种精加工方法。磨削表面是由大量离加工基准距离相同或相近的磨粒的刻痕所构成。磨削加工与用一般刀具进行切削加工相比，又有很多的特点，这些特点可归纳如下。

(1) 磨削是一种速度很高、切削厚度极薄的加工方法。磨削的切削过程可以分三类。

① 当砂粒切入表面的深度很小，径向力很小时，砂粒只是与被加工表面产生滑擦，根本不产生切屑，也没有塑性变形，只有弹性变形，这称为砂粒的滑擦作用。

② 当砂粒切入表面的深度稍为增大时，径向力也稍为增大，此时砂粒在工件表面刻划出一条沟痕，工件材料被挤向两旁产生隆起，此时产生塑性变形但仍没有产生切屑，这称为砂粒的刻化作用或称耕犁作用。在多次刻划作用下，金属会由于疲劳而断裂和脱落。

③ 当砂粒比较尖锐，切入表面的深度较大，径向力也较大时，此时砂粒进行切削，形成切屑。这个切屑可以是由于高温而成为灰烬，也可以一端被熔化而成为蝌蚪形切屑，也可以仍保持带状或挤裂状切屑，这称之为砂粒的切削作用。

由于砂粒的分布不规则，砂粒凸起于砂轮表面的高度是不相同的，因此在一般情况下，这三种情况是同时存在的。

(2) 砂粒一般都是以负前角切削，单位切削力比较大，磨削速度一般又很高，因此切削区的温度较高，工件表层的瞬时温度也很高。根据实验研究，磨削区的温度可高达 1600～1700℃，超过了材料的熔点，因而产生火花。而工件表层的温度也常达到 900℃，超过了 A_3 相变温度。但是磨削热的特点是加热速度快，高温下持续时间短、冷却速度快。加热速度一般为每秒几万度，冷却速度达到每秒几千度，高温持续时间均小于 1s。

(3) 磨削是由砂轮外表面上的很多砂粒进行切削的。这些砂粒在砂轮表面上的分布是不规则的，它们的几何角度也是各不相同的。可以用统计分析的方法来研究砂粒在法向高度上的分布规律，这与一般车削、铣削等一般加工方法是很不相同的。

(4) 砂粒在加工以前要进行修整，修整方式及用量与砂轮的切削性能有很大关系。在磨削加工中，当砂粒磨损以后，由于每颗砂粒产生的切削力增大，在一定条件下，它会自动脱落下来，露出新的一层砂粒继续加工，这就叫作砂轮的自锐作用。砂轮的这些特点又是其他切削方式所没有的。

磨削后表面粗糙度的形成原因也可分为几何因素、物理因素及振动三方面。工件被加工面上的刻痕数(包括刻划和切削两类)越多越浅，表面粗糙度就越低，这属于几何因素。与此相关的有砂轮速度、工件速度、切深、进给量、无进给磨削次数、砂轮的粒度、修整砂轮时的用量等。塑性变形属于物理因素，与此相关的除前述一些因素以外还有工件材料，冷却润滑液等。

磨削用量包括砂轮速度、工件速度、切深、进给量等要素。提高砂轮速度，不仅可以提高生产率，而且可以增加刻痕数，减小每一砂粒的切削厚度，降低工件的表面粗糙度。因此，在磨削时应尽量采用高的磨削速度。图 6.15(a) 所示为工件表面粗糙度与砂轮速度的关系。工件速度实质上是圆周进给，它与切深、进给量一样，当它们增加时，无论从几何因素或物理因素看来，都会增加工件表面的微观不平度，其影响关系如图 6.15(b)～(d) 所示，有人根据实验的结果，得出下列经验公式

$$Ra = C \cdot \frac{V_{\text{工件}}^{0.8} \cdot f^{0.66} \cdot a_p^{0.48}}{v_{\text{砂}}^{2.7}}$$

无进给磨削次数(空走刀次数)对表面粗糙度有显著影响。增加无进给磨削次数可降低表面粗糙度。从图 6.16 中可以看到，在用粗粒度砂轮磨削时，增加无进给磨削次数，可由表面粗糙度 $Ra0.05\mu m$ 降低到 $Ra0.03\mu m$。而在镜面磨削时(用细粒度砂轮)，一般都用 20～30 次无进给磨削才能达到 $Ra0.01\mu m$。

砂轮的粒度对工件表面粗糙度影响很大，如图 6.17 所示。用细粒度砂轮可以得到较小的表面粗糙度。但是应该指出，细粒度砂轮容易被堵塞，砂轮一堵塞，滑擦所发生的热量大幅度增加，工件会产生表层烧伤及裂纹。因此，用细粒度砂轮只能去掉很小的余量，在工艺上常不得不换砂轮分别进行粗精磨，这是很不方便的。由于这个原因，对于表面粗糙度要求低

于 $Ra0.5\mu m$ 的精磨工序一般仍希望采用中粒度(46～60 号)的砂轮,用精细修整砂轮等其他方法来降低表面粗糙度。只有在表面粗糙度($Ra<0.02\mu m$)和镜面磨削($Ra<0.01\mu m$)时，才用细砂轮、多次换砂轮的方法。

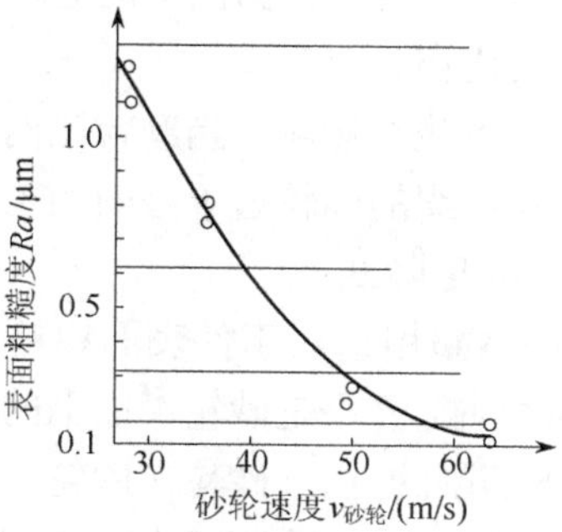

（a）砂轮速度对表面粗糙度的影响：$v_{工件}$=40 m/min，a_p=0.01 mm，f=2.36 m/min

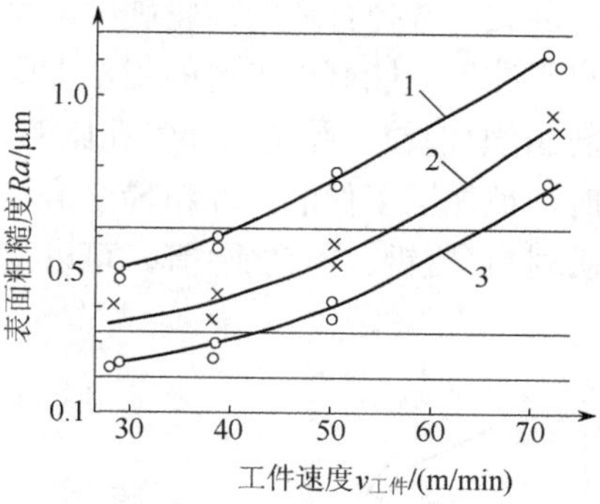

（b）工件速度对表面粗糙度的影响：$v_{砂轮}$=50 m/s，f=2.36 m/min

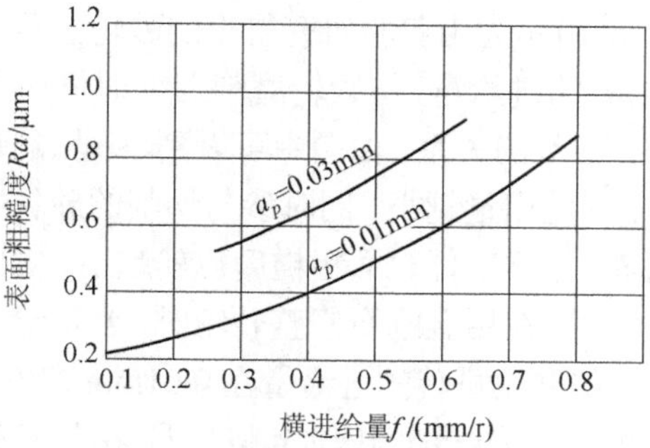

（c）横进给量对表面粗糙度的影响：$v_{砂轮}$=50 m/s，$v_{工件}$=40 m/min

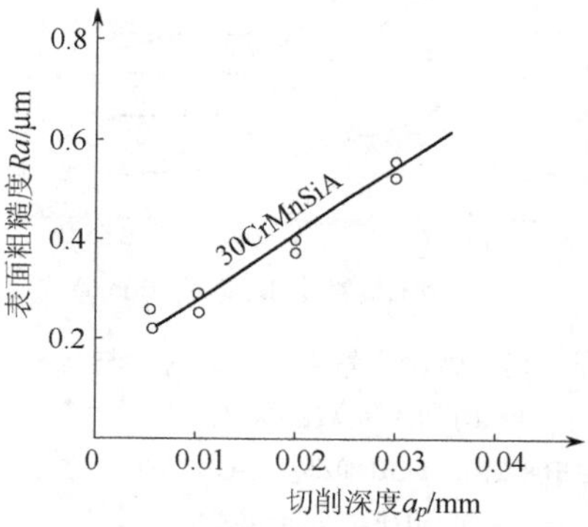

（d）切深对表面粗糙度的影响：$v_{砂轮}$=50 m/s，$v_{工件}$=40 m/min，f=2.36 m/min

图 6.15　磨削用量与工件表面粗糙度的关系

工件材料——30CrMnSiA，砂轮——$GD60ZR_2A$

1-a_p = 0.03mm；2-a_p = 0.02mm；3-a_p = 0.01mm

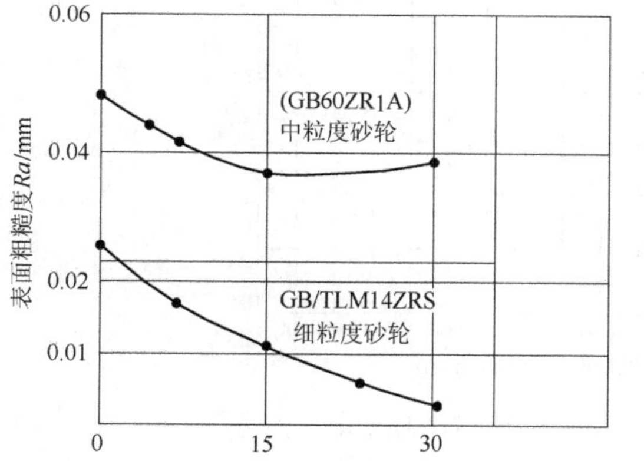

图 6.16　无进给磨削次数对表面粗糙度的影响

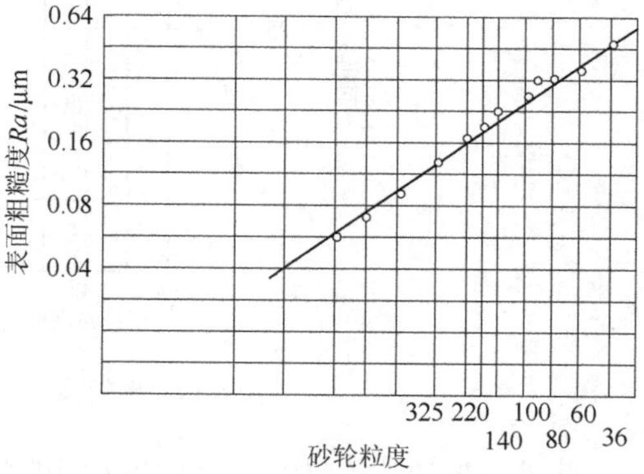

图 6.17　砂轮粒度对表面粗糙度的影响

砂轮的硬度(脱落)对工件表面粗糙度也有一定的影响。当砂轮较硬时，磨粒磨钝后不易脱落，会使被加工零件的表面粗糙度 *Ra* 值增大，严重时还可能烧伤工件表面。但当砂轮较软时，砂轮的形状精度较差，同时在切削加工工件时，切削作用较弱，也会使表面粗糙度 *Ra* 值增大。因此，选择合适的砂轮硬度，使磨粒在磨钝后能及时脱落，露出新的磨粒，既有良好的“自砺性”，能磨出光滑的工件表面，且能防止磨削烧伤。

砂轮组织(磨粒、黏结剂和气孔比例)对工件表面粗糙度也有影响。当磨粒比例较大，气孔较小时，被加工工件的表面粗糙度值 *Ra* 会降低，疏松组织的砂轮适于磨削加工较软的金属，热敏材料(磁钢、不锈钢)等，可以使其表面粗糙度 *Ra* 值降低。

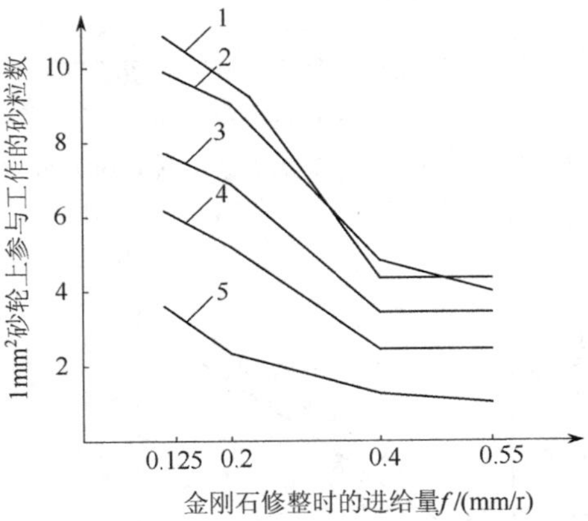

图 6.18　砂轮修整用量与同时参与切削砂粒数的关系

1-GB 80ZR$_1$；2-GB 80ZR$_2$；3-GB 70ZR$_1$；4-GB 60ZR$_1$；5-GB 46ZR$_1$

砂轮的修整用量对工件表面粗糙度的影响很大。在磨削时，并不是砂轮表面上的所有砂粒都同时参加切削的，由于砂粒在砂轮表面上的不等高性，参加切削的仅是其中的一部分。这种不等高性的分布是符合正态分布规律的，而砂轮的修整用量又是决定分布曲线特性的主要因素。图 6.18 所示为由实验研究得出的砂轮修整用量(金刚石的进给量)与砂轮磨削工件时同时参与切削砂粒数的关系。由图中可看到，砂轮的粒度越细、修整用量越小，同时参与切削的砂粒数也就越多，这样工件表面粗糙度也就越小。实验研究还表明，在用金刚石修整砂轮时，当进给量极小时，如砂轮每转的进给量在 0.01mm 左右时，中粒度砂轮的一个砂粒上将出现多个刀刃。图 6.19 表示砂轮修整用量与工件表面粗糙度的关系。由图可知，减小修整时金刚石的进给量可以降低工件的表面粗糙度。修整时的切深也有相似的作用，精细修整时要用很小的切深，如 3～10μm。

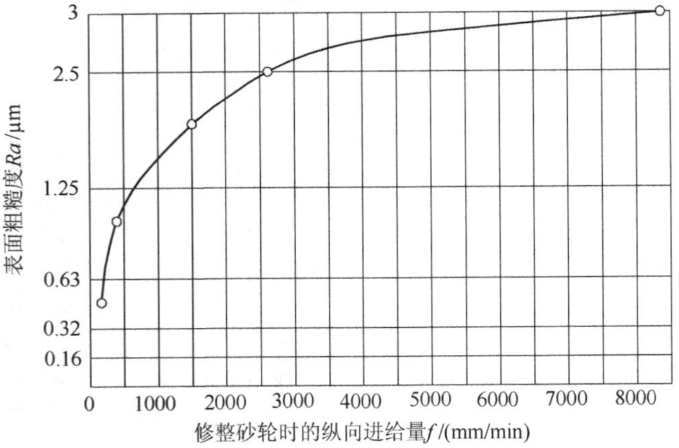

图 6.19　砂轮修整用量与工件表面粗糙度的关系

此外，被加工的材料、冷却润滑液的成分和洁净程度、磨床刚度、精度、抗损性及工艺系统的振动对工件表面粗糙度都是有影响的，都不容忽视。

6.3　工件表面层的加工硬化和金相组织的变化及其影响因素

机械加工后的表面层，由于切削加工时的加工硬化，使其机械物理性质(如显微硬度)不同于基体金属。对于磨削来说，由于表面层在磨削时具有很高的温度，因而对于淬火零件，往往由于磨削而使表面层的硬度有所下降，严重地影响了零件的使用性能，这就是所谓的磨削烧伤。表面层的磨削烧伤将会使产品性能和寿命大幅度的下降，甚至根本不能使用，因此研究磨削烧伤的产生原因、影响因素及其改善途径是研究工件表面层质量的一个重要的、有生产实际意义的课题。

6.3.1　表面层的加工硬化(强化)

1) 加工硬化的产生

机械加工过程中，金属被加工表面层受切削力的作用产生塑性变形，使晶格扭曲，晶粒间产生滑移剪切，晶粒被拉长，这些都使得表面层的硬度增加，这种现象称为加工硬化(强化或冷作硬化)。工件硬化以后，表层硬度会提高，而塑性会降低。

2) 软化

切削过程中切削热的作用会使金属在塑性变形中产生恢复及再结晶，使金属失去加工硬化中所得到的物理机械性能，称为软化或回复。实际加工过程中，加工硬化和软化这两种过程同时存在。

由于切削时的塑性变形能扩到被加工工件的表面层；由于刀具后刀面对工件表面层的强烈摩擦和挤压作用，因而工件的表面层一般都会产生加工硬化，其显微硬度大于基体显微硬度。磨削不淬火钢时，由于砂粒的切削和刻划，工件表层也会受到强化。图 6.20 表示 T8 钢工件在磨削后表面层的强化情况。

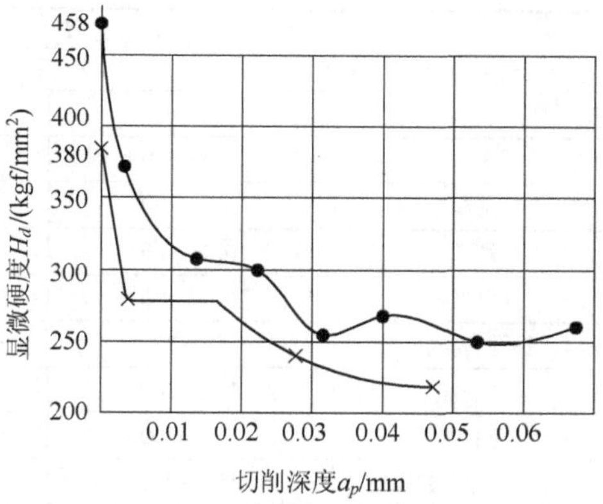

表面层的强化$v_{砂轮}$=35 m/s, $v_{工件}$=7.5 m/min，f=3750 mm/min

图 6.20　磨削 T8(退火状态)工作

3) 影响加工硬化的因素

表面层的硬化程度决定于切削力的大小、塑性变形的速度以及切削温度。切削力越大，则塑性变形大，硬化程度也越严重。变形速度快，塑性变形跟不上，加工硬化程度降低。切削温度升高，使表层的金属能够回复到正常状态，即有“回复作用”，软化作用大，硬化程度降低。所以，表面层的硬化程度的大小是取决于以上几方面的综合影响的结果。也就是强化作用和回复作用的综合结果。

影响冷作硬化的因素有：

(1) 刀具的影响。

① 刃口圆弧半径增大，对表层挤压作用加大，使冷硬增加。

② 刀具后面磨损增加，对已加工面摩擦加大，使冷硬增加。

③ 前角加大可减小塑性变形，使冷硬减小。

(2) 切削用量。

① 切削速度增大，刀具与工件接触挤压时间短，塑性变形小，同时切削温度亦会增加，有助于冷硬回复作用，故冷硬较小。但在高速切削时，切削热作用时间短，回复作用不充分，故冷硬有所增加。

② 进给量增大，塑性变形增大，因而冷硬也增加。但进给量太小，会形成薄层切削打滑，增加了对表面的挤压，使塑性变形增加，冷硬加大。

③ 工件材料塑性越大，切削后冷硬越严重。

表 6.3 表示各种机械加工方法加工钢件后表层的强化情况(所用的切削用量为该加工方法常用的切削用量)。

大量研究工作证明，在加工过程中，同时存在着强化和回复两个过程。晶格扭曲等强化现象都有回复正常的趋势，热量的作用会加强回复的过程，当温度超过一定数值时(这个数值与金属的熔点有关)，将开始再结晶过程，强化现象逐渐消失。温度越高，高温下持续时间越长，强化程度越大，回复作用就越强。因此，凡是使塑性变形区温度降低(如改善冷却情况，金属的热传导系数大，减少摩擦等)、热作用时间缩短(如提高工件速度等)的因素，都会使工件表层的强化程度增强。

未淬火工件在磨削时，虽然表层温度超过 A_3 相变温度，冷却速度又很快，但由于高温持续时间极短，渗碳体中的碳来不及扩散到铁素体内成为奥氏体，因此不会产生二次淬火层结构。

表 6.3　各种机械加工方法加工钢件后工件表面层的强化情况

加工方法	强化程度 $\frac{H_d表面}{H_d中心}\times100\%$		强化层深度/μm	
	平均值	最大值	平均值	最大值
车削	120～150	200	30～50	200
精细车削	140～180	220	20～60	—
端铣	140～160	200	40～100	200
圆周铣	120～140	180	40～80	110
钻孔和扩孔	160～170	—	180～200	250
拉孔	150～200	—	20～75	—
滚齿和插齿	160～200	—	120～150	—
外圆磨低碳钢	160～200	250	30～60	—
外圆磨未淬硬中碳钢	140～160	200	30～60	—
平面磨	150	—	16～35	—
研磨	112～117	—	3～7	—

6.3.2　淬火零件的磨削烧伤

磨削加工时，表面层有很高温度，对于淬火的钢件，往往会使表面层的金相组织产生变化，硬度下降，严重影响零件的使用性能，这就是所谓的磨削烧伤。

磨削烧伤的起因是磨削区工件的表层温度超过了相变温度 A_3，使材料表层发生金相组织变化。影响磨削烧伤的因素主要是磨削区的温度，磨削温度的高低决定于以下因素。

(1) 砂轮速度、工件速度及磨削深度大，磨削区温度高。

(2) 砂轮粒度细，磨削区温度高。自砺性差，则磨削区温度高。

(3)工件材料的导热系数小，磨削区温度高。

(4)冷却液不易进入磨削区，引起磨削区温度高。

在各因素综合影响下，磨削区的温度对表面磨削烧伤可以分为退火烧伤、回火烧伤和淬火烧伤三种类型。因此，研究烧伤问题就应从研究磨削区温度场入手。

磨削温度场的数学推导是一个三元二阶偏微分方程(拉普拉斯方程)的求解问题。以平面磨削为例，加工情况如图 6.21 所示。图中的 AB 为磨削区域，它的长度为 L，为了简化计算，作了几个接近实际情况的简化。

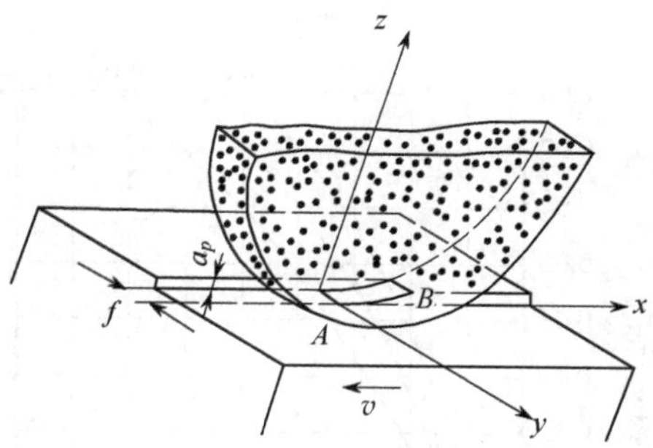

图 6.21　平面磨削的加工示意图

(1)假定磨削区 AB 是一个均匀的热源，在 AB 内每单位时间、单位面积上的发热量相等，设为 q。

(2)热量只是传给工件，忽略其传入空气和砂轮的部分，也忽略由磨屑带走的部分，这样就把一个无限大热场计算问题变成一个非无限大热场计算问题。

(3)假定在 x、y 方向，除边缘地区外均没有温度梯度，只是在 z 方向有温度梯度，即热量不从 x、y 方向传导，只是从 z 方向传导。这样就把一个三维传热的问题简化成一维的问题，可以求得工件最表层的温度 t_A 为

$$t_A = C \cdot v_{工件}^{0.2} \cdot a_p^{0.35} \cdot f^{-0.3} \cdot v_{砂}^{0.25} \tag{6-4}$$

而温度与 z 的函数关系为

$$t(z) = \frac{qz}{\lambda\sqrt{\pi}}\left[\frac{\sqrt{4\alpha\tau_A}}{z}\exp\left(-\frac{z^2}{4\alpha\tau_A}\right) - \sqrt{\pi} + 2\sqrt{\pi}G\left(\frac{z}{\sqrt{2\alpha\tau_A}}\right)\right] \tag{6-5}$$

式中，z 为该点离表层的距离，λ 为材料的导热系数，α 为材料的导温系数，τ_A 为热源的作用时间，$\tau_A = L/v_{工件}$。

从式(6-4)中可以看到，切深 a_p 的增加会使表层温度 t_A 增加，砂轮速度 $v_{砂轮}$ 和工件速度 $v_{工件}$ 也有同样情况，但影响程度不如切深。横进给量 f 的增加，反使表层温度 t_A 下降。另外，由于 $v_{工件}$ 的增加会使 τ_A 下降，根据式(6-5)，沿着 z 方向的温度梯度会增加，但有可能因 $v_{工件}$ 的增加而减少。图 6.22 是一组计算结果，图 6.22(a)表示不同切深时的情况，

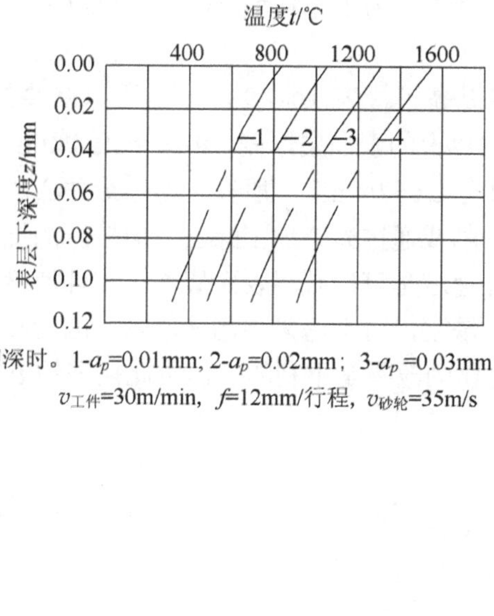

(a) 不同切深时。1-a_p=0.01mm；2-a_p=0.02mm；3-a_p=0.03mm；4-a_p=0.04mm

$v_{工件}$=30m/min，f=12mm/行程，$v_{砂轮}$=35m/s

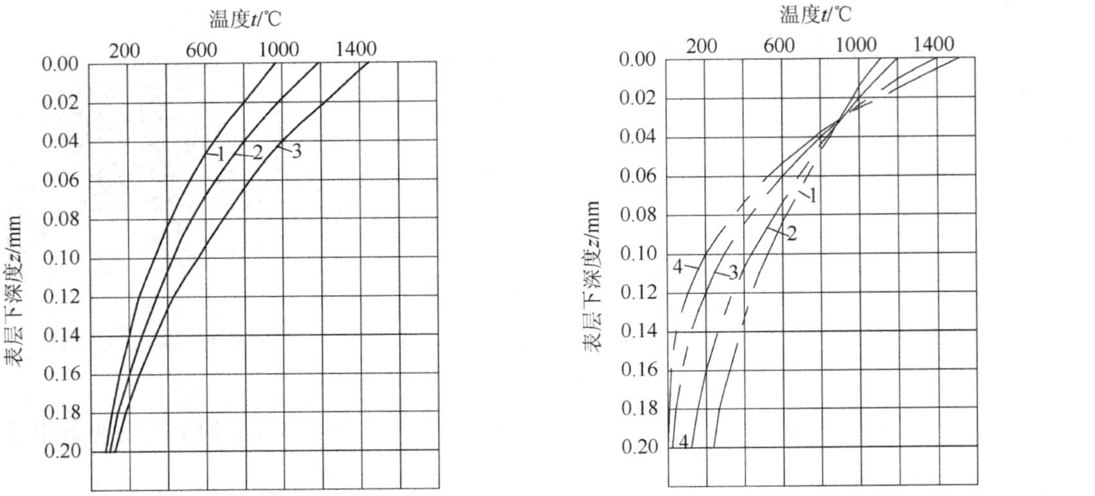

（b）不同进给量时。1-f=24mm/行程；2-f=12mm/行程；3-f=6mm/行程

$v_{工件}$=30m/min，a_p=0.02mm/行程，$v_{砂轮}$=35m/s

（c）不同工件速度时。1-$v_{工件}$=30 m/min; 2-$v_{工件}$=60 m/min; 3-$v_{工件}$=120 m/min; 4-$v_{工件}$=180 m/min

a_p=0.02mm，f=12mm/行程，$v_{砂轮}$=35m/s

图 6.22　磨削用量对工件表面层温度的影响

图 6.22(b)表示不同进给量的情况，图 6.22(c)表示不同工件速度时的情况。由实验得出的结果与此相近。

淬火钢加热到一定温度就会产生相变，如在 600℃只要保持 0.7s，马氏体就向屈氏体转化。温度再高马氏体向索氏体转化；温度再高就向奥氏体转化，冷却速度很快时产生二次淬火层。图 6.23 表示淬火钢 T8 磨削后表面层的显微硬度 H_d 的情况，图 6.23(a)表示切深 $a_p = 0.005$mm、图 6.23(b)表示切深 $a_p = 0.01$mm、图 6.23(c)表示切深 $a_p = 0.0375$mm、图 6.23(d)表示切深 $a_p = 0.05$mm 的情况。由图中可以看到，二次淬火层一般都是极薄的一层，厚度仅几微米，因而不论是否二次淬火层，都属于烧伤层，都是对使用性能不利的。图 6.24 表示烧伤层厚度及显微硬度与切深的关系。切深增加，烧伤层的厚度增加，显微硬度下降，这是不利的。

增加进给量 f，可以降低表面层温度，因而可以减少烧伤现象。由此可见，不要笼统地认为降低磨削用量都会改善烧伤。相反，为了减轻烧伤，必须用较大的 f。f 的增加可以提高生产率，但是会使表面粗糙度增大。为了弥补这一缺点，可以采用宽砂轮，当然这要牵涉到磨床主轴结构的重新设计。

增加工件速度 $v_{工件}$虽然提高了最表层温度，但是可以减少烧伤层的厚度，这可以从图 6.22(c)中看出，如在 600℃以上的表面层厚度，$v_{工件}$ = 30m/min，表面层厚度为 0.096mm，而当 $v_{工件}$ = 180m/min 时，只有 0.052mm。一般在生产中最关心的是烧伤层的厚度，因为很薄的烧伤层可以通过无进给磨削或通过光整加工除去，但较厚的烧伤层去不掉，因而影响零件的使用性能。因此增加工件速度是可以减轻表面烧伤。工件速度的提高也会导致磨削表面粗糙度的增大，为了弥补这一缺陷，可考虑采用高速磨削，因为高速磨削可显著降低零件表面粗糙度。$v_{砂轮}$增大虽然对烧伤的改善是不利的，但由此换来的 $v_{工件}$的大幅度提高，使烧伤从总的来说是减轻的。

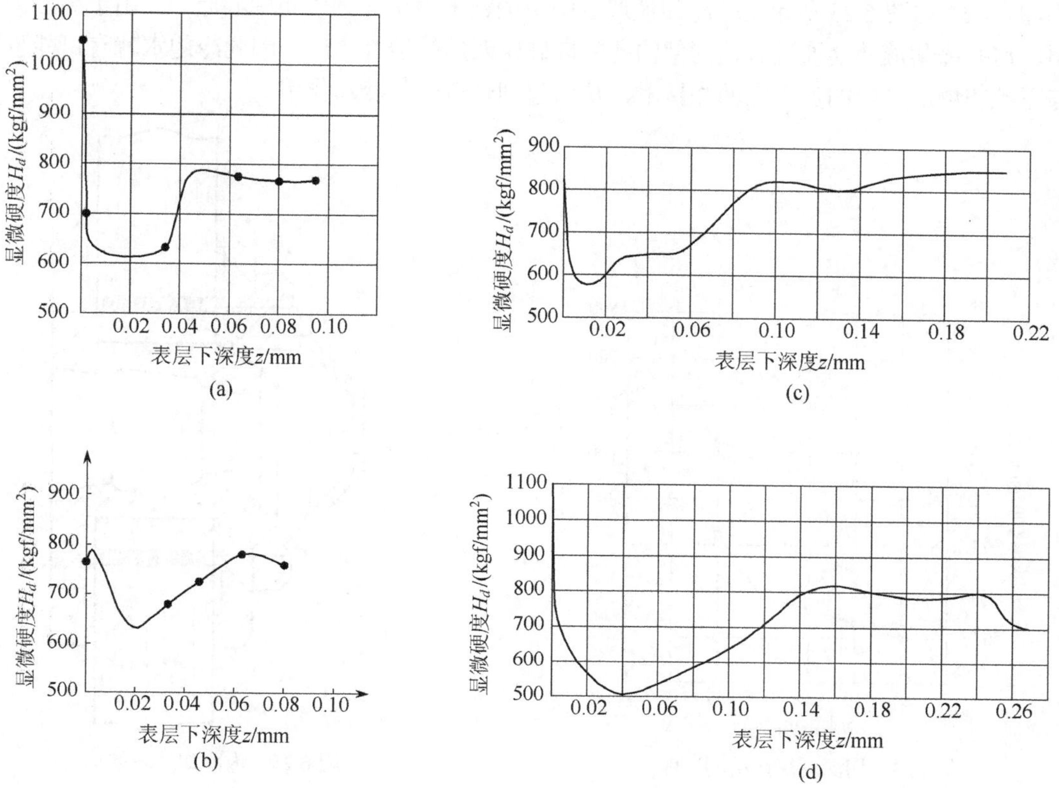

$v_{砂轮}$=35m/s，$v_{工件}$=7.5m/min， s=3750mm/min

图 6.23　淬火钢 T8 磨削后表面层的显微硬度

影响磨削烧伤的因素除了磨削用量以外，还有以下一些因素：

工件的材料影响很大。一些贵重的高合金钢，如轴承钢、高速钢、耐热钢、不锈钢等，其传热性能特别差，它们的导热系数 $\lambda=54\sim63$[W/(m·k)]，而普通碳素钢的导热系数 $\lambda=180\sim193$[W/(m·k)]，相差 2 倍多。因此，这些材料磨削时表面层温度更高，烧伤问题更为严重，成为加工这些材料时的一个主要工艺问题。

正确地选择砂轮，可以减少烧伤。砂轮的硬度太高，用钝的砂粒不能及时脱落，是造成烧伤的一个原因，选用较软的砂轮就可解决这一问题。对于高合金钢的磨削，常选用橡胶结合剂的砂轮。橡胶富有弹性，当某种因素导致某砂粒磨削力太大时，橡胶的弹性变形可使砂粒自动微量退让，减小磨削力，避免烧伤。在磨硬质合金时，常用的碳化硅砂轮，很难避免烧伤和裂纹。如果采用金刚石砂轮进行磨削，则由于金刚石刀尖锋利，强度、硬度较大，大大改善了切削条件，再加上金刚石与硬质合金的摩擦系数很低，因此磨削区温度显著下降，解决了烧伤裂纹问题。

冷却润滑液的选择也会产生影响。按道理讲，如果在数百度、上千度的高温表面上有效的注上冷却水是能够带走大量的热量而使表面温度显著下降，因为水的比热和汽化热都很高。在室温下，1mL 水变成 100℃以上的水蒸气能带走 600 多卡热量。如果在磨削区真有 1～2mL/s 的冷却水起作用，那么便将有相当可观的热量被带走，表面应该不会出现烧伤。然而，目前常用的冷却方法效果很差，实际上没有太多的水能够进入磨削区去。内冷却是一种较有效的冷却方法。如图 6.25 所示，把冷却液通过中空的锥形盖引入到砂轮中心腔内。由于离心力作用，这些冷却液就会通过砂轮内部的孔隙向砂轮四周的边缘洒出，因此冷却水就有可能直接与正处在磨削区内的加工表面相接触，从而起到较有效的冷却作用。

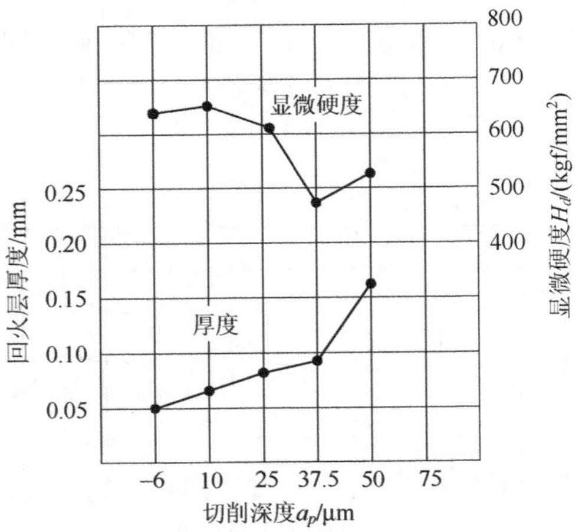

图 6.24　切深对烧伤层的影响

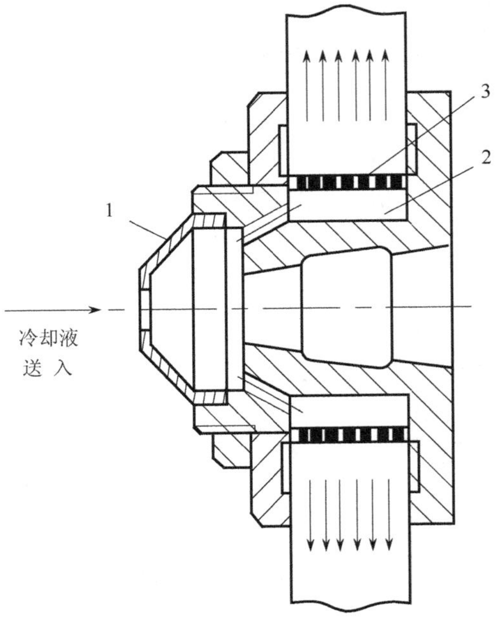

图 6.25　内冷却砂轮结构

1-锥形盖；2-砂轮中心腔；3-钻有径向小孔的薄壁套

6.4　表面层的残余应力及强化工艺

6.4.1　工件表面层的残余应力

一般机械加工后的工件表面层都存在一定的残余应力。这个残余应力数值是不小的，如磨削后工件表层的残余应力可达 400～700MPa(40～70kgf/mm^2)，分布深度可达 27～30μm。磨削高合金钢时应力数值更大，常超过材料的强度极限，在表面上形成微观裂纹，严重影响零件的使用性能。车削、铣削后的残余应力数值也不小，一般可达 200MPa，高速切削时及加工高合金钢时数值更大，最高可达 1000～1100MPa。残余应力对零件的使用性能(主要是疲劳强度)影响是很大的，希望要的是压应力，而竭力避免拉应力。近年来，在残余应力方面做的实验研究工作是大量的，但由于残余应力产生的原因比较复杂，测量和观察比较困难，因此至今还有很多问题没有搞清楚。

残余应力的产生原因，归纳起来有三方面。

1) 塑性变形的影响

由于切削时在塑性变形扩展到已加工表面，由于刀刃后刀面的摩擦与挤压，工件表层的晶格被拉长，如图 6.26 所示。当刀具离开工件表面后，被拉长的表层就会受到下面基体的作用，使表层在切削方向受到压应力。此外，塑性变形使部分原子从稳定的晶格位置上移动，晶格被扭曲，破坏了原来的紧密的原子排列，因此密度下降，比容增大。工件表面层的金属由于塑性变形而比容增大、体积膨胀，四周基体阻止其膨胀，因此就受到压应力。总之，冷态塑性变形的结果使工件表层受到压应力。

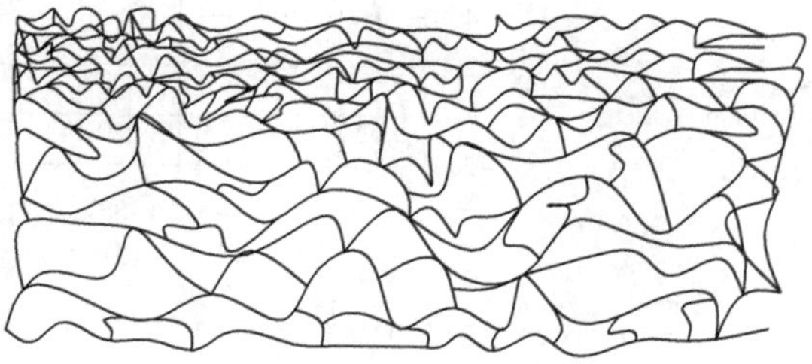

图 6.26　切削时工件表层的变形图

2）温度的影响

切削区域的高温，使工件表层受热伸长，如果在这个温度下，金属的弹性并没有消失，则在高温时，四周基体阻止其伸长，表层受到压应力，但当冷却时，压应力逐渐消失冷到室温，恢复原来状态，也就不存在应力。如果温度很高，如对钢来说，温度高到 800～900℃时，金属的弹性几乎全部消失，这时在高温下，表层的伸长因受基体金属的限制而全被压缩掉，不产生任何压应力。冷却时，表层收缩，当温度低到使表层金属恢复弹性时，表层就会因基体阻止其收缩而产生拉应力。因此，在切削区温度超过某一极限值时，工件的表层会产生拉应力。

3）金相组织变化的影响

如前所述，淬火工件在磨削时，表层的金相组织会发生变化。在金属学课程中已经讲过，各种金相组织具有不同的比容。马氏体组织与其他金相组织相比，相对密度最小(为 7.77)，比容最大；奥氏体相对密度最大(为 7.96)，比容最小。因此，在磨削淬火工件时，如表层出现回火结构，会使表层受到拉应力(表层比容减小，体积缩小，基体阻止其收缩，产生拉应力)，如果最外层有二次淬火结构，则在最外层，由于金相组织变化而产生压应力。

在磨削淬火工件时，以上三个因素常常是同时存在的。当发生烧伤时，金相组织变化所带来的应力情况常常占主要地位。图 6.27 表示淬火钢 T8 磨削后表面层的残余应力情况。图 6.27 的实验条件与图 6.23 的实验条件完全相同，将这两个图对在一起，就不难看到，凡是硬度下降的部位，常有残余拉应力或较小的压应力；凡是硬度提高的部位，常有残余压应力或较小的拉应力。

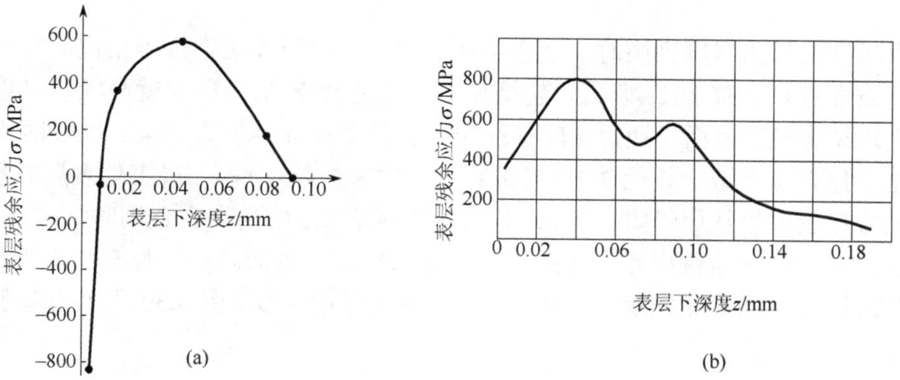

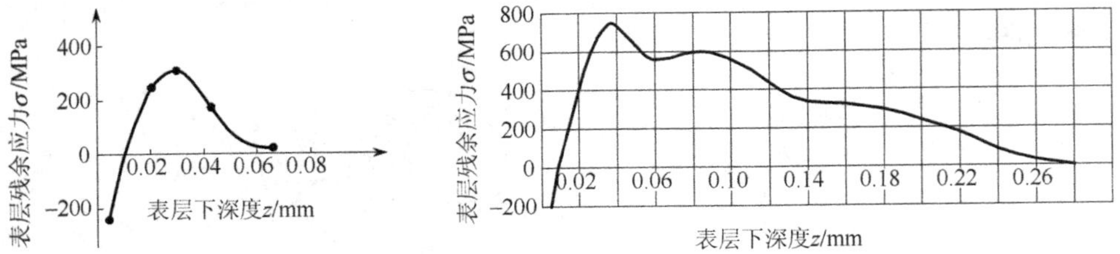

(c)　(d)

$v_{砂轮}$=35 m/s, $v_{工件}$=7.5 m/min, f=3750 mm/min

图 6.27　淬火钢 T8 磨削后表面层的残余应力情况

在磨削未淬火工件时，金相组织变化的因素是不存在的，只有温度和塑性变形两个因素。图 6.28 表示工业纯铁磨削后的表层残余应力的分布，此时表层为压应力，可见塑性变形是主要的，温度的影响是次要的，但当切深增加时，表层应力由压应力转为拉应力，如图 6.29 所示，此时温度的影响是主要的。切深再大时，表层应力又为压应力，此时塑性变形的影响又成了主要因素。

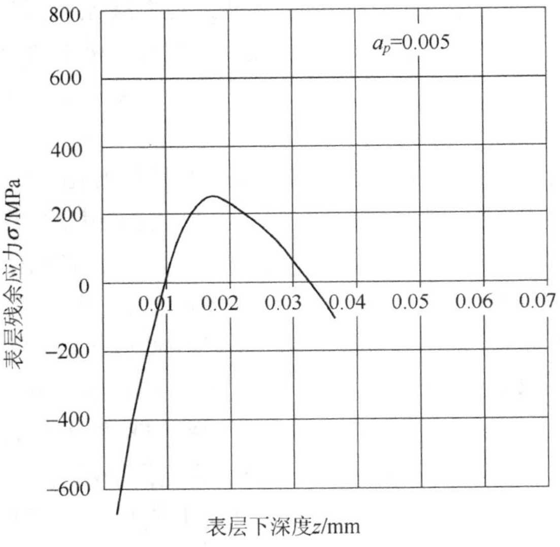

图 6.28　工业纯铁磨削后的表层残余应力

当应力超过材料的强度极限时，就会出现裂纹。这些裂纹通常很难用肉眼发现，但如果对工件表面进行光整加工(研磨、超精加工、电抛光等)后，裂纹就会很明显地暴露出来。有些裂纹隐藏在表面里边，这时只能用磁粉检验法才能检查出来。检验时将工件通磁，再在工件表面上撒上氧化铁末(或带有氧化铁末的液体)，如果工件表层有裂纹，则在裂纹处将形成磁极从而吸附铁粉，这样就可发现裂纹。磨削高合金钢时常出现裂纹，有的呈网状分布，这是晶粒周界破坏的特征；有的垂直于表面。如工件有二次淬火层，垂直于表面的裂纹可能就此中断，成为外观上很难察觉的裂纹。图 6.30 所示为磨削裂纹的两个实例。

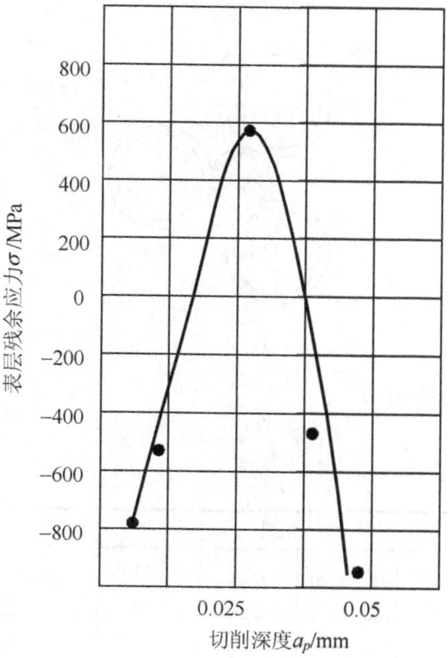

图 6.29　最表层残余应力与切深的关系

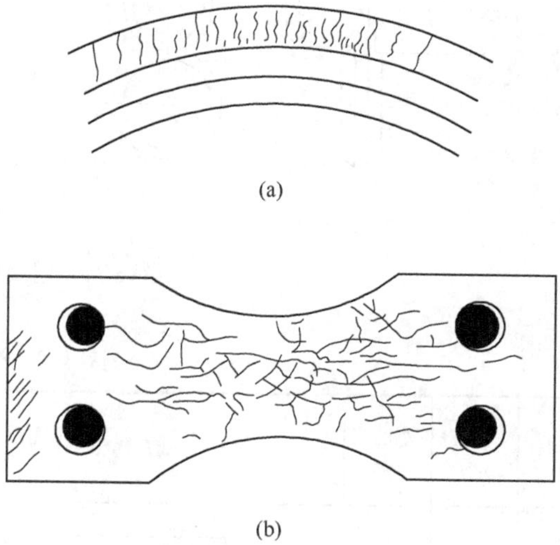

图 6.30　磨削裂纹的实例

6.4.2　表面强化工艺

为获得良好表面，一般采用表面强化工艺，使材料表层的硬度、组织和残余应力得到改善，提高零件的机械物理性能。表面强化是通过对加工表面进行相关强化工艺，使表面产生残余应力和冷作硬化，大大提高了工件的耐疲劳强度，同时微观不平的顶峰压平，填入凹谷，使表面粗糙度值减小。

表面强化一般分为以下几种：化学热处理如渗碳、氮、渗铬等，电镀和机械强化。机械强化是通过冷压的方法使表面硬化，并产生残余应力，从而提高零件的耐疲劳强度的加工方法。

(1)滚压加工。这是一种通过冷滚压使表面加工硬化，并产生残余压应力，从而提高零件耐疲劳强度的加工方法。由于这种方法工艺简单，成本低廉，效果显著，因而发展很快，广泛使用于实际生产中。表 6.4 所示为常用的一些冷压加工方法。序号 1～3 是用滚柱对外圆柱面、平面或成形面和内圆柱面进行滚压。用单个滚子滚压时，由于滚压力较大，工艺系统变形较大。用双滚子或三滚子滚压可以减少工艺系统变形对加工的影响，如图 6.31 所示。序号 4～6 是用钢球代替滚柱进行滚压。钢球由于接触面积较小，故可用较小的总压力得到较高的表面压强，可用于刚性较差工件的滚压。钢球没有固定旋转轴，与工件没有相对滑动，滚压时的塑性变形条件较好。钢球后面用弹簧支承，进行弹性滚压，可以使滚压力趋于一致，不因工件在滚压前的形状误差而使滚压力在各点有很大的差异。序号 7、8 是用回转时的离心力来进行滚压，滚压力的大小由滚柱重量、转子转速及直径来确定。只要改变上述参数，如改变转子转速就可以控制滚压过程。控制方便是这种方法的主要优点。

在进行各种滚压加工时(不包括喷丸加工)，要注意控制滚压用量，注意控制滚压前的工件精度。滚柱或滚子常用工具钢淬火制成，滚压时应加适当的润滑液。

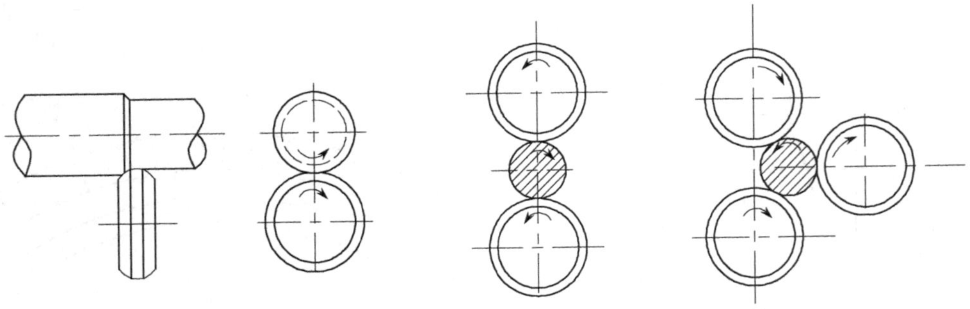

(a)　(b)　(c)

图 6.31　用滚柱冷压加工示意图

表 6.4　冷压加工分类

序号	加工方法	加工表面	工序简图	加工结果				加工部分
				硬化深度/mm	硬化程度	精度	粗糙度 Ra/μm	
1	单滚柱或多滚柱液压	外圆柱面	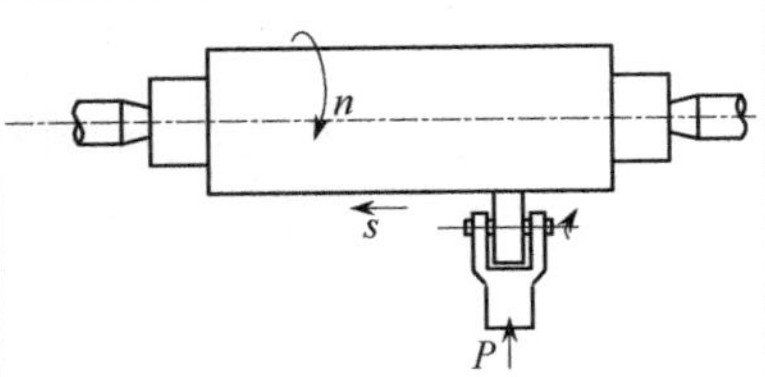	0.2～1.5	10%～40%	6～8 级	0.2～0.8	轴、轴颈
2	单滚柱或多滚柱液压	平面或成形面	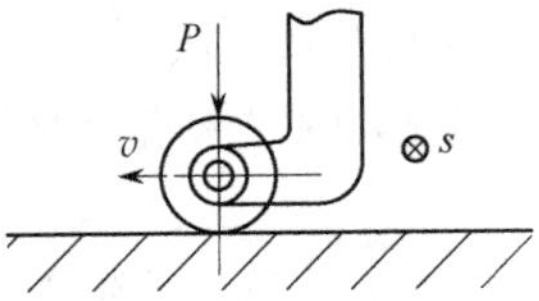	0.2～1.5	—	6～8 级	0.2～0.8	平板导轨面，端面等
3	单滚柱或多滚柱液压	内圆柱面	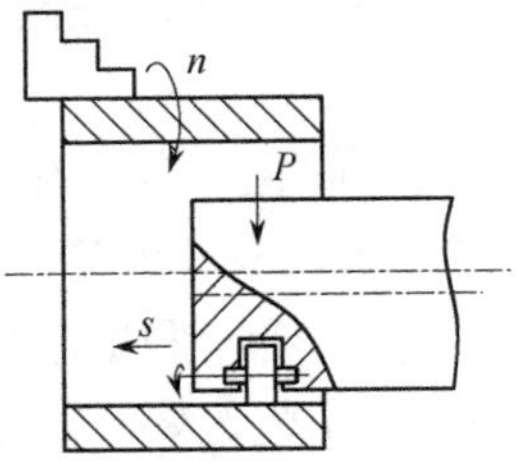	>0.2	可达 40%	6～8 级	0.2～0.8	大于ϕ30 的孔
4	单滚珠或多滚珠弹性滚压	外圆柱面	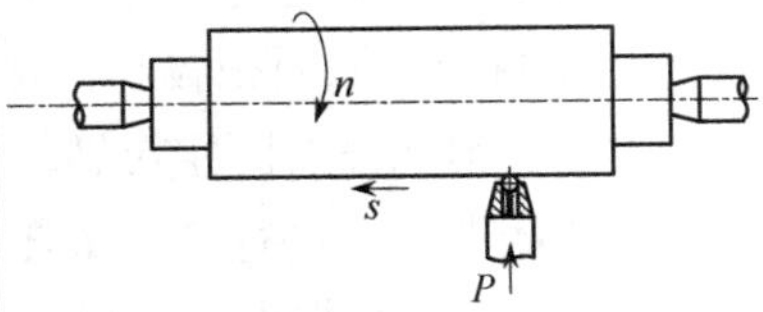	—	可达 40%	6～7 级	0.2～0.8	轴、轴颈
5	单滚珠或多滚珠弹性滚压	平面或成形面	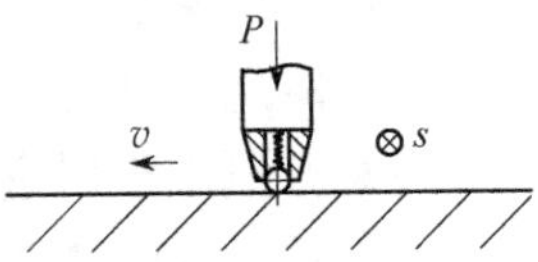	—	—	6～7 级	0.2～0.8	—

续表

序号	加工方法	加工表面	工序简图	加工结果				加工部分
				硬化深度/mm	硬化程度	精度	粗糙度 Ra/μm	
6	单滚珠或多滚珠弹性滚压	内圆柱面	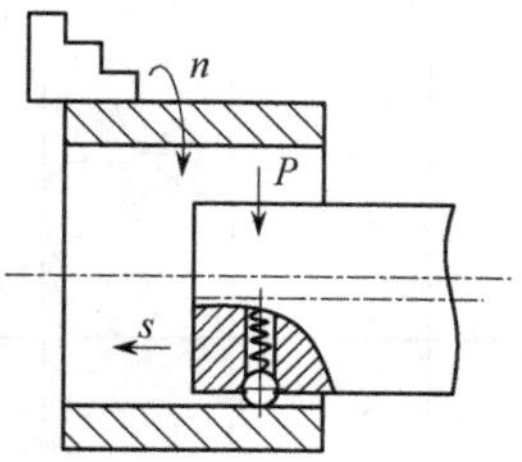	—	—	6～7 级	0.2～0.8	大于ϕ30的孔
7	用转子式强化器滚压	外圆柱面	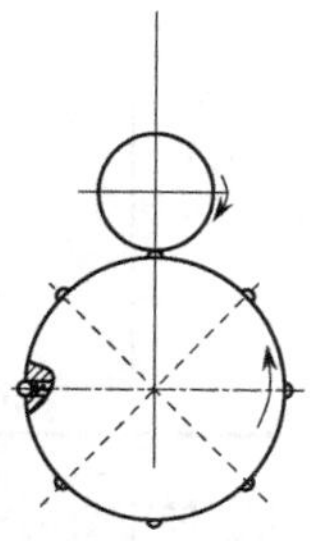	—	—	6～7 级	0.2～0.8	轴、轴颈
8	用转子式强化器滚压	内圆柱面	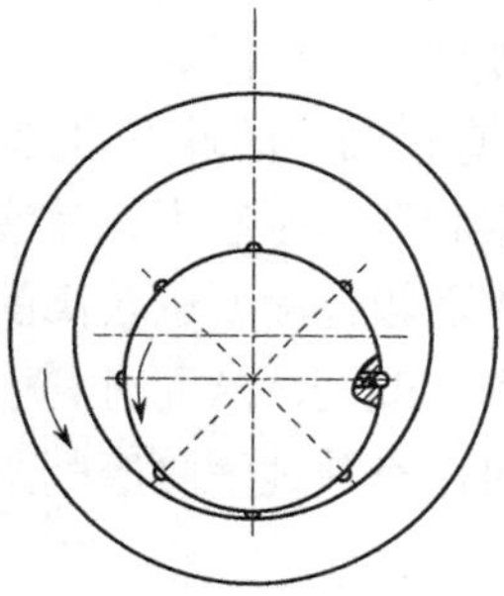	—	—	6～7 级	0.2～0.8	大于ϕ50的孔
9	钢球挤压	内孔	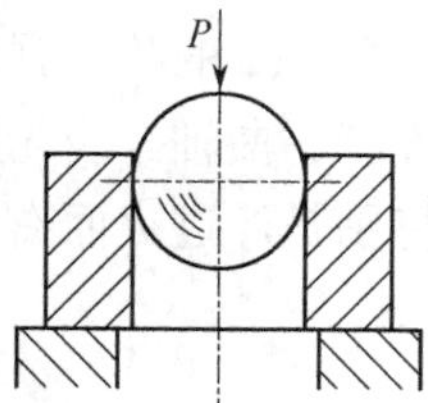	—	可达 40%	5～7 级	0.2～0.4	—
10	挤孔	内孔	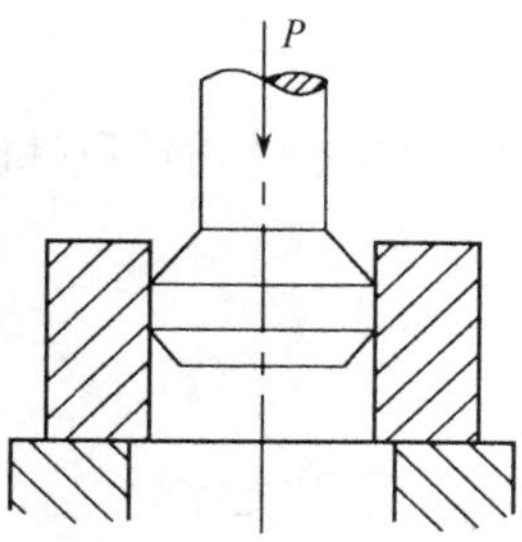	—	可达 40%	5～7 级	0.2～0.4	—

续表

序号	加工方法	加工表面	工序简图	加工结果				加工部分
				硬化深度/mm	硬化程度	精度	粗糙度 Ra/μm	
11	挤孔	内孔	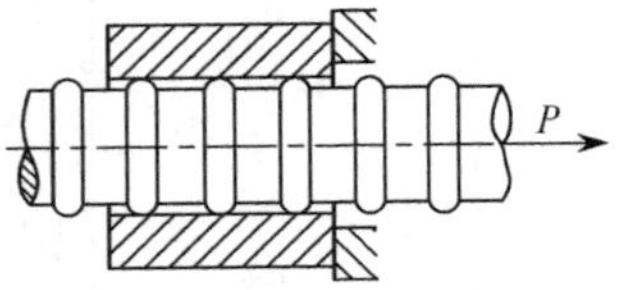	—	—	5～7 级	0.1～0.2	—
12	喷丸强化	各种表面	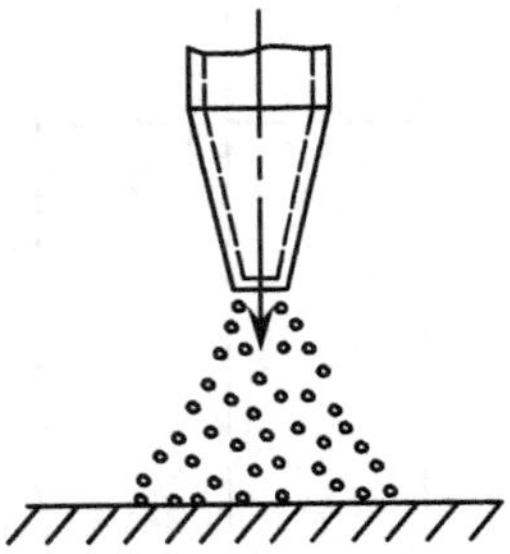	可达 0.7mm	—	—	3.2～12.5	—

(2) 挤孔。与拉刀加工原理相类似。序号 9～11 是对中、小直径内孔进行滚压加工的最常用方法。这种方法不仅使工件耐疲劳强度得到提高，而且比铰孔更容易保证较高的尺寸精度和较低的表面粗糙度，生产率还很高，因此使用十分广泛。

(3) 喷丸。用压缩空气或机械离心力将大量直径细小的珠丸以 30～50m/s 的高速度喷出后，珠丸高速打击零件表面，使表面产生冷硬层和残余压应力，使疲劳强度增大。珠丸一般为铸铁或砂石、钢丸、玻璃丸等。对小零件或表面粗糙度要求较高的零件用较小的珠丸。喷丸的结果使表面金属的结晶颗粒的形状和方向得到改变，从而有利于抵抗塑性变形和破坏。喷丸后零件的寿命可以提高数倍至数十倍，还可以有效地消除磨削、电镀等工序后带来的有害残余拉应力。

最常用的设备是压缩空气喷丸装置和机械离心式喷丸装置。喷丸加工主要用于形状复杂零件的加工，因为这时无法用别的冷压加工方法。序号 12 的喷丸强化(钢丸)可用来强化各种形状复杂的工件，常用于各种板弹簧及卷弹簧、连杆、曲轴、齿轮等零件，对提高耐疲劳强度有显著成效。对于在腐蚀环境下工作的零件，特别是淬过火而在腐蚀环境中工作的零件来说，喷丸加工的效果更为明显。

思考与练习

1. 机械加工表面质量包含哪些主要内容？它们对零件的使用性能有什么影响？
2. 简要分析表面质量对耐磨性的影响？
3. 影响切削表面粗糙度的因素有哪些？
4. 影响磨削表面粗糙度的因素有哪些？
5. 什么是加工硬化现象？产生加工硬化的主要原因是什么？

6. 什么是磨削“烧伤”？为什么磨削加工常产生“烧伤”？为什么磨削高合金钢较普通碳钢更易产生“烧伤”？

7. 为什么在机械加工时，工件表面层会产生残余应力？磨削加工工件表面层中残余应力产生的原因与切削加工是否相同？为什么？

8. 表面质量对零件抗腐蚀性能有什么影响？

9. 什么是表面强化工艺？

10. 表面强化工艺有哪些？

第 7 章　机械加工中的振动

在机械加工过程中常常会产生振动，这在一般情况下是一种极其有害的现象。在车削、镗削和铣削时，发生的振动通常比较剧烈，它产生的波纹度使加工表面粗糙度恶化；它使机床和刀具的使用寿命缩短，并且造成噪音污染，危害人体健康。为了避免振动的产生，常常不得不降低切削用量，因而也就降低了生产率。磨削时的振动虽然不那么剧烈，但由于磨削一般用于精加工，所以即使有轻微的振动，也会使加工表面质量达不到要求。

7.1　机械加工中振动的基本概念

7.1.1　机械加工中振动的基本类型

按照工艺系统振动的性质，机械加工中常见的振动可以分为三类：自由振动、强迫振动和自激振动。

1) 自由振动

自由振动是一种最简单的振动，是工艺系统受初始干扰力或原有干扰力取消后产生的振动。振动的频率(每秒钟振动次数)只取决于振动系统的刚度和质量，叫作固有频率。自由振动在振动过程中没有外来能量的补充，由于系统中总是存在着阻尼的，所以振动就逐渐衰减。

在切削过程中，当切削力产生一个突然的波动时或者工艺系统受到一个外界冲击时，工艺系统便会产生自由振动。这种振动往往是迅速衰减的，所以一般说来对切削过程没有什么影响，但在某些条件下，它可能诱发出自激振动。

2) 强迫振动

强迫振动是一种由于外界周期性干扰力的作用而引起的不衰减的振动。强迫振动的两个重要特点是：①系统的振动频率等于外界周期性干扰力的频率；②当外界周期性干扰力的频率等于或接近系统的固有频率时，将出现共振现象，此时振幅显著增大，可能使振动系统受到严重破坏。实践证明，机床转动部件的不平衡，常常是加工中出现强迫振动的重要原因。

3) 自激振动

自激振动是自然界和工程界常见的现象。它是一种由外界吸收能量，但又不存在周期性干扰的不衰减的振动。如机床工作台在低速运动时，常会出现的爬行现象也是一种自激振动。在这种情况下，即使驱动机构的速度是非常均匀的，工作台也出现跳跃式的爬行。在切削加工时，刀具和工件之间也会产生自激振动，称为颤振。自激振动的特点是：①它不是由外界周期性干扰力所引起，而是振动过程本身存在的一种原理，它能自行将外界均匀输入的能量转化为产生和维持振动的交变力，叫作自激振动；②它是不衰减的振动；③它的频率接近于固有频率(不等于固有频率，最常见的是略大于固有频率)。

7.1.2　工艺系统的动刚度和动柔度

有关工艺系统的静刚度问题，在第 5 章中已经阐述过了，它是影响加工质量的一个非常重要的因素。但是当研究工艺系统的抗振能力时，工艺系统的静刚度指标不能正确全面地反映工艺系统的刚度特性，为研究工艺系统的抗振能力有必要引入工艺系统动刚度的概念。动刚度的定义是：引起工艺系统振动的激振力 P(N)与它所引起的同方向上的工艺系统的振幅 X(mm)的比值称为直接动刚度 K_D，即

$$K_D=\frac{P}{X}\ (\text{N/mm}) \tag{7-1}$$

一般来说，对于单自由度系统，取其共振频率处的最小动刚度值作为系统的动刚度的指标；对于多自由度系统，则取其各固有频率中最小的动刚度值作为系统动刚度的指标。动刚度越大，工艺系统在动态力的作用下振动量就越小；反之，动刚度越小，振动量就越大。

动刚度的倒数称为动柔度 W_d，即

$$W_d=\frac{1}{K_D}=\frac{X}{P}\ (\text{mm/N}) \tag{7-2}$$

它的含义就是单位激振力所产生的振幅。在振动研究领域中，更多的是用动柔度概念来分析和描述振动过程。

分析工艺系统的振型及其动刚度，可以为满足工作性能要求进行合理的结构设计提供依据。例如，可以通过分析机床的振型及其动刚度来确定所设计机床能达到的加工表面粗糙度以及不引起切削自振的最大切削用量。

机床在工作中常出现以下三种振动：

(1)整机摇晃，即机床整体在地基支承上的振动。整机摇晃时，机床上各点的振幅沿长度和高度方向呈线性分布。垂直于机床窄长方向的平面内的摇晃，其共振频率在几种振动中一般为最低。机床的整机摇晃动刚度主要取决于机器支承部位和地基的刚度与阻尼。

(2)接合面处部件间的相对振动，即整个部件作为刚体在接合面处相对于另一部件的直线振动或倾转振动。对于可移动的接合面，其共振频率较低，但阻尼较大；对于固定的接合面则相反。

(3)机床零部件的本体振动，如主轴组件的弯曲振动、传动轴组件的扭转振动等。除刚度很低的零部件外，其共振频率一般较整机摇晃和可移动接合面处部件间相对振动的共振频率为高。

7.2　切削过程中的颤振

在金属切削过程中常常会产生颤振，它不是由于切削过程以外的周期性干扰力所引起的，也不是由于周期性的断续切削(如铣削)所引起的。产生并维持切削过程颤振的动态力是振动过程本身所产生并调节的。当切削一停止，引起振动的动态力也就消失。这一特点也是一切自激振动的共同特征。

实际的切削过程总不是绝对稳定的，即使不存在强迫振动的振源，也会不时受到某些瞬

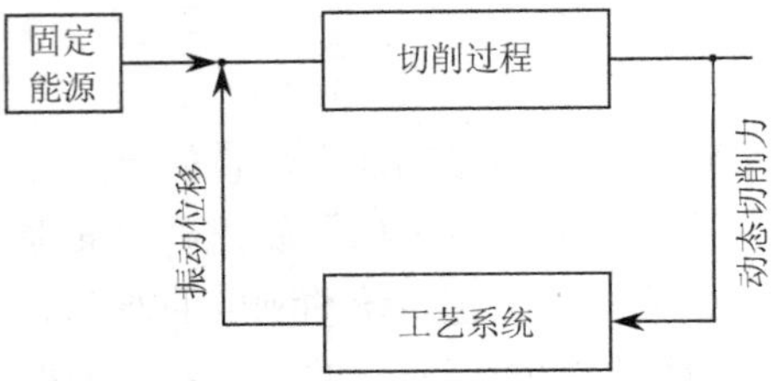

图 7.1　切削颤振的闭环系统

时偶然性的扰动力的作用。由于工艺系统是由若干个弹性环节所组成的，于是在这种扰动力的作用下便会产生振动(自由振动)，而工艺系统的振动必然要引起刀具和工件相对位置的变化，这一变化(如切削厚度的变化)又引起了切削力的波动，而切削力的波动又会引起工艺系统的振动，因此可以用一个带反馈的闭环系统来表示这一过程(图 7.1)。是否任何一个切削过程只要受到外界一个瞬时扰动就必然会发展为颤振，那要取决于许多条件的配合，情况是很复杂的。有关切削过程颤振的机理，虽然经过各国科学工作者多年的探讨，并取得了不少重要成果，但是还不能说已经彻底弄清楚了，现扼要地介绍几种比较成熟的解释颤振机理的学说。

7.2.1　再生颤振原理

先来研究车刀作自由正交切削的情况。如图 7.2 所示，此时车刀只作横进给。在这种切削条件下，车刀切削的是工件前一转所留下的表面。假定切削过程受到了一个瞬时的偶然性扰动(图 7.3(a))，于是刀具与工件便会发生相对振动(自由振动)，由于这一扰动随即消失，所以振动逐渐衰减，但在工件表面留下了一段振纹(图 7.3(b))；当工件转动一周后，刀具便会重复切到有振纹的表面，此时切削厚度将发生变化，从而造成了切削力的波动，也就是说产生了动态切削力 P_d(图 7.3(c))；P_d 作用在工艺系统上又引起了工艺系统的振动，如果各种条件的匹配是促进振动的，那么便会进一步发展到持续的颤振状态。这种由于切到前一转的振纹而造成切削力的波动从而使振动持续下去的效应就叫作“再生效应”(请注意是前一转的振纹，而不是前道工序的振纹)。当然，如果各种条件的匹配是限制振动发展的，那么振动就会一次比一次减弱以至完全消失，于是切削过程又恢复到稳定状态。

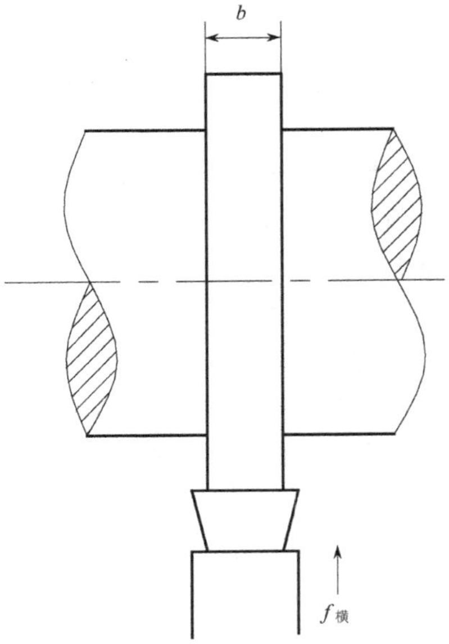

图 7.2　自由正交切削

由于切削过程的颤振可以看作为一个闭环系统，所以就必须分别从它的两个组成环节——切削过程的动态特性和工艺系统的动态特性来进行分析。

1) 再生颤振的形成过程

再生颤振原理的基本思想是：主要由于切削厚度的变化产生动态切削力，而切削厚度的变化又是由前一转振纹与这一转振纹所决定。为了使问题简化，先要作出如下几个假设：

① 假设工艺系统是单自由度系统，而且只有刀具在工件表面的法线方向(y 方向)作简谐振动；

② 切削力的变化仅仅是由于切削厚度的变化所引起的，并与切削厚度的变化成正比，而且二者之间没有时间上的越前或滞后，即没有相位差；

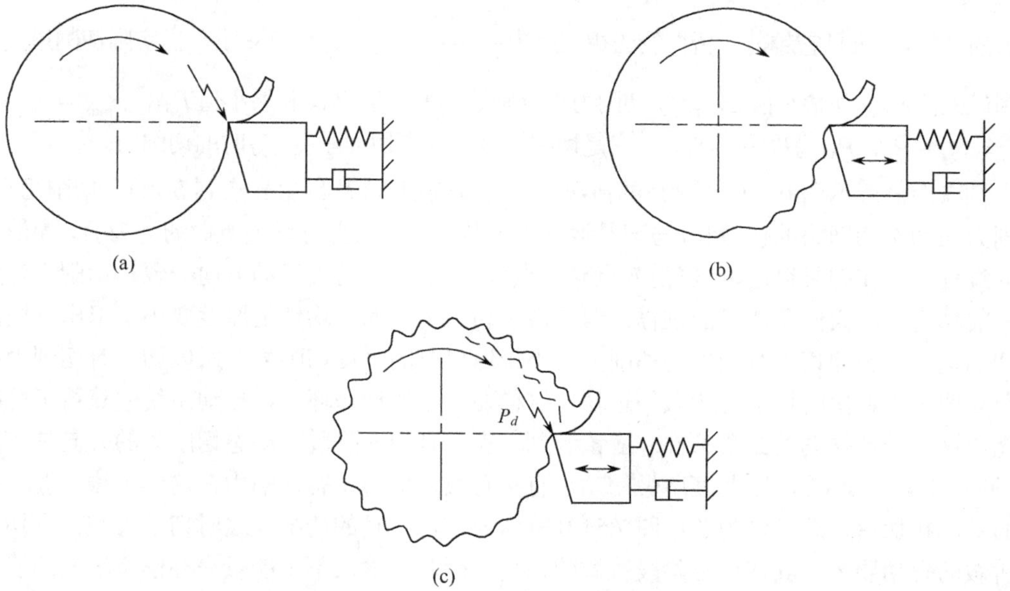

图 7.3　再生颤振的产生过程

③ 由切削厚度变化所形成的动态切削力 P_d 与稳态切削力 P_M 方向一致。

图 7.4 所示为颤振过程的展开图(将车削的一段圆弧展开成直线)。曲线 A 为工件表面前一转留下的振纹，曲线 B 为刀具在工件上新形成的振纹，二者之间的相位差为 Ψ。从图上表示的相对位置来看，是新振纹 B 滞后于老振纹 A。曲线 C 就是切削力的变化曲线(稳态切削力与动态切

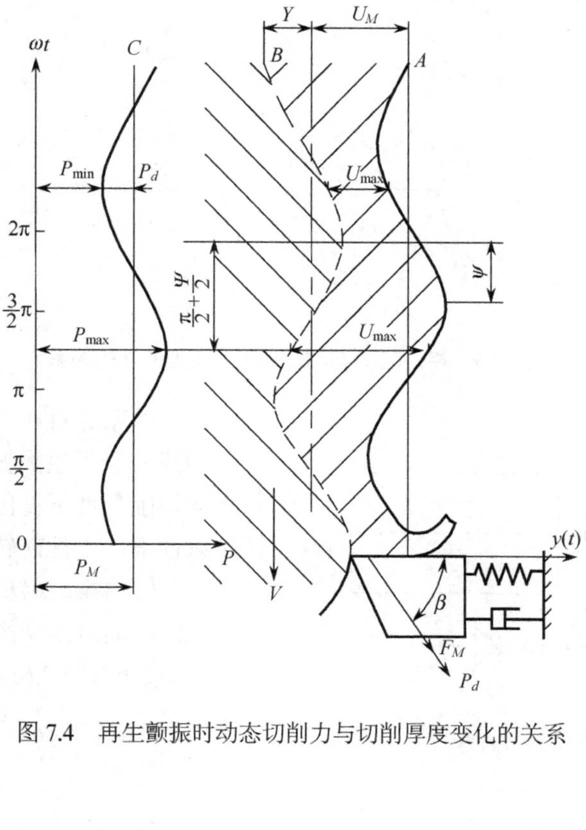

图 7.4　再生颤振时动态切削力与切削厚度变化的关系

削力的叠加)，可见它越前于新振纹的相位差为$\frac{\pi}{2}+\frac{\Psi}{2}$，同时还可以看出，当实际切削厚度分别达到最大值$U_{max}$和最小值$U_{min}$时，切削力也分别达到最大值$P_{max}$和最小值$P_{min}$。$P_{max}=P_M+P_d$，$P_{min}=P_M-P_d$，$P_M$为稳态切削力，它是切削厚度为稳态切削厚度$U_M$时的切削力。

图 7.5(a)所示为$0<\Psi<180°$的情况。在刀具的切入阶段(由 a 点到 b 点)，切削力(稳态切削力与动态切削力的代数和)与刀具运动方向相反，切削力对系统所做的功为负，为消耗能量的过程；而在刀具退出阶段(由 b 点到 c 点)，切削力与刀具运动方向一致，切削力对系统所做的功为正，为储蓄能量的过程；但是由于切入阶段的平均切削厚度要小于退出阶段的平均切削厚度，也即切入时的平均切削力要小于退出时的平均切削力，所以切入时切削力所做的负功要小于退出时切削力所做的正功，这样在一个振动循环中，振动系统便获得了能量的补充，这是维持振动的必要条件。应该看到，在刀具切入阶段，动态切削力的方向是有正有负(见图 7.4 曲线 C)，因此其所做的功也有正有负，但与稳态切削力在这半个振动循环中所做的负功相加后，总和仍为负。图 7.5(d)所示为$\Psi>180°$的情况。这时切削力在刀具切入阶段所做的负功要大于其在退出阶段所做的正功，因此，输入不了能量来补偿所消耗的能量，振动不可能产生。图 7.5(b)、(c)所示为$\Psi=0$和$\Psi=180°$的情况。在这两种情况中，切削力在刀具一个振动周期中对刀具系统所做的功正负相等，互相抵消。既然没有能量的输入，则由于阻尼的存在，所以实际上振动也不可能产生。

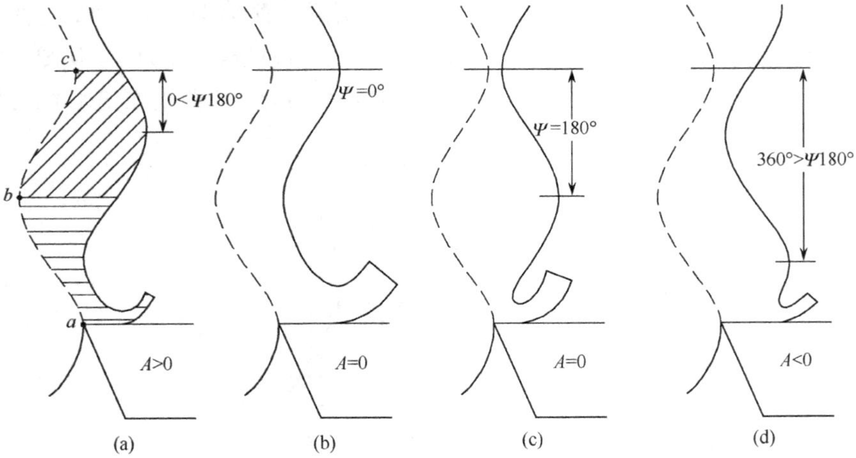

图 7.5　相位差 Ψ 与动态切削力所做的功的关系

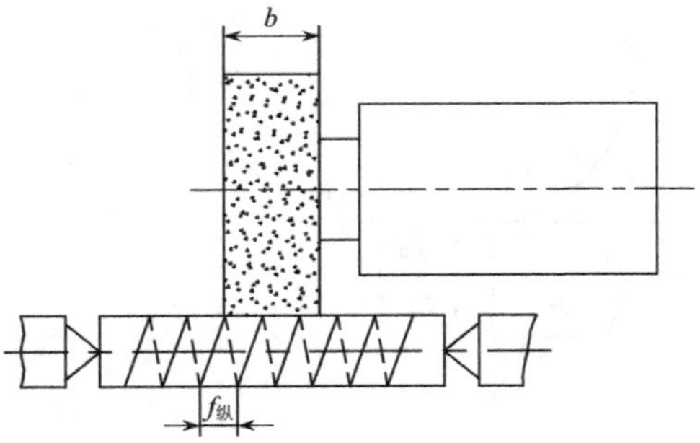

图 7.6　重叠系数含意

2)重叠系数对再生颤振的影响

前述关于再生颤振机理的分析是在车刀作正交切削条件下得出的，也就是说在这种切削条件下，工件前转一转所产生的振纹完全和后一转的振纹相重叠，重叠系数$\mu=1$。在一般的纵向进给切削条件下，将只有一部分振纹相重叠(图 7.6)，重叠系数为

$$\mu=\frac{b-f_{纵}}{b} \tag{7-3}$$

显然，由于新老振纹相位差而产生的这部分动态切削力，在 $\mu=1$ 时最大，在 $\mu<1$ 时较小，因而在其他条件相同的情况下，$\mu<1$ 时比 $\mu=1$ 时不易于发生再生颤振。

7.2.2　振型耦合颤振原理

如果刀具在重叠系数 $\mu=0$ 的条件下切削，如图 7.7 所示加工方牙螺纹外圆面的情况，此时前一转的振纹不影响后一转的切削，刀具总是切削没有振纹的表面，它就不会有再生效应，也就不可能产生再生颤振。然而当切深增加到一定程度时，切削过程仍然会发生颤振，这说明还存在着其他的引起颤振的原因。

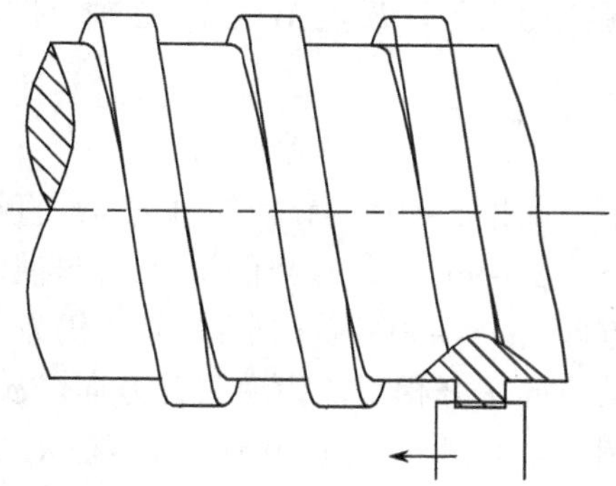

图 7.7　方牙螺纹外圆加工 $(\mu=0)$

1) 两自由度工艺系统的动态特性

工艺系统实际上都是多自由度系统，为了便于阐明振型耦合原理，把它简化为两个自由度的系统。图 7.8 所示为车床刀架振动系统简化后的两自由度系统。模型假设工艺系统中只有刀架系统振动；刀架支承在两根刚度不同的互相垂直的弹簧 1 和 2 上，弹簧 2 的刚度 k_2 大于弹簧 1 的刚度 k_1，弹簧的轴线 x_1 和 x_2 称为弹簧的刚度主轴；假设该系统的质量全部集中在 x_1 与 x_2 的交点 M 上，并把切削力 P 转化到作用于 M 点。如果在 P 的方向作用一单位激振力，在 Y 方向(加工表面的法向)测定系统的振动，则可得到该系统在这一给定条件下的交叉动柔度 W_{py} 的曲线，如图 7.9 所示。激振方向与测振方向一致时，所测得的动柔度，叫作直接动柔度。激振方向与测振方向不一致时，所测得的动柔度，称为交叉动柔度。W_{py} 的大小及其与激振力之间的相位关系(也就是 W_{py} 曲线的形状)除了与 k_1、k_2 的数值有关外，还取决于弹簧 1 的刚度主轴 x_1 与 Y 之间的夹角 α 及激振力方向与 Y 之间的夹角 β。α、β 不同，W_{py} 的形状也不同。

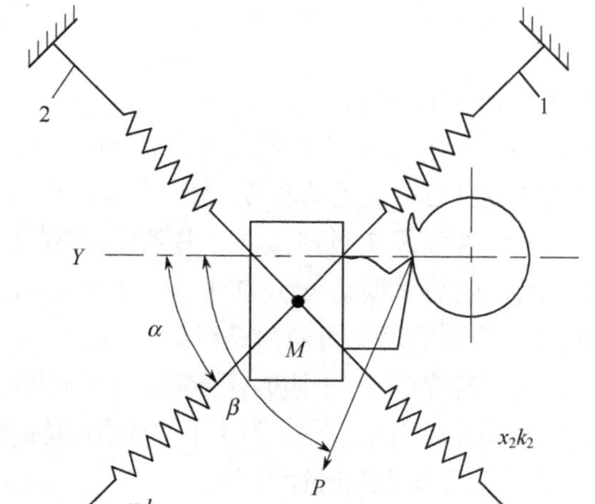

图 7.8　车床刀架振动系统及其简化模型图

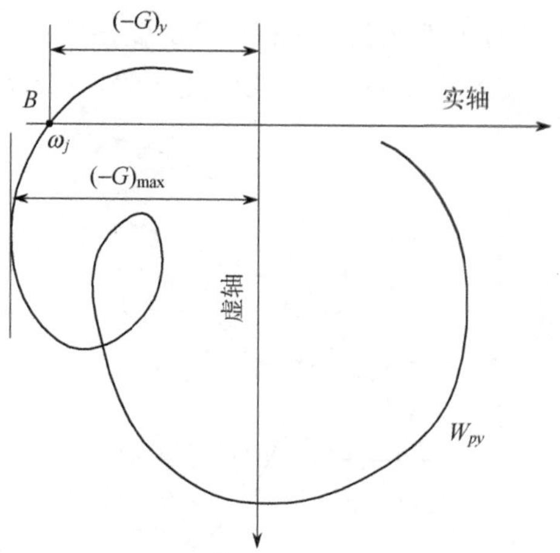

图 7.9　两自由度系统交叉动柔度曲线

从图 7.9 中可以看到，在两自由度系统中，交叉动柔度曲线会与负实轴相交(交点为 B)。

所谓与负实轴相交，就是说在某一条件下，系统在给定方向上的振动位移与激振力之间的相位差正好是 180°，当激振力达到正的最大值时，位移正好达到负的最大值。这在单自由度系统中是不会发生的，而在多自由度系统则是现实的。

2) 从能量观点来分析振型耦合颤振

(1) 刀尖振动轨迹的分析。相互垂直的两个方向上频率相同的两简谐振动的合成，如图 7.10 所示，质点 M 在 Y、Z 轴上作两个频率相同的简谐振动。

$$y = Y\cos\omega t$$
$$z = Z\cos(\omega t + \varphi)$$

如果 $\varphi = 0°$，M 点的轨迹为一直线，$\omega t = 0$，M 点在 A_1 处，M 点的运动方向为沿斜线向下。$\varphi = 90°$ 时，M 点的轨迹为一椭圆，$\omega t = 0$ 时，M 点在 A_2 处，M 点的运动方向为顺时针方向。$\varphi = -90°$ 时，M 点的轨迹仍为上述的那一个椭圆，$\omega t = 0$ 时，M 点也在 A_2 处，但其运动方向正好相反，为逆时针方向。$\varphi = 45°$ 时，M 点的运动轨迹为一倾斜放置的椭圆，如图 7.10(b) 所示，$\omega t = 0$ 时，M 点在 A_3 处，其运动方向为顺时针方向。$\varphi = -45°$ 时，运动轨迹与初始位置均不变，唯其运动方向为逆时针方向。由此可知，在大多数情况下，两个相互垂直的同频率的简谐振动，其合成的轨迹为一椭圆，质点的运动方向与两简谐振动的相位差有关。

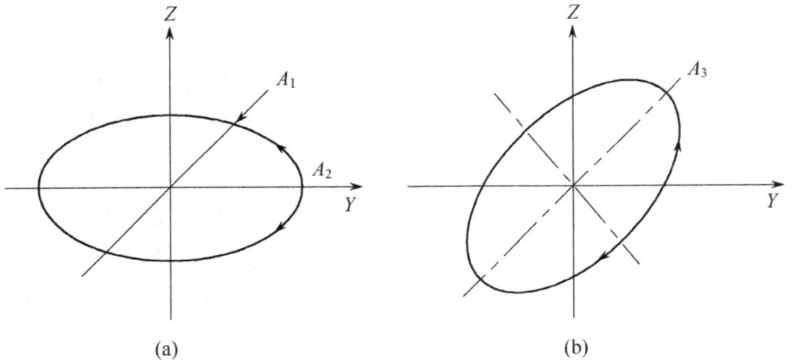

图 7.10　简谐振动的合成

对于图 7.8 所示的两自由度振动模型，可以得出如下的结论：

① 若弹簧 1、2 的刚度相等，$k_1 = k_2$，则 $\omega_{01} = \omega_{02}$，$x_1$ 与 x_2 没有相位差，$\varphi = 0°$，此时合成轨迹(刀尖的运动轨迹)为一直线。

② 若弹簧 1 的刚度大于弹簧 2 的刚度，$k_1 > k_2$，则简谐振动 x_1 越前于 x_2，合成轨迹为椭圆，刀尖的运动方向为逆时针方向。

③ 若弹簧 1 的刚度小于弹簧 2 的刚度，$k_1 < k_2$，则 x_1 滞后于 x_2，刀尖的轨迹仍为椭圆，但其运动方向为顺时针方向。

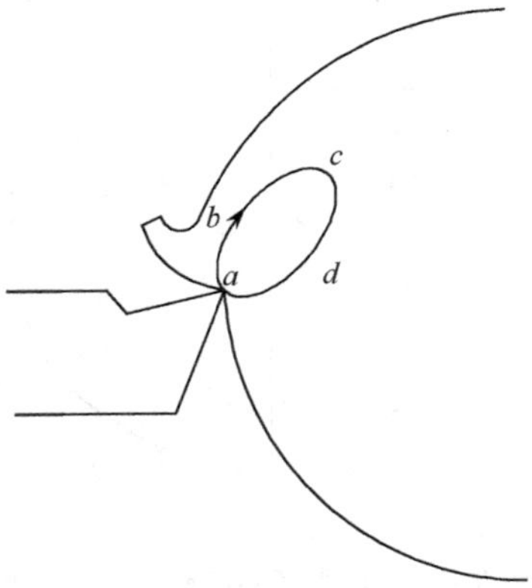

图 7.11　刀尖轨迹为椭圆引起的切削厚度的变化

(2) 在一个振动循环中能量的输入。如图 7.11 所示，如果刀尖在切削过程中沿着椭圆轨迹 $abcd$ 作顺时针方向运动，那么刀具在切入和退出的两个半周期内，其平均切削厚度是不同的，在切入的半周期内(由 $a \to b \to c$)，平均切削厚度较小，平均切削力也较小，此时切削力的方向与刀具运动方向相反，对系统所做的功为负，这是消耗能量的过程；而在刀具退出的半周期内(由 $c \to d \to a$)，平均切削厚度较大，平均切削力也较大，此时切削力的方向与刀具运动方向相同，对系统所做的功为正，这是向系统输入能量的过程。可见，在这种情况下，在一个振动循环中，切削力对系统所做的正功大于负功，因而有可能产生颤振。而如果刀尖沿椭圆轨迹逆时针方向运动或做直线运动，那么系统没有能量输入，它就不可能产生颤振。

7.2.3　刀具的高频颤振

当车刀的悬伸较长，横截面积较小，切削速度较高以及后刀面磨损较大时，会出现车刀沿工件切线方向的振幅很小的高频振动(振动频率可达500～5000Hz)。此时振动噪声尖锐刺耳，并在工件表面上留下细密的振痕。引起这种振痕的原因，可能有以下几个方面。

1)刀具后刀面与工件间的摩擦力

刀具后刀面以切削力压向回转着的工件，产生切向(速度方向)的摩擦力。当摩擦系数与相对速度的关系曲线具有下降特性时，车刀向上振动时，相对速度大(工件表面向下回转)，摩擦系数小，摩擦力小；车刀向下振动时，相对速度小，摩擦力大，因而产生动态力。由于车刀向下振动时，动态力方向与振动方向相同，动态力对系统做正功；车刀向上振动时，动态力阻止振动，做负功。因此当摩擦系数曲线有下降特性时，正功大于负功，系统就可能产生振动。

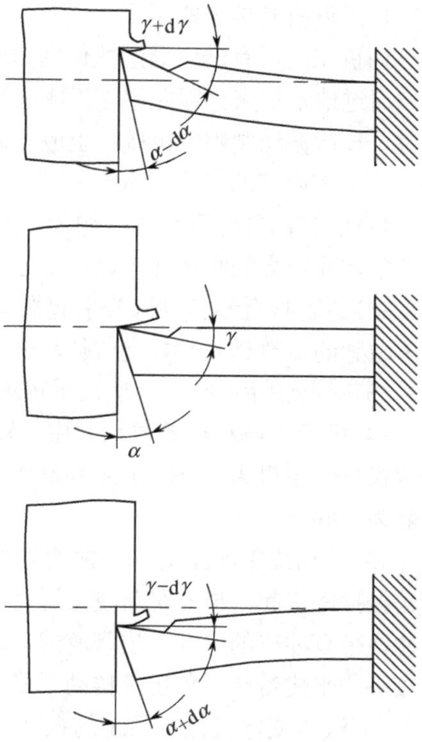

图 7.12　刀具振动时前后角的变化

2)刀具切削时的实际前后角的变化

车刀作切向运动时，切削的前后角在变化，如图 7.12 所示。向上振动时，前角增大，后角减小，切削力总的来说是减小；刀具向下振动时，切削力增大，因而有可能引起振动。

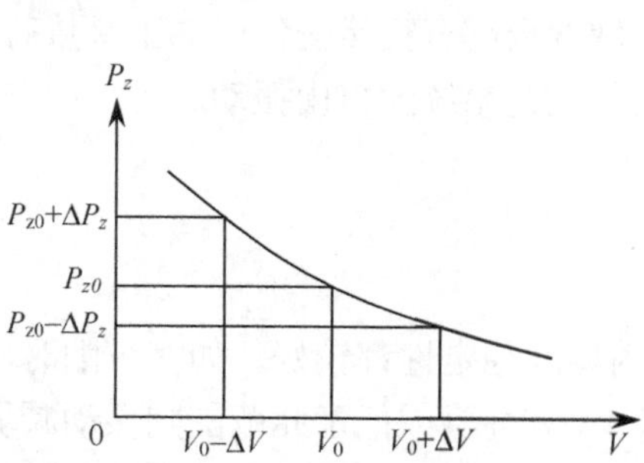

图 7.13　切削力与切削速度的关系

3)切削力的下降特性

切削力与速度的关系如图 7.13 所示。在切削速度较大时，随着相对速度的增加，切削力会下降，因而当刀具向上振动时，切削力小；向下振动时，切削力大，因而也有可能产生振动。

这三个原因到底以哪个为主，各说不一，但由于摩擦力的说法，提出的最早，因此习惯上常把刀具的高频颤振称为摩擦性颤振。

7.3　减小振动、提高稳定性的工艺途径

7.3.1　机械加工中的强迫振动及其减小途径

机械加工中出现的振动，在很多情况下，是属于外界周期性干扰力所引起的强迫振动。对于这种振动，首先要查明振源，然后再根据具体情况予以减小或消除。

1) 附近机械传来的振动

当机床附近有产生周期性作用力的机械，如刨床、冲床、空压机、锻锤等，振动就会由它们通过地基传来。因此精密机床应远离这些机械，并应安装在隔振地基上(消极隔振)。同时对于一些振动剧烈的机械，也应安装在隔振地基上，防止振动传递出去(积极隔振)。

2) 机床内部的干扰振源

(1) 回转部件的不平衡。例如，磨床的砂轮不平衡，常是砂轮架振动的主要原因。精密机床中转速较高的回转件，如果不仔细平衡，也会成为振动产生的原因。

(2) 齿轮啮合不良(冲击)引起振动。这可由提高齿轮的加工和装配质量及采用对振动冲击不敏感的材料(如胶木、塑料等)来制造齿轮，以减小振动。

(3) 滚动轴承的振动，取决于轴承的加工、装配质量及磨损情况。

(4) 机床上电动机的振动。由于转子不平衡引起的振动，其频率与电动机转速有关，例如四极异步电机为 24Hz(1440r/min)。由于电磁力不均衡引起的振动，振幅较前为小，频率一般为 100Hz。

(5) 传动皮带的振动。其振动分纵向、横向两类。纵向是沿着皮带运动方向，它是由皮带轮振摆等引起。横向是与皮带运动方向相垂直，它是由皮带厚薄不匀等引起。这种横向振动往往带有冲击的特性，皮带越薄、越柔软，厚度越均匀，则冲击振动力越小，故柔软的胶合接头的平皮带比三角皮带传动平稳，常用于高速传动。

(6) 液压或电气控制系统的振动。液压系统中油泵的振动以及液压的波动，也会引起机床的振动。在带有反馈环节的机床自动控制系统中，如闭环数控系统、自动仿形机床的控制系统等，若自调环节设计不良，就可能引起控制系统失稳，产生振动。

机床内部的干扰振源一般可通过机床的空运转试验来加以分析和判别。

3) 来自工件和刀具的干扰振源

当加工表面不连续(如带槽)或切削不连续(如铣削)时，都会产生周期性的切削冲击振动，从而引起工艺系统的强迫振动或自由振动。若材料硬度局部有突然变化或加工余量有突然变化时，也会引起切削力的突然波动，但这一般只引起工艺系统的自由振动。

7.3.2　减小或消除切削颤振的工艺途径

1) 合理选择切削用量

通过实验发现，切削速度 v 在较低和较高的范围内切削稳定性都较好，如在车削时，v 在 20～60m/min 范围内容易产生颤振，相应的振幅也较大，v 高于或低于此范围则振动减弱。采用较低的切削速度，可以明显地减轻振动；采用较高的切削速度，可以扩大有条件稳定区，因此也可能减小振动。

切削深度的增加使得切削宽度 b 增加，$b = a_p/\sin\kappa_r$（κ_r 是刀具主偏角），因而对工艺系统的稳定性是不利的。走刀量 f 的增加，可使工艺系统的稳定性增加，这一方面是由于重叠系数 μ 的减小，另一方面是由于稳态切削力 P_M 的增加，从而使得起阻尼作用的 P_M 的分力 P_V 增加。

综上所述，可以知道，当切削过程发生颤振时，不一定非要降低切削用量，在条件许可的情况下，可增大 f 或 v，这样既避免了颤振，又提高了生产率。

2) 合理选择刀具的几何参数及采用消振刀具

(1) 刀具几何参数的影响。刀具的主偏角 κ_r 对颤振有影响，如图 7.14(a) 所示，$\kappa_r = 90°$ 时振幅最小。其原因可见图 7.14(b)，$\kappa_r = 90°$ 时，再生效应主要发生在切削宽度 b 上，即发生在 x 方向上，而一般说来，工艺系统在 X 方向的刚度比 Y 方向要好得多，因此不容易发生振动。前角 γ 对振动的影响可见图 7.15，γ 增加，切削力减小，引起振动的动态切削力也减小，因此振幅较小。高速切削时，前角的变化对振动的影响不大。后角 α 减小，有利于切削稳定性的提高，如图 7.16 所示，带倒棱的车刀有一定的防振效果，车刀后刀面有一定的磨损时，切削稳定性提高。对这种现象的解释是车刀钝化或有倒棱，可使刀尖不易切入金属，因而对颤振有抑制作用。当然这里说的是 Y 方向的振动，对于 Z 方向的刀具高频振动，正如前面讲过的，后角减小或刀具后刀面磨损，将会加剧振动。

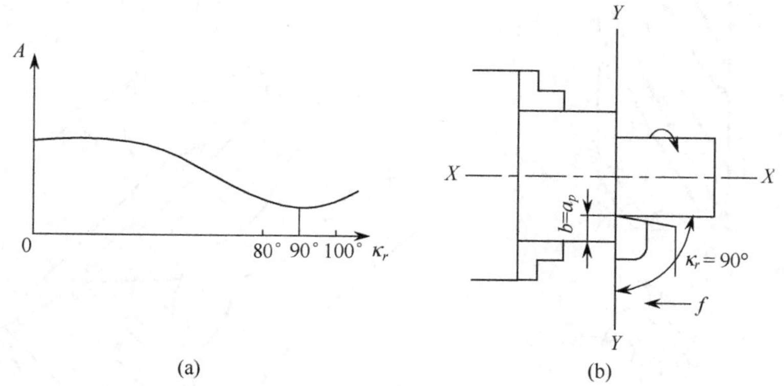

图 7.14　主偏角 κ_r 对振幅的影响

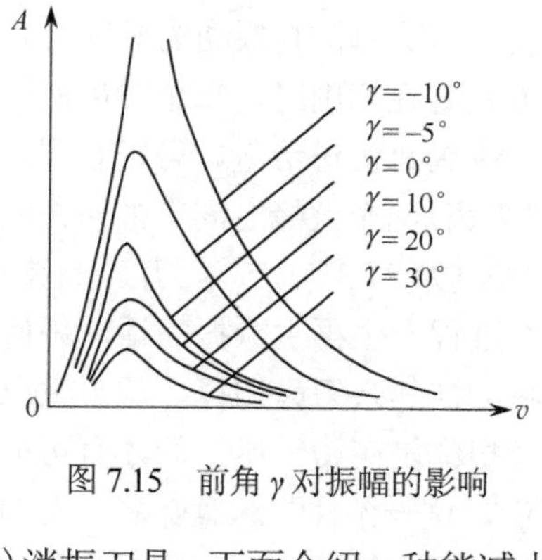

图 7.15　前角 γ 对振幅的影响

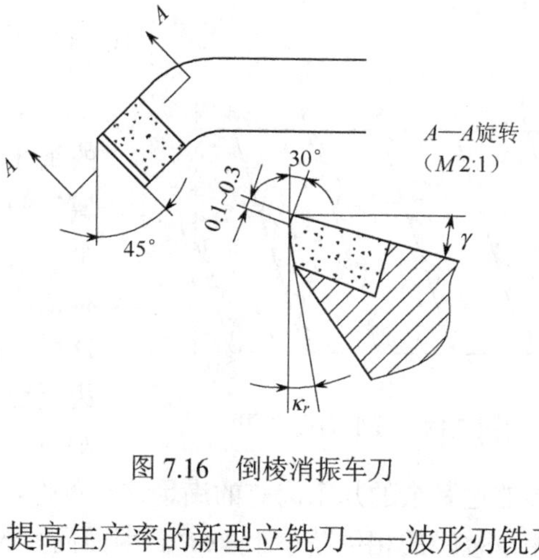

图 7.16　倒棱消振车刀

(2) 消振刀具。下面介绍一种能减小振动，提高生产率的新型立铣刀——波形刃铣刀。用这种刀具可大大提高铣削用量，根据实验结果，它的极限切削宽度在同等条件下可比普通铣刀大 3～4 倍。图 7.17(a)是它的外观图，图 7.17(b)是刀刃的一段。如图 7.17 所示，在普通螺旋齿立铣刀的前刀面上加工出波状凹坑，凹坑曲面与刀齿后刀面的相贯线就形成了切削刃，这个切削刃是波纹状的。此外，相邻刀齿的波形要相互错开一个角度，这可以从铣刀的展开图(图 7.18)看出，波峰分布在一条斜线 *MN* 上。图 7.19 是用实验测得的普通立铣刀和波形刃铣刀的切削颤振稳定性图，其极限切削深度与工件转速的关系呈垂耳状曲线，颤振频率与工件转速的关系呈锯齿形曲线。这些特征可说明所发生的颤振是再生颤振。图中还可以看到，波形刃铣刀的无条件稳定区的极限切削深度比普通立铣刀大约高 4 倍。

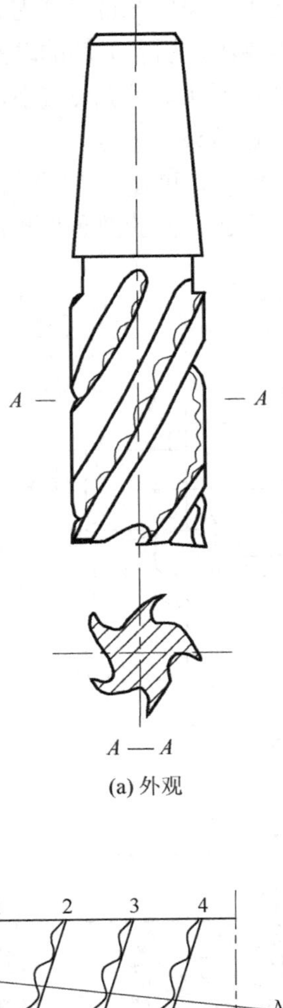

(a) 外观

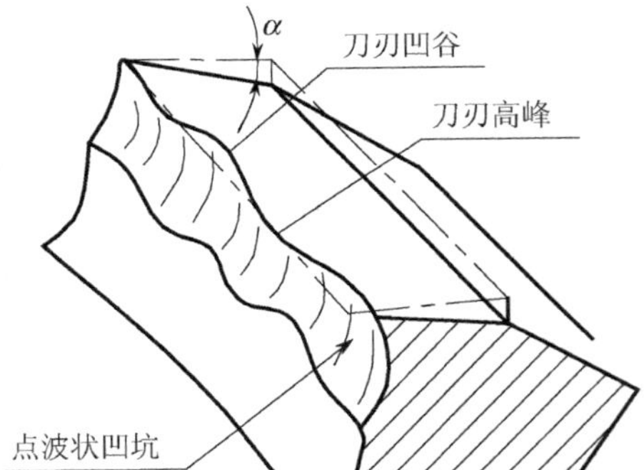

(b) 波形刃的形成

图 7.17　波形刃立铣刀

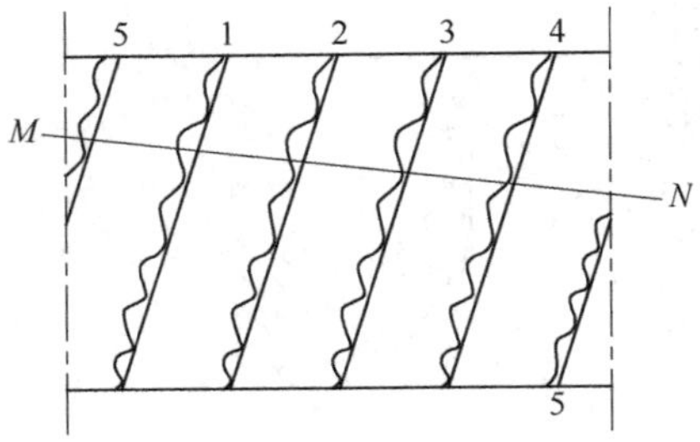

图 7.18　波形刃展开图

下面对于波形刃铣刀抑制振动的机理，做一简单的阐述。图 7.20 是它在切削时，每个刀齿所切削的金属层的分布图，S_V 为每齿进给量。可以看到，任意一个刀齿(如 1 号刀齿)两个波峰之间未被切去的金属，将依次被其他刀齿(如 2、3、4、5 号刀齿)的波峰切去。这样，假如切削过程产生再生颤振的话，任何一个刀齿所留下振纹将会被其余刀齿切掉，从再生原理已经知道，只有两者相位差在 0～180°间才有可能发生颤振，显然这其余的几个齿有的满足这一条件，有的不满足这一条件。这意味着，有的刀齿其振纹相重叠时的相位差小于 180°，因而向系统输入能量，促使其振动，而同时有的刀齿其振纹重叠时的相位差大于 180°，因而由系统吸收能量，抑制其振动，这就是波形刃铣刀比普通立铣刀抗振性好的原因。

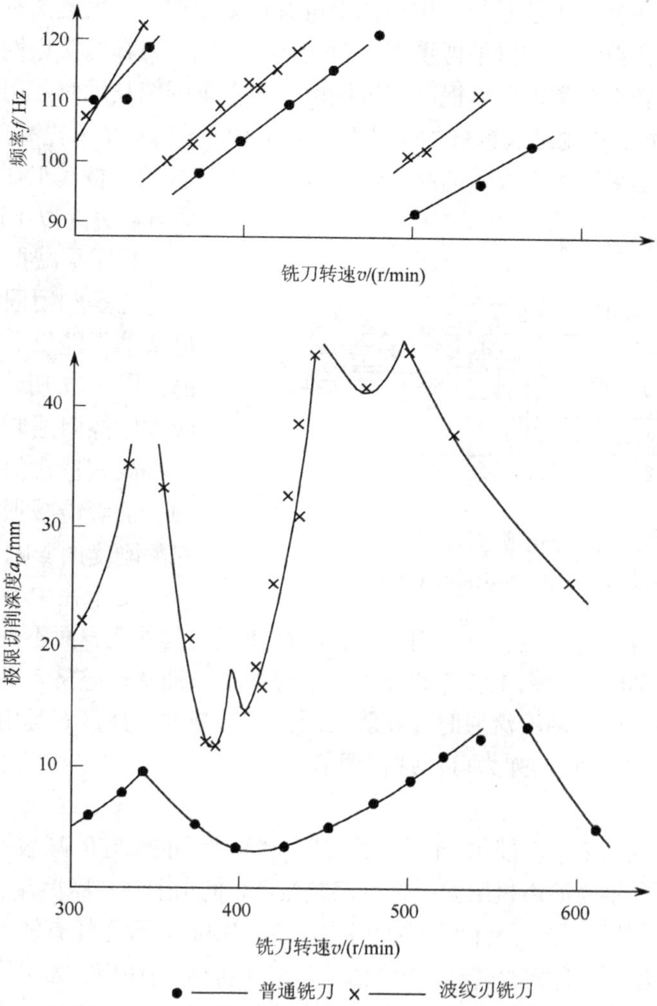

图 7.19　波形刃铣刀切削颤振稳定性图

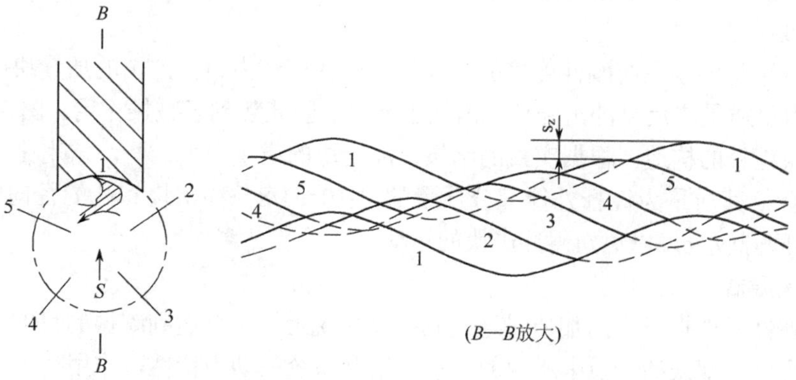

图 7.20　波形刃立铣刀铣削时切削层的分布

7.3.3 提高工艺系统的抗振性和采用减振装置消除振动

机床的抗振性在整个工艺系统的抗振性中占有重要地位，有关提高机床抗振性的措施在机床设计课程中已有叙述，这里不再重复。当夹具、工件、刀具的抗振性成为系统的薄弱环节时，提高它们的静刚度常常可以提高其抗振性，如在车削细长轴时，用中心架或跟刀架可提高工件的抗振性能；在用细长镗杆加工孔时，布置中间导向支承来提高刀具的抗振性能等。此外最常用的方法是采用专门设计的减振器来减小或消除振动。按其工作原理的不同，减振器可以分为以下四类。

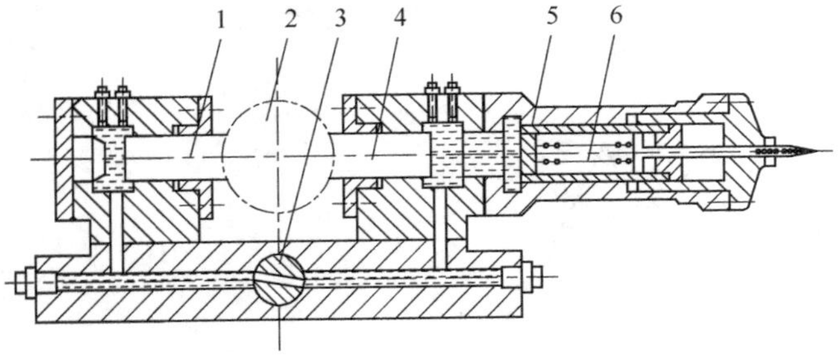

图 7.21　车床用液压阻振器

1、4、5-活塞；2-工件；3-节流阀；6-弹簧

1) 阻尼减振器

它是利用固体或液体的摩擦阻尼来消耗能量，从而达到减振的目的。图 7.21 所示为车床上用的一种液体摩擦阻尼减振器，它的外形与中心架相似，但是其作用是有区别的。前者能减振、提高动刚度，但对静刚度的影响是很小的。

支承在中心架上的外圆表面实际上是加工基面，对它有一定要求，而支承在阻尼减振器的外圆表面不是加工基面，对它的要求较低。工件振动时，活塞 1 和 4 要随工件一起振动，油从一腔挤入另一腔，节流阀 3 用来调节阻尼的大小，由于油液流通时存在阻尼因而能够减振。弹簧 6 是用来推动活塞 5 而使活塞 1、4 压在工件上，它的弹力可由螺杆调节。

2) 摩擦减振器

它也是用摩擦阻尼来消耗能量，但与上述减振器有所不同。它的减振效果与元件间的相对运动有关。图 7.22 所示为滚齿机用的固体摩擦减振器，机床主轴与摩擦盘 2 相连，弹簧使飞轮 1 与摩擦盘间的摩擦垫 3 压紧。当摩擦盘随主轴一起扭振时，因飞轮有较大惯性，不可能与摩擦盘同步，于是两者之间有相对转动，摩擦垫起了消耗能量的作用。如果用螺帽 4 调节的弹簧压力太小，消耗的能量也较小，不足以充分减振。如果压力太大，飞轮和摩擦盘之间难以发生相对运动，则也起不到消耗能量的作用。因此，要反复调节弹簧压力，达到一个最佳的数值。

3) 冲击减振器

它是由一个与振动系统刚性连接的壳体和一个在壳体内自由冲击的质量块所组成。当系统振动时，由于质量块反复冲击壳体，消耗了能量，因此起到了减振作用。图 7.23 所示为常用的冲击减振镗杆的构造。根据实践的结果，冲击块的质量要大一些，常用比重较大的铅，外面包以缸套，其质量为镗杆外伸部分质量的 1/10～1/8。冲击块和孔的径向间隙δ一般取 H7/g6，轴向间隙较大，以免妨碍冲击块的运动。

4) 动力减振器

它是用弹性元件把一个附加质量连接到振动系统上，从而达到减振的目的。它的减振原理，如前面两自由度振动一节中所说的，是利用副系统的动力特性，作用在主系统上，从而达到减振的目的。前面提到的减振原理是无阻尼动力减振器的原理，它的缺点是减振频率范围窄，适用于频率变化不大的振动。另一种是阻尼动力减振器，减振器中引入了阻尼部件，增加了能量消耗，减振频率范围增宽。图 7.24 所示为无心磨床用的阻尼动力减振器，它是用来消除无心磨床砂轮主轴的振动的。它的外壳与砂轮主轴自由端刚性连接，重块套在减振器的轴上，重块和外壳间充以阻尼油。经试验装上该减振器后，振动显著减小，振幅为原振幅的 1/3，工件上的五棱形波纹消失，圆度大为改善。

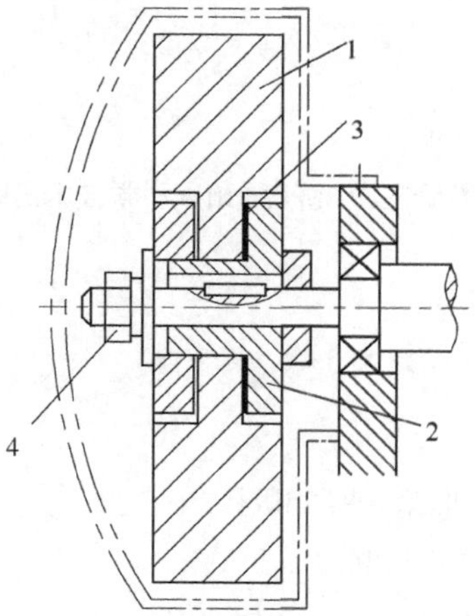

图 7.22　滚齿机用的固体摩擦减振器

1-飞轮；2-摩擦盘；3-摩擦垫；4-螺帽

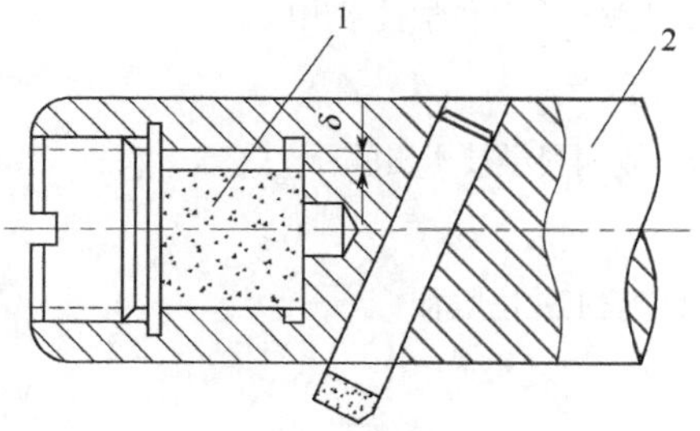

图 7.23　冲击减振镗杆

1-质量块；2-镗杆

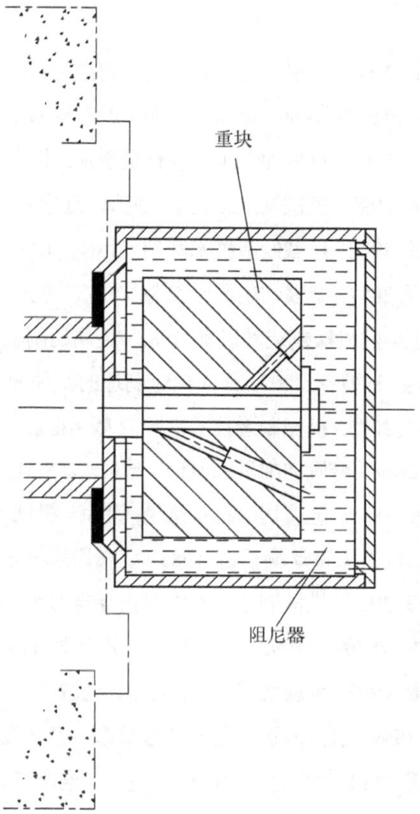

图 7.24　无心磨床用的阻力动力减振器

思考与练习

1. 什么是强迫振动？它与自激振动有何根本区别？

2. 什么是动刚度和动柔度？它们与激振频率和阻尼比有何关系？如何提高机床的动态性能？

3. 试述再生颤振原理。消除或减弱再生颤振的办法有哪些？

4. 简述振型耦合原理。为什么削扁镗杆能增强抗振性？削扁的部位与切削力方向的关系如何？

5. 影响刀具切削时产生高频颤振的原因有哪些？

6. 减小或消除切削颤振的工艺途径有哪些？

参 考 文 献

安虎平. 2008. 金属切削原理与刀具习题解答. 兰州: 兰州大学出版社

布思罗伊德 G. 1980. 金属切削加工的理论基础. 山东工学院机械教研室译. 济南: 山东科学技术出版社

陈宏钧. 2009. 机械加工工艺设计员手册. 北京: 机械工业出版社

陈懋圻. 1990. 机械制造工艺学. 沈阳: 辽宁科学技术出版社

陈敏贤. 2002. 机械制造技术基础. 上海: 上海大学出版社

陈日曜. 2002. 金属切削原理. 2 版. 北京: 机械工业出版社

大连工学院机械制造教研室. 1985. 金属切削机床液压传动. 2 版. 北京: 科学出版社

郭东明, 赵福令. 2009. 面向快速制造的特种加工技术. 北京: 国防工业出版社

韩秋实. 2005. 机械制造技术基础. 2 版. 北京: 机械工业出版社

何萍. 2008. 金属切削机床概论. 北京: 北京理工大学出版社

贾亚洲. 1994. 金属切削机床概论. 北京: 机械工业出版社

金属切削机床设计编写组. 1985. 金属切削机床设计(修订本). 上海: 上海科学技术出版社

京玉海. 2006. 机械制造基础学习指导与习题. 重庆: 重庆大学出版社

荆长生, 李俊生. 1992. 机械制造工艺学学习指导与习题. 西安: 陕西科学技术出版社

乐克谦. 1993. 金属切削刀具. 北京: 机械工业出版社

李旦. 1999. 机械制造工艺学试题精选与答题技巧. 哈尔滨: 哈尔滨工业出版社

刘培德. 1991. 切削力学新篇. 大连: 大连理工大学出版社

刘镇昌. 2008. 切削液技术. 北京: 机械工业出版社

卢秉恒. 2009. 机械制造技术基础. 3 版. 北京: 机械工业出版社

王西彬, 龙振海, 刘志兵. 2009. 金属零件可加工性技术. 北京: 航空工业出版社

王先逵. 2007. 机械加工工艺手册. 第一卷. 工艺基础卷. 北京: 机械工业出版社

吴圣庄. 1985. 金属切削机床概论. 北京: 机械工业出版社

肖诗纲. 1990. 刀具材料及其合理选择. 北京: 机械工业出版社

熊良山, 严晓光, 张福润. 2007. 机械制造技术基础. 武汉: 华中科技大学出版社

尹成湖. 2009. 机械制造技术基础学习指导. 北京: 高等教育出版社

尹明富. 2008. 机械制造技术基础实验. 武汉: 华中科技大学出版社

袁哲俊. 1993. 金属切削刀具. 上海: 上海科学技术出版社

张龙勋. 1995. 机械制造工艺学. 北京: 机械工业出版社

周泽华. 1992. 金属切削理论. 北京: 机械工业出版社

周增文. 2003. 机械加工工艺基础. 长沙: 中南大学出版社